统计建模与R软件

（第2版）

薛 毅　陈立萍 编著

清华大学出版社
北京

内 容 简 介

本书的第 1 版是国内实用统计方法中较早系统地介绍 R 软件的中文书籍，第 2 版教材对第 1 版的内容作了较大改动，使内容的编排更加合理，同时增加了一些重要的知识点，以及扩展程序包中函数的介绍，减少自编函数的使用。

本书仍然延续第 1 版的风格，结合数理统计中的问题，对 R 软件进行科学、准确和全面的介绍，以便使读者能深刻理解 R 软件的精髓，以及灵活和高级的使用技巧。

本书的读者定位仍然是 R 的初学者，或者是用 R 解决统计问题或作数据分析的学生和学者，本版按照统计知识、统计模型、R 相关函数的使用和示例的顺序来编排，使读者即能够了解统计的相关知识，又容易掌握 R 相关函数的使用。

本书可作为理工、经济、管理、生物等专业学生数理统计课程的辅导教材或教学参考书，也可作为统计计算课程的教材和数学建模竞赛的辅导教材。

版权所有，侵权必究。举报：010-62782989，beiqinquan@tup.tsinghua.edu.cn。

图书在版编目（CIP）数据

统计建模与 R 软件/薛毅，陈立萍编著. —2 版.—北京：清华大学出版社，2021.11（2024.1重印）
ISBN 978-7-302-59392-8

Ⅰ．①统… Ⅱ．①薛… ②陈… Ⅲ．①统计分析-应用软件 Ⅳ．①C819

中国版本图书馆 CIP 数据核字(2021)第 211596 号

责任编辑：刘　颖
封面设计：常雪影
责任校对：赵丽敏
责任印制：杨　艳

出版发行：清华大学出版社
网　　址：https://www.tup.com.cn, https://www.wqxuetang.com
地　　址：北京清华大学学研大厦 A 座　　邮　编：100084
社 总 机：010-83470000　　邮　购：010-62786544
投稿与读者服务：010-62776969, c-service@tup.tsinghua.edu.cn
质量反馈：010-62772015, zhiliang@tup.tsinghua.edu.cn

印 装 者：三河市龙大印装有限公司
经　　销：全国新华书店
开　　本：185mm×260mm　　印　张：33.5　　字　数：751 千字
版　　次：2007 年 4 月第 1 版　　2021 年 12 月第 2 版　　印　次：2024 年 1 月第 5 次印刷
定　　价：99.00 元

产品编号：092942-01

前　　言

《统计建模与 R 软件》一书自 2007 年出版至今，已有 14 个年头，由于此书是实用统计方法中较早介绍 R 软件的中文教材之一，不少学校将它选作统计软件或统计计算的教材，或者是统计学专业的教学参考书。

但随着 R 软件版本的不断更新，书中的一些缺点也日渐明显，例如，有些命令已不适用于新的版本。另一方面，随着 R 软件扩展包的不断增加，R 求解问题的能力也在不断增强，所以有必要介绍与统计模型关系密切的扩展程序包中的函数，减少自编程序的使用。

从图书出版到现在，作者收到过大量的邮件，除了索要书中自编程序外，有不少读者提出自己的观点和看法，也提出了不少建议。虽然本人一直在关注 R 软件的发展，并出版了《R 语言实用教程》（清华大学出版社，2014.10）、《R 语言在统计中的应用》（人民邮电出版社，2017.4）、《数学建模基于 R》（机械工业出版社，2017.7）、《时间序列分析与 R 软件》（清华大学出版社，2020.5），但还是认为有必要修订再版，这或许就是读者的意见与建议的原因吧。

第 2 版教材对第 1 版的内容作了较大的改动，增加了扩展程序包中部分函数的介绍，尽量减少自编函数的使用。将第 1 版中的第 1 章与第 2 章调换，第 1 章为 R 软件的介绍，并增加了一些准备知识（如优化问题求解）。第 2 章为概率与数理统计基本知识的介绍，增加了相关概念中 R 函数的使用。去掉第 1 版中第 10 章计算机模拟，改为数据可视化，其目的是适应当前数据分析的需求。其他章节的改动不大，增加了扩展程序包中函数的介绍。根据读者要求，增加了习题参考答案。

第 2 版的各章编排与改动如下：第 1 章，R 软件简介。介绍 R 软件的界面、与数据有关的对象、数据的读写和 R 函数的编写等，增加了求解非线性方程、优化问题求解和自编函数的运行与调试等内容。第 2 章，概率、随机变量及其分布。介绍概率与数理统计的基本知识，在各知识点，增加与之对应的 R 函数和例题。第 3 章，数据描述性分析。介绍常见的描述统计量，如均值、方差等。介绍数据分布的图形，如直方图、QQ 图等。介绍基本的绘图方法和命令、多元数据的特征和图形表示方法等。去掉第 1 版中正态性检验与分布拟合检验，将这部分内容放在第 5 章中。第 4 章，参数估计。介绍点估计和区间估计，重点是正态总体的区间估计，增加了 Z 统计量及相关参数的估计，总体比例和总体比例差的估计。第 5 章，假设检验。介绍重要的参数检验、分布的检验、列联表检验、符号检验和秩检验等，增加了泊松分布参数的精确检验、数据的正态性检验和游程检验。第 6 章，回归分析。介绍线性回归、逐步回归、回归诊断、广义线性回归和非线性回归等内容，增加了残差的独立性检验。第 7 章，方差分析。介绍单因素方差分析、双因素方差分析，以及正交试验设计与方差分析的关系，增加了非齐方差数据的方差分析的内容。第 8 章，应用多元分析（Ⅰ）。介绍判别分析和聚类分析，它们的共同点是对样本进行分类,增加了线性判别函数和二次判别函数的使用,K 最近邻算法、朴素贝叶斯算法的介绍及相关函数的使用。第 9 章,应用多元分析(Ⅱ)。介绍主成分分析、因子分析和典型相关分析,它们的共同点是降维。第 10 章,数据可视化。介绍多维标度法、对应分析、样本与变量双重信息图,这部分内容还应属于应用多元分析的范畴,以数据可视化为题目是重点强调这些方法的可视化功能。最后一部分内容是附录,包括 R 函数索引,便于读者查找书中的函数,以及习题的参考答案。

本书介绍的 R 函数是以 R-4.0.2 版本为基准,所有的函数与程序均通过测试。为了便于读者学习和使用,同时还提供了书中例题和习题的数据,以及部分习题参考解答的 R 程序(answer.R),读者可通过扫描本页的二维码获取。

本书是为理工、经济、管理、生物等专业学生或专业人员为解决统计计算问题而编写的,可以作为上述专业学生数理统计课程的辅导教材或教学参考书,也可作为统计计算课程的教材和数学建模竞赛的辅导教材。

由于受编者水平所限,书中一定存在不足甚至错误之处,欢迎读者不吝指正。

编 者

2021 年 2 月

于北京工业大学

第 1 版前言

本书力求将实用统计方法的介绍与在计算机上 R 软件如何实现这些方法紧密地联系起来，不仅介绍了各种数理统计方法的统计思想、实际背景、统计模型和计算方法，并且结合 R 软件给出相应的解决问题的步骤并对计算结果进行分析。

关于数理统计的教材或教科书已非常多，这类教材或教科书主要是以数理统计的理论为基础，讲清其理论、方法与应用背景，但对于计算，讲的较少，基本是以手工计算为主，目的是帮助读者理解相应的统计方法，可操作性不强。

关于统计计算的书也有不少，目前，统计计算的教材一般是讲算法（这一点与数值分析或计算方法差不多），而没有相应的软件做支撑，有些内容是数值分析内容的重复，统计味不足。

结合软件讲统计的书，目前最多的是结合 SAS 软件、SPSS 软件。这类书籍基本上相当于软件使用说明书，虽然谈到一些统计概念，但讲的很少。

本书既不是一本单纯的关于数理统计或统计计算的教科书，也不是一本关于 R 软件的使用手册，而是一本将两者相结合的教科书。本书的特点是结合 R 软件讲述数理统计的基本概念与计算方法。

R 软件是一种共享的统计软件，也是一种数学计算环境。它提供了有弹性的、互动的环境来分析和处理数据；它提供了若干统计程序包，以及一些集成的统计工具和各种数学计算、统计计算的函数，用户只需根据统计模型，指定相应的数据库及相关的参数，便可灵活机动地进行数据分析等工作，甚至创造出符合需要的新的统计计算方法。使用 R 软件可以简化数据分析过程，从数据的存取，到计算结果的分享，R 软件提供了更加方便的计算工具，帮助用户更好地分析和解决问题。通过 R 软件的许多内嵌统计函数，可以很容易学习和掌握 R 软件的语法，也可以编制自己的函数来扩展现有的 R 语言，完成你的科研工作。

本书的编写风格是：（1）以目前常见的数理统计教材的内容为基准，首先对数理统计的基本概念、基本方法作一个简单、清晰的介绍，在注重基础的同时，侧重统计思想和统计方法的介绍。（2）以 R 语言为主，编写相应的计算程序。这部分内容的目的有两个，第一是学习 R 软件的编程方法，掌握 R 软件的基本技巧。第二是通过编程加深对统计方法的了解与掌握，同时，还可以通过编程，加深对 R 软件中相关函数的了解。（3）介绍相关的计算函数。针对许多统计方法，R 软件提供了大量的内嵌计算函数，使用者只需输入数据，并且调用相应的内嵌函数，就可得到相应的结果。本书这一部分的写作重点放在对计算结果的统计解释上，即如何通过结果来分析已有数据中所包含的统计信息，着重介绍相应的统计建模方法。这些是本教材最主要的特色，也是不同于其他与软件有关的教材之处。本书着重强调统计建模，以及如何使用 R 软件得到其计算结果和相应的结果解释。

本书的主要内容：第 1 章，概率统计的基本知识。主要目的是复习统计的基本知识，便于对后面各章内容的理解。第 2 章，R 软件的使用。主要介绍 R 软件的基本使用方法。第 3 章，数据描述性分析。从数据描述开始分析数据，主要介绍数据的基本特征，如均值、方差，还有与数据有关的各种图形，如直方图、散点图等。第 4 章，参数估计。介绍参数估计的基本方法，如点估计和区间估计。着重介绍 R 软件中与估计有关的函数。第 5 章，假设检验。介绍假设检验的基本方法，一类是参数检验，另一类是非参数检验。重点是介绍 R 软件中与假设检验有关的 R 函数及相关的使用方法。第 6 章，回归分析。介绍回归分析的基本方法，着重介绍回归分析的过程与方法和如何使用 R 软件作回归分析。除一般的回归方法外，还谈到逐步回归、非线性回归等内容。第 7 章，方差分析。介绍单因素方差分析、双因素方差分析，以及正交试验设计与方差分析之间的关系。第 8 章，应用多元分析（I）。介绍判别分析和聚类分析，这些内容与判别和分类有关。第 9 章，应用多元分析（II）。介绍主成分分析、主因子分析和典型相关分析，它们是应用多元分析中降维计算的内容。第 10 章，计算机模拟。介绍计算机模拟的蒙特卡罗方法以及系统模拟方法，最后介绍模拟方法在排队论中的应用。此外，还包括两个附录，内容分别是作者自编函数的索引和 R 软件中函数的索引。

在学习本书的内容之后，可以发现，尽管有些统计内容其计算相当复杂，但在使用 R 软件之后，这些问题可以很轻松地得到解决。

本书所编写的 R 函数，以及所介绍的 R 函数均以 R-2.1.1 版为基础（目前的版本是 R-2.3.1，而且大约每 3~4 个月版本会更新一次），而且全部程序均运行通过，读者如果需要作者自编的 R 程序，可以发电子邮件向作者索取，邮件地址：xueyi@bjut.edu.cn。

本书是为理工、经济、管理、生物等专业学生或专业人员为解决统计计算问题而编写，可以作为上述专业学生数理统计课程的辅导教材或教学参考书，也可作为统计计算课程的教材和数学建模竞赛的辅导教材。

由于受编者水平所限，书中一定存在不足甚至错误之处，欢迎读者不吝指正。

编　者

2006 年 7 月

于北京工业大学

目　录

第 1 章　R 软件简介 ·· 1
　1.1　R 软件的下载与安装 ·· 1
　1.2　R 软件的界面 ·· 2
　　　1.2.1　主窗口 ·· 2
　　　1.2.2　文件菜单 ·· 3
　　　1.2.3　其他菜单 ·· 5
　　　1.2.4　程序包菜单 ··· 5
　　　1.2.5　帮助菜单 ·· 7
　1.3　与数据有关的对象 ··· 8
　　　1.3.1　纯量 ··· 8
　　　1.3.2　向量 ··· 9
　　　1.3.3　因子 ·· 13
　　　1.3.4　矩阵 ·· 15
　　　1.3.5　数组 ·· 18
　　　1.3.6　列表 ·· 21
　　　1.3.7　数据框 ··· 23
　1.4　向量与矩阵的运算 ··· 26
　　　1.4.1　向量的四则运算 ··· 26
　　　1.4.2　向量的内积与外积 ·· 27
　　　1.4.3　矩阵的四则运算 ··· 28
　　　1.4.4　矩阵的函数运算 ··· 29
　　　1.4.5　求解线性方程组 ··· 30
　　　1.4.6　矩阵分解 ·· 31
　1.5　方程求解与优化问题 ··· 34
　　　1.5.1　非线性方程求解 ··· 34
　　　1.5.2　优化问题求解 ··· 36
　1.6　读、写数据文件 ·· 38
　　　1.6.1　读纯文本文件 ··· 38
　　　1.6.2　读取 csv 格式的表格数据 ·· 41
　　　1.6.3　读取 Excel 表格文件 ··· 41
　　　1.6.4　数据集的读取 ··· 43
　　　1.6.5　写数据文件 ··· 44
　1.7　控制流 ·· 45

		1.7.1 分支函数	46
		1.7.2 中止语句与空语句	47
		1.7.3 循环函数	47
	1.8	R 函数的编写	49
		1.8.1 函数定义	49
		1.8.2 有名参数与默认参数	51
		1.8.3 递归函数	52
	1.9	程序运行与调试	52
		1.9.1 建立自己的工作目录	52
		1.9.2 工作空间	53
		1.9.3 作用域	53
		1.9.4 程序调试	54
	习题 1		55
第 2 章	概率、随机变量及其分布		57
	2.1	随机事件与概率	57
		2.1.1 随机事件	57
		2.1.2 概率	58
		2.1.3 古典概型	59
		2.1.4 几何概型	63
		2.1.5 条件概率	64
		2.1.6 概率的乘法公式、全概率公式、贝叶斯公式	65
		2.1.7 独立事件	66
		2.1.8 n 重伯努利试验及其概率计算	66
	2.2	随机变量及其分布	66
		2.2.1 基本概念	66
		2.2.2 常见的离散型随机变量的分布	69
		2.2.3 常见的连续型随机变量的分布	73
	2.3	随机向量	78
		2.3.1 定义及联合分布	78
		2.3.2 离散型随机向量	79
		2.3.3 连续型二维随机向量	79
		2.3.4 边缘分布	79
		2.3.5 随机变量的独立性	80
		2.3.6 常见的二维随机向量的分布	81
	2.4	随机变量的数字特征	82
		2.4.1 数学期望	82
		2.4.2 方差	82

	2.4.3	几种常用随机变量的数学期望与方差 …………………………… 83
	2.4.4	协方差与相关系数 …………………………………………… 84
	2.4.5	矩 ………………………………………………………………… 85
	2.4.6	协方差矩阵和相关矩阵 ……………………………………… 85
2.5	极限定理 …………………………………………………………………… 87
	2.5.1	大数定律 ………………………………………………………… 87
	2.5.2	中心极限定理 ………………………………………………… 88
2.6	数理统计的基本概念 …………………………………………………… 90
	2.6.1	总体、个体、简单随机样本 ……………………………… 91
	2.6.2	参数空间与分布族 …………………………………………… 92
	2.6.3	统计量 …………………………………………………………… 93
	2.6.4	常用的统计量 ………………………………………………… 93
	2.6.5	抽样 ……………………………………………………………… 95
	2.6.6	导出分布 ………………………………………………………… 95
	2.6.7	统计量的分布 ………………………………………………… 98
2.7	R 中内置的分布函数 ………………………………………………… 100
习题 2 ………………………………………………………………………… 101

第 3 章 数据描述性分析 ……………………………………………………… 104

3.1	描述统计量 ……………………………………………………………… 104
	3.1.1	位置的度量 …………………………………………………… 104
	3.1.2	分散程度的度量 ……………………………………………… 109
	3.1.3	分布形状的度量 ……………………………………………… 111
3.2	数据的分布 ……………………………………………………………… 113
	3.2.1	直方图、经验分布图与 QQ 图 ………………………… 113
	3.2.2	茎叶图、箱线图及五数总括 ……………………………… 117
3.3	R 软件中的绘图命令 ………………………………………………… 122
	3.3.1	高水平绘图函数 ……………………………………………… 122
	3.3.2	高水平绘图中的命令 ………………………………………… 133
	3.3.3	低水平作图函数 ……………………………………………… 134
3.4	多元数据的数字特征与相关分析 …………………………………… 135
	3.4.1	二元数据的数字特征及相关系数 ………………………… 135
	3.4.2	二元数据的相关性检验 …………………………………… 137
	3.4.3	多元数据的数字特征及相关矩阵 ………………………… 139
	3.4.4	基于相关系数的变量分类 ………………………………… 142
3.5	多元数据的图表示方法 ……………………………………………… 146
	3.5.1	轮廓图 …………………………………………………………… 146
	3.5.2	星图 ……………………………………………………………… 148

3.5.3　调和曲线图 ······ 151

习题 3 ······ 152

第 4 章　参数估计 ······ 154

4.1　点估计 ······ 154
4.1.1　矩法 ······ 154
4.1.2　极大似然法 ······ 158

4.2　估计量的优良性准则 ······ 164
4.2.1　无偏估计 ······ 164
4.2.2　有效性 ······ 166
4.2.3　相合性（一致性） ······ 166

4.3　区间估计 ······ 167

4.4　单个总体的区间估计 ······ 168
4.4.1　均值估计：Z 统计量 ······ 168
4.4.2　均值估计：t 统计量 ······ 171
4.4.3　总体比例估计 ······ 173

4.5　两个总体的区间估计 ······ 175
4.5.1　均值差的估计：Z 统计量 ······ 175
4.5.2　均值差的估计：t 统计量 ······ 177
4.5.3　总体比例差的估计 ······ 181

4.6　总体方差的估计 ······ 183
4.6.1　方差的估计 ······ 183
4.6.2　方差比的估计 ······ 186

习题 4 ······ 188

第 5 章　假设检验 ······ 191

5.1　假设检验的基本概念 ······ 191
5.1.1　基本概念 ······ 191
5.1.2　假设检验的基本思想与步骤 ······ 193
5.1.3　假设检验的两类错误 ······ 193
5.1.4　原假设和备择假设的设置 ······ 194

5.2　重要的参数检验 ······ 194
5.2.1　Z 检验 ······ 194
5.2.2　t 检验 ······ 200
5.2.3　总体比例的检验 ······ 206
5.2.4　泊松分布参数的检验 ······ 211
5.2.5　正态总体方差的检验 ······ 214

5.3　分布的检验 ······ 216
5.3.1　皮尔逊拟合优度 χ^2 检验 ······ 217

- 5.3.2 柯尔莫戈洛夫–斯米尔诺夫检验 ·· 222
- 5.3.3 正态性检验 ··· 224
- 5.4 列联表检验 ·· 227
  - 5.4.1 皮尔逊 χ^2 独立性检验 ·· 227
  - 5.4.2 费希尔精确的独立检验 ··· 230
  - 5.4.3 麦克尼马尔检验 ·· 232
- 5.5 符号检验 ·· 233
  - 5.5.1 单个总体的检验 ·· 233
  - 5.5.2 两个总体的检验 ·· 234
- 5.6 秩检验 ·· 236
  - 5.6.1 秩统计量 ·· 236
  - 5.6.2 威尔科克森符号秩检验 ··· 238
  - 5.6.3 威尔科克森秩和检验 ··· 240
  - 5.6.4 配对数据的秩检验 ·· 242
- 5.7 秩相关检验 ·· 243
  - 5.7.1 斯皮尔曼秩相关检验 ··· 243
  - 5.7.2 肯德尔秩相关检验 ·· 245
  - 5.7.3 多组数据的相关性检验 ··· 246
- 5.8 游程检验 ·· 248
- 习题 5 ·· 251

第 6 章 回归分析 ·· 256

- 6.1 一元线性回归分析 ··· 256
  - 6.1.1 数学模型 ·· 256
  - 6.1.2 回归参数的估计 ·· 257
  - 6.1.3 回归方程的显著性检验 ··· 258
  - 6.1.4 参数 β_0 与 β_1 的区间估计 ·· 261
  - 6.1.5 预测 ··· 261
  - 6.1.6 计算实例 ·· 262
- 6.2 与线性回归有关的函数 ·· 266
  - 6.2.1 基本函数 ·· 266
  - 6.2.2 提取模型信息的函数 ··· 266
- 6.3 多元线性回归分析 ··· 269
  - 6.3.1 数学模型 ·· 270
  - 6.3.2 回归系数的估计 ·· 270
  - 6.3.3 显著性检验 ·· 271
  - 6.3.4 示例 ··· 272
  - 6.3.5 回归系数的区间估计 ··· 274

      6.3.6 预测 ··· 274
      6.3.7 修正拟合模型 ··· 275
      6.3.8 计算实例 ··· 275
  6.4 逐步回归 ·· 279
      6.4.1 "最优"回归方程的选择 ··· 279
      6.4.2 逐步回归的计算 ·· 280
  6.5 回归诊断 ·· 284
      6.5.1 回归诊断的重要性 ··· 284
      6.5.2 残差 ·· 287
      6.5.3 残差图 ·· 289
      6.5.4 残差的独立性检验 ··· 293
      6.5.5 影响分析 ··· 295
  6.6 多重共线性的诊断 ·· 301
      6.6.1 什么是多重共线性 ·· 301
      6.6.2 多重共线性的发现 ·· 301
  6.7 广义线性回归模型 ·· 305
      6.7.1 与广义线性模型有关的 R 函数 ······························· 305
      6.7.2 正态分布族 ·· 306
      6.7.3 二项分布族 ·· 308
      6.7.4 泊松分布族 ·· 313
      6.7.5 其他分布族 ·· 315
  6.8 非线性回归模型 ··· 316
      6.8.1 多项式回归模型 ··· 317
      6.8.2 （内在）非线性回归模型 ······································· 320
习题 6 ··· 325

第 7 章 方差分析 ·· 330

  7.1 单因素方差分析 ··· 330
      7.1.1 数学模型 ··· 331
      7.1.2 方差分析 ··· 331
      7.1.3 方差分析表的计算 ·· 333
      7.1.4 均值的多重比较 ·· 336
  7.2 单因素方差分析的进一步讨论 ··· 340
      7.2.1 误差的正态性检验 ·· 340
      7.2.2 方差齐性检验 ··· 341
      7.2.3 非齐方差数据的方差分析 ····································· 342
  7.3 秩检验 ·· 342
      7.3.1 克鲁斯卡尔-沃利斯秩和检验 ································ 342

7.3.2 弗里德曼秩和检验 ··· 345
7.4 双因素方差分析 ·· 347
　　7.4.1 不考虑交互效应 ··· 347
　　7.4.2 考虑交互效应 ·· 350
　　7.4.3 方差齐性检验 ·· 354
7.5 正交试验设计与方差分析 ·· 355
　　7.5.1 用正交表安排试验 ··· 355
　　7.5.2 正交试验的方差分析 ·· 358
　　7.5.3 有交互效应的试验 ··· 359
　　7.5.4 有重复试验的方差分析 ··· 362
习题 7 ··· 363

第 8 章 应用多元分析（Ⅰ） ·· 367
8.1 判别分析 ··· 367
　　8.1.1 判别分析的基本概念 ·· 367
　　8.1.2 距离判别 ·· 369
　　8.1.3 贝叶斯判别 ··· 375
　　8.1.4 费希尔判别 ··· 380
　　8.1.5 判别分析的进一步讨论 ··· 384
　　8.1.6 扩展程序包中的判别函数 ·· 388
8.2 聚类分析 ··· 393
　　8.2.1 距离和相似系数 ··· 393
　　8.2.2 系统聚类法 ··· 399
　　8.2.3 动态聚类法 ··· 409
习题 8 ··· 411

第 9 章 应用多元分析（Ⅱ） ·· 414
9.1 主成分分析 ·· 414
　　9.1.1 总体主成分 ··· 414
　　9.1.2 样本主成分 ··· 417
　　9.1.3 相关函数的介绍及实例 ··· 420
　　9.1.4 主成分分析的应用 ··· 425
9.2 因子分析 ··· 429
　　9.2.1 引例 ·· 430
　　9.2.2 因子模型 ·· 431
　　9.2.3 参数估计 ·· 432
　　9.2.4 方差最大的正交旋转 ·· 441
　　9.2.5 因子分析的计算函数 ·· 443
　　9.2.6 因子得分 ·· 446

9.3 典型相关分析 ··· 448
    9.3.1 总体典型相关 ······································ 449
    9.3.2 样本典型相关 ······································ 451
    9.3.3 典型相关分析的计算 ·································· 452
    9.3.4 典型相关系数的显著性检验 ······························ 454
习题 9 ·· 456

第 10 章 数据可视化 ··· 459

10.1 多维标度法 ··· 459
    10.1.1 多维标度法的基本概念 ································ 459
    10.1.2 多维标度法的古典解 ·································· 460
    10.1.3 非度量方法 ······································ 467
    10.1.4 实例计算 ·· 469

10.2 对应分析 ··· 471
    10.2.1 引例 ·· 472
    10.2.2 对应分析的计算公式 ·································· 473
    10.2.3 R 计算与绘图 ······································ 475

10.3 样本与变量的双重信息图 ····································· 479
    10.3.1 双重信息图的构造 ···································· 479
    10.3.2 R 作图 ·· 482

习题 10 ··· 487

附录 ·· 489

A. R 函数索引 ··· 489
B. 习题参考答案 ··· 497

参考文献 ·· 520

第 1 章 R 软件简介

R 语言是一种为统计计算和图形显示而设计的语言环境，是贝尔实验室开发的 S 语言的一种实现。R 软件是一种针对统计分析和数据分析的功能全面的开源软件，目前在商业、工业、政府部门、医药和科研等涉及数据分析的领域都有广泛的应用。

1.1 R 软件的下载与安装

对于 R 的初学者来说，首先要下载 R 软件。R 是免费的，可在网站

http://cran.r-project.org/

下载。对于 Windows 用户，单击 Download R for Windows 进入下一个窗口。然后单击 base 进入下载窗口 [①]。单击

Download R 4.0.2 for Windows (84 megabytes, 32/64 bit)

下载 Windows 系统下的 R 软件 [②]。

R 软件安装非常容易，运行刚才下载的程序（如R-4.0.2-win），按照 Windows 的提示，安装即可.

在开始安装后，选择安装提示的语言，如中文（简体），单击"确定"进入"信息"窗口。单击"下一步"进入"选择安装位置"窗口，你可单击"浏览"（R）选择安装目录（默认目录为C:\Program Files\R\R-4.0.2），然后单击"下一步"进入"选择组件"窗口。并根据所要安装计算机的性能选择相应的组件，例如，对于 64 位计算机，可以选择 64-bit Files。如果在Message translations前面打勾，则使用中文系统说明。选择后，单击"下一步"进入"启动选项"窗口。

在"启动选项"窗口中选择"Yes"（自定义启动）或"No"（接受默认选项）。如果选择默认选项，以后的帮助文件将以网页形式提供。你可以选择"Yes"，进入"显示模式"界面。在这个窗口中选择"MDI"（一个大的窗口）或"SDI"（多个分开的窗口），单击"下一步"进入"帮助风格"窗口。在这个窗口中，选择"选纯文本"，以后的帮助文件由纯文本形式提供。

单击"下一步"进入"开始菜单文件夹"窗口，选择开始菜单文件夹，默认值为 R。单击"下一步"进入"选择附加任务"窗口，可以选择附加任务，如在"创建桌面快捷方式"前打勾，单击"下一步"进入安装状态。稍候片刻，R 软件成功安装，按"结束"。

安装完成后，程序会创建 R 软件程序组，并在桌面上创建 R 主程序的快捷方式（在安装时选择了创建桌面快捷方式）。

---

① http://cran.r-project.org/bin/windows/base/直接进入下载窗口。
② R 软件每隔一段时间会更新一次。

1.2 R 软件的界面

通过快捷方式或通过"开始->所有程序-> R -> R i386 4.0.2（或 R x64 4.0.2）"启动 R，进入工作状态，如图 1.1 所示[①]。

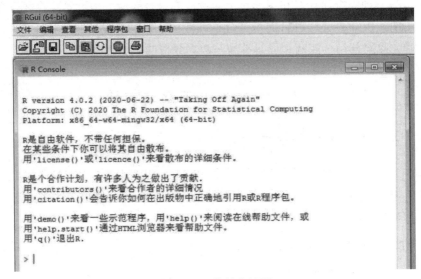

图 1.1 R 软件主界面

R 软件的界面与 Windows 的其他编程软件相类似，由下拉式菜单、快捷按钮控件和操作窗口组成，快捷按钮控件的图形及功能如图 1.2 所示。

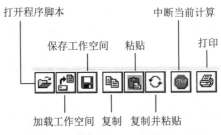

图 1.2 快捷按钮控件及相应的功能

1.2.1 主窗口

主窗口也称为控制台，或命令窗口，在提示符>下可以直接输入命令得到计算结果。例如

```
> 2 + 2
[1] 4
> log(2)
[1] 0.6931472
```

---

① 本书只显示中文系统下 R 的运行模式。

显示的[1]表示第 1 个数据。还可以绘图，例如，输入一段程序

```
> n <- 30
> x <- runif(n, 0, 10)
> y <- 5 + 2*x + rnorm(n)
> plot(x, y)
```

这时弹出图形窗口（R Graphics: Device2(ACTIVE)）给出所绘的图形（见图 1.3）。

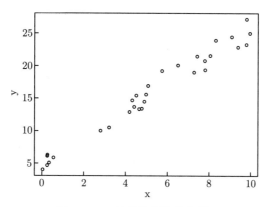

图 1.3　R 软件绘制的散点图

在上述程序中，<-表示赋值，也可以使用"="，即n是 30。runif()是产生均匀分布随机数的函数，这里表示产生n个 (30 个) 0~10 均匀分布的随机数。rnorm()是产生正态分布的随机数，这里表示产生n个（30 个）标准正态分布的随机数。这里产生的x和y是长度为 30 的向量，plot()函数绘出自变量为x，因变量为y的散点图。

在主窗口上面有 7 个下拉式菜单，分别是"文件""编辑""查看""其他""程序包""窗口""帮助"，下面有选择地介绍部分菜单及菜单中的部分内容。

1.2.2　文件菜单

单击主界面中的"文件"，弹出下拉式菜单，分别是："运行 R 脚本文件...""新建程序脚本""打开程序脚本...""显示文件内容...""加载工作空间...""保存工作空间...""加载历史...""保存历史...""改变工作目录...""打印...""保存到文件...""退出"。

1. 新建程序脚本

编写新程序文件。单击该命令，打开一个新的 R 程序编辑窗口，输入要编写的 R 程序，例如

```
n <- 30
x <- runif(n, 0, 10)
y <- 5 + 2*x + rnorm(n)
plot(x, y)
```

输入完毕后，单击"文件"，选择"保存"，或直接单击"保存"的快捷键，弹出"保存程序脚本为"的对话框，输入一个文件名，如MyFile.R（默认的扩展名为.R）。这样，该程序文件就保存在当前的目录中，以备调用。

2. 运行 R 脚本文件...

运行已有的 R 程序文件。单击该命令，打开"选择要运行的程序文件"窗口，选择要运行的程序（后缀为.R），如MyFile.R。选择好要运行的文件后，按"打开（o）"。R 会运行该文件（MyFile.R）中的全部程序，但在操作窗口并不显示所运行程序后的内容，而只显示

```
> source("D:\\Statis_and_R\\chap01\\MyFile.R")
```

如果运行程序中包含有绘图命令，会弹出图形窗口，显示所绘图形。当然，在当前目录下，执行source("MyFile.R")命令，或执行带有路径的命令

```
> source("D:/Statis_and_R/chap01/MyFile.R")
```

具有同样的功能。

3. 打开程序脚本...

打开已有 R 文件。单击该命令或它的快捷键，打开"打开程序脚本"窗口，选择一个 R 文件，如MyFile.R，屏幕弹出MyFile.R编辑窗口，可以利用该窗口对该文件（MyFile.R）进行编辑，或执行该文件中的部分或全部程序。

4. 显示文件内容...

显示已有的文件。单击该命令，打开"Select files"窗口[①]，选择一个文件（*.R或*.q），如MyFile.R。屏幕弹出MyFile.R 窗口，可利用该窗口执行该文件（MyFile.R）的部分或全部程序，但无法对所显示的程序进行编辑。

在当前目录下，执行命令file.show("MyFile.R")，或执行带有路径的命令

```
> file.show("D:/Statis_and_R/chap01/MyFile.R")
```

具有同样的功能。

5. 改变工作目录...

改变当前的工作目录。单击该命令，弹出"浏览文件夹"窗口，在窗口中找到所需的工作目录，如D:\Statis_and_R\chap01，单击"确定"按钮确认。

执行命令

```
> setwd("D:\\Statis_and_R\\chap01")
```

或

```
> setwd("D:/Statis_and_R/chap01")
```

具有同样的功能。

用getwd()函数，可以获得当前的工作目录。例如，在当前目录下

```
> getwd()
[1] "D:/Statis_and_R/chap01"
```

这里的[1]表示输出的第 1 个值。

[①] 如果文件或文件所在的目录（包括子目录）使用中文命名，则该命令可能失败。

6. 退出

退出 R 系统。如果退出前没有保存工作空间映像，则系统会提示是否保存工作空间映像，可选保存（是（Y））或不保存（否（N））。在操作窗口执行q()或命令quit()，具有同样的功能。

如果想直接退出，并不保存工作空间映像，可直接输入命令

```
> q(save="no")
```

1.2.3 其他菜单

单击主界面中的"其他"，弹出下拉式菜单，分别是："中断当前的计算""中断所有计算""缓冲输出""补全单词""补全文件名""列出对象""删除所有对象""列出查找路径"。

1. 列出对象

单击该命令，列出内存中全部对象的名称。在操作窗口下直接执行命令

```
> ls()
```

可以达到同样的目的。

2. 删除所有对象

单击该命令，将全部对象从内存中清除。在操作窗口下直接执行命令

```
> rm(list = ls(all=TRUE))
```

可以达到同样的目的。该命令非常有用，当你感到你的计算结果有些莫名其妙时，单击该命令，并重新运行原有的 R 程序，有可能会解决你刚才的问题。

3. 列出查找路径

单击该命令，列出

```
> search()
[1] ".GlobalEnv"        "package:stats"     "package:graphics"
[4] "package:grDevices" "package:utils"     "package:datasets"
[7] "package:methods"   "Autoloads"         "package:base"
```

即当前使用的程序包。在操作窗口执行search()命令，可以达到同样的目的。

1.2.4 程序包菜单

单击主界面中的"程序包"，弹出下拉式菜单，分别是："加载程序包...""设定 CRAN 镜像...""选择软件库...""安装程序包...""更新程序包...""Install package(s) from local files..."。

1. 加载程序包...

R 软件除上述基本程序包外，还有许多程序包，需要在使用前加载。例如，lda()（线性判别）函数，corresp()（对应分析）函数等，就需要加载MASS程序包[①]。

[①] MASS 是 Modern Applied Statistics with S-Plus 的缩写。

单击该命令，弹出"Select one"窗口。选择MASS，单击"确定"按钮。这样就可以使用corresp()函数。直接执行命令

```
> library("MASS")
```

具有同样的功能。

2. 设定 CRAN 镜像…

单击该命令，弹出"Secure CRAN mirrors"窗口，选择一个镜像点，如 China (Beijing 1) [https]。单击"确定"按钮，联接到指定的镜像点。

3. 选择软件库…

单击该命令，弹出"Repositories"窗口，选择一个库，如CRAN，单击"确定"按钮。计算机将自动联接到所选的库。如果不作此项操作，则默认连接到CRAN库。

4. 安装程序包…

安装扩展程序包，可以大大提升 R 软件的计算能力，例如，安装nleqslv程序包后，可以求解非线性方程组。安装openxlsx程序包后，可以读写 Excel（后缀为.xlsx）表格数据文件。

单击"安装程序包…"，弹出"Packages"窗口，选择需要安装的程序包，如nleqslv程序包，计算机将下载指定的程序包并自动安装。如果在单击该命令之前还没有设定镜像，则先弹出"Secure CRAN mirrors"窗口，设定镜像。

直接使用命令

```
> install.packages("packgaename")
```

具有同样的功能，其中packgaename为程序包的名称。

可以用命令

```
> library(help = "packgaename")
```

列出packgaename程序包的信息，有描述（名称、版本、日期、作者，以及程序内容的描述等）和索引（程序包中的函数和数据集）。例如，命令

```
> library(help = nleqslv)
```

会列出它是一个求解非线性方程组的程序包，其中的nleqslv()函数是使用布罗伊登（Broyden）算法或者是用牛顿（Newton）算法求解非线性方程组。

5. 更新程序包…

单击"更新程序包…"，弹出"Packages to be updataed"窗口，选择需要更新的程序包，计算机将自动更新指定的或全部要更新的程序包。如果在单击该命令之前还没有设定镜像，则先弹出"Secure CRAN mirrors"窗口，设定镜像。

6. Install package（s）from local files… （用本地文件安装程序包）

单击该命令，打开"Select files"，选择已在 CRAN 中下载到本机的zip文件，进行安装。

1.2.5 帮助菜单

单击主界面中的"帮助",弹出下拉式菜单,分别是:"控制台""R FAQ""Windows 下的 R FAQ""手册(PDF 文件)""R 函数帮助(文本)...""Html 帮助""搜索帮助...""search.r-project.org ...""模糊查找对象...""R 主页""CRAN 主页""关于"。

1. R FAQ

R 常见问答(frequently asked questions,FAQ)。单击该命令,弹出 R FAQ 网页式窗口。该窗口解释 R 软件的基本问题,如 R 软件的介绍、R 软件的基本知识、R 语言与 S 语言以及 R 程序等。

2. Windows 下的 R FAQ

关于 R 软件的进一步的常见问答。单击该命令,弹出 R for Windows FAQ 网页式窗口,其内容有安装与用户、语言与国际化、程序包、Windows 的特点、工作空间、控制台等。该窗口的问题更加深入。

3. 手册(PDF 文件)

R 软件使用手册。分别是 An Introduction to R(R 入门介绍),R Refence Manual(R 参考手册),R Data Import/Export(R 数据导入/导出),R Language Definition(R 语言定义),Writing R Extensions(写 R 扩展程序),R Internals(R 内部结构),R Installation and Administration(R 安装与管理)和 Sweave User(Sweave 用户手册[①])。所有手册均是 PDF 格式的文件. 这些手册为学习 R 软件提供了有利的帮助.

以上 3 条文本帮助文件是逐步深入的,用它们可以帮助使用者快速掌握 R 软件的使用。

4. R 函数帮助(文本)...

帮助命令。单击该命令,出现"帮助于"对话窗口,在窗口中输入需要帮助的函数名,如 lm(线性模型)函数,单击"确定"按钮,则屏幕上会出现新的窗口,解释 lm 的意义与使用方法。

在操作窗口下,输入命令

```
> help("Fun_Name")
```

或者

```
> help(Fun_Name)
```

或者

```
> ?Fun_Name
```

具有相同的效果。

5. 搜索帮助...

搜索帮助。单击该命令,出现"搜索帮助"对话窗口,在窗口中输入需要帮助的函数名,如 lm(线性模型)函数,单击"确定"按钮,则屏幕上会出现新的对话框,列出与 lm(线性模型)有关的全部函数名(包括广义线性模型函数名)。

[①] 介绍 LaTeX 与 R 混合使用的方法。

在操作窗口下，输入命令

> help.search("Fun_Name")

或者

> ??Fun_Name

具有相同的效果。

6. 模糊查找对象...

列出相关的函数与变量。单击该命令，出现"模糊查找对象"对话窗口，在窗口中输入需要查找的函数名或变量名，如 lm，单击"确定"按钮，在控制窗口中会列出含有字符串 lm 的全部函数名与变量名。

在操作窗口下，输入命令

> apropos("Fun_Name")

具有相同的效果。

注意："R 函数帮助（文本）..."和"模糊查找对象..."是在当前已有的程序包中查找，而"搜索帮助..."是在整个程序包中查找。例如，在"帮助于"对话框中输入"read.spss"（读 SPSS 数据文件函数），计算机会给出警告，告知没有 read.spss 这个函数，并建议使用??Fun_Name 命令作进一步的查找。在"模糊查找对象"对话框中输入"read.spss"，则操作窗口出现"character(0)"，即无法查到。而在"搜索帮助..."对话框中输入"read.spss"，则屏幕上会出现新的窗口，告之 read.spss 属于 foreign 程序包。在加载 foreign 程序包后，就可以调用 read.spss 函数了。

1.3 与数据有关的对象

对象是 R 中的一个重要的概念。由于 R 指令不是直接访问计算机的储存器，而是构造出能够利用某些特定数据的框结构供 R 访问。因此，在 R 中，称这种框结构为对象。

当 R 运行时，所有的变量、数据、函数及结果都是以对象的形式保存在计算机的活动内存中，并且都具有相应的名称。可以使用一些运算符（如算术、逻辑、比较等）和一些函数（本身也是对象）来对这些对象进行操作。

这里介绍与数据输入、保存和运算有关的对象，如纯量、向量、因子、矩阵、数组、列表和数据框等。

1.3.1 纯量

纯量是最简单的输入数据的方法，如

```
n <- 30; a <- 59.9; b <- -3.8; c <- 3 + 4i
name <- "XueYi"; L <- TRUE
```

这些数据中有整数、实数和复数，还有字符串和逻辑变量等。

对于实数（或复数）可作四则运算，运算规则是先乘除，后加减，幂运算优先。例如

```
> 1 + 2*3 + 4/5 + 6^2
[1] 43.8
```

可以作函数运算,如

```
> sqrt(2)
[1] 1.414214
> log(10)
[1] 2.302585
```

也可以作逻辑运算

```
> 3 == 5
[1] FALSE
```

变量之间的类型可以相互转换,例如,将数值型变量转换成字符型变量,

```
> x <- 3
> y <- as.character(x); y
[1] "3"
```

也可以判别变量是否属于某种类型,如

```
> is.numeric(y)
[1] FALSE
```

表 1.1 给出了各种判别与转换数据对象的函数,其使用方法与上面的例子相同。

表 1.1　辨别与转换数据对象的函数

类型	判别函数	转换函数
数值	is.numeric()	as.numeric()
整数	is.integer()	as.integer()
双精度	is.double()	as.double()
复数	is.complex()	as.complex()
字符	is.character()	as.character()
逻辑	is.logical()	as.logical()
空	is.null()	as.null()

1.3.2　向量

1. 向量的构成

对于一组数据,如 10.4, 5.6, 3.1, 6.4 和 21.7,可使用 c() 函数构造成向量

```
> x <- c(10.4, 5.6, 3.1, 6.4, 21.7)
```

c( ) 函数不但能对数量进行连接,也能对向量进行连接,如

```
> y <- c(x, 0, x)
```

构成的向量 y 有 11 个分量,其中两边是向量 x,中间是零。

也可以使用 ":" 构造向量,如

```
> 1:10
 [1]  1  2  3  4  5  6  7  8  9 10
> 10:1
 [1] 10  9  8  7  6  5  4  3  2  1
```

从":"的左端开始,至右端结束,如果左端 < 右端,则逐项加 1;否则逐项减 1。

对向量作逻辑运算,构造逻辑向量,如

```
> y <- c(8, 3, 5, 7, 6, 2, 8, 9); y > 5
 [1]  TRUE FALSE FALSE  TRUE  TRUE FALSE  TRUE  TRUE
```

与逻辑向量有关的三个函数——all(),any()和which(),用例子说明这三个函数的用途。

```
> all(y > 5)
[1] FALSE
> any(y > 5)
[1] TRUE
> which(y > 5)
[1] 1 4 5 7 8
```

第一个函数是判断向量中的所有元素是否均大于 5;第二个函数是判断向量中是否存在大于 5 的元素;第三个函数是判断向量中哪些元素大于 5。

在 R 中,可以使用函数构造具有特定格式的向量,一个是seq()函数,另一个是rep()函数。

seq()函数是产生等距间隔数列的函数,其使用格式为

```
seq(from = 1, to = 1, by = ((to - from)/(length.out - 1)),
    length.out = NULL, along.with = NULL, ...)
```

参数的名称、取值及意义如表 1.2 所示。

表 1.2 seq( ) 函数中参数的名称、取值及意义

名称	取值及意义
from	数值,表示等间隔数列开始的位置,默认值为 1。
to	数值,表示等间隔数列结束的位置,默认值为 1。
by	数值,表示等间隔数列之间的间隔。
length.out	数值,表示等间隔数列的长度。
along.with	向量,表示产生的等间隔数列与向量具有相同的长度。

注:by,length.out和along.with三个参数只能输入一项。

请看下面的例子

```
> seq(0, 1, length.out = 11)
 [1] 0.0 0.1 0.2 0.3 0.4 0.5 0.6 0.7 0.8 0.9 1.0
```

```
> seq(1, 9, by = 2)
[1] 1 3 5 7 9
> seq(1, 9, by = pi)
[1] 1.000000 4.141593 7.283185
> seq(1, 6, by = 3)
[1] 1 4
> seq(10)
 [1]  1  2  3  4  5  6  7  8  9 10
> seq(0, 1, along.with = rnorm(11))
 [1] 0.0 0.1 0.2 0.3 0.4 0.5 0.6 0.7 0.8 0.9 1.0
```

命令中的 rnorm(11) 是产生 11 个标准正态分布的随机数。

这里顺便介绍 seq_len() 函数，seq_len(n) 就表示 1:n。例如，

```
> seq_len(10)
 [1]  1  2  3  4  5  6  7  8  9 10
```

rep() 是重复函数，它可以将某一变量或向量重复若干次，其使用格式为

rep(x, ...)

参数的名称、取值及意义如表 1.3 所示。

表 1.3 rep( ) 函数中附加参数的名称、取值及意义

名称	取值及意义
x	数量或向量，或者是数据对象。
times	表示向量 x 重复的次数。
length.out	表示重复该向量后构成向量的长度。
each	表示向量 x 每个分量重复的次数。
正整数向量	长度与 x 相同，其分量表示对应分量重复的次数。

请看下面的例子

```
> rep(1:4, times = 2)
[1] 1 2 3 4 1 2 3 4
> rep(1:4, length.out = 10)
 [1] 1 2 3 4 1 2 3 4 1 2
> rep(1:4, each = 2)
[1] 1 1 2 2 3 3 4 4
> rep(1:4, c(1, 2, 2, 3))
[1] 1 2 2 3 3 4 4 4
```

times 为默认参数，如 rep(1:4, times = 2) 与 rep(1:4, 2) 的意义是相同的。

2. 向量的下标

如果 x 为向量，x[i] 表示向量 x 的第 i 个分量，如

```
> x <- c(1, 4, 7); x[2]
[1] 4
```

如果x是长度为 n 的向量，v是其分量在 $1 \sim n$ 的整数（允许重复）取值的向量，x[v]是x中以v的分量为分量所构成的向量。例如

```
> x <- 10:20; x[c(1, 3, 5, 9)]
[1] 10 12 14 18
> x[1:5]
[1] 10 11 12 13 14
> x[c(1, 2, 3, 2, 1)]
[1] 10 11 12 11 10
> c("a", "b", "c")[rep(c(2, 1, 3), times = 3)]
[1] "b" "a" "c" "b" "a" "c" "b" "a" "c"
```

如果x是长度为 n 的向量，v是其分量在 $-n \sim -1$ 的整数取值的向量，x[v]是x中去掉-v的分量后余下的分量所构成的向量。例如，

```
> x <- 10:20; x[-(1:5)]
[1] 15 16 17 18 19 20
```

如果x是向量，v是与它等长的逻辑向量，x[v]是x中以v 的所有真值元素为分量所构成的向量，如

```
> x <- c(1, 4, 7); x[x < 5]
[1] 1 4
```

在定义向量时，可以同时给元素加上名字，这个名字就称为字符下标，如

```
> (ages <- c(Li = 33, Zhang = 29, Liu = 18))
   Li Zhang   Liu
   33    29    18
```

在命令中，对赋值命令加括号是为了显示向量ages中的内容。

3. 向量加长

加长向量的方法有两种，一种是用c()函数，其使用格式为

```
x <- c(x, values)
```

其中x是原向量，values是新添加的部分。例如

```
> x <- 1:6; y <- 0:1
> c(x, y)
[1] 1 2 3 4 5 6 0 1
```

另一种是使用append()函数，其使用格式为

```
append(x, values, after = length(x))
```

参数after是正整数,表示添加的位置,默认值是添加在向量的尾部。例如,命令append(x,y)得到与上面同样的结果。也可添加在其他位置,例如,若要将向量 y 的两个元素插入向量 x 的第 3 个位置后,则用命令

```
> append(x, y, after = 3)
[1] 1 2 3 0 1 4 5 6
```

1.3.3 因子

统计中的变量有几种重要类别:区间变量、名义变量和有序变量。区间变量取连续的数值,可以进行求和、求平均值等运算。名义变量和有序变量取离散值,可以用数值代表,也可以是字符型值,其具体数值没有加减乘除的意义,不能用来计算,而只能用来分类或计数。名义变量,如性别、省份、职业;有序变量,如班级、名次。

1. factor() 函数

在 R 中,使用因子来表示名义变量或有序变量,其中factor()函数是一种定义因子的方法。它可以将一个向量转换成因子,其使用格式为

```
factor(x = character(), levels, labels = levels,
       exclude = NA, ordered = is.ordered(x), nmax = NA)
```

部分参数的名称、取值及意义如表 1.4 所示。

表 1.4 factor( ) 函数中部分参数的名称、取值及意义

名称	取值及意义
x	数据向量,也就是被转换成因子的向量。
levels	可选向量,表示因子水平,当此参数缺省时,由x 元素中的不同值来确定。
labels	可选向量,用来指定各水平的名称,缺省时,取levels 的值。

请看下面的例子

```
> data <- c(1, 2, 3, 3, 1, 2, 2, 3, 1, 3, 2, 1)
> (fdata <- factor(data))
 [1] 1 2 3 3 1 2 2 3 1 3 2 1
Levels: 1 2 3
> (rdata <- factor(data, labels=c("I", "II", "III")))
 [1] I   II  III III I   II  II  III I   III II  I
Levels: I II III
```

data为数据向量,factor()将数据转换成因子 (fdata)。由于其他的可选参数均为默认值,所以相应的因子与原数据相同,从data中选出不同的值作为因子水平,共有三个水平。第二个命令增加了可选项labels,这样就将默认因子转换成了罗马数字。

2. gl() 函数

另一种定义因子的函数是gl()函数,它可以定义有规律的因子向量,其使用格式为

```
gl(n, k, length = n*k, labels = seq_len(n), ordered = FALSE)
```

参数的名称、取值及意义如表 1.5 所示。

例如，

```
> gl(3, 5, labels = paste0("A", 1:3))
 [1] A1 A1 A1 A1 A1 A2 A2 A2 A2 A2 A3 A3 A3 A3 A3
Levels: A1 A2 A3
> gl(5, 1, length = 15, labels = paste0("B", 1:5))
 [1] B1 B2 B3 B4 B5 B1 B2 B3 B4 B5 B1 B2 B3 B4 B5
Levels: B1 B2 B3 B4 B5
```

参数中的 paste0() 函数是黏结函数，表示将不同的字符（或字符串）黏结在一起。

表 1.5　gl( ) 函数中参数的名称、取值及意义

名称	取值及意义
n	正整数，表示水平数。
k	正整数，表示重复的次数。
length	正整数，表示生成因子向量的长度，默认值为 n*k。
labels	可选向量，表示因子水平的名称，默认值为 1:n。
ordered	逻辑变量，表示因子水平是否是有次序的，默认值为 FALSE。

3. 与因子有关的函数

函数 is.factor() 的功能是检验对象是否是因子，函数 as.factor() 是将向量转换成一个因子。例如

```
> sex <- c("M", "F", "M", "M", "F")
> is.factor(sex)
[1] FALSE
> sexf <- as.factor(sex); sexf
[1] M F M M F
Levels: F M
```

可用 levels() 函数检测因子的水平，如

```
> sex.level <- levels(sexf); sex.level
[1] "F" "M"
```

对于因子向量，可用 table() 函数来统计各类数据的频数。例如

```
> sex.tab <- table(sexf); sex.tab
sexf
F M
2 3
```

表示男性 3 人，女性 2 人。table() 的结果是一个带元素名的向量，元素名为因子水平，元素值为该水平的出现频数。

如果除了知道 5 位学生的性别外，还知道 5 位学生的身高，需要按性别分组，分别计算男生和女生的平均身高，可以使用 tapply() 函数。例如

```
> height <- c(174, 165, 180, 171, 160)
> tapply(height, sex, mean)
    F     M
162.5 175.0
```

命令中的 mean 表示计算平均值函数 mean()。

函数 tapply() 的一般使用格式为

```
tapply(X, INDEX, FUN = NULL, ..., simplify = TRUE)
```

其中，X 是一对象，通常是一向量，INDEX 是与 X 有同样长度的因子，FUN 是需要计算的函数。

1.3.4 矩阵

除向量外，矩阵是数据输入和计算的最简单形式。

1. 矩阵的生成

生成矩阵最简单的方法是使用 matrix() 函数，其使用格式为

```
matrix(data = NA, nrow = 1, ncol = 1, byrow = FALSE,
       dimnames = NULL)
```

参数的名称、取值及意义如表 1.6 所示。

表 1.6　matrix( ) 函数中参数的名称、取值及意义

名称	取值及意义
data	向量，默认值为 NA，当不输入该数据时，可生成一个初始矩阵。
nrow	正整数，表示矩阵的行数，默认值为 1。
ncol	正整数，表示矩阵的列数，默认值为 1。
byrow	逻辑变量，表示是否将 data 中的数据按行放置，默认值为 FALSE。
dimnames	列表，输入矩阵的行和列的名称，默认值为空。

例如

```
> mdat <- matrix(c(1, 2, 3,  11, 12, 13),
      nrow = 2, ncol = 3, byrow = TRUE,
      dimnames = list(c("row1", "row2"), c("C.1", "C.2", "C.3")))
> mdat
     C.1 C.2 C.3
row1   1   2   3
row2  11  12  13
> A <- matrix(1:15, nrow = 3, ncol = 5); A
     [,1] [,2] [,3] [,4] [,5]
[1,]    1    4    7   10   13
[2,]    2    5    8   11   14
[3,]    3    6    9   12   15
```

注意，下面两种格式与前面的格式是等价的：

```
> A <- matrix(1:15, nrow = 3)
> A <- matrix(1:15, ncol = 5)
```

还可以生成一个初始空矩阵，随后再赋值，如

```
> B <- matrix(nr = 2, nc = 3)
> B[1,1] <- 1; B[1,3] <- 0; B[2,2] <- 3; B
     [,1] [,2] [,3]
[1,]    1   NA    0
[2,]   NA    3   NA
```

这里nr是nrow的缩写，nc是ncol的缩写。第一行的命令构成一个 2×3 空矩阵，第二行对矩阵相应的元素赋值，如果没有第一行的命令，第二行的命令将视为错误。

可用dim()函数将向量转换成矩阵，其使用格式为

```
dim(x) <- value
```

参数x为数据（向量），value为表示矩阵行、列数的向量。

例如

```
> X <- 1:12; dim(X) <- c(3, 4); X
     [,1] [,2] [,3] [,4]
[1,]    1    4    7   10
[2,]    2    5    8   11
[3,]    3    6    9   12
```

表示将向量1:12转换成 3×4 矩阵，其中元素按列排列。

可以使用rbind()函数或cbind()函数将多个向量或矩阵合并成一个矩阵。rbind()函数是按行合并，各个子矩阵需要有相同的列数。cbind()函数是按列合并，各个子矩阵需要有相同的行数。例如

```
> X1 <- rbind(1:2, 101:102); X1
     [,1] [,2]
[1,]    1    2
[2,]  101  102
> X2 <- cbind(1:2, 101:102); X2
     [,1] [,2]
[1,]    1  101
[2,]    2  102
> cbind(X1, X2)
     [,1] [,2] [,3] [,4]
[1,]    1    2    1  101
[2,]  101  102    2  102
> rbind(X1, X2)
     [,1] [,2]
[1,]    1    2
```

```
[2,]  101  102
[3,]    1  101
[4,]    2  102
```

上述两个函数在对向量合并时,向量的长度可以不相同,此时短向量会重复使用。例如

```
> rbind(11:14, 1:2)
     [,1] [,2] [,3] [,4]
[1,]   11   12   13   14
[2,]    1    2    1    2
```

2. 与矩阵运算有关的函数

dim()函数的另一个功能是获取对象(如矩阵,数组等)的维数,例如

```
> dim(A)
[1] 3 5
```

表示 A 为 3×5 矩阵。

除dim()函数外,还有获取矩阵行数的函数——nrow()函数,以及获取矩阵列数的函数——ncol()函数。例如

```
> nrow(A)
[1] 3
> ncol(A)
[1] 5
```

上述两个函数对向量运算无效。如果要对向量作运算,只需将函数名称改成大写字母即可。

as.vector()函数可以将矩阵或数组强行转换成向量,形象地说,就是将矩阵按列拉直。例如

```
> as.vector(A)
 [1]  1  2  3  4  5  6  7  8  9 10 11 12 13 14 15
```

其他的函数有:colSums()函数——矩阵的各列求和;rowSums()函数——矩阵的各行求和;colMeans()函数——矩阵的各列求均值;rowMeans()函数——矩阵的各行求均值。

3. 矩阵下标

要访问矩阵的某个元素或为该元素赋值,只要写出矩阵名和方括号中用逗号分开的两个下标。如

```
> A[1, 2]
[1] 4
> A[1, 2] <- 102
```

矩阵下标可以取正整数(不能超过矩阵对应的行、列数),其内容为矩阵下标对应的内容,如

```
> A[c(1, 3), 2:4]
     [,1] [,2] [,3]
[1,]  102    7   10
[2,]    6    9   12
```

也可以取负整数（整数不能超过矩阵对应的行、列数），其意义是去掉矩阵中相应的行和 (或) 列，如

```
> A[-3, -2]
     [,1] [,2] [,3] [,4]
[1,]    1    7   10   13
[2,]    2    8   11   14

> A[-1, ]
     [,1] [,2] [,3] [,4] [,5]
[1,]    2    5    8   11   14
[2,]    3    6    9   12   15

> A[, -2]
     [,1] [,2] [,3] [,4]
[1,]    1    7   10   13
[2,]    2    8   11   14
[3,]    3    9   12   15
```

也可以使用逻辑下标和字符串下标（如果定义了矩阵行、列的名称），关于这两种下标的使用就不列举了。

如果打算访问矩阵的行，或对矩阵的行赋值，则标出行的下标，而列下标缺省。同样，如果打算访问矩阵的列，或对矩阵的列赋值，则标出列的下标，而行下标缺省。例如

```
> A[c(1, 3), ]
     [,1] [,2] [,3] [,4] [,5]
[1,]    1  102    7   10   13
[2,]    3    6    9   12   15

> A[2, ] <- 201:205; A
     [,1] [,2] [,3] [,4] [,5]
[1,]    1  102    7   10   13
[2,]  201  202  203  204  205
[3,]    3    6    9   12   15
```

1.3.5 数组

数组对大家来说并不陌生，实际上，向量是一维数组，矩阵是二维数组，这里所说的数组是指多维数组，当然所介绍的内容也适用于向量和矩阵。

1. 数组的生成

用 array() 函数生成数组，其使用格式为

```
array(data = NA, dim = length(data), dimnames = NULL)
```

参数的名称、取值及意义如表 1.7 所示。

表 1.7 array( ) 函数中参数的名称、取值及意义

名称	取值及意义
data	向量，默认值为NA。
dim	正整数向量，表示数组各维的长度，默认值为data 的长度。
dimnames	列表，输入数组各维的名称，默认值为空。

例如

```
> X <- array(1:20, dim = c(4, 5)); X
     [,1] [,2] [,3] [,4] [,5]
[1,]    1    5    9   13   17
[2,]    2    6   10   14   18
[3,]    3    7   11   15   19
[4,]    4    8   12   16   20

> Y <- array(1:24, dim = c(3, 4, 2)); Y
, , 1
     [,1] [,2] [,3] [,4]
[1,]    1    4    7   10
[2,]    2    5    8   11
[3,]    3    6    9   12

, , 2
     [,1] [,2] [,3] [,4]
[1,]   13   16   19   22
[2,]   14   17   20   23
[3,]   15   18   21   24
```

也可以用dim()构造数组，例如

```
> Y <- 1:24
> dim(Y) <- c(3, 4, 2)
```

与刚才命令的结果是相同的。

2. 数组下标

数组与向量和矩阵一样，可以对数组中的某些元素进行访问或进行运算。

要访问数组的某个元素，只要写出数组名和方括号内的用逗号分开的下标即可，如 a[2, 1, 2]。例如

```
> a <- 1:24
> dim(a) <- c(2, 3, 4)
> a[2, 1, 2]
[1] 8
```

更进一步还可以在每一个下标位置写一个下标向量,表示这一维取出所有指定下标的元素,如a[1, 2:3, 2:3]取出所有第一维的下标为 1,第二维的下标为 2~3,第三维的下标为 2~3 的元素。例如

```
> a[1, 2:3, 2:3]
     [,1] [,2]
[1,]    9   15
[2,]   11   17
```

注意,因为第一维只有一个下标,所以数组退化成为一个 2×2 矩阵。

另外,如果略写某一维的下标,则表示该维数据全选。例如

```
> a[1, , ]
     [,1] [,2] [,3] [,4]
[1,]    1    7   13   19
[2,]    3    9   15   21
[3,]    5   11   17   23
```

取出所有第一维下标为 1 的元素,得到一个二维数组(3×4 矩阵)。

```
> a[ , 2, ]
     [,1] [,2] [,3] [,4]
[1,]    3    9   15   21
[2,]    4   10   16   22
```

取出所有第二维下标为 2 的元素得到一个 2×4 矩阵。

```
> a[1, 1, ]
[1]  1  7 13 19
```

则只能得到一个长度为 4 的向量。a[, ,]或a[]都表示整个数组。例如

```
> a[] <- 0
```

可以在不改变数组维数的条件下把元素都赋成 0。

3. apply() 函数

如果要对矩阵或数组的行或列作运算,需要用到apply()函数,其使用格式为

```
apply(X, MARGIN, FUN, ...)
```

其中,X是矩阵或数组,MARGIN是正整数,如 1 或 2,取 1 表示对行作运算,取 2 表示对列作运算。FUN是运算函数,例如,sum表示求和,mean表示计算平均值。例如,X是一个 2×3 矩阵,按行求和,按列求平均值。程序与计算结果如下:

```
> X <- array(1:6, dim = c(2, 3)); X
     [,1] [,2] [,3]
[1,]   1    3    5
[2,]   2    4    6
> apply(X, 1, sum)
[1]  9 12
> apply(X, 2, mean)
[1] 1.5 3.5 5.5
```

1.3.6 列表

向量、矩阵和数组中的元素必须是相同的数据类型，如果在一个数据对象中，需要含有不同的数据类型，可以采用列表这种数据对象的形式。

1. 列表的构造

列表是一种特别的对象集合，它的成员也由序号（下标）区分，但是各成员的类型可以是任意对象，不同成员不必是同一类型。成员本身允许是其他复杂数据类型，如列表的一个成员也允许是列表。下面是如何构造列表的例子。

```
> Lst <- list(name = "Fred", wife = "Mary",
        no.children = 3, child.ages = c(4, 7, 9))
> Lst
$name
[1] "Fred"
$wife
[1] "Mary"
$no.children
[1] 3
$child.ages
[1] 4 7 9
```

列表成员总可以用"列表名[[下标]]"的格式引用。例如

```
> Lst[[2]]
[1] "Mary"
> Lst[[4]][2]
[1] 7
```

但是，列表不同于向量，每次只能引用一个成员，如Lst[[1:2]]的用法是不允许的。

注意："列表名[下标]"或"列表名[下标范围]"的用法也是合法的，但其意义与用两重括号的记法完全不同，两重括号取出列表的一个成员，结果与该成员类型相同，如果使用一重括号，则结果是列表的一个子列表（结果类型仍为列表）。

在定义列表时，如果指定了成员的名字(如Lst中的name,wife,no.children,child.ages)，则引用列表成员还可以用它的名字作为下标，格式为"列表名[["成员名"]]"，例如

```
> Lst[["name"]]
[1] "Fred"
> Lst[["child.age"]]
[1] 4 7 9
```

另一种格式是"列表名$成员名",例如

```
> Lst$name
[1] "Fred"
> Lst$wife
[1] "Mary"
> Lst$child.ages
[1] 4 7 9
```

2. 列表的修改

列表成员可以修改,只要把成员引用赋值即可,如将 Fred 改成 John。

```
> Lst$name <- "John"
```

如果需要增加一项家庭收入,夫妻的收入分别为 1980 和 1600,则输入

```
> Lst$income <- c(1980, 1600)
```

如果要删除列表的某一项,则将该项赋空值(NULL)。

几个列表可以用连接函数 c() 连接起来,结果仍为一个列表,其成员为各自列表的成员。例如

```
> list.ABC <- c(list.A, list.B, list.C)
```

3. lapply() 函数和 sapply() 函数

如果列表由数值构成,可用 lapply() 函数或 sapply() 函数对列表中的每个成员作计算,其使用格式为

```
lapply(X, FUN, ...)
sapply(X, FUN, ..., simplify = TRUE, USE.NAMES = TRUE)
```

两个函数的差别在于,lapply() 函数的返回值还是列表,而 sapply() 函数的返回值是它的简化形式。例如

```
> x <- list(a = 1:10, beta = exp(-3:3))
> lapply(x, mean)
$a
[1] 5.5

$beta
[1] 4.535125

> sapply(x, mean)
       a     beta
5.500000 4.535125
```

实际上,从函数名也可以理解函数的意义,l 是 list 的第一个字母,s 是 simplify 的第一个字母。

4. unlist() 函数

unlist()函数是取消列表，例如

```
> unlist(Lst)
      name          wife  no.children  child.ages1  child.ages2
    "Fred"        "Mary"          "3"          "4"          "7"
child.ages3
        "9"
```

它是一个向量，且元素由字符构成。

1.3.7 数据框

数据框（data.frame）是 R 语言的一种数据结构。它通常是矩阵形式的数据，但它的各列可以是不同的类型。数据框每列是关于变量的观测数据，每行是关于样品的观测数据。

数据框还有更一般的定义。它是一种特殊的列表，有一个值为"data.frame"的class属性，各列表成员必须是向量（数值型、字符型、逻辑型）、因子、数值型矩阵、列表或其他数据框。向量、因子成员为数据框提供一个变量，非数值型向量会被强制转换为因子，而矩阵、列表、数据框这样的成员为新数据框提供了和其列数、成员数、变量数相同个数的变量。作为数据框变量的向量、因子或矩阵必须具有相同的长度（行数）。

尽管如此，一般还是可以把数据框看成是一种推广了的矩阵，它可以用矩阵形式显示，可以用对矩阵的下标引用方法来引用其成员或子集。

1. 数据框的生成

数据框可以用`data.frame()`函数生成，其用法与`list()`函数相同，各自变量变成数据框的成分，自变量可以命名，成为变量名。例如

```
> df <- data.frame(
    Name = c("Alice", "Becka", "James", "Jeffrey", "John"),
    Sex = c("F", "F", "M", "M", "M"),
    Age = c(13, 13, 12, 13, 12),
    Height = c(56.5, 65.3, 57.3, 62.5, 59.0),
    Weight = c(84.0, 98.0, 83.0, 84.0, 99.5)
  ); df

     Name Sex Age Height Weight
1   Alice   F  13   56.5   84.0
2   Becka   F  13   65.3   98.0
3   James   M  12   57.3   83.0
4 Jeffrey   M  13   62.5   84.0
5    John   M  12   59.0   99.5
```

可用`as.data.frame()`函数将矩阵强制转换成数据框，也可以将列表强制转换为数据框，但需要该列表的各个成分满足数据框成分的要求。

可用`is.data.frame()`函数检测某一对象是否为数据框。

2. 数据框的引用

引用数据框成员的方法与引用矩阵元素的方法相同，可以使用下标或下标向量，也可以使用列名或列名构成的向量。例如

```
> df[1:2, 3:5]
  Age Height Weight
1  13   56.5   84.0
2  13   65.3   98.0
```

数据框的各变量也可以按列表引用（即用双括号`[[ ]]`或`$`符号引用）。例如

```
> df[["Height"]]
[1] 56.5 65.3 57.3 62.5 59.0
> df$Weight
[1] 84.0 98.0 83.0 84.0 99.5
```

3. 连接函数

数据框的主要用途是数据。R 语言中的很多函数都需要以数据框的形式输入数据。也可以把数据框当成一种矩阵来处理。在使用数据框的变量时，可以用"数据框名$变量名"的记法，但是这样使用比较麻烦。

R 语言提供了 attach() 函数，可以把数据框中的变量"连接"到内存中，这样便于数据框数据的调用。例如

```
> attach(df)
> r <- Height/Weight; r
[1] 0.6726190 0.6663265 0.6903614 0.7440476 0.5929648
```

后一语句将在当前工作空间建立一个新变量 r，它不会自动进入数据框 df 中，要把新变量赋值到数据框中，可以用

```
> df$r <- Height/Weight
```

这样的格式。

为了取消连接，只要调用 detach()（无参数即可）。

注意：R 语言中名字空间的管理是比较独特的。它在运行时保持一个变量搜索路径表，在读取某个变量时，到这个变量搜索路径表中由前向后查找，找到最前面的一个；在赋值时，总是在位置 1 赋值（除非特别指定在其他位置赋值）。attach() 的默认位置是在变量搜索路径表的位置 2，detach() 默认也是去掉位置 2，所以 R 编程的一个常见问题是当误用了一个自己并没有赋值的变量时有可能不出错，因为这个变量已在搜索路径中某个位置有定义，这样不利于程序的调试，需要留心这样的问题。

attach() 除了可以连接数据框，也可以连接列表。

如果对数据框中的变量只作少量的运算，也可以不使用 attach() 函数，而使用 with() 函数，其使用格式为

```
with(data, expr, ...)
```

参数data为数据框，expr为计算表达式。例如，

```
> df$r <- with(df, Height/Weight)
```

4. 与数据框有关的函数

可以将数据框看成数组或矩阵，对数据框的数值部分用apply()函数作计算。例如，计算数据框df中年龄、身高、体重的平均值：

```
> apply(df[, 3:5], 2, mean)
   Age Height Weight
 12.60  60.12  89.70
```

也可以将数据框看成列表，对数据框的数值部分用lapply()函数或sapply()函数作计算。例如

```
> sapply(df[, 3:5], mean)
   Age Height Weight
 12.60  60.12  89.70
```

可以用subset()函数获得满足某些指定条件的数据，其使用格式为

```
subset(x, subset, select, drop = FALSE, ...)
```

参数x是要选择子集的对象，如数据框或矩阵。subset是逻辑变量，表示样品或行需要满足的条件。select为表达式，表示从数据框中所选的列。

例如，考虑5名学生中（数据在df数据框内），年龄大于12岁的学生数据：

```
> subset(df, Age > 12)
     Name Sex Age Height Weight
1   Alice   F  13   56.5     84
2   Becka   F  13   65.3     98
4 Jeffrey   M  13   62.5     84
```

考虑所有女生的年龄、身高和体重的数据

```
> subset(df, Sex == 'F', select = Age:Weight)
  Age Height Weight
1  13   56.5     84
2  13   65.3     98
```

命令subset(df, Sex == 'F', select = 3:5)，具有同样的效果。

考虑所有男生的全部信息，但性别除外，可用如下命令实现

```
> subset(df, Sex == 'M', select = -Sex)
     Name Age Height Weight
3   James  12   57.3   83.0
4 Jeffrey  13   62.5   84.0
5    John  12   59.0   99.5
```

命令 subset(df, Sex == 'M', select = -2), 具有同样的效果。

1.4 向量与矩阵的运算

上一节介绍了向量与矩阵的生成和简单的计算,这里介绍向量、矩阵与线性代数相关的计算。

1.4.1 向量的四则运算

对于数值向量可以作加(+)、减(−)、乘(∗)、除(/)和乘方(∧)运算,其含义是对向量的每一个元素作相应的运算,其中加、减和数乘运算与通常的向量运算基本相同,例如

```
> x <- c(-1, 0, 2);  y <- c(3, 8, 2)
> v <- 2*x + y + 1; v
[1] 2 9 7
```

第一行输入向量x和y。第二行将向量的计算结果赋给变量v,其中,2*x + y为通常的向量运算,+ 1表示向量的每个分量均加1。分号后的v是为显示变量的内容,即计算结果。

对于数值向量的乘法、除法、乘方运算,其意义是对应向量的每个分量作乘法、除法和乘方运算,如

```
> x * y
[1] -3 0 4
> x / y
[1] -0.3333333  0.0000000  1.0000000
> x^2
[1] 1 0 4
> y^x
[1] 0.3333333 1.0000000 4.0000000
```

对于向量(矩阵、数组),还可以作一些内置函数的运算,如 log, exp, cos, tan 和 sqrt 等。当自变量为向量(矩阵、数组)时,函数的返回值也为向量(矩阵、数组),即函数对向量(矩阵、数组)的每个分量作相应的运算。例如

```
> exp(x)
[1] 0.3678794 1.0000000 7.3890561
> sqrt(y)
[1] 1.732051 2.828427 1.414214
```

在作向量运算时,R 允许长度不相同的向量作四则运算,在运算时将长度较短的向量重复使用与长向量取齐。这个原则也适用于矩阵和数组。请看下面的例子

```
> x1 <- c(100,200)
> x2 <- 1:6
> x1 + x2
[1] 101 202 103 204 105 206
> x3 <- matrix(11:16, nrow = 3)
> x1 + x3
     [,1] [,2]
[1,]  111  214
[2,]  212  115
[3,]  113  216
> x2 + x3
     [,1] [,2]
[1,]   12   18
[2,]   14   20
[3,]   16   22
```

可以看到,当向量与矩阵共同运算时,向量按列匹配。当两个数组不匹配时,R 会提出警告。例如

```
> x2 <- 1:5
> x1 + x2
[1] 101 202 103 204 105
```

警告信息:
In x1 + x2 : 长的对象长度不是短的对象长度的整倍数

1.4.2 向量的内积与外积

设 x 与 y 为 n 维数的向量,x %*% y 表示计算 x 与 y 的内积,即 $\sum_i x_i y_i$,记为 $x^{\mathrm{T}} y$。例如

```
> x <- 1:5; y <- 2*1:5
> x %*% y
     [,1]
[1,]  110
```

x %o% y 表示计算 x 与 y 的外积,即得到一个矩阵,其中 $x_i y_j$ 为矩阵第 i 行第 j 列的元素,记为 xy^{T}。例如

```
> x %o% y
     [,1] [,2] [,3] [,4] [,5]
[1,]    2    4    6    8   10
[2,]    4    8   12   16   20
[3,]    6   12   18   24   30
[4,]    8   16   24   32   40
[5,]   10   20   30   40   50
```

crossprod()函数的意思为交叉相乘,也就是内积,所以crossprod(x,y)为 x^Ty,与x %*% y的意义相同。crossprod(x)表示 x^Tx,即 $\|x\|_2^2$。

tcrossprod()函数的意思为转置交叉相乘,即外积,所以tcrossprod(x,y)为 xy^T,与x %o% y的意义相同。tcrossprod(x)表示 xx^T。

外积运算函数还有outer()函数,outer(x,y) 计算向量 x 与 y 的外积,它等价于x %o% y。

outer()函数的一般使用格式为

outer(X, Y, fun = "*", ...)

参数X, Y是矩阵 (或向量)。fun是作外积运算函数,默认值为乘法运算。函数 outer()在绘制三维曲面时非常有用,它可生成一个X和Y的网格。

1.4.3 矩阵的四则运算

与向量运算类似,矩阵之间也可以进行四则运算（+, −, *, /）,此时运算的本质是矩阵对应的元素作四则运算。注意：参加运算的矩阵一般应有相同的行和列（即dim 的属性相同）。例如

```
> A <- matrix(1:6, nrow = 2, byrow = T); A
     [,1] [,2] [,3]
[1,]    1    2    3
[2,]    4    5    6
> B <- matrix(1:6, nrow = 2); B
     [,1] [,2] [,3]
[1,]    1    3    5
[2,]    2    4    6
> C <- matrix(c(1,2,2,3,3,4), nrow = 2); C
     [,1] [,2] [,3]
[1,]    1    2    3
[2,]    2    3    4
> D <- 2*C + A/B; D
     [,1]      [,2] [,3]
[1,]    3  4.666667  6.6
[2,]    6  7.250000  9.0
```

与向量一样,R 允许矩阵与数字相加（或相减）,其意义为矩阵中的每个元素都加上（或减去）这个数字。例如

```
> A + 1
     [,1] [,2] [,3]
[1,]    2    3    4
[2,]    5    6    7
```

R 还允许矩阵与向量相加（或相减）,其条件是：矩阵与向量的length的属性相同。例如

```
> x <- 1:6; A + x
     [,1] [,2] [,3]
[1,]   2    5    8
[2,]   6    9   12
```

其意义为矩阵按列与向量相加。当向量的长度不足时，在与矩阵相加（或相减）时，向量将通过重复自动补齐。例如

```
> y <- 1:2; A - y
     [,1] [,2] [,3]
[1,]   0    1    2
[2,]   2    3    4
```

相当于矩阵按列与向量相减。

如果矩阵 A 和 B 满足线性代数中矩阵相乘的性质（矩阵 A 的列数等于矩阵 B 的行数），A %*% B 表示在线性代数意义下两个矩阵相乘（AB）。例如

```
> A <- array(1:9, dim = c(3, 3))
> B <- array(9:1, dim = c(3, 3))
> C <- A %*% B; C
     [,1] [,2] [,3]
[1,]   90   54   18
[2,]  114   69   24
[3,]  138   84   30
```

也可以作矩阵与向量相乘，或向量与矩阵相乘，例如

```
> x <- 1:3
> A %*% x
     [,1]
[1,]   30
[2,]   36
[3,]   42
> x %*% A
     [,1] [,2] [,3]
[1,]   14   32   50
```

如果 A 为对称矩阵，x %*% A %*% x 为二次型 $x^{\mathrm{T}}Ax$。

在矩阵运算中，crossprod(A,B) 表示 $A^{\mathrm{T}}B$，crossprod(A) 表示 $A^{\mathrm{T}}A$。tcrossprod(A,B) 表示 AB^{T}，tcrossprod(A) 表示 AA^{T}。

1.4.4 矩阵的函数运算

这里简单地介绍 R 中与矩阵运算有关的函数。

1. 转置运算

t()函数为转置函数，它对矩阵或数据框作转置运算。若 A 为矩阵，t(A) 表示矩阵 A 的转置，即 A^T。例如

```
> A <- matrix(c(1:8, 0), nrow = 3, ncol = 3); A
     [,1] [,2] [,3]
[1,]    1    4    7
[2,]    2    5    8
[3,]    3    6    0
> t(A)
     [,1] [,2] [,3]
[1,]    1    2    3
[2,]    4    5    6
[3,]    7    8    0
```

2. 求矩阵的行列式

求矩阵（方阵）行列式的函数是det()函数。例如

```
> det(A)
[1] 27
```

3. 生成对角阵和矩阵取对角运算

diag()函数的返回值依赖于它的自变量，当自变量v是向量时，diag(v) 表示以v的元素为对角线元素的对角阵。当自变量M是矩阵时，diag(M) 表示取M对角线上的元素所构成的向量。例如

```
> v <- c(1, 4, 5)
> diag(v)
     [,1] [,2] [,3]
[1,]    1    0    0
[2,]    0    4    0
[3,]    0    0    5
> M <- array(1:9, dim = c(3, 3))
> diag(M)
[1] 1 5 9
```

1.4.5 求解线性方程组

R 设计了solve()函数求解线性方程组，函数的使用格式为

solve(a, b, ...)

solve(a, b, tol, LINPACK = FALSE, ...)

参数a为方阵，b为向量或矩阵，默认值为单位矩阵。tol为精度要求，当小于精度时，认为矩阵a的各列线性相关。

例如，若求解线性方程组 $\boldsymbol{Ax} = \boldsymbol{b}$，其中

$$\boldsymbol{A} = \begin{bmatrix} 1 & 2 & 3 \\ 4 & 5 & 6 \\ 7 & 8 & 0 \end{bmatrix}, \quad \boldsymbol{b} = \begin{bmatrix} 1 \\ 1 \\ 1 \end{bmatrix},$$

则命令如下：

```
> A <- matrix(c(1:8, 0), nrow = 3, byrow = TRUE)
> b <- rep(1, 3)
> x <- solve(A, b); x
[1] -1.000000e+00  1.000000e+00 -3.700743e-17
```

由于b的默认值为单位矩阵，所以solve(A)的返回值为矩阵 A 的逆矩阵，如

```
> B <- solve(A); B
            [,1]       [,2]       [,3]
[1,] -1.7777778  0.8888889 -0.1111111
[2,]  1.5555556 -0.7777778  0.2222222
[3,] -0.1111111  0.2222222 -0.1111111
> A %*% B
              [,1]         [,2] [,3]
[1,]  1.000000e+00 1.110223e-16    0
[2,] -1.110223e-15 1.000000e+00    0
[3,]  0.000000e+00 0.000000e+00    1
```

1.4.6 矩阵分解

1. QR 分解

QR 分解也称为正交三角分解。设 $\boldsymbol{A} \in \mathbb{R}^{m \times n}$（不妨设 $m \geqslant n$），矩阵 $\boldsymbol{A}$ 的 QR 分解为

$$\boldsymbol{A} = \boldsymbol{QR} = [\boldsymbol{Q}_1 \; \boldsymbol{Q}_2] \begin{bmatrix} \boldsymbol{R}_1 \\ \boldsymbol{0} \end{bmatrix} = \boldsymbol{Q}_1 \boldsymbol{R}_1, \tag{1.1}$$

其中，$\boldsymbol{Q} \in \mathbb{R}^{m \times m}$，$\boldsymbol{R} \in \mathbb{R}^{m \times n}$，$\boldsymbol{Q}_1 \in \mathbb{R}^{m \times n}$，$\boldsymbol{R}_1 \in \mathbb{R}^{n \times n}$。称 $\boldsymbol{A} = \boldsymbol{QR}$ 为完整形式的 QR 分解，称 $\boldsymbol{A} = \boldsymbol{Q}_1 \boldsymbol{R}_1$ 为紧凑形式的 QR 分解。

在 R 中，qr()函数完成 QR 分解，它的返回值是一个列表，其成员有，$qr（包含上三角矩阵 $\boldsymbol{R}$ 和正交矩阵 $\boldsymbol{Q}$ 的部分信息），$rank（矩阵的秩），$qraux（正交矩阵 $\boldsymbol{Q}$ 的部分信息），$pivot（主元信息）。例如

```
> A <- cbind(1, c(1, -1, 1))
> qr.A <- qr(A); qr.A
$qr
```

```
            [,1]       [,2]
[1,] -1.7320508 -0.5773503
[2,]  0.5773503  1.6329932
[3,]  0.5773503 -0.2588190
$rank
[1] 2
$qraux
[1] 1.577350 1.965926
$pivot
[1] 1 2
attr(,"class")
[1] "qr"
```

如果需要得到矩阵 Q 或矩阵 R 还需要调用qr.Q()函数或qr.R()函数，它们是从qr()函数的对象中提取正交阵和上三角阵，其使用格式为

```
qr.Q(qr, complete = FALSE, Dvec =)
qr.R(qr, complete = FALSE, ...)
```

参数qr为qr()函数生成的对象。complete为逻辑变量，表示是否在返回值中给出完整形式的分解矩阵。取 TRUE 表示给出完整形式，取FALSE 表示给出紧凑形式。

提取上面例子中的正交阵和上三角阵（紧凑形式），

```
> qr.Q(qr.A)
            [,1]       [,2]
[1,] -0.5773503  0.4082483
[2,] -0.5773503 -0.8164966
[3,] -0.5773503  0.4082483
> qr.R(qr.A)
           [,1]       [,2]
[1,] -1.732051 -0.5773503
[2,]  0.000000  1.6329932
```

增加参数complete = TRUE，可得到完整形式的 QR 分解矩阵（留给读者完成）。

2. 奇异值分解

所谓奇异值分解，就是将矩阵 A 分解成

$$A = UDV^{\mathrm{T}}, \tag{1.2}$$

其中，U，V 为正交阵，D 为对角阵，称 D 的对角元素为矩阵 A 的奇异值。

在 R 中，svd()函数计算矩阵的奇异值分解，它的返回值为列表，其成员有$d（奇异值），$u（正交矩阵 U），$v（正交矩阵 V）。

请看下面的例子

```
> svd(A)
$d
[1] 2.000000 1.414214
$u
              [,1]          [,2]
[1,] -7.071068e-01  2.220446e-16
[2,] -5.551115e-17 -1.000000e+00
[3,] -7.071068e-01  2.220446e-16
$v
           [,1]       [,2]
[1,] -0.7071068 -0.7071068
[2,] -0.7071068  0.7071068
```

3. 矩阵谱分解

所谓矩阵谱分解，就是求矩阵的特征值和相应的特征向量，写成矩阵形式为

$$AV = VD, \tag{1.3}$$

其中 D 为对角阵，对角元素为特征值，矩阵 V 的各列为对应于特征值的特征向量。

在 R 中，eigen() 函数计算矩阵的特征值和相应的特征向量，其使用格式为

eigen(x, symmetric, only.values = FALSE, EISPACK = FALSE)

参数x为矩阵，symmetric为逻辑变量，当取值为TRUE时，假定x是对称矩阵，计算时只取矩阵的下三角部分（包括对角元素）。only.values为逻辑变量，当取值为TRUE时，仅计算特征值，默认值为FALSE。

请看下面的例子

```
> A <- matrix(1:9, nc = 3, byrow = T)
> eigen(A)
eigen() decomposition
$values
[1]  1.611684e+01 -1.116844e+00 -1.303678e-15
$vectors
            [,1]         [,2]       [,3]
[1,] -0.2319707 -0.78583024  0.4082483
[2,] -0.5253221 -0.08675134 -0.8164966
[3,] -0.8186735  0.61232756  0.4082483

> S <- crossprod(A, A); eigen(S)
eigen() decomposition
$values
[1] 2.838586e+02 1.141413e+00 3.739411e-14
```

```
$vectors
          [,1]         [,2]         [,3]
[1,] -0.4796712   0.77669099   0.4082483
[2,] -0.5723678   0.07568647  -0.8164966
[3,] -0.6650644  -0.62531805   0.4082483
```

注意：（1）如果使用命令eigen(A, only.values = TRUE)，则只计算矩阵 A 的特征值。（2）命令eigen(S, symmetric = TRUE)与命令eigen(S)等价，因为矩阵 S 是对称的。

1.5 方程求解与优化问题

在统计计算中，常会用到非线性方程求根（如矩估计），或求函数的极值（如极大似然估计）。这里作为预备知识，介绍方程求根和优化问题求解的函数。

1.5.1 非线性方程求解

设 $f(x)$ 为非线性函数，若存在 x^* 使得 $f(x^*) = 0$，则称 x^* 为非线性方程 $f(x) = 0$ 的根。本小节介绍单变量非线性方程求根，以及多变量非线性方程组求解。

1. 单变量方程求根

在 R 中，求单变量非线性方程 $f(x) = 0$ 根的函数是uniroot()函数，其使用格式为

```
uniroot(f, interval, ...,
    lower = min(interval), upper = max(interval),
    f.lower = f(lower, ...), f.upper = f(upper, ...),
    extendInt = c("no", "yes", "downX", "upX"), check.conv = FALSE,
    tol = .Machine$double.eps^0.25, maxiter = 1000, trace = 0)
```

部分参数的名称、取值及意义如表 1.8 所示。

表 1.8 uniroot( ) 函数中部分参数的名称、取值及意义

名称	取值及意义
f	函数，非线性方程 $f(x) = 0$ 中的 $f(x)$。
interval	二维向量，表示包含方程根的初始区间。
lower, upper	数值，分别表示初始区间的左、右端点。
tol	很小的正数，表示计算精度。
maxiter	正整数（默认值为1000），表示最大迭代次数。

函数的返回值是一个列表，其成员有$root（方程的近似根），$f.root（$f(x)$ 在近似根处的函数值），$iter（迭代次数）等。

例 1.1 用uniroot()函数求非线性方程 $xe^x = 3$ 的根，取初始区间 $[0, 2]$。

解 建立求根的非线性函数，调用uniroot()函数计算。

```
> f <- function(x) x * exp(x) - 3
> uniroot(f, c(0, 2))
$root
[1] 1.049908
$f.root
[1] -3.569558e-06
$iter
[1] 6
```

第 1 行是建立非线性函数 $f(x)$ [1]，第 2 行是用uniroot()函数求解。返回值中的$root是方程根的近似值，即 $x^* = 1.049908$。

2. 求解非线性方程组

若 $\boldsymbol{f}(\boldsymbol{x})$ 为非线性函数，且 $\boldsymbol{x} = (x_1, x_2, \cdots, x_n)^{\mathrm{T}}$，$\boldsymbol{f} = (f_1, f_2, \cdots, f_n)^{\mathrm{T}}$，则

$$\boldsymbol{f}(\boldsymbol{x}) = \boldsymbol{0}$$

为非线性方程组。

在 R 的基本程序包中，没有求解非线性方程组的函数，需要安装和加载nleqslv程序包[2]。程序包中的nleqslv()函数可求解非线性方程组，其使用格式为

```
nleqslv(x, fn, jac = NULL, ...,
    method = c("Broyden", "Newton"),
    global = c("dbldog", "pwldog",
               "cline", "qline", "gline", "hook", "none"),
    xscalm = c("fixed","auto"),
    jacobian=FALSE,
    control = list()
)
```

部分参数的名称、取值及意义如表 1.9 所示。

表 1.9　nleqslv( ) 函数中部分参数的名称、取值及意义

名称	取值及意义
x	列表或数值向量，表示变量的初始值。
fn	向量函数，表示非线性方程组 $\boldsymbol{f}(\boldsymbol{x}) = \boldsymbol{0}$ 中的 $\boldsymbol{f}(\boldsymbol{x})$。
jac	$\boldsymbol{f}(\boldsymbol{x})$ 的雅可比（Jacobi）矩阵函数，默认值为NULL。
method	字符串，说明求解非线性方程组的数值方法。取'Broyden'（默认值）表示使用布罗伊登算法。取'Newton' 表示使用牛顿算法。

函数的返回值为列表，其成员包括$x （方程的近似解），$fvec （$\boldsymbol{f}(\boldsymbol{x})$ 在近似解 $\boldsymbol{x}$ 处的函数值），以及算法的终止和计算信息等。

---

[1] 将在 1.8 节给出自定义函数的详细介绍。
[2] 扩展程序包的安装与加载请见 1.2.4 节。

例 1.2　用nleqslv()函数求解非线性方程组

$$\begin{cases} x_1^2 + x_2^2 - 5 = 0, \\ (x_1+1)x_2 - (3x_1+1) = 0, \end{cases}$$

取初始点 $\boldsymbol{x}^{(0)} = (1,1)^{\mathrm{T}}$。

解　先编写与方程对应的非线性函数，再调用nleqslv()求解，以下是程序（程序名：exam0102.R）。

```
funs <- function(x)
    c(x[1]^2 + x[2]^2 - 5, (x[1]+1)*x[2] - (3*x[1]+1))
nleqslv(x = c(1, 1), fn = funs)
```

列出部分结果

```
$x
[1] 1 2
$fvec
[1]  8.387957e-12 -1.113509e-11
```

即 $\boldsymbol{x}^* = (1,2)^{\mathrm{T}}$。

1.5.2　优化问题求解

这里的优化问题是指

$$\min_x f(x) \quad \text{或} \quad \max_x f(x).$$

若 x 是一元变量，则称为单变量优化问题。若 x 是多元变量 ($\boldsymbol{x} = (x_1, x_2, \cdots, x_n)^{\mathrm{T}}$)，则称为多元变量优化问题。

1. 单变量优化问题

在 R 中，可用optimize()函数求解单变量优化问题，其使用格式为

```
optimize(f, interval, ...,
    lower = min(interval), upper = max(interval),
    maximum = FALSE,
    tol = .Machine$double.eps^0.25)
```

部分参数的名称、取值及意义如表 1.10 所示。

表 1.10　optimize( ) 函数中部分参数的名称、取值及意义

名称	取值及意义
f	函数，表示目标函数 $f(x)$。
interval	二维向量，表示包含有极小点的初始区间。
lower, upper	数值，分别表示初始区间的左、右端点。
maximum	逻辑变量，取FALSE (默认值) 表示求函数极小值点；取TRUE 表示求函数的极大值点。

函数的返回值是一个列表，其成员有：$minimum（极小值点），$maximum（极大值点），$objective（极值点处的目标函数值）。

例 1.3 用optimize()函数求 $f(x) = xe^{-x^2}$ 的极值点，取初始区间 $[-3, 3]$。

解 建立目标函数，调用optimize()函数计算。

```
> f <- function(x) x*exp(-x^2)
> optimize(f, interval = c(-3, 3))
$minimum
[1] -0.7071112
$objective
[1] -0.4288819
```

这里是求极小值点。如果要求极大值点，需要添加参数maximum = TRUE。

```
> optimize(f, interval = c(-3, 3), maximum = TRUE)
$maximum
[1] 0.7071112
$objective
[1] 0.4288819
```

2. 多变量优化问题

在 R 中，可用nlm()函数求解多变量优化问题 $\min\{f(\boldsymbol{x}) \mid \boldsymbol{x} \in \mathbb{R}^n\}$，其使用格式为

```
nlm(f, p, ..., hessian = FALSE, typsize = rep(1, length(p)),
    fscale = 1, print.level = 0, ndigit = 12, gradtol = 1e-6,
    stepmax = max(1000 * sqrt(sum((p/typsize)^2)), 1000),
    steptol = 1e-6, iterlim = 100, check.analyticals = TRUE)
```

部分参数的名称、取值及意义如表 1.11 所示。

表 1.11 nlm( ) 函数中部分参数的名称、取值及意义

名称	取值及意义
f	目标函数 $f(\boldsymbol{x})$，如果 f 的属性包含 'gradient'（梯度）或者 'gradient' 和 'hessian'（梯度和黑塞（Hesse）矩阵），则在算法求极小时会直接用到梯度或黑塞矩阵。
p	数值向量，表示初始点。

函数的返回值是一个列表，其成员有$minimum（极小点处的目标函数值），$estimate（极小点的估计值），$gradient（极小点处的梯度值），$iterations（迭代次数）等。

例 1.4 用nlm()函数求无约束优化问题

$$\min \quad f(\boldsymbol{x}) = 100(x_2 - x_1^2)^2 + (1 - x_1)^2, \tag{1.4}$$

取初始点 $\boldsymbol{x}^{(0)} = (-1.2, 1)^{\mathrm{T}}$。称函数 (1.4) 为罗森布罗克（Rosenbrock）函数。

解 编写目标函数，调用nlm()函数求解。

```
obj <- function(x)
    100*(x[2] - x[1]^2)^2 + (1 - x[1])^2
nlm(obj, c(-1.2, 1))
```

列部分结果

```
$minimum
[1] 3.973766e-12
$estimate
[1] 0.999998 0.999996
```

事实上，罗森布罗克函数的最优点是 $\boldsymbol{x}^* = (1,1)^{\mathrm{T}}$，最优目标函数值为 $f(\boldsymbol{x}^*) = 0$。

1.6 读、写数据文件

在应用统计学中，数据量一般都比较大，变量也很多。如果仅使用向量、矩阵、数组、列表和数据框的方法输入数据，即不可取，也不现实。这些方法仅适用于少量数据、少量变量的分析。对于大量数据和变量，应先将它们读取到 R 中，再选择处理数据的方法。因此，在 R 中，有多种读取数据文件的方法。

另外，所有的计算结果也不应只在屏幕上输出，应当保存在文件中，以备使用。这里介绍一些 R 软件读、写数据文件的方法。

1.6.1 读纯文本文件

读纯文本文件有两个函数，一个是 read.table() 函数，另一个是 scan() 函数。

1. read.table() 函数

read.table() 函数是读取表格形式的数据文件，其使用格式为

```
read.table(file, header = FALSE, sep = "", quote = "\"'",
    dec = ".", numerals = c("allow.loss", "warn.loss", "no.loss"),
    row.names, col.names, as.is = !stringsAsFactors,
    na.strings = "NA", colClasses = NA, nrows = -1,
    skip = 0, check.names = TRUE, fill = !blank.lines.skip,
    strip.white = FALSE, blank.lines.skip = TRUE,
    comment.char = "#",
    allowEscapes = FALSE, flush = FALSE,
    stringsAsFactors = default.stringsAsFactors(),
    fileEncoding = "", encoding = "unknown", text,
    skipNul = FALSE)
```

部分参数的名称、取值及意义如表 1.12 所示。

例如，"houses.data" 是某处住宅的数据文件，它是一个纯文本文件，并具有如下表格形式：

```
  Price  Floor  Area  Rooms  Age  Cent.heat
1 52.00  111.0  830   5      6.2  no
2 54.75  128.0  710   5      7.5  no
3 57.50  101.0  1000  5      4.2  no
4 57.50  131.0  690   6      8.8  no
5 59.75  93.0   900   5      1.9  yes
```

表 1.12　read.table( ) 函数中部分参数的名称、取值及意义

名称	取值及意义
file	字符串，表示文件名，数据是以表格形式保存的。
header	逻辑变量，表示当数据文件的第一行为表头时，取值为TRUE；当数据包含表头且第一列的数据为记录序列号，则取值为FALSE（默认值）。
sep	数据的分隔字符，通常用空格作为分隔符。
row.names	向量，表示行名（也就是样本名）。
col.names	向量，表示列名（也就是变量名）。如果数据文件中无表头，则变量名为 "V1", "V2" 的形式。
skip	非负整数，表示读数据时跳过的行数。

其中，第一行为变量名称，也就是表头，后面的各行记录了每个房屋的数据。第一列为记录序号，后面的各列为房屋的各项指标。

```
> rt <- read.table("houses.data")
```

函数的返回值为数据框，也就是说，rt为数据框，可用命令rt来显示，或者用is.data.frame()函数来测试它是否为数据框。

如果数据文件中没有记录序号的列，如"houses.data"文件具有如下形式：

```
Price  Floor  Area  Rooms  Age  Cent.heat
52.00  111.0  830   5      6.2  no
54.75  128.0  710   5      7.5  no
57.50  101.0  1000  5      4.2  no
57.50  131.0  690   6      8.8  no
59.75  93.0   900   5      1.9  yes
```

读取数据的命令需要改为

```
> rt <- read.table("houses.data", header = TRUE)
```

也就是说明数据文件的第一行是表头，得到的结果与前一个命令相同。

2. scan() 函数

scan()函数直接读取纯文本的数据文件，其使用格式为

```
scan(file = "", what = double(), nmax = -1, n = -1, sep = "",
    quote = if(identical(sep, "\n")) "" else "'\"", dec = ".",
    skip = 0, nlines = 0, na.strings = "NA",
```

```
        flush = FALSE, fill = FALSE, strip.white = FALSE,
        quiet = FALSE, blank.lines.skip = TRUE, multi.line = TRUE,
        comment.char = "", allowEscapes = FALSE,
        fileEncoding = "", encoding = "unknown", text,
        skipNul = FALSE)
```

部分参数的名称、取值及意义如表 1.13 所示。

表 1.13　scan( ) 函数中部分参数的名称、取值及意义

名称	取值及意义
file	字符串，表示所读文件的文件名。
what	读取文件的数据类型，有 numeric（数值型）、logical（逻辑型）、character（字符型）和 list（列表）等，其中数值型的初始值为 0，字符型的初始值为 ""。
sep	数据的分隔字符。
skip	非负整数，表示读数据时跳过的行数。

例如，在 "weight.data" 文件中，保存了 15 名学生的体重，它是一个纯文本文件，其数据如下：

```
75.0  64.0  47.4  66.9  62.2  62.2  58.7  63.5
66.6  64.0  57.0  69.0  56.9  50.0  72.0
```

命令

```
w <- scan("weight.data")
```

是将文件中的 15 个数据读出，并为 w 赋值，此时，函数的返回值为一向量，即 w 为向量，大家可用 is.vector() 函数来验证这一点。

假设数据中有不同的属性，例如，纯文本文件 "h_w.data" 中的数据如下：

```
172.4  75.0  169.3  54.8  169.3  64.0  171.4  64.8  166.5  47.4
171.4  62.2  168.2  66.9  165.1  52.0  168.8  62.2  167.8  65.0
165.8  62.2  167.8  65.0  164.4  58.7  169.9  57.5  164.9  63.5
 ...    ...    ...    ...    ...    ...    ...    ...    ...    ...
```

它是 100 名学生身高和体重的数据，其中第 1, 3, 5, 7, 9 列为身高（单位：cm），第 2, 4, 6, 8, 10 列为体重（单位：kg），命令

```
> inp <- scan("h_w.data", list(height = 0, weight = 0))
```

将数据读出，并以列表的方式赋给变量 inp，其中 height 和 weight 为列表 inp 的成员名称。

如果不输入文件名，scan() 函数会直接从屏幕上读数据，例如

```
> x <- scan()
1: 1 3 5 7 9
6:
Read 5 items
> x
```

```
[1] 1 3 5 7 9
> names <- scan(what = "")
1: ZhangSan LiSi WangWu
4:
Read 3 items
> names
[1] "ZhangSan" "LiSi"     "WangWu"
```

1.6.2 读取 csv 格式的表格数据

csv 表格数据类似于 Excel 表，在数据处理中常常遇到，可以用 read.csv() 函数读取 csv 表格数据，其使用格式为

```
read.csv(file, header = TRUE, sep = ",", quote = "\"",
    dec = ".", fill = TRUE, comment.char = "", ...)
```

部分参数的名称、取值及意义如表 1.14 所示。

表 1.14 read.csv( ) 函数中部分参数的名称、取值及意义

名称	取值及意义
file	字符串，表示文件名。
header	逻辑变量，当数据文件的第一行为表头时，选择TRUE（默认值）；当数据文件无表头时，选择FALSE，此时，返回值将自动增加 V1，V2，... 作为数据的表头。

例如，将某学院学生的数据 (见表 1.15) 保存成 csv 表格文件 (文件名: educ_scores.csv)，调用 read.csv() 函数读取表中的数据，其命令为

```
> read.csv("educ_scores.csv")
```

函数的返回值为数据框。

表 1.15 某学院学生数据

学生	语言天赋	类比推理	几何推理	学生性别（男 = 1）
A	2	3	15	1
B	6	8	9	1
C	5	2	7	0
D	9	4	3	1
E	11	10	2	0
F	12	15	1	0
G	1	4	12	1
H	7	3	4	0

1.6.3 读取 Excel 表格文件

目前，大量的数据都保存在 Excel 表中，但 R 的基本程序包并没有提供直接读取 Excel 表格数据的函数，如果需要读取，则要将它转化成 csv 格式的文件，再使用 read.csv() 函数读取，这也是较为简单的处理方法。

如果打算直接读取 Excel 表格数据，需要安装和加载程序包，扩充 R 的功能。直接读取 Excel 表格数据的程序包有多个，这里介绍较为简单的两个。

1. openxlsx 程序包

在读取数据文件之前，先安装和加载 openxlsx 程序包，简单的命令为

```
> install.packages("openxlsx")
> library(openxlsx)
```

使用程序包中的 read.xlsx() 函数读取 Excel 表格数据，其使用格式为

```
read.xlsx(xlsxFile, sheet = 1, startRow = 1,
    colNames = TRUE, rowNames = FALSE, detectDates = FALSE,
    skipEmptyRows = TRUE, skipEmptyCols = TRUE,
    rows = NULL, cols = NULL, check.names = FALSE,
    sep.names = ".", namedRegion = NULL, na.strings = "NA",
    fillMergedCells = FALSE)
```

部分参数的名称、取值及意义如表 1.16 所示。

表 1.16　read.xlsx( ) 函数中部分参数的名称、取值及意义

名称	取值及意义
xlsxFile	字符串，表示 Excel 文件名（后缀为 .xlsx）。
sheet	字符串或正整数，表示读取 Excel 中工作簿的页名或页数，默认值为 1。
startRow	正整数，表示开始读取数据的行数，默认值为 1。
colNames	逻辑变量，如果取 TRUE（默认值），表示数据表的第 1 行被用于各列的名（即表头）。
rowNames	逻辑变量，如果取 TRUE，表示数据表的第 1 列被用于各行的名，默认值为 FALSE。

函数的返回值是数据框。

例如，读取某学院学生数据的 Excel 表（educ_scores.xlsx），其命令为

```
> read.xlsx("educ_scores.xlsx")
```

但 read.xlsx() 函数有一个致命的缺点，它只能读取后缀为 .xlsx 的文件（Excel 2007），不能读取后缀为 .xls 的文件（Excel 97-2003）。

2. readxl 程序包

安装和加载 readxl 程序包，命令为

```
> install.packages("readxl")
> library(readxl)
```

在 readxl 程序包中，有三个函数可以读取 Excel 表格文件，分别是 read_xls() 函数（仅读取后缀为 .xls 的文件），read_xlsx() 函数（仅读取后缀为 .xlsx 的文件）和 read_excel() 函数（两种格式均能读取），其使用格式为

```
read_excel(path, sheet = NULL, range = NULL, col_names = TRUE,
    col_types = NULL, na = "", trim_ws = TRUE, skip = 0,
```

```
         n_max = Inf, guess_max = min(1000, n_max),
         progress = readxl_progress(), .name_repair = "unique")
```

部分参数的名称、取值及意义如表 1.17 所示。函数的返回值是 tibble 对象,使用时将它转换成数据框。

表 1.17　read_excel( ) 函数中部分参数的名称、取值及意义

名称	取值及意义
path	字符串,表示路径及 Excel 数据文件名(xls/xlsx)。
sheet	字符串或正整数,表示读取 Excel 中工作簿的页名或页数。
range	字符串,表示 Excel 表中数据的读取区域。
col_names	逻辑变量,如果取 TRUE(默认值),表示数据表的第 1 行被用于各列的名(即表头)。

例如,读取某学院学生数据的 Excel 表(educ_scores.xls),其命令为

```
> re <- read_excel("educ_scores.xls"); as.data.frame(re)
```

返回值不是数据框,这里强制转换成数据框。

1.6.4　数据集的读取

统计计算中,有一些典型的数据案例,如美国商业飞行年乘客英里数,某地二氧化碳浓度,某地月平均气温,Fisher Iris 数据和 Anscombe 数据等。为便于大家使用,R 提供了 100 多个这样的数据集(datasets),可通过 data() 函数查看或加载这些数据集,例如,命令

```
> data()
```

列出在基本程序包(base)中所有可利用的数据集。如果要加载某个数据集,只需括号中加入数据集的名称。例如

```
> data(infert)
```

如果想查看或加载其他程序包的数据集,其格式为

```
data(package = "pkname")
data(dataname, package = "pkname")
```

pkname 为程序包的名称,dataname 为数据集的名称。例如,如果要显示 cluster 程序包中的数据集,其命令为

```
> data(package = "cluster")
```

要加载 cluster 程序包中的 agriculture 数据集,其命令为

```
> data(agriculture, package = "cluster")
```

查看或加载其他程序包数据集的方法还有另一组命令,其格式为

```
library("pkname")      ##加载程序包
data()                 ##查看数据集
data(dataname)         ##加载数据集
```

1.6.5 写数据文件

1. write 函数

write()函数将数据写入纯文本文件，其使用格式为

```
write(x, file = "data",
      ncolumns = if(is.character(x)) 1 else 5,
      append = FALSE, sep = " ")
```

参数的名称、取值及意义如表 1.18 所示。

表 1.18 write( ) 函数中参数的名称、取值及意义

名称	取值及意义
x	需要写入文件的数据，通常为矩阵或向量。
file	字符串，表示文件名（默认值为"data"）。
ncolumns	正整数，表示数据文件的列数。如果是字符型数据，默认值为 1，如果为数值型数据，默认值为 5，可以根据需要更改这些数值。
append	逻辑变量，表示是否在原有文件上填加数据；默认值为FALSE。

例如

```
> X <- matrix(1:12, ncol = 6); X
     [,1] [,2] [,3] [,4] [,5] [,6]
[1,]   1    3    5    7    9   11
[2,]   2    4    6    8   10   12
> write(X, file = "Xdata.txt")
```

打开Xdata.txt文件，文件中的内容为

```
1 2 3 4 5
6 7 8 9 10
11 12
```

这表明，在写数据的过程中，将数据按列输出。在默认的情况下，每行 5 个数据。

2. write.table 函数和 write.csv 函数

write.table()函数将数据写成表格形式的文本文件，write.csv()函数将数据写成csv格式的数据表格，其使用格式为

```
write.table(x, file = "", append = FALSE, quote = TRUE, sep = " ",
    eol = "\n", na = "NA", dec = ".", row.names = TRUE,
    col.names = TRUE, qmethod = c("escape", "double"),
    fileEncoding = "")
write.csv(...)
write.csv2(...)
```

部分参数的名称、取值及意义如表 1.19 所示。

表 1.19　write.table( ) 等函数中部分参数的名称、取值及意义

名称	取值及意义
x	需要写入文件的数据，通常是矩阵或数据框。
file	字符串，表示文件名。
append	逻辑变量，表示是否在原有文件上填加数据；默认值为FALSE。
quote	逻辑变量，取TRUE（默认值）时，写入文件的字符型变量都带引号" "；否则无引号。
sep	数据的分隔字符，默认值为空格。

例如

```
> df <- data.frame(
    Name = c("Alice", "Becka", "James", "Jeffrey", "John"),
    Sex = c("F", "F", "M", "M", "M"),
    Age = c(13, 13, 12, 13, 12),
    Height = c(56.5, 65.3, 57.3, 62.5, 59.0),
    Weight = c(84.0, 98.0, 83.0, 84.0, 99.5)
  )
> write.table(df, file = "foo.txt")
> write.csv(df, file = "foo.csv")
```

3. write.xlsx 函数

write.xlsx()函数是openxlsx程序包中的函数，它的作用是将数据写入 Excel 表 (Excel 2007) 中，其使用格式为

```
> write.xlsx(x, file, asTable = FALSE, ...)
```

其中，x是需要写入文件的数据（数据框），file是 Excel 表的文件名。例如

```
> write.xlsx(df, file = "foo.xlsx")
```

1.7　控　制　流

前面介绍的各种命令都是在 R 操作窗口上完成的，这样做对少量的命令还可以，但对于大量的命令既不方便，也不便于重复使用已操作过的命令。事实上，R 语言也是一种计算机语言，也可以进行编程和编写自己需要的函数，将操作过的命令编写成程序，这既便于保存，又便于以后使用。

在 R 语言中，每个命令可以看成一个语句（或表达式），语句之间由分号或换行分隔。语句可以续行，只要前一行不是完整表达式（如末尾是加减乘除等运算符，或有未配对的括号），则下一行就是上一行的续行。

将若干个语句放在一起组成复合语句，复合语句的构造方法是将若干个语句放在花括号 "{ }" 中。

R语言与其他高级语言一样,有分支、循环等程序控制结构,这些命令虽然不是R语言特有的,但了解这些控制语句,对以后的程序编写很有帮助。

1.7.1 分支函数

分支函数有if / else和switch。

1. if / else 函数

if / else函数多用于两分支,其使用格式为

```
if(cond) expr
if(cond) cons.expr   else   alt.expr
```

第一种格式表示:如果条件cond成立,则执行表达式expr;否则跳过。第二种格式表示:如果条件cond成立,则执行表达式cons.expr;否则,执行表达式alt.expr。

例如,如下命令

```
if( any(x <= 0) ) y <- log(1+x) else y <- log(x)
```

表明:如果x的某个分量小于或等于0时,对$1+x$取对数并对y赋值;否则直接对x取对数再对y赋值。该命令与下面的命令

```
y <- if( any(x <= 0) ) log(1+x) else log(x)
```

等价。

if / else函数可以嵌套使用,下面的作法

```
if ( cond_1 )
    expr_1
else if ( cond_2 )
    expr_2
else if ( cond_3 )
    expr_3
else
    expr_4
```

是合法的。

2. switch 函数

switch函数用于从多种备选方案中选择其中的一种,其使用格式为

```
switch(EXPR, ...)
```

参数EXPR或者是关于数值计算的表达式,或者是字符串。...为备选方案。

如果EXPR是数值或数值计算的表达式,则强制将数值转换成整数。如果数值在备选方案的项数之间,则返回对应的备选方案;否则无返回值。例如,有3个备选方案,分别是$2+3$,2×3和$2/3$,则有

```
> switch(1, 2+3, 2*3, 2/3)
[1] 5
> switch(1+1, 2+3, 2*3, 2/3)
[1] 6
> switch(1+1*2, 2+3, 2*3, 2/3)
[1] 0.6666667
> switch(6, 2+3, 2*3, 2/3)
>
```

如果EXPR是字符串，此时，备选方案需要有元素名，当EXPR等于元素名时，返回元素名对应的值；否则无返回值。例如

```
> x <- c(1:8, 100)
> type = "mean"
> switch(type, mean = mean(x), median = median(x),
            trimmed = mean(x, trim = .2))
[1] 15.11111
> type = "median"
> switch(type, mean = mean(x), median = median(x),
            trimmed = mean(x, trim = .2))
[1] 5
> type = "trimmed"
> switch(type, mean = mean(x), median = median(x),
            trimmed = mean(x, trim = .2))
[1] 5
> type = "aaa"
> switch(type, mean = mean(x), median = median(x),
            trimmed = mean(x, trim = .2))
>
```

在该例中，备选方案分别是均值、中位数和截尾均值的计算。

1.7.2 中止语句与空语句

中止语句是break，它的作用是强行中止循环，使程序跳到循环以外。空语句是next，它表示继续执行，而不执行任何有实质性的内容。关于break和next的用法，将结合循环语句来说明。

1.7.3 循环函数

循环函数有for，while和repeat。

1. for 函数

for 函数的使用格式为

```
for(var in seq) expr
```

参数var为循环变量，seq为向量表达式（通常是个序列，如 1:20），expr通常为一组表达式。

例如，构造一个 4 阶的 Hilbert 矩阵，若程序为

```
> n <- 4; x <- array(0, dim = c(n, n))
> for (i in 1:n){
      for (j in 1:n){
          x[i,j] <- 1/(i+j-1)
      }
  }
> x
        [,1]      [,2]      [,3]      [,4]
[1,] 1.0000000 0.5000000 0.3333333 0.2500000
[2,] 0.5000000 0.3333333 0.2500000 0.2000000
[3,] 0.3333333 0.2500000 0.2000000 0.1666667
[4,] 0.2500000 0.2000000 0.1666667 0.1428571
```

2. while 函数

while 函数的使用格式为

while (cond) expr

若条件cond成立，则执行表达式expr。例如，编写一个计算 1000 以内的斐波那契（Fibonacci）数的程序。

```
> f <- c(1,1); i <- 1
> while (f[i] + f[i+1] < 1000) {
      f[i+2] <- f[i] + f[i+1]
      i <- i + 1;
  }
> f
 [1]   1   1   2   3   5   8  13  21  34  55  89 144
[13] 233 377 610 987
```

3. repeat 函数

repeat 函数的使用格式为

repeat expr

repeat函数依赖中止语句（break）跳出循环。例如，使用repeat编写一个计算 1000 以内的斐波那契数的程序。

```
> f <- c(1,1); i <- 1
> repeat {
      f[i+2] <- f[i] + f[i+1]
      i <- i + 1
      if (f[i] + f[i+1] >= 1000) break
  }
```

或将条件语句改为

```
if (f[i] + f[i+1] < 1000) next else break
```

也有同样的计算结果。

1.8　R 函数的编写

R 允许用户根据需要解决的问题，编写自己的函数，这一点是 R 与其他统计软件的最大差别，也是 R 语言的优势。

为了便于用户使用，R 语言已存储了大量的内置函数，这些函数都是针对相关问题编写的，并在解决问题时可以调用。学习编写自己的函数是学习 R 语言的主要任务之一。事实上，R 语言提供的绝大多数函数是由专业人员编写的，与自己编写的函数没有本质上的差别。

1.8.1　函数定义

1. 函数定义

函数定义的格式如下

```
funname <- function(arg_1, arg_2, ...) expression
```

其中 funname 为函数名，function 为定义函数的关键词，arg_1, arg_2, ... 表示函数的参数，expression 为表达式（通常是复合表达式）。放在表达式中最后的对象（数值、向量、矩阵、数组、列表或数据框等）为函数的返回值。

调用函数的格式为 funname(expr_1, expr_2, ...)，并且在任何时候调用都是合法的。

函数的编写和调用需要注意以下两个方面：

(1) 不必在操作窗口下编写函数。

在主界面单击"文件->新建程序脚本"，打开"R 编辑器"，在窗口下编写程序。当程序编写完成后，单击"文件->保存"（或对应的快捷键），打开"保存程序脚本为"窗口，在"文件名（N）"窗口输入函数的文件名（扩展名为.R），如 funname.R，按"保存(S)"，这样就将编写好的函数保存在当前目录中。

(2) 在使用时，需要将函数调到 R 中。

虽然已将写好的函数保存在当前目录中，但在调用时，还需要将函数调到 R 的系统中才能运行（在操作窗口编写的函数除外），单击"文件->运行R 脚本文件"，选择需要运行函数，如 funname.R，或者执行 source(funname.R)，这样就可以使用 funname 函数了。

2. 无参数函数

R 允许编写无参数函数，在执行时不需要输入参数，每次执行时，返回值都相同。例如，编写 welcome 函数如下：

```
welcome <- function()
print("welcome to use R")
```

程序中的print()是显示函数中的内容。单击保存命令,将函数保存(文件名:welcome.R)。

调用该函数

```
> source("welcome.R")
> welcome()
[1] "welcome to use R"
```

命令source("welcome.R")只需要执行一次,如果不执行,系统会显示"错误:没有"welcome"这个函数"。

3. 带有参数的函数

带有参数的函数是 R 中最基本的函数,下面举一个简单的例子说明 R 中自编函数的编写与使用。

如果 X 和 Y 分别是来自两个总体的样本,总体的方差相同且未知,编写一个计算两样本 t 统计量的函数。由统计知识知,t 统计量的计算公式为

$$T = \frac{\overline{X} - \overline{Y}}{S\sqrt{\dfrac{1}{n_1} + \dfrac{1}{n_2}}}, \tag{1.5}$$

其中

$$S^2 = \frac{(n_1 - 1)S_1^2 + (n_2 - 1)S_2^2}{n_1 + n_2 - 2}, \tag{1.6}$$

$\overline{X}$ 和 $\overline{Y}$ 分别为两组数据的样本均值,S_1^2 和 S_2^2 分别为两组数据的样本方差,n_1 和 n_2 分别为两组数据样本的个数。

按照式 (1.5) 和式 (1.6) 编写相应的程序(程序名:t.stat.R)

```
t.stat <- function(x, y) {
    n1 <- length(x); n2 <- length(y)
    xb <- mean(x); yb <- mean(y)
    Sx2 <- var(x); Sy2 <- var(y)
    S <- ((n1-1)*Sx2 + (n2-1)*Sy2)/(n1+n2-2)
    (xb - yb)/sqrt(S*(1/n1 + 1/n2))
}
```

参数x,y为来自两个总体的样本,函数的返回值为 t 统计量。

例 1.5 已知两个样本(A 和 B)如表 1.20 所示(数据存放在sample.data 文件中,其中前两行是样本 A 的数据,第三行是样本 B 的数据),计算两样本的 t 统计量。

表 1.20 样本 A 和样本 B 的数据

样本 A	79.98	80.04	80.02	80.04	80.03	80.03	80.04	79.97
	80.05	80.03	80.02	80.00	80.02			
样本 B	80.02	79.94	79.98	79.97	79.97	80.03	79.95	79.97

解 输入数据，并调用函数t.stat()计算 t 统计量 (程序名：exam0105.R)。

```
X <- scan("sample.data", nlines = 2)
Y <- scan("sample.data", skip = 2)
source("t.stat.R"); t.stat(X,Y)
```

计算结果：t 统计量为 3.472245。

1.8.2 有名参数与默认参数

如果使用 "name = object" 的形式给出被调用函数中的参数, 则这些参数可以按照任何顺序给出。例如, 定义如下函数：

```
> fun1 <- function(data, data.frame, graph, limit) {
    [function body omitted]
  }
```

则下面的三种调用方法

```
> fun1(d, df, TRUE, 20)
> fun1(d, df, graph = TRUE, limit = 20)
> fun1(data = d, limit = 20, graph = TRUE, data.frame = df)
```

都是合法的, 其计算结果相同。

例如, 计算例 1.5 的 t 统计量, 以下三种方法的计算结果均相同：

```
> t.stat(X, Y)
[1] 3.472245
> t.stat(x = X, y = Y)
[1] 3.472245
> t.stat(y = Y, x = X)
[1] 3.472245
```

在编写 R 函数时, 可以采用默认参数, 这样在调用时, 如果不输入该参数, 则函数自动选择默认参数。

编写一个计算样本原点矩和中心矩[①] 的函数 (程序名：moment.R)

```
moment <- function(x, k, mean = 0)
  sum((x - mean)^k)/length(x)
```

参数x为向量, 由样本构成。k为正整数, 表示矩的阶数。mean为样本均值, 默认值为 0, 即采用默认值时, 计算样本原点矩。

```
> moment(X, k = 2)
[1] 6403.324
> moment(X, k = 2, mean = mean(X))
[1] 0.0005301775
```

上述两个命令分别计算样本的 2 阶原点矩和 2 阶中心矩。

[①] 关于矩的概念将在第 2 章有详细的介绍。

1.8.3 递归函数

R 函数是可以递归的, 可以在函数自身内定义函数本身。使用递归函数可以大大降低编写程序的工作量。下面以计算 $n!$ 为例介绍递归函数的使用。

如果按照 $n!$ 的定义编写计算函数, 其结果如下:

```
fac = function(n) {
    f <- 1
    if (n > 0){
        for(i in 1:n)
            f <- f * i
    }
    f
}
```

由于 $n! = n \times (n-1)!$, 这样就可以用递归的方法编写计算函数, 其结果如下:

```
fac = function(n)
    if (n <= 1) 1 else n * fac(n - 1)
```

可以看到: 用递归的方法编写函数, 可以使程序更简洁。

事实上, 不必编写计算 $n!$ 的函数, 因为 R 中有许多函数可以计算 $n!$。例如

```
prod(seq(n))
gamma(n+1)
factorial(n)
```

其中, `prod()` 为连乘积函数, `gamma()` 为 Γ 函数, `factorial()` 为阶乘函数。

1.9 程序运行与调试

本节简单介绍程序的运行与调试, 为后面的编程作准备。

1.9.1 建立自己的工作目录

为以后更方便地使用 R 进行计算, 最好根据工作需要, 建立自己的工作目录, 如本书使用 D:\Statis_and_R\chap01, 即表示《统计建模与 R 软件》一书中第 1 章的程序。

可用 "文件->改变工作目录" 命令或用 `setwd()` 函数来改变工作目录, 在第一次退出时, 要保存工作空间, 这样, 子目录中会出现一个大个蓝色 R 的文件 (后缀为 .RData), 如图 1.4 所示。

以后再运行 R 时, 就双击这个蓝色 R 文件 (见图 1.4 箭头所指的文件), 你所在的目录就是当前工作目录。

在作各种计算时, 不必在操作窗口上输入命令, 而是将所要执行的命令编写为程序 (后缀为 .R 的文件), 运行时打开该文件, 单击 "编辑->运行当前或所选代码", 执行当前

所选代码,或者单击"编辑->运行所有代码",执行程序中的全部代码。这样可以避免麻烦及不便于保存的缺点。

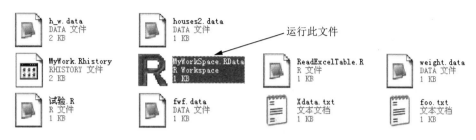

图 1.4 工作目录中的部分文件

1.9.2 工作空间

R 操作窗口下运行的任何命令都会生成工作空间的对象。该对象为全局变量,可在任何情况下使用。而函数中的对象是局部变量,它只能在函数中使用。在 R 中,可用`ls()`函数查看工作空间中的对象,例如

```
> ls()
[1] "t.stat" "X"      "X1"     "X2"     "Y"
```

工作空间中的对象越多,程序出错的机会就越大,因此,尽量使用函数的局部变量以减少工作空间的对象。或者用`rm()`函数来删除工作空间中的对象,如

```
> rm(Y)
```

或者

```
> rm("Y")
```

删除对象 Y。

1.9.3 作用域

为了说明这个问题,看一段简单的程序:

```
x <- 10; y <- 20
f <- function(y)  x + y
```

在上述程序中,x 是全局变量,y 是全局变量,而在函数中的 y 是局部变量。当运行 f(y) 时,将全局变量 y 调入函数中,其结果为 30。尽管函数并没有对 x 作定义,但由于 x 是全局变量,所以并不影响运算。在执行 f(10) 时,局部变量 y 用 10 来替换,其结果为 20。

在编写程序时,不要使用程序包中已有的函数名来命名,这样在执行函数时容易引起混淆。例如,如果定义 t() 函数为

```
t <- function(x) x + 1
```

在运算时会出现

```
> A <- matrix(1:9,3,3)
> t(A)
     [,1] [,2] [,3]
[1,]   2    5    8
[2,]   3    6    9
[3,]   4    7   10
```

不是矩阵的转置，而是矩阵的每个元素 +1。

尽管已经定义了自己的t()函数，还要运行 R 包中的t()函数对矩阵作转置运算，只需在t()函数之前加上包的名称（base）和双冒号（::）即可，例如

```
> base::t(A)
     [,1] [,2] [,3]
[1,]   1    2    3
[2,]   4    5    6
[3,]   7    8    9
```

执行的就是转置运算。

如果你还不清楚某个程序包（如base）有什么函数，可用命令

```
> library(help = "base")
```

显示该包中的全部函数名称及相关的基本信息。

1.9.4 程序调试

在执行程序时，如果程序出现错误，R 会直接报错。例如，删除对象x后，再执行f(y)就会出现"错误于 f（10）：找不到对象'x'"。如果将程序改为

```
f <- function(x, y)  x + y
```

运行f(20, 10)就没有任何问题，因为此时x与y都是局部变量。

在程序调试中，使用print()函数来显示变量在运算过程中的取值，用它来判断编程的正确性。例如，将程序改为

```
f <- function(x, y){
    print(x); print(y); x+y
}
```

其计算结果为

```
> f(10,20)
[1] 10
[1] 20
[1] 30
```

第一行为x的值，第二行为y的值，第三行为求和之后的值。

如果用print()函数不易分辨出哪一个是x的值，哪一个是y的值，使用cat()函数，可以克服这一缺点。例如，将程序改为

```
f <- function(x, y){
    cat('x =', x, '\n'); cat('y =', y, '\n')
    x + y
}
```

计算结果为

```
> f(10,20)
x = 10
y = 20
[1] 30
```

习 题 1

1. 到 CRAN 社区下载最新版 R 软件，并尝试安装、启动和退出。
2. 尝试建立程序脚本。打开 R 程序编辑窗口，将程序

   x <- c(-1, 0, 2); y <- c(3, 8, 2); v <- 2*x + y + 1

写在程序脚本中，保存该脚本，并命名为test01.R。

3. 在 Windows 下建立子目录Statis_and_R，然后使用改变工作目录的方法，将该子目录变为当前工作目录。
4. 加载foreign程序包，使用read.spss()函数读取 SPSS 数据文件（如文件 educ_scores.sav）。
5. 设定 CRAN 镜像，安装并加载e1071程序包，并查看该程序包中的内容。
6. 用帮助窗口（或命令）查看t.test()（t 检验）函数的使用方法。
7. 运行命令seq(0, 10, by = 3)和seq(0, 10, length.out = 4)来体会两参数by和length.out的差别。
8. 构造一个向量 x，向量是由 5 个 1，3 个 2，4 个 3 和 2 个 4 构成，注意用到rep()函数。
9. 构造 4×5 矩阵 A 和 B，其中 A 是将 $1,2,\cdots,20$ 按列输入，B 是按行输入；矩阵 C 是由 A 的前 3 行和前 3 列构成的矩阵；矩阵 D 是由矩阵 B 的各列构成的矩阵，但不含 B 的第 3 列。
10. 设 $x = (1,3,5,7,9)^T$，构造 5×3 矩阵 X，其中第 1 列全为 1，第 2 列为向量 x，第 3 列的元素为 x^2，给矩阵的 3 列命名，分别是const, x和x^2。并将序号 $1,2,\cdots,5$ 给矩阵的行命名。
11. n 阶 Hilbert 矩阵定义如下：

$$H = (h_{ij})_{n\times n}, \quad h_{ij} = \frac{1}{i+j-1}, \quad i,j = 1,2,\cdots,n。$$

用循环函数生成一个 5 阶的 Hilbert 矩阵。

12. 已知有 5 名学生的数据，如表 1.21 所示。用数据框的形式读入数据。

表 1.21　学生数据

序号	姓名	性别	年龄	身高/cm	体重/kg
1	张三	女	14	156	42.0
2	李四	男	15	165	49.0
3	王五	女	16	157	41.5
4	赵六	男	14	162	52.0
5	丁一	女	15	159	45.5

13. 设 $\boldsymbol{x}=(1,2,3)^{\mathrm{T}}$, $\boldsymbol{y}=(4,5,6)^{\mathrm{T}}$, 作如下运算: (1) 计算 $\boldsymbol{z}=2\boldsymbol{x}+\boldsymbol{y}+\boldsymbol{e}$, 其中 $\boldsymbol{e}=(1,1,1)^{\mathrm{T}}$; (2) 计算 $\boldsymbol{x}$ 与 $\boldsymbol{y}$ 的内积; (3) 计算 $\boldsymbol{x}$ 与 $\boldsymbol{y}$ 的外积。

14. 设
$$\boldsymbol{A}=\begin{bmatrix} 1 & 2 & 0 \\ 2 & 5 & -1 \\ 4 & 10 & -1 \end{bmatrix},$$
计算: (1) $\boldsymbol{B}=\boldsymbol{A}^{\mathrm{T}}$; (2) $\boldsymbol{C}=\boldsymbol{A}+\boldsymbol{B}$; (3) $\boldsymbol{D}=\boldsymbol{A}\boldsymbol{B}$; (4) $\boldsymbol{E}=(e_{ij})_{n\times n}$, 其中 $e_{ij}=a_{ij}b_{ij}$, $i,j=1,2,3$。

15. 设
$$\boldsymbol{A}=\begin{bmatrix} 1 & 2 & 0 \\ 2 & 5 & -1 \\ 4 & 10 & -1 \end{bmatrix}, \quad \boldsymbol{b}=\begin{bmatrix} 1 \\ -1 \\ 1 \end{bmatrix},$$
作如下运算: (1) 求矩阵 $\boldsymbol{A}$ 的行列式; (2) 求解线性方程组 $\boldsymbol{Ax}=\boldsymbol{b}$; (3) 求矩阵 $\boldsymbol{A}$ 的逆 $\boldsymbol{A}^{-1}$, 并计算 $\boldsymbol{A}^{-1}\boldsymbol{b}$。

16. 设
$$\boldsymbol{A}=\begin{bmatrix} 1 & 2 & 0 \\ 2 & 5 & -1 \\ 4 & 10 & -1 \end{bmatrix},$$
作如下运算: (1) QR 分解: $\boldsymbol{A}=\boldsymbol{QR}$; (2) 奇异值分解: $\boldsymbol{A}=\boldsymbol{UDV}^{\mathrm{T}}$; (3) 求矩阵 $\boldsymbol{A}$ 的特征值和对应于特征值的特征向量。

17. 用 scan() 函数读下列数据, 并将它们放在列表中。

```
1  dog   3
2  cat   5
3  duck  7
```

18. 利用求驻点的方法求函数 $f(x)=\mathrm{e}^{-x^2}(x+\sin x)$ 在区间 $[-2,2]$ 上的极小值点和极大值点。

19. 求解下列方程组
$$\begin{cases} x_1 - 0.7\sin x_1 - 0.2\cos x_2 = 0, \\ x_2 - 0.7\cos x_1 + 0.2\sin x_2 = 0. \end{cases}$$
取 $\boldsymbol{x}^{(0)}=(0.5,-2)^{\mathrm{T}}$。

20. 直接求解函数 $f(x)=\mathrm{e}^{-x^2}(x+\sin x)$ 在区间 $[-2,2]$ 上的极小值点和极大值点。

21. 求函数
$$f(\boldsymbol{x})=(-13+x_1+((5-x_2)x_2-2)x_2)^2+(-29+x_1+((x_2+1)x_2-14)x_2)^2$$
的极小值点, 取初始点 $\boldsymbol{x}^{(0)}=(0.5,-2)^{\mathrm{T}}$。

22. 将习题 1 中 12 题的数据表 1.21 的数据写成表格形式的文件、csv 文件和 Excel 表格文件 (文件名分别是 exec0122.data, exec0122.csv 和 exec0122.xlsx)。

23. 分别读取 exec0122.data, exec0122.csv 和 exec0122.xlsx 文件。

24. 编写一个 R 程序 (函数)。输入一个整数 n, 如果 $n\leqslant 0$, 则中止运算, 并输出一句话: "要求输入一个正整数"; 否则, 如果 n 是偶数, 则将 n 除以 2, 并赋给 n; 否则, 将 $3n+1$ 赋给 n。不断循环, 直到 $n=1$, 才停止计算, 并输出一句话: "运算成功"。这个例子是为了检验数论中的一个简单的定理。

第 2 章 概率、随机变量及其分布

概率可以反映随机事件出现的可能性的大小，随机事件是指在相同的条件下，可能出现也可能不出现的事件。随机变量是表示随机现象各种结果的变量，而分布函数则是概率论中重要的函数，正是通过它，可用数学分析的方法来研究随机变量．分布函数是随机变量最重要的概率特征，它可以完整描述随机变量的统计规律。

本章将简单介绍概率、随机变量，以及随机变量的分布函数，并给出 R 中相关的函数的使用。

2.1 随机事件与概率

随机事件和概率是概率论中两个最基本的概念。

2.1.1 随机事件

1. 随机事件

在一定条件下，所得的结果不能预先完全确定，而只能确定是多种可能结果中的一种，称这种现象为随机现象．例如，抛掷一枚硬币，其结果有可能是出现正面，也有可能是出现反面；电话交换台在 1 分钟内接到的呼叫次数，可能是 0 次、1 次、2 次、······；在同一工艺条件下生产出的灯泡，其使用寿命有长有短；测量同一物体的长度时，由于仪器及观察受到环境的影响，多次测量的结果往往有差异，等等。这些现象都是随机现象。

使随机现象得以实现和对它观察的全过程称为随机试验，记为 E。随机试验满足以下条件：

（1）可以在相同条件下重复进行；
（2）结果有多种可能性，并且所有可能结果事先已知；
（3）做一次试验究竟哪个结果出现，事先不能确定。

称随机试验的所有可能结果组成的集合为样本空间，记为 Ω。试验的每一个可能结果称为样本点，记为 ω。

称 Ω 中满足一定条件的子集为随机事件，用大写字母 A，B，C，$\cdots$ 表示。

若一个随机事件只含一个不可再分的试验结果，则称其为一个基本事件（即一个样本点所组成的集合 $\{\omega\}$）。

在试验中，称一个事件发生是指构成该事件的一个样本点出现。由于样本空间 Ω 包含了所有的样本点，所以在每次试验中，它总是发生，因此，称 Ω 为必然事件。空集 $\varnothing$ 不包含任何样本点，且在每次试验中总不发生，所以称 $\varnothing$ 为不可能事件。

2. 随机事件之间的关系

若事件 A 的发生必然导致事件 B 的发生，则称事件 A 包含于事件 B，或事件 B 包含事件 A，记为 $A \subset B$，此关系亦称为事件的包含关系。

若 $A \subset B$，且 $B \subset A$，则称事件 A 与事件 B 等价，记为 $A = B$。

若事件 A 与事件 B 至少有一个发生，则称此事件为事件 A 与 B 的和，记为 $A \cup B$。若 n 个事件 $A_1, A_2, \cdots, A_n$ 中至少有一个发生，则称此事件为 n 个事件 $A_1, A_2, \cdots, A_n$ 的和，记为 $A_1 \cup A_2 \cup \cdots \cup A_n$ 或 $\bigcup_{i=1}^{n} A_i$。

同样，可以定义可列无穷个事件的和 $A_1 \cup A_2 \cup \cdots \cup A_n \cup \cdots$ 或 $\bigcup_{i=1}^{\infty} A_i$，表示无穷个事件中至少有一个发生。

若事件 A 发生而事件 B 不发生，则称此事件为事件 A 与事件 B 的差，记为 $A - B$。

若事件 A 与 B 同时发生，则称此事件为事件 A 与事件 B 的积，记为 $A \cap B$ 或 AB。若 n 个事件 $A_1, A_2, \cdots, A_n$ 同时发生，则称此事件为 n 个事件 $A_1, A_2, \cdots, A_n$ 的积，记为 $A_1 \cap A_2 \cap \cdots \cap A_n$ 或 $\bigcap_{i=1}^{n} A_i$。

同样，可以定义可列无穷个事件的积 $A_1 \cap A_2 \cap \cdots \cap A_n \cap \cdots$ 或 $\bigcap_{i=1}^{\infty} A_i$，表示无穷个事件同时发生。

若事件 A 与 B 不能同时发生，则称事件 A 与事件 B 为互斥事件或不相容事件，记为 $AB = \varnothing$。

在一次试验中，基本事件之间是两两互斥的。

若 A 为随机事件，称"事件 A 不发生"的事件为事件 A 的对立事件或逆事件，记为 $\overline{A}$。事件与其对立事件有如下关系：

$$A \cup \overline{A} = \Omega, \quad A\overline{A} = \varnothing.$$

由定义可知：对立事件一定是互斥事件，但互斥事件不一定是对立事件。

2.1.2 概率

1. 概率的公理化定义

在概率论中，并非样本空间 Ω 的任何子集均可以看作事件，所定义的事件之间应满足一定的代数结构。

设随机试验 E 的样本空间为 Ω，$\mathcal{F}$ 是 Ω 的子集组成的集族，满足

(1) $\Omega \in \mathcal{F}$；

(2) 若 $A \in \mathcal{F}$，则 $\overline{A} \in \mathcal{F}$；（对逆运算封闭）

(3) 若 $A_i \in \mathcal{F}$，$i = 1, 2, \cdots$，则 $\bigcup_{i=1}^{\infty} A_i \in \mathcal{F}$。（对可列并运算封闭）

则称 $\mathcal{F}$ 为 Ω 的一个 σ 代数（事件体），$\mathcal{F}$ 中的集合称为事件。样本空间 Ω 和 σ 代数的二元体 $(\Omega, \mathcal{F})$ 称为可测空间。

随机试验 E 的样本空间为 Ω，$(\Omega, \mathcal{F})$ 是可测空间，对于每个事件 $A \in \mathcal{F}$，定义一个实数 $P(A)$ 与之对应，若函数 $P(\cdot)$ 满足条件：

（1）对每个事件 A，均有 $0 \leqslant P(A) \leqslant 1$；

（2）$P(\Omega) = 1$；

（3）若事件 A_1, A_2, $\cdots$ 两两互斥，即对于 $i, j = 1, 2, \cdots$，$i \neq j$，$A_i A_j = \varnothing$ 均有

$$P(A_1 \cup A_2 \cup \cdots) = P(A_1) + P(A_2) + \cdots,$$

则称 $P(A)$ 为事件 A 发生的概率，称 $(\Omega, \mathcal{F}, P)$ 为概率空间。

2. 概率的性质

性质 1 $P(\varnothing) = 0$，即不可能事件的概率为零。

但性质反过来不成立，即 $P(A) = 0 \nRightarrow A = \varnothing$。

性质 2 若事件 $A_1, A_2, \cdots, A_n$ 两两互斥，则有

$$P(A_1 \cup A_2 \cup \cdots \cup A_n) = P(A_1) + P(A_2) + \cdots + P(A_n), \tag{2.1}$$

即互斥事件和的概率等于它们各自概率的和。

性质 3 对任一事件 A，均有 $P(\overline{A}) = 1 - P(A)$。

性质 4 对两个事件 A 和 B，若 $A \subset B$，则有

$$P(B - A) = P(B) - P(A), \quad P(B) \geqslant P(A)。 \tag{2.2}$$

性质 5（加法公式） 对任意两个事件 A 和 B，有

$$P(A \cup B) = P(A) + P(B) - P(AB)。 \tag{2.3}$$

性质 5 可以推广为

$$P(A_1 \cup A_2 \cup A_3) = P(A_1) + P(A_2) + P(A_3) - P(A_1 A_2) - P(A_1 A_3) - P(A_2 A_3) + P(A_1 A_2 A_3), \tag{2.4}$$

$$P(A_1 \cup A_2 \cup \cdots \cup A_n) = S_1 - S_2 + S_3 - S_4 + \cdots + (-1)^{n-1} S_n, \tag{2.5}$$

其中，$S_1 = \sum_{i=1}^{n} P(A_i)$, $S_2 = \sum_{1 \leqslant i < j \leqslant n} P(A_i A_j)$, $S_3 = \sum_{1 \leqslant i < j < k \leqslant n} P(A_i A_j A_k)$, $\cdots$, $S_n = P(A_1 A_2 \cdots A_n)$。

2.1.3 古典概型

设随机事件 E 的样本空间中只有有限个样本点（基本事件），即 $\Omega = \{\omega_1, \omega_2, \cdots, \omega_n\}$，其中 n 为样本点总数。每个样本点 $\omega_i (i = 1, 2, \cdots, n)$ 出现是等可能的，并且每次试验有且仅有一个样本点发生，称这类现象为古典概型。若事件 A 包含 m 个样本点，则事件 A 发生的概率定义为

$$P(A) = \frac{m}{n} = \frac{\text{事件 } A \text{ 包含的基本事件数}}{\text{基本事件总数}}。 \tag{2.6}$$

例 2.1 设有 k 个不同的（可分辨）球，每个球都能以同样的概率 $1/l$ 落到 l 个格子 $(l \geqslant k)$ 的每一个中，且每个格子可容纳任意多个球，试分别求如下两事件 A 与 B 发生的概率。

A：指定的 k 个格子中各有一个球；

B：存在 k 个格子，其中各有一个球。

解 由于每个球可以落入 l 个格子中的任一个，并且每一个格子中可落入任意多个球，所以 k 个球落入 l 个格子中的分布情况相当于从 l 个格子中选取 k 个的可重复排列，故样本空间共有 l^k 种等可能的基本结果。

事件 A 所含基本结果数应是 k 个球在指定的 k 个格子中的全排列数，即 $k!$，所以

$$P(A) = \frac{k!}{l^k}.$$

为了算出事件 B 所含的基本事件数，可设想分两步进行：因为 k 个格子可以是任意选取的，故可先从 l 个格子中任意选出 k 个来，选法共有 $\binom{l}{k}$ 种；对于每种选定的 k 个格子，依上述各有一个球的推理，则有 $k!$ 个基本结果，故 B 含有 $\binom{l}{k}k!$ 个基本结果。所以

$$P(B) = \binom{l}{k}\frac{k!}{l^k} = \frac{l!}{(l-k)!l^k} = \frac{l(l-1)\cdots(l-k+1)}{l^k}.$$

概率论的历史上有一个颇为著名的问题——生日问题：求 k 个同班同学中没有两人生日相同的概率。

若把这 k 个同学看作例 2.1 中的 k 个球，而把一年 365 天看作格子，即 $l = 365$，则上述的 $P(B)$ 就是所要求的概率。例如，$k = 40$ 时，$P(B) = 0.109$。或者换句话说，40 个同学中至少两个人同一天过生日的概率是：$P(\overline{B}) = 1 - 0.109 = 0.891$，其概率大得出乎意料。

在计算古典概型时，通常会用到下面介绍的计数法则。

1. 乘法法则

乘法法则是针对多步骤试验设计的。例如，考虑投掷两枚硬币的试验，有多少可能的试验结果呢？掷两枚硬币的试验可以看成一个两步试验，第一步，投掷一枚硬币，第二步，再投掷第二枚硬币。每次投掷硬币的结果有正面和反面，因此投掷两枚硬币的所有结果，也就是样本空间，为

$$\{(正面，正面), (正面，反面), (反面，正面), (反面，反面)\}.$$

因此，可以看到 4 个试验结果。

对于 k 步骤试验，也有类似的计算法则。如果试验依次进行 k 次，且第 i 次试验可能有 n_i 个结果，则试验结果的总数为

$$n_1 \cdot n_2 \cdots n_k = \prod_{i=1}^{k} n_i.$$

在 R 中，可以用 `expand.grid()` 函数显示多步骤试验全部结果。例如，模拟投掷两枚硬币的全部结果，

```
> expand.grid(step1 = c("H", "T"), step2 = c("H", "T"))
  step1 step2
1     H     H
2     T     H
3     H     T
4     T     T
```

在 R 中,可用prod()函数计算向量中各元素的连乘积,例如,计算 5! 的计算公式为prod(1:5)。前面提到的生日问题的计算公式为

```
> l <- 365; k <- 40; P <- prod(l:(l-k+1)/l); P
[1] 0.1087682
> 1 - P
[1] 0.8912318
```

例 2.2 某个项目被分割为两个阶段:阶段 1 是设计工作,阶段 2 是建设工作。根据对以往的项目分析,完成设计工作可能需要 2 个月、3 个月或 4 个月,完成建设工作可能需要 6 个月、7 个月或 8 个月。试分析:完成整个项目共有多少种情况,每种情况各需要多少个月?计算恰好用 8 个月、9 个月 ······ 12 个月完成项目的概率。

解 按照乘法法则,完成整个项目共有 $3 \times 3 = 9$ 种情况。用expand.grid()函数列出两步骤试验全部结果,用apply()函数计算每种情况所花的时间。计算程序 (程序名:exam0202.R) 和结果如下。

```
> D <- expand.grid(设计 = c(2, 3, 4), 建设 = c(6, 7, 8))
> D$完成时间 <- apply(D, 1, sum); D
  设计 建设 完成时间
1    2    6        8
2    3    6        9
3    4    6       10
4    2    7        9
5    3    7       10
6    4    7       11
7    2    8       10
8    3    8       11
9    4    8       12
```

这里用apply()函数作各行的求和。

可用table()函数计算项目完成时间的频数。例如

```
> Ta <- table(D$完成时间); Ta

 8  9 10 11 12
 1  2  3  2  1
```

即完成项目的时间在 8~12 个月,其频数分别为 1, 2, 3, 2, 1,因此,恰好用 8, 9, · · · , 12 个月完成项目的概率分别为 $\frac{1}{9}$, $\frac{2}{9}$, $\frac{1}{3}$, $\frac{2}{9}$ 和 $\frac{1}{9}$。

也可以用prop.table()函数计算相应的概率,例如

```
> prop.table(Ta)
        8         9        10        11        12
0.1111111 0.2222222 0.3333333 0.2222222 0.1111111
```

2. 组合法则

当试验涉及从含有 n 个项目的集合中选择 k 个 $(k<n)$ 时，可运用组合计数法则计算试验结果的数目。在同一时间从 n 个项目抽取其中 k 个的组合数是

$$C_n^k = \binom{n}{k} = \frac{n!}{k!(n-k)!}。 \tag{2.7}$$

例如，从 5 个中任意选取 3 个有多少种选择？

$$\binom{5}{3} = \frac{5!}{3! \times 2!} = \frac{5 \times 4}{2} = 10。$$

在 R 中，可用 choose(n, k) 函数计算组合数 $\binom{n}{k}$。例如，从 5 个中任意选取 3 个有多少种选择？其计算程序为

```
> choose(5, 3)
[1] 10
```

与组合有关的另一个函数是 combn() 函数，它可以生成全部的组合方案。例如，从 1~5 个数中，随机取 3 个的全部组合

```
> combn(1:5, 3)
     [,1] [,2] [,3] [,4] [,5] [,6] [,7] [,8] [,9] [,10]
[1,]    1    1    1    1    1    1    2    2    2     3
[2,]    2    2    2    3    3    4    3    3    4     4
[3,]    3    4    5    4    5    5    4    5    5     5
```

也可以对全部组合情况作某种运算，例如，求和。

```
> combn(1:5, 3, FUN = sum)
 [1]  6  7  8  8  9 10  9 10 11 12
```

3. 排列法则

在抽取的顺序也很重要的情况下，从含有 n 个项目的集合中任意抽取 k 个项目时，还考虑这 k 个项目的顺序，这种方法称为排列。排列的计算规则是

$$P_n^k = k!C_n^k = k!\binom{n}{k} = \frac{n!}{(n-k)!} = n(n-1)\cdots(n-k+1)。 \tag{2.8}$$

从 5 个中任意选取 3 个的排列的个数

$$P_5^3 = 3!\binom{5}{3} = \frac{5!}{2!} = 5 \times 4 \times 3 = 60。$$

可利用 prod() 函数，或者与 choose() 函数的组合完成排列数目的计算。

例 2.3 从一副完全打乱的 52 张扑克牌中任取 4 张,计算下列事件发生的概率。(1) 抽取 4 张依次为红心 A、方块 A、黑桃 A 和梅花 A 的概率;(2) 抽取 4 张为红心 A,方块 A,黑桃 A 和梅花 A 的概率。

解 (1) 抽取 4 张是有次序的,使用排列来求解。所求事件(记为 A)的概率为

$$P(A) = \frac{1}{52 \times 51 \times 50 \times 49} = 1.539 \times 10^{-7}。$$

R 的计算程序为`1/prod(49:52)`。

(2) 抽取 4 张是没有次序的,使用组合来求解。所求事件(记为 B)的概率为

$$P(B) = \frac{1}{\binom{52}{4}} = 3.694 \times 10^{-6}。$$

R 的计算程序为`1/choose(52,4)`。

2.1.4 几何概型

当随机试验的样本空间是某一可度量的区域,并且任意一点落在度量(长度、面积与体积)相同的子区域内是等可能的,则事件 A 发生的概率定义为

$$P(A) = \frac{S_A}{S} = \frac{构成事件 A 的子区域的度量}{样本空间的度量}。 \tag{2.9}$$

这种概率模型称为几何概型。

例 2.4 (比丰(Buffon)投针问题) 设平面上画有间距为 a 的一簇等距平行线。取一枚长为 l ($l < a$) 的针随意扔到平面上,求针与平行线相交的概率。

解 设 x 表示针的中心到最近一条平行线的距离,θ 表示针与此直线间的交角(图 2.1(a)),则 (θ, x) 完全决定针所落的位置。针的所有可能的位置为

$$\Omega = \left\{ (\theta, x) : 0 \leqslant \theta \leqslant \pi, \ 0 \leqslant x \leqslant \frac{a}{2} \right\}。$$

它可用 θ-x 平面上的一个矩形来表示(图 2.1(b))。针与平行线相交的充分必要条件是 $x \leqslant \frac{l}{2} \sin \theta$,即图 2.1(b) 中阴影部分,它的面积为

$$S_A = \int_0^\pi \frac{l}{2} \sin \theta \, \mathrm{d}\theta = l。$$

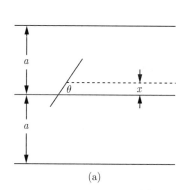
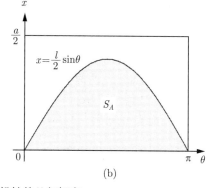

图 2.1 比丰投针的几何概率

因此，若把往平面上随意扔一枚针理解为 Ω 内的任一点为等可能，且记针与任一平行线相交的事件为 A，则

$$P(A) = \frac{S_A}{S} = \frac{2l}{\pi a}。 \tag{2.10}$$

由式 (2.10) 可以利用投针试验计算 π 值. 设随机投针 n 次，其中 k 次针线相交，当 n 充分大时，可用频率 $\frac{k}{n}$ 作为概率 p 的估计值，从而求得 π 的估计值为

$$\hat{\pi} = \frac{2ln}{ak}。 \tag{2.11}$$

根据式 (2.11)，历史上曾有一些学者作了随机投针试验，并得到 π 的估计值。

2.1.5 条件概率

研究随机事件之间的关系时，在已知某些事件发生的条件下考虑另一些事件发生的概率规律有无变化及如何变化，是十分重要的。

设 A 和 B 是两个事件，且 $P(B) > 0$，称

$$P(A|B) = \frac{P(AB)}{P(B)} \tag{2.12}$$

为在事件 B 发生的条件下，事件 A 发生的条件概率。

例如，某集体中有 N 个男人和 M 个女人，其中患色盲者男性 n 人，女性 m 人。用 Ω 表示该集体，A 表示其中全体女性的集合，B 表示其中全体色盲者的集合。如果从 Ω 中随意抽取一人，则这个人分别是女性、色盲者和同时既为女性又是色盲者的概率分别为

$$P(A) = \frac{M}{M+N}, \quad P(B) = \frac{m+n}{M+N}, \quad P(AB) = \frac{m}{M+N}。$$

如果限定只从女性中随机抽取一人 (即事件 A 已发生)，那么这个女人为色盲者的 (条件) 概率

$$P(B|A) = \frac{m}{M} = \frac{P(AB)}{P(A)}。$$

条件概率也是概率，它满足概率公理化定义中的 3 条，即

(1) 对每个事件 A，均有 $0 \leqslant P(A|B) \leqslant 1$；

(2) $P(\Omega|B) = 1$；

(3) 若事件 $A_1, A_2, \cdots$ 两两互斥，即对于 $i, j = 1, 2, \cdots$，$i \neq j$，$A_i A_j = \varnothing$，有

$$P((A_1 \cup A_2 \cup \cdots)|B) = P(A_1|B) + P(A_2|B) + \cdots,$$

并且对于在前面给出的概率性质和公式，也都适用于条件概率。例如，对任意的事件 A_1，A_2，有

$$P((A_1 \cup A_2)|B) = P(A_1|B) + P(A_2|B) - P(A_1 A_2|B)。$$

2.1.6 概率的乘法公式、全概率公式、贝叶斯公式

由条件概率公式，得

$$P(AB) = P(A|B)P(B) = P(B|A)P(A)。 \qquad (2.13)$$

称式 (2.13) 为概率的乘法公式。

对于任何正整数 $n \geqslant 2$，当 $P(A_1 A_2 \cdots A_{n-1}) > 0$ 时，有

$$P(A_1 A_2 \cdots A_{n-1} A_n) = P(A_1)P(A_2|A_1)P(A_3|A_1 A_2) \cdots P(A_n|A_1 A_2 \cdots A_{n-1})。 \qquad (2.14)$$

如果事件组 $B_1, B_2, \cdots$ 满足

（1）$B_1, B_2, \cdots$ 两两互斥，即 $B_i \bigcap B_j = \varnothing$，$i \neq j$，$i, j = 1, 2, \cdots$，且 $P(B_i) > 0$，$i = 1, 2, \cdots$。

（2）$B_1 \cup B_2 \cup \cdots = \Omega$，

则称事件组 $B_1, B_2, \cdots$ 是样本空间 Ω 的一个划分。

设 $B_1, B_2, \cdots$ 是样本空间 Ω 的一个划分，A 为任一事件，则

$$P(A) = \sum_{i=1}^{\infty} P(B_i)P(A|B_i)。 \qquad (2.15)$$

称式 (2.15) 为全概率公式。

设 $B_1, B_2, \cdots$ 是样本空间 Ω 的一个划分，则对任一事件 A $(P(A) > 0)$，有

$$P(B_i|A) = \frac{P(B_i A)}{P(A)} = \frac{P(B_i)P(A|B_i)}{\sum\limits_{j=1}^{\infty} P(B_j)P(A|B_j)}, \quad i = 1, 2, \cdots。 \qquad (2.16)$$

称式 (2.16) 为贝叶斯（Bayes）公式，称式中的 $P(B_i)(i = 1, 2, \cdots)$ 为先验概率，$P(B_i|A)$ $(i = 1, 2, \cdots)$ 为后验概率。

在实际中，常取对样本空间 Ω 的有限划分 $B_1, B_2, \cdots, B_n$（例如 B 与 $\overline{B}$ 就构成样本空间 Ω 的一个划分）。B_i 常被视为导致试验结果 A 发生的"原因"，而 $P(B_i)$ 表示各种"原因"发生的可能性大小，故称为先验概率；$P(B_i|A)$ 则反应当试验产生了结果 A 之后，再对各种"原因"概率的新认识，故称为后验概率。

例 2.5 假定用血清甲胎蛋白法诊断肝癌。用 C 表示被检验者有肝癌这一事件，用 A 表示被检验者为阳性反应这一事件。设 $P(A|C) = 0.95$，$P(\overline{A}|\overline{C}) = 0.90$。若某人群中 $P(C) = 0.0004$，现有一人呈阳性反应，求此人确为肝癌患者的概率 $P(C|A)$。

解 由贝叶斯公式，有

$$P(C|A) = \frac{P(C)P(A|C)}{P(C)P(A|C) + P(\overline{C})P(A|\overline{C})}$$

$$= \frac{0.0004 \times 0.95}{0.0004 \times 0.95 + 0.9996 \times 0.10} = 0.0038。$$

2.1.7 独立事件

如果两事件 A, B 的积事件的概率等于这两个事件发生的概率的乘积，即

$$P(AB) = P(A)P(B),$$

则称事件 A 与事件 B 是相互独立的。

若事件 A 与事件 B 相互独立，则 A 与 $\overline{B}$，$\overline{A}$ 与 B，$\overline{A}$ 与 $\overline{B}$ 也相互独立。

设 $A_1, A_2, \cdots, A_n$ 为 n $(n \geqslant 2)$ 个事件，如果对于其中的任意 $k(k \geqslant 2)$ 个事件 $A_{i_1}, A_{i_2}, \cdots, A_{i_k}$，$1 \leqslant i_1 \leqslant i_2 \leqslant \cdots \leqslant i_k \leqslant n$，等式

$$P(A_{i_1}A_{i_2}\cdots A_{i_k}) = P(A_{i_1})P(A_{i_2})\cdots P(A_{i_k})$$

均成立，则称 n 个事件 $A_1, A_2, \cdots, A_n$ 相互独立。

2.1.8 n 重伯努利试验及其概率计算

如果一个随机试验只有两种可能的结果 A 和 $\overline{A}$，并且

$$P(A) = p, \quad P(\overline{A}) = 1 - p = q,$$

其中 $0 < p < 1$，则称此试验为伯努利（Bernoulli）试验。伯努利试验独立重复进行 n 次，称为 n 重伯努利试验。

例如，从一批产品中检验次品，在其中进行有放回抽样 n 次，抽到次品称为"成功"，抽到正品称为"失败"，这就是 n 重伯努利试验。

设 $A_k = \{n$ 重伯努利试验中 A 出现 k 次 $\}$，则

$$P(A_k) = \binom{n}{k} p^k (1-p)^{n-k}, \quad k = 0, 1, 2, \cdots, n。 \tag{2.17}$$

这就是著名的二项分布，常记作 $B(n, k)$。

2.2 随机变量及其分布

本节介绍随机变量的基本概念，常见的离散型随机变量和连续型随机变量的分布函数，以及随机变量函数的分布。

2.2.1 基本概念

1. 随机变量的定义

设 E 是随机试验，Ω 是样本空间，如果对于每一个 $\omega \in \Omega$，都有一个确定的实数 $X(\omega)$ 与之对应，若对于任意实数 $x \in \mathbb{R}$，有 $\{\omega : X(\omega) < x\} \in \mathcal{F}$，则称 Ω 上的单值实函数 $X(\omega)$ 为一个随机变量。

从上述定义可知，随机变量是定义在样本空间 Ω 上，取值在实数域上的映射。由于它的自变量是随机试验的结果，而随机试验结果的出现具有随机性，因此，随机变量的取值也具有一定的随机性。这是随机变量与普通函数的不同之处。

2. 分布函数

描述一个随机变量，不仅要说明它能够取哪些值，而且还要关心它取这些值的概率。因此，引入随机变量的分布函数的概念。

设 X 是一个随机变量，对任意的实数 x，令

$$F(x) = P\{X \leqslant x\}, \quad x \in (-\infty, +\infty), \tag{2.18}$$

则称 $F(x)$ 为随机变量 X 的分布函数，也称为概率累积函数。

从直观上看，分布函数 $F(x)$ 是一个定义在 $(-\infty, +\infty)$ 上的实值函数，$F(x)$ 在点 x 处取值为随机变量 X 落在区间 $(-\infty, x]$ 上的概率。

分布函数具有以下性质

（1）$0 \leqslant F(x) \leqslant 1$；

（2）$F(x)$ 是单调不减函数，即当 $x_1 < x_2$ 时，$F(x_1) \leqslant F(x_2)$；

（3）$F(-\infty) = \lim\limits_{x \to -\infty} F(x) = 0$，$F(+\infty) = \lim\limits_{x \to +\infty} F(x) = 1$；

（4）$F(x)$ 是右连续的函数，即 $\lim\limits_{x \to x_0^+} F(x) = F(x_0)$，$\forall x_0 \in \mathbb{R}$ 均成立；

（5）$P\{a < X \leqslant b\} = F(b) - F(a)$；

（6）$P\{X > a\} = 1 - P\{X \leqslant a\} = 1 - F(a)$。

在理论上已经证明：如果一个函数满足上述的前 4 条性质，则它一定是某个随机变量的分布函数。

3. 离散型随机变量

如果随机变量 X 的全部可能取值只有有限多个或可列无穷多个，则称 X 为离散型随机变量。对于离散型随机变量 X 可能取值为 x_k 的概率为

$$P\{X = x_k\} = p_k, \quad k = 1, 2, \cdots, \tag{2.19}$$

则称式 (2.19) 为离散型随机变量 X 的分布律。

离散型随机变量的分布律具有以下性质：

（1）$p_k \geqslant 0$，$k = 1, 2, \cdots$；

（2）$\sum\limits_{k=1}^{\infty} p_k = 1$。

离散型随机变量的分布函数为

$$F(x) = P\{X \leqslant x\} = \sum_{x_k \leqslant x} P\{X = x_k\} = \sum_{x_k \leqslant x} p_k 。 \tag{2.20}$$

4. 连续型随机变量

对于随机变量 X，如果存在一个定义在 $(-\infty, +\infty)$ 上的非负可积函数 $f(x)$，使得对于任意实数 x，总有

$$F(x) = P\{X \leqslant x\} = \int_{-\infty}^{x} f(t)\,\mathrm{d}t, \quad -\infty < x < +\infty, \tag{2.21}$$

则称 X 为连续型随机变量，$f(x)$ 为 X 的概率密度函数，简称概率密度。

概率密度函数有如下性质：

（1）$\int_{-\infty}^{+\infty} f(x)\mathrm{d}x = 1$；

（2）对于任意的实数 $a, b(a < b)$，都有 $P\{a < X \leqslant b\} = \int_a^b f(x)\mathrm{d}x$；

（3）若 $f(x)$ 在点 x 处连续，则 $f(x) = F'(x)$；

（4）对任意实数 a，总有 $P\{X = a\} = 0$。

5. 分位数

设 X 为随机变量，对任给的 $0 < \alpha < 1$，若存在 x_α，使得

$$P\{X \leqslant x_\alpha\} \geqslant 1 - \alpha, \quad P\{X \geqslant x_\alpha\} \geqslant \alpha, \tag{2.22}$$

则称 x_α 为 X 的上 α 分位数 (或上 α 分位点)。对任给的 $0 < p < 1$，若存在 x_p，使得

$$P\{X \leqslant x_p\} \geqslant p, \quad P\{X \geqslant x_p\} \geqslant 1 - p, \tag{2.23}$$

则称点 x_p 为 X 的下 p 分位数（或下 p 分位点）。

由式 (2.22) 和式 (2.23) 可以得到上、下分位数之间的关系：上 α 分位数就是下 $1 - \alpha$ 分位数。

对于连续型随机变量，上 α 分位数的定义可以简化为

$$P\{X \geqslant x_\alpha\} = \alpha, \tag{2.24}$$

下 p 分位数的定义可以简化为

$$P\{X \leqslant x_p\} = p。\tag{2.25}$$

图 2.2 给出连续型随机变量的分位数几何图形。在图 2.2(a) 中，x_α 是上 α 分位数，图中的阴影面积的值是 α。空白处的面积是 $1 - \alpha$，所以，x_α 也是下 $1 - \alpha$ 分位数。在图 2.2(b) 中，x_p 是下 p 分位数，图中的阴影面积的值是 p。空白处的面积是 $1 - p$，所以，x_p 也是上 $1 - p$ 分位数。

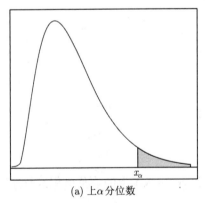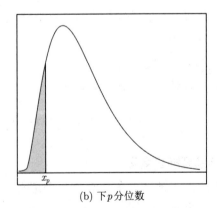

(a) 上 α 分位数　　　　　　　　(b) 下 p 分位数

图 2.2　连续型随机变量的分位数

在当前的教科书中，通常是使用上分位数。而在计算机软件中，通常是使用下分位数。这一点需要大家在后面的学习中注意。

2.2.2 常见的离散型随机变量的分布

常见的离散型随机变量的分布有两点分布（也称为 0-1 分布）、二项分布、泊松（Poisson）分布和超几何分布等。

1. 两点分布

若随机变量 X 的分布律为

$$P\{X = k\} = p^k(1-p)^{1-k}, \quad k = 0, 1, \ 0 < p < 1, \tag{2.26}$$

则称 X 服从参数为 p 的两点分布，记作 $X \sim B(1, p)$。两点分布的分布函数为

$$F(x) = \begin{cases} 0, & x < 0, \\ 1-p, & 0 \leqslant x < 1, \\ 1, & x \geqslant 1。 \end{cases} \tag{2.27}$$

2. 二项分布

若随机变量 X 的分布律为

$$P\{X = k\} = \binom{n}{k} p^k (1-p)^{n-k}, \quad k = 0, 1, \cdots, n, \tag{2.28}$$

则称 X 服从参数为 n, p 的二项分布，记为 $X \sim B(n, p)$，其中 $\binom{n}{k} p^k (1-p)^{n-k}$ 是 n 重伯努利试验中事件 A 恰好发生 k 次的概率。二项分布的分布函数为

$$F(x) = \sum_{k=0}^{\lfloor x \rfloor} \binom{n}{k} p^k (1-p)^{n-k}, \tag{2.29}$$

其中，$\lfloor x \rfloor$ 表示下取整，即不超过 x 的最大整数，下同。

由 2.1.8 节的内容可知，二项分布是由 n 重伯努利试验得到的。图 2.3 给出二项分布的分布律，其参数分别为 $n = 10$，$p = 0.3$ 和 $p = 0.7$。

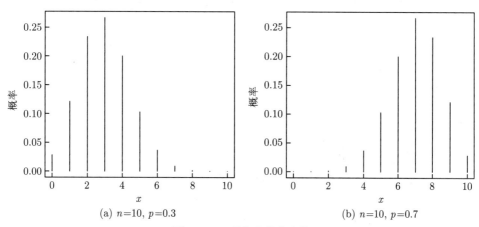

(a) $n=10$, $p=0.3$ (b) $n=10$, $p=0.7$

图 2.3 二项分布的分布律

在 R 中，binom 表示二项分布，加上不同的前缀表示不同的函数，如 dbinom 表示概率密度函数（分布律），pbinom 表示分布函数，qbinom 表示分位数。这些函数的使用格式为

```
dbinom(x, size, prob, log = FALSE)
pbinom(q, size, prob, lower.tail = TRUE, log.p = FALSE)
qbinom(p, size, prob, lower.tail = TRUE, log.p = FALSE)
```

参数的名称、取值及意义如表 2.1 所示。

表 2.1 binom( ) 类函数中的参数名称、取值及意义

名称	取值及意义
x 或 q	数量或向量，表示试验中成功的次数。
p	数值或向量，表示分位点的概率。
size	数值或向量，表示实验次数，即二项分布 $B(n,p)$ 中的参数 n。
prob	数值，表示实验成功的概率，即二项分布 $B(n,p)$ 中的参数 p。
log, log.p	逻辑变量，当取值为 TRUE 时，函数的返回值不是概率 p，而是 $\log(p)$，默认值为 FALSE。
lower.tail	逻辑变量，当取值为 TRUE（默认值）时，分布函数为概率 $P\{X \leqslant x\}$，对应的分位数为下分位数；当取值为 FALSE 时，分布函数为概率 $P\{X > x\}$，对应的分位数为上分位数。

例 2.6 现有 80 台同类型的设备，各台设备的工作是相互独立的，发生故障的概率是 0.01，且一台设备的故障能由一人处理，配备维修工人的方法有两种，一种是 4 人分开维护，每人负责 20 台，另一种是由 3 人共同维护 80 台，试比较两种方法在设备发生故障时不能及时维修的概率的大小。

解 设 X 为同一时刻发生故障的设备台数，服从二项分布，$X \sim B(n,p)$。每人负责 20 台时，$X \sim B(20, 0.01)$，不能及时维修的概率为 $P\{X \geqslant 2\}$，在 80 台设备中，至少一人不能及时维修设备的概率为 $1 - (1 - P\{X \geqslant 2\})^4$；3 人共同维护时 $X \sim B(80, 0.01)$，即不能及时维修的概率为 $P\{X \geqslant 4\}$。程序（程序名：exam0206.R）与计算结果如下：

```
> p <- 1 - pbinom(1, size = 20, prob = 0.01); p
[1] 0.01685934
> p1 <- 1 - (1-p)^4; p1
[1] 0.06575101
> p2 <- 1 - pbinom(3, size = 80, prob = 0.01); p2
[1] 0.008659189
```

$p_2 < p_1$，因此第二种方法更合理。

例 2.7 为保证设备的正常运行，必须配备一定数量的设备维修人员。现有同类设备 180 台，且各台工作相互独立，每台设备任一时刻发生故障的概率都是 0.01。假设一台设备的故障由一人进行修理，问至少需配备多少名修理人员，才能保证设备发生故障后能得到及时修理的概率不小于 0.95？

解 设随机变量 X 为发生故障的设备数，k 为配备修理工的个数，由题意 $X \sim B(n,p)$，其中 $n = 180$，$p = 0.01$，并且 X 和 k 应满足 $P\{X \leqslant k\} \geqslant 0.95$。程序（程序名：exam0207.R）与计算结果如下：

```
> n <- 180; p <- 0.01; k <- qbinom(.95, n, p); k
[1] 4
```
即至少需要 4 名修理人员。

3. 泊松分布

若随机变量 X 的分布律为

$$P\{X=k\} = \frac{\lambda^k \mathrm{e}^{-\lambda}}{k!}, \quad k = 0, 1, 2, \cdots, \tag{2.30}$$

则称 X 服从参数为 λ 的泊松（Poisson）分布，记作 $X \sim P(\lambda)$ 或 $X \sim \pi(\lambda)$，其中 $\lambda > 0$ 为常数。泊松分布的分布函数为

$$F(x) = \sum_{k=0}^{\lfloor x \rfloor} \frac{\lambda^k \mathrm{e}^{-\lambda}}{k!}。 \tag{2.31}$$

图 2.4 给出泊松分布的分布律，其参数为 $\lambda = 4$。

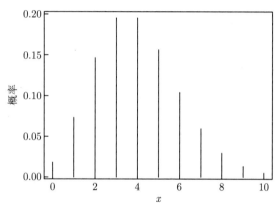

图 2.4　泊松分布的分布律

如果事件满足以下两条性质：

（1）事件在任意两个等长度的区间内发生一次的概率相等；

（2）事件在任意区间内是否发生与在其他区间的发生情况相互独立。

则事件发生次数可用服从泊松分布的随机变量来描述。

例如，30min 内到达某修理厂的车辆数，或者是 50km 的公路上需要修理汽车的数量，或者是 100km 的管道上泄露点的个数等，可用泊松分布的随机变量来描述，如果某段时间的到达数目太大，可缩短时间，使这个时间段内的事件发生的数目减少。例如，可以考虑在 5min 内到达某花店的人数。

在 R 中，pois 表示泊松分布，加上不同的前缀表示不同的函数，加d表示概率密度函数，加p表示分布函数，加q表示分位函数。函数的使用格式为

```
dpois(x, lambda, log = FALSE)
ppois(q, lambda, lower.tail = TRUE, log.p = FALSE)
qpois(p, lambda, lower.tail = TRUE, log.p = FALSE)
```

参数 lambda 为泊松分布中的参数 λ，其他参数的意义与二项分布相同（见表 2.1）。

例 2.8 假定顾客到达某银行的平均值是每 4min 到达 3.2 位，计算：(1) 在 4min 内有 7 位以上顾客的概率；(2) 在 8min 内到达 10 位顾客的概率。

解 (1) 设 X 为 4min 内到达银行的顾客数，题意是计算 $P\{X > 7\}$，即计算 $1 - P\{X \leqslant 7\}$。程序及计算结果如下：

```
> 1 - ppois(7, lambda = 3.2)
[1] 0.01682984
```

从这个计算结果来看，在 4min 内不大可能有 7 位以上顾客到达银行。

(2) 这里需要调整参数 λ，其值由 3.2 调整为 6.4，也就是说，8min 内平均有 6.4 位顾客到达银行。而不调整随机变量 X，即不能将问题改成计算 4min 内到达 5 位顾客的概率。程序及计算结果如下

```
> dpois(10, lambda = 3.2*2)
[1] 0.05279004
```

关于泊松分布有如下重要的定理。

定理 2.1（泊松定理） 在伯努利试验中，以 p_n 代表事件 A 在试验中出现的概率，它与试验总数 n 有关，如果 $np_n \to \lambda$，则当 $n \to \infty$ 时，有

$$\lim_{n \to \infty} \binom{n}{k} p_n^k (1-p_n)^{n-k} = \frac{\lambda^k e^{-\lambda}}{k!}。 \tag{2.32}$$

当 n 很大且 p_n 很小时，二项分布可以用泊松分布来近似代替，即

$$\binom{n}{k} p_n^k (1-p_n)^{n-k} \approx \frac{\lambda^k e^{-\lambda}}{k!}, \tag{2.33}$$

其中 $\lambda = np_n$。

该定理的基本思想是，当 n 较大，p 较小时，可以用泊松分布近似计算二项分布。作为一条经验法则，只有当 $p \leqslant 0.05$，$n \geqslant 20$，使用泊松分布近似的效果才好。

例 2.9 计算机硬件公司制造某种型号的芯片，其次品率为 0.1%，各芯片成为次品相互独立。求 1000 枚芯片中至少有 2 枚次品的概率。

解 设 X 为次品的枚数，计算概率 $P\{X \geqslant 2\}$。现选择两种计算方法，第一种用二项分布精确计算，第二种用泊松分布近似计算。程序（程序名：exam0209.R）与计算结果如下：

```
> 1 - pbinom(1, size = 1000, prob = 0.001)
[1] 0.2642411
> 1 - ppois(1, lambda = 1000*0.001)
[1] 0.2642411
```

两种方法的计算结果是相同的。

4. 超几何分布

设 N 是总体元素的个数，r 是总体内成功元素的个数，$N - r$ 是总体内失败元素的个数。超几何分布是考虑在 n 次无放回的试验中，成功 k 次失败 $n - k$ 次的概率。因此，

2.2 随机变量及其分布

超几何分布的分布律为

$$P\{X=k\} = \frac{\binom{r}{k}\binom{N-r}{n-k}}{\binom{N}{n}}, \quad k=0,1,\cdots,r。 \tag{2.34}$$

相应的分布函数为

$$F(x) = \sum_{k=0}^{\lfloor x \rfloor} \frac{\binom{r}{k}\binom{N-r}{n-k}}{\binom{N}{n}}。 \tag{2.35}$$

超几何分布实际上与二项分布有关,它实际上是二项分布的补充。二项分布适用于有放回的抽样,而超几何分布适用于无放回的抽样。

在 R 中,hyper表示超几何分布,加上不同的前缀表示不同的函数,函数的使用格式为

```
dhyper(x, m, n, k, log = FALSE)
phyper(q, m, n, k, lower.tail = TRUE, log.p = FALSE)
qhyper(p, m, n, k, lower.tail = TRUE, log.p = FALSE)
```

部分参数的名称、取值及意义如表 2.2所示。

表 2.2　hyper( )类函数中的部分参数名称、取值及意义

名称	取值及意义
x(或q)	整数(或实数),表示试验成功的次数,即式 (2.34) 中的 k (或式 (2.35) 中的 x)。
m	整数,表示试验中成功的总次数,即式 (2.34) 中的 r。
n	整数,表示试验中失败的总次数,即式 (2.34) 中的 $N-r$。
k	整数,表示试验总次数,即式 (2.34) 中的 n。

例 2.10　假定在 10 位喜欢喝可乐的人中,有 6 位喜欢可口可乐,4 位喜欢百事可乐。现从 10 人中任取 3 人,计算:(1) 3 人中恰有 2 人喜欢可口可乐的概率;(2) 3 人中多数人(2 人或 3 人)喜欢百事可乐的概率。

解　这是一个超几何分布的题目。设喜欢可口可乐为成功,喜欢百事可乐为失败,成功的总次数为 6,失败的总次数为 4,试验总次数为 3。问题(1)是计算恰好 2 次成功的概率。问题(2)是计算成功的次数小于等于 1 的概率。程序(程序名:exam0210.R)与计算结果如下:

```
> dhyper(x = 2, m = 6, n = 4, k = 3)
[1] 0.5
> phyper(q = 1, m = 6, n = 4, k = 3)
[1] 0.3333333
```

即问题(1)的概率为 50%,问题(2)的概率为 1/3。

2.2.3　常见的连续型随机变量的分布

常见的连续型随机变量的分布有均匀分布、指数分布和正态分布等。

1. 均匀分布

若随机变量 X 的概率密度函数为

$$f(x) = \begin{cases} \dfrac{1}{b-a}, & a \leqslant x \leqslant b, \\ 0, & \text{其他}, \end{cases} \quad (2.36)$$

则称 X 服从区间 $[a,b]$ 上的均匀分布,记为 $X \sim U[a,b]$,其分布函数为

$$F(x) = \begin{cases} 0, & x < a, \\ \dfrac{x-a}{b-a}, & a \leqslant x < b, \\ 1, & x \geqslant b. \end{cases} \quad (2.37)$$

在 R 中,unif 表示均匀分布,加上不同的前缀表示不同的函数,其使用格式为

```
dunif(x, min = 0, max = 1, log = FALSE)
punif(q, min = 0, max = 1, lower.tail = TRUE, log.p = FALSE)
qunif(p, min = 0, max = 1, lower.tail = TRUE, log.p = FALSE)
```

部分参数的名称、取值及意义如表 2.3 所示。

表 2.3 unif( ) 类函数中的参数名称、取值及意义

名称	取值及意义
x 或 q	数量或向量,表示概率密度函数或分布函数的自变量。
p	数量或向量 (取值 0~1),表示分位点的概率。
min	数值,表示区间的左端点,默认值为 0。
max	数值,表示区间的右端点,默认值为 1。

例 2.11 某设备生产出的钢板厚度在 150~200mm,且服从均匀分布,钢板厚度在 160mm 以下为次品,求产出次品的概率。

解 用 punif() 函数计算,程序(程序名:exam0211.R)和计算结果如下:

```
> p <- punif(160, min = 150, max = 200); p
[1] 0.2
```

即产出次品的概率为 0.2。

2. 正态分布

若随机变量 X 的概率密度函数为

$$f(x) = \frac{1}{\sqrt{2\pi}\sigma} \exp\left\{-\frac{(x-\mu)^2}{2\sigma^2}\right\}, \quad -\infty < x < +\infty, \quad (2.38)$$

其中 μ 和 $\sigma(\sigma > 0)$ 为两个常数,则称 X 服从参数为 μ 和 σ^2 的正态分布,也称为高斯(Gauss)分布,记作 $X \sim N(\mu, \sigma^2)$,其分布函数为

$$F(x) = \int_{-\infty}^{x} \frac{1}{\sqrt{2\pi}\sigma} e^{-\frac{(t-\mu)^2}{2\sigma^2}} \, dt, \quad -\infty < x < +\infty. \quad (2.39)$$

2.2 随机变量及其分布

正态分布是最重要的连续分布，有着广泛的实际应用，如人体的身高、体重、考试成绩、科学测量值，降水量等，这些都服从正态分布。在统计推断中，正态分布也是非常重要的内容。

当 $\mu = 0$，$\sigma = 1$ 时，$X \sim N(0,1)$，则称 X 服从标准正态分布。标准正态分布的分布函数记为 $\Phi(x)$。若 $X \sim N(\mu, \sigma^2)$，则

$$Z = \frac{X - \mu}{\sigma} \sim N(0,1). \tag{2.40}$$

图 2.5描绘的是不同参数的正态分布的概率密度函数图，分别是 $\mu = 0$，$\sigma = 0.5$；$\mu = 2$，$\sigma = 0.5$ 和 $\mu = 0$，$\sigma = 1$。从图中可以看出，如果改变 μ 值，只会改变正态分布图形的位置，而不会改变它的形状。如果改变 σ 值，则会改变正态分布的形状。例如，在图 2.5中，可以看到，改变 μ 值，实际上在改变正态分布的中心位置，μ 值变小，图形向左移动，μ 值变大，图形向右移动。而改变 σ，则改变图形的形状，σ 的值越小，其图形越陡；而 σ 越大，则图形越平坦。

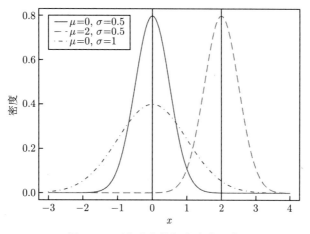

图 2.5 正态分布的概率密度函数

在 R 中，正态分布基本名称为norm，加上不同的前缀表示不同的函数，其使用格式为

```
dnorm(x, mean = 0, sd = 1, log = FALSE)
pnorm(q, mean = 0, sd = 1, lower.tail = TRUE, log.p = FALSE)
qnorm(p, mean = 0, sd = 1, lower.tail = TRUE, log.p = FALSE)
```

部分参数的名称、取值及意义如表 2.4所示。

表 2.4 norm( )类函数中的参数名称、取值及意义

名称	取值及意义
mean	数值，表示均值，即参数 μ，默认值为 0。
sd	数值，表示标准差，即参数 σ，默认值为 1。

例 2.12 设 $X \sim N(\mu, \sigma^2)$，分别计算 $P\{|X-\mu| \leqslant \sigma\}$，$P\{|X-\mu| \leqslant 2\sigma\}$ 和 $P\{|X-\mu| \leqslant 3\sigma\}$。

解 当 $X \sim N(\mu, \sigma^2)$ 时，$Z = \dfrac{X-\mu}{\sigma} \sim N(0,1)$，所以用标准正态分布计算即可。调用pnorm()函数，程序（程序名：exam0212.R）和计算结果如下：

```
> x <- 1:3; p <- pnorm(x) - pnorm(-x); p
[1] 0.6826895 0.9544997 0.9973002
```

这就是通常所说的 3σ 原则，即落在以 $x=\mu$ 为中心的长度为 2σ，4σ 和 6σ 的区间内的概率分别为 68.3%，95.4% 和 99.7%。

例 2.13 设 $X \sim N(5, 2^2)$，求：(1) $P\{|X| > 3\}$；(2) 确定数 c，使得 $P\{X \leqslant c\} = P\{X > c\}$。

解 （1） $P\{|X| > 3\} = P\{X > 3\} + P\{X \leqslant -3\} = 1 - P\{X \leqslant 3\} + P\{X \leqslant -3\}$，所以

```
> p <- 1 - pnorm(3, mean=5, sd=2) + pnorm(-3, mean=5, sd=2); p
[1] 0.8413764
```

（2）由 $P\{X \leqslant c\} = P\{X > c\} = 1 - P\{X \leqslant c\}$ 得到 $P\{X \leqslant c\} = \dfrac{1}{2}$，所以

```
> c <- qnorm(0.5, mean = 5, sd = 2); c
[1] 5
```

前面讲过（泊松定理），二项分布可以用泊松分布来近似。这里介绍如何用正态分布近似计算二项分布。

对于二项分布，当 n 较大时，计算时会遇到计算困难（特别是手工计算），通常使用正态分布近似二项分布。设 n 为试验次数，p 为试验成功的概率，当 n 和 p 满足：$np \geqslant 5$，$nq \geqslant 5$ ($q = 1 - p$) 时，二项分布的随机变量 X 近似服从正态分布，有

$$X \sim N(np, npq)。 \tag{2.41}$$

例 2.14 设 $X \sim B(n, p)$，且 $n = 10$，$p = 0.5$。（1）试用二项分布精确计算 $P\{X \leqslant 4\}$；（2）试用正态分布近似计算 $P\{X \leqslant 4\}$。

解 写出计算程序（程序名：exam0214.R）

```
n <- 10; p <- 0.5; q <- 1 - p
p1 <- pbinom(4, size = n, prob = p); p1
p2 <- pnorm(4, mean = n*p, sd = sqrt(n*p*q)); p2
```

计算得到：p1 = 0.3769531，p2 = 0.2635446，两者还相差挺大的.

这是什么原因呢？画出二项分布的分布律和正态分布的分布函数后会发现，这个误差是由于离散分布到连续分布转换的不一致造成的，需要根据情况增加或减少 0.5 的修正，这一修正被称为连续性修正。经过修正后，基本上能保证二项分布的绝大部分信息正确地转换成正态分布的信息。例如，在例 2.14 中，将正态分布的近似计算改为

```
p3 <- pnorm(4.5, mean = n*p, sd = sqrt(n*p*q)); p3
```

计算得到：p3 = 0.3759148，修正后，与精确二项分布的计算结果相差就不大了。

3. 指数分布

若随机变量 X 的概率密度函数为

$$f(x) = \begin{cases} \lambda e^{-\lambda x}, & x \geqslant 0, \\ 0, & x < 0, \end{cases} \qquad (2.42)$$

其中 $\lambda > 0$ 为常数，则称 X 服从参数为 λ 的指数分布，其分布函数为

$$F(x) = \begin{cases} 1 - e^{-\lambda x}, & x \geqslant 0, \\ 0, & x < 0。 \end{cases} \qquad (2.43)$$

在这里，特别需要提到的是，指数分布与泊松分布的关系。泊松分布是确定在一个特定的时间段内事件发生的次数，而指数分布则是描述两个事件的间隔长度。例如，假设在 1h 内到达洗车店的汽车数服从泊松分布，其均值为每小时 10 辆汽车，则车辆的间隔时间服从指数分布，且平均间隔时间为 1/10h。

在 R 中，exp表示指数分布，加上不同的前缀表示不同的函数，其使用格式为

```
dexp(x, rate = 1, log = FALSE)
pexp(q, rate = 1, lower.tail = TRUE, log.p = FALSE)
qexp(p, rate = 1, lower.tail = TRUE, log.p = FALSE)
```

参数rate为指数分布的参数 λ，默认值为 1。

例 2.15 设电视机的寿命 X（单位：年）服从参数为 $\lambda = 1/12$ 的指数分布，求：(1) 电视机寿命最多为 6 年的概率；(2) 寿命为 15 年或更多的概率；(3) 寿命在 5~10 年的概率。

解 (1) 计算 $P\{X \leqslant 6\}$；(2) 计算 $P\{X > 15\}$；(3) 计算 $P\{5 < X \leqslant 10\}$。调用pexp()函数计算，程序（程序名：exam0215.R）和计算结果如下：

```
> p1 <- pexp(6, rate = 1/12); p1
[1] 0.3934693
> p2 <- 1 - pexp(15, rate = 1/12); p2
[1] 0.2865048
> p <- pexp(c(5, 10), rate = 1/12); p[2]-p[1]
[1] 0.2246424
```

即 $P\{X \leqslant 6\} = 0.3935$，$P\{X > 15\} = 0.2865$，$P\{5 < X \leqslant 10\} = 0.22464$。

2.3 随机向量

由多个随机变量构成的向量称为随机向量,这里简单介绍随机向量及其分布的定义和相关的性质。

2.3.1 定义及联合分布

如果 X 和 Y 是定义在同一概率空间 $(\Omega, \mathcal{F}, P)$ 上的两个随机变量,称 (X,Y) 为二维随机向量,并称 X 和 Y 是二维随机向量 (X,Y) 的两个分量。

设 (X,Y) 是定义在 $(\Omega, \mathcal{F}, P)$ 上的随机向量,对任意的 (x,y),称二元函数

$$F(x,y) = P\{X \leqslant x, Y \leqslant y\} \tag{2.44}$$

为 (X,Y) 的联合分布函数,其中 $\{X \leqslant x, Y \leqslant y\}$ 表示事件 $\{X \leqslant x\}$ 与事件 $\{Y \leqslant y\}$ 的积事件。

联合分布函数具有如下性质:

(1) 对于任意固定的 y,当 $x_2 > x_1$ 时,$F(x_2, y) \geqslant F(x_1, y)$。对于任意固定的 x,当 $y_2 > y_1$ 时,$F(x, y_2) \geqslant F(x, y_1)$,即 $F(x,y)$ 对每个自变量是单调不减的。

(2) $0 \leqslant F(x,y) \leqslant 1$,且对于任意固定的 y,$F(-\infty, y) = 0$。对于任意固定的 x,$F(x, -\infty) = 0$,$F(-\infty, -\infty) = 0$,$F(+\infty, +\infty) = 1$。

(3) $F(x,y) = F(x+0, y)$,$F(x,y) = F(x, y+0)$,即 $F(x,y)$ 关于 x 右连续,也关于 y 右连续。

(4) 对于任意 (x_1, y_1),(x_2, y_2),$x_1 < x_2$,$y_1 < y_2$,下述不等式

$$F(x_2, y_2) - F(x_2, y_1) - F(x_1, y_2) + F(x_1, y_1) \geqslant 0$$

成立。

由以上性质可得以下结论。随机点 (X,Y) 落在矩形域 $\{x_1 < x \leqslant x_2, y_1 < y \leqslant y_2\}$ 内的概率为

$$P\{x_1 < X \leqslant x_2, y_1 < Y \leqslant y_2\} = F(x_2, y_2) - F(x_2, y_1) - F(x_1, y_2) + F(x_1, y_1)。\tag{2.45}$$

类似地,可以定义 n 维随机向量。设 Ω 为样本空间,$X_1, X_2, \cdots, X_n$ 是 Ω 上的 n 个随机变量,则由它们构成的 n 维向量 $(X_1, X_2, \cdots, X_n)$ 称为 n 维随机向量,称 X_i 为 X 的第 i 个分量。

如果 $(X_1, X_2, \cdots, X_n)$ 是一个 n 维随机向量,对任意的 $(x_1, x_2, \cdots, x_n)$,称 n 元函数

$$F(x_1, x_2, \cdots, x_n) = P\{X_1 \leqslant x_1, X_2 \leqslant x_2, \cdots, X_n \leqslant x_n\} \tag{2.46}$$

为 $(X_1, X_2, \cdots, X_n)$ 的联合分布函数。

2.3.2 离散型随机向量

如果二维随机向量 (X, Y) 的每个分量都是离散型随机变量，则称 (X, Y) 是二维离散型随机向量。如果 (X,Y) 所有的可能取值为 (x_i, y_j)，$i = 1, 2, \cdots, j = 1, 2, \cdots$，取这些可能值的概率为

$$P\{X = x_i, Y = y_j\} = p_{ij}, \quad i, j = 1, 2, \cdots, \tag{2.47}$$

则称式 (2.47) 为离散型随机向量 (X,Y) 的分布律 (联合分布律)。

显然，p_{ij} $(i,j = 1, 2, \cdots)$ 满足以下两个条件:

(1) $p_{ij} \geqslant 0$, $i, j = 1, 2, \cdots$;
(2) $\sum\limits_{i} \sum\limits_{j} p_{ij} = 1$。

离散型随机向量 (X,Y) 的分布函数为

$$F(x,y) = \sum_{x_i \leqslant x, y_j \leqslant y} p_{ij}, \quad \forall x, y \in \mathbb{R}。$$

2.3.3 连续型二维随机向量

如果对于二维随机向量 (X, Y) 的分布函数 $F(x,y)$，存在非负的函数 $f(x,y)$，使对于任意的 x, y，有

$$F(x,y) = \int_{-\infty}^{y} \int_{-\infty}^{x} f(u,v) \, \mathrm{d}u \, \mathrm{d}v, \tag{2.48}$$

则称 (X,Y) 是连续型的二维随机向量，函数 $f(x,y)$ 称为二维随机向量 (X,Y) 的概率密度函数。

概率密度函数有如下性质：

(1) $f(x,y) \geqslant 0$, $\forall\, x, y \in \mathbb{R}$;
(2) $\int_{-\infty}^{+\infty} \int_{-\infty}^{+\infty} f(x,y) \, \mathrm{d}x \, \mathrm{d}y = F(+\infty, +\infty) = 1$;
(3) 在 $f(x,y)$ 的连续点处有

$$\frac{\partial^2 F(x,y)}{\partial x \partial y} = f(x,y);$$

(4) 随机点 (X,Y) 落在平面区域 G 内的概率为

$$P\{(X,Y) \in G\} = \iint\limits_{G} f(x,y) \, \mathrm{d}x \, \mathrm{d}y。$$

2.3.4 边缘分布

X, Y 的边缘分布函数分别是

$$F_X(x) = P\{X \leqslant x\} = P\{X \leqslant x, Y < +\infty\} = F(x, +\infty), \tag{2.49}$$

$$F_Y(y) = P\{Y \leqslant y\} = P\{X < +\infty, Y \leqslant y\} = F(+\infty, y)。 \tag{2.50}$$

若 (X,Y) 为离散型随机向量，X，Y 的边缘分布律及边缘分布函数分别为

$$P\{X = x_i\} = \sum_{j=1}^{\infty} p_{ij} = p_{i\cdot}, \quad i = 1, 2, \cdots, \tag{2.51}$$

$$P\{Y = y_j\} = \sum_{i=1}^{\infty} p_{ij} = p_{\cdot j}, \quad j = 1, 2, \cdots, \tag{2.52}$$

$$F_X(x) = F(x, +\infty) = \sum_{x_i \leqslant x} \sum_{j=1}^{\infty} p_{ij}, \tag{2.53}$$

$$F_Y(y) = F(+\infty, y) = \sum_{i=1}^{\infty} \sum_{y_j \leqslant y} p_{ij}。 \tag{2.54}$$

若 (X,Y) 为连续型随机向量，X，Y 的边缘概率密度函数分别为

$$f_X(x) = \int_{-\infty}^{+\infty} f(x, y) \mathrm{d}y, \tag{2.55}$$

$$f_Y(y) = \int_{-\infty}^{+\infty} f(x, y) \mathrm{d}x, \tag{2.56}$$

其边缘分布函数分别为

$$F_X(x) = P\{X \leqslant x\} = \int_{-\infty}^{x} \left[\int_{-\infty}^{+\infty} f(x, y) \mathrm{d}y \right] \mathrm{d}x = \int_{-\infty}^{x} f_X(x) \mathrm{d}x, \tag{2.57}$$

$$F_y(y) = P\{Y \leqslant y\} = \int_{-\infty}^{y} \left[\int_{-\infty}^{+\infty} f(x, y) \mathrm{d}x \right] \mathrm{d}y = \int_{-\infty}^{y} f_Y(y) \mathrm{d}y。 \tag{2.58}$$

2.3.5 随机变量的独立性

设二维随机向量 (X, Y) 的分布函数为 $F(x, y)$，X 和 Y 的边缘分布函数分别是 $F_X(x)$ 和 $F_Y(y)$，若对任意的实数 x, y，有

$$F(x, y) = F_X(x) F_Y(y),$$

则称随机变量 X 和 Y 相互独立。

若 (X, Y) 是二维离散型随机向量，其所有可能取的值为 (x_i, y_j), $i = 1, 2, \cdots, j = 1, 2, \cdots$，且满足

$$P\{X = x_i, Y = y_j\} = P\{X = x_i\} P\{Y = y_j\}, \quad i = 1, 2, \cdots, \quad j = 1, 2, \cdots,$$

或

$$p_{ij} = p_{i\cdot} p_{\cdot j}, \quad i = 1, 2, \cdots, \quad j = 1, 2, \cdots,$$

则随机变量 X 和 Y 相互独立。

设 (X, Y) 是二维连续型随机向量，其概率密度函数为 $f(x, y)$，X 和 Y 的边缘密度函数为 $f_X(x)$ 和 $f_Y(y)$，若对任意的实数 x, y，均有

$$f(x, y) = f_X(x) f_Y(y),$$

则随机变量 X 和 Y 相互独立。

2.3.6 常见的二维随机向量的分布

1. 二维均匀分布

若 (X,Y) 具有如下概率密度函数

$$f(x,y) = \begin{cases} \dfrac{1}{A}, & (x,y) \in D, \\ 0, & \text{其他}, \end{cases} \tag{2.59}$$

其中 A 为平面区域 D 的面积值，则称此二维连续型随机向量 (X,Y) 在区域 D 内服从二维均匀分布。

2. 二维正态分布

如果 (X,Y) 具有如下概率密度函数

$$f(x,y) = \frac{1}{2\pi\sigma_1\sigma_2\sqrt{1-\rho^2}} \cdot$$

$$\exp\left\{-\frac{1}{2(1-\rho^2)}\left[\frac{(x-\mu_1)^2}{\sigma_1^2} - 2\rho\frac{(x-\mu_1)(y-\mu_2)}{\sigma_1\sigma_2} + \frac{(y-\mu_2)^2}{\sigma_2^2}\right]\right\},$$
$$-\infty < x < +\infty, -\infty < y < +\infty, \tag{2.60}$$

其中，μ_1，μ_2，$\sigma_1 > 0$，$\sigma_2 > 0$，$|\rho| < 1$ 为实数，则称此二维连续型随机向量 (X,Y) 服从参数为 $\mu_1, \mu_2, \sigma_1, \sigma_2, \rho$ 的二维正态分布，记作 $(X,Y) \sim N(\mu_1, \mu_2, \sigma_1^2, \sigma_2^2, \rho)$，同时称 (X,Y) 为二维正态随机向量。

图 2.6 绘出了 $\rho = 0$ 和 $\rho = 0.75$ 两种情况。当 $\rho = 0$ 时，随机变量 X 与随机变量 Y 是相互独立的，当 $\rho \neq 0$ 时，随机变量 X 与随机变量 Y 相关（不相互独立），并且当 $|\rho|$ 越接近 1 时，相关程度越密切。

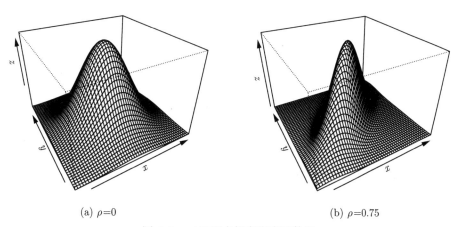

(a) $\rho=0$ (b) $\rho=0.75$

图 2.6　二元正态概率密度函数图

2.4 随机变量的数字特征

本节介绍随机变量的数字特征，如均值、方差、相关系数和矩等。

2.4.1 数学期望

设离散型随机变量 X 的分布律为 $P\{X = x_i\} = p_i$, $i = 1, 2, \cdots$，若级数 $\sum_i |x_i| p_i$ 收敛，则称级数 $\sum_i x_i p_i$ 的和为随机变量 X 的数学期望，记为 $\mathrm{E}(X)$，即

$$\mathrm{E}(X) = \sum_i x_i p_i 。 \tag{2.61}$$

设连续型随机变量 X 的概率密度函数为 $f(x)$，若积分 $\int_{-\infty}^{+\infty} |x| f(x) \mathrm{d}x$ 收敛，则称积分 $\int_{-\infty}^{+\infty} x f(x) \mathrm{d}x$ 的值为随机变量 X 的数学期望，记为 $\mathrm{E}(X)$，即

$$\mathrm{E}(X) = \int_{-\infty}^{+\infty} x f(x) \mathrm{d}x 。 \tag{2.62}$$

$\mathrm{E}(X)$ 又称为均值。

数学期望代表了随机变量取值的平均值，是一个重要的数字特征。数学期望具有如下性质：

（1）若 c 是常数，则 $\mathrm{E}(c) = c$;

（2）$\mathrm{E}(aX + bY) = a\mathrm{E}(X) + b\mathrm{E}(Y)$，其中 a 和 b 为任意常数；

（3）若 X 与 Y 相互独立，则 $\mathrm{E}(XY) = \mathrm{E}(X)\mathrm{E}(Y)$。

从数学期望的意义（平均值），很容易理解上述 3 条性质的意义。

如果 $X_1, X_2, \cdots, X_n$ 是 n 个随机变量，反复运用性质（2），得到

$$\mathrm{E}\left(\sum_{i=1}^n a_i X_i\right) = \sum_{i=1}^n a_i \mathrm{E}(X_i), \tag{2.63}$$

其中 $a_i (i = 1, 2, \cdots, n)$ 是常数。

2.4.2 方差

设 X 为随机变量，如果 $\mathrm{E}\{[X - \mathrm{E}(X)]^2\}$ 存在，则称 $\mathrm{E}\{[X - \mathrm{E}(X)]^2\}$ 为 X 的方差，记为 $\mathrm{var}(X)$，即

$$\mathrm{var}(X) = \mathrm{E}\left\{[X - \mathrm{E}(X)]^2\right\}, \tag{2.64}$$

并称 $\sqrt{\mathrm{var}(X)}$ 为 X 的标准差或均方差。

方差是用来描述随机变量取值相对于均值的离散程度的一个量，也是非常重要的数字特征。方差有如下性质：

（1）若 c 是常数，则 $\text{var}(c) = 0$；
（2）$\text{var}(aX + b) = a^2\text{var}(X)$，其中 a 和 b 为任意常数；
（3）如果 X 与 Y 相互独立，则 $\text{var}(X + Y) = \text{var}(X) + \text{var}(Y)$。
从方差的意义（离散程度），很容易理解这 3 条性质的意义。

另外，根据方差的定义不难得到如下公式

$$\text{var}(X) = \text{E}(X^2) - [\text{E}(X)]^2。 \tag{2.65}$$

式 (2.65) 可作为方差的计算公式。

2.4.3 几种常用随机变量的数学期望与方差

（1）若 X 服从参数为 p 的两点分布 $B(1,p)$，其中 $0 < p < 1$，则

$$\text{E}(X) = p, \quad \text{var}(X) = p(1-p)。 \tag{2.66}$$

（2）若 X 服从参数为 n,p 的二项分布 $B(n,p)$，$0 < p < 1$，则

$$\text{E}(X) = np, \quad \text{var}(X) = np(1-p)。 \tag{2.67}$$

（3）若 X 服从参数为 λ 的泊松分布 $P(\lambda)$，则

$$\text{E}(X) = \lambda, \quad \text{var}(X) = \lambda。 \tag{2.68}$$

（4）若 X 服从参数为 a,b 的均匀分布 $U[a,b]$，则

$$\text{E}(X) = \frac{a+b}{2}, \quad \text{var}(X) = \frac{(b-a)^2}{12}。 \tag{2.69}$$

（5）若 X 服从参数为 λ 的指数分布，则

$$\text{E}(X) = \frac{1}{\lambda}, \quad \text{var}(X) = \frac{1}{\lambda^2}。 \tag{2.70}$$

（6）若 X 服从参数为 μ,σ 的正态分布 $N(\mu,\sigma^2)$，则

$$\text{E}(X) = \mu, \quad \text{var}(X) = \sigma^2。 \tag{2.71}$$

由式 (2.71) 以及期望和方差的意义，可以进一步帮助我们理解图 2.5 的意义。

例 2.16 某项研究表明：居住在城市的居民每天平均产生 1.6kg 的生活垃圾。假定居民每天产生垃圾的数量服从正态分布，标准差为 0.47kg，试计算 67.72% 的居民产生的生活垃圾大于多少千克。

解 本题本质上是计算正态分布 $X \sim N(1.6, 0.47^2)$ 在 0.6772 处的上分位数，这里有两种计算方法 (程序名：exam0216.R)：

```
qnorm(1 - 0.6772, mean = 1.6, sd = 0.47)
qnorm(0.6772, mean = 1.6, sd = 0.47, lower.tail = F)
```

计算结果均是 1.38kg。

2.4.4 协方差与相关系数

1. 协方差

设 X, Y 为两个随机变量,称 $\mathrm{E}\{[X - \mathrm{E}(X)][Y - \mathrm{E}(Y)]\}$ 为 X 和 Y 的协方差,记为 $\mathrm{cov}(X, Y)$,即

$$\mathrm{cov}(X, Y) = \mathrm{E}\{[X - \mathrm{E}(X)][Y - \mathrm{E}(Y)]\}。 \tag{2.72}$$

协方差和下面介绍的相关系数都是描述随机变量 X 与随机变量 Y 之间的线性联系程度的数字量。

协方差具有如下基本性质:

(1) $\mathrm{cov}(X, Y) = \mathrm{cov}(Y, X)$;

(2) $\mathrm{cov}(aX + b, cY + d) = ac \cdot \mathrm{cov}(X, Y)$,其中 a, b, c, d 为任意常数;

(3) $\mathrm{cov}(X_1 + X_2, Y) = \mathrm{cov}(X_1, Y) + \mathrm{cov}(X_2, Y)$;

(4) $\mathrm{cov}(X, Y) = \mathrm{E}(XY) - \mathrm{E}(X)\mathrm{E}(Y)$,特别地,当 X 和 Y 相互独立时,有 $\mathrm{cov}(X, Y) = 0$;

(5) $|\mathrm{cov}(X, Y)| \leqslant \sqrt{\mathrm{var}(X)}\sqrt{\mathrm{var}(Y)}$;

(6) $\mathrm{cov}(X, X) = \mathrm{var}(X)$。

如果 $X_1, X_2, \cdots X_n$ 是 n 个随机变量,利用上述性质得到

$$\mathrm{var}\left(\sum_{i=1}^{n} a_i X_i\right) = \sum_{i=1}^{n}\sum_{j=1}^{n} a_i a_j \mathrm{cov}(X_i, X_j), \tag{2.73}$$

其中 $a_i (i = 1, 2, \cdots, n)$ 是常数。如果 $X_i (i = 1, 2, \cdots, n)$ 是 n 个相互独立的随机变量,则式 (2.73) 可改写为

$$\mathrm{var}\left(\sum_{i=1}^{n} a_i X_i\right) = \sum_{i=1}^{n} a_i^2 \mathrm{var}(X_i)。 \tag{2.74}$$

2. 相关系数

当 $\mathrm{var}(X) > 0$, $\mathrm{var}(Y) > 0$ 时,称

$$\rho(X, Y) = \frac{\mathrm{cov}(X, Y)}{\sqrt{\mathrm{var}(X)\mathrm{var}(Y)}} \tag{2.75}$$

为 X 与 Y 的相关系数,它是无量纲的量。其基本性质为

(1) $|\rho(X, Y)| \leqslant 1$;$|\rho(X, Y)| = 1$ 的充要条件为 X 与 Y 之间有线性关系,即存在常数 a, b ($a \neq 0$) 使得

$$P\{Y = aX + b\} = 1。$$

具体地 $a > 0$ 时,对应 $\rho(X, Y) = 1$;$a < 0$ 时,对应 $\rho(X, Y) = -1$。

(2) 若 X 与 Y 相互独立且 $\mathrm{var}(X)$, $\mathrm{var}(Y)$ 存在,则 $\rho(X, Y) = 0$;特别地当 X 与 Y 均为正态分布时,X 与 Y 相互独立的充要条件为 $\rho(X, Y) = 0$。

对于二维正态随机变量 X, Y,其密度函数 (2.60) 中的 μ_1 表示 X 的均值,μ_2 表示 Y 的均值,σ_1^2 表示 X 的方差,σ_2^2 表示 Y 的方差,ρ 表示 X 与 Y 的相关系数。这就是为什么在图 2.6 中,当 $|\rho|$ 越接近于 1 时,其图形越瘪。

2.4.5 矩

矩是具有广泛应用的一类数字特征，例如，均值就是一阶原点矩，方差就是二阶中心矩。

1. 矩

设随机变量 X 有分布函数 $F(x)$，对任意给定的正整数 k，若 $\mathrm{E}(|X|^k)$ 存在，则称

$$\alpha_k = \mathrm{E}(X^k) = \int_{-\infty}^{\infty} x^k \mathrm{d}F(x) \tag{2.76}$$

为 X 的 k 阶原点矩。对于 $k > 1$，若 $E(|X|^k)$ 存在，则称

$$\mu_k = \mathrm{E}\left([X - \mathrm{E}(X)]^k\right) = \int_{-\infty}^{\infty} (x - \mathrm{E}(X))^k \mathrm{d}F(x) \tag{2.77}$$

为 X 的 k 阶中心矩。

2. 偏度系数

设分布函数 $F(x)$ 有中心矩 $\mu_2 = \mathrm{E}(X - \mathrm{E}(X))^2$，$\mu_3 = \mathrm{E}(X - \mathrm{E}(X))^3$，则称

$$C_s = \mu_3 / \mu_2^{\frac{3}{2}} \tag{2.78}$$

为偏度系数。

偏度系数是一个无量纲的量，它刻画分布函数的对称性。当 $C_s > 0$ 时，$F(x)$ 所表示的概率分布偏向均值的右侧，反之则偏向左侧。

3. 峰度系数

设分布函数 $F(x)$ 有中心矩 $\mu_2 = \mathrm{E}(X - \mathrm{E}(X))^2$，$\mu_4 = \mathrm{E}(X - \mathrm{E}(X))^4$，则称

$$C_k = \mu_4 / \mu_2^2 - 3 \tag{2.79}$$

为峰度系数。

峰度系数是一个无量纲的量，它刻画不同类型的分布的集中和分散程度。

设随机变量 X 有均值 μ 和方差 σ^2，称 $X^* = (X - \mu)/\sigma$ 为标准化随机变量。假设随机变量 X 是标准化的，其密度 (或分布列) 有一个单峰，则 C_k 越小，其密度的单峰越"陡峭"；C_k 越大，其密度的单峰越"平缓"。对于正态分布来说，$C_k = 0$。因此，一个对称分布，其峰度系数越接近于 0，就越接近于正态分布。

2.4.6 协方差矩阵和相关矩阵

1. 协方差矩阵

设 $\boldsymbol{X} = (X_1, X_2, \cdots, X_n)$，$\boldsymbol{Y} = (Y_1, Y_2, \cdots, Y_m)$ 分别为两个 n 维和 m 维随机向量，则称

$$\mathrm{cov}(\boldsymbol{X}, \boldsymbol{Y}) = (\sigma_{ij})_{n \times m}$$

为 $\boldsymbol{X}$ 与 $\boldsymbol{Y}$ 的协方差矩阵，其中 $\sigma_{ij} = \mathrm{cov}(X_i, Y_j)$，$i = 1, 2, \cdots, n$，$j = 1, 2, \cdots, m$。

协方差矩阵具有如下性质:

(1) $\text{cov}(\boldsymbol{X}, \boldsymbol{Y}) = \text{cov}(\boldsymbol{Y}, \boldsymbol{X})^{\text{T}}$;

(2) $\text{cov}(\boldsymbol{A}\boldsymbol{X} + \boldsymbol{b}, \boldsymbol{Y}) = \boldsymbol{A} \cdot \text{cov}(\boldsymbol{X}, \boldsymbol{Y})$, 其中 $\boldsymbol{A}$ 是矩阵, $\boldsymbol{b}$ 是向量;

(3) $\text{cov}(\boldsymbol{X} + \boldsymbol{Y}, \boldsymbol{Z}) = \text{cov}(\boldsymbol{X}, \boldsymbol{Z}) + \text{cov}(\boldsymbol{Y}, \boldsymbol{Z})$。

设 $\boldsymbol{X} = (X_1, X_2, \cdots, X_n)$ 为 n 维随机向量, 则称

$$\text{var}(\boldsymbol{X}) = \text{cov}(\boldsymbol{X}, \boldsymbol{X}) = (\sigma_{ij})_{n \times n}$$

为 $\boldsymbol{X}$ 的方差矩阵, 其中 $\sigma_{ij} = \text{cov}(X_i, X_j)$, $i, j = 1, 2, \cdots, n$。

方差矩阵具有如下性质:

(1) $\text{var}(\boldsymbol{X})$ 半正定, 即 $\forall \boldsymbol{a} \in \mathbb{R}^n$, 有 $\boldsymbol{a}^{\text{T}} \text{var}(\boldsymbol{X}) \boldsymbol{a} \geqslant 0$;

(2) $\forall \boldsymbol{a} \in \mathbb{R}^n$, 有 $\text{var}(\boldsymbol{a}^{\text{T}} \boldsymbol{X}) = \boldsymbol{a}^{\text{T}} \text{var}(\boldsymbol{X}) \boldsymbol{a}$;

(3) $\forall \boldsymbol{A} \in \mathbb{R}^{k \times n}$, 有 $\text{var}(\boldsymbol{A}\boldsymbol{X}) = \boldsymbol{A} \text{var}(\boldsymbol{X}) \boldsymbol{A}^{\text{T}}$;

(4) $\text{var}(\boldsymbol{X}) = \boldsymbol{0}$ 的充分必要条件是: $\exists \boldsymbol{a} \in \mathbb{R}^n$, $c \in \mathbb{R}^1$, 使得 $P\{\boldsymbol{a}^{\text{T}} \boldsymbol{X} = c\} = 1$。

有了协方差矩阵的概念, n 维正态随机向量的概率密度函数的表示就变得容易了。n 维正态随机向量 $\boldsymbol{X} = (X_1, X_2, \cdots, X_n)$ 的概率密度函数为

$$f(\boldsymbol{x}) = \frac{1}{(2\pi)^{\frac{n}{2}} |\boldsymbol{\Sigma}|^{\frac{1}{2}}} \exp\left\{ -\frac{1}{2}(\boldsymbol{x} - \boldsymbol{\mu})^{\text{T}} \boldsymbol{\Sigma}^{-1} (\boldsymbol{x} - \boldsymbol{\mu}) \right\}, \tag{2.80}$$

其中, $\boldsymbol{x} = (x_1, x_2, \cdots, x_n)^{\text{T}}$, $\boldsymbol{\mu} = (\mu_1, \mu_2, \cdots, \mu_n)^{\text{T}} = (\text{E}(X_1), \text{E}(X_2), \cdots, \text{E}(X_n))^{\text{T}}$, $\boldsymbol{\Sigma} = \text{var}(\boldsymbol{X})$ 为 $n \times n$ 方差矩阵且正定。

二维正态随机向量的密度函数 (2.60) 可以看成 n 维正态随机向量概率密度函数 (2.80) 的特例, 其中协方差矩阵 $\boldsymbol{\Sigma}$ 为

$$\boldsymbol{\Sigma} = \begin{bmatrix} \sigma_1^2 & \rho \sigma_1 \sigma_2 \\ \rho \sigma_1 \sigma_2 & \sigma_2^2 \end{bmatrix}。$$

对于 n 维正态随机向量 $(X_1, X_2, \cdots, X_n)$, 有如下的性质:

(1) $X_1, X_2, \cdots, X_n$ 相互独立与 $X_1, X_2, \cdots, X_n$ 两两互不相关等价;

(2) 设 $Y_1, Y_2, \cdots, Y_m$ 均是 $X_1, X_2, \cdots, X_n$ 的线性函数, 则 $(Y_1, Y_2, \cdots, Y_m)$ 服从 m 维正态分布, 该性质称为正态分布的线性变换不变性。

2. 相关矩阵

设 $\boldsymbol{X} = (X_1, X_2, \cdots, X_n)$ 为 n 维随机向量, 则称

$$\text{cor}(\boldsymbol{X}) = (\rho_{ij})_{n \times n}$$

为 $\boldsymbol{X}$ 的相关矩阵, 其中 $\rho_{ij} = \rho(X_i, X_j)$, $i, j = 1, 2, \cdots, n$。

相关矩阵具有如下性质:

(1) $\text{cor}(\boldsymbol{X})$ 为对角线元素均为 1 的半正定对称矩阵;

(2) 设 $\boldsymbol{\Sigma} = (\sigma_{ij})_{n \times n}$ 为方差矩阵, $\boldsymbol{D} = \text{diag}\left(\sigma_{11}^{\frac{1}{2}}, \sigma_{22}^{\frac{1}{2}}, \cdots, \sigma_{nn}^{\frac{1}{2}}\right)$, 则

$$\text{cor}(\boldsymbol{X}) = \boldsymbol{D}^{-1} \boldsymbol{\Sigma} \boldsymbol{D}^{-1}。$$

2.5 极限定理

极限定理是概率论的基本定理之一,在概率论和数理统计的理论研究和实际应用中都具有重要的意义。在极限定理中,最重要的是大数定律和中心极限定理。

2.5.1 大数定律

大数定律是判断随机变量的算术平均值是否向常数收敛的定律,是概率论和数理统计学的基本定律之一。

设 $X_1, X_2, \cdots, X_k, \cdots$ 是随机变量序列且 $E(X_k)(k = 1, 2, \cdots)$ 存在,令 $Y_n = \frac{1}{n}\sum_{k=1}^{n} X_k$,若对于任意给定的 $\varepsilon > 0$,有

$$\lim_{n \to \infty} P\{|Y_n - E(Y_n)| \geqslant \varepsilon\} = 0,$$

或

$$\lim_{n \to \infty} P\{|Y_n - E(Y_n)| < \varepsilon\} = 1,$$

则称随机变量序列 $\{X_k\}$ 服从大数定律。

1. 伯努利大数定律

设 n_A 是 n 次独立重复试验中事件 A 发生的次数,p 是事件 A 在每次试验中发生的概率,则对于任意的正数 $\varepsilon > 0$,有

$$\lim_{n \to \infty} P\left\{\left|\frac{n_A}{n} - p\right| < \varepsilon\right\} = 1。$$

伯努利大数定律揭示了"频率稳定于概率"说法的实质。

2. 切比雪夫(Chebyshev)大数定律

设随机变量 $X_1, X_2, \cdots, X_k, \cdots$ 相互独立,且具有相同的期望与方差:$E(X_k) = \mu$,$\text{var}(X_k) = \sigma^2$ $(k = 1, 2, \cdots)$,则对于任意的正数 $\varepsilon > 0$,有

$$\lim_{n \to \infty} P\{|Y_n - \mu| < \varepsilon\} = 1。$$

3. 辛钦(Khintchin)大数定律

设随机变量 $X_1, X_2, \cdots, X_k, \cdots$ 相互独立,服从相同的分布,且其期望 $E(X_k) = \mu$ $(k = 1, 2, \cdots)$,则对于任意的正数 $\varepsilon > 0$,有

$$\lim_{n \to \infty} P\{|Y_n - \mu| < \varepsilon\} = 1。$$

若对随机变量序列 $X_1, X_2, \cdots, X_k, \cdots$,存在常数 a,使得对于任意的正数 $\varepsilon > 0$,有

$$\lim_{n \to \infty} P\{|X_n - a| < \varepsilon\} = 1,$$

或
$$\lim_{n\to\infty} P\{|X_n - a| \geqslant \varepsilon\} = 0$$

成立，则称 $\{X_n\}$ 依概率收敛于 a，记作 $X_n \xrightarrow{P} a$。故上面的切比雪夫大数定律与辛钦大数定律有

$$Y_n = \frac{1}{n}\sum_{i=1}^{n} X_i \xrightarrow{P} \mu。$$

对于大数定律，有如下定理。

定理 2.2 设随机变量 X 具有期望 $\mathrm{E}(X) = \mu$，方差 $\mathrm{var}(X) = \sigma^2$，则对于任意 $\varepsilon > 0$，有

$$P\{|X - \mu| \geqslant \varepsilon\} \leqslant \frac{\sigma^2}{\varepsilon^2}。 \tag{2.81}$$

称定理 2.2 中的不等式 (2.81) 为切比雪夫不等式。它是一个重要的理论工具，应用很广。例如，在有关大数定律的证明中常用到它。

2.5.2 中心极限定理

中心极限定理是判断随机变量序列部分和的分布是否渐近于正态分布的一类定理。在自然界及生产、科学实践中，一些现象受到许多相互独立的随机因素的影响，如果每个因素的影响都很小，那么总的影响可以看作是服从正态分布。中心极限定理正是从数学上论证了这一现象。

凡是在一定条件下，断定随机变量序列 $X_1, X_2, \cdots, X_k, \cdots$ 的部分和 $Y_n = \sum_{k=1}^{n} X_k$ 的极限分布为正态分布的定理，均称为中心极限定理。

1. 独立同分布的中心极限定理

设随机变量 $X_1, X_2, \cdots, X_k, \cdots$ 相互独立，服从同一分布，并且具有期望和方差：$\mathrm{E}(X_k) = \mu$，$\mathrm{var}(X_k) = \sigma^2 > 0$，$k = 1, 2, \cdots$，则随机变量

$$Y_n = \frac{\sum_{k=1}^{n} X_k - n\mu}{\sqrt{n}\sigma}$$

的分布函数 $F_n(x)$ 收敛到标准正态分布函数，即对于任意实数 x，有

$$\lim_{n\to\infty} F_n(x) = \lim_{n\to\infty} P\{Y_n \leqslant x\} = \Phi(x),$$

其中 $\Phi(x) = \dfrac{1}{\sqrt{2\pi}} \displaystyle\int_{-\infty}^{x} \mathrm{e}^{-\frac{t^2}{2}} \mathrm{d}t$。

从中心极限定理可知，当 n 足够大时，Y_n 近似服从标准正态分布 $N(0,1)$，这在数理统计中有非常重要的应用。

例 2.17 某仪器上的一个易损元件坏了，现买回 80 个这种元件，更换一个后，余下的留作备用，以便再损坏时能当即更换。已知这批元件的使用寿命服从指数分布，且平均寿命为 5h，试求这批元件使用的总时数超过 500h 的概率。

解 设 $X_1, X_2, \cdots, X_{80}$ 为这批元件的使用寿命,它们服从指数分布且独立同分布。根据中心极限定理,有

$$\frac{\sum_{k=1}^{n} X_k - n\mu}{\sqrt{n}\sigma} \sim N(0,1)$$

近似成立,也就是

$$\sum_{k=1}^{n} X_k \sim N(n\mu, n\sigma^2)$$

近似成立。因此,可用正态分布近似计算。

由题意和指数分布均值与方差的性质可知,$n = 80$,$\mu = 5$,$\sigma = 5$。程序 (程序名: exam0217.R) 和计算结果如下:

```
> n <- 80; mu <- 5; sigma <- 5
> p <- 1 - pnorm(500, mean = n*mu, sd = sqrt(n)*sigma); p
[1] 0.01267366
```

这批元件使用的总时数超过 500h 的概率约为 0.0127。

2. 棣莫佛-拉普拉斯(De Moivre-Laplace)中心极限定理

设随机变量 $X_1, X_2, \cdots, X_k, \cdots$ 相互独立,并且服从参数为 p 的两点分布,则对于任意实数 x,有

$$\lim_{n \to \infty} P\left\{\frac{\sum_{i=1}^{n} X_i - np}{\sqrt{np(1-p)}} \leqslant x\right\} = \Phi(x)。$$

$\sum_{i=1}^{n} X_i$ 服从二项分布 $B(n,p)$。从棣莫佛-拉普拉斯中心极限定理可知,当 n 足够大时,$B(n,p)$ 近似于正态分布。它是独立同分布的中心极限定理的特殊情况。

例 2.18 大学英语四级考试,设有 85 道选择题,每题四个选择答案中,只有一个正确。若需通过考试,必须答对 51 题以上,求学生靠运气能通过四级考试的概率。

解 设随机变量

$$X_i = \begin{cases} 1, & \text{第 } i \text{ 题答对}, \\ 0, & \text{否则}, \end{cases} \quad i = 1, 2, \cdots, 85$$

且独立同分布,所以它们的和 $\sum_{i=1}^{n} X_i \sim B(n,p)$。根据棣莫佛-拉普拉斯中心极限定理,有

$$\frac{\sum_{i=1}^{n} X_i - np}{\sqrt{np(1-p)}} \sim N(0,1)$$

近似成立,也就是

$$\sum_{i=1}^{n} X_i \sim N(np, np(1-p))$$

近似成立。因此，可用正态分布近似计算。

由题意知，$n = 85$，$p = \dfrac{1}{4}$。程序 (程序名：exam0218.R) 和计算结果如下：

```
> 1 - pnorm(51, mean = 85*1/4, sd = sqrt(85*1/4*3/4))
[1] 4.596323e-14
```

即学生靠运气能通过四级考试的概率为 0。

由于 R 提供了二项分布的分布函数，这一题可以采用精确计算。

```
> 1 - pbinom(51, size = 85, prob = 1/4)
[1] 1.879386e-12
```

例 2.19 某工厂生产某种电子元件，要求 100 只装一盒，已知产品的不合格率为 1%，问每盒中再装几只才能使用户买到元件时，一盒里至少有 100 只合格元件的概率大于或等于 95%。

解 类似于例 2.18 的推导，有

$$\sum_{i=1}^{n} X_i \sim N(np, np(1-p))$$

近似成立，其中 n 是盒中的元件数，而

$$X_i = \begin{cases} 1, & \text{第 } i \text{ 个元件合格,} \\ 0, & \text{否则。} \end{cases}$$

由题意知，$n = 100 + k$，$p = 0.99$，$P\left\{\sum_{i=1}^{n} X_i \geqslant 100\right\} \geqslant 0.95$。计算程序 (程序名：exam0219.R) 如下：

```
p <- 0.99; q <- 1 - p
for(k in 1:10){
    n <- 100 + k
    P <- 1 - pnorm(100, mean = n*p, sd = sqrt(n*p*q))
    if (P >= 0.95) break
}
```

计算结果为 $k = 3$，$p = 0.9745$，也就是说，每盒多装 3 只，即每盒装 103 只。这样，一盒里至少有 100 只合格元件的概率为 97.45%。

注意，此题也可采用二项分布进行精确计算，这一工作留给读者完成。

2.6 数理统计的基本概念

在概率论中，一般是在随机变量分布已知的情况下，着重讨论随机变量的性质。但是对某个具体的随机变量来说，如何判断它服从某种分布？如果已知它服从某种类型的分布又该如何确定它的各个参数？

对于这些问题概率论都没有涉及,这些都是数理统计所要研究的内容,并且这些问题的研究都直接或间接建立在试验的基础上,数理统计学是利用概率论的理论对所要研究的随机现象进行多次的观察或试验,研究如何合理地获得数据,如何对所获得的数据进行整理、分析,如何对所关心的问题作出估计或判断的一门学科,其内容非常丰富.

2.6.1 总体、个体、简单随机样本

在数理统计中,称研究对象的全体为总体,通常用一个随机变量表示总体。组成总体的每个基本单元叫个体。

从总体 X 中随机抽取一部分个体 $X_1, X_2, \cdots, X_n$,称 $X_1, X_2, \cdots, X_n$ 为取自 X 的容量为 n 的样本。

例如,为了研究某厂生产的一批元件质量的好坏,规定使用寿命低于 1000h 的为次品,则该批元件的全体就为总体,每个元件就是个体。实际上,数理统计学中的总体是指与总体相联系的某个 (或某几个) 数量指标 X 取值的全体。比如,该批元件的使用寿命 X 的取值全体就是研究对象的总体。显然 X 是随机变量,这时,就称 X 为总体。

为了判断该批元件的次品率,最精确的办法是取出全部元件,作元件的寿命试验。然而,寿命试验具有破坏性,即使某些试验是非破坏性的,试验也要花费人力、物力、时间。因此,只能从总体中抽取一部分,比如说 n 个个体进行试验。试验结果可得一组数值集合 $\{x_1, x_2, \cdots, x_n\}$,其中 $x_i(i = 1, 2 \cdots, n)$ 是第 i 次抽样观察的结果。

由于要根据这些观察结果来对总体进行推断,所以对每次抽样就需要有一定的要求,要求每次抽取必须是随机的、独立的,这样才能较好地反映总体情况。所谓随机的是指每个个体被抽到的机会是均等的,这样抽到的个体才具有代表性。若 $X_1, X_2, \cdots, X_n$ 相互独立,且每个 X_i 与 X 同分布,则称 $X_1, X_2, \cdots, X_n$ 为简单随机样本,简称样本。通常把 n 称为样本容量。

值得注意的是,样本具有两重性,即当在一次具体地抽样后它是一组确定的数值。但在一般叙述中样本也是一组随机变量,因为抽样是随机的。今后,用 $X_1, X_2, \cdots, X_n$ 表示随机样本,它们取到的值记为 $x_1, x_2, \cdots, x_n$,称为样本观测值。

样本作为随机变量,有一定的概率分布,这个概率分布称为样本分布。显然,样本分布取决于总体的性质和样本的性质。

总体 X 具有分布函数 $F(x)$,则 $(X_1, X_2, \cdots, X_n)$ 的联合概率分布函数为

$$F(X_1, X_2, \cdots, X_n) = \prod_{i=1}^{n} F(x_i)。$$

若 X 具有概率密度函数 $f(x)$,则 $(X_1, X_2, \cdots, X_n)$ 的联合概率密度函数为

$$f(X_1, X_2, \cdots, X_n) = \prod_{i=1}^{n} f(x_i)。$$

例 2.20 要估计一物体的重量 μ,用天平将物体重复测量 n 次,结果记为 $X_1, X_2, \cdots, X_n$,求样本 $(X_1, X_2, \cdots, X_n)$ 的分布。

解 假定各次测量是相互独立的，即 $X_1, X_2, \cdots, X_n$ 为一简单随机样本。再假定测量的随机误差服从正态分布，天平没有系统误差，因此随机误差的均值为 0，于是总体的概率分布可假定为 $N(\mu, \sigma^2)$，其中，μ 为物体之重量，σ^2 反映天平的精度。故 $(X_1, X_2, \cdots, X_n)$ 的概率密度函数为

$$\begin{aligned} f(x_1, x_2, \cdots, x_n; \mu, \sigma^2) &= \prod_{i=1}^{n} \frac{1}{\sqrt{2\pi}\sigma} \exp\left\{-\frac{1}{2\sigma^2}(x_i - \mu)^2\right\} \\ &= (\sqrt{2\pi}\sigma)^{-n} \exp\left\{-\frac{1}{2\sigma^2} \sum_{i=1}^{n}(x_i - \mu)^2\right\}. \end{aligned}$$

例 2.21 设某电子元件的寿命 X 从指数分布

$$f(x, \lambda) = \begin{cases} \lambda e^{-\lambda x}, & x \geqslant 0, \\ 0, & x < 0, \end{cases}$$

今从一批产品中独立地抽取 n 件进行寿命试验，测得寿命数据为 $X_1, X_2, \cdots, X_n$，求样本 $(X_1, X_2, \cdots, X_n)$ 的概率分布。

解 依题意有 $X_1, X_2, \cdots, X_n$ 是独立同分布的，且 $X_i \sim f(x, \lambda)$，故所求概率密度函数为

$$\begin{aligned} f(x_1, x_2, \cdots, x_n; \lambda) &= \prod_{i=1}^{n} f(x_i, \lambda) \\ &= \begin{cases} \lambda^n \exp\left\{-\lambda \sum_{i=1}^{n} x_i\right\}, & x_1, x_2, \cdots, x_n \geqslant 0, \\ 0, & \text{其他。} \end{cases} \end{aligned}$$

2.6.2 参数空间与分布族

在例 2.20 中总体分布为 $N(\mu, \sigma^2)$，其中 μ 与 σ^2 是确定分布的常数。例 2.21 中总体分布为指数分布 $f(x, \lambda)$，λ 也是确定分布的常数。

在数理统计中，称出现在样本分布中的常数为参数，因此，μ, σ^2 和 λ 都是参数。这些参数是关于总体的重要的数量指标，然而，这些参数往往是未知的，称为未知参数。

在例 2.20 中，μ 是未知参数，而 σ^2 是否为未知参数要看人们对天平精度的了解程度。若对天平精度足够了解可以给出 σ^2 的值，则 σ^2 就是已知参数；若对天平的精度不够了解，无法给出 σ^2 的值，甚至于抽样的目的就是要估计推断这个精度，那么，σ^2 就是未知参数，这时，称 (μ, σ^2) 为参数向量。参数所有可能的取值构成的集合称为参数空间。如例 2.20 中 (μ, σ^2) 都是参数，则参数空间为 $\Theta = \{(\mu, \sigma^2) \mid \mu > 0, \sigma^2 > 0\}$。例 2.21 的参数空间为 $\Theta = \{\lambda : \lambda > 0\}$。

当样本分布含有未知参数时，不同的参数值对应于不同的分布。因此，可能的样本分布不止一个，而是一族，则称为样本分布族。同样，存在未知参数时，总体分布也是一族，构成总体分布族。例 2.20 中，若 μ 和 σ^2 都是未知参数，则总体分布族为 $\{N(\mu, \sigma^2) : \mu > 0, \sigma^2 > 0\}$，样本分布族为 $\{f(x_1, x_2, \cdots, x_n; \mu, \sigma^2) : \mu > 0, \sigma^2 > 0\}$。在例 2.21 中，若 λ 是未知的，则总体分布族为 $\{f(x, \lambda) : \lambda > 0\}$，样本分布族为 $\{f(x_1, x_2, \cdots, x_n, \lambda) : \lambda > 0\}$。

2.6.3 统计量

数理统计的任务是采集和处理带有随机影响的数据，或者说收集样本并对之进行加工，以此对所研究的问题作出一定的结论，这一过程称为统计推断。在统计推断中，对样本进行加工整理，实际上就是根据样本计算出一些量，使得这些量能够将所研究问题的信息集中起来。这种根据样本计算出的量就是下面将要定义的统计量，因此，统计量是样本的某种函数。

设 $X_1, X_2, \cdots, X_n$ 是总体 X 的一个简单随机样本，$T(X_1, X_2, \cdots, X_n)$ 为一个 n 元连续函数，且 T 中不含任何关于总体的未知参数，则称 $T(X_1, X_2, \cdots, X_n)$ 为一个统计量。称统计量的分布为抽样分布。

2.6.4 常用的统计量

1. 样本均值

设 $X_1, X_2, \cdots, X_n$ 是总体 X 的一个简单随机样本，称

$$\overline{X} = \frac{1}{n} \sum_{i=1}^{n} X_i \tag{2.82}$$

为样本均值。通常用样本均值来估计总体分布的均值和对有关总体分布均值的假设作检验。

2. 样本方差

设 $X_1, X_2, \cdots, X_n$ 是总体 X 的一个简单随机样本，$\overline{X}$ 为样本均值，称

$$S^2 = \frac{1}{n-1} \sum_{i=1}^{n} \left(X_i - \overline{X} \right)^2 \tag{2.83}$$

为样本方差。通常用样本方差来估计总体分布的方差和对有关总体分布均值或方差的假设作检验。

3. 样本比率

在样本的研究过程中，有时需要知道样本比率，而不是样本均值。如果研究对象是一些可测量的数据，如重量、距离、时间、收入等，通常会选择均值作为统计量。而研究对象是一些可计数的数据，如有多少人喜欢某种饮料，有多少人参与某种活动等，则样本比率就成了重要的统计量。

样本比率为特定事件发生的频数除以样本中元素的个数，即

$$\widehat{p} = \frac{m}{n}, \tag{2.84}$$

其中，m 是样本中具有给定特征元素的数量，n 是样本中元素的数量。

对于比率 $\widehat{p}$ 有如下性质：

$$\mathrm{E}(\widehat{p}) = p, \quad \mathrm{var}(\widehat{p}) = \frac{p(1-p)}{n}, \tag{2.85}$$

其中 p 是具有给定特征的总体比率。

4. 样本矩

设 $X_1, X_2, \cdots, X_n$ 是总体 X 的一个简单随机样本，称

$$A_k = \frac{1}{n} \sum_{i=1}^{n} X_i^k \tag{2.86}$$

为样本的 k 阶原点矩，通常用样本的 k 阶原点矩来估计总体分布的 k 阶原点矩。

设 $X_1, X_2, \cdots, X_n$ 是总体 X 的一个简单随机样本，$\overline{X}$ 为样本均值，称

$$M_k = \frac{1}{n} \sum_{i=1}^{n} (X_i - \overline{X})^k \tag{2.87}$$

为样本的 k 阶中心矩，通常用样本的 k 阶中心矩来估计总体分布的 k 阶中心矩。

在第 1 章中编写的程序 `moment.R` 可以计算样本的原点矩与中心矩。

5. 顺序统计量

设 $X_1, X_2, \cdots, X_n$ 是取自总体 X 的样本，$x_1, x_2, \cdots, x_n$ 为样本观测值，将 $x_1, x_2, \cdots, x_n$ 按照从小到大的顺序排列为

$$x_{(1)} \leqslant x_{(2)} \leqslant \cdots \leqslant x_{(n)},$$

当样本 $X_1, X_2, \cdots, X_n$ 取值为 $x_1, x_2, \cdots, x_n$ 时，定义 $X_{(k)}$ 取值为 $x_{(k)}$ $(k = 1, 2, \cdots, n)$，称 $X_{(1)}, X_{(2)}, \cdots, X_{(n)}$ 为 $X_1, X_2, \cdots, X_n$ 的顺序统计量。

显然，$X_{(1)} = \min\limits_{1 \leqslant i \leqslant n} \{X_i\}$ 是样本观测中取值最小的一个，称为最小顺序统计量。$X_{(n)} = \max\limits_{1 \leqslant i \leqslant n} \{X_i\}$ 是样本观测中取值最大的一个，称为最大顺序统计量。称 $X_{(r)}$ 为第 r 个顺序统计量。

6. 经验分布函数

设 $X_1, X_2, \cdots, X_n$ 是取自总体 X 的样本，$X \sim F(x)$，则称

$$F_n(x) = \frac{1}{n} K(x), \quad -\infty < x < \infty \tag{2.88}$$

为经验分布函数，其中 $K(x)$ 表示 $X_1, X_2, \cdots, X_n$ 中不大于 x 的个数。

经验分布函数也可以表示成

$$F_n(x) = \begin{cases} 0, & x < X_{(1)}, \\ \dfrac{k}{n}, & X_{(k)} \leqslant x < X_{(k+1)}, \\ 1, & x \geqslant X_{(n)}. \end{cases} \tag{2.89}$$

$F_n(x)$ 是一个跳跃函数，其跳跃点是样本观测值。在每个跳跃点处跳跃度均为 $1/n$。

对于经验分布函数有以下结果（格利文科（Glivenko）1933 年证明，称为格利文科定理）

$$P\left\{\lim_{n \to \infty} \sup_{-\infty < x < \infty} |F_n(x) - F(x)| = 0\right\} = 1。 \tag{2.90}$$

这个结果表明对任意的实数 x，当 n 充分大时，经验分布函数与总体分布函数的差异很小，因此，当 n 充分大时，可用 $F_n(x)$ 近似代替 $F(x)$。

2.6.5 抽样

从总体中抽取样本的方法很多,其中最常用的方法是简单随机抽样。从容量为 N 的总体中进行抽样,如果容量为 n 的每一个可能的样本被抽到的可能性相等,则抽到的样本为一个容量为 n 的简单样本。

如果一次抽 n 个,或者每次抽 1 个,样本不放回,一直抽满 n 个为止,这种抽样称为无放回抽样。如果每次抽 1 个,抽完后记录样本,再将样本放回总体,重复这个过程 n 次,这种抽样称为有放回抽样。

在 R 中,可以用sample()函数模拟抽样,其使用格式为

sample(x, size, replace = FALSE, prob = NULL)

参数的名称、取值及意义如表 2.5所示。

表 2.5 sample() 函数中的参数名称、取值及意义

名称	取值及意义
x	为向量,表示抽样的总体,或者是正整数n,表示样本总体为1:n。
size	非负整数,表示抽样的个数。
replace	为逻辑变量,表示是否为有放回抽样,默认值为FALSE。
prob	数值向量 (在 $0 \sim 1$ 之间),长度与参数x相同,其元素表示x 中元素出现的概率。

例如,从 $1 \sim 10$ 这 10 个数中随机的抽取 3 个,其程序和结果如下:

```
> sample(1:10, 3)
[1] 1 2 5
```

程序sample(10, 3)具有相同的效果。

在历史上,有人(如比丰、皮尔逊(Pearson)等人)做过抛硬币试验,这里用 smaple()函数作模拟,会使试验变得非常的简单。例如,做 10 次抛硬币试验的程序和结果为

```
> sample(c("H", "T"), 10, replace = TRUE)
[1] "T" "T" "H" "T" "T" "T" "T" "T" "H" "T"
```

还可以用sample()模拟 n 重伯努利试验,例如

```
> sample(c("S", "F"), 10, re = T, prob = c(0.7, 0.3))
[1] "S" "F" "S" "S" "S" "S" "S" "S" "S" "F"
```

2.6.6 导出分布

这里要介绍的分布都与正态分布有关,可以看成由正态分布导出的分布。

1. χ^2 分布

如果 $Z_i \sim N(0,1)$ $(i = 1, 2, \cdots, n)$,且 Z_i 相互独立,则称

$$X = Z_1^2 + Z_2^2 + \cdots + Z_n^2 \tag{2.91}$$

为自由度为 n 的 χ^2 分布, 记为 $X \sim \chi^2(n)$。如果 $Z_i \sim N(\delta,1)$, 则称 X 为非中心化的 χ^2 分布, 记 $X \sim \chi^2(n,\delta)$, 称 δ 为非中心化参数。

χ^2 分布是由海尔墨特 (Hermert) 和皮尔逊分别于 1875 年和 1900 年提出来的, 它是抽样分布中的重要分布, 是由正态分布导出的分布。

若 $X \sim \chi^2(n)$, 则有 $E(X) = n$, $\text{var}(X) = 2n$。若 $X \sim \chi^2(m)$, $Y \sim \chi^2(n)$, 且两者相互独立, 则有 $X + Y \sim \chi^2(m+n)$。

图 2.7 描绘的是 χ^2 分布的概率密度函数在不同参数下的图形。

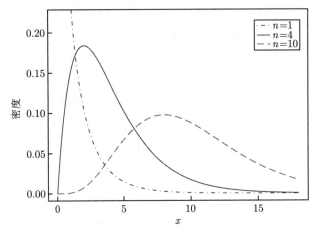

图 2.7 χ^2 分布的概率密度函数

在 R 软件中, 用 chisq 表示 χ^2 分布, 其调用格式如下:

```
dchisq(x, df, ncp=0, log = FALSE)
pchisq(q, df, ncp=0, lower.tail = TRUE, log.p = FALSE)
qchisq(p, df, ncp=0, lower.tail = TRUE, log.p = FALSE)
```

参数 df 为自由度, ncp 为非中心化参数, 其余参数的意义与正态分布相同。

2. t 分布

如果随机变量 $Z \sim N(0,1)$, $X \sim \chi^2(n)$ 且 X 与 Z 相互独立, 则称

$$T = \frac{Z}{\sqrt{X/n}} \tag{2.92}$$

是自由度为 n 的 t 分布, 记为 $T \sim t(n)$。如果 $Z \sim N(\delta,1)$, 则称 T 为非中心化 t 分布, 记为 $T \sim t(n,\delta)$, 称 δ 为非中心化参数。

t 分布, 也称为学生氏 t 分布, 是高塞特 (W. S. Gosset) 于 1908 年在一篇以 "Student" (学生) 为笔名的论文中首次提出来的, 它也是重要的抽样分布, 也可以看成由正态分布导出的分布。

若 $X \sim t(n)$, 则有

$$E(X) = 0, \qquad n \geqslant 2, \tag{2.93}$$

$$\text{var}(X) = \frac{n}{n-2}, \quad n \geqslant 3。 \tag{2.94}$$

图 2.8 描绘的是 t 分布的概率密度函数在不同参数下的图形。

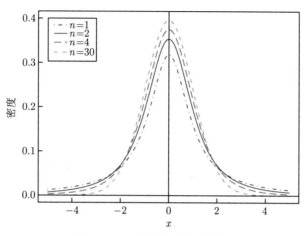

图 2.8　t 分布的概率密度函数

在 R 中，用t表示 t 分布，加上不同的前缀表示不同的函数，其使用格式如下：

```
dt(x, df, ncp = 0, log = FALSE)
pt(q, df, ncp = 0, lower.tail = TRUE, log.p = FALSE)
qt(p, df, ncp = 0, lower.tail = TRUE, log.p = FALSE)
```

参数df为自由度，ncp为非中心化参数，默认值为 0。

3. F 分布

如果随机变量 $X \sim \chi^2(n_1)$，$Y \sim \chi^2(n_2)$ 且相互独立，则称

$$F = \frac{X/n_1}{Y/n_2} \tag{2.95}$$

为第一个自由度为 n_1 和第二个自由度为 n_2 的 F 分布，记为 $F \sim F(n_1, n_2)$。如果 $X \sim \chi^2(n_1, \delta)$，则称 F 为非中心化 F 分布，记为 $F \sim F(n_1, n_2; \delta)$，称 δ 为非中心化参数。

F 分布是统计学家费希尔（Fisher）首先提出来的，它在统计分析中有广泛的应用，如在方差分析、回归方程的显著性检验中有着重要的地位。F 分布是由 χ^2 分布导出的，因此，也可以看成正态分布导出的分布。

图 2.9 描绘的是 F 分布的概率密度函数在不同参数下的图形。

F 分布具有如下性质：

（1）$X \sim F(n, m)$，则 $1/X \sim F(m, n)$；

（2）$F_{1-\alpha}(n, m) = \dfrac{1}{F_\alpha(m, n)}$；

（3）设 $X \sim t(n)$，则 $X^2 \sim F(1, n)$。

在 R 中，用f表示 F 分布，加上不同的前缀表示不同的函数，其使用格式如下：

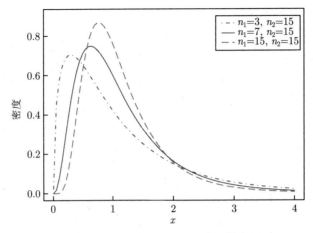

图 2.9 F 分布的概率密度函数

```
df(x, df1, df2, ncp = 0, log = FALSE)
pf(q, df1, df2, ncp = 0, lower.tail = TRUE, log.p = FALSE)
qf(p, df1, df2, ncp = 0, lower.tail = TRUE, log.p = FALSE)
```

参数df1为第 1 自由度，df2为第 2 自由度。

2.6.7 统计量的分布

1. 单个正态总体样本均值与方差的分布

设 $X_1, X_2, \cdots, X_n$ 是来自于正态总体 $N(\mu, \sigma^2)$ 的样本，$\overline{X}$ 和 S^2 分别为样本均值和样本方差，则有

$$\overline{X} \sim N\left(\mu, \frac{\sigma^2}{n}\right), \tag{2.96}$$

$$\frac{(n-1)S^2}{\sigma^2} \sim \chi^2(n-1), \tag{2.97}$$

且 $\overline{X}$ 与 S^2 相互独立。由 t 分布的性质，得到

$$\frac{\overline{X} - \mu}{S/\sqrt{n}} \sim t(n-1)。 \tag{2.98}$$

例 2.22 在总体 $N(80, 20^2)$ 中随机抽取一个容量为 100 的样本，求样本均值与总体均值的差的绝对值大于 3 的概率。

解 由于样本均值 $\overline{X} \sim N\left(\mu, \frac{\sigma^2}{n}\right)$ 得到 $\overline{X} - \mu \sim N\left(0, \frac{\sigma^2}{n}\right)$。这里 $\sigma^2 = 400$，$n = 100$，$\sigma^2/n = 4$。使用 R 计算

```
> p <- 1 - pnorm(3, 0, 2) + pnorm(-3, 0, 2); p
[1] 0.1336144
```

例 2.23 在总体 $N(\mu, \sigma^2)$（μ 和 σ^2 未知）中随机抽取一个容量为 16 的样本，S^2 为样本方差，求 $P\left\{\dfrac{S^2}{\sigma^2} \leqslant 1.5\right\}$。

解 由式 (2.97) 知，$\dfrac{(n-1)S^2}{\sigma^2} \sim \chi^2(n-1)$，这里 $n=16$，所以有

$$P\left\{\dfrac{S^2}{\sigma^2} \leqslant 1.5\right\} = P\left\{\dfrac{15S^2}{\sigma^2} \leqslant 15 \times 1.5\right\}。$$

使用 R 计算

```
> pchisq(q = 15*1.5, df = 15)
[1] 0.9046518
```

例 2.24 某台仪器测量的数据如表 2.6 所示（数据存放在 `measure.data` 数据文件中）。假设数据的总体服从正态分布，μ 为总体均值，计算 $P\{|\overline{X} - \mu| > 0.5\}$。

表 2.6 测量数据   单位：10mV

0.2	0.0	−1.1	−0.1	−1.5	−0.5	−1.9	−1.3	−0.4	2.0
−2.3	0.5	0.7	−2.1	−0.6	−0.4	2.4	1.5	1.6	0.6
−2.4	−0.8	1.2	−0.3	2.5	1.1	0.5	−0.1	0.7	

解 由式 (2.98) 知，$T = \dfrac{\overline{X} - \mu}{S/\sqrt{n}} \sim t(n-1)$，令 $t = \dfrac{0.5}{S/\sqrt{n}}$，所以

$$\begin{aligned}P\{|\overline{X} - \mu| > 0.5\} &= P\{|T| > t\} \\ &= P\{T \leqslant -t\} + 1 - P\{T \leqslant t\}。\end{aligned}$$

读取数据，使用 t 分布计算，程序（程序名：`exam0224.R`）如下：

```
X <- scan("measure.data")
n <- length(X); S <- sd(X); t <- 0.5/(S/sqrt(n))
pt(-t, df = n-1) + 1 - pt(t, df = n-1)
```

计算结果为 0.0564038。

2. 两个正态总体样本均值差的分布

设 $X_1, X_2, \cdots, X_{n_1}$ 与 $Y_1, Y_2, \cdots, Y_{n_2}$ 分别是来自于正态总体 $N(\mu_1, \sigma_1^2)$，$N(\mu_2, \sigma_2^2)$ 的样本，且这两组样本相互独立，则有

$$\overline{X} - \overline{Y} \sim N\left(\mu_1 - \mu_2, \dfrac{\sigma_1^2}{n_1} + \dfrac{\sigma_2^2}{n_2}\right), \tag{2.99}$$

或者

$$\dfrac{(\overline{X} - \overline{Y}) - (\mu_1 - \mu_2)}{\sqrt{\dfrac{\sigma_1^2}{n_1} + \dfrac{\sigma_2^2}{n_2}}} \sim N(0,1)。 \tag{2.100}$$

若 $\sigma_1^2 = \sigma_2^2 = \sigma^2$，且 σ^2 未知，则

$$\dfrac{(\overline{X} - \overline{Y}) - (\mu_1 - \mu_2)}{S_w \sqrt{\dfrac{1}{n_1} + \dfrac{1}{n_2}}} \sim t(n_1 + n_2 - 2), \tag{2.101}$$

其中
$$S_w^2 = \frac{(n_1-1)S_1^2 + (n_2-1)S_2^2}{n_1+n_2-2}, \tag{2.102}$$
$\overline{X}$ 和 $\overline{Y}$ 分别是两组样本的均值，S_1^2 和 S_2^2 分别是两组样本的方差。

3. 样本比率的分布

设 m 是样本中具有给定特征元素的数量，n 是样本中元素的数量，如果选择 $\hat{p} = \dfrac{m}{n}$ 作为具有给定特征的总体比率 p 的估计，当样本量较大，也就是说，当样本数量满足 $np \geqslant 5$ 和 $nq \geqslant 5$ $(q = 1 - p)$ 时，$\hat{p}$ 近似服从均值为 p，方差为 pq/n 正态分布，即
$$\hat{p} \sim N\left(p, \frac{pq}{n}\right). \tag{2.103}$$

例 2.25 假定某统计人员在其填写的报表中至少会有一处错误的概率为 0.02，如果抽查了 600 份报表，其中至少有一处错误报表所在比例在 $0.025 \sim 0.070$ 的概率有多大？

解 在这里 $p = 0.02$，$n = 600$，满足 $np \geqslant 5$ 和 $nq \geqslant 5$。因此，用正态分布近似计算

```
n <- 600; p <- 0.02; q <- 1 - p
phat <- c(0.025, 0.07)
pr <- pnorm(phat, mean = p, sd = sqrt(p*q/n))
pr[2] - pr[1]
```

概率为 0.1908。

2.7　R 中内置的分布函数

表 2.7 列出了 R 中的内置函数，用于计算各种标准分布的分布函数、概率密度函数，以及分位数等。

表 2.7　分布函数

分布名称	R 中的名称	附加参数
β 分布	beta	shape1, shape2, ncp
二项分布	binom	size, prob
柯西（Cauchy）分布	cauchy	location, scale
χ^2 分布	chisq	df, ncp
指数分布	exp	rate
F 分布	f	df1, df2, ncp
Γ 分布	gamma	shape, scale
几何分布	geom	prob
超几何分布	hyper	m, n, k
对数正态分布	lnorm	meanlog, sdlog
logistic 分布	logis	location, scale

分布名称	R 中的名称	附加参数
负二项分布	nbinom	size, prob
正态分布	norm	mean, sd
泊松分布	pois	lambda
t 分布	t	df, ncp
均匀分布	unif	min, max
韦布尔 (Weibull) 分布	weibull	shape, scale
威尔科克森 (Wilcoxon) 分布	wilcox	m, n

在这些函数中，加上不同的前缀表示不同的函数。加 d 表示概率密度函数，加 p 表示分布函数，加 q 表示分位函数。函数使用方法与前面介绍的函数类似。

习 题 2

1. 设有 m 个人，每个人都以相同的概率 $\frac{1}{N}$ 被分入 N 个室 ($N \geqslant m$) 中任意一个室中去住，且每室中人数不限，并允许有空室，求：

(1) 某指定的 m 个室中每室各分入 1 人的概率；

(2) 恰有 m 个室，其中每室各分入 1 人的概率；

(3) 若 $N = 10$, $m = 6$, 求恰有两人分入同一室（即恰有一室，其中恰分入了两个人）的概率。

2. 一次投掷三个骰子，出现点数的和为 3~18，试计算出现各点数的概率。

3. 甲、乙两轮船驶向一个不能同时停泊两轮船的码头，它们在一昼夜内到达的时刻是等可能的。设甲轮船的停泊时间是 1h，乙轮船的停泊时间是 2h，求甲、乙两轮船都不需等待码头空出的概率。

4. 一批产品共有 20 件，其中有 5 件次品，其余为正品。现依次进行不放回抽取三次，求：

(1) 第三次才取到次品的概率；

(2) 在第一、二次取到正品的条件下，第三次取到次品的概率；

(3) 第三次取到次品的概率。

5. 有朋自远方来，他乘火车、轮船、汽车、飞机来的概率分别为 0.3, 0.2, 0.1, 0.4。如果他乘火车、轮船、汽车来的话，迟到的概率分别为 1/4, 1/3, 1/12, 而乘飞机则不会迟到。现朋友迟到了，问他是乘火车来的概率是多少。

6. 甲、乙、丙三门高射炮彼此独立地向同一架飞机射击，设甲、乙、丙炮射中飞机的概率分别为 0.7, 0.8, 0.9。

(1) 求飞机被射中的概率；

(2) 又设若只有一门炮射中飞机坠毁的概率为 0.7, 若有两门炮射中飞机坠毁的概率为 0.9, 若三门炮都射中，飞机必坠毁，求飞机坠毁的概率。

7. 一个靶子是半径为 2m 的圆盘，设击中靶上任一同心圆盘上的点的概率与该圆盘的面积成正比，并设射击都能中靶，以 X 表示弹着点与圆心的距离，试求随机变量 X 的分布函数。

8. 某保险公司制定赔偿方案：如果在一年内一个顾客的投保事件 A 发生，该公司就赔偿该顾客 a 元，若已知一年内事件 A 发生的概率为 p, 为使公司收益的期望值等于 a 的 5%, 该公司应该要求顾客交纳多少元的保险费？

9. 设每人血清中含有肝炎病毒的概率为 0.004，随机混合 100 人的血清。求此血清中含有肝炎病毒的概率。

10. 设某机场每天有 200 架飞机在此降落，任一飞机在某时刻降落的概率为 0.02，且设各飞机降落是相互独立的。试问该机场需配备多少条跑道，才能保证某一时刻飞机需立即降落而没有空闲跑道的概率小于 0.01（每条跑道只能允许一架飞机降落）。

11. 现有 90 台同类型的设备，各台设备的工作是相互独立的，发生故障的概率是 0.01，且一台设备的故障能由一人处理，配备维修工人的方法有两种，一种是 3 人分开维护，每人负责 30 台；另一种是由 3 人共同维护 90 台，试比较两种方法在设备发生故障时不能及时维修的概率的大小。

12. 设一台电话设备交换台每分钟的呼叫次数服从 $\lambda = 4$ 的泊松分布，求：
(1) 每分钟恰有 6 次呼叫的概率；
(2) 每分钟的呼叫次数不超过 10 次的概率。

13. 设某城市男子的身高（单位：cm）服从正态分布 $N(168, 36)$。求：
(1) 该市男子身高在 170 cm 以上的概率；
(2) 为了使 99% 以上的男子上公共汽车时不会在车门上沿碰头，当地的公共汽车门框应设计多高？

14. 某单位招聘 2500 人，按考试成绩从高分到低分依次录用，共有 10000 人报名，假设报名者的成绩 $X \sim N(\mu, \sigma^2)$，已知 90 分以上有 359 人，60 分以下有 1151 人，问被录用者中最低分为多少。

15. 设顾客在某银行的窗口等待的时间（单位：min）服从参数为 $\lambda = 1/5$ 的指数分布。某顾客在窗口等待服务，若超过 10min，他就离开。他一月要到银行 5 次，求他至少一次没有得到服务的概率。

16. 设二维随机向量 (X, Y) 的分布函数为

$$F(x, y) = \begin{cases} 1 - 2^{-x} - 2^{-y} + 2^{-x-y}, & x \geqslant 0, y \geqslant 0, \\ 0, & 其他, \end{cases}$$

求 $P\{1 < X \leqslant 2, 3 < Y \leqslant 5\}$。

17. 一个袋中装有 5 只球，其中 4 只红球，1 只白球。每次从中随机地抽取一只，取后不放回，连续抽取两次，令

$$X = \begin{cases} 1, & 若第一次抽到红球, \\ 0, & 若第一次抽到白球, \end{cases} \quad Y = \begin{cases} 1, & 若第二次抽到红球, \\ 0, & 若第二次抽到白球, \end{cases}$$

试求：
(1) (X, Y) 的联合分布律；
(2) $P\{X \geqslant Y\}$。

18. 设二维随机变量 (X, Y) 的联合概率密度函数为

$$f(x, y) = \begin{cases} Ae^{-(2x+y)}, & x > 0, y > 0, \\ 0, & 其他。 \end{cases}$$

求：
(1) 常数 A；
(2) $P\{-1 < X < 1, -1 < Y < 1\}$；
(3) $P\{X + Y \leqslant 1\}$；
(4) (X, Y) 的联合分布函数 $F(x, y)$。

19. 飞机场送客汽车载有 20 位乘客，离开机场后共有 10 个车站可以下车，若某个车站无人下车该车站则不停车。设乘客在每个车站下车的可能性相等且他们的行动相互独立，以 X 表示停车的次数，求 $E(X)$。

20. 设各零件的重量都是随机变量，它们相互独立且服从相同的分布，其均值为 0.5kg，标准差为 0.1kg，求：5000 个零件的总重量超过 2510kg 的概率。

21. 计算器在计算加法运算时，将每个加数舍入最靠近它的整数。设所有的舍入误差是独立的，且在 $[-0.5, 0.5]$ 上服从均匀分布。求：

(1) 若将 1500 个数相加，误差总和的绝对值超过 15 的概率；

(2) 最多可有多少个数相加，使得误差总和的绝对值小于 10 的概率不小于 0.90。

22. 利用二项分布精确计算例 2.19。

23. 设 $X_1, X_2, \cdots, X_{10}$ 为来自总体 $N(0, 0.3^2)$ 的样本，求 $P\{\sum\limits_{i=1}^{10} X_i^2 > 1.44\}$。

24. 设在总体 $N(\mu, \sigma^2)$ 中抽取一容量为 n 的样本，这里 μ 和 σ^2 均为未知。当 $n = 16$ 时，求 $P\{S^2/\sigma^2 \leqslant 2.04\}$。

25. 已知以下 10 个数据来自正态总体：

12.8372　　6.6721　　15.6267　　16.4384　　9.2676
20.9546　　20.9458　　14.8118　　16.6365　　15.8732

设 $\overline{X}$ 为样本均值，μ 为总体均值，求 $P\{|\overline{X} - \mu| > 2.85\}$。

26. 设 $X_1, X_2, \cdots, X_n$ 和 $Y_1, Y_2, \cdots, Y_n$ 分别来自于正态总体 $X \sim N(\mu_1, \sigma^2)$ 和 $Y \sim N(\mu_2, \sigma^2)$，且相互独立，则以下统计量服从什么分布？

(1) $\dfrac{(n-1)(S_1^2 + S_2^2)}{\sigma^2}$；　　(2) $\dfrac{n\left[(\overline{X} - \overline{Y}) - (\mu_1 - \mu_2)\right]^2}{S_1^2 + S_2^2}$。

第 3 章 数据描述性分析

统计分析分为统计描述和统计推断两个部分。统计描述是通过绘制统计图、编制统计表、计算统计量等方法来表述数据的分布特征。它是数据分析的基本步骤,也是进行统计推断的基础。本章介绍统计描述,也就是数据的描述性分析,关于统计推断的内容,将在后面各章陆续介绍。

用 R 作数据的描述性分析,可以更加方便、直观,有利于对统计描述的理解。本章除介绍描述统计的基本概念外,重点介绍如何运用 R 中的函数对数据进行描述性分析。

3.1 描述统计量

已知一组试验(或观测)数据为

$$X_1, X_2, \cdots, X_n,$$

它们可以是从所要研究的对象的全体——总体 X 中取出的,这 n 个观测值就构成一个样本。在某些简单的实际问题中,这 n 个观测值就是所要研究问题的全体。数据分析的任务就是要对这全部 n 个数据进行分析,提取数据中包含的有用信息。

数据作为信息的载体,当然要分析数据中包含的主要信息,即要分析数据的主要特征。也就是说,要研究数据的数字特征。对于数据的数字特征,要分析数据的集中位置、分散程度和数据分布等。

3.1.1 位置的度量

用来描述定量资料的集中趋势的统计量。常用的有均值、中位数、百分位数等。

1. 样本均值

样本均值是数据的平均数,样本均值 (记为 $\overline{X}$) 定义为

$$\overline{X} = \frac{1}{n} \sum_{i=1}^{n} X_i, \tag{3.1}$$

它描述数据取值的平均位置。

在 R 中,可用 mean() 函数计算样本的均值,其使用方法是

```
mean(x, trim = 0, na.rm = FALSE)
```

其中 x 是对象 (如向量、矩阵或数组),trim 是在计算均值前去掉 x 两端观测值的比例,默认值为 0,即包括全部数据。当 na.rm = TRUE 时,允许数据中有缺失数据。函数的返回值是对象的均值。

有关它的使用,将用例子来作进一步的介绍。

例 3.1 已知 15 位学生的体重（单位：kg，数据保存在 exam0301.data 中）

75.0　64.0　47.4　66.9　62.2　62.2　58.7　63.5
66.6　64.0　57.0　69.0　56.9　50.0　72.0

求学生体重的平均值。

解 利用 mean() 函数求解。建立 R 文件 (文件名：exam0301.R)

```
w <- scan("exam0301.data")
w.mean <- mean(w); w.mean
```

执行 exam0301.R 程序得到：学生平均体重为 62.36。

注意，当 x 是矩阵 (或数组) 时，函数 mean() 的返回值，并不是向量，而是一个数，即矩阵中全部数据的平均值。例如

```
> x <- 1:12; dim(x) <- c(3, 4)
> mean(x)
[1] 6.5
```

与 mean(1:12) 的返回值相同，而这里 x 是一个 3×4 矩阵。

如果你需要得到矩阵各行或各列的均值，需要调用 apply() 函数。如计算矩阵各行的均值，命令为

```
> apply(x, 1, mean)
[1] 5.5 6.5 7.5
```

计算矩阵各列的均值，命令为

```
> apply(x, 2, mean)
[1]  2  5  8 11
```

求和函数 sum() 是与求均值有关的函数，其使用格式为

sum(..., na.rm = FALSE)

参数 na.rm 的意义与均值函数 mean() 中的参数意义相同。

如果 x 是向量，函数 length(x) 的返回值是向量 x 的长度 (维数)。因此，由式 (3.1)，例 3.1 的均值可由下面的计算得到，即

```
> mean <- sum(w)/length(w); mean
[1] 62.36
```

可以看出，两者的计算结果是相同的。

但如果在数据中，某些数据是异常值，再用式 (3.1) 就不合理了。也就是说，不能简单地用 mean(w) 计算样本均值。例如，如果第一个学生的体重少输入一个点，变为 750kg，此时按照式 (3.1) 计算出的值会出现不合理的现象，看一下计算结果

```
> w[1] <- 750
> w.mean <- mean(w); w.mean
[1] 107.36
```

学生的平均体重为 107.36kg，这显然是不合理的。

如果采用下述方法，可以减少由于输入误差对计算的影响。

```
> w.mean <- mean(w, trim = 0.1); w.mean
[1] 62.53846
```

其中trim的取值 0~0.5，表示在计算均值前需要去掉异常值的比例。利用这个参数可以有效地改善异常值对计算的影响。

na.rm是控制缺失数据的参数。例如，如果共有 16 位学生，但第 16 位学生的体重缺失，如果按照通常的计算方法，将得不到结果。

```
> w.na <- c(75.0, 64.0, 47.4, 66.9, 62.2, 62.2, 58.7, 63.5,
            66.6, 64.0, 57.0, 69.0, 56.9, 50.0, 72.0, NA)
> w.mean <- mean(w.na); w.mean
[1] NA
```

选用参数na.rm = TRUE可以很好地处理这个问题，看一下计算结果。

```
> w.mean <- mean(w.na, na.rm = TRUE); w.mean
[1] 62.36
```

对于sum()函数，此参数的意义是相同的，即na.rm = TRUE表示可以求带有缺失数据的和。

与均值函数mean()相关的函数还有weighted.mean()，即计算数据的加权平均值，具体的使用格式为

```
weighted.mean(x, w, na.rm = FALSE)
```

其中，x是数值向量，w是数据x的权，与x的维数相同。函数的返回值是数据的加权平均值。

例 3.2 某幼儿园共有儿童 458 名，其中 3~6 岁儿童分别是 90 名，130 名，120 名，118 名，试计算该幼儿园儿童的平均年龄。

解 编写程序 (程序名：exam0302.R)

```
x <- 3:6; f <- c(90, 130, 120, 118)
weighted.mean(x, w = f)
```

计算结果为 4.580786，即该幼儿园儿童的平均年龄为 4.58 岁。

2. 顺序统计量

设 n 个数据 (观测值) 按从小到大的顺序排列为

$$x_{(1)} \leqslant x_{(2)} \leqslant \cdots \leqslant x_{(n)},$$

称为顺序统计量，显然，最小顺序统计量为 $x_{(1)}$，最大顺序统计量为 $x_{(n)}$。

在 R 软件中，sort()给出观测量的顺序统计量。如

```
> x <- c(75, 64, 47.4, 66.9, 62.2, 62.2, 58.7, 63.5)
> sort(x)
[1] 47.4 58.7 62.2 62.2 63.5 64.0 66.9 75.0
```

实际上，函数sort()不只是给出了样本的顺序统计量，还有更广泛的功能，其使用格式为

sort(x, partial = NULL, na.last = NA, decreasing = FALSE,
    method = c("shell", "quick"), index.return = FALSE)

参数的名称、取值及意义如表 3.1所示。

表 3.1　sort( ) 函数中参数的名称、取值及意义

名称	取值及意义
x	数值或字符或逻辑型向量，用于排序的对象。
partial	向量，表示部分排序的指标。
na.last	字符串，表示缺失数据的处理方式。取NA（默认值）为不处理缺失数据；当取TRUE时，缺失数据排在最后；当取FALSE时，缺失数据排在最前面。
decreasing	逻辑变量，取TRUE时，按照降序排列；FALSE（默认值）时，按照升序排列。
method	字符串，表示排序方法。取"shell"（默认值）时，选择 Shell 排序法排序，其运算量为 $O(n^{4/3})$；取"quick"时，采用快速排序法排序。
index.return	逻辑变量，取TRUE时，返回值为一列表，列表成员\$x是排序的顺序，列表成员\$ix是排序顺序的下标对应的值；取FALSE（默认值）时，只返回排序的顺序。

下面用数值例子，看一下sort()函数中各种参数的使用方法。如需要将数据由大到小排，则用参数decreasing = TRUE。如

```
> sort(x, decreasing = TRUE)
[1] 75.0 66.9 64.0 63.5 62.2 62.2 58.7 47.4
```

当数据中有缺失数据，并不希望处理缺失数据时，则不必调整任何参数。如

```
> x.na <- c(75.0,64.0,47.4,NA,66.9,62.2,62.2,58.7,63.5)
> sort(x.na)
[1] 47.4 58.7 62.2 62.2 63.5 64.0 66.9 75.0
```

如果希望在排序后的数据中保留缺失数据,并将缺失数据排在最后,则用na.last = TRUE。如果将缺失数据排在最前，则用 na.last = FALSE。如

```
> sort(x.na, na.last = TRUE)
[1] 47.4 58.7 62.2 62.2 63.5 64.0 66.9 75.0   NA
> sort(x.na, na.last = FALSE)
[1]   NA 47.4 58.7 62.2 62.2 63.5 64.0 66.9 75.0
```

与sort()函数相关的函数：order()给出排序后的下标；rank()给出样本的秩统计量。

3. 中位数

中位数 (记为 m_e) 定义为数据排序位于中间位置的值，即

$$m_e = \begin{cases} x_{(\frac{n+1}{2})}, & \text{当 } n \text{ 为奇数时}, \\ \frac{1}{2}\left(x_{(\frac{n}{2})} + x_{(\frac{n}{2}+1)}\right), & \text{当 } n \text{ 为偶数时}。 \end{cases} \quad (3.2)$$

中位数描述数据中心位置的数字特征。大体上比中位数大或小的数据个数为整个数据的一半。对于对称分布的数据，均值与中位数比较接近；对于偏态分布的数据，均值与中位数不同。中位数的又一显著特点是不受异常值的影响，具有稳健性，因此它是数据分析中相当重要的统计量。

在 R 中，median()函数给出观测样本的中位数。例如

```
> x <- c(75, 64, 47.4, 66.9, 62.2, 62.2, 58.7, 63.5)
> median(x)
[1] 62.85
```

median()函数的使用格式为

```
median(x, na.rm = FALSE)
```

其中，x是数值型向量，na.rm是逻辑变量，当na.rm = TRUE时，函数可以处理带有缺失数据的向量；否则 (na.rm = FALSE，默认值) 不能处理带有缺失数据的向量。如

```
> x.na <- c(75.0, 64.0, 47.4, NA, 66.9, 62.2, 62.2, 58.7, 63.5)
> median(x.na)
[1] NA
> median(x.na, na.rm = TRUE)
[1] 62.85
```

4. 百分位数

百分位数是中位数的推广。将数据按从小到大的顺序排列后，对于 $0 \leqslant p < 1$，它的 p 分位点定义为

$$m_p = \begin{cases} x_{([np]+1)}, & \text{当 } np \text{ 不是整数时,} \\ \dfrac{1}{2}\left(x_{(np)} + x_{(np+1)}\right), & \text{当 } np \text{ 是整数时,} \end{cases} \quad (3.3)$$

其中 $[np]$ 表示 np 的整数部分。

p 分位数又称为第 $100p$ 百分位数。大体上整个样本的 $100p$ 的观测值不超过 p 分位数。如 0.5 分位数 $m_{0.5}$(第 50 百分位数) 就是中位数 m_e。在实际计算中，0.75 分位数与 0.25 分位数 (第 75 百分位数与第 25 百分位数) 比较重要，它们分别称为上和下四分位数，并分别记为 $Q_3 = m_{0.75}$，$Q_1 = m_{0.25}$。

在 R 中，quantile()函数计算观测量的百分位数。例如

```
> w <- c(75.0, 64.0, 47.4, 66.9, 62.2, 62.2, 58.7, 63.5,
         66.6, 64.0, 57.0, 69.0, 56.9, 50.0, 72.0)
> quantile(w)
   0%    25%    50%    75%   100%
47.40  57.85  63.50  66.75  75.00
```

quantile()函数的一般使用格式为

```
quantile(x, probs = seq(0, 1, 0.25), na.rm = FALSE,
         names = TRUE, type = 7, ...)
```

部分参数的名称、取值及意义如表 3.2所示。

表 3.2　quantile( ) 函数中部分参数的名称、取值及意义

名称	取值及意义
x	数值向量，用于计算百分位数。
probs	0~1 的数值向量，表示相应的百分位数，默认值是 0，25%，50%，75% 和 100%。
na.rm	逻辑变量，取TRUE时，可处理缺失数据，默认值为FALSE。
names	逻辑变量，取TRUE（默认值）时，相应的百分位数作为向量各元素的名称。

如果打算给出 0，20%，40%，60%，80% 和 100% 的百分位数，其命令与结果如下：

```
> quantile(w, probs = seq(0, 1, 0.2))
   0%   20%   40%   60%   80%  100%
47.40 56.98 62.20 64.00 67.32 75.00
```

3.1.2　分散程度的度量

表示数据分散（或变异）程度的特征量有方差、标准差、极差、四分位差、变异系数和标准误等。

1. 方差、标准差与变异系数

方差是描述数据取值分散性的一个度量。样本方差是样本相对于均值的偏差平方和的平均，记为 S^2，即

$$S^2 = \frac{1}{n-1} \sum_{i=1}^{n} \left(X_i - \overline{X}\right)^2 \text{。} \tag{3.4}$$

其中 $\overline{X}$ 是样本的均值。

样本方差的开方称为样本标准差，记为 S，即

$$S = \sqrt{S^2} = \sqrt{\frac{1}{n-1} \sum_{i=1}^{n} \left(X_i - \overline{X}\right)^2} \text{。} \tag{3.5}$$

变异系数是刻画数据相对分散性的一种度量，记为 CV，即

$$\text{CV} = 100 \cdot \frac{S}{\overline{X}} (\%), \tag{3.6}$$

它是一个无量纲的量，用百分数表示。

与分散程度有关的统计量还有下列数字特征：

（1）样本校正平方和

$$\text{CSS} = \sum_{i=1}^{n} \left(X_i - \overline{X}\right)^2 \text{。} \tag{3.7}$$

（2）样本未校正平方和

$$\text{USS} = \sum_{i=1}^{n} X_i^2 \text{。} \tag{3.8}$$

在 R 中，用var()函数计算样本方差，sd()函数计算样本标准差。例如，对于 15 名学生的体重数据，有

```
> var(w)
[1] 56.47257
> sd(w)
[1] 7.514823
```

var()函数和sd()函数的使用格式为

```
var(x, y = NULL, na.rm = FALSE, use)
sd(x, na.rm = FALSE)
```

其中，x是数值向量、矩阵或数据框。na.rm 是逻辑变量，当na.rm = TRUE时，可处理缺失数据。

与方差函数var()相关的函数还有：cov()——求协方差；cor()——求相关系数。

对于变异系数、校正平方和、未校正平方和等指标，需要编写简单的程序。例如，对于 15 名学生的体重数据，有

```
> cv <- 100*sd(w)/mean(w); cv
[1] 12.05071
> css <- sum((w-mean(w))^2); css
[1] 790.616
> uss <- sum(w^2); uss
[1] 59122.16
```

2. 极差与标准误

样本极差 (记为 R) 的计算公式为

$$R = x_{(n)} - x_{(1)} = \max(x) - \min(x), \tag{3.9}$$

其中，x 是由样本构成的向量。样本极差是描述样本分散性的数字特征。数据越分散，其极差越大。

样本上、下四分位数之差称为四分位差（或半极差），记为 R_1，即

$$R_1 = Q_3 - Q_1, \tag{3.10}$$

它也是度量样本分散性的重要数字特征，特别对于具有异常值的数据，它作为分散性的度量具有稳健性，因此它在稳健性数据分析中具有重要作用。

样本标准误 (记为 S_m) 定义为

$$S_m = \sqrt{\frac{1}{n(n-1)} \sum_{i=1}^{n} (X_i - \overline{X})^2} = \frac{S}{\sqrt{n}}。 \tag{3.11}$$

实际上，它可以看成样本均值的标准差。

3.1.3 分布形状的度量

在 2.4.5 节介绍过总体的偏度系数和峰度系数，这里给出样本的偏度系数和峰度系数的计算方法。

1. 偏度系数

偏度系数是刻画数据对称性的指标。关于均值对称的数据其偏度系数为 0，右侧更分散的数据偏度系数为正，左侧更分散的数据偏度系数为负。图 3.1 给出了偏度系数为正、零和负的情况。

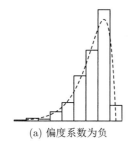  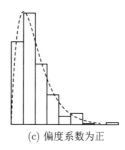

(a) 偏度系数为负　　(b) 偏度系数为零　　(c) 偏度系数为正

图 3.1　偏度系数的三种情况

回顾 2.4.5 节关于总体偏度系数的定义

$$C_s = \mu_3 / \mu_2^{\frac{3}{2}},$$

其中 μ_k 是总体的 k 阶中心矩。

因此，关于样本偏度系数的一种简单地定义方法是

$$C_s = M_3 / M_2^{\frac{3}{2}}, \tag{3.12}$$

其中 M_k 为样本的 k 阶中心矩 $M_k = \frac{1}{n} \sum_{i=1}^{n} (X_i - \overline{X})^k$，其中 $\overline{X}$ 为样本均值。

在 R 的基本函数中，没有样本偏度系数的计算函数，可用式 (3.12) 编写计算样本偏度系数的函数，其函数 (程序名：skew.R) 如下：

```
skew <- function(x){
    mu <- mean(x); n <- length(x)
    m2 <- sum((x - mu)^2)/n
    m3 <- sum((x - mu)^3)/n
    m3/sqrt(m2^3)
}
```

例 3.3　计算例 3.1 中 15 位学生的体重的偏度系数。

解　调用自编函数 skew.R，读取数据，并计算

```
source("skew.R"); w <- scan("exam0301.data")
skew(w)
```

计算结果为 -0.3857073。

关于样本的偏度系数的定义还有

$$C_s = \frac{n}{(n-1)(n-2)S^3} \sum_{i=1}^{n}(X_i - \overline{X})^3, \tag{3.13}$$

和

$$C_s = M_3/S^3, \tag{3.14}$$

其中 S 是样本标准差。

2. 峰度系数

峰度系数是反映分布峰的尖峭程度的重要指标。当峰度系数大于 0 时，两侧极端数据较多；当峰度系数小于 0 时，两侧极端数据较少。图 3.2 给出了峰度系数为正、零和负的情况。

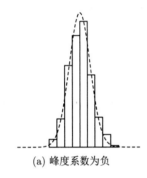
(a) 峰度系数为负
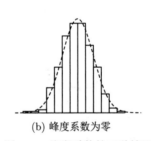
(b) 峰度系数为零
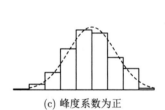
(c) 峰度系数为正

图 3.2 峰度系数的三种情况

总体的峰度系数定义为

$$C_k = \mu_4/\mu_2^2 - 3。$$

因此，样本峰度系数简单地定义为

$$C_k = M_4/M_2^2 - 3。 \tag{3.15}$$

同样，可用式 (3.15) 编写计算样本峰度系数的函数 (程序名: kurt.R)

```
kurt <- function(x){
    mu <- mean(x); n <- length(x)
    m2 <- sum((x - mu)^2)/n;  m4 <- sum((x - mu)^4)/n
    m4/m2^2 - 3
}
```

例 3.4 计算例 3.1 中 15 位学生的体重的峰度系数。

解 调用自编函数 kurt.R，读取数据，并计算

```
source("kurt.R"); w <- scan("exam0301.data")
kurt(w)
```

计算结果为 -0.3077672.

关于样本峰度系数的定义还有

$$C_k = \frac{n(n+1)}{(n-1)(n-2)(n-3)S^4} \sum_{i=1}^{n} (X_i - \overline{X})^4 - 3\frac{(n-1)^2}{(n-2)(n-3)} \text{。} \quad (3.16)$$

和

$$C_k = M_4/S^4 - 3 \text{。} \quad (3.17)$$

在扩展程序包"e1071"中，提供了偏度系数的计算函数——skewness()，该函数有三种选择，或者是用式 (3.12)，或者是用式 (3.13)，或者是用式 (3.14) (默认选项) 计算偏度系数。提供了峰度系数的计算函数——kurtosis() 函数，该函数也有三种选择，或者是用式 (3.15)，或者是用式 (3.16)，或者是用式 (3.17) (默认选项) 计算峰度系数。注意：这两个函数在使用之前，要先安装和加载"e1071"程序包。

3.2 数据的分布

数据的数字特征刻画了数据的主要特征，而要对数据的总体情况作全面的描述，就要研究数据的分布。对数据分布的主要描述方法有直方图、茎叶图和数据的理论分布即总体分布。数据分析的一个重要问题是要研究数据是否来自正态总体，这是分布的正态性检验的问题。

3.2.1 直方图、经验分布图与 QQ 图

1. 直方图

对于数据分布，常用直方图进行描述。将数据取值的范围分成若干区间 (一般是等间隔的)，在等间隔的情况下，每个区间长度称为组距。考察数据落入每一区间的频数与频率，在每个区间上画一个矩形，它的宽度是组距，它的高度可以是频数、频率或频率/组距，在高度是频率/组距的情况下，每一矩形的面积恰是数据落入区间的频率，这种直方图可以估计总体的概率密度。组距对直方图的形态有很大的影响，组距太小，每组的频数较少，由于随机性的影响，邻近区间上的频数变化可能很大；组距太大，直方图所反映的形态就不灵敏。

在 R 中，用函数 hist() 画出样本的直方图，其格式为

```
hist(x, breaks = "Sturges",
     freq = NULL, probability = !freq,
     include.lowest = TRUE, right = TRUE,
```

```
        density = NULL, angle = 45, col = "lightgray", border = NULL,
        main = paste("Histogram of" , xname),
        xlim = range(breaks), ylim = NULL,
        xlab = xname, ylab,
        axes = TRUE, plot = TRUE, labels = FALSE,
        nclass = NULL, warn.unused = TRUE, ...)
```

部分参数的名称、取值及意义如表 3.3 所示。

表 3.3　hist() 函数中部分参数的名称、取值及意义

名称	取值及意义
x	向量，表示直方图的数据。
breaks	向量或字符串，表示直方图的断点。
freq	逻辑变量，TRUE(默认值) 表示频数，FALSE表示密度。
border	数字或字符串，表示直方外框的颜色。
labels	逻辑变量，表示是否标出频数或密度，默认值为FALSE。

2. 核密度估计函数

与直方图相配套的是核密度估计函数density()，其目的是用已知样本估计其密度。它的使用方法是

```
density(x, bw = "nrd0", adjust = 1,
    kernel = c("gaussian", "epanechnikov", "rectangular",
               "triangular", "biweight",
               "cosine", "optcosine"),
    weights = NULL, window = kernel, width,
    give.Rkern = FALSE,
    n = 512, from, to, cut = 3, na.rm = FALSE, ...)
```

其中，x是由样本构成的向量，bw是带宽，可选择。当bw为默认值时，R 将绘出光滑的曲线。

例 3.5　绘出例 3.1中 15 位学生的体重的直方图和核密度估计曲线，并与正态分布的概率密度曲线作对照。

解　写出 R 程序（程序名：exam0305.R）

```
w <- scan("exam0301.data")
hist(w, freq = FALSE)
lines(density(w), col = "blue", lwd = 2)
x <- 44:76
lines(x, dnorm(x, mean(w), sd(w)), col = "red", lwd = 2)
```

程序绘出直方图、核密度估计曲线和正态分布的概率密度曲线 (见图 3.3)。

注意到，核密度估计曲线与正态分布的概率密度曲线还是有一定的差别的。

结合直方图和核密度估计曲线来进一步分析例 3.3 中偏度系数的意义。如偏度小于 0,直方图偏右等。

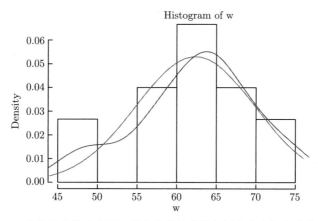

图 3.3　学生体重的直方图、核密度估计曲线与正态分布概率密度曲线

3. 经验分布

直方图的制作适合于总体为连续型分布的场合。对于一般的总体分布,若要估计它的总体分布函数 $F(x)$,可用经验分布函数作估计。在 2.6.4 节给出了经验分布的定义。

在 R 中,用函数 ecdf() 绘出样本的经验分布函数,其使用格式为

```
ecdf(x)
plot(x, ..., ylab = "Fn(x)", verticals = FALSE,
     col.01line = "gray70", pch = 19)
```

在函数 ecdf() 中的 x 是由观测值得到的数值型向量,而在函数 plot() 中的 x 是由函数 ecdf() 生成的对象。verticals 是逻辑变量,取 TRUE 时画经验分布的竖线;取 FALSE(默认值) 不画竖线。

例 3.6　绘出例 3.1 中 15 位学生的体重的经验分布图和相应的正态分布图。

解　写出 R 程序(程序名:exam0306.R)

```
w <- scan("exam0301.data")
plot(ecdf(w), verticals = TRUE, do.p = FALSE)
x <- 44:78
lines(x, pnorm(x, mean(w), sd(w)), col = "blue")
```

其中,do.p 是逻辑变量,取 TRUE(默认值) 时,在阶梯函数的起点处画点;取 FALSE 表示不画点。所绘图形如图 3.4 所示。

4. QQ 图

无论是直方图还经验分布图,要从比较上鉴别样本是否近似于某种类型的分布是困难的,QQ 图可以帮助我们鉴别样本的分布是否近似于某种类型的分布。

现假定总体为正态分布 $N(\mu, \sigma^2)$,对于样本 $X_1, X_2, \cdots, X_n$,其顺序统计量是 $X_{(1)}$, $X_{(2)}, \cdots, X_{(n)}$。设 $\Phi(x)$ 是标准正态分布 $N(0,1)$ 的分布函数,$\Phi^{-1}(x)$ 是 $\Phi(x)$ 的反函数,对应正态分布的 QQ 图是由以下的点

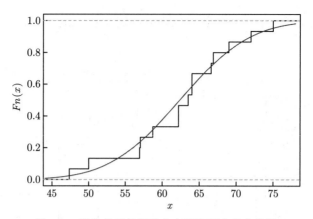

图 3.4 学生体重的经验分布图和正态分布曲线

$$\left(\Phi^{-1}\left(\frac{i-0.375}{n+0.25}\right), X_{(i)}\right), \quad i=1,2,\cdots,n \tag{3.18}$$

构成的散点图。若样本数据近似于正态分布，在 QQ 图上这些点近似地在直线

$$y = \sigma x + \mu$$

附近。此直线的斜率是标准差 σ，截距是均值 μ。所以利用正态 QQ 图可以作直观的正态性检验。若正态 QQ 图上的点近似地在一条直线附近，可以认为样本数据来自正态分布总体。

在 R 中，函数qqnorm()和qqline()提供了画正态 QQ 图和相应直线的方法。其使用方法如下：

```
qqnorm(y, ylim, main = "Normal Q-Q Plot",
    xlab = "Theoretical Quantiles", ylab = "Sample Quantiles",
    plot.it = TRUE, datax = FALSE, ...)
qqline(y, datax = FALSE, distribution = qnorm,
    probs = c(0.25, 0.75), qtype = 7, ...)
```

其中，y是由样本构成的向量。

例 3.7 绘出例 3.1中 15 位学生的体重的正态 QQ 图，并从直观上鉴别样本数据是否来自正态分布总体。

解 写出 R 程序（程序名：exam0307.R）

```
w <- scan("exam0301.data")
qqnorm(w); qqline(w)
```

执行程序后，绘出正态 QQ 图 (见图 3.5)。

从正态 QQ 图（图 3.5）来看，样本的数据基本上可以看成来自正态总体。

对于对数正态、指数等分布也可以作相应的 QQ 图，用以鉴别样本数据是否来自某一类型的总体分布。

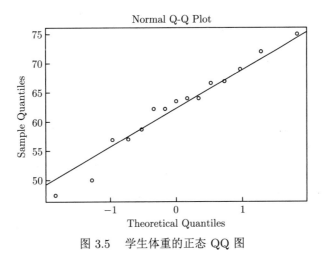

图 3.5 学生体重的正态 QQ 图

3.2.2 茎叶图、箱线图及五数总括

1. 茎叶图

与直方图比较,茎叶图更能细致地看出数据分布的结构。下面用具体的例子来说明茎叶图的意义。

例 3.8 某班有 31 名学生,某门课的考试成绩(数据保存在exam0308.tata文件中)如下:

```
25  45  50  54  55  61  64  68  72  75  75  78  79  81  83  84
84  84  85  86  86  86  87  89  89  89  90  91  91  92  100
```

作出其茎叶图。

解 在 R 中,用stem()函数作茎叶图,其命令 (程序名:exam0308.R) 如下:

```
> x <- scan("exam0308.data")
> stem(x)

  The decimal point is 1 digit(s) to the right of the |

   2 | 5
   3 |
   4 | 5
   5 | 045
   6 | 148
   7 | 25589
   8 | 1344456667999
   9 | 0112
  10 | 0
```

下面对茎叶图给出相应的解释。

第一个数 25 的十位为 2,个位为 5。以个位为单位,将 25 用|号分开:

$$25 \quad \rightarrow \quad 2 \mid 5$$

每一个数都可以这样处理。因此，茎叶图将十位数 2，3，4，5，6，7，8，9，10 按纵列从上到下排列，在纵列右侧从上到下画一竖线，再在竖线右侧写上原始数据的相应的个位数。例如，在十位数 5 的竖线右侧依次应是 0，4，5，即

$$5 \mid 045$$

它们分别对应着 50，54，55 这三个数据。又如在十位数 3 的竖线的右侧，因为从原始数据看，没有对应的数据可填，可以空着。

在茎叶图中，纵轴为测定数据，横轴为数据频数。数据的十位数部分表示"茎"，作为纵轴的刻度；个位数部分作为"叶"，显示频数的个数，作用与直方图的直方类似。

stem()函数的使用方法如下：

```
stem(x, scale = 1, width = 80, atom = 1e-08)
```

其中x是数据向量，scale控制绘出茎叶图的长度，width表示绘图的宽度，atom 是容差。

如果选择scale = 2，即将 10 个个位数分成两段，0 ~ 4 为一段，5 ~ 9 为另一段，看下面的计算结果：

```
> stem(x, scale = 2)

  The decimal point is 1 digit(s) to the right of the |

   2 | 5
   3 |
   3 |
   4 |
   4 | 5
   5 | 04
   5 | 5
   6 | 14
   6 | 8
   7 | 2
   7 | 5589
   8 | 13444
   8 | 56667999
   9 | 0112
   9 |
  10 | 0
```

如果选择scale = 1/2，即将 10 个个位数分成 1/2 段，即 20 个数为一段，如

```
> stem(x, scale = .5)

  The decimal point is 1 digit(s) to the right of the |

   2 | 5
   4 | 5045
   6 | 14825589
   8 | 13444566679990112
  10 | 0
```

例 3.9 绘出例 3.1 中 15 位学生的体重的茎叶图。

解 读取数据，画茎叶图。

```
> w <- scan("exam0301.data"); stem(w)
  The decimal point is 1 digit(s) to the right of the |
  4 | 7
  5 | 0779
  6 | 22444779
  7 | 25
```

注意，为了使数据分析简化，将原始数据小数点后数值四舍五入。

2. 箱线图

茎叶图是探索性数据分析所采用的重要方法，而箱线图却能直观简洁地展现数据分布的主要特征。在 R 软件中，用 boxplot() 函数作箱线图。

例 3.10 绘出例 3.8 学生考试成绩的箱线图。

解 输入命令

```
> x <- scan("exam0308.data"); boxplot(x)
```

得到箱线图，如图 3.6 所示。

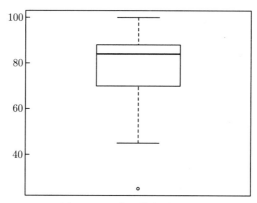

图 3.6 学生成绩的箱线图

在箱线图中，上 (Q_3) 下 (Q_1) 四分位数分别确定出中间箱体的顶部和底部。箱体中间的粗线是中位数 (m_e) 所在的位置。由箱体向上下伸出的垂直部分称为"触须"，表示数据的散布范围，最远点为 1.5 倍四分位数间距。超出此范围的点称为异常值点，异常值点用"○"号表示。

boxplot() 函数的使用格式为

```
boxplot(x, ..., range = 1.5, width = NULL, varwidth = FALSE,
    notch = FALSE, outline = TRUE, names, plot = TRUE,
    border = par("fg"), col = NULL, log = "",
    pars = list(boxwex = 0.8, staplewex = 0.5, outwex = 0.5),
    horizontal = FALSE, add = FALSE, at = NULL)
```

部分参数的名称、取值及意义如表 3.4所示。

表 3.4 boxplot() 函数中部分参数的名称、取值及意义

名称	取值及意义
x	数值型向量，或者是列表，或者是数据框。
range	数值 (默认值为 1.5)，表示"触须"的范围。
notch	逻辑变量，取TRUE时，画出的箱线图带有切口，默认值为FALSE。
outline	逻辑变量，取TRUE（默认值）时，标明异常值点。
col	正整数或字符串，用数值或字符串表示箱线图的颜色。
horizontal	逻辑变量，取TRUE时，将箱线图水平放置，默认值为FALSE。
add	逻辑变量，取TRUE时，在原图上画图，即图叠图；取FALSE（默认值）时，替换上一张图，即图替图。

可以用boxplot()函数作两样本的均值检验，考查两样本的均值是否相同。

例 3.11 已知两个样本（A 和 B）的数据（数据见表 1.14），试用箱线图分析两组数据的均值是否相同。

解 读取数据，调用boxplot()函数画出两组数据的箱线图，其程序（程序名：exam0311.R）如下：

```
X <- scan("../chap01/sample.data", nlines = 2)
Y <- scan("../chap01/sample.data", skip = 2)
boxplot(X, Y, notch = T, names = c('A', 'B'), col = c(2,3))
```

得到箱线图，如图 3.7所示。

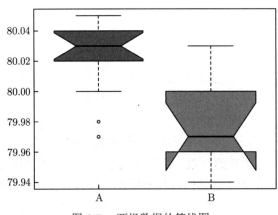

图 3.7 两组数据的箱线图

从图形可以看出，两组数据的均值是不相同的，A 组值高于 B 组值。注意：由于使用了参数notch = T，画出的箱线图带有切口。col = c(2,3)，所以关于 A 的箱线图是红色 (2 表示红色)，关于 B 的箱线图是绿色 (3 表示绿色)，也可以将参数写成 col = c('red', 'green')。

boxplot()函数的另一种使用格式为

```
boxplot(formula, data = NULL, ..., subset, na.action = NULL)
```

其中formula是公式,如y ~ grp, 这里y是由数据构成的数值型向量, grp是数据的分组, 通常是因子, data是数据框。

在 R 中, InsectSprays是 R 提供的数据框, 它由两列数据构成, 一列叫 count, 由数据构成; 另一列叫 spray, 由因子构成, 共有 A, B, C, D, E, F 六个水平。现画出数据 count 在这六个水平下的箱线图, 其命令如下:

```
boxplot(count ~ spray, data = InsectSprays, col = "lightgray")
boxplot(count ~ spray, data = InsectSprays,
        notch = TRUE, col = 2:7, add = TRUE)
```

第一个命令是画出矩形的箱线图, 其颜色是青灰色 (col="lightgray")。第二个命令表示画出的箱线图带有切口 (notch=TRUE), 而且每一个箱线图用一种颜色 (col=2:7) 画出, 并将这次画的图叠加到上一张图上 (add=TRUE), 其图形如图 3.8所示。

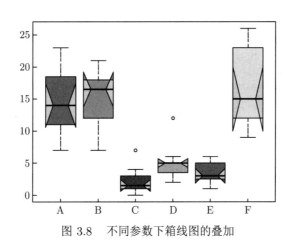

图 3.8 不同参数下箱线图的叠加

3. 五数总括

在探索性数据分析中, 认为最有代表性的、能反映数据重要特征的五个数: 中位数 m_e, 下四分位数 Q_1, 上四分位数 Q_3, 最小值 min 和最大值 max。这五个数称为样本数据的五数总括。

在 R 中, 函数fivenum()计算样本的五数总括。使用格式为

```
fivenum(x, na.rm = TRUE)
```

其中, x是样本数据, na.rm是逻辑变量, 当na.rm = TRUE(默认值) 时, 在计算五数总括之前, 所有的 NA 和 NAN 数据将被去掉。

例 3.12 求例 3.8学生考试成绩的五数总括。

解 (程序名: exam0312.R)

```
> x <- scan("exam0308.data"); fivenum(x)
[1] 25  70  84  88 100
```

3.3 R 软件中的绘图命令

在前面介绍的数据描述性分析中,数据作图是数据分析的重要方法之一,因此,利用绘图的方法研究已知数据,是一种直观、有效的方法。这里将介绍 R 软件中一些数据作图的基本方法。

在作图函数中,有二类作图函数,一类是高水平作图函数,另一类是低水平作图函数。所谓高水平作图函数,是与低水平的作图函数相对应的,即所有的绘图函数均可产生图形,可以有坐标轴,以及图和坐标轴的说明文字等。所谓低水平作图函数是自身无法生成图形,只能在高水平作图函数产生的图形的基础上,增加新的图形。

3.3.1 高水平绘图函数

高水平作图函数有plot()、pairs()、coplot()、dotchart()、persp()和contour()等。

1. plot() 函数

在高水平绘图函数中,最常用的函数当属plot()函数,它可以绘制数据的散点图、曲线图等,用途非常广泛,其使用格式为

```
plot(x, y = NULL, type = "p",  xlim = NULL, ylim = NULL,
    log = "", main = NULL, sub = NULL, xlab = NULL, ylab = NULL,
    ann = par("ann"), axes = TRUE, frame.plot = axes,
    panel.first = NULL, panel.last = NULL, asp = NA, ...)
```

部分参数的名称、取值及意义如表 3.5所示。

表 3.5 plot() 函数中部分参数的名称、取值及意义

名称	取值及意义
x, y	数值型向量,分别表示所绘图形的横坐标和纵坐标。
type	字符,"p"(默认值)只绘点;"l" 只画线;"b" 同时绘点和画线,而线不穿过点;"c" 仅画参数"b"所示的线;"o" 同时绘点和画线,且线穿过点;"h" 绘出点到横轴的竖线;"s" 绘出阶梯图 (先横再纵);"S" 绘出阶梯图 (先纵再横);"n" 只作一幅空图,不绘任何图形。
xlim, ylim	二维向量,分别表示所绘图形 x 轴和 y 轴的范围。
log	"x"或"y",表示 x 轴或 y 轴的数据取对数。"xy"或"yx",表示 x 轴与 y 轴的数据同时取对数。
main, sub	字符串,分别描述图形的标题和副标题。
xlab, ylab	字符串,分别描述 x 轴和 y 轴的标签,默认值为对象名。

例 3.13 R 中的cars数据集是一组车速speed (mile/h) 与刹车距离dist (ft) 的数据,试用plot()函数画出type的 9 种类型的图形。

解 编写绘图程序 (程序名:exam0313.R)

```
data(cars)
attach(cars)
for (i in c("p", "l", "b", "c", "o", "h", "s", "S", "n")){
    plot(speed, dist, type = i,
         main = paste("type = \"", i, "\"", sep = ""))
    if (i == "S") i = "s2"
    fileName = paste("carPlot_", i, sep = "")
    savePlot(filename = fileName, type = "eps")
}
detach()
```

在上述程序中，data()为调取程序包中的数据集。在paste()函数中的\"表示双引号(")。

savePlot()函数为保存图形文件函数，其使用格式为

```
savePlot(filename = "Rplot",
    type = c("wmf", "emf", "png", "jpg", "jpeg", "bmp",
             "tif", "tiff", "ps", "eps", "pdf"),
    device = dev.cur(),
    restoreConsole = TRUE)
```

其中，filename为图形的文件名，type为图形的类型。

程序所绘图形如图 3.9 所示。

plot()函数实际上是一类绘图函数，如plot.factor, plot.data.frame 的简写形式都是plot。

plot.factor的使用格式为

```
plot(f, y, legend.text = NULL, ...)
```

其中，f是因子，y是数值向量，可以缺省。

如下命令：

```
y <- scan("../chap01/sample.data")
f <- as.factor(c(rep('A', 13), rep('B', 8)))
plot(f, y, notch = T, names = c('A', 'B'), col = c(2,3))
```

画出与图 3.7 完全相同的箱线图 (留给读者完成)。

plot.data.frame的使用格式为

```
plot(df)
plot(~ expr)
plot(y ~ expr)
```

其中，df是数据框，y是任意一个对象，expr是对象名称的表达式如 (a + b + c)。

如果数据框df只有两列，可直接使用plot(df)画出散点图或曲线图. 例如，可将exam0313.R中的绘图命令改为

```
plot(cars, type = i,
    main = paste("type = \"", i, "\"", sep = ""))
```

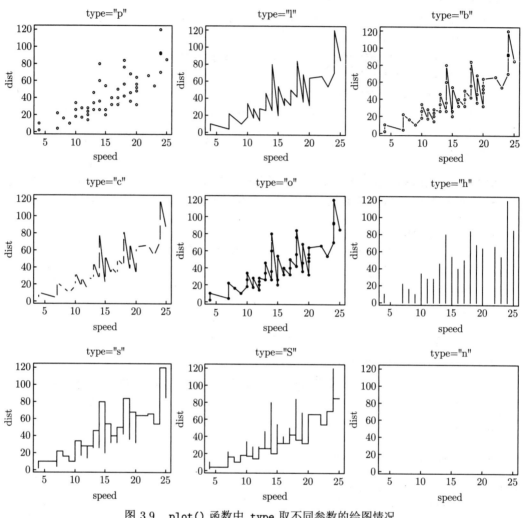

图 3.9 plot() 函数中 type 取不同参数的绘图情况

得到的图形是相同的。

如果数据框df有多列，则plot(df)画出的是散点图。例如，已知 19 名学生的年龄（Age）、身高（Height）和体重（Weight）（数据保存在student.data文件中），绘它的散点图

```
df <- read.table("student.data"); plot(df)
```

所绘出的图形如图 3.10所示。

使用公式形式，可以画出指定变量的图形，例如，plot(~ Age + Height)画出年龄与身高的散点图。plot(Weight ~ Age + Height) 绘出两张散点图，第一张是年龄与体重，第二张是身高与体重 (留给读者完成)。

2. pairs() 函数

pairs()函数可以绘出多组图，也就是多个变量的散点图，并且以阵列形式排列，其使用格式为

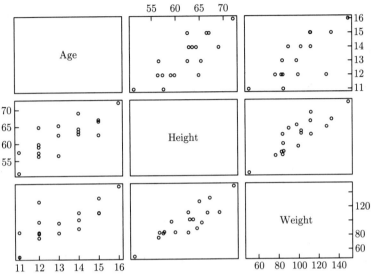

图 3.10　年龄、身高和体重三项指标构成的散点图

```
pairs(x, labels, panel = points, ...,
      horInd = 1:nc, verInd = 1:nc,
      lower.panel = panel, upper.panel = panel,
      diag.panel = NULL, text.panel = textPanel,
      label.pos = 0.5 + has.diag/3, line.main = 3,
      cex.labels = NULL, font.labels = 1,
      row1attop = TRUE, gap = 1, log = "",
      horOdd = !row1attop, verOdd = !row1attop)
```

部分参数的名称、取值及意义如表 3.6所示。

表 3.6　pairs() 函数中部分参数的名称、取值及意义

名称	取值及意义
x	向量、矩阵或数据框，描述数据的坐标。
labels	字符串，描述变量名称，默认值为对象的名称。
panel	函数，绘制面板数据的方法，默认值为points（低水平绘图函数）。
lower.panel	函数，表示阵列下三角部分图形的绘制方法，默认值与panel相同。
upper.panel	函数，表示阵列上三角部分图形的绘制方法，默认值与panel相同。
diag.panel	函数，表示阵列对角部分图形的绘制方法，默认值为NULL。

当x是矩阵或数据框时，pairs(x) 绘出关于矩阵各列的散点图。例如，以学生的数据框为例，pairs(df)绘出的图形与前面的plot(df)绘出的图形相同。

增加参数，画出稍复杂一些的图形。首先编写两个函数——panel.hist()函数和panel.cor()函数(程序名分别为：panel.hist.R和panel.cor.R)。

```
panel.hist <- function(x, ...) {
    usr <- par("usr"); on.exit(par(usr))
    par(usr = c(usr[1:2], 0, 1.5) )
    h <- hist(x, plot = FALSE)
    breaks <- h$breaks; nB <- length(breaks)
    y <- h$counts; y <- y/max(y)
    rect(breaks[-nB], 0, breaks[-1], y, col = "cyan", ...)
}

panel.cor <- function(x, y, digits = 2, prefix = "", cex.cor, ...){
    usr <- par("usr"); on.exit(par(usr))
    par(usr = c(0, 1, 0, 1))
    r <- abs(cor(x, y))
    txt <- format(c(r, 0.123456789), digits = digits)[1]
    txt <- paste0(prefix, txt)
    if(missing(cex.cor)) cex.cor <- 0.8/strwidth(txt)
    text(0.5, 0.5, txt, cex = cex.cor * r)
}
```

panel.hist()函数的功能是绘制数据的直方图，panel.cor()函数的功能是计算两个样本的皮尔逊相关系数。函数的细节可能并不清楚，但这并不影响这两个函数的使用，只需单击运行 R 脚本文件即可。

以下程序绘制出稍微复杂一些的多组图，所绘图形如图 3.11所示。

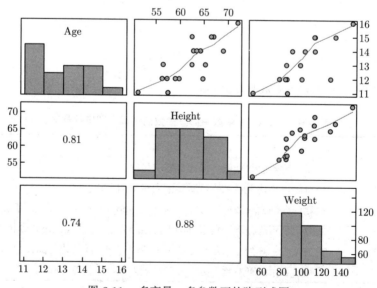

图 3.11 多变量、多参数下的阵列式图

```
source("panel.hist.R"); source("panel.cor.R")
```

```
pairs(df, diag.panel = panel.hist,
      upper.panel = panel.smooth, lower.panel = panel.cor,
      cex = 1.5, pch = 21, bg = "light blue",
      cex.labels = 2, font.labels = 2, cex.text=2)
```

在程序中，panel.smooth表示在图形中添加光滑曲线，cex表示所绘点的大小，pch表示所画点的形状，bg表示所画点空白部分的颜色。

在图 3.11 中，对角线部分为直方图。上三角部分为散点图，同时增加了光滑曲线。下三角部分给出了两组数据的皮尔逊相关系数。与单纯的pairs(df)命令相比较，所绘图形既好看又增加了数据的相关信息。

pairs()函数的另一种使用格式是公式形式：

```
pairs(formula, data = NULL, ..., subset,
      na.action = stats::na.pass)
```

其中，formula为公式，形如" ~ x + y + z"; data为数据框，表示多变量的数据；subset为数值或字符串向量，表示数据的子集。

对于学生数据，输入命令

```
pairs(~ Age + Height + Weight, data = df)
```

绘出与pairs(df)（或plot(df)）相同的图形 (图形留给读者完成)。

3. coplot() 函数

pairs()函数只能显示双向关系，但有时需要考虑三向关系，甚至是四向关系，这种类型的图形被称为条件图或协同图。

在 R 中，用coplot()函数绘制数据的协同图，其使用格式为

```
coplot(formula, data, given.values, panel = points, rows, columns,
       show.given = TRUE, col = par("fg"), pch = par("pch"),
       bar.bg = c(num = gray(0.8), fac = gray(0.95)),
       xlab = c(x.name, paste("Given :", a.name)),
       ylab = c(y.name, paste("Given :", b.name)),
       subscripts = FALSE,
       axlabels = function(f) abbreviate(levels(f)),
       number = 6, overlap = 0.5, xlim, ylim, ...)
```

部分参数的名称、取值及意义如表 3.7所示。

表 3.7　coplot() 函数中部分参数的名称、取值及意义

名称	取值及意义
formula	公式，形如"y ~ x | a"表示单个条件变量， 形如"y ~ x | a * b"表示两个条件变量。
data	数据框。
panel	函数，绘制面板数据的方法，默认值为points。

仍然以学生的年龄、身高和体重的数据为例，绘出年龄条件下的协同图，命令为

```
> coplot(Weight ~ Height | Age, data = df)
```

(图形略)。

与多组图一样，可以在协同图中增加内容，譬如，在协同图上增加回归直线。编写面板数据绘图函数 (程序名：panel.lm.R)：

```
panel.lm <- function(x, y, ...){
    tmp <- lm(y ~ x, na.action = na.omit)
    abline(tmp)
    points(x, y, ...)
}
```

相应的绘图命令改成

```
source("panel.lm.R")
coplot(Weight ~ Height | Age, data = df,
       panel = panel.lm, cex = 1.5, pch = 21,
       bg = "light blue")
```

所绘图形如图 3.12 所示。

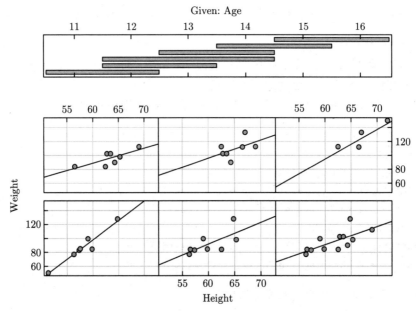

图 3.12　在年龄条件下体重与身高的协同图

上述示例是单一条件下的协同图，下面演示两个条件下的协同图。为减少数据的输入，这里采用 R 中的数据集 quakes，它共有 1000 个样本，描述斐济 (Fiji) 周边自 1964 年以来震级大于 4 的地震记录，共有 5 项指标，分别是纬度 (lat)、经度 (long)、深度 (depth)、震级 (mag) 和地震台站的记录次数 (stations)。

绘出在震级和深度条件下的纬度与经度的协同图，其命令为

```
> coplot(lat ~ long | depth * mag, data = quakes)
```
所绘图形如图 3.13所示。

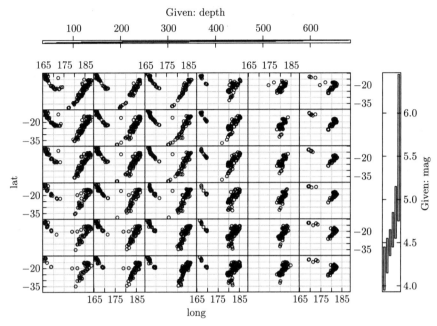

图 3.13　两个条件下的协同图

4. dotchart() 函数

点图, 也称为克里夫兰(Cleveland)点图, 是检测离群值的优秀工具。绘制克里夫兰点图的函数是dotchart()函数, 其使用格式为

```
dotchart(x, labels = NULL, groups = NULL, gdata = NULL, offset = 1/8,
    ann = par("ann"), xaxt = par("xaxt"), frame.plot = TRUE, log = "",
    cex = par("cex"), pt.cex = cex,
    pch = 21, gpch = 21, bg = par("bg"),
    color = par("fg"), gcolor = par("fg"), lcolor = "gray",
    xlim = range(x[is.finite(x)]),
    main = NULL, xlab = NULL, ylab = NULL, ...)
```

部分参数的名称、取值及意义如表 3.8所示。

表 3.8　dotchart() 函数中部分参数的名称、取值及意义

名称	取值及意义
x	向量或矩阵,绘制克里夫兰点图的数据。
labels	向量,每个点的标签。当x为向量时,默认值为'names(x)'。
	当x为矩阵时,默认值为'dimnames(x)[[1]]'。
groups	因子向量,描述x的分组情况。
	当x为矩阵时,默认值按x的列分组。
gdata	数值向量,最典型数值是各组的均值或是各组的中位数。

数据集VADeaths给出了美国弗吉尼亚 (Virginia) 州在 1940 年的人口死亡率 (1/1000)，该数据集为一个 5×4 矩阵，其内容与形式为

```
      Rural Male Rural Female Urban Male Urban Female
50-54    11.7         8.7        15.4         8.4
55-59    18.1        11.7        24.3        13.6
60-64    26.9        20.3        37.0        19.3
65-69    41.0        30.9        54.6        35.1
70-74    66.0        54.3        71.1        50.0
```

画出该数据的点图 (见图 3.14)，其中第一个命令绘出图 (a)，第二个命令绘出图 (b)。

```
> dotchart(VADeaths, main = "1940年弗吉尼亚州人口死亡率")
> dotchart(t(VADeaths), main = "1940年弗吉尼亚州人口死亡率")
```

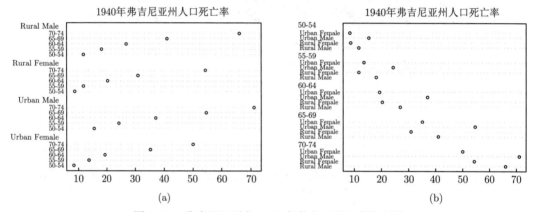

图 3.14　弗吉尼亚州在 1940 年的人口死亡率的点图

5. persp() 函数和 contour() 函数

persp() 函数的功能是绘出三维透视图，其使用格式为

```
persp(x = seq(0, 1, length.out = nrow(z)),
      y = seq(0, 1, length.out = ncol(z)),
      z, xlim = range(x), ylim = range(y),
      zlim = range(z, na.rm = TRUE),
      xlab = NULL, ylab = NULL, zlab = NULL,
      main = NULL, sub = NULL,
      theta = 0, phi = 15, r = sqrt(3), d = 1,
      scale = TRUE, expand = 1,
      col = "white", border = NULL, ltheta = -135, lphi = 0,
      shade = NA, box = TRUE, axes = TRUE, nticks = 5,
      ticktype = "simple", ...)
```

部分参数的名称、取值及意义如表 3.9所示。

表 3.9 persp() 函数中部分参数的名称、取值及意义

名称	取值及意义
x, y	数值型向量，分别表示 x 轴和 y 轴的取值范围。
z	矩阵，由 x 和 y 根据所绘图形函数关系生成。
theta, phi	数值，分别表示图形的观测角度 θ 和 ϕ。
expand	数值，扩展或缩小的比例，默认值为 1。

contour() 函数的功能是绘出三维图形的等值线，其使用格式为

```
contour(x = seq(0, 1, length.out = nrow(z)),
    y = seq(0, 1, length.out = ncol(z)),
    z,
    nlevels = 10, levels = pretty(zlim, nlevels),
    labels = NULL,
    xlim = range(x, finite = TRUE),
    ylim = range(y, finite = TRUE),
    zlim = range(z, finite = TRUE),
    labcex = 0.6, drawlabels = TRUE, method = "flattest",
    vfont, axes = TRUE, frame.plot = axes,
    col = par("fg"), lty = par("lty"), lwd = par("lwd"),
    add = FALSE, ...)
```

部分参数的名称、取值及意义如表 3.10 所示。

表 3.10 contour() 函数中部分参数的名称、取值及意义

名称	取值及意义
x, y	数值型向量，分别表示 x 轴和 y 轴的取值范围。
z	矩阵，由 x 和 y 根据所绘图形函数关系生成。
nlevels	整数，表示等值线的条数。
levels	数值向量，描述所绘等值线的值。

例 3.14 (山区地貌图) 在某山区 (平面区域 $(0, 2800) \times (0, 2400)$ 内，单位：m) 测得一些地点的高度 (单位：m) 如表 3.11 所示 (数据保存在 exam0314.data 文件中，其中第 1 行是 X 的数据，第 2 行是 Y 的数据，第 3 行起是高度数据)。试作出该山区的地貌图和等值线图。

解 输入数据，调用 contour() 函数画等值线，调用 persp() 函数画三维图形 (程序名：exam0314.R)。

```
X <- scan("exam0314.data", nlines = 1)
Y <- scan("exam0314.data", skip = 1, nlines = 1)
z <- scan("exam0314.data", skip = 2)
Z <- matrix(z, nrow = 8)
contour(X, Y, Z, levels = seq(min(z), max(z), by = 80),
```

```
        xlab = "X", ylab = "Y")
persp(X, Y, Z)
```

表 3.11　某山区地形高度数据

Y	X							
	0	400	800	1200	1600	2000	2400	2800
0	1180	1320	1450	1420	1400	1300	700	900
400	1230	1390	1500	1500	1400	900	1100	1060
800	1270	1500	1200	1100	1350	1450	1200	1150
1200	1370	1500	1200	1100	1550	1600	1550	1380
1600	1460	1500	1550	1600	1550	1600	1600	1600
2000	1450	1480	1500	1550	1510	1430	1300	1200
2400	1430	1450	1470	1320	1280	1200	1080	940

将绘出两幅图形,一幅是等值线图,如图 3.15(a) 所示;另一幅是三维曲面,如图 3.15(b) 所示。

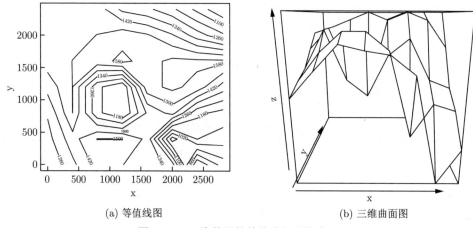

(a) 等值线图　　　　　　　　　(b) 三维曲面图

图 3.15　三维数据的等值线与网格曲面

可以看到,图 3.15 有两个缺点,一是过于粗糙,其原因是数据量过少造成的,如果数据量稍大一些,图形质量将会有很大的改善;二是三维图的观测角度不理想,其原因是只用到函数中各种参数的默认值,如果改变某些参数的值,图形的观测角度也会随之改变。例如,将命令改成

```
> persp(X, Y, Z, theta = 30, phi = 45, expand = 0.7)
```

其观察角度将好得多。

例 3.15　在 $[-2\pi, 2\pi] \times [-2\pi, 2\pi]$ 的正方形区域内绘函数 $z = \sin(x)\sin(y)$ 的等值线图和三维曲面图。

解　写出相应的 R 程序 (程序名:exam0315.R)

```
x <- y <- seq(-2*pi, 2*pi, pi/15)
```

```
f <- function(x,y) sin(x)*sin(y)
z <- outer(x, y, f)
contour(x, y, z, col="blue")
persp(x, y, z, theta=30, phi=30, expand=0.7, col="lightblue")
```

注意：在绘三维图形时，z 并不是简单地关于 x 与 y 的某些运算，而是需要在函数 f 关系下作外积运算 (`outer(x, y, f)`)，形成网格，这样才能绘出三维图形，请初学者特别注意这一点。所绘出的图形如图 3.16所示。在绘图命令中增加了图形的颜色和观测图形的角度。

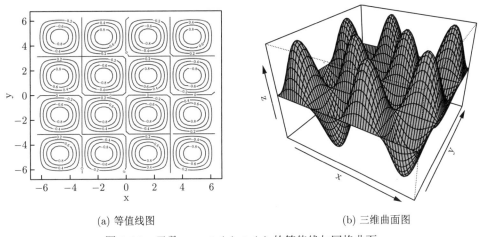

(a) 等值线图　　　　(b) 三维曲面图

图 3.16　函数 $z = \sin(x)\sin(y)$ 的等值线与网格曲面

3.3.2 高水平绘图中的命令

在高水平绘图函数中，可以加一些命令，不断完善图的内容，或增加一些有用的说明。

1. 图中的逻辑命令

`add = TRUE`表示所绘图在原图上加图，默认值为`add = FALSE`，即新的图替换原图。`axes = FALSE`表示所绘图形没有坐标轴，默认值为`axes = TRUE`。

2. 数据取对数

`log = "x"`表示 x 轴的数据取对数，`log = "y"`表示 y 轴的数据取对数，`log = "xy"`表示 x 轴与 y 轴的数据同时取对数。

3. 绘图范围

`xlim = c(x1, x2)`，描述图形中 x 轴的取值范围，`ylim = c(y1, y2)`，描述图形中 y 轴的取值范围，`zlim = c(z1, z2)`，描述图形中 z 轴的取值范围。

4. 图中的字符串

`xlab = "字符串"`，其字符串的内容是 x 轴的说明，`ylab = "字符串"`，其字符串的内容是 y 轴的说明，`zlab = "字符串"`，其字符串的内容是 z 轴的说明。`main = "字符串"`，其字符串的内容是图中标题的说明，`sub = "字符串"`，其字符串的内容是子图或副标题的说明。

3.3.3 低水平作图函数

有时高水平的作图函数并不能完全达到作图的指标，需要低水平的作图函数对图形予以补充。所有的低水平作图函数所作的图形必须是在高水平作图函数所绘图形的基础之上，增加新的图形。

低水平作图函数有points()、lines()、text()、abline()、polygon()、legend()、title()和axis()等。

1. 加点与线的函数

加点函数是points()，其作用是在已有图上加点，命令points(x, y)其功能相当于plot(x, y)。

加线函数 lines()，其作用是在已有图上加线，命令 lines(x, y) 其功能相当于plot(x, y, type = "l")。

2. 在点处加标记

函数text()的作用是在图上加标记，命令格式为

text(x, y, labels, ...)

其中x，y是数据向量，labels可以是整数，也可以是字符串。在默认状态下，labels = 1: length(x)。例如，需要绘出 (x,y) 的散点图，并将所有点用数字标记，其命令为

plot(x, y, type = "n"); text(x, y)

3. 在图上加直线

函数abline()可以在图上加直线，其使用方法如下：

abline(a = NULL, b = NULL, h = NULL, v = NULL, reg = NULL,
　　coef = NULL, untf = FALSE, ...)

部分参数的名称、取值及意义如表 3.12所示。

表 3.12　abline() 函数中部分参数的名称、取值及意义

名称	取值及意义
a, b	数值，a 表示截距，b 表示斜率。
h	数值或数值型向量，表示水平直线。
v	数值或数值型向量，表示竖直直线。
coef	二维向量，分别表示截距和斜率。
reg	由lm() 生成的对象，描述回归方程。

例如，abline(a, b)表示画一条直线 $y = a + bx$；abline(h = y) 表示画出数值为 y 的水平直线。abline(v = x)表示画出数值为 x 的竖直线；abline(reg)表示绘出线性模型得到的线性方程所表示的直线。

函数polygon()可以在图上加多边形，其使用方法为

```
polygon(x, y, ...)
```
以数据的 (x,y) 为坐标，依次连接所有的点，绘出一多边形。

4. 在图上加标记、说明或其他内容

在图上加说明文字、标记或其他内容有两个函数。一个是为绘图加题目，用法是
```
title(main = "Main Title", sub = "sub title")
```
其中，主题目加在图的项部，子题目加在图的底部。

另一个是在坐标轴上加标记、说明或其他内容，用法是
```
axis(side, ...)
```
其中，side是边，side = 1表示所加内容放在图的底部，side = 2表示所加内容放在图的左侧，side = 3表示所加内容放在图的项部，side = 4 表示所加内容放在图的右侧。

在 R 中，还有其他一些作图函数或作图命令，需要大家在绘图实践中逐步掌握。在后面的各章中，结合相应的统计知识，还会介绍更加深入的绘图方法。

3.4 多元数据的数字特征与相关分析

在上述各节的分析中，其样本数据基本上是来自一元总体 X，而在实际情况中，许多数据来自多元数据的总体，即来自总体 $(X_1, X_2, \cdots, X_p)^\mathrm{T}$。对于来自多元总体的数据，除了分析各个分量的取值特点外，更重要的是分析各个分量之间的相关关系，这就是多元数据的相关分析。

3.4.1 二元数据的数字特征及相关系数

设 $(X,Y)^\mathrm{T}$ 是二元总体，从中取得观测样本 $(x_1,y_1)^\mathrm{T}, (x_2,y_2)^\mathrm{T}, \cdots, (x_n,y_n)^\mathrm{T}$。其样本观测矩阵为

$$\begin{bmatrix} x_1 & x_2 & \cdots & x_n \\ y_1 & y_2 & \cdots & y_n \end{bmatrix},$$

记

$$\overline{x} = \frac{1}{n}\sum_{i=1}^n x_i, \quad \overline{y} = \frac{1}{n}\sum_{i=1}^n y_i,$$

则称 $(\overline{x}, \overline{y})^\mathrm{T}$ 为二元观测样本的均值向量。记

$$\begin{aligned} s_{xx} &= \frac{1}{n-1}\sum_{i=1}^n (x_i - \overline{x})^2, \quad s_{yy} = \frac{1}{n-1}\sum_{i=1}^n (y_i - \overline{y})^2, \\ s_{xy} &= \frac{1}{n-1}\sum_{i=1}^n (x_i - \overline{x})(y_i - \overline{y}), \end{aligned}$$

则称 s_{xx} 为变量 X 的观测样本的方差，称 s_{yy} 为变量 Y 的观测样本的方差，称 s_{xy} 为变量 X,Y 的观测样本的协方差。称

$$S = \begin{bmatrix} s_{xx} & s_{xy} \\ s_{xy} & s_{yy} \end{bmatrix}$$

为观测样本的协方差矩阵。称

$$r = \frac{s_{xy}}{\sqrt{s_{xx}}\sqrt{s_{yy}}}$$

为观测样本的相关系数。

在 R 中，计算二元样本统计量的命令基本上与一元变量的命令相同，有些地方略有一些改动。计算多元数据的均值与方差采用数据框的结构输入数据，在计算中较为方便，看下面的例子。

例 3.16 某种矿石有两种有用成分 A, B, 取 10 个样本，每个样本中成分 A 的质量分数 $x(\%)$ 及 B 的质量分数 $y(\%)$ 的数据如表 3.13所示。计算样本的均值、方差、协方差和相关系数。

表 3.13 矿石中有用成分的质量分数

x	67	54	72	64	39	22	58	43	46	34
y	24	15	23	19	16	11	20	16	17	13

解 采用数据框方式输入数据，用 apply() 函数计算均值，用 cov() 函数计算协方差矩阵，用 cor() 函数计算相关矩阵（相关系数）。（程序名：exam0316.R）

```
ore <- data.frame(
    x = c(67, 54, 72, 64, 39, 22, 58, 43, 46, 34),
    y = c(24, 15, 23, 19, 16, 11, 20, 16, 17, 13) )
ore.m <- apply(ore, 2, mean); ore.s <- cov(ore)
ore.r <- cor(ore)
```

显示结果为

```
> ore.m
   x    y
49.9 17.4
> ore.s
         x        y
x 252.7667 60.60000
y  60.6000 17.15556
> ore.r
          x         y
x 1.0000000 0.9202595
y 0.9202595 1.0000000
```

在上述计算中，var(ore) 得到的计算结果与 cov(ore) 得到的结果相同。

函数cov()和cor()的使用格式为

```
cov(x, y = NULL, use = "all.obs",
    method = c("pearson", "kendall", "spearman"))
cor(x, y = NULL, use = "all.obs",
    method = c("pearson", "kendall", "spearman"))
```

其中，x是数值型向量、矩阵或数据框。y是空值 (NULL，默认值)、向量、矩阵或数据框，但需要与x的维数相一致。cov()的返回值是协方差或协方差矩阵。cor()的返回值是相关系数或相关系数矩阵。

与cov和cor有关的函数还有：cov.wt——计算加权协方差（加权协方差矩阵）；cor.test——计算相关性检验。

3.4.2 二元数据的相关性检验

对于一般的检验问题将在第 5 章讨论，这里主要论述二元数据相关性的检验问题。

对于二元数据
$$(x_1, y_1)^{\mathrm{T}}, \quad (x_2, y_2)^{\mathrm{T}}, \quad \cdots, \quad (x_n, y_n)^{\mathrm{T}},$$
可以计算出样本的相关系数 r_{xy}。假设样本来自总体 (X, Y)，总体的相关系数为
$$\rho(X, Y) = \frac{\mathrm{cov}(X, Y)}{\sqrt{\mathrm{var}(X)\mathrm{var}(Y)}},$$
那么样本的相关系数与总体的相关系数有什么关系呢？

可以证明，当样本个数 n 充分大时，r_{xy} 可以作为 $\rho(X, Y)$ 的估计，也就是说，当样本个数较大时，样本相关，总体也相关。但当样本个数较小时，就无法得到相应的结论。现在的问题是：当样本个数 n 至少取到多少时，样本相关才能保证总体也相关？

鲁宾（Ruben）给出了总体相关系数的区间估计 [1] 的近似逼近公式。设 n 是样本个数，r 是样本相关系数，u 是标准正态分布的上 $\alpha/2$ 分位点，即 $u = z_{\alpha/2}$。则计算

$$r^* = \frac{r}{\sqrt{1-r^2}}, \tag{3.19}$$

$$a = 2n - 3 - u^2, \tag{3.20}$$

$$b = r^*\sqrt{(2n-3)(2n-5)}, \tag{3.21}$$

$$c = (2n - 5 - u^2)r^{*2} - 2u^2。 \tag{3.22}$$

求方程 $ay^2 - 2by + c = 0$ 的根

$$y_1 = \frac{b - \sqrt{b^2 - ac}}{a}, \quad y_2 = \frac{b + \sqrt{b^2 - ac}}{a}, \tag{3.23}$$

则 $1 - \alpha$ 的双侧置信区间为

$$L = \frac{y_1}{\sqrt{1 + y_1^2}}, \quad U = \frac{y_2}{\sqrt{1 + y_2^2}}。 \tag{3.24}$$

按照式 (3.19)~ 式 (3.24) 编写出 R 程序 (程序名：ruben.R)：

---

[1] 一般区间估计的知识将在第 4 章作详细的介绍。

```
ruben.test <- function(n, r, alpha = 0.05){
    u <- qnorm(1 - alpha/2)
    r_star <- r/sqrt(1 - r^2)
    a <- 2*n - 3 - u^2
    b <- r_star * sqrt((2*n - 3) * (2*n - 5))
    c <- (2*n - 5 - u^2) * r_star^2 - 2*u^2
    y1 <- (b - sqrt(b^2 - a*c))/a
    y2 <- (b + sqrt(b^2 - a*c))/a
    data.frame(n = n, r = r, conf = 1 - alpha,
        L = y1/sqrt(1 + y1^2), U = y2/sqrt(1 + y2^2))
}
```

当 $n = 6$, $r = 0.8$ 时，调入已编好的函数ruben.test()，计算得到

```
> source("ruben.test.R"); ruben.test(6, 0.8)
  n   r conf           L         U
1 6 0.8 0.95 -0.09503772 0.9727884
```

置信区间为 $(-0.095, 0.97)$，置信区间包含 0，即使 $r = 0.8$，也不能说明总体是相关的。

考虑 $n = 25$, $r = 0.7$，计算得到

```
> ruben.test(25, 0.7)
   n   r conf         L         U
1 25 0.7 0.95 0.4108176 0.8535657
```

置信区间为 $(0.41, 0.85)$，此时，基本上能说总体是相关的。

关于置信区间的近似逼近方法还有大卫（David，1954）提出的图表方法，肯德尔（Kendall）和斯图亚特（Stuart，1961）提出的费希尔逼近方法等。

确认总体是否相关最有效的方法是作总体 $(X, Y)^T$ 的相关性检验。

可以证明，当 $(X, Y)^T$ 是二元正态总体，且 $\rho(X, Y) = 0$，则统计量

$$t = \frac{r_{xy}\sqrt{n-2}}{\sqrt{1-r_{xy}^2}} \tag{3.25}$$

服从自由度为 $n - 2$ 的 t 分布。

利用统计量 t 服从自由度为 $n - 2$ 的 t 分布的性质，可以对数据 X 和 Y 的相关性进行检验。由于相关系数 r_{xy} 被称为皮尔逊相关系数，因此，此检验方法也称为皮尔逊相关性检验。

对于相关性检验，还有斯皮尔曼（Spearman）秩检验和肯德尔秩检验，这里只介绍用 R 软件进行检验的方法。

在 R 中，cor.test() 提供了上述三种检验方法。其使用方法是

```
cor.test(x, y,
    alternative = c("two.sided", "less", "greater"),
    method = c("pearson", "kendall", "spearman"),
    exact = NULL, conf.level = 0.95, continuity = FALSE, ...)
```

其中x，y是数据长度相同的向量。alternative是备择假设 ①，默认值为"two.sided"，即双侧检验。method是检验方法，默认值为"pearson"，即皮尔逊检验。conf.level是置信区间水平，默认值为 0.95。

cor.test()函数还有另一种使用格式

cor.test(formula, data, subset, na.action, ...)

其中formula是公式，形如'~u+v'，'u'，'v'必须是具有相同长度的数值向量，data是数据框，subset是可选择向量，表示观测值的子集。

例 3.17 对例 3.16的两组数据进行相关性检验。

解 命令> attach(ore); cor.test(x,y)，计算结果为

```
        Pearson's product-moment correlation
data:   x and y
t = 6.6518, df = 8, p-value = 0.0001605
alternative hypothesis: true correlation is not equal to 0
95 percent confidence interval:
 0.6910290 0.9813009
sample estimates:
      cor
0.9202595
```

其中 p 值 (0.0001605) < 0.05，拒绝原假设，认为变量 X 与 Y 相关。

实际上，cor.test()也提供了相关系数的区间估计，这里计算的区间是 $(0.69, 0.98)$，因此从这一点也可看出变量 X 与 Y 是相关的。

使用命令cor.test(~ x + y, data = ore)具有同样的效果。

3.4.3 多元数据的数字特征及相关矩阵

对于 p 元总体 $(X_1, X_2, \cdots, X_p)$，其样本为

$$(x_{11}, x_{12}, \cdots, x_{1p})^{\mathrm{T}}, \quad (x_{21}, x_{22}, \cdots, x_{2p})^{\mathrm{T}}, \quad \cdots, \quad (x_{n1}, x_{n2}, \cdots, x_{np})^{\mathrm{T}},$$

其中第 i 个样本为

$$(x_{i1}, x_{i2}, \cdots, x_{ip})^{\mathrm{T}}, \quad i = 1, 2, \cdots, n。$$

样本的第 j 个分量的均值定义为

$$\bar{x}_j = \frac{1}{n} \sum_{i=1}^{n} x_{ij}, \quad j = 1, 2, \cdots, p。 \tag{3.26}$$

样本的第 j 个分量的方差定义为

$$s_j^2 = \frac{1}{n-1} \sum_{i=1}^{n} (x_{ij} - \bar{x}_j)^2, \quad j = 1, 2, \cdots, p。 \tag{3.27}$$

---

① 有关概念将在第 5 章中详细介绍。

样本的第 j 个分量与第 k 个分量的协方差定义为

$$s_{jk} = \frac{1}{n-1}\sum_{i=1}^{n}(x_{ij}-\overline{x}_j)(x_{ik}-\overline{x}_k), \quad j,k=1,2,\cdots,p。 \tag{3.28}$$

称 $\overline{\boldsymbol{x}} = (\overline{x}_1, \overline{x}_2, \cdots, \overline{x}_p)^{\mathrm{T}}$ 为 p 元样本的均值，称

$$\boldsymbol{S} = \begin{bmatrix} s_{11} & s_{12} & \cdots & s_{1p} \\ s_{21} & s_{22} & \cdots & s_{2p} \\ \vdots & \vdots & & \vdots \\ s_{p1} & s_{p2} & \cdots & s_{pp} \end{bmatrix} \tag{3.29}$$

为样本的协方差矩阵。

样本的第 j 个分量与第 k 个分量的相关系数定义为

$$r_{jk} = \frac{s_{jk}}{\sqrt{s_{jj}}\sqrt{s_{kk}}}, \quad j,k=1,2,\cdots,p。 \tag{3.30}$$

称

$$\boldsymbol{R} = \begin{bmatrix} r_{11} & r_{12} & \cdots & r_{1p} \\ r_{21} & r_{22} & \cdots & r_{2p} \\ \vdots & \vdots & & \vdots \\ r_{p1} & r_{p2} & \cdots & r_{pp} \end{bmatrix} \tag{3.31}$$

为样本的相关矩阵（皮尔逊相关矩阵）。

对于多元数据，与二元数据相同，采用数据框的输入方式，可以用apply()函数作各列的函数运算，如计算均值 (mean)，用cov()函数和cor()函数计算样本的协方差矩阵和相关矩阵，以及cor.test()函数作两两分量的相关性检验。

例 3.18 为了解某种橡胶的性能，今抽取 10 个样品，每个测量三项指标：硬度、变形和弹性，其数据如表 3.14所示（数据保存在rubber.data文件中）。试计算样本均值、样本协方差矩阵和样本相关矩阵，并用皮尔逊相关性检验确认变量 X_1, X_2, X_3 是否相关。

表 3.14　橡胶的三项指标

序号	硬度 X_1	变形 X_2	弹性 X_3
1	65	45	27.6
2	70	45	30.7
3	70	48	31.8
4	69	46	32.6
5	66	50	31.0
6	67	46	31.3
7	68	47	37.0
8	72	43	33.6
9	66	47	33.1
10	68	48	34.2

解 读数据，并计算均值、协方差矩阵和相关矩阵

```
> rubber <- read.table("rubber.data")
> apply(rubber, 2, mean)
   X1    X2    X3
68.10 46.50 32.29
> cov(rubber)
          X1         X2        X3
X1  4.766667 -1.9444444 1.9344444
X2 -1.944444  3.8333333 0.6166667
X3  1.934444  0.6166667 6.1898889
> cor(rubber)
           X1         X2        X3
X1  1.0000000 -0.4548832 0.3561291
X2 -0.4548832  1.0000000 0.1265962
X3  0.3561291  0.1265962 1.0000000
```

再作相关性检验

```
> cor.test(~ X1 + X2, data = rubber)
        Pearson's product-moment correlation
data:  X1 and X2
t = -1.4447, df = 8, p-value = 0.1865
alternative hypothesis: true correlation is not equal to 0
95 percent confidence interval:
 -0.8430535  0.2448777
sample estimates:
       cor
-0.4548832

> cor.test(~ X1 + X3, data = rubber)
        Pearson's product-moment correlation
data:  X1 and X3
t = 1.078, df = 8, p-value = 0.3125
alternative hypothesis: true correlation is not equal to 0
95 percent confidence interval:
 -0.3525486  0.8052056
sample estimates:
      cor
0.3561291

> cor.test(~ X2 + X3, data = rubber)
        Pearson's product-moment correlation
data:  X2 and X3
t = 0.36097, df = 8, p-value = 0.7275
```

```
alternative hypothesis: true correlation is not equal to 0
95 percent confidence interval:
 -0.5465985  0.7003952
sample estimates:
      cor
0.1265962
```

从上述计算结果可以看出，只能认为 X_1, X_2, X_3 两两均是不相关的。

3.4.4 基于相关系数的变量分类

本小节以一个例子说明相关系数的应用——基于相关系数的变量分类。

例 3.19 现有 48 位应聘者来应聘某公司的某职位，公司为这些应聘者的 15 项指标打分，这 15 项指标分别是：求职信的形式 (FL)、外貌 (APP)、专业能力 (AA)、讨人喜欢 (LA)、自信心 (SC)、洞察力 (LC)、诚实 (HON)、推销能力 (SMS)、经验 (EXP)、驾驶水平 (DRV)、事业心 (AMB)、理解能力 (GSP)、潜在能力 (POT)、交际能力 (KJ) 和适应性 (SUIT)。每项分数是从 0 分到 10 分，0 分最低，10 分最高。每位求职者的 15 项指标列在表 3.15 中 (数据保存在applicant.data 文件中)。公司计划录用 6 名最优秀的申请者，公司将如何挑选这些应聘者？

表 3.15 48 名应聘者的得分情况

ID	FL	APP	AA	LA	SC	LC	HON	SMS	EXP	DRV	AMB	GSP	POT	KJ	SUIT
1	6	7	2	5	8	7	8	8	3	8	9	7	5	7	10
2	9	10	5	8	10	9	9	10	5	9	9	8	8	8	10
3	7	8	3	6	9	8	9	7	4	9	9	8	6	6	10
4	5	6	8	5	6	5	9	2	8	4	5	8	7	6	5
5	6	8	8	8	4	4	9	8	5	5	8	8	7	7
6	7	7	7	6	8	7	10	5	9	6	5	8	6	6	6
7	9	9	8	8	8	8	8	8	10	8	10	8	9	8	10
8	9	9	9	8	9	9	8	8	10	9	10	8	9	9	10
9	9	9	7	8	8	8	8	5	9	8	9	8	8	8	10
10	4	7	10	2	10	10	7	10	3	10	10	10	9	3	10
11	4	7	10	0	10	8	3	9	5	9	10	8	10	2	5
12	4	7	10	4	10	10	7	8	2	8	8	10	10	3	7
13	6	9	8	10	5	4	9	7	4	4	5	4	7	6	8
14	8	9	8	9	6	3	8	2	5	2	6	6	7	5	6
15	4	8	8	7	5	4	10	2	7	5	3	6	6	4	6
16	6	9	6	7	8	9	8	9	8	8	7	6	8	6	10
17	8	7	7	7	9	5	8	6	6	7	8	6	6	7	8
18	6	8	8	8	8	6	4	3	3	6	7	2	6	4

续表

ID	FL	APP	AA	LA	SC	LC	HON	SMS	EXP	DRV	AMB	GSP	POT	KJ	SUIT
19	6	7	8	4	7	8	5	4	4	2	6	8	3	5	4
20	4	8	7	8	8	9	10	5	2	6	7	9	8	8	9
21	3	8	6	8	8	8	10	5	3	6	7	8	8	5	8
22	9	8	7	8	9	10	10	10	3	10	8	10	8	10	8
23	7	10	7	9	9	9	10	10	3	9	9	10	9	10	8
24	9	8	7	10	8	10	10	10	2	9	7	9	9	10	8
25	6	9	7	7	4	5	9	3	2	4	4	4	4	5	4
26	7	8	7	8	5	4	8	2	3	4	5	6	5	5	6
27	2	10	7	9	8	9	10	5	3	5	6	7	6	4	5
28	6	3	5	3	5	3	5	0	0	3	3	0	0	5	0
29	4	3	4	3	3	0	0	0	0	4	4	0	0	5	0
30	4	6	5	6	9	4	10	3	1	3	3	2	2	7	3
31	5	5	4	7	8	4	10	3	2	5	5	3	4	8	3
32	3	3	5	7	7	9	10	3	2	5	3	7	5	5	2
33	2	3	5	7	7	9	10	3	2	2	3	6	4	5	2
34	3	4	6	4	3	3	8	1	1	3	3	3	2	5	2
35	6	7	4	3	3	0	9	0	1	0	2	3	1	5	3
36	9	8	5	5	6	6	8	2	2	2	4	5	6	6	3
37	4	9	6	4	10	8	8	9	1	3	9	7	5	3	2
38	4	9	6	6	9	9	7	9	1	2	10	8	5	5	2
39	10	6	9	10	9	10	10	10	10	10	8	10	10	10	10
40	10	6	9	10	9	10	10	10	10	10	10	10	10	10	10
41	10	7	8	0	2	1	2	0	10	2	0	3	0	0	10
42	10	3	8	0	1	1	0	0	10	0	0	0	0	0	10
43	3	4	9	8	2	4	5	3	6	2	1	3	3	3	8
44	7	7	7	6	9	8	8	6	8	8	10	8	8	6	5
45	9	6	10	9	7	7	10	2	1	5	5	7	8	4	5
46	9	8	10	10	7	9	10	3	1	5	7	9	9	4	4
47	0	7	10	3	5	0	10	0	0	2	2	0	0	0	0
48	0	6	10	1	5	0	10	0	0	2	2	0	0	0	0

解 通常的作法是：作 15 项指标的平均值

$$\mathrm{AVG} = (\mathrm{FL} + \mathrm{APP} + \cdots + \mathrm{SUIT})/15,$$

录用分数最高的 6 名应聘者。

```
> rt <- read.table("applicant.data")
> AVG <- apply(rt, 1, mean)
> sort(AVG, decreasing = TRUE)[1:6]
      40       39        8        7       23       22
9.600000 9.466667 9.000000 8.600000 8.600000 8.533333
```

这样得到的前 6 名应聘者是：40 号、39 号、8 号、7 号、23 号和 22 号。

将上述语句中的 mean 改为 sum，即求应聘者的总得分，其选择结果是相同的。

平均值方法有它的缺点。因为有些指标相关，而有些指标不相关。只作简单的平均计算，实际上，相关类多的项占的权重大，而相关类少的项占的权重小。因此，在作评分前，应先作相关性分析。计算相关矩阵（cor(rt)）

	FL	APP	AA	LA	SC
FL	1.00000000	0.2388057	0.044040889	0.306313037	0.092144656
APP	0.23880573	1.0000000	0.123419296	0.379614151	0.430769427
AA	0.04404089	0.1234193	1.000000000	0.001589766	0.001106763
LA	0.30631304	0.3796142	0.001589766	1.000000000	0.302439887
SC	0.09214466	0.4307694	0.001106763	0.302439887	1.000000000
LC	0.22843205	0.3712589	0.076824494	0.482774928	0.807545017
HON	−0.10674947	0.3536910	−0.030269601	0.645408595	0.410090809
SMS	0.27069919	0.4895490	0.054727421	0.361643880	0.799630538
EXP	0.54837963	0.1409249	0.265585352	0.140723415	0.015125832
DRV	0.34557633	0.3405493	0.093522030	0.393164148	0.704340067
AMB	0.28464484	0.5496359	0.044065981	0.346555034	0.842122228
GSP	0.33820196	0.5062987	0.197504552	0.502809305	0.721108973
POT	0.36745292	0.5073769	0.290032151	0.605507554	0.671821239
KJ	0.46720619	0.2840928	−0.323319352	0.685155768	0.482455962
SUIT	0.58591822	0.3842084	0.140017368	0.326957419	0.250283416

	LC	HON	SMS	EXP	DRV
FL	0.2284320	−0.106749472	0.27069919	0.54837963	0.34557633
APP	0.3712589	0.353690969	0.48954902	0.14092491	0.34054927
AA	0.0768245	−0.030269601	0.05472742	0.26558535	0.09352203
LA	0.4827749	0.645408595	0.36164388	0.14072342	0.39316415
SC	0.8075450	0.410090809	0.79963054	0.01512583	0.70434007
LC	1.0000000	0.355844464	0.81802080	0.14720197	0.69751518
HON	0.3558445	1.000000000	0.23990754	−0.15593849	0.28018499
SMS	0.8180208	0.239907539	1.00000000	0.25541758	0.81473421
EXP	0.1472020	−0.155938495	0.25541758	1.00000000	0.33722821
DRV	0.6975152	0.280184989	0.81473421	0.33722821	1.00000000
AMB	0.7575421	0.214606359	0.85952656	0.19548192	0.78032317
GSP	0.8828486	0.385821758	0.78212322	0.29926823	0.71407319
POT	0.7773162	0.415657447	0.75360983	0.34833878	0.78840024
KJ	0.5268356	0.448245522	0.56328419	0.21495316	0.61280767
SUIT	0.4161447	0.002755617	0.55803585	0.69263617	0.62255406

	AMB	GSP	POT	KJ	SUIT
FL	0.28464484	0.3382020	0.3674529	0.4672062	<u>0.585918216</u>
APP	<u>0.54963595</u>	<u>0.5062987</u>	<u>0.5073769</u>	0.2840928	0.384208365
AA	0.04406598	0.1975046	0.2900322	−0.3233194	0.140017368
LA	0.34655503	<u>0.5028093</u>	<u>0.6055076</u>	<u>0.6851558</u>	0.326957419
SC	<u>0.84212223</u>	<u>0.7211090</u>	<u>0.6718212</u>	0.4824560	0.250283416
LC	<u>0.75754208</u>	<u>0.8828486</u>	<u>0.7773162</u>	<u>0.5268356</u>	0.416144671
HON	0.21460636	0.3858218	0.4156574	0.4482455	0.002755617
SMS	<u>0.85952656</u>	<u>0.7821232</u>	<u>0.7536098</u>	<u>0.5632842</u>	<u>0.558035847</u>
EXP	0.19548192	0.2992682	0.3483388	0.2149532	<u>0.692636173</u>
DRV	<u>0.78032317</u>	<u>0.7140732</u>	<u>0.7884002</u>	<u>0.6128077</u>	<u>0.622554062</u>
AMB	1.00000000	<u>0.7838707</u>	<u>0.7688695</u>	<u>0.5471256</u>	0.434768242
GSP	<u>0.78387073</u>	1.0000000	<u>0.8758309</u>	<u>0.5494076</u>	<u>0.527816315</u>
POT	<u>0.76886954</u>	<u>0.8758309</u>	1.0000000	<u>0.5393968</u>	<u>0.573873154</u>
KJ	<u>0.54712558</u>	<u>0.5494076</u>	<u>0.5393968</u>	1.0000000	0.395798842
SUIT	0.43476824	<u>0.5278163</u>	<u>0.5738732</u>	0.3957988	1.000000000

为了便于选择哪些变量是相关的，将上述相关矩阵中相关系数的绝对值大于或等于 0.5 的值画上下画线。

下面将变量分组，分组的原则是：同一组中变量之间的相关系数尽可能的大，而不同组间的相关系数尽可能的小。从相关系数最大的变量开始，LC（洞察力）与 GSP（理解能力）的相关系数是 0.882，GSP 与 POT（潜在能力）的相关系数是 0.876，而 LC 与 POT 之间的相关系数是 0.777，因此，这三个变量可以看成一组。SMS（推销能力）也应该包含在这组中，因为它与 LC、GSP 和 POT 的相关系数分别是：0.818、0.782 和 0.754。AMB（事业心）也应在此组中，其相关系数分别是：0.758、0.860、0.784 和 0.769。进一步研究，发现变量 DRV（驾驶水平）和 SC（自信心）也应在此组中。此组中各个变量的相关系数至少在 0.672 以上。

在选择第二组的变量时，按照同样的原理选择 FL（求职信的形式）、EXP（经验）和 SUIT（适应性），其相关系数分别是：0.548、0.586 和 0.693。

第三组先选择 KJ（交际能力）、LA（讨人喜欢），相关系数是 0.685，再选择 HON（诚实），它与 LA 的相关系数是 0.645，但它与 KJ 的相关系数只有 0.448。由于全部数据均来自"人"的打分，HON 变量分在此组也可以认为是合理的。

再看 AA（专业能力）、APP（外貌）两个变量。AA 变量与其他变量的相关系数没有超过 0.5，而 APP 变量与其他变量的相关系数虽然刚刚超过 0.5 的，但低于其他组内的相关系数。

最后得到 5 个组：

组 1： SC，LC，SMS，DRV，AMB，GSP 和 POT

组 2： FL，EXP 和 SUIT

组 3： LA，HON 和 KJ

组 4： AA

组 5： APP

由于每一组的指标基本上代表了同一组能力，先得到各组的得分，即

$$G_1 = (\text{SC} + \text{LC} + \text{SMS} + \text{DRV} + \text{AMB} + \text{GSP} + \text{POT})/7$$
$$G_2 = (\text{FL} + \text{EXP} + \text{SUIT})/3$$
$$G_3 = (\text{LA} + \text{HON} + \text{KJ})/3$$
$$G_4 = \text{AA}$$
$$G_5 = \text{APP}$$

然后，再计算每位申请者的平均得分 $\text{AVG} = (G_1 + G_2 + G_3 + G_4 + G_5)/5$。编写程序

```
attach(rt)
rt$G1 <- (SC + LC + SMS + DRV + AMB + GSP + POT)/7
rt$G2 <- (FL + EXP + SUIT)/3
rt$G3 <- (LA + HON + KJ)/3
rt$G4 <- AA
rt$G5 <- APP
AVG <- apply(rt[,16:20], 1, mean)
sort(AVG, decreasing = TRUE)[1:6]
```

计算结果为

```
       8        40        39         7        23         9
9.000000  8.971429  8.914286  8.619048  8.390476  8.209524
```

在分组情况下，前 6 名应聘者是：8 号、40 号、39 号、7 号、23 号和 9 号。

3.5 多元数据的图表示方法

在前面介绍了许多数据的图形表示方法，但大多数是针对一、二元数据的，三维图形虽然能画出来，但并不方便。对于三维以上数据如何来描述呢？这是本节要讨论的问题。许多统计学家给出了多种多元数据的图示方法，但这方面的研究还处于不成熟的状态，目前尚未有公认最好的方法。这里结合 R 软件的特点，介绍几种多元数据的图示方法。

设变量是 p 维数据，有 n 个观测数据，其中第 k 次的观测值为

$$\boldsymbol{X}_k = (x_{k1}, x_{k2}, \cdots, x_{kp}), \quad k = 1, 2, \cdots, n,$$

n 次观测数据组成矩阵 $\boldsymbol{X} = (x_{ij})_{n \times p}$。

3.5.1 轮廓图

轮廓图是将多个总体或样本的水平或均值绘制到同一坐标轴里所得到的折线图，每个指标表示折线图上的一点。轮廓图由以下作图步骤完成：

（1）作直角坐标系，横坐标取 p 个点，以表示 p 个变量；

（2）对给定的一次观测值，在 p 个点上的纵坐标（即高度）与对应的变量取值成正比；

（3）连结此 p 个点得一折线，即为该次观测值的一条轮廓线；

（4）对于 n 次观测值，每次都重复上述步骤，可画出 n 条折线，构成 n 次观测值的轮廓图。

编写画轮廓图的函数（函数名：outline.R）

```
outline <- function(x, txt = TRUE){
   if (is.data.frame(x) == TRUE)
      x <- as.matrix(x)
   m <- nrow(x); n <- ncol(x)
   plot(c(1,n), c(min(x),max(x)), type = "n",
       main = "The outline graph of Data",
       xlab = "Number", ylab = "Value")
   for(i in 1:m){
      lines(x[i,], col = i)
      if (txt == TRUE){
         k <- dimnames(x)[[1]][i]
         text(1 + (i-1) %% n, x[i, 1 + (i-1) %% n], k)
      }
   }
}
```

其中x是矩阵或数据框。txt是逻辑变量，当txt = TRUE（默认值）时，绘图时给出观测值的标号；否则（FALSE）不给出标号。函数的运行结果是绘出 n 次观测值的轮廓图。

例 3.20 为考查学生的学习情况，学校随机的抽取 12 名学生的 5 门课期末考试的成绩，如表 3.16 所示（数据保存在course.data文件中）。画出 12 名学生学习成绩的轮廓图。

表 3.16　12 名学生 5 门课程的考试成绩

序号	政治	语文	外语	数学	物理
1	99	94	93	100	100
2	99	88	96	99	97
3	100	98	81	96	100
4	93	88	88	99	96
5	100	91	72	96	78
6	90	78	82	75	97
7	75	73	88	97	89
8	93	84	83	68	88
9	87	73	60	76	84
10	95	82	90	62	39
11	76	72	43	67	78
12	85	75	50	34	37

解 读数据，利用编写的outline()函数

```
X <- read.table("course.data"); source("outline.R")
outline(X)
```

绘出数据的轮廓图，如图 3.17所示。

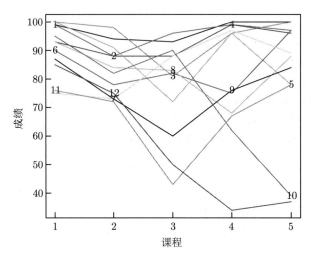

图 3.17　12 名学生 5 门课程的考试成绩的轮廓图

由轮廓图（图 3.17）可以直观地看出，哪些学生成绩相似、哪些属于优秀、哪些中等、哪些较差；对各门课程而言，也可直观地看出各课程成绩的好坏和分散情况，等等。这种图形在聚类分析中颇有帮助。

实际上，不必自己编写画轮廓图的函数，在MASS程序包中的parcoord()函数提供画轮廓图的功能，其使用格式为

```
parcoord(x, col = 1, lty = 1, var.label = FALSE, ...)
```

其中，x为矩阵或数据框；col为表示颜色的数字，默认值为 1；lty 为表示线条类型的数字，默认值为 1；var.label为逻辑变量，取TRUE时标记每列数据的最大值和最小值。

请读者用命令

```
parcoord(X, col = 1:12, var.label = TRUE)
```

画出学生成绩的轮廓图，并与图 3.17作比较，看一看，有什么地方相同，有什么地方不同。

3.5.2　星图

星图，也称为雷达图，是显示多变量的常用图示方法，它在显示或对比各变量的数值总和时十分有用。星图的作图步骤是：

（1）作一圆，并将圆周 p 等分；

（2）连结圆心和各分点，把这 p 条半径依次定义为变量的坐标轴，并标以适当的刻度；

(3) 对给定的一次观测值, 把 p 个变量值分别取在相应的坐标轴上, 然后将它们连结成一个 p 边形;

(4) n 次观测值可画出 n 个 p 边形.

R 软件包给出作星图的函数 stars(), 例如, 画出例 3.20 中 12 名学生学习成绩的星图, 只需执行命令

```
> stars(X)
```

就可, 如图 3.18 所示.

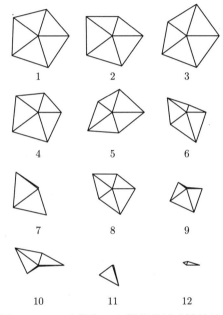

图 3.18　12 名学生 5 门课程考试成绩的星图

星图中水平轴是变量 X_1, 沿逆时针方向, 依次是 $X_2, X_3, \cdots$. 由于星图既像雷达屏幕上看到的图像, 也像一个蜘蛛网, 因此, 星图也称为雷达图或蜘蛛图.

从图 3.18 中可以看出 1 号、2 号、3 号学生学习成绩优秀, 11 号、12 号学生学习成绩较差, 而 7 号、10 号学生偏科.

函数 stars() 可以加各种参数, 画各种不同的星图, 其使用方法如下:

```
stars(x, full = TRUE, scale = TRUE, radius = TRUE,
    labels = dimnames(x)[[1]], locations = NULL,
    nrow = NULL, ncol = NULL, len = 1,
    key.loc = NULL, key.labels = dimnames(x)[[2]],
    key.xpd = TRUE,
    xlim = NULL, ylim = NULL, flip.labels = NULL,
    draw.segments = FALSE,
    col.segments = 1:n.seg, col.stars = NA, col.lines = NA,
    axes = FALSE, frame.plot = axes,
    main = NULL, sub = NULL, xlab = "", ylab = "",
```

```
          cex = 0.8, lwd = 0.25, lty = par("lty"), xpd = FALSE,
          mar = pmin(par("mar"),
                 1.1+ c(2*axes+ (xlab != ""),
                 2*axes+ (ylab != ""), 1, 0)),
          add = FALSE, plot = TRUE, ...)
```

部分参数的名称、取值及意义如表 3.17 所示。

表 3.17　stars() 函数中部分参数的名称、取值及意义

名称	取值及意义
x	矩阵或数据框。
full	逻辑变量，取TRUE (默认值) 时，星图画成圆的；否则 (FALSE) 画成上半圆图形。
scale	逻辑变量，取TRUE (默认值) 时，数据矩阵的每一列是独立的，并且每列的最大值为 1，最小值为 0；否则 (FALSE) 所有星图会叠在一起。
radius	逻辑变量, 取TRUE (默认值) 时, 绘出星图的半径构成的连线; 否则 (FALSE) 绘出的星图无半径构成的连线。
len	数值 (默认值为 1)，表示半径尺度因子，即星图的比例。
key.loc	二维向量 (默认值为NULL)，构成x, y的坐标向量，表明标准星的位置。
draw.segments	逻辑变量，当取TRUE时，绘出的星图是一段一段的弧。

调整函数stars()中的参数，可将例 3.20 中 12 名学生学习成绩的星图画成另一种形式

```
> stars(X, full = FALSE, draw.segments = TRUE,
        key.loc = c(5, 0.5), mar = c(2, 0, 0, 0))
```

画出星图如图 3.19 所示。

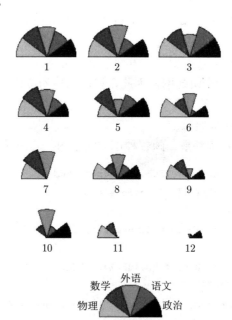

图 3.19　12 名学生 5 门课程考试成绩的星图 (带参数)

3.5.3 调和曲线图

调和曲线图是安德鲁斯(Andrews)在 1972 年提出来的三角表示法,其思想是将多维空间中的一个点对应于二维平面的一条曲线,对于 p 维数据,假设 $\boldsymbol{X}_r$ 是第 r 观测值,即

$$\boldsymbol{X}_r^{\mathrm{T}} = (x_{r1}, x_{r2}, \cdots, x_{rp}),$$

则对应的调和曲线是

$$f_r(t) = \frac{x_{r1}}{\sqrt{2}} + x_{r2}\sin(t) + x_{r3}\cos(t) + x_{r4}\sin(2t) + x_{r5}\cos(2t) + \cdots,$$
$$-\pi \leqslant t \leqslant \pi。 \tag{3.32}$$

n 次观测数据对应 n 条曲线,在同一张平面上就是一张调和曲线图。当各变量数据的数值相差太悬殊,最好先标准化再作图。

按照式 (3.32) 编写画调和曲线图的函数(函数名:unison.R)

```
unison <- function(x){
   if (is.data.frame(x) == TRUE)
      x <- as.matrix(x)
   t <- seq(-pi, pi, pi/30)
   m <- nrow(x); n <- ncol(x)
   f <- array(0, c(m, length(t)))
   for(i in 1:m){
      f[i,] <- x[i,1]/sqrt(2)
      for( j in 2:n){
         if (j%%2 == 0)
            f[i,] <- f[i,] + x[i,j]*sin(j/2*t)
         else
            f[i,] <- f[i,] + x[i,j]*cos(j%/%2*t)
      }
   }
   plot(c(-pi, pi), c(min(f), max(f)), type = "n",
        main = "The Unison graph of Data",
        xlab = "t", ylab = "f(t)")
   for(i in 1:m) lines(t, f[i,] , col = i)
}
```

其中x是矩阵或数据框。函数的输出结果是调和曲线。

例 3.21　画出例 3.20 中 12 名学生学习成绩的调和曲线图。

解　用编好的函数unison()作图,即

```
> source("unison.R"); unison(X)
```

绘出调和曲线图,如图 3.20所示。

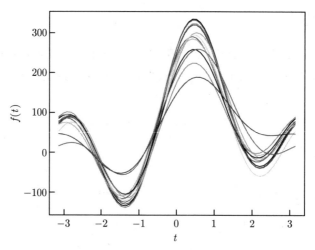

图 3.20　12 名学生 5 门课程的调和曲线图

安德鲁斯证明了三角多项式图有许多很好的性质，这种图对聚类分析帮助很大。如果选择聚类统计量为距离，则同类的曲线拧在一起，不同类的曲线拧成不同的束，非常直观。

在扩展程序包MSG中，提供了绘制调和曲线的函数——andrews_curve()，函数的使用格式为

```
andrews_curve(x, n = 101, type = "l", lty = 1, lwd = 1,
    pch = NA, xlab = "t", ylab = "f(t)", ...)
```

其中x是矩阵或数据框。

请读者用命令andrews_curve(X)画出 12 名学生的调和曲线图 [①]，并与图 3.20作对比。

习　题　3

1. 某单位对 100 名女生测定血清总蛋白含量 (g/L)，数据 (exec0301.data) 如下：

```
74.3 78.8 68.8 78.0 70.4 80.5 80.5 69.7 71.2 73.5
79.5 75.6 75.0 78.8 72.0 72.0 72.0 74.3 71.2 72.0
75.0 73.5 78.8 74.3 75.8 65.0 74.3 71.2 69.7 68.0
73.5 75.0 72.0 64.3 75.8 80.3 69.7 74.3 73.5 73.5
75.8 75.8 68.8 76.5 70.4 71.2 81.2 75.0 70.4 68.0
70.4 72.0 76.5 74.3 76.5 77.6 67.3 72.0 75.0 74.3
73.5 79.5 73.5 74.7 65.0 76.5 81.6 75.4 72.7 72.7
67.2 76.5 72.7 70.4 77.2 68.8 67.3 67.3 67.3 72.7
75.8 73.5 75.0 73.5 73.5 73.5 72.7 81.6 70.3 74.3
73.5 79.5 70.4 76.5 72.7 77.2 84.3 75.0 76.5 70.4
```

---

① 先安装和加载 MSG 程序包。

计算均值、方差、标准差、变异系数、极差、标准误、偏度、峰度。

2. 2015年某大学经济管理学院共有学生500名，其中18岁的学生110名，19岁的学生110名，20岁的学生100名，21岁的学生90名，22岁的学生90名。计算该学院学生的平均年龄。

3. 绘出习题3中1题的直方图、密度估计曲线、经验分布图和QQ图，并将密度估计曲线与正态密度曲线相比较，将经验分布曲线与正态分布曲线相比较（其中正态曲线的均值和标准差取习题3中1题1计算出的值）。

4. 绘出习题3中1题的茎叶图、箱线图，并计算五数总括。

5. 数据集pressure给出了水蒸气温度与压力的观测数据，(1)绘出散点图；(2)只画线不画点；(3)同时绘点和画线，而线不穿过点；(4)仅画(3)中的线；(5)同时绘点和画线，且线穿过点；(6)绘出点到横轴的竖线；(7)绘出阶梯图(先横再纵)；(8)绘出阶梯图(先纵再横)；(9)作一幅空图，不绘任何图形。在这些图形中，横坐标为温度，纵坐标为压力，并将"温度"和"压力"标在坐标轴上。

6. 小白鼠在接种了三种不同菌型的伤寒杆菌后的存活天数如表3.18所示，试绘出数据的箱线图(采用两种方法，一种是plot语句，另一种是boxplot语句)来判断小白鼠被注射三种菌型后的平均存活天数有无显著差异。

表 3.18 白鼠试验数据

菌型	存活日数										
1	2	4	3	2	4	7	7	2	2	5	4
2	5	6	8	5	10	7	12	12	6	6	
3	7	11	6	6	7	9	5	5	10	6	3	10

7. 数据集iris给出鸢尾花三种植物萼片的长度和宽度，花瓣的长度和宽度，绘出数据的阵列式散点图。进一步，在绘图命令中增加panel.hist函数，panel.cor函数和panel.smooth函数，使上三角部分的散点图中包含光滑曲线，对角线部分为直方图，下三角部分为相关系数。

8. 数据集trees给出樱桃树的数据，共有三项指标：直径(单位：in)，高度(单位：ft)和体积(单位：ft^3)。绘出在直径条件下，体积与高度的协同图。进一步，在协同函数中，增加panel.lm.R函数，目的是在协同图中增加回归直线。

9. 数据集rock给出48个岩石数据，共有4项指标，分别是：岩石气空的面积、周长、形状和渗透性。绘出在周长与面积双条件下，渗透性与形状的协同图。

10. 画出函数 $z = x^4 - 2x^2y + x^2 - 2xy + 2y^2 + \frac{9}{2}x - 4y + 4$ 在区域 $-2 \leqslant x \leqslant 3$，$-1 \leqslant y \leqslant 7$ 上的三维网格曲面和二维等值线，其中 x 与 y 各点之间的间隔为0.05，等值线的值分别为0, 1, 2, 3, 4, 5, 10, 15, 20, 30, 40, 50, 60, 80, 100，共15条。(注：在三维图形中选择合适的角度。)

11. 绘出例3.19中48名求职者数据的星图。(1)以15项自变量FL, APP, $\cdots$, SUIT为星图的轴；(2)以 $G_1, G_2, \cdots, G_5$ 为星图的轴。通过这些星图，你能否说明应选哪6名应聘者。为使星图能够充分反映应聘者的情况，在作图中可适当调整各种参数。

12. 绘出例3.19中48名求职者数据的调和曲线，以 $G_1, G_2, \cdots, G_5$ 为自变量。

第 4 章 参 数 估 计

总体是由总体分布来刻画的。在实际问题中,可以根据问题本身的专业知识或以往的经验或用适当的统计方法,有时可以判断总体分布的类型,但是总体分布的参数还是未知的,需要通过样本来估计。例如,为了研究人们的市场消费行为,要先搞清楚人们的收入状况。若假设某城市人均年收入服从正态分布 $N(\mu,\sigma^2)$,但参数 μ 和 σ^2 的具体取值并不知道,需要通过样本来估计。又如,假定某城市在单位时间(譬如一个月)内交通事故发生次数服从泊松分布 $P(\lambda)$,其中的参数 λ 也是未知的,同样需要用样本来估计。根据样本来估计总体分布所包含的未知参数,叫作参数估计。它是统计推断的一种重要形式。

如何根据样本的取值来寻找这些参数的估计呢?通常有两种形式:一种称为点估计,另一种称为区间估计。点估计就是用一个统计量来估计一个未知参数。点估计的优点是:能够明确地告诉人们"未知参数大致是多少"。其缺点是:不能反映出估计的可信程度。区间估计是用两个统计量所构成的区间来估计一个未知的参数,并同时指明此区间可以覆盖住这个参数的可靠程度(置信水平)。它的缺点是:不能直接地告诉人们"未知参数具体是多少"这一明确的概念。

4.1 点 估 计

设总体 X 分布由有限个未知参数 $\boldsymbol{\theta}=(\theta_1,\theta_2,\cdots,\theta_m)^{\mathrm{T}}$ 所决定,记为 $F_{\boldsymbol{\theta}}$,称 $\boldsymbol{\theta}$ 可能取值的范围为参数空间,记作 Θ。

记 $f(x;\boldsymbol{\theta})$ 为总体 X 的概率密度函数或分布律,若总体 X 分布为连续型的,则 $f(x;\boldsymbol{\theta})$ 是概率密度函数。若总体 X 分布为离散型的,则 $f(x;\boldsymbol{\theta})$ 是分布律。例如,对于泊松分布 $P(\lambda)$,$\theta=\lambda$ 就是一维未知参数。对于正态分布 $N(\mu,\sigma^2)$,$\boldsymbol{\theta}=(\mu,\sigma^2)$ 就是二维未知参数。

为了估计总体 X 的参数 $\boldsymbol{\theta}$,就要从总体 X 中抽出简单随机样本 $X_1,X_2,\cdots,X_n$(即 $X_1,X_2,\cdots,X_n$ 是独立同分布),它们的共同分布就是总体分布 $f(x;\boldsymbol{\theta})$。为了估计 $\boldsymbol{\theta}$,需要构造适当的统计量 $\widehat{\boldsymbol{\theta}}(X_1,X_2,\cdots,X_n)$,它只依赖于样本,不依赖于未知参数。也就是说,一旦有了样本 $X_1,X_2,\cdots,X_n$,就可以计算出 $\widehat{\boldsymbol{\theta}}(X_1,X_2,\cdots,X_n)$ 的值,作为 $\boldsymbol{\theta}$ 的估计值。称统计量 $\widehat{\boldsymbol{\theta}}(X_1,X_2,\cdots,X_n)$ 为 $\boldsymbol{\theta}$ 的估计,简记为 $\widehat{\boldsymbol{\theta}}$。因为未知参数 $\boldsymbol{\theta}$ 和估计 $\widehat{\boldsymbol{\theta}}$ 都是空间上的点,因此,称这样的估计为点估计。寻找点估计的常用方法有:矩法、极大似然法和最小二乘法等。

4.1.1 矩法

矩法是由英国统计学家皮尔逊在 20 世纪初提出来的,它的中心思想就是用样本矩去估计总体矩。

在介绍矩法之前，先复习一下总体矩与样本矩的概念。

设总体 X 的分布中的未知参数为 $\boldsymbol{\theta} = (\theta_1, \theta_2, \cdots, \theta_m)^{\mathrm{T}}$，其分布函数为 $F(x; \theta_1, \theta_2, \cdots, \theta_m)$，则总体 X 的 k 阶原点矩定义为

$$\alpha_k(\theta_1, \theta_2, \cdots, \theta_m) = \mathrm{E}(X^k) = \int_{-\infty}^{\infty} x^k \mathrm{d}F(x; \theta_1, \theta_2, \cdots, \theta_m)。 \quad (4.1)$$

总体 X 的 k 阶中心矩定义为

$$\begin{aligned}\mu_k(\theta_1, \theta_2, \cdots, \theta_m) &= \mathrm{E}\left([X - \mathrm{E}(X)]^k\right) \\ &= \int_{-\infty}^{\infty} (x - \mathrm{E}(X))^k \mathrm{d}F(x; \theta_1, \theta_2, \cdots, \theta_m)。\end{aligned} \quad (4.2)$$

设 $X_1, X_2, \cdots, X_n$ 是来自总体 X 的简单随机样本，样本的 k 阶原点矩定义为

$$A_k = \frac{1}{n} \sum_{i=1}^{n} X_i^k。 \quad (4.3)$$

样本的 k 阶中心矩定义为

$$M_k = \frac{1}{n} \sum_{i=1}^{n} \left(X_i - \overline{X}\right)^k。 \quad (4.4)$$

矩法就是令总体矩等于样本矩，构成关于未知参数的方程组，利用方程组求解未知参数的估计值。例如，令总体的 k 阶原点矩等于样本的 k 阶原点矩，得到方程组

$$\alpha_k(\theta_1, \theta_2, \cdots, \theta_m) = A_k, \quad k = 1, 2, \cdots, m。 \quad (4.5)$$

求解方程组 (4.5)，得到

$$\widehat{\theta}_i = \widehat{\theta}_i(X_1, X_2, \cdots, X_n), \quad i = 1, 2, \cdots, m。 \quad (4.6)$$

取 $\widehat{\boldsymbol{\theta}} = \left(\widehat{\theta}_1, \widehat{\theta}_2, \cdots, \widehat{\theta}_m\right)^{\mathrm{T}}$ 作为 $\boldsymbol{\theta} = (\theta_1, \theta_2, \cdots, \theta_m)^{\mathrm{T}}$ 的估计，则称 $\widehat{\boldsymbol{\theta}}$ 为 $\boldsymbol{\theta}$ 的矩估计，用矩估计参数的方法称为矩法。

例 4.1 设总体 X 的均值为 μ，方差为 σ^2，$X_1, X_2, \cdots, X_n$ 是来自总体 X 的简单随机样本，试用矩方法估计均值 μ，和方差 σ^2。

解 总体 X 的一阶原点矩和二阶原点矩分别为

$$\alpha_1 = \mathrm{E}(X) = \mu, \quad \alpha_2 = \mathrm{E}(X^2) = \sigma^2 + \mu^2。$$

样本的一阶原点矩和二阶原点矩分别为

$$A_1 = \frac{1}{n} \sum_{i=1}^{n} X_i = \overline{X}, \quad A_2 = \frac{1}{n} \sum_{i=1}^{n} X_i^2。$$

令总体矩等于样本矩，得到

$$\begin{cases} \mu = \overline{X}, \\ \sigma^2 + \mu^2 = \dfrac{1}{n} \sum_{i=1}^{n} X_i^2。 \end{cases}$$

解方程组得到均值 μ 和方差 σ^2 的矩估计

$$\widehat{\mu} = \overline{X}, \tag{4.7}$$

$$\widehat{\sigma}^2 = \frac{1}{n}\sum_{i=1}^{n} X_i^2 - \overline{X}^2 = \frac{1}{n}\sum_{i=1}^{n} (X_i - \overline{X})^2 \text{。} \tag{4.8}$$

需要特别注意的是，方差的矩估计并不等于样本方差 S^2，而是有如下关系式

$$\widehat{\sigma}^2 = \frac{n-1}{n}S^2 \text{。} \tag{4.9}$$

对于正态分布 $N(\mu,\sigma^2)$，因为 μ 和 σ^2 分别为总体的均值和方差，由式 (4.7) 和式 (4.8) 得到参数 μ 和 σ^2 的矩估计

$$\widehat{\mu} = \overline{X}, \quad \widehat{\sigma}^2 = \frac{1}{n}\sum_{i=1}^{n}(X_i - \overline{X})^2 \text{。}$$

从上述过程，可以看到，利用矩法估计均值和方差，等价于用样本的一阶原点矩估计均值，用样本的二阶中心矩估计方差。

例 4.2 设总体 X 服从指数分布，密度函数是

$$f(x) = \begin{cases} \lambda e^{-\lambda x}, & x \geqslant 0, \\ 0, & x < 0, \end{cases}$$

其中 λ 是未知参数。若 $X_1, X_2, \cdots, X_n$ 来自总体 X 的简单随机样本，试用矩估法估计参数 λ。

解 指数分布的一阶矩（均值）是 $1/\lambda$，因此，它的估计是

$$\widehat{\lambda} = n \Big/ \sum_{i=1}^{n} X_i \text{。}$$

例 4.3 设总体 X 是区间 $[0,\theta]$ 上的均匀分布，其中 θ 是未知参数，$X_1, X_2, \cdots, X_n$ 是总体 X 的简单随机样本，试用矩法估计参数 θ。

解 均匀分布的一阶矩（均值）是 $\theta/2$，因此，它的估计是

$$\theta = 2\overline{X} = \frac{2}{n}\sum_{i=1}^{n} X_i \text{。}$$

例 4.4 设总体 X 是区间 $[a,b]$ 上的均匀分布，其中 a,b 是未知参数，$X_1, X_2, \cdots, X_n$ 是总体 X 的简单随机样本，试用矩估法估计参数 a 和 b。

解 由例 4.1 的计算过程（式 (4.7) ~ 式 (4.8)）可知，用一阶和二阶原点矩作估计，相当用一阶原点估计均值，二阶中心矩估计方差，即

$$E(X) = A_1 = \frac{1}{n}\sum_{i=1}^{n} X_i, \quad \text{var}(X) = M_2 = \frac{1}{n}\sum_{i=1}^{n}(X_i - \overline{X})^2 \text{。}$$

均匀分布的均值为 $(b+a)/2$，方差为 $(b-a)^2/12$，所以令

$$\frac{b+a}{2} = \overline{X}, \quad \frac{(b-a)^2}{12} = M_2,$$

解上述方程组得到 a 和 b 的估计分别为

$$\widehat{a} = \overline{X} - \sqrt{3M_2}, \quad \widehat{b} = \overline{X} + \sqrt{3M_2}。 \tag{4.10}$$

例 4.5 设总体 X 服从参数为 p 的两点分布 $B(1,p)$，若 $X_1, X_2, \cdots, X_n$ 是来自总体 X 的简单随机样本，其中恰有 m 个取值为 1，试用矩法估计参数 p。

解 两点分布的均值为 p，样本均值为 $\dfrac{m}{n}$，它的估计是

$$\widehat{p} = \frac{m}{n}。$$

如果不能得到方程 (4.5) 解的解析表达式，则可以通过数值的方法求解方程 (4.5)，得到相应的矩估计。

在 1.5.1 节介绍了求解非线性方程组的 `nleqslv()` 函数，这里用它计算矩估计。

例 4.6 设总体 X 服从二项分布 $B(n,p)$，其中 n, p 为未知参数，$X_1, X_2, \cdots, X_m$ 是总体 X 的简单随机样本，求参数 n, p 的矩估计 $\widehat{n}, \widehat{p}$。

解 尽管本例可以得到方程 (4.5) 解的解析表达式，但为了演示数值计算的过程和比较数值计算的精确程度，这里还是采用数值计算的方法进行矩估计。

二项分布的均值是 np，方差是 $np(1-p)$。建立方程组

$$np - \overline{X} = 0, \quad np(1-p) - M_2 = 0。 \tag{4.11}$$

编写相应的 R 函数

```
F <- function(p) c(p[1]*p[2] - A1, p[1]*p[2]*(1 - p[2]) - M2)
```

其中，`p[1]` 表示参数 n，`p[2]` 表示参数 p。

编写计算程序（程序名：exam0406.R）

```
set.seed(123456)
x <- rbinom(100, 20, 0.7); n <- length(x)
A1 <- mean(x); M2 <- (n-1)/n*var(x); p <- c(10, 0.5)
nleqslv(p, fn = F)
```

程序的第一句是设置随机数的种子，这样做的目的是每次产生相同的随机数。第二句是产生 100 个 $n=20, p=0.7$ 的二项分布的随机数；第三句是计算样本均值（样本一阶原点矩）和样本二阶中心矩，以及给出计算的初始值。第四句是调用 `nleqslv()` 函数求解非线性方程组。列出部分计算结果

```
$'x'
[1] 20.5285227  0.6887977
$fvec
[1] 4.963852e-11 1.456435e-11
```

下面给出方程 (4.11) 解析解的计算结果

$$\widehat{n} = \frac{\overline{X}^2}{\overline{X} - M_2} = 20.52852, \quad \widehat{p} = \frac{\overline{X} - M_2}{\overline{X}} = 0.6887977。$$

两者比较，误差是很小的。

此例表明，在无法得到方程 (4.5) 解析解的情况下，利用数值计算，得到矩估计数值解也不失为一种好方法。

通过上述的例子可以看出，矩法的优点是：在其能用的情况下，计算往往很简单。但矩法相对其他估计方法，如极大似然法，其效率往往较低。

4.1.2 极大似然法

极大似然法是费希尔在 1912 年提出的一种应用非常广泛的参数估计方法，其思想始于高斯的误差理论，它具有很多优良的性质。它充分利用总体分布函数的信息，克服了矩法的某些不足。

设 Θ 是参数空间，参数 $\boldsymbol{\theta}$ 可取 Θ 的所有值。在给定样本的观察值 $(x_1, x_2, \cdots, x_n)$ 后，不同的 $\boldsymbol{\theta}$ 对应于 $(X_1, X_2, \cdots, X_n)$ 落入 $(x_1, x_2, \cdots, x_n)$ 的邻域内的概率大小不同，既然在一次试验中就观察到了 $(X_1, X_2, \cdots, X_n)$ 的取值为 $(x_1, x_2, \cdots, x_n)$，因此，可以认为 $\boldsymbol{\theta}$ 是最有可能来源于使 $(X_1, X_2, \cdots, X_n)$ 落入 $(x_1, x_2, \cdots, x_n)$ 邻域内的概率达到最大者 $\widehat{\boldsymbol{\theta}}$，即

$$\prod_{i=1}^{n} f(x_i; \widehat{\boldsymbol{\theta}}) = \sup_{\boldsymbol{\theta} \in \Theta} \prod_{i=1}^{n} f(x_i; \boldsymbol{\theta})。 \tag{4.12}$$

取 $\widehat{\boldsymbol{\theta}}$ 作为 $\boldsymbol{\theta}$ 的估计，这就是极大似然原理。

在式 (4.12) 中，当 X 为连续型随机变量时，$f(x_i; \boldsymbol{\theta})$ 为参数是 $\boldsymbol{\theta}$ 时 X 的概率密度函数在 x_i 处的取值，当 X 为离散型随机变量时，$f(x_i; \boldsymbol{\theta})$ 为参数是 $\boldsymbol{\theta}$ 时 X 取 x_i 的概率（分布律）。

设总体 X 的概率密度函数或分布律为 $f(x; \boldsymbol{\theta})$，$\boldsymbol{\theta} \in \Theta$ 是未知参数，$X_1, X_2, \cdots, X_n$ 来自总体 X 的样本，称

$$L(\boldsymbol{\theta}; x) = L(\boldsymbol{\theta}; x_1, x_2, \cdots, x_n) = \prod_{i=1}^{n} f(x_i; \boldsymbol{\theta})$$

为 $\boldsymbol{\theta}$ 的似然函数。

显然，若样本取值 x 固定时，$L(\boldsymbol{\theta}; x)$ 是 $\boldsymbol{\theta}$ 的函数。若参数 $\boldsymbol{\theta}$ 固定，当 X 为连续型随机变量时，它就是样本 $(X_1, X_2, \cdots, X_n)$ 的联合概率密度函数；当 X 为离散型随机变量时，它就是样本 $(X_1, X_2, \cdots, X_n)$ 的联合分布律。

设总体 X 的概率密度函数或分布律为 $f(x; \boldsymbol{\theta})$，$\boldsymbol{\theta} \in \Theta$ 是未知参数，$X_1, X_2, \cdots, X_n$ 来自总体 X 的样本，$L(\boldsymbol{\theta}; x)$ 为 $\boldsymbol{\theta}$ 的似然函数，若 $\widehat{\boldsymbol{\theta}} = \widehat{\boldsymbol{\theta}}(X) = \widehat{\boldsymbol{\theta}}(X_1, X_2, \cdots, X_n)$ 是一个统计量且满足

$$L(\widehat{\boldsymbol{\theta}}(X); X) = \sup_{\boldsymbol{\theta} \in \Theta} L(\boldsymbol{\theta}; X),$$

则称 $\widehat{\boldsymbol{\theta}}(X)$ 为 $\boldsymbol{\theta}$ 的极大似然估计 (maximum likelihood estimate，MLE)。用极大似然估计来估计参数的方法为称极大似然法。

说得更简单一点，极大似然估计就是求解似然函数的极大值点。下面分不同情况介绍极大似然法的求解过程。

1. 求解似然方程

假设似然函数 $L(\boldsymbol{\theta}; X)$ 为 $\boldsymbol{\theta}$ 的连续函数，且关于 $\boldsymbol{\theta}$ 的各分量的偏导数存在，$\boldsymbol{\theta}$ 是 m 维变量，且 $\Theta \subset \mathbb{R}^m$ 为开区域，则由极值的一阶必要条件，得到

$$\frac{\partial L(\boldsymbol{\theta}; X)}{\partial \theta_i} = 0, \quad i = 1, 2, \cdots, m。 \tag{4.13}$$

通常称式 (4.13) 为似然方程。由于独立同分布的样本的似然函数 $L(\boldsymbol{\theta}; X)$ 具有连乘积的形式，故对 $L(\boldsymbol{\theta}; X)$ 取对数后再求偏导数是方便的，因此，常采用与 (4.13) 等价的形式

$$\frac{\partial \ln L(\boldsymbol{\theta}; X)}{\partial \theta_i} = 0, \quad i = 1, 2, \cdots, m。 \tag{4.14}$$

称式 (4.14) 为对数似然方程。

值得注意的是：由极值的必要条件知，极大似然估计一定是似然方程或对数似然方程的解，但似然方程或对数似然方程的解未必都是极大似然估计。

严格地讲，似然函数 $L(\boldsymbol{\theta}; X)$ 或对数似然函数 $\ln L(\boldsymbol{\theta}; X)$ 对于参数 $\boldsymbol{\theta}$ 的二阶黑塞矩阵 $\nabla_{\boldsymbol{\theta}}^2 L(\boldsymbol{\theta}; X)$ 或 $\nabla_{\boldsymbol{\theta}}^2 \ln L(\boldsymbol{\theta}; X)$ 负定 (若 $\boldsymbol{\theta}$ 是一元变量，$\frac{\partial^2 L(\boldsymbol{\theta}; X)}{\partial \theta^2} < 0$ 或 $\frac{\partial^2 \ln L(\boldsymbol{\theta}; X)}{\partial \theta^2} < 0$)，则似然方程或对数似然方程的解才是极大似然估计。

例 4.7 设总体 X 服从正态分布 $N(\mu, \sigma^2)$，其中 μ, σ^2 为未知参数，$X_1, X_2, \cdots, X_n$ 是来自总体 X 的简单随机样本，试用极大似然法估计参数 (μ, σ^2)。

解 正态分布的似然函数为

$$L(\mu, \sigma^2; x) = \prod_{i=1}^{n} f(x_i; \mu, \sigma^2) = (2\pi\sigma^2)^{-\frac{n}{2}} \exp\left[-\frac{1}{2\sigma^2} \sum_{i=1}^{n}(x_i - \mu)^2\right],$$

相应的对数似然函数为

$$\ln L(\mu, \sigma^2; x) = -\frac{n}{2} \ln(2\pi\sigma^2) - \frac{1}{2\sigma^2} \sum_{i=1}^{n}(x_i - \mu)^2。$$

因此，对数似然方程组为

$$\begin{cases} \dfrac{\partial \ln L(\mu, \sigma^2; x)}{\partial \mu} = \dfrac{1}{\sigma^2} \sum_{i=1}^{n}(x_i - \mu) = 0, \\ \dfrac{\partial \ln L(\mu, \sigma^2; x)}{\partial \sigma^2} = -\dfrac{n}{2\sigma^2} + \dfrac{1}{2\sigma^4} \sum_{i=1}^{n}(x_i - \mu)^2 = 0, \end{cases}$$

求解此对数似然方程组，得到

$$\mu = \frac{1}{n} \sum_{i=1}^{n} x_i = \overline{x}, \quad \sigma^2 = \frac{1}{n} \sum_{i=1}^{n}(x_i - \overline{x})^2。$$

进一步验证，对于对数似然函数 $\ln L(\mu,\sigma^2;x)$ 的二阶黑塞矩阵

$$\begin{bmatrix} -\dfrac{n}{\sigma^2} & -\dfrac{1}{\sigma^4}\sum_{i=1}^n(x_i-\mu) \\ -\dfrac{1}{\sigma^4}\sum_{i=1}^n(x_i-\mu) & \dfrac{n}{2\sigma^4}-\dfrac{1}{\sigma^6}\sum_{i=1}^n(x_i-\mu)^2 \end{bmatrix} = \begin{bmatrix} -\dfrac{n}{\sigma^2} & 0 \\ 0 & -\dfrac{n}{2\sigma^4} \end{bmatrix}$$

是负定矩阵，所以 $\left(\overline{x},\dfrac{1}{n}\sum_{i=1}^n(x_i-\overline{x})^2\right)$ 是 $L(\mu,\sigma^2;x)$ 的极大值点。故 (μ,σ^2) 的极大似然估计是

$$\widehat{\mu} = \frac{1}{n}\sum_{i=1}^n X_i = \overline{X}, \quad \widehat{\sigma}^2 = \frac{1}{n}\sum_{i=1}^n (X_i - \overline{X})^2。$$

与例 4.1 相比较，两者的计算结果是相同的。

例 4.8　设总体 X 服从指数分布，密度函数是

$$f(x) = \begin{cases} \lambda e^{-\lambda x}, & x \geqslant 0, \\ 0, & x < 0, \end{cases}$$

其中 λ 是未知参数。若 $X_1,X_2,\cdots,X_n$ 是来自总体 X 的简单随机样本，试用极大似然估计法估计参数 λ。

解　只考虑 $x_i \geqslant 0$ 部分，指数分布的似然函数为

$$L(\lambda;x) = \prod_{i=1}^n f(x_i;\lambda) = \lambda^n \exp\left[-\lambda \sum_{i=1}^n x_i\right],$$

相应的对数似然函数为

$$\ln L(\lambda;x) = n\ln\lambda - \lambda\sum_{i=1}^n x_i。$$

因此，对数似然方程为

$$\frac{\partial \ln L(\lambda;x)}{\partial \lambda} = \frac{n}{\lambda} - \sum_{i=1}^n x_i = 0,$$

解此似然方程，得到

$$\lambda = n\bigg/\sum_{i=1}^n x_i。$$

由于 $\dfrac{\partial^2 \ln L(\lambda;x)}{\partial \lambda^2} = -\dfrac{n}{\lambda^2} < 0$，因此，$n\bigg/\sum_{i=1}^n x_i$ 是 $L(\lambda;x)$ 的极大值点。故 λ 的极大似然估计

$$\widehat{\lambda} = n\bigg/\sum_{i=1}^n X_i。$$

与例 4.2 相比较，两者的计算结果也是相同的。

2. 似然函数有间断点的情况

当似然函数 $L(\boldsymbol{\theta};x)$ 关于 $\boldsymbol{\theta}$ 有间断点时，求似然方程组解的方法不适用，要具体问题具体分析。

例 4.9 设总体 X 是区间 $[a,b]$ 上的均匀分布，其中 a,b 是未知参数，$X_1, X_2, \cdots, X_n$ 是总体 X 的简单随机样本，试用极大似然法估计参数 a 和 b。

解 对于样本 $X_1, X_2, \cdots, X_n$，其似然函数为

$$L(a,b;x) = \begin{cases} \dfrac{1}{(b-a)^n}, & \text{若} a \leqslant x_i \leqslant b, \ i=1,2,\cdots,n, \\ 0, & \text{其他}. \end{cases}$$

很显然，$L(a,b;x)$ 不是 (a,b) 内的连续函数，因此，不能用似然方程组 (4.14) 求解，而必需从极大似然估计的定义出发来求 $L(a,b;x)$ 的最大值。

为了使 $L(a,b;x)$ 达到最大，则 $b-a$ 应该尽可能地小，也就是说，b 要尽可能地小，但 b 不能小于 $x_1, x_2, \cdots, x_n$ 中的最大值；否则 $L(a,b;x) = 0$。a 要尽可能地大，但 a 也不能大于 $x_1, x_2, \cdots, x_n$ 中的最小值。因此，a 和 b 的极大似然估计为

$$\widehat{a} = \min\{X_1, X_2, \cdots, X_n\} = X_{(1)}, \quad \widehat{b} = \max\{X_1, X_2, \cdots, X_n\} = X_{(n)}。$$

同样的理由，若用极大似然法估计例 4.3 中的 θ，得到的结果是

$$\widehat{\theta} = X_{(n)}。$$

对于这两个例子，极大似然法与矩法估计出的值是不相同的。

3. Θ 为离散参数空间

在离散参数空间情况下，为求极大似然估计，经常考虑参数取相邻值时的似然函数的比值。

例 4.10 在鱼池中随机地捕捞 500 条鱼，做上记号后再放入池中，待充分混合后，再捕捞 1000 条，结果发现其中有 72 条鱼带有记号。试问鱼池中可能有多少条鱼？

解 先将问题一般化。设池中有 N 条鱼，其中 r 条带有记号，随机地捕捞到 s 条，发现 x 条带有记号，用上述信息来估计 N。

这是一个超几何分布的问题，用 X 记捕捞到的 s 条鱼中带有记号的鱼数，则有

$$P\{X=x\} = \frac{\binom{N-r}{s-x}\binom{r}{x}}{\binom{N}{s}}。$$

因此，似然函数为 $L(N;x) = P\{X=x\}$，考虑似然函数的比

$$g(N) = \frac{L(N;x)}{L(N-1;x)} = \frac{(N-s)(N-r)}{N(N-r-s+x)} = \frac{N^2 - (r+s)N + rs}{N^2 - (r+s)N + xN},$$

当 $rs > xN$ 时，有 $g(N) > 1$；当 $rs < xN$ 时，有 $g(N) < 1$。即

$$\begin{cases} L(N;x) > L(N-1;x), & \text{当 } N < \frac{rs}{x}, \\ L(N;x) < L(N-1;x), & \text{当 } N > \frac{rs}{x}。 \end{cases}$$

因此，似然函数 $L(N;x)$ 在 $N = \dfrac{rs}{x}$ 附近达到极大，注意到 N 只取正整数，易得 N 的极大似然估计为

$$\widehat{N} = \left\lfloor \dfrac{rs}{x} \right\rfloor,$$

其中 $\lfloor \cdot \rfloor$ 表示下取整，即小于该值的最大整数。

将题目中的数字代入，得到 $\widehat{N} = \left\lfloor \dfrac{500 \times 1000}{72} \right\rfloor = 6944$。即鱼池中鱼的总数估计为 6944 条。

例 4.11 设总体 X 服从参数为 p 的两点分布 $B(1,p)$，若 $X_1, X_2, \cdots, X_n$ 是来自总体 X 的简单随机样本，其中恰有 m 个取值为 1，试用极大似然法估计参数 p。

解 因为 $X_i \sim B(1,p)$，$P\{X_i = x_i\} = p^{x_i}(1-p)^{1-x_i}$，$x_i$ 的取值是 1 或 0。因此，极大似然函数为

$$L(p; x_1, x_2, \cdots, x_n) = \prod_{i=1}^{n} P\{X_i = x_i\} = \prod_{i=1}^{n} p^{x_i}(1-p)^{1-x_i}。$$

取对数，得到对数似然函数

$$\ln L(p; x_1, x_2, \cdots, x_n) = \ln p \sum_{i=1}^{n} x_i + \ln(1-p) \sum_{i=1}^{n}(1-x_i),$$

在容量为 n 的样本中，恰有 m 个取值是 1，即 $\sum\limits_{i=1}^{n} x_i = m$，$\sum\limits_{i=1}^{n}(1-x_i) = n-m$，因此，有

$$\dfrac{\partial \ln L(p; x_1, x_2, \cdots, x_n)}{\partial p} = \dfrac{m}{p} - \dfrac{n-m}{1-p} = \dfrac{m-np}{p(1-p)},$$

令 $\dfrac{\partial \ln L(p; x_1, x_2, \cdots, x_n)}{\partial p} = 0$，有

$$\widehat{p} = \dfrac{m}{n}。$$

与例 4.5 相比较，两种方法的结果是相同的。同时也说明，用频率近似概率，是概率的极大似然估计。

4. 数值方法

在无法使用解析的方法求解时，可采用数值方法。

例 4.12 设总体 X 服从柯西分布，其概率密度函数为

$$f(x;\theta) = \dfrac{1}{\pi[1+(x-\theta)^2]}, \quad -\infty < x < \infty,$$

其中 θ 为未知参数。$X_1, X_2, \cdots, X_n$ 来自总体 X 的样本，求 θ 的极大似然估计。

解 柯西分布的似然函数为

$$L(\theta; x) = \prod_{i=1}^{n} f(x_i; \theta) = \dfrac{1}{\pi^n} \prod_{i=1}^{n} \dfrac{1}{1+(x_i-\theta)^2},$$

相应的对数似然函数为

$$\ln L(\theta; x) = -n\ln(\pi) - \sum_{i=1}^{n} \ln\left(1 + (x_i - \theta)^2\right), \tag{4.15}$$

令 $\dfrac{\partial \ln L(\theta;x)}{\partial \theta} = 0$，得到对数似然方程

$$\sum_{i=1}^{n} \frac{x_i - \theta}{1 + (x_i - \theta)^2} = 0 \text{。} \tag{4.16}$$

可以看到，得到对数似然方程 (4.16) 的解析解是困难的，所以考虑求数值解。

在 1.5.1 节介绍了求解单变量方程根的uniroot()函数，这里用它求解似然方程 (4.16) 的根。关于样本 X 的取值用随机数产生。

```
set.seed(123456)
x <- rcauchy(1000, 1)
f <- function(p)   sum((x-p)/(1+(x-p)^2))
uniroot(f, c(0, 5))
```

程的第二句是产生 1000 个参数 $\theta = 1$ 的随机数；第三句写出似然方程 (4.16) 对应的函数。第四句是用求根函数uniroot()求似然方程在区间 $(0,5)$ 内的根。其计算结果为

```
$`root`
[1] 0.9756231
$f.root
[1] -1.270947e-05
$iter
[1] 6
```

上述结果表明，经过 6 次迭代，得到方程的根，即估计值为 $\widehat{\theta} = 0.9756231$。

5. 求极值函数

前面谈到，极大似然估计就是求似然函数（或对数似然函数）的极大值点，因此，可以直接使用求极值函数进行计算。

在 1.5.2 节介绍了求单变量极值的optimize()函数，这里用它计算极大估计的数值解。

利用optimize()函数求对数似然函数 (4.15) 的极值点，其程序如下

```
loglike <- function(p) sum(log(1+(x-p)^2))
optimize(loglike, c(0, 5))
```

程序的第一句是对数似然函数 (4.15)（略去常数项，由于求极小，加一个负号）。第二句是用函数optimize()求函数loglike在区间 $[0,5]$ 上的极小点。其计算结果为

```
$`minimum`
[1] 0.9756351
$objective
[1] 1382.321
```

即估计值为 $\widehat{\theta} = 0.9756$。

同样，也可以用 nlm() 函数计算多元变量极大似然估计的数值解，这里就不举例子了。

通过上述分析和相应的例子，可以得到：矩法的优点是简单，只需知道总体的矩，并不需要总体的分布。而极大似然法则必须知道总体分布形式，并且在一般情况下，似然方程组的求解较为复杂，往往需要在计算机上通过迭代运算才能计算出其近似解。

在上述例子中，分别用矩法和极大似然法对正态分布和均匀分布的参数进行估计，在所得到的估计中，对于正态分布，两种方法得到的参数估计值是一致的，而对均匀分布，两种方法得到的参数估计值不一样。对某种参数进行估计，究竟哪种好呢？下面给出估计量的优良性的判别准则。

4.2 估计量的优良性准则

从前面的讨论中可以看到，对总体中同一参数 θ，采用不同的估计方法得到的估计量 $\widehat{\theta}$ 可能是一样的，但对于大多数情况是不一样的。例如，对于均匀分布 $U[a,b]$，参数估计的矩法与极大似然法估计的结果是不同的。究竟如何选择"较好"的估计量呢？即如何评价估计量的优劣？这里简单介绍评价估计量优劣的准则——估计量的无偏性、有效性和相合性（一致性）。

4.2.1 无偏估计

估计量是随机变量，对于不同的样本值就会得到不同的估计值。这样，要确定一个估计量的好坏，就不能仅仅依据某次抽样的结果来衡量，而必须由多次抽样的结果来衡量。对此，一个自然而基本的衡量标准是要求估计量无系统偏差，也就是说，尽管在一次抽样时得到的估计值不一定恰好等于待估参数的真值，但在大量重复抽样（样本容量相同）时，所得到的估计值平均起来应与待估参数的真值相同，换句话说，希望估计量的数学期望应等于未知参数的真值，这就是所谓无偏性的要求。这一直观要求用概率语言描述就是如下的叙述。

设 X 是总体，$\boldsymbol{\theta} \in \Theta$ 是包含在总体 X 的分布中的待估参数，$X_1, X_2, \cdots, X_n$ 是来自总体 X 的简单随机样本。若估计量 $\widehat{\boldsymbol{\theta}} = \widehat{\boldsymbol{\theta}}(X_1, X_2, \cdots, X_n)$ 的数学期望 $\mathrm{E}(\widehat{\boldsymbol{\theta}})$ 存在，且对于任意 $\boldsymbol{\theta} \in \Theta$ 有

$$\mathrm{E}(\widehat{\boldsymbol{\theta}}) = \boldsymbol{\theta}, \tag{4.17}$$

则称 $\widehat{\boldsymbol{\theta}}$ 是 $\boldsymbol{\theta}$ 的无偏估计量或无偏估计。

称 $\mathrm{E}(\widehat{\boldsymbol{\theta}}) - \boldsymbol{\theta}$ 为以 $\widehat{\boldsymbol{\theta}}$ 作为 $\boldsymbol{\theta}$ 的估计的系统误差或偏差。无偏估计的实际意义就是无系统误差。

若 $\mathrm{E}(\widehat{\boldsymbol{\theta}}) - \boldsymbol{\theta} \neq \mathbf{0}$，但当样本容量 $n \to \infty$ 时，有

$$\lim_{n \to \infty} \left[\mathrm{E}(\widehat{\boldsymbol{\theta}}) - \boldsymbol{\theta} \right] = \mathbf{0}, \tag{4.18}$$

则称 $\widehat{\boldsymbol{\theta}}$ 为 $\boldsymbol{\theta}$ 的渐近无偏估计。

一个估计量如果不是无偏的，则称它是有偏估计量。

例 4.13 设总体 X 的 k 阶原点矩 $\alpha_k = \mathrm{E}(X^k)(k \geqslant 1)$ 存在，$X_1, X_2, \cdots, X_n$ 是 X 的简单随机样本，$A_k = \dfrac{1}{n}\sum_{i=1}^{n} X_i^k$ 为样本的 k 阶原点矩，证明：无论总体 X 服从什么分布，则样本的 k 阶原点矩 A_k 是 k 阶总体原点矩 α_k 的无偏估计。

证明 设 $X_1, X_2, \cdots, X_n$ 与 X 同分布且相互独立，故有

$$\mathrm{E}(X_i^k) = \mathrm{E}(X^k) = \alpha_k, \quad i = 1, 2, \cdots, n,$$

即有

$$\mathrm{E}(A_k) = \mathrm{E}\left(\frac{1}{n}\sum_{i=1}^{n} X_i^k\right) = \frac{1}{n}\sum_{i=1}^{n} \mathrm{E}(X_i^k) = \alpha_k.$$

特别地，无论总体 X 服从什么分布，只要数学期望 μ 存在，必有 $\mathrm{E}(\overline{X}) = \mu$，即 $\overline{X}$ 是 μ 的无偏估计。

例 4.14 设总体 X 的均值 μ、方差 σ^2 存在，μ, σ^2 为未知参数，则 σ^2 的估计量

$$\widehat{\sigma}^2 = \frac{1}{n}\sum_{i=1}^{n}(X_i - \overline{X})^2$$

是有偏估计量。

证明 由于

$$\widehat{\sigma}^2 = \frac{1}{n}\sum_{i=1}^{n}(X_i - \overline{X})^2 = \frac{1}{n}\sum_{i=1}^{n} X_i^2 - \overline{X}^2,$$

$$\mathrm{E}(\widehat{\sigma}^2) = \mathrm{E}\left(\frac{1}{n}\sum_{i=1}^{n} X_i^2\right) - \mathrm{E}(\overline{X}^2) = \frac{1}{n}\sum_{i=1}^{n} \mathrm{E}(X_i^2) - \mathrm{E}(\overline{X}^2),$$

和

$$\mathrm{E}(X_i^2) = \mathrm{var}(X_i) + [\mathrm{E}(X_i)]^2 = \sigma^2 + \mu^2,$$

$$\mathrm{E}(\overline{X}^2) = \mathrm{var}(\overline{X}) + [\mathrm{E}(\overline{X})]^2 = \frac{\sigma^2}{n} + \mu^2,$$

则得到

$$\mathrm{E}(\widehat{\sigma}^2) = \sigma^2 + \mu^2 - \left(\frac{\sigma^2}{n} + \mu^2\right) = \frac{n-1}{n}\sigma^2 \neq \sigma^2.$$

所以 $\widehat{\sigma}^2$ 是有偏的，若用 $\widehat{\sigma}^2$ 去估计 σ^2，则估计值平均偏小，但它是 σ^2 的渐近无偏估计。

对于样本方差，有

$$S^2 = \frac{1}{n-1}\sum_{i=1}^{n}(X_i - \overline{X})^2 = \frac{n}{n-1}\widehat{\sigma}^2,$$

$$\mathrm{E}(S^2) = \frac{n}{n-1}\mathrm{E}(\widehat{\sigma}^2) = \frac{n}{n-1} \cdot \frac{n-1}{n}\sigma^2 = \sigma^2.$$

这就是说，样本方差 S^2 是总体方差 σ^2 的无偏估计。故一般采用 S^2 作为总体方差 σ^2 的估计量。

4.2.2 有效性

在许多情况下，总体参数 θ 的无偏估计量不是唯一的。那么，如何衡量一个参数的两个无偏估计量何者更好呢？一个重要标准就是观察它们谁的取值更集中于待估计参数的真值附近，即哪一个估计量的方差更小。这就是下面的有效性概念。

设 $\widehat{\theta}_1 = \widehat{\theta}_1(X_1, X_2, \cdots, X_n)$ 与 $\widehat{\theta}_2 = \widehat{\theta}_2(X_1, X_2, \cdots, X_n)$ 都是 θ 的无偏估计，若

$$\mathrm{var}(\widehat{\theta}_1) \leqslant \mathrm{var}(\widehat{\theta}_2),$$

则称 $\widehat{\theta}_1$ 比 $\widehat{\theta}_2$ 有效。

考察 θ 的所有无偏估计量，如果存在一个估计量 $\widehat{\theta}_0$ 的方差最小，则此估计量应当最好，并称此估计量 $\widehat{\theta}_0$ 为 θ 的最小方差无偏估计。有效性的意义是，用 $\widehat{\theta}$ 估计 θ 时，除无系统偏差外，还要求估计精度更高。

可以证明，对于正态总体 $N(\mu, \sigma^2)$，$(\overline{X}, S^2)$ 是 (μ, σ^2) 的最小方差无偏估计。

例 4.15 设总体 X 的均值 μ 和方差 σ^2 存在，$X_1, X_2, \cdots, X_n$ 是来自总体 X 的简单随机样本，证明估计 μ 时，$\widehat{\mu}_1 = \overline{X} = \dfrac{1}{n}\sum\limits_{i=1}^{n} X_i$ 比 $\widehat{\mu}_2 = \sum\limits_{i=1}^{n} c_i X_i$ 有效，其中 $\sum\limits_{i=1}^{n} c_i = 1$，$c_i > 0$，$i = 1, 2, \cdots, n$。

证明 容易验证，$\mathrm{E}(\widehat{\mu}_1) = \mathrm{E}(\widehat{\mu}_2) = \mu$，都是 μ 的无偏估计。计算方差得到

$$\mathrm{var}(\widehat{\mu}_1) = \mathrm{var}(\overline{X}) = \frac{\sigma^2}{n},$$

$$\mathrm{var}(\widehat{\mu}_2) = \mathrm{var}\left(\sum_{i=1}^{n} c_i X_i\right) = \sum_{i=1}^{n} \left(c_i^2 \mathrm{var}(X_i)\right) = \sigma^2 \sum_{i=1}^{n} c_i^2.$$

由不等式 $\left(\sum\limits_{i=1}^{n} c_i\right)^2 \leqslant n \sum\limits_{i=1}^{n} c_i^2$，得到

$$\mathrm{var}(\widehat{\mu}_1) = \frac{\sigma^2}{n} = \frac{\sigma^2}{n} \left(\sum_{i=1}^{n} c_i\right)^2 \leqslant \sigma^2 \sum_{i=1}^{n} c_i^2 = \mathrm{var}(\widehat{\mu}_2),$$

故 $\widehat{\mu}_1$ 比 $\widehat{\mu}_2$ 有效。

4.2.3 相合性（一致性）

估计量 $\widehat{\theta}$ 的无偏性和有效性都是在样本容量 n 固定的情况下讨论的。然而，由于估计量 $\widehat{\theta}(X_1, X_2, \cdots, X_n)$ 依赖于样本容量 n，自然会想到，一个好的估计量 $\widehat{\theta}$，当样本容量 n 越大时，由于关于总体的信息也随之增加，该估计理应越精确越可靠，特别是当 $n \to \infty$ 时，估计值将与参数真值几乎完全一致，这就是估计量的相合性（或称为一致性）。

设 $\widehat{\theta}(X_1, X_2, \cdots, X_n)$ 为未知参数 θ 的估计量，若对于任意 $\theta \in \Theta$，当 $n \to \infty$ 时，$\widehat{\theta}(X_1, X_2, \cdots, X_n)$ 依概率收敛于 θ，即对任意 $\varepsilon > 0$，有

$$\lim_{n \to \infty} P\{\|\widehat{\theta}(X_1, X_2, \cdots, X_n) - \theta\| < \varepsilon\} = 1,$$

则称 $\widehat{\boldsymbol{\theta}}(X_1, X_2, \cdots, X_n)$ 为 $\boldsymbol{\theta}$ 的相合估计量或一致估计量，并记为 $\widehat{\boldsymbol{\theta}}(X_1, X_2, \cdots, X_n) \xrightarrow{P} \boldsymbol{\theta}(n \to \infty)$。

若当 $n \to \infty$ 时，$\widehat{\boldsymbol{\theta}}(X_1, X_2, \cdots, X_n)$ 均方收敛于 $\boldsymbol{\theta}$，即

$$\lim_{n \to \infty} E(\widehat{\boldsymbol{\theta}}(X_1, X_2, \cdots, X_n) - \boldsymbol{\theta})^2 = \boldsymbol{0},$$

则称 $\widehat{\boldsymbol{\theta}}(X_1, X_2, \cdots, X_n)$ 为 $\boldsymbol{\theta}$ 的均方相合估计量 (或一致估计量)，并记为 $\widehat{\boldsymbol{\theta}}(X_1, X_2, \cdots, X_n) \xrightarrow{L^2} \boldsymbol{\theta}(n \to \infty)$。

4.3 区间估计

前面介绍的点估计方法是针对总体的某一未知参数 θ，构造 θ 的一个估计量 $\widehat{\theta}(X_1, X_2, \cdots, X_n)$，对于某次抽样的结果，即简单随机样本观察值 $(x_1, x_2, \cdots, x_n)$，可用估计 $\widehat{\theta}(x_1, x_2, \cdots, x_n)$ 作为 θ 的一个近似值，即认为 $\widehat{\theta}(x_1, x_2, \cdots, x_n) \approx \theta$。但是，人们要问这种估计的精确性如何？可信程度如何？点估计无法回答这些问题。为了解决这些问题，需要讨论参数的区间估计。

设总体 X 的分布函数 $F(x; \theta)$ 含某一未知参数 θ，对于给定值 α $(0 < \alpha < 1)$，若由样本 $X_1, X_2, \cdots, X_n$ 确定的两个统计量 $\widehat{\theta}_1(X_1, X_2, \cdots, X_n)$ 和 $\widehat{\theta}_2(X_1, X_2, \cdots, X_n)$ 满足

$$P\left\{\widehat{\theta}_1(X_1, X_2, \cdots, X_n) < \theta < \widehat{\theta}_2(X_1, X_2, \cdots, X_n)\right\} = 1 - \alpha, \tag{4.19}$$

则称随机区间 $(\widehat{\theta}_1, \widehat{\theta}_2)$ 是参数 θ 的置信度为 $1 - \alpha$ 的置信区间，$\widehat{\theta}_1$ 和 $\widehat{\theta}_2$ 分别称为置信度为 $1 - \alpha$ 的双侧置信区间的置信下限与置信上限，称 $1 - \alpha$ 为置信度或置信系数。

置信区间 $(\widehat{\theta}_1, \widehat{\theta}_2)$ 是一个随机区间，对每次的抽样来说，往往有所不同，并有时包含了参数 θ，有时不包含 θ。但是，此区间包含 θ 的可能性（置信度）是 $1 - \alpha$。显然，在置信度一定的前提下，置信区间的长度越短，其精度越高，估计也就越好。在实用中，通常给定一定的置信度，求尽可能短的置信区间。

对于某些问题，人们只关心某个 θ 在某一方向上的界限。例如，对于设备、元件的寿命来说，人们常常关心的是平均寿命 θ 的"下限"。而当人们考虑产品的废品率 p 时，关心的是参数 p 的"上界"。称这类区间估计问题为单侧区间估计。

设 $X_1, X_2, \cdots, X_n$ 是来自总体 X 的简单随机样本，θ 是包含在总体分布中的某一未知参数，对于给定的 $\alpha(0 < \alpha < 1)$，若统计量 $\underline{\theta} = \underline{\theta}(X_1, X_2, \cdots, X_n)$ 满足

$$P\{\underline{\theta}(X_1, X_2, \cdots, X_n) \leqslant \theta\} = 1 - \alpha,$$

则称随机区间 $[\underline{\theta}, +\infty)$ 是 θ 的置信度为 $1 - \alpha$ 的单侧置信区间，称 $\underline{\theta}$ 为 θ 的置信度为 $1 - \alpha$ 的单侧置信下限。若统计量 $\overline{\theta} = \overline{\theta}(X_1, X_2, \cdots, X_n)$ 满足

$$P\{\theta \leqslant \overline{\theta}(X_1, X_2, \cdots, X_n)\} = 1 - \alpha,$$

则称随机区间 $(-\infty, \overline{\theta}]$ 是 θ 的置信度为 $1-\alpha$ 的单侧置信区间, 称 $\overline{\theta}$ 为 θ 的置信度为 $1-\alpha$ 的单侧置信上限。

类似于双侧置信区间估计的研究, 对于给定的置信度 $1-\alpha$, 选择置信下限 $\underline{\theta}$ 时, 应是 $E(\underline{\theta})$ 越大越好, 而选择置信上限 $\overline{\theta}$ 时, 应是 $E(\overline{\theta})$ 越小越好。

4.4 单个总体的区间估计

本节讨论单个总体均值的区间估计 (分别考虑方差已知和方差未知两种情况), 和单个总体比例的区间估计。

4.4.1 均值估计: Z 统计量

假设正态总体 $X \sim N(\mu, \sigma^2)$, 且 σ^2 已知, $X_1, X_2, \cdots, X_n$ 为来自总体 X 的样本, $\overline{X}$ 为样本均值。

对于正态分布 $N(\mu, \sigma^2)$, 当 σ^2 已知时, 由统计知识, 得到

$$Z = \frac{\overline{X} - \mu}{\sigma/\sqrt{n}} \sim N(0,1), \tag{4.20}$$

因此有

$$P\left\{\left|\frac{\overline{X} - \mu}{\sigma/\sqrt{n}}\right| \leqslant z_{\alpha/2}\right\} = 1 - \alpha, \tag{4.21}$$

其中, $z_{\alpha/2}$ 是标准正态分布的上 $\alpha/2$ 分位点, $-z_{\alpha/2}$ 是标准正态分布的下 $\alpha/2$ 分位点（见图 4.1）。图 4.1 中左、右侧的阴影面积都是 $\alpha/2$, 中间空白处的面积是 $1-\alpha$。

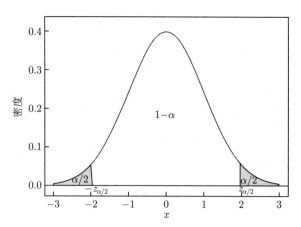

图 4.1 标准正态分布的上、下 $\alpha/2$ 分位点

由式 (4.21) 得到关于均值 μ, 置信度为 $1-\alpha$ 的双侧置信区间

$$\left[\overline{X} - \frac{\sigma}{\sqrt{n}} z_{\alpha/2}, \ \overline{X} + \frac{\sigma}{\sqrt{n}} z_{\alpha/2}\right]. \tag{4.22}$$

同理，由式 (4.20)，得到

$$P\left\{\frac{\overline{X}-\mu}{\sigma/\sqrt{n}} \leqslant z_\alpha\right\} = 1-\alpha, \tag{4.23}$$

其中 z_α 是标准正态分布的上 α 分位点（见图 4.2(a)）。图 4.2(a) 中右侧的阴影面积都是 α，中间空白处的面积是 $1-\alpha$。于是得到 μ 的置信度为 $1-\alpha$ 的单侧置信区间

$$\left[\overline{X} - \frac{\sigma}{\sqrt{n}}z_\alpha,\ +\infty\right). \tag{4.24}$$

由式 (4.20)，还可以得到

$$P\left\{-z_\alpha \leqslant \frac{\overline{X}-\mu}{\sigma/\sqrt{n}}\right\} = 1-\alpha。 \tag{4.25}$$

其中 $-z_\alpha$ 是标准正态分布的下 α 分位点（见图 4.2(b)）。图 4.2(b) 中左侧的阴影面积都是 α，中间空白处的面积是 $1-\alpha$。于是得到 μ 的置信度为 $1-\alpha$ 的单侧置信区间

$$\left(-\infty,\ \overline{X} + \frac{\sigma}{\sqrt{n}}z_\alpha\right]。 \tag{4.26}$$

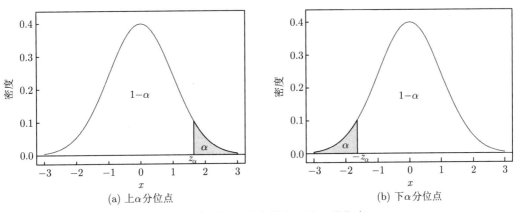

图 4.2 标准正态分布的上、下 α 分位点

对于大样本数据 ($n \geqslant 30$)，可以不要求总体 X 服从正态分布，利用中心极限定理，得到近似的区间估计。

设总体 X 均值为 μ，方差为 σ^2，$X_1, X_2, \cdots, X_n$ 为抽自总体 X 的样本。因为这些样本是独立同分布的，根据中心极限定理，对于充分大的 n，有

$$\frac{\sum_{i=1}^{n} X_i - n\mu}{\sqrt{n}\sigma} \sim N(0,1)$$

近似成立，即式 (4.20) 近似成立。因此，双侧置信区间式 (4.22)，单侧置信区间式 (4.24) 和单侧置信区间式 (4.26) 均近似成立。在总体方差 σ^2 未知的情况下，可用样本方差 S^2 近似。

根据式 (4.22)，式 (4.24) 和式 (4.26) 编写计算单个总体均值的置信区间的程序（程序名：interval_z1.R）。

```
interval_z1 <- function(x, sigma = sd(x), side = 0, alpha = 0.05){
    n <- length(x); xb <- mean(x)
    if (side < 0){
        tmp <- sigma/sqrt(n) * qnorm(1 - alpha)
        a <- -Inf; b <- xb + tmp
    }
    else if (side > 0){
        tmp <- sigma/sqrt(n) * qnorm(1 - alpha)
        a <- xb - tmp; b <- Inf
    }
    else{
        tmp <- sigma/sqrt(n) * qnorm(1 - alpha/2)
        a <- xb - tmp; b <- xb + tmp
    }
    data.frame(mean = xb, a = a, b = b)
}
```

在程序中，x是向量，由样本构成。sigma是正数，表示总体标准差（默认值为样本标准差）。side是数值，控制求单、双侧置信区间，输入负数，计算单侧置信区间上限，输入正数，计算单侧置信区间下限，输入0（或默认），计算双侧置信区间。alpha是 $(0,1)$ 之间的数值，表示显著性水平（默认值为 0.05）。

函数的返回值是数据框，其成员有，mean（样本均值），和a，b（区间估计的左右端点）。

注意：程序中的qnorm(1 - alpha)和qnorm(1 - alpha/2)分别表示上 z_α 和上 $z_{\alpha/2}$ 分位点。

例 4.16 某工厂生产的零件长度 X 被认为服从 $N(\mu, 0.2^2)$，现从该产品中随机抽取 6 个，其长度的测量值如下（单位：mm）

14.6, 15.1, 14.9, 14.8, 15.2, 15.1,

试求该零件长度的置信系数为 0.95 的区间估计。

解 输入数据，调用函数interval_z1()(程序名: exam0416.R)

```
source("interval_z1.R")
X <- c(14.6, 15.1, 14.9, 14.8, 15.2, 15.1)
interval_z1(X, sigma = 0.2)
```

得到

```
   mean        a        b
1 14.95 14.78997 15.11003
```

因此，该零件长度的置信系数为 0.95 的置信区间为 $[14.79, 15.11]$。

例 4.17 某公司欲估计自己生产的电池寿命。现从其产品中随机抽取 50 只电池做寿命试验（数据由计算机随机产生，服从均值 2.266（单位：100h）的指数分布）。求该公司生产的电池平均寿命的置信系数为 95% 的置信区间。

解 先产生相应的随机数，再调用函数interval_z1()进行计算。

```
source("interval_z1.R")
set.seed(123456)
X <- rexp(50, 1/2.266)
interval_z1(X)
```

程序的第 2 行是设置随机数的种子，第 3 行是产生 50 个指数分布的随机数，第 4 行是计算，其结果为

```
      mean        a        b
1 2.624076 1.889952 3.358201
```

4.4.2 均值估计：t 统计量

假设正态总体 $X \sim N(\mu, \sigma^2)$，且 σ^2 未知，$X_1, X_2, \cdots, X_n$ 为来自总体 X 的样本，$\overline{X}$ 为样本均值，S^2 为样本方差。

正态分布 $N(\mu, \sigma^2)$，由于

$$T = \frac{\dfrac{\overline{X} - \mu}{\sigma/\sqrt{n}}}{\sqrt{\dfrac{(n-1)S^2}{\sigma^2} / (n-1)}} = \frac{\overline{X} - \mu}{S/\sqrt{n}} \sim t(n-1), \tag{4.27}$$

有

$$P\left\{\left|\frac{(\overline{X} - \mu)}{S/\sqrt{n}}\right| \leqslant t_{\alpha/2}(n-1)\right\} = 1 - \alpha, \tag{4.28}$$

其中 $t_{\alpha/2}(n-1)$ 表示自由度为 $n-1$ 的 t 分布的上 $\alpha/2$ 分位点。由式 (4.28) 得到关于均值 μ，置信度为 $1-\alpha$ 的双侧置信区间

$$\left[\overline{X} - \frac{S}{\sqrt{n}} t_{\alpha/2}(n-1), \ \overline{X} + \frac{S}{\sqrt{n}} t_{\alpha/2}(n-1)\right]. \tag{4.29}$$

同理，可得到单侧估计的置信区间。由式 (4.27)，得到

$$P\left\{\frac{\overline{X} - \mu}{S/\sqrt{n}} \leqslant t_\alpha(n-1)\right\} = 1 - \alpha, \quad P\left\{-t_\alpha(n-1) \leqslant \frac{\overline{X} - \mu}{S/\sqrt{n}}\right\} = 1 - \alpha,$$

于是得到 μ 的置信度为 $1-\alpha$ 的单侧置信区间分别为

$$\left[\overline{X} - \frac{S}{\sqrt{n}} t_\alpha(n-1), \ +\infty\right), \quad \left(-\infty, \ \overline{X} + \frac{S}{\sqrt{n}} t_\alpha(n-1)\right]. \tag{4.30}$$

根据式 (4.29) 和式 (4.30)，写出双侧、单侧置信区间估计的计算程序（程序名：interval_t1.R）。

```
interval_t1 <- function(x, side = 0, alpha = 0.05){
    n <- length(x); xb <- mean(x); S <- sd(x)
    if (side < 0){
```

```
            tmp <- S/sqrt(n) * qt(1 - alpha, n - 1)
            a <- -Inf; b <- xb + tmp
        }
        else if (side > 0){
            tmp <- S/sqrt(n) * qt(1 - alpha, n - 1)
            a <- xb - tmp; b <- Inf
        }
        else{
            tmp <- S/sqrt(n) * qt(1 - alpha/2, n - 1)
            a <- xb - tmp; b <- xb + tmp
        }
        data.frame(mean = xb, df = n-1, a = a, b = b)
    }
```

在程序中，x是向量，由样本构成。side是数值，控制求单、双侧置信区间，输入负数，计算单侧置信区间上限，输入正数，计算单侧置信区间下限，输入0（或默认），计算双侧置信区间。alpha是数值，表示显著性水平（默认值为 0.05）。

函数的返回值是数据框，其成员有，mean（样本均值），df（自由度）和a，b（区间估计的左右端点）。

例 4.18 某商场为估计某品牌袋装大米的重量 μ，随机抽取 10 袋大米，称得的重量（单位：kg）为

10.1, 10, 9.8, 10.5, 9.7, 10.1, 9.9, 10.2, 10.3, 9.9,

假设这批袋装大米重量服从 $N(\mu, \sigma^2)$ 的正态分布，求该品牌袋装大米 μ 的置信区间 ($\alpha = 0.05$)。

解 输入数据，调用函数interval_t1()(程序名：exam0418.R)

```
source("interval_t1.R")
X <- c(10.1, 10, 9.8, 10.5, 9.7, 10.1, 9.9, 10.2, 10.3, 9.9)
interval_t1(X)
```

得到

```
   mean df        a        b
1 10.05  9 9.877225 10.22278
```

因此，该物体 μ 置信系数为 0.95 置信区间为 $[9.88, 10.22]$。

在 R 中，t.test() 函数可以完成相应的区间估计工作，例如

```
> t.test(X)

        One Sample t-test

data:  X
t = 131.59, df = 9, p-value = 4.296e-16
alternative hypothesis: true mean is not equal to 0
95 percent confidence interval:
```

```
  9.877225 10.222775
sample estimates:
mean of x
    10.05
```

得到相应的区间估计 [9.88, 10.22] 和其他的一些信息。注意到：由t.test()函数得到的区间估计与这里编写的函数得到的区间估计是相同的，从而可以帮助大家了解t.test()的计算过程。关于t.test()函数进一步的使用方法将在下一章介绍。

例 4.19 从一批灯泡中随机地取 5 只作寿命试验，测得寿命（以小时计）为

1050, 1100, 1120, 1250, 1280。

设灯泡寿命服从正态分布，求灯泡寿命平均值的置信度为 0.95 的单侧置信下限。

解 输入数据，调用函数interval_t1()

```
> source("interval_t1.R")
> X <- c(1050, 1100, 1120, 1250, 1280)
> interval_t1(X, side = 1)
  mean df      a   b
1 1160  4 1064.9 Inf
```

也就是说有 95% 的灯泡寿命在 1064.9 小时以上。

在 R 中，t.test()函数也可以完成单侧区间估计，如

```
> t.test(X, alternative = "greater")

        One Sample t-test

data:  X
t = 26.003, df = 4, p-value = 6.497e-06
alternative hypothesis: true mean is greater than 0
95 percent confidence interval:
 1064.9    Inf
sample estimates:
mean of x
    1160
```

相应的区间估计为 $[1064.900, \infty]$，与前面编写的函数具有相同的计算结果。

在程序中，alternative是指备择假设，这个概念将在下一章假设检验中作详细介绍。

4.4.3 总体比例估计

设 m 是样本中具有某种给定特征元素的数量，n 是样本中元素的数量，如果用样本比例 $\hat{p} = \dfrac{m}{n}$ 作为具有某种给定特征的总体比例 p 的估计。当样本量较大时，即当样本数量满足 $np \geqslant 5$ 和 $n(1-p) \geqslant 5$，估计值 $\hat{p}$ 近似服从

$$\hat{p} \sim N\left(p, \frac{p(1-p)}{n}\right). \tag{4.31}$$

因此
$$P\left\{\left|\frac{\widehat{p}-p}{\sqrt{p(1-p)/n}}\right| \leqslant z_{\alpha/2}\right\} = 1-\alpha, \qquad (4.32)$$
即
$$P\left\{|\widehat{p}-p| \leqslant z_{\alpha/2}\sqrt{\frac{p(1-p)}{n}}\right\} = 1-\alpha. \qquad (4.33)$$

得到 p 关于置信度为 $1-\alpha$ 的双侧近似置信区间

$$\left[\widehat{p} - z_{\alpha/2}\sqrt{\frac{p(1-p)}{n}},\ \widehat{p} + z_{\alpha/2}\sqrt{\frac{p(1-p)}{n}}\right]. \qquad (4.34)$$

但式 (4.34) 包含有未知参数 p, 还无法给出真正的置信区间。这里有两种方法来处理。

(1) 用样本比例代替总体比例，得到

$$\left[\widehat{p} - z_{\alpha/2}\sqrt{\frac{\widehat{p}(1-\widehat{p})}{n}},\ \widehat{p} + z_{\alpha/2}\sqrt{\frac{\widehat{p}(1-\widehat{p})}{n}}\right]. \qquad (4.35)$$

(2) 利用式 (4.33), 求解不等式

$$(\widehat{p}-p)^2 \leqslant \frac{z_{\alpha/2}^2}{n}p(1-p),$$

得到 p 所在的区间如下:

$$\left[\frac{b-\sqrt{b^2-4ac}}{2a},\ \frac{b+\sqrt{b^2-4ac}}{2a}\right], \qquad (4.36)$$

其中 $a = 1 + \dfrac{z_{\alpha/2}^2}{n}$, $b = 2\widehat{p} + \dfrac{z_{\alpha/2}^2}{n}$, $c = \widehat{p}^2$。

根据式 (4.35) 或式 (4.36) 编写计算总体比例的区间估计函数（程序名: interval_rate1.R）

```
interval_rate1 <- function(m, n, approx = FALSE, alpha = 0.05){
    p <- m/n; q <- 1 - p; z <- qnorm(1 - alpha/2)
    if (approx == FALSE) {
        A <- 1+z^2/n; B <- 2*p + z^2/n; C <- p^2
        z1 <-  B/(2*A); z2 <- sqrt(B^2-4*A*C)/(2*A)
        data.frame(phat = p, a = z1 - z2, b = z1 + z2)
    } else{
        tmp <- z*sqrt(p*q/n)
        data.frame(phat = p, a = p - tmp, b = p + tmp)
    }
}
```

在程序中，m 是样本中具有某种给定特征元素的数量，n 是样本中元素的数量。approx 是逻辑变量，取 TRUE 时，用式 (4.35) 计算置信区间；取 FALSE（默认值）时，用式 (4.36) 计算置信区间。alpha 是数值，表示显著性水平（默认值为 0.05）。

函数的返回值是数据框，成员有，phat（样本比例），和 a, b（区间估计的左右端点）。

例 4.20 为了解商家网上直销的情况，研究者随机的抽取了 87 家销售公司，发现有 34 家采用了网上直销，在销售公司中，采用网上直销总体比例的置信区间是多少，这里取置信水平为 0.95。

解 调用 interval_rate1() 函数计算。式 (4.35) 的计算结果

```
> source("interval_rate1.R")
> interval_rate1 (m = 34, n = 87, approx = TRUE)
      phat         a         b
1 0.3908046 0.2882756 0.4933336
```

式 (4.36) 的计算结果

```
> interval_rate1 (m = 34, n = 87)
      phat         a         b
1 0.3908046 0.2949783 0.4958661
```

实际上，R 中的 prop.test() 函数可以计算单个总体比例的区间估计，和两个总体比例差的区间估计。例如，对于例 4.20，过程如下：

```
> prop.test(x = 34, n = 87)
        1-sample proportions test with continuity correction
data:  34 out of 87, null probability 0.5
X-squared = 3.7241, df = 1, p-value = 0.05363
alternative hypothesis: true p is not equal to 0.5
95 percent confidence interval:
 0.2897342 0.5016163
sample estimates:
        p
0.3908046
```

计算结果有一点差别，这是程序用了连续型修正造成的。如果去掉连续型修正，计算结果与自编函数的第二个计算结果相同。

4.5 两个总体的区间估计

本节讨论两个总体均值差的区间估计（分为方差已知和方差未知两种情况），和两个总体比例差的区间估计。

4.5.1 均值差的估计：Z 统计量

假设有两个正态总体 $X \sim N(\mu_1, \sigma_1^2)$ 和 $Y \sim N(\mu_2, \sigma_2^2)$，且 σ_1^2 和 σ_2^2 已知。设 $X_1, X_2, \cdots, X_{n_1}$ 为来自总体 X 的样本，$Y_1, Y_2, \cdots, Y_{n_2}$ 为来自总体 Y 的样本，$\overline{X}, \overline{Y}$ 分别为总体 X 和 Y 的样本均值。

对于正态分布 $N(\mu_1, \sigma_1^2)$ 和 $N(\mu_2, \sigma_2^2)$，当 σ_1^2 和 σ_2^2 已知时，由正态分布的性质，有

$$\overline{X} - \overline{Y} \sim N\left(\mu_1 - \mu_2, \frac{\sigma_1^2}{n_1} + \frac{\sigma_2^2}{n_2}\right), \tag{4.37}$$

类似于单个总体区间均值估计的推导，得到 $\mu_1 - \mu_2$ 的置信度为 $1 - \alpha$ 的双侧置信区间

$$\left[\overline{X} - \overline{Y} - z_{\alpha/2}\sqrt{\frac{\sigma_1^2}{n_1} + \frac{\sigma_2^2}{n_2}}, \ \overline{X} - \overline{Y} + z_{\alpha/2}\sqrt{\frac{\sigma_1^2}{n_1} + \frac{\sigma_2^2}{n_2}}\right]。 \tag{4.38}$$

同理，由式 (4.37)，得到 $\mu_1 - \mu_2$ 的置信度为 $1 - \alpha$ 的单侧置信区间分别为

$$\left[\overline{X} - \overline{Y} - z_{\alpha}\sqrt{\frac{\sigma_1^2}{n_1} + \frac{\sigma_2^2}{n_2}}, \ +\infty\right), \quad \left(-\infty, \ \overline{X} - \overline{Y} + z_{\alpha}\sqrt{\frac{\sigma_1^2}{n_1} + \frac{\sigma_2^2}{n_2}}\right]。 \tag{4.39}$$

对于大样本数据 ($n_1 \geqslant 30, n_2 \geqslant 30$)，由中心极限定理可知，式 (4.37) 近似成立。因此，在大样本情况下，式 (4.38) 和式 (4.39) 也近似成立。

根据式 (4.38) 和式 (4.39) 写出均值差 $\mu_1 - \mu_2$ 区间估计的 R 程序（程序名：interval_z2.R）。

```
interval_z2 <- function(x, y, sigma = c(sd(x), sd(y)),
         side = 0, alpha = 0.05){
    n1 <- length(x); n2 <- length(y)
    xb <- mean(x); yb <- mean(y); zb <- xb - yb
    S  <- sqrt(sigma[1]^2/n1 + sigma[2]^2/n2)
    if (side < 0){
        tmp <- qnorm(1 - alpha) * S
        a <- -Inf; b <- zb + tmp
    }
    else if (side > 0){
        tmp <- qnorm(1 - alpha) * S
        a <- zb - tmp; b <- Inf
    }
    else{
        tmp <- qnorm(1 - alpha/2) * S
        a <- zb - tmp; b <- zb + tmp
    }
    data.frame(mean = zb, a = a, b = b)
}
```

在程序中，`x`, `y`是向量，由样本构成。`sigma`是二维向量，由总体标准差构成（默认值为样本标准差）。`side`是数值，控制计算单、双侧置信区间，输入负数，计算单侧置信区间上限，输入正数，计算单侧置信区间下限，输入0，或默认，计算双侧置信区间。`alpha`是数值，表示显著性水平（默认值为 0.05）。

函数的返回值是数据框，其成员有，`mean`（样本均值差），和`a`, `b`（区间估计的左右端点）。

例 4.21 欲比较甲、乙两种棉花品种的优劣。现假设用它们纺出的棉纱强度分别服从 $N(\mu_1, 2.18^2)$ 和 $N(\mu_2, 1.76^2)$，试验者从这两种棉纱中分别抽取样本 $X_1, X_2, \cdots,$

X_{100} 和 $Y_1, Y_2, \cdots, Y_{100}$（其数据用计算机模拟产生，其随机数的均值分别为 $\mu_1 = 5.32$，$\mu_2 = 5.76$）。试给出 $\mu_1 - \mu_2$ 的置信系数为 0.95 的区间估计。

解 首先用**rnorm()**函数产生 200 个随机数，再调用函数**interval_z2()**进行计算（程序名: exam_0421.R）。

```
source("interval_z2.R")
set.seed(123456)
X <- rnorm(100, 5.32, 2.18)
Y <- rnorm(100, 5.76, 1.76)
interval_z2(X, Y, sigma = c(2.18, 1.76))
```

得到计算结果

```
        mean          a         b
1  -0.3269461 -0.8760859 0.2221937
```

因此，$\mu_1 - \mu_2$ 的置信系数为 0.95 的区间估计为 $[-0.876, 0.222]$。

在例子中，$\mu_1 - \mu_2$ 的区间估计包含了零，也就是说，μ_1 可能大于 μ_2，也可能小于 μ_2，这时应当认为 μ_1 与 μ_2 并没有显著差异。

4.5.2 均值差的估计: t 统计量

假设有两个正态总体 $X \sim N(\mu_1, \sigma_1^2)$ 和 $Y \sim N(\mu_2, \sigma_2^2)$，且 σ_1^2 和 σ_2^2 未知。$X_1, X_2, \cdots, X_{n_1}$ 为来自总体 X 的样本，$Y_1, Y_2, \cdots, Y_{n_2}$ 为来自总体 Y 的样本，$\overline{X}, \overline{Y}$ 分别为总体 X 和 Y 的样本均值，S_1^2, S_2^2 分别为体 X 和 Y 的样本方差。

1. 总体方差相同

对于正态分布 $N(\mu_1, \sigma_1^2)$ 和 $N(\mu_2, \sigma_2^2)$，当 $\sigma_1^2 = \sigma_2^2 = \sigma^2$ 时，可以得到

$$T = \frac{\overline{X} - \overline{Y} - (\mu_1 - \mu_2)}{S_w \sqrt{\frac{1}{n_1} + \frac{1}{n_2}}} \sim t(n_1 + n_2 - 2), \tag{4.40}$$

其中

$$S_w = \sqrt{\frac{(n_1 - 1)S_1^2 + (n_2 - 1)S_2^2}{n_1 + n_2 - 2}}. \tag{4.41}$$

仿照式 (4.29) 的推导，得到 $\mu_1 - \mu_2$ 的置信度为 $1 - \alpha$ 的双侧置信区间为

$$\left[\overline{X} - \overline{Y} - t_{\alpha/2}(n_1 + n_2 - 2) S_w \sqrt{\frac{1}{n_1} + \frac{1}{n_2}}, \right.$$
$$\left. \overline{X} - \overline{Y} + t_{\alpha/2}(n_1 + n_2 - 2) S_w \sqrt{\frac{1}{n_1} + \frac{1}{n_2}} \right]. \tag{4.42}$$

同理，由式 (4.40)，得到 $\mu_1 - \mu_2$ 的置信度为 $1 - \alpha$ 的单侧置信区间分别为

$$\left[\overline{X} - \overline{Y} - t_{\alpha}(n_1 + n_2 - 2) S_w \sqrt{\frac{1}{n_1} + \frac{1}{n_2}}, \ +\infty \right), \tag{4.43}$$

$$\left(-\infty, \ \overline{X} - \overline{Y} + t_{\alpha}(n_1 + n_2 - 2) S_w \sqrt{\frac{1}{n_1} + \frac{1}{n_2}} \right]. \tag{4.44}$$

2. 总体方差不同

对于正态分布 $N(\mu_1, \sigma_1^2)$ 和 $N(\mu_2, \sigma_2^2)$，当 $\sigma_1^2 \neq \sigma_2^2$ 时，可以证明

$$T = \frac{\overline{X} - \overline{Y} - (\mu_1 - \mu_2)}{\sqrt{\dfrac{S_1^2}{n_1} + \dfrac{S_2^2}{n_2}}} \sim t(\nu) \tag{4.45}$$

近似成立，其中

$$\nu = \left(\frac{\sigma_1^2}{n_1} + \frac{\sigma_2^2}{n_2}\right)^2 \Big/ \left(\frac{(\sigma_1^2)^2}{n_1^2(n_1-1)} + \frac{(\sigma_2^2)^2}{n_2^2(n_2-1)}\right). \tag{4.46}$$

但由于 σ_1^2, σ_2^2 未知，用样本方差 S_1^2, S_2^2 似来近似，因此，取

$$\hat{\nu} = \left(\frac{S_1^2}{n_1} + \frac{S_2^2}{n_2}\right)^2 \Big/ \left(\frac{(S_1^2)^2}{n_1^2(n_1-1)} + \frac{(S_2^2)^2}{n_2^2(n_2-1)}\right). \tag{4.47}$$

可以近似地认为

$$T \sim t(\hat{\nu}).$$

由此得到 $\mu_1 - \mu_2$ 的置信度为 $1-\alpha$ 的双侧置信区间：

$$\left[\overline{X} - \overline{Y} - t_{\alpha/2}(\hat{\nu})\sqrt{\frac{S_1^2}{n_1} + \frac{S_2^2}{n_2}},\ \overline{Y} - \overline{X} + t_{\alpha/2}(\hat{\nu})\sqrt{\frac{S_1^2}{n_1} + \frac{S_2^2}{n_2}}\right]. \tag{4.48}$$

当 σ_1^2 和 σ_2^2 未知，且 $\sigma_1^2 \neq \sigma_2^2$ 时，$\mu_1 - \mu_2$ 的置信度为 $1-\alpha$ 的单侧置信区间分别为

$$\left[\overline{X} - \overline{Y} - t_{\alpha}(\hat{\nu})\sqrt{\frac{S_1^2}{n_1} + \frac{S_2^2}{n_2}},\ +\infty\right),\ \left(-\infty,\ \overline{Y} - \overline{X} + t_{\alpha}(\hat{\nu})\sqrt{\frac{S_1^2}{n_1} + \frac{S_2^2}{n_2}}\right], \tag{4.49}$$

其中 $\hat{\nu}$ 由式 (4.47) 得到。

根据式 (4.42) ∼ 式 (4.44)，和式 (4.48) ∼ 式 (4.49)，编写计算均值差的置信区间的程序（程序名：interval_t2.R）。

```
interval_t2 <- function(x, y, var.equal = FALSE,
        side = 0, alpha = 0.05){
   n1 <- length(x); n2 <- length(y)
   xb <- mean(x); yb <- mean(y); zb <- xb - yb
   S1 <- var(x); S2 <- var(y)
   if (var.equal ==   TRUE){
      Sw <- sqrt( ((n1-1)*S1 + (n2-1)*S2) / (n1+n2-2) )
      tmp <- Sw * sqrt(1/n1 + 1/n2)
      if (side < 0){
         tmp <- tmp * qt(1 - alpha, n1 + n2 - 2)
         a <- -Inf; b <- zb + tmp
      }
      else if (side > 0){
```

```
            tmp <- tmp * qt(1 - alpha, n1 + n2 - 2)
            a <- zb-tmp; b <- Inf
        }
        else{
            tmp <- tmp * qt(1 - alpha/2, n1 + n2 - 2)
            a <- zb - tmp; b <- zb + tmp
        }
            df <- n1 + n2 - 2
    }
    else{
        nu <- (S1/n1+S2/n2)^2
        nu <- nu / (S1^2/n1^2/(n1-1)+S2^2/n2^2/(n2-1))
        if (side < 0){
            tmp <- qt(1 - alpha, nu) * sqrt(S1/n1 + S2/n2)
            a <- -Inf; b <- zb + tmp
        }
        else if (side > 0){
            tmp <- qt(1 - alpha, nu) * sqrt(S1/n1 + S2/n2)
            a <- zb - tmp; b <- Inf
        }
        else{
            tmp <- qt(1 - alpha/2, nu) * sqrt(S1/n1 + S2/n2)
            a <- zb - tmp; b <- zb + tmp
        }
        df <- nu
    }
    data.frame(mean = zb, df = df, a = a, b = b)
}
```

在程序中，x，y是向量，由样本构成。var.equal是字符串，表示两总体方差是否相同，取TRUE表示相同，默认值为FALSE。side是数值，表示控制计算单、双侧置信区间，输入负数，计算单侧置信区间上限，输入正数，计算单侧置信区间下限，输入0或默认，计算双侧置信区间。alpha是数值，表示显著性水平（默认值为 0.05）。

函数的返回值是数据框，其成员有，mean（样本均值差），df（自由度），和a，b（区间估计的左右端点）。

例 4.22 某公司利用两条自动化流水线灌装矿泉水。现从生产线上随机抽取样本 $X_1, X_2, \cdots, X_{12}$ 和 $Y_1, Y_2, \cdots, Y_{17}$（数据由计算机模拟产生），它们是每瓶矿泉水的体积（mL）。假设这两条流水线所装的矿泉水的体积都服从正态分布，分别为 $N(\mu_1, \sigma^2)$ 和 $N(\mu_2, \sigma^2)$。给定置信系数 0.95，试求 $\mu_1 - \mu_2$ 的区间估计。讨论两种情况，(1) 两总体方差相同；(2) 两总体方差不同。(注：计算机产生随机数的均值 $\mu_1 = 501.1$ 和 $\mu_2 = 499.7$，标准差 $\sigma_1 = 2.4$，$\sigma_2 = 4.7$。)

解 首先用rnorm()函数产生相应的随机数，再调用函数interval_estimate2()进行计算(程序名: exam_0422.R)。

```
source("interval_t2.R")
set.seed(123456)
X <- rnorm(12, 501.1, 2.4)
Y <- rnorm(17, 499.7, 4.7)
interval_t2(X, Y, var.equal = TRUE)
interval_t2(X, Y)
```

认为方差相同的计算结果是

```
       mean df         a        b
1 0.5985092 27  -1.83718 3.034198
```

而认为方差不同的计算结果是

```
       mean       df         a       b
1 0.5985092 25.86239 -1.776791 2.97381
```

两种计算结果作比较,在认为两总体方差不同的假设下,计算结果更精确一些。而从随机数产生的情况来看,两个总体的方差确实是不同的。

在上例子中,$\mu_1 - \mu_2$ 的区间估计仍然包含零,因此,认为 μ_1 与 μ_2 并没有显著差异。

在 R 中,t.test() 函数可以给出双样本差的区间估计,如

```
> t.test(x, y)
        Welch Two Sample t-test
data:  x and y
t = 0.51807, df = 25.862, p-value = 0.6088
alternative hypothesis: true difference in means is not equal to 0
95 percent confidence interval:
 -1.776791  2.973810
sample estimates:
mean of x mean of y
 502.2648  501.6663
```

由于没有声明,在计算时总认为两样本方差是不同的。如果认为方差相同,需要声明,即在变量中给出 var.equal = TRUE,如

```
> t.test(x, y, var.equal = TRUE)
         Two Sample t-test
data:  x and y
t = 0.50419, df = 27, p-value = 0.6182
alternative hypothesis: true difference in means is not equal to 0
95 percent confidence interval:
 -1.837180  3.034198
sample estimates:
mean of x mean of y
 502.2648  501.6663
```

比较两种程序的计算结果，发现由t.test()函数得到的计算结果与自己编写函数的计算结果是完全相同的，结合前面的例子，帮助我们理解t.test()的函数的计算过程。有关t.test()函数的其他用法，第 5 章还会讨论。

3. 配对数据

因为配对数据 X, Y 的每一对都可计算其差值 $Z = X - Y$，所以，虽然配对数据是两组数据间的比较，但求出每一对差值后，就变成了单个样本了，其置信区间可按单个总体均值 μ 的区间估计的方法求出。这里也可以分成方差 σ_z^2 已知和方差 σ_z^2 未知的情况来讨论。

例 4.23 为了调查使用克矽平治疗矽肺的效果，抽查了 10 名使用克矽平治疗矽肺的患者，记录下治疗前后血红蛋白的含量数据，如表 4.1所示（数据以表格形式存放在exam0423.data 文件中）。试求治疗前后变化的区间估计 ($\alpha = 0.05$)。

表 4.1 治疗前后血红蛋白的含量数据

	1	2	3	4	5	6	7	8	9	10
治疗前	11.3	15.0	15.0	13.5	12.8	10.0	11.0	12.0	13.0	12.3
治疗后	14.0	13.8	14.0	13.5	13.5	12.0	14.7	11.4	13.8	12.0

解 这组数据是配对数据，因为治疗前和治疗后是同一个人。输入数据，调入自编函数interval_t1()计算，这里选择方差未知的情形。

```
source("interval_t1.R")
rt <- read.table("exam0423.data")
with(rt, interval_t1(Untreated - Treated))
```

计算结果为

```
   mean df     a         b
1 -0.68  9 -1.857288 0.4972881
```

由于 0 包含在区间估计的区间内，因此可以认为: 治疗前后病人血红蛋白的含量无显著差异。

4.5.3 总体比例差的估计

如果用样本比例 $\widehat{p}_1 = \dfrac{m_1}{n_1}$ 和 $\widehat{p}_2 = \dfrac{m_2}{n_2}$ 分别作为两个总体比例 p_1 和 p_2 的估计值，其中 m_1 和 m_2 分别是两个总体中试验成功的次数，n_1 和 n_2 分别是两个总体中试验的总次数。如果 $n_1 p_1, n_1 q_1, n_2 p_2$ 和 $n_2 q_2$ ($q_i = 1 - p_i, i = 1, 2$) 均大于等 5，则

$$\widehat{p}_1 - \widehat{p}_2 \sim N\left(p_1 - p_2, \frac{p_1 q_1}{n_1} + \frac{p_2 q_2}{n_2}\right) \tag{4.50}$$

近似成立，所以总体比例差 $p_1 - p_2$ 的置信水平为 $1 - \alpha$ 的双侧置信区间为

$$\left[\widehat{p}_1 - \widehat{p}_2 - z_{\alpha/2}\sqrt{\frac{p_1 q_1}{n_1} + \frac{p_2 q_2}{n_2}}, \ \widehat{p}_1 - \widehat{p}_2 + z_{\alpha/2}\sqrt{\frac{p_1 q_1}{n_1} + \frac{p_2 q_2}{n_2}}\right], \tag{4.51}$$

由于式 (4.51) 中的 p_1, p_2, q_1 和 q_2 未知，在计算时可用样本比例 $\hat{p}_1, \hat{p}_2, \hat{q}_1$ 和 $\hat{q}_2$ 替代，其中 $\hat{q}_i = 1 - \hat{p}_i, i = 1, 2$。

按照式 (4.51) 编写计算总体比例差的区间估计函数，计算中用样本比例替代总体比例（程序名：interval_rate2.R）

```
interval_rate2 <- function(m, n, alpha = 0.05){
    p <- m/n; q <- 1 - p; z <- qnorm(1 - alpha/2)
    tmp <- z * sqrt(p[1]*q[1]/n[1] + p[2]*q[2]/n[2])
    data.frame(phat = p[1] - p[2],
        a = p[1] - p[2] - tmp, b = p[1] - p[2] + tmp)
}
```

在程序中，m是二维向量，表示两个总体中试验成功的次数，n是二维向量，表示两个总体中试验的总次数。alpha是显著性水平，默认值为 0.05。

函数的返回值是数据框，其成员有，phat（样本比例的差），和a, b（区间估计的左右端点）。

例 4.24 为了考查基层办事处的工作情况，现抽查了两个办事处。共抽查了办事处 1 的 250 份单据，发现有 35 笔错误，抽查了办事处 2 的 300 份单据，发现有 27 笔错误。试计算两个办事处出错比例差的置信水平为 90% 的置信区间。

解 利用式 (4.51) 计算置信区间，编写程序（程序名：exam0424.R）

```
source("interval_rate2.R")
m <- c(35, 27); n <- c(250, 300)
interval_rate2 (m, n, alpha = 0.1)
```

计算结果

```
  phat       a          b
1 0.05 0.004815898 0.0951841
```

置信区间大于零，这说明，在 90% 置信水平下，办事处 1 的出错率明显地高于办事处 2。

对于例 4.24，也可以利用prop.test()函数计算，在计算中去掉连续型修正，有

```
> prop.test(m, n, correct = F, conf.level = 0.90)
    2-sample test for equality of proportions without
    continuity correction
data:  m out of n
X-squared = 3.4084, df = 1, p-value = 0.06486
alternative hypothesis: two.sided
90 percent confidence interval:
 0.004815898 0.095184102
sample estimates:
prop 1 prop 2
  0.14   0.09
```

区间估计的值与自编函数完全相同。

关于prop.test()函数的使用，将在第 5 章中介绍。

4.6 总体方差的估计

本节讨论单个总体方差的区间估计，和两个总体方差比的区间估计，在讨论中分均值已知和均值未知两种情况。

4.6.1 方差的估计

假设正态总体 $X \sim N(\mu, \sigma^2)$, $X_1, X_2, \cdots, X_n$ 为来自总体 X 的样本，$\overline{X}$ 为样本均值，S^2 为样本方差。

1. 总体均值已知

对于正态分布 $N(\mu, \sigma^2)$，当 μ 是已知时，用 σ^2 的极大似然估计

$$\widehat{\sigma}^2 = \frac{1}{n}\sum_{i=1}^{n}(X_i - \mu)^2 \tag{4.52}$$

来导出 σ^2 的置信区间。由 χ^2 分布的定义容易推出

$$\frac{n\widehat{\sigma}^2}{\sigma^2} = \sum_{i=1}^{n}(X_i - \mu)^2 \Big/ \sigma^2 \sim \chi^2(n)。 \tag{4.53}$$

因此有

$$P\left\{\chi^2_{1-\alpha/2}(n) \leqslant \frac{n\widehat{\sigma}^2}{\sigma^2} \leqslant \chi^2_{\alpha/2}(n)\right\} = 1 - \alpha, \tag{4.54}$$

其中 $\chi^2_{1-\alpha/2}(n)$ 和 $\chi^2_{\alpha/2}(n)$ 分别表示自由度为 n 的 χ^2 分布的下 $\alpha/2$ 和上 $\alpha/2$ 分位点（见图 4.3）。图 4.3 中左、右侧的阴影面积都是 $\alpha/2$，中间空白处的面积是 $1-\alpha$。

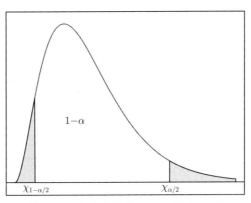

图 4.3 χ^2 分布的上、下 $\alpha/2$ 分位点

由式 (4.54) 可得 σ^2 的置信度为 $1-\alpha$ 的双侧置信区间

$$\left[\frac{n\widehat{\sigma}^2}{\chi^2_{\alpha/2}(n)}, \frac{n\widehat{\sigma}^2}{\chi^2_{1-\alpha/2}(n)}\right]。 \tag{4.55}$$

同理, 可得

$$P\left\{\frac{n\widehat{\sigma}^2}{\sigma^2} \leqslant \chi_\alpha^2(n)\right\} = 1-\alpha, \quad P\left\{\chi_{1-\alpha}^2(n) \leqslant \frac{n\widehat{\sigma}^2}{\sigma^2}\right\} = 1-\alpha,$$

于是得到 σ^2 的置信度为 $1-\alpha$ 的单侧置信区间分别为

$$\left[\frac{n\widehat{\sigma}^2}{\chi_\alpha^2(n)}, +\infty,\right), \quad \left[0, \frac{n\widehat{\sigma}^2}{\chi_{1-\alpha}^2(n)}\right]. \tag{4.56}$$

2. 总体均值未知

当 μ 是未知时, 取样本方差 S^2 作为 σ^2 的估计值, 且满足

$$\frac{(n-1)S^2}{\sigma^2} \sim \chi^2(n-1), \tag{4.57}$$

因此, 有

$$P\left\{\chi_{1-\alpha/2}^2(n-1) \leqslant \frac{(n-1)S^2}{\sigma^2} \leqslant \chi_{\alpha/2}^2(n-1)\right\} = 1-\alpha, \tag{4.58}$$

其中 $\chi_{1-\alpha/2}^2(n-1)$ 和 $\chi_{\alpha/2}^2(n-1)$ 分别表示自由度为 $n-1$ 的 χ^2 分布的下 $\alpha/2$ 和上 $\alpha/2$ 分位点。

由式 (4.58) 得到 σ^2 的置信度为 $1-\alpha$ 的双侧置信区间

$$\left[\frac{(n-1)S^2}{\chi_{\alpha/2}^2(n-1)}, \frac{(n-1)S^2}{\chi_{1-\alpha/2}^2(n-1)}\right]. \tag{4.59}$$

同理, 可得到

$$P\left\{\frac{(n-1)S^2}{\sigma^2} \leqslant \chi_\alpha^2(n-1)\right\} = 1-\alpha, \quad P\left\{\chi_{1-\alpha}^2(n-1) \leqslant \frac{(n-1)S^2}{\sigma^2}\right\} = 1-\alpha,$$

于是得到 σ^2 的置信度为 $1-\alpha$ 的单侧置信区间分别为

$$\left[\frac{(n-1)S^2}{\chi_\alpha^2(n-1)}, +\infty\right), \quad \left[0, \frac{(n-1)S^2}{\chi_{1-\alpha}^2(n-1)}\right]. \tag{4.60}$$

根据式 (4.55) ∼ 式 (4.56), 和式 (4.59) ∼ 式 (4.60) 编写计算单个总体方差置信区间的程序 (程序名: interval_var1.R)。

```r
interval_var1 <- function(x, mu = Inf, side = 0, alpha = 0.05){
    n <- length(x)
    if (mu < Inf){
        S2 <- sum((x - mu)^2)/n; df <- n
    }
    else{
        S2 <- var(x); df <- n-1
    }
    if (side < 0){
        a <- 0
```

```
            b <- df * S2/qchisq(alpha, df)
        }
        else if (side > 0){
            a <- df * S2/qchisq(1-alpha, df)
            b <- Inf
        }
        else{
            a <- df * S2/qchisq(1-alpha/2, df)
            b <- df * S2/qchisq(alpha/2, df)
        }
        data.frame(var = S2, df = df, a = a, b = b)
}
```

在程序中，x是向量，由样本构成。mu是数值，表示总体均值，已知时输入。side是数值，表示控制求单、双侧置信区间，输入负数，计算单置信区间上限，输入正数，计算单侧置信区间下限，输入0（或默认），计算双侧置信区间。alpha是数值，表示显著性水平（默认值为0.05）。

函数的返回值是数据框，其成员有，var（样本方差），df（自由度）和a, b（区间估计的左右端点）。

例 4.25 用区间估计方法估计例4.18的测量误差（即方差 σ^2），分别对均值 μ 已知（标称每袋大米 10 kg）和均值 μ 未知两种情况进行讨论。

解 输入数据，调用自编函数计算

```
> source("interval_var1.R")
> X <- c(10.1, 10, 9.8, 10.5, 9.7, 10.1, 9.9, 10.2, 10.3, 9.9)
> interval_var1(X, mu = 10)
    var df         a         b
1 0.055 10 0.0268513 0.1693885
> interval_var1(X)
         var df          a         b
1 0.05833333  9 0.02759851 0.1944164
```

当均值已知 ($\mu = 10$) 时，其方差 σ^2 的区间估计为 $[0.0268, 0.169]$，当均值未知时，其方差 σ^2 的区间估计为 $[0.0276, 0.194]$。从计算结果来看，在均值已知的情况下，计算结果更好一些。

也可以用此函数作单侧检验

```
> interval_var1(X, side = -1)
         var df a         b
1 0.05833333  9 0 0.1578894
```

σ^2 的单侧置信上限为 0.1579。

4.6.2 方差比的估计

假设有两个正态总体 $X \sim N(\mu_1, \sigma_1^2)$ 和 $Y \sim N(\mu_2, \sigma_2^2)$。$X_1, X_2, \cdots, X_{n_1}$ 为来自总体 X 的样本，$Y_1, Y_2, \cdots, Y_{n_2}$ 为来自总体 Y 的样本，$\overline{X}, \overline{Y}$ 分别为总体 X 和 Y 的样本均值，S_1^2, S_2^2 分别为总体 X 和 Y 的样本方差。

1. 总体均值已知

对于正态分布 $N(\mu_1, \sigma_1^2)$ 和 $N(\mu_2, \sigma_2^2)$，当 μ_1 与 μ_2 已知时，有

$$\widehat{\sigma}_1^2 = \frac{1}{n_1} \sum_{i=1}^{n_1} (X_i - \mu_1)^2, \quad \widehat{\sigma}_2^2 = \frac{1}{n_2} \sum_{i=1}^{n_2} (Y_i - \mu_2)^2 \tag{4.61}$$

分别为 σ_1^2 和 σ_2^2 的无偏估计，由于

$$F = \frac{\widehat{\sigma}_1^2/\sigma_1^2}{\widehat{\sigma}_2^2/\sigma_2^2} \sim F(n_1, n_2), \tag{4.62}$$

因此

$$P\left\{ F_{1-\alpha/2}(n_1, n_2) \leqslant \frac{\widehat{\sigma}_1^2/\sigma_1^2}{\widehat{\sigma}_2^2/\sigma_2^2} \leqslant F_{\alpha/2}(n_1, n_2) \right\} = 1 - \alpha, \tag{4.63}$$

其中 $F_{1-\alpha/2}(n_1, n_2)$ 和 $F_{\alpha/2}(n_1, n_2)$ 分别表示自由度为 (n_1, n_2) 的 F 分布的下 $\alpha/2$ 和上 $\alpha/2$ 分位点。因此，σ_1^2/σ_2^2 的置信水平 $1-\alpha$ 的置信区间为

$$\left[\frac{\widehat{\sigma}_1^2/\widehat{\sigma}_2^2}{F_{\alpha/2}(n_1, n_2)}, \frac{\widehat{\sigma}_1^2/\widehat{\sigma}_2^2}{F_{1-\alpha/2}(n_1, n_2)} \right]。 \tag{4.64}$$

同理，由式 (4.62)，得到

$$P\left\{ \frac{\widehat{\sigma}_1^2/\sigma_1^2}{\widehat{\sigma}_2^2/\sigma_2^2} \leqslant F_\alpha(n_1, n_2) \right\} = 1-\alpha, \quad P\left\{ F_{1-\alpha}(n_1, n_2) \leqslant \frac{\widehat{\sigma}_1^2/\sigma_1^2}{\widehat{\sigma}_2^2/\sigma_2^2} \right\} = 1-\alpha,$$

因此，σ_1^2/σ_2^2 的置信水平 $1-\alpha$ 的单侧置信区间分别为

$$\left[\frac{\widehat{\sigma}_1^2/\widehat{\sigma}_2^2}{F_\alpha(n_1, n_2)}, +\infty \right), \quad \left[0, \frac{\widehat{\sigma}_1^2/\widehat{\sigma}_2^2}{F_{1-\alpha}(n_1, n_2)} \right]。 \tag{4.65}$$

2. 总体均值未知

对于正态分布 $N(\mu_1, \sigma_1^2)$ 和 $N(\mu_2, \sigma_2^2)$，当 μ_1 与 μ_2 未知时，S_1^2 和 S_2^2 分别为 σ_1^2 和 σ_2^2 的无偏估计，由于

$$F = \frac{S_1^2/\sigma_1^2}{S_2^2/\sigma_2^2} \sim F(n_1 - 1, n_2 - 1), \tag{4.66}$$

因此

$$P\left\{ F_{1-\alpha/2}(n_1-1, n_2-1) \leqslant \frac{S_1^2/\sigma_1^2}{S_2^2/\sigma_2^2} \leqslant F_{\alpha/2}(n_1-1, n_2-1) \right\} = 1-\alpha, \tag{4.67}$$

则 σ_1^2/σ_2^2 的置信水平 $1-\alpha$ 的置信区间为

$$\left[\frac{S_1^2/S_2^2}{F_{\alpha/2}(n_1-1, n_2-1)}, \frac{S_1^2/S_2^2}{F_{1-\alpha/2}(n_1-1, n_2-2)}\right]. \tag{4.68}$$

同理，由式 (4.66)，得到

$$P\left\{\frac{S_1^2/\sigma_1^2}{S_2^2/\sigma_2^2} \leqslant F_\alpha(n_1-1, n_2-1)\right\} = 1-\alpha,$$

$$P\left\{F_{1-\alpha}(n_1-1, n_2-1) \leqslant \frac{S_1^2/\sigma_1^2}{S_2^2/\sigma_2^2}\right\} = 1-\alpha,$$

则 σ_1^2/σ_2^2 的置信水平 $1-\alpha$ 的单侧置信区间分别为

$$\left[\frac{S_1^2/S_2^2}{F_\alpha(n_1-1, n_2-1)}, +\infty\right), \quad \left[0, \frac{S_1^2/S_2^2}{F_{1-\alpha}(n_1-1, n_2-1)}\right]. \tag{4.69}$$

根据式 (4.64) ~ 式 (4.65)，和式 (4.68) ~ 式 (4.69) 编写计算总体方差比的置信区间的程序（程序名：interval_var2.R）。

```
interval_var2 <- function(x, y, mu = c(Inf, Inf),
        side = 0, alpha = 0.05){
    n1 <- length(x); n2 <- length(y)
    if (all(mu < Inf)) {
        Sx2 <- 1/n1*sum((x-mu[1])^2); df1 <- n1
        Sy2 <- 1/n2*sum((y-mu[2])^2); df2 <- n2
    }
    else{
        Sx2 <- var(x); df1 <- n1-1
        Sy2 <- var(y); df2 <- n2-1
    }
    r <- Sx2/Sy2
    if (side < 0) {
        a <- 0; b <- r/qf(alpha, df1, df2)
    }
    else if (side > 0) {
        a <- r/qf(1-alpha, df1, df2); b <- Inf
    }
    else{
        a <- r/qf(1-alpha/2, df1, df2)
        b <- r/qf(alpha/2, df1, df2)
    }
    data.frame(rate = r, df1 = df1, df2 = df2, a = a, b = b)
}
```

在程序中，x，y 是向量，由样本构成。mu 是二维向量，由总体均值构成。side 是数值，表示控制计算单、双侧置信区间，输入负数，计算单侧置信区间上限，输入正数，计算单侧置信区间下限，输入 0，或默认，计算双侧置信区间。alpha 是数值，表示显著性水平（默认值为 0.05）。

函数的返回值是数据框，其成员有，rate（样本方差比），df1（第一自由度），df2（第二自由度），和a, b（区间估计的左右端点）。

例 4.26 已知两个样本（A 和 B）的数据（数据见例 1.1 中的表 1.14），试用两种方法作方差比的区间估计。(1) 均值已知 $\mu_1 = \mu_2 = 80$；(2) 均值未知。

解 输入数据，调用函数interval_var2()进行计算 (程序名: exam0426.R)。

```
X <- scan("../chap01/sample.data", nlines = 2)
Y <- scan("../chap01/sample.data", skip = 2)
source("interval_var2.R")
interval_var2(X, Y, mu = c(80, 80))
interval_var2(X, Y)
```

计算结果如下

```
       rate df1 df2         a        b
1 0.7326007  13   8 0.1760141 2.482042
       rate df1 df2         a        b
1 0.5837405  12   7 0.1251097 2.105269
```

从计算结果可以看到，1 包含在区间估计的区间中，也就是说，有理由认为两总体的方差比为 1，即可认为两总体的的方差是相同的。

在 R 中，var.test()函数能够提供双样本方差比的区间估计，如

```
> var.test(X, Y)
        F test to compare two variances
data:  X and Y
F = 0.58374, num df = 12, denom df = 7, p-value = 0.3938
alternative hypothesis: true ratio of variances is not equal to 1
95 percent confidence interval:
 0.1251097 2.1052687
sample estimates:
ratio of variances
         0.5837405
```

与自编函数的计算结果相同（均值未知），从这里也可以帮助理解var.test()函数的计算过程。有关var.test()函数的其他用法，第 5 章的内容中还会进行讨论。

习 题 4

1. 如下数据 (存放在binom.data文件中) 列出 50 个来自二项分布 $B(n, p)$,

```
15 16 14 15 16 11 15 15 12 14 14 14 12
14 12 15 14 14 12 14 15 17 18 10 13 12
15 17 16 18 17 12 10 15 13 12 14 16 16
16 15 11 13 15 16 17 14 11 16 17
```

试用矩估计方法估计均值参数 n 和 p。

2. 设总体的分布密度为
$$f(x;\alpha) = \begin{cases} (\alpha+1)x^\alpha, & 0 < x < 1, \\ 0, & \text{其他}, \end{cases}$$

$X_1, X_2, \cdots, X_n$ 为其样本，求参数 α 的矩估计量 $\hat{\alpha}_1$ 和极大似然估计量 $\hat{\alpha}_2$。现测得样本观测值为

0.1 0.2 0.9 0.8 0.7 0.7 0.6 0.5

求参数 α 的估计值。

3. 设元件无故障工作时间 X 具有指数分布，取 1000 个元件工作时间的记录数据，经分组后得到它的频数分布为

组中值	5	15	25	35	45	55	65
频数	365	245	150	100	70	45	25

如果各组中数据都取为组中值，试用极大似然估计求 λ 的点估计。

4. 为检验某自来水消毒设备的效果，现从消毒后的水中随机抽取 50L，化验每升水中大肠杆菌的个数（假设一升水中大肠杆菌个数服从泊松分布），其化验结果如下：

每升大肠杆菌数	0	1	2	3	4	5	6
升数	17	20	10	2	1	0	0

试问平均每升水中大肠杆菌个数为多少时，才能使上述情况的概率为最大？

5. 某保险公司打算研究投保人的年龄情况，该公司随机地抽取了 36 名投保人，其年龄如下：

32	50	40	24	33	44	45	48	44	47	31	36
39	46	45	39	38	45	27	43	54	36	34	48
23	36	42	34	39	34	35	42	53	28	49	39

试估计该公司投保人平均年龄置信水平为 90% 的置信区间。

6. 设电话总机在某段时间内接到的呼唤的次数服从参数未知的泊松分布 $P(\lambda)$，现收集了 42 个数据

接到呼唤次数	0	1	2	3	4	5	6
出现的频数	7	10	12	8	3	2	0

试求出平均呼唤次数 λ 的估计值和它的置信系数为 0.95 的置信区间。

7. 正常人的脉搏平均每分钟 72 次，某医生测得 10 例四乙基铅中毒患者的脉搏数（次/分）如下：
   54 67 68 78 70 66 67 70 65 69
已知人的脉搏次数服从正态分布，试计算这 10 名患者平均脉搏次数的点估计和 95% 的区间估计。并作单侧区间估计，试分析这 10 名患者的平均脉搏次数是否低于正常人的平均脉搏次数。

8. 已知某种灯泡寿命服从正态分布，在某星期所生产的该灯泡中随机抽取 10 只，测得其寿命（单位：h）为
   1067 919 1196 785 1126 936 918 1156 920 948
求灯泡寿命平均值的置信度为 0.95 的单侧置信下限。

9. 某市老年研究协会为分析老年人在总人口中的比例，该协会随机抽选了 400 位居民，发现其中有 57 位是老年人．试估计该市老年人在总人口中比例的 95% 的置信区间。

10. 某评估机构需要对甲、乙两家培训中心的教育质量进行研究, 分别抽取 30 名和 40 名学员的成绩, 如表 4.2 所示 (存放在 exec0410.data 中). 试计算, 两培训中心平均分数差的置信水平为 95% 的置信区间.

表 4.2 两培训中心学员的成绩

甲培训中心									
97	90	94	79	78	87	83	89	76	84
83	84	76	82	85	85	91	72	86	70
91	87	73	92	64	74	88	88	74	73
乙培训中心									
64	85	72	64	74	93	70	79	79	75
66	83	74	70	82	82	75	78	99	57
91	78	87	93	89	79	84	65	78	66
84	85	85	84	59	62	91	83	80	76

11. 甲、乙两种稻种分别播种在 10 块试验田中, 每块试验田甲、乙稻种各种一半. 假设两稻种产量 X, Y 均服从正态分布, 且方差相等. 收获后 10 块试验田的产量如下所示 (单位: kg).

甲种	140	137	136	140	145	148	140	135	144	141
乙种	135	118	115	140	128	131	130	115	131	125

求出两稻种产量的期望差 $\mu_1 - \mu_2$ 的置信区间 ($\alpha = 0.05$).

12. 甲、乙两组生产同种导线, 现从甲组生产的导线中随机抽取 4 根, 从乙组生产的导线中随机抽取 5 根, 它们的电阻值 (单位: Ω) 分别为

甲组	0.143	0.142	0.143	0.137	
乙组	0.140	0.142	0.136	0.138	0.140

假设两组电阻值分别服从正态分布 $N(\mu_1, \sigma^2)$ 和 $N(\mu_2, \sigma^2)$, σ^2 未知. 试求 $\mu_1 - \mu_2$ 的置信系数为 0.95 的区间估计.

13. 科学家认为, 太平洋树蛙能产生一种酶, 以保护它的卵免受紫外线的伤害. 现作两组试验, 一组是有紫外线保护的, 共 70 个蛙卵, 有 34 个孵化. 另一组没有紫外线保护, 共 80 个蛙卵, 有 31 个孵化. 试作两种情况比例差的区间估计 ($\alpha = 0.05$), 通过结果分析, 太平洋树蛙是否确实有保护它的卵免受紫外线伤害的能力.

14. 对习题 4 中 11 题中甲乙两种稻种的数据作方差比的区间估计, 并用其估计值来判定两总体是否等方差. 若两总体方差不相等, 试重新计算两稻种产量的期望差 $\mu_1 - \mu_2$ 的置信区间 ($\alpha = 0.05$).

第 5 章 假设检验

假设检验是统计推断中的一个重要内容，它是利用样本数据对某个事先作出的统计假设按照某种设计好的方法进行检验，判断此假设是否正确。

5.1 假设检验的基本概念

在数理统计分析中，只能由估计量估计总体的参数。尽管能获得总体参数的无偏估计，总体的参数始终是不可知的。只能通过统计检验，由统计量推断总体的参数。

5.1.1 基本概念

在统计推断过程中，需要对参数提出一定的假设，然后对提出的假设进行假设检验。用一个例子说明假设检验的基本概念。

例 5.1 设某工厂生产的一批产品，其次品率 p 是未知的。按规定，若 $p \leqslant 0.01$，则这批产品为可接受的；否则为不可接受的。这里 "$p \leqslant 0.01$" 便是一个需要的假设，记为 H。假定从这批数据很大的产品中随机地抽取 100 件样品，发现其中有 3 件次品，这一抽样结果便成为判断假设 H 是否成立的依据。显然，样品中次品个数愈多对假设 H 愈不利；反之则对 H 有利。记样品中次品个数为 X，问题是：X 大到什么程序就应该拒绝 H？

由于否定了 H 就等于否定了一大批产品，这个问题应该慎重处理。统计学上常用的作法是，先假定 H 成立，来计算 $X \geqslant 3$ 的概率有多大？

由于 X 分布为 $B(n,p)$，其中 $n = 100$，容易计算出 $P_{p=0.01}\{X \geqslant 3\} \approx 0.08$。显然，对 $p < 0.01$，这概率值还要小，也就是说，当假设 $H(p \leqslant 0.01)$ 成立时，100 个样品中有 3 个或 3 个以上次品的概率不超过 0.08。这可以看作是一个"小概率"事件。而在一次试验中就发生了一个小概率事件是不大可能的。因此，事先作出的假设 "$p \leqslant 0.01$" 是非常可疑的。在需要作出最终判决时，就应该否定这个假设，而认定这批产品不可接受（即认为 $p > 0.01$）。

上述例子中包含了假设检验的一些重要的基本概念。设 θ 为用以确定总体分布的一个未知参数，其一切可能值的集合记为 Θ，关于 θ 的任一假设可用 "$\theta \in \Theta_0$" 来表示，其中 Θ_0 为 Θ 的一个真子集。在统计假设检验中，首先要有一个作为检验的对象的假设，常称为原假设或零假设。与之相应，为使问题表述得更明确，还常提出一个与之对应的假设，称为备择假设。原假设和备择假设常表示为

$$H_0 : \theta \in \Theta_0, \quad H_1 : \theta \in \Theta_1,$$

其中，Θ_0 和 Θ_1 为 Θ 的两个不相交的真子集，用 H_0 表示原假设，用 H_1 表示备择假设。

关于一维实参数的假设，常有以下 3 种形式（其中 θ_0 为给定值）：

(1) 单侧检验

$$H_0: \theta \leqslant \theta_0, \quad H_1: \theta > \theta_0。$$

(2) 单侧检验

$$H_0: \theta \geqslant \theta_0, \quad H_1: \theta < \theta_0。$$

(3) 双侧检验

$$H_0: \theta = \theta_0, \quad H_1: \theta \neq \theta_0。$$

双侧检验也称为双边检验或称为二尾检验。单侧检验也称单边检验，或称为一尾检验。

假设检验的依据是样本。样本的某些取值可能对原假设 H_0 有利，而另一些取值可能对 H_0 不利，因此，可以根据某种公认的合理准则将样本空间分成两部分。一部分称为拒绝域，当样本落入拒绝域时，便拒绝 H_0；另一部分可称为接受域，当样本落入它时，不拒绝 H_0。

构造拒绝域的常用方法是寻找一个统计量 g（如例 5.1 中的样品的次品数 X），g 的大小可以反映对原假设 H_0 有利或不利。因此，确定拒绝域 W 的问题转化为确定 g 的一个取值域 C 的问题。

对假设检验问题，设 $X_1, X_2, \cdots, X_n$ 为样本，W 为样本空间中的一个子集，对于给定的 $\alpha \in (0,1)$，若 W 满足

$$P_\theta\{(X_1, X_2, \cdots, X_n) \in W\} \leqslant \alpha, \quad \forall\, \theta \in \Theta_0, \tag{5.1}$$

则称由 W 构成拒绝域的检验方法为显著性水平 α 的检验。

显著性水平 α 常用的取值为 0.1, 0.05 和 0.01 等。对一个显著性水平 α 的检验，假定原假设 H_0 成立，而样本落入拒绝域 W 中，就意味着一个小概率发生了。而在一次试验中发生一个小概率事件是可疑的，结果就导致了对原假设 H_0 的否定。

在例 5.1 中，如果事先给定 $\alpha = 0.1$，而 $P_{p=0.01}\{X \geqslant 3\} = 0.08$，因此，当 $p < 0.01$ 时，这个概率还要小。因此，$W = \{X \geqslant 3\}$ 便给出了假设检验 $H_0: p \leqslant p_0 = 0.01$ 的显著性水平 $\alpha = 0.1$ 的拒绝域，由 $X = 3$ 便可拒绝 H_0。但如果事先给定的显著性水平 $\alpha = 0.05$，这时，相应的显著性水平 α 的检验的拒绝域 $W = \{X \geqslant 4\}$，这时 $X = 3$ 就不能拒绝 H_0。

由此可见，显著性水平 α 越小，则拒绝原假设越困难。换言之，显著性水平 α 越小，则当样本落入拒绝域因而拒绝 H_0 就越加可信。

通常，作假设者对原假设 H_0 往往事先有一定的信任度，或者一旦否定了 H_0 就意味着作出一个重大的决策，需谨慎从事。因此，把检验的显著性水平 α 取得比较小其中体现了一种"保护原假设"的思想。

5.1.2 假设检验的基本思想与步骤

1. 假设检验的基本思想

（1）用了反证法的思想。为了检验一个"假设"是否成立，就先假定这个"假设"是成立的，而看由此会产生的后果。如果导致一个不合理的现象的出现，那么就表明原先的假定不正确，也就是说，"假设"不成立。因此，就拒绝这个"假设"。如果由此没有导出不合理的现象发生，则不能拒绝原来这个"假设"，称原假设是相容的。

（2）它又区别于纯数学中的反证法。这里所谓的"不合理"，并不是形式逻辑中的绝对矛盾，而是基于人们实践中广泛采用的一个原则：小概率事件在一次观察中可以认为基本上不会发生。

2. 假设检验的一般步骤

（1）对待检验的未知参数 θ 根据问题的需要作出一个单侧或双侧的假设。选择原假设的原则是：事先有一定信任度或出于某种考虑是否要加以"保护"。

（2）选定一个显著性水平 α，最常用的是 $\alpha = 0.05$，放松一点可取 $\alpha = 0.075$ 或 0.1，严格一些可取 $\alpha = 0.025$ 或 0.01。

（3）构造一个统计量 g，g 的大小反映对 H_0 有利或不利，拒绝域有形式 $W = \{g \in C\}$。

（4）根据式 (5.1) 来确定拒绝域 W。

5.1.3 假设检验的两类错误

在根据假设检验作出统计决断时，可能犯两类错误。第一类错误是否定了真实的原假设。通常，将犯第一类错误的概率控制在 α 以下，即

$$P\{否定 H_0 \mid H_0 是真实的\} \leqslant \alpha,$$

称 α 为显著性水平。可以通过控制 α 来控制犯第一类错误的概率。

第二类错误是接受了错误的原假设。犯第二类错误的概率常用 β 表示，即

$$\beta = P\{接受 H_0 \mid H_0 是错误的\}。$$

实际上，在目前情况下，很难控制 β 的值。

通常来讲，在给定样本容量的情况下，如果减少犯第一类错误的概率，就会增加犯第二类错误的概率。而减少犯第二类错误的概率，也会增加犯第一类错误的概率。如果希望同时减少犯第一类和第二类错误的概率，就需要增加样本容量，但样本容量的增加，是需要增加抽样成本，这有时是不可行的。

在统计检验中，评价一个假设检验好坏的标准是统计检验功效，所谓功效就是正确地否定了错误的原假设的概率，常用 π 表示，即

$$\pi = 1 - \beta = P\{否定 H_0 \mid H_0 是错误的\}。$$

如果统计检验接受了原假设 $H_0: \theta = \theta_0$，则可以通过计算置信区间，推断总体参数 θ 的取值范围。置信区间是根据一定置信程度而估计的区间，它给出了未知的总体参数的上下限。因此，区间估计和假设检验是一个问题的两个方面。

5.1.4 原假设和备择假设的设置

本小节用一些篇幅,通过例子,大体讲一下原假设(和备择假设)的设置方法。

对于例 5.1,应当如何设置原假设和备择假设呢?如果这批产品的次品率 $\leqslant 0.01$,则认为是合格的。但抽取了 100 件样品,就有 3 件次品,样本的次品率为 3%,明显高于产品的次品率小于 1% 的要求,所以,次品率小于 1% 的论断值得怀疑。从这种角度出发,应该作如下假设

$$H_0: p \leqslant 0.01, \quad H_1: p > 0.01。$$

这个例子说明,值得怀疑的"结论"作为原假设,而需要证明的"结论"作为备择假设,这样一旦拒绝了原假设,则需要证明的"结论"成立,其理由就是前面提到的,假设检验是用反证法的思想。而且,犯第一类错误的概率是可控的,而犯第二类错误的概率目前很难计算。

下面讨论如何对某一声明进行有效的检验。例如,某种品牌灯泡的说明书上标称,该灯泡的平均使用寿命在 8000h 以上,那么原假设与备择假设分别为

$$H_0: \mu \geqslant 8000, \quad H_1: \mu < 8000。$$

如果抽样检验的结果接受 H_0,则不能对厂家的声称表示异议。如果抽样检验的结果拒绝 H_0,则可以推断备择假设 H_1 成立,这批产品达不到厂家规定的要求。

因此,生产商的声明一般是被怀疑的,将其作为原假设,如果拒绝原假设,则该声明不成立。

还有一种情况,无论是否拒绝 H_0,都要采取相应的措施。例如,对收到的一批零件作检验,决定是否接收这批货物。达到质量标准就接收,否则就退回给供应商。假设有一批零件的平均直径为 50mm,无论平均直径大于或者是小于 50mm,都会出现装配的质量问题。因此,在这个例子中,原假设与备择假设分别为

$$H_0: \mu = 50, \quad H_1: \mu \neq 50。$$

从上面的讨论可知,原假设和备择假设(特别是单侧检验)的设置是非常重要的,设置的不好,可能无法得到所需的结论,即便是得到了所需的结论,但理由也不够充分。

5.2 重要的参数检验

由于实际问题中大多数随机变量服从或近似服从正态分布,因此,这里重点介绍正态分布参数的检验。按总体的个数,又可分为单个总体和两个总体的参数检验。

5.2.1 Z 检验

Z 检验适用于正态分布方差已知条件下,关于正态总体均值的检验,或者适用于大样本数据下,总体均值的检验。

1. 单个正态总体均值的检验

设总体 $X \sim N(\mu, \sigma^2)$，且 σ^2 已知，$X_1, X_2, \cdots, X_n$ 是来自总体 X 的样本，$\overline{X}$ 为样本均值。对总体均值 μ 作检验。

关于均值 μ 的检验方法有，双侧检验

$$H_0: \mu = \mu_0, \quad H_1: \mu \neq \mu_0。 \tag{5.2}$$

和单侧检验

$$H_0: \mu \leqslant \mu_0, \quad H_1: \mu > \mu_0, \tag{5.3}$$

或

$$H_0: \mu \geqslant \mu_0, \quad H_1: \mu < \mu_0。 \tag{5.4}$$

对于正态分布 $N(\mu, \sigma^2)$，由统计性质知，当 $\mu = \mu_0$ 时，样本均值 $\overline{X}$ 满足

$$Z = \frac{\overline{X} - \mu_0}{\sigma/\sqrt{n}} \sim N(0, 1)。 \tag{5.5}$$

（1）双侧检验。如果 Z 是标准正态分布的随机变量，$z_{\alpha/2}$ 是其分布的上 $\alpha/2$ 分位点，则有

$$P\{|Z| \geqslant z_{\alpha/2}\} = \alpha, \tag{5.6}$$

所以由式 (5.5) 计算出的统计量 Z 得到落入 $(-\infty, -z_{\alpha/2}]$ 或者落入 $[z_{\alpha/2}, \infty)$ 的概率小于等于 α，属于小概率事件。因此，拒绝原假设。由此定义 $(-\infty, -z_{\alpha/2}]$ 和 $[z_{\alpha/2}, \infty)$ 为拒绝域，称 $z_{\alpha/2}$ 和 $-z_{\alpha/2}$ 为拒绝域的临界值。

（2）单侧检验（$H_0: \mu \leqslant \mu_0$）。如果 z_α 是标准正态分布的上 α 分位点，则有

$$P\{Z \geqslant z_\alpha\} = \alpha, \tag{5.7}$$

统计量 Z 落入 $[z_\alpha, \infty)$ 的概率小于等于 α，属于小概率事件，拒绝原假设。所以定义 $[z_\alpha, \infty)$ 为拒绝域，称 z_α 为临界值。

（3）单侧检验（$H_0: \mu \geqslant \mu_0$）。由对称性，$-z_\alpha$ 是标准正态分布的下 α 分位点，则有

$$P\{Z \leqslant -z_\alpha\} = \alpha, \tag{5.8}$$

统计量 Z 落入 $(-\infty, -z_\alpha]$ 的概率小于等于 α，拒绝原假设。所以拒绝域定义为 $(-\infty, -z_\alpha]$，称 $-z_\alpha$ 为临界值。

上述检验方法称为 Z 检验。

在统计教科书中，一般使用查表的方法得到临界值 z_α 或 $z_{\alpha/2}$，然后再与统计量 Z 作比较，判断是拒绝还是接受原假设。但这种方法对于计算机软件来说，就不方便了。更便利的方法是计算出统计量 Z 的 P 值，通过 P 值来判断是拒绝还是接受原假设。

所谓 P 值，就是犯第一类错误的概率，即

$$\text{P 值} = P\{否定 H_0 \mid H_0 为真\}。$$

当 P 值 $\leqslant \alpha$（如 $\alpha = 0.05$）时，则拒绝原假设；否则，接受原假设。容易证明：使用 P 值的方法与使用拒绝域的方法是等价的。

关于 P 值的严格定义，说起来较为复杂，这里仅用正态分布来举例说明。

假设 Z 是由式 (5.5) 计算出的样本统计量，它服从标准正态分布。对于单侧检验 ($H_0: \mu \leqslant \mu_0$)，统计量 Z 的 P 值定义为

$$\text{P 值} = \int_Z^\infty \phi(x)\mathrm{d}x, \tag{5.9}$$

其中 $\phi(x)$ 为标准正态分布的概率密度函数。由式 (5.7) 和式 (5.9) 得到：P 值 $\leqslant \alpha$，等价为 $Z \in [z_\alpha, \infty)$。

对于单侧检验 ($H_0: \mu \geqslant \mu_0$)，统计量 Z 的 P 值定义为

$$\text{P 值} = \int_{-\infty}^Z \phi(x)\mathrm{d}x。 \tag{5.10}$$

由式 (5.8) 和式 (5.10) 得到：P 值 $\leqslant \alpha$，等价为 $Z \in (-\infty, -z_\alpha]$。

对于双侧检验，统计量 Z 的 P 值定义是

$$\text{P 值} = \int_{-\infty}^{-|Z|} \phi(x)\mathrm{d}x + \int_{|Z|}^\infty \phi(x)\mathrm{d}x。 \tag{5.11}$$

因此，双侧检验的 P 值是单侧检验的 P 值 2 倍。当 P 值 $\leqslant \alpha$，等价于 $Z \in (-\infty, -z_{\alpha/2}]$ 或者 $Z \in [z_{\alpha/2}, \infty)$。

从理论上讲，显著性水平 α 可以取 $(0,1)$ 中的任何值，但通常在作假设时，往往对原假设事先有一定的信任度，也就是说，一旦拒绝，就意味着作出一个重大的决策，需谨慎从事，因此，显著性水平 α 取较小的值，如 0.1, 0.05 和 0.01，是体现了"保护原假设"的思想。

例如，对于例 5.1，一旦拒绝，是拒绝这批产品，而不只是拒绝抽取的 100 个样品，因此要慎重。如果取显著性水平 $\alpha = 0.05$，还不能拒绝 H_0，只有次品数大于等于 4，才能拒绝。

按照 P 值的定义式 (5.9)，式 (5.10) 和式 (5.11)，写出 P 值的计算程序 (程序名：P_value.R)

```
P_value <- function(z, side = 0){
    p <- pnorm(z)
    if (side < 0 ) p
    else if (side > 0 ) 1 - p
    else
        if (p < 1/2) 2*p
        else         2*(1-p)
}
```

在程序中，z 为样本统计量，且服从标准正态分布。side 是数值，取正值时，计算单侧检验（H_1 为 ">"）的 P 值，取负值时，计算单侧检验（H_1 为 "<"）的 P 值，取 0（默认值）时，计算双侧检验的 P 值。

5.2 重要的参数检验

下面编写单个正态总体的 Z 检验函数（程序名：z.test1()）

```
z.test1 <- function(x, mu, sigma = sd(x), side = 0){
    source("P_value.R")
    n <- length(x); xb <- mean(x)
    z <- (xb - mu)/(sigma/sqrt(n))
    Pvalue <- P_value(z, side)
    data.frame(mean = xb, Z = z, P_value = Pvalue)
}
```

在程序中，x 是由样本构成的向量。mu 是需要检验的 μ_0。sigma 是正态总体的标准差 σ，在 σ 未知的情况下，由样本的标准差替代。side 是数值，取正值时，表示作单侧检验（H_1 为 ">"），取负值时，表示作单侧检验（H_1 为 "<"），取值为 0（默认值）时，表示作双侧检验。

函数的返回值是数据框，其成员有：mean（样本均值），Z（统计量 Z）和 P_value（P 值）。

对于大样本数据（通常指 $n \geqslant 30$），由中心极限定理可知，样本均值近似服从正态分布，所以对于这类数据，可以选择 Z 检验作总体均值的检验。同时，用样本标准差作为 σ 的近似值。注意，这里并没有要求总体一定要服从正态分布。

例 5.2 某部门抽检标称为 500g 的某品牌食品 36 份，样本的均值为 495g，样本标准差为 30g，是否有理由说明该批食品的重量低于 500g？取 $\alpha = 0.05$。

解 这里作单侧检验（注意反证法的思想）

$$H_0 : \mu \geqslant 500, \quad H_1 : \mu < 500 \text{。}$$

因为如果拒绝了原假设，才有充分的理由说明该批食品在重量上不合格。

利用式 (5.5) 计算统计量 Z，再利用函数 P_value() 计算 P 值，编写程序 (程序名：exam0502.R)

```
source("P_value.R")
x_bar <- 495; S <- 30; n <- 36; mu <- 500
Z <- (x_bar - mu)/(S/sqrt(n))
P_value(Z, side = -1)
```

由于样品数有 36 份，在计算时，用样本的标准差近似总体的标准差，得到的 P 值是 0.1586553，P 值 > 0.05，所以没有理由说明这批食品在重量上不合格。

例 5.3 餐饮业的研究者认为：顾客评价，对于餐饮业来讲是至关重要的。研究者对某餐饮公司进行抽样调查，请顾客按照 1~5 进行评分，其中 1 表示最低，5 表示最高。研究者认为，该餐饮公司的平均得分不会超过 4.3 分，32 位顾客的评分数据如表 5.1 所示（数据存放在 score.data 文件中）。试分析，该项调查能否支持研究者的结论？取 $\alpha = 0.05$。

表 5.1 32 位顾客的评分数据

3	4	5	5	4	5	5	4	4	4	4	4	4	4	4	5
4	4	4	3	4	4	4	3	5	4	4	5	4	4	4	5

解 这里作单侧检验

$$H_0: \mu \geqslant 4.3, \quad H_1: \mu < 4.3。$$

再计算统计量 Z 之前,需要计算样本均值与样本标准差。编写程序(程序名: exam0503.R)

```
source("z.test1.R")
X <- scan("score.data")
z.test1(X, mu = 4.3, side = -1)
```

由于没有提供总体的标准差,用样本的标准差近似,且样本数是 32 个,近似是合理的。计算结果为

```
      mean         Z     P_value
1  4.15625 -1.416331  0.07833929
```

在显著性水平为 0.05 的情况下,还不能支持研究者的结论。

2. 两个正态总体均值差的检验

设 $X_1, X_2, \cdots, X_{n_1}$ 是来自总体 $X \sim N(\mu_1, \sigma_1^2)$ 的样本,$Y_1, Y_2, \cdots, Y_{n_2}$ 是来自总体 $Y \sim N(\mu_2, \sigma_2^2)$ 的样本,且两样本独立,σ_1^2 和 σ_2^2 已知。$\overline{X}$ 和 $\overline{Y}$ 为两样本的样本均值。

关于两个总体均值的检验问题有,双侧检验

$$H_0: \mu_1 = \mu_2, \quad H_1: \mu_1 \neq \mu_2, \tag{5.12}$$

单侧检验

$$H_0: \mu_1 \leqslant \mu_2, \quad H_1: \mu_1 > \mu_2, \tag{5.13}$$

或

$$H_0: \mu_1 \geqslant \mu_2, \quad H_1: \mu_1 < \mu_2。 \tag{5.14}$$

对于两个正态分布 $N(\mu_1, \sigma_1^2)$ 和 $N(\mu_2, \sigma_2^2)$,当 $\mu_1 = \mu_2$ 时,有

$$Z = \frac{\overline{X} - \overline{Y}}{\sqrt{\dfrac{\sigma_1^2}{n_1} + \dfrac{\sigma_2^2}{n_2}}} \sim N(0, 1)。 \tag{5.15}$$

类似单个总体的推导过程,得到双侧检验的拒绝域为 $|Z| \geqslant z_{\alpha/2}$,单侧检验 ($H_0: \mu_1 \leqslant \mu_2$) 的拒绝域为 $Z \geqslant z_\alpha$,单侧检验 ($H_0: \mu_1 \geqslant \mu_2$) 的拒绝域为 $Z \leqslant -z_\alpha$。计算 P 值的方法也与单个总体相同。

上述方法仍称为 Z 检验法。下面编写两个正态总体的 Z 检验函数(程序名: z.test2())

```
z.test2 <- function(x, y, sigma = c(sd(x), sd(y)), side = 0){
    source("P_value.R")
    n1 <- length(x); n2 <- length(y)
    xb <- mean(x); yb <- mean(y)
    z <- (xb - yb) / sqrt(sigma[1]^2/n1 + sigma[2]^2/n2)
    Pvalue <- P_value(z, side = side)
    data.frame(mean = xb - yb, Z = z, P_value = Pvalue)
}
```

在程序中，x 和 y 均是由样本构成向量。sigma 是二维向量，由两个总体的标准差构成。如果总体标准差未知，由样本标准差替代。side 是数值，取正值时，表示作单侧检验（H_1 为 ">"），取负值时，表示作单侧检验（H_1 为 "<"），取值为 0（默认值）时，表示作双侧检验。

函数的返回值是数据框，其成员有：mean（样本均值差），Z（统计量 Z）和 P_value（P 值）。

对于大样本数据（$n_1 \geq 30, n_2 \geq 30$），可选择 Z 检验作总体均值差的检验，同时用 X 和 Y 的样本标准差分别作为 σ_1 和 σ_2 的近似值。

例 5.4　某工厂的人力资源经理怀疑，该厂的蓝领工人与白领工人因病损失的工作时间有着显著差异，他随机地抽查了 45 名蓝领工人和 38 名白领工人在去年一年中的请假记录，请假天数的样本均值分别是 11.5 天和 9.0 天，样本标准差分别是 10.2 天和 5.58 天。试分析，该厂的蓝领工人与白领工人因病损失的工作时间是否存在着显著差异？取 $\alpha = 0.05$。

解　作双侧检验

$$H_0: \mu_1 = \mu_2, \qquad H_1: \mu_1 \neq \mu_2。$$

按式 (5.15) 计算统计量，再计算 P 值。写出程序（程序名：exam0504.R）

```
source("P_value.R")
Xbar <- 11.5; S1 <- 10.2; n1 <- 45
Ybar <- 9.0;  S2 <- 5.58; n2 <- 38
Z <- (Xbar - Ybar) / sqrt(S1^2/n1 + S2^2/n2); P_value(Z)
```

两类样本的数量分别是 45 和 38，可以用样本方差近似总体方差，得到的 P 值是 0.1577227。因此，两类工人因病损失的工作时间不存在显著差异。

例 5.5　航空协会对国内机场进行抽样调查，以确定各机场服务质量方面的好坏。调查人员从甲、乙两机场分别随机地抽取 50 名乘客，对机场设施、服务质量等进行打分，最低是 1 分，满分为 10 分。甲、乙两机场的得分情况如表 5.2 所示（数据保存在 Airport.csv 文件中）。试分析，甲、乙两机场的平均得分是否存在显著的差异？取 $\alpha = 0.05$。

表 5.2　甲、乙两机场的得分情况

甲机场																
6	4	6	8	7	7	6	3	3	8	10	4	8	7	8	7	5
9	5	8	4	3	8	5	5	4	4	8	4	5	6	2	6	5
9	9	8	4	8	9	9	9	7	8	3	10	8	9	6		
乙机场																
10	9	6	7	8	7	9	8	10	7	6	5	7	3	5	6	8
7	10	8	4	7	8	6	9	9	5	3	1	8	9	6	8	5
4	6	10	9	8	3	2	7	9	5	3	10	3	5	10	8	

解　作双侧检验

$$H_0: \mu_1 = \mu_2, \qquad H_1: \mu_1 \neq \mu_2。$$

读取数据，调用两个总体均值差的 Z 检验函数（z.test2()）计算。

```
source("z.test2.R"); rc <- read.csv("Airport.csv")
with(data = rc, z.test2(A, B))
```

两个总体抽取的样本量均量 50，可以用 Z 检验计算，并用样本的标准差近似总体的标准差，计算结果为

```
    mean       Z    P_value
1  -0.38 -0.8367428 0.4027371
```

计算结果说明，甲、乙两机场的平均得分没有显著差异。

5.2.2 t 检验

如果样本取自正态分布的总体，且方差未知，而且样本数量较少（< 30），如果用 Z 检验作均值的检验或者是均值差的检验，会产生较大的误差，需要用到将要介绍的 t 检验。

1. 单个正态总体均值的检验

设总体 $X \sim N(\mu, \sigma^2)$，且总体方差 σ^2 未知。$X_1, X_2, \cdots, X_n$ 是来自总体 X 的样本。$\overline{X}$ 为样本均值，S^2 为样本方差。对总体均值 μ 作检验。

与总体方差已知的情况相同，对于均值 μ 的检验有，双侧检验（式 (5.2)），单侧检验（式 (5.3) 和式 (5.4)）。

当 $\mu = \mu_0$ 时，有

$$T = \frac{\overline{X} - \mu_0}{S/\sqrt{n}} \sim t(n-1)。 \tag{5.16}$$

类似于 Z 检验的分析，双侧检验的拒绝域为

$$|T| \geqslant t_{\alpha/2}(n-1)。$$

单侧检验的拒绝域分别为

$$T \geqslant t_\alpha(n-1) \quad \text{和} \quad T \leqslant -t_\alpha(n-1)。$$

这种方法称为 t 检验法。

不必像 Z 检验方法一样，自己编写程序，因为 R 已提供了 t 检验所需的函数 —— t.test() 函数，其使用格式如下

```
t.test(x, y = NULL,
       alternative = c("two.sided", "less", "greater"),
       mu = 0, paired = FALSE, var.equal = FALSE,
       conf.level = 0.95, ...)
```

部分参数的名称、取值及意义如表 5.3所示。

5.2 重要的参数检验

表 5.3 t.test( ) 函数中部分参数的名称、取值及意义（1）

名称	取值及意义
x	数值向量，由来自总体的样本构成。
alternative	字符串，表示备择假设选项。取"two.sided"（默认值）表示双侧检验；取"less"表示"<"的单侧检验；取"greater"表示">"的单侧检验。
mu	数值，表示原假设 μ_0，默认值为 0。
conf.level	0～1 之间的数值，表示置信水平，默认值为 0.95。

函数的返回值是列表，其成员有$statistic（t 统计量，由式 (5.16) 计算），$parameter（t 分布的参数，自由度 $n-1$），$p.value（P 值），$conf.int（均值的置信区间），$estimate（均值的估计值，样本x的均值），$null.value（原假设）和$alternative（备择假设）等。

例 5.6 某种元件的寿命（以小时计）服从正态分布 $N(\mu, \sigma^2)$，其中 μ, σ^2 均未知。现测得 16 只元件的寿命如下（数据保存在exam0506.data中）

```
159   280   101   212   224   379   179   264
222   362   168   250   149   260   485   170
```

问是否有理由认为元件的平均寿命大于 225h？

解 按题意，需要作单侧检验

$$H_0: \mu \leqslant \mu_0 = 225, \qquad H_1: \mu > \mu_0 = 225.$$

输入数据，调用t.test()函数计算

```
X <- scan("exam0506.data")
t.test(X, mu = 225, alternative = "greater")
```

其计算结果如下

```
        One Sample t-test
data:  X
t = 0.66852, df = 15, p-value = 0.257
alternative hypothesis: true mean is greater than 225
95 percent confidence interval:
 198.2321      Inf
sample estimates:
mean of x
    241.5
```

解释一下计算结果：t表示 T 值，也就是 t 统计量。df表示自由度，也就是 t 分布的参数。p-value表示 P 值。alternative hypothesis表示备择假设，这里说明备择假设是">"。95 percent confidence interval:表示 95% 的置信水平下的置信区间，由于检验是单侧，置信区间也是单侧。sample estimates:表示样本的估计值，这里是mean of x，即样本均值。

由于 P 值 $(= 0.257) > 0.05$，只能接受原假设，所以不能认为平均寿命大于 225h。从置信区间来看，置信下限 $198.23 < 225$，同样也不能认为平均寿命大于 225h。

2. 两个正态总体均值差的检验

设 $X_1, X_2, \cdots, X_{n_1}$ 是来自总体 $X \sim N(\mu_1, \sigma_1^2)$ 的样本，$Y_1, Y_2, \cdots, Y_{n_2}$ 是来自总体 $Y \sim N(\mu_2, \sigma_2^2)$ 的样本，且两样本独立，总体方差 σ_1^2 和 σ_2^2 未知。$\overline{X}$ 和 $\overline{Y}$ 为样本均值，S_1^2 和 S_2^2 为样本方差。

与总体方差已知的情况相同，对于均值差 $\mu_1 - \mu_2$ 的检验有，双侧检验（式 (5.12)），单侧检验（式 (5.13) 和式 (5.14)）。

在方差未知的情况下，还分为两总体方差相同，和两总体方差不同，两种情况讨论。

(1) 两总体方差相同（$\sigma_1^2 = \sigma_2^2$）。当 $\mu_1 = \mu_2$ 时，有

$$T = \frac{\overline{X} - \overline{Y}}{S_w\sqrt{\dfrac{1}{n_1} + \dfrac{1}{n_2}}} \sim t(n_1 + n_2 - 2), \tag{5.17}$$

其中

$$S_w = \sqrt{\frac{(n_1 - 1)S_1^2 + (n_2 - 1)S_2^2}{n_1 + n_2 - 2}}。 \tag{5.18}$$

双侧检验的拒绝域为

$$|T| \geqslant t_{\alpha/2}(n_1 + n_2 - 2)。$$

单侧检验的拒绝域分别为

$$T \geqslant t_\alpha(n_1 + n_2 - 2) \quad \text{和} \quad T \leqslant -t_\alpha(n_1 + n_2 - 2)。$$

(2) 两总体方差不同（$\sigma_1^2 \neq \sigma_2^2$）。当 $\mu_1 = \mu_2$ 时，可以证明

$$T = \frac{\overline{X} - \overline{Y}}{\sqrt{\dfrac{S_1^2}{n_1} + \dfrac{S_2^2}{n_2}}} \sim t(\widehat{\nu}) \tag{5.19}$$

近似成立，其中

$$\widehat{\nu} = \left(\frac{S_1^2}{n_1} + \frac{S_2^2}{n_2}\right)^2 \bigg/ \left(\frac{(S_1^2)^2}{n_1^2(n_1 - 1)} + \frac{(S_2^2)^2}{n_2^2(n_2 - 1)}\right)。 \tag{5.20}$$

双侧检验的拒绝域为

$$|T| \geqslant t_{\alpha/2}(\widehat{\nu})。$$

单侧检验的拒绝域分别为

$$T \geqslant t_\alpha(\widehat{\nu}) \quad \text{和} \quad T \leqslant -t_\alpha(\widehat{\nu})。$$

这种方法仍称为 t 检验法。对于小样本数据，且两个总体方差未知时，也只能使用 t 检验方法。

在 R 中，`t.test()` 函数可完成两个总体均值差的 t 检验，并给出对应的置信区间，其使用格式为

```
t.test(x, y = NULL,
    alternative = c("two.sided", "less", "greater"),
    mu = 0, paired = FALSE, var.equal = FALSE,
    conf.level = 0.95, ...)
```

部分参数的名称、取值及意义如表 5.4 所示。

表 5.4　t.test( ) 函数中部分参数的名称、取值及意义（2）

名称	取值及意义
x, y	数值向量，分别由来自 X 和 Y 的样本构成。
mu	数值，表示两总体的均值差 $\mu_1 - \mu_2$，默认值为 0。
paired	逻辑变量，表示是否完成配对数据的检验，默认值为 FALSE。
var.equal	逻辑变量，表示两总体的方差是否相同，默认值为 FALSE。

函数的返回值是列表，其成员有 $statistic（t 统计量，由式 (5.17) 或式 (5.19) 计算），$parameter（t 分布的参数，自由度 n_1+n_2-2 或 $\hat{\nu}$），$p.value（P 值），$conf.int（均值差的置信区间），$estimate（均值的估计值，样本 x 和 y 的均值），$null.value（原假设）和 $alternative（备择假设）等。

例 5.7　在平炉上进行一项试验以确定改变操作方法的建议是否会增加钢的得率，试验是在同一个平炉上进行的。每炼一炉钢时除操作方法外，其他条件都尽可能做到相同。先用标准方法炼一炉，然后用新方法炼一炉，以后交替进行，各炼了 10 炉，其得率（以表格形式存放在 exam0507.data 文件中）分别为

标准方法　　78.1　72.4　76.2　74.3　77.4　78.4　76.0　75.5　76.7　77.3
新方法　　　79.1　81.0　77.3　79.1　80.0　79.1　79.1　77.3　80.2　82.1

设这两样本相互独立，且分别来自正态总体 $N(\mu_1, \sigma^2)$ 和 $N(\mu_2, \sigma^2)$，其中 μ_1, μ_2 和 σ^2 未知。问新的操作能否提高得率？（取 $\alpha = 0.05$）

解　根据题意，需要假设

$$H_0 : \mu_1 \geqslant \mu_2, \quad H_1 : \mu_1 < \mu_2,$$

这里假定 $\sigma_1^2 = \sigma_2^2 = \sigma^2$，是方差相同的情况（程序名: exam0507.R）。

```
rt <- read.table("exam0507.data")
with(rt, t.test(Normal, New, var.equal = TRUE, al = "l"))
```

在程序中，al 是 alternative 的缩写，l 是 less 的缩写。在 R 中，很多命令都可以用缩写的形式。计算结果为

```
        Two Sample t-test
data:  Normal and New
t = -4.2957, df = 18, p-value = 0.0002176
alternative hypothesis: true difference in means is less than 0
95 percent confidence interval:
```

```
        -Inf -1.908255
sample estimates:
mean of x mean of y
    76.23     79.43
```

P 值 (= 0.0002176) ≪ 0.05，故拒绝原假设，即认为新的操作方能够提高得率。

如果认为两个总体的方差是不同的，命令和计算结果如下

```
> with(rt, t.test(Normal, New, al = "l"))
        Welch Two Sample t-test
data:  Normal and New
t = -4.2957, df = 17.319, p-value = 0.0002355
alternative hypothesis: true difference in means is less than 0
95 percent confidence interval:
    -Inf -1.9055
sample estimates:
mean of x mean of y
    76.23     79.43
```

得到的结论仍然是拒绝原假设。

t.test()函数的另一种使用格式是公式形式，其使用格式为

t.test(formula, data, subset, na.action, ...)

参数的名称、取值及意义如表 5.5所示。

表 5.5　t.test( ) 函数中部分参数的名称、取值及意义（3）

名称	取值及意义
formula	形如value ~ group 的公式，其中value 为数据，group 为数据的分组情况，通常是因子向量。
data	矩阵或数据框，由样本数据构成。
subset	可选向量，表示使用样本的子集。

例 5.8　为了分析雾天与晴天对果园使用杀虫剂的效果，现收集了 12 天喷洒杀虫剂时果园的空气样本，如表 5.6所示（以表格形式存放在exam0508.data中）。利用这些数据检验空气中的氧/硫比值在雾天与晴天之间是否存在显著差异？($\alpha = 0.05$)。

表 5.6　喷洒杀虫剂时果园的空气数据　　　　　单位: ng/m^3

序号	环境	硫	氧	序号	环境	硫	氧
1	雾	38.2	10.3	7	晴	46.4	27.4
2	雾	28.6	6.9	8	雾	135.9	44.8
3	雾	30.2	6.2	9	雾	102.9	27.8
4	雾	23.7	12.4	10	晴	28.9	6.5
5	晴	74.1	45.8	11	雾	46.9	11.2
6	雾	88.2	9.9	12	晴	44.3	16.6

解 在表格形式的文件exam0508.data中，表头中的 E 表示环境，S 表示硫的含量，O 表示氧的含量，这种形式特别适用于t.test()函数中公式格式的计算。这里需要假设空气中的氧硫比（O/S）服从正态分布，但并不要求两总体的方差相同，因此，采用方差不同模型。计算程序（程序名：exam0508.R）如下：

```
rt <- read.table("exam0508.data")
rt$R <- with(rt, O/S)
t.test(R ~ E, data = rt)
```

计算结果为

```
        Welch Two Sample t-test
data:  R by E
t = 1.7439, df = 4.2612, p-value = 0.1517
alternative hypothesis: true difference in means is not equal to 0
95 percent confidence interval:
 -0.09882069  0.45536999
sample estimates:
mean in group clear    mean in group fog
          0.4520581              0.2737834
```

计算结果表明，雾天与晴天空气中的氧硫比并没有显著性差异。

3. 配对数据的 t 检验

如果数据是配对出现的，即 (X_i, Y_i), $(i = 1, 2, \cdots, n)$，则认为用配对数据的 t 检验要优于两总体均值差的检验。所谓配对 t 检验就是令 $Z_i = X_i - Y_i$ $(i = 1, 2, \cdots, n)$，对 Z 作单个总体均值检验。

在t.test()函数中，令paired = TRUE表示计算配对数据的 t 检验。

例 5.9（继例 4.23） 为了调查使用克矽平治疗矽肺的效果，抽查了 10 名使用克矽平治疗矽肺的患者（数据见表 4.1，并以表格形式存放在exam0423.data中）。试用配对 t 检验的方法，分析患者在治疗前后是否有显著差异？

解 治疗前和治疗后是同一个人，属配对数据。检验问题

$$H_0 : \mu_1 - \mu_2 = 0, \quad H_1 : \mu_1 - \mu_2 \neq 0。$$

命令与结果如下：

```
> rt <- read.table("../chap04/exam0423.data")
> with(rt, t.test(Untreated, Treated, paired = TRUE))
        Paired t-test
data:  Untreated and Treated
t = -1.3066, df = 9, p-value = 0.2237
alternative hypothesis: true difference in means is not equal to 0
95 percent confidence interval:
 -1.8572881  0.4972881
sample estimates:
```

```
mean of the differences
                -0.68
```

P 值 (= 0.2237) > 0.05，说明治疗前后病人血红蛋白的含量无显著差异。注意看这里给出的区间估计值，与例 4.21 自编函数的计算结果是相同的。

5.2.3 总体比例的检验

除总体均值的检验外，还有总体比例的检验（如老年人口占总人口的比例），以及两个总体中某种比例是否相同。

1. 单个总体比例的检验

如果用样本比例 $\widehat{p} = \dfrac{m}{n}$ 作为总体比例 p 的估计，其中 m 是成功的次数，n 是试验总次数。当 $np \geqslant 5$ 和 $nq \geqslant 5$ ($q = 1 - p$)，则

$$\widehat{p} \sim N\left(p, \frac{pq}{n}\right) \tag{5.21}$$

近似成立。

当 $p = p_0$ 时，统计量

$$Z = \frac{\widehat{p} - p_0}{\sqrt{p_0 q_0 / n}} \sim N(0, 1) \tag{5.22}$$

近似成立，其中 $q_0 = 1 - p_0$。

对于双侧检验

$$H_0 : p = p_0, \qquad H_1 : p \neq p_0。$$

其拒绝域为 $|Z| > z_{\alpha/2}$，其中 α 为显著性水平。

对于单侧检验

$$H_0 : p \leqslant p_0, \qquad H_1 : p > p_0,$$

其拒绝域为 $Z > z_\alpha$。对于单侧检验

$$H_0 : p \geqslant p_0, \qquad H_1 : p < p_0,$$

其拒绝域为 $Z < -z_\alpha$。

上述方法称为近似方法，即用正态分布近似计算二项分布。由于使用正态分布近似，也可以用正态分布计算统计量 Z 的 P 值，用 P 值的大小，判断是否拒绝还是接受原假设。

在 R 中，prop.test()函数是用近似方法作二项分布的检验，并计算总体比例 p 的区间估计，但它使用的不是正态分布，而是 χ^2 分布（正态分布的平方）。

prop.test()函数的使用格式为

```
prop.test(x, n, p = NULL,
          alternative = c("two.sided", "less", "greater"),
          conf.level = 0.95, correct = TRUE)
```

部分参数的名称、取值及意义如表 5.7 所示。

表 5.7　prop.test( ) 函数中部分参数的名称、取值及意义（1）

名称	取值及意义
x	正整数，表示试验成功的次数。
n	正整数，表示试验次数。
p	假设中试验成功的概率，即 p_0，默认值为NULL。
correct	逻辑变量，表示是否对统计量作连续修正，默认值为TRUE。

函数的返回值是列表，其成员有\$statistic（χ^2 统计量），\$parameter（χ^2 分布的参数，即自由度），\$p.value（P 值），\$estimate（比例的估计值，样本比例），\$conf.int（比例的置信区间），\$null.value（原假设）和 \$alternative（备择假设）等。

例 5.10　有一批蔬菜种子的平均发芽率 $p_0 = 0.85$，现随机抽取 500 粒，用种衣剂进行浸种处理，结果有 445 粒发芽。试检验种衣剂对种子发芽率有无效果。

解　作双侧检验

$$H_0 : p = 0.85, \quad H_1 : p \neq 0.85。$$

题目满足 $np \geqslant 5$ 和 $nq \geqslant 5$ 的条件，可以用近似计算。

```
> prop.test(x = 445, n = 500, p = 0.85)
    1-sample proportions test with continuity correction
data:  445 out of 500, null probability 0.85
X-squared = 5.9647, df = 1, p-value = 0.0146
alternative hypothesis: true p is not equal to 0.85
95 percent confidence interval:
 0.8584450 0.9153932
sample estimates:
   p
0.89
```

P 值 ($= 0.0146$) < 0.05，拒绝原假设，表明 $p \neq 0.85$。再看置信区间，左端点 (0.8584450) $>$ 0.85，说明种衣剂对种子的发芽率是有效的。也可以作单侧检验完成这一论断（请读者自己完成）。

当 $np \geqslant 5$ 和 $nq \geqslant 5$ 无法满足时，只能作精确计算。这里并不推导精确计算的计算公式，而是介绍 R 中用于精确计算的函数——binom.test()函数，其使用格式为

```
binom.test(x, n, p = 0.5,
        alternative = c("two.sided", "less", "greater"),
        conf.level = 0.95)
```

函数中参数的使用方法基本上与prop.test()函数相同（见表 5.7），只是略有差别的是，x可以是二维向量，分别为成功和失败的次数，在此情况下，参数 n 无效。参数 p 的默认值是 0.5。

函数的返回值是列表，其成员有$statistic（成功的个数），$parameter（试验次数），$p.value（P 值），$conf.int（比例的置信区间），$estimate（比例的估计值），$null.value（原假设）和$alternative（备择假设）等。

例 5.11 据以往经验，新生儿染色体异常率一般为 1%，某医院观察了当地 400 名新生儿，只有 1 例染色体异常，问该地区新生儿染色体异常是否低于一般水平？

解 根据题意，作单侧检验

$$H_0: p \geqslant 0.01, \quad H_1: p < 0.01 \text{。}$$

调用 binom.test() 函数如下：

```
> binom.test(1, 400, p = 0.01, alternative = "less")
        Exact binomial test
data:  1 and 400
number of successes = 1, number of trials = 400, p-value = 0.09048
alternative hypothesis: true probability of success is less than 0.01
95 percent confidence interval:
 0.0000000 0.0118043
sample estimates:
probability of success
                 0.0025
```

P 值（= 0.09048）> 0.05，并不能拒绝原假设，不能认为该地区新生儿染色体异常率低于一般水平。另外，从区间估计值也能说明这一点，因为单侧区间估计的上界 0.0118 > 0.01。

另一种输入方法

```
> binom.test(c(1, 399), p = 0.01, alternative = "less")
```

具有同样的结果。

2. 两个总体比例差的检验

如果用比例 $\widehat{p}_1 = \dfrac{m_1}{n_1}$ 和 $\widehat{p}_2 = \dfrac{m_2}{n_2}$ 分别作为两个总体比例 p_1 和 p_2 的估计值，其中 m_1 和 m_2 分别是两个总体中试验成功的次数，n_1 和 n_2 分别是两个总体中试验的总次数。如果 $n_1 p_1, n_1 q_1, n_2 p_2$ 和 $n_2 q_2$ ($q_i = 1 - p_i, i = 1, 2$) 均大于等 5，则

$$\widehat{p}_1 - \widehat{p}_2 \sim N\left(p_1 - p_2, \frac{p_1 q_1}{n_1} + \frac{p_2 q_2}{n_2}\right) \tag{5.23}$$

近似成立。

当 $p_1 = p_2$ 时，统计量

$$Z = \frac{\widehat{p}_1 - \widehat{p}_2}{\sqrt{pq\left(\dfrac{1}{n_1} + \dfrac{1}{n_2}\right)}} \sim N(0, 1) \tag{5.24}$$

近似成立，其中

$$p = \frac{m_1 + m_2}{n_1 + n_2} = \frac{n_1 \widehat{p}_1 + n_2 \widehat{p}_2}{n_1 + n_2}, \quad q = 1 - p \text{。} \tag{5.25}$$

对于双侧检验
$$H_0: p_1 = p_2, \qquad H_1: p_1 \neq p_2,$$
其拒绝域为 $|Z| > z_{\alpha/2}$，其中 α 为显著性水平。

对于单侧检验
$$H_0: p_1 \leqslant p_2, \qquad H_1: p_1 > p_2,$$
其拒绝域为 $Z > z_\alpha$。单侧检验
$$H_0: p_1 \geqslant p_2, \qquad H_1: p_1 < p_2,$$
其拒绝域为 $Z < -z_\alpha$。

关于两个总体（或多个总体）比例的检验，仍然可以用 prop.test() 函数完成，部分参数的名称、取值及意义如表 5.8 所示。

表 5.8　prop.test( ) 函数中部分参数的名称、取值及意义（2）

名称	取值及意义
x	整数向量，表示成功的次数。或 2 列矩阵，表示成功与失败的次数。
n	整数向量，表示试验的次数，当 x 为矩阵时，该值无效。
p	向量，表示试验成功的概率，必需与 x 有相同的维数。

函数的返回值是列表，其成员有 \$statistic（χ^2 统计量），\$parameter（χ^2 分布的参数，即自由度），\$p.value（P 值），\$estimate（比例的估计值，样本比例），\$conf.int（比例差的置信区间），\$null.value（原假设）和 \$alternative（备择假设）等。

例 5.12　为节约能源，某地区政府鼓励人们拼车出行，采取的措施是在指定的某些高速路段，载有两人以上的车辆减收道路通行费。为评价该项措施的效果，随机选取了未减收路费路段的车辆 2000 辆，和减收路费路段的车辆 1500 辆，发现分别有 652 辆和 576 辆是两人以上的。这些数据能否说明这项措施实施后能提高合乘汽车的比例？

解　检验
$$H_0: p_1 = p_2, \qquad H_1: p_1 \neq p_2。$$
以下是程序和计算结果。

```
> n <- c(2000, 1500); x <- c(652, 576); prop.test(x, n)
    2-sample test for equality of proportions
    with continuity correction
data:  x out of n
X-squared = 12.407, df = 1, p-value = 0.0004278
alternative hypothesis: two.sided
95 percent confidence interval:
 -0.09064286 -0.02535714
sample estimates:
prop 1 prop 2
 0.326  0.384
```

P 值 ($= 0.0004278$) $\ll 0.05$，拒绝原假设，即这两组数据的比例不相同。置信区间为 $[-0.0906, -0.0254]$，位于原点的左侧，说明 $p_1 < p_2$，即这项措施的实施，有助于提高合乘汽车的比例。

作单侧检验（$H_0 : p_1 \geq p_2, H_1 : p_1 < p_2$），会得到同样的结论（留给读者完成）。

3. 三个以上总体比例的比较

prop.test()函数不是用正态分布，而是用 χ^2 分布作近似计算的好处是，将两个总体的假设检验方法，推广到 $m (\geq 3)$ 个总体的检验中。请看下面的例子。

例 5.13 视频工程师使用时间压缩技术来缩短播放广告节目所要求的时间，但较短的广告是否有效？为回答这个问题，将 200 名大学生随机的分成三组，第一组（57 名学生）观看一个包含 30s 广告的电视节目录像带；第二组（74 名学生）观看同样的录像带，但是 24s 压缩版的广告；第三组（69 名学生）观看 20s 压缩版的广告。观看录像带两天之后，询问这三组学生广告中品牌的名称。表 5.9 给出每组学生回答情况的人数。试分析三种类型广告的播放效果是否有显著差异？

表 5.9 播放不同类型广告节目的播放效果

回忆品牌名称	广告类型			合计
	正常版本（30s）	压缩版本 1（24s）	压缩版本 2（20s）	
能	15	32	10	57
否	42	42	59	143
合计	57	74	69	200

解 如果三种类型的广告无显著差异，那么能回忆品牌名称的比例应该是相同的，所以检验

$$H_0 : p_1 = p_2 = p_3, \qquad H_1 : p_1, p_2, p_3 \text{不全相同。}$$

程序（程序名: exam0513.R）和计算结果如下

```
X <- matrix(c(15, 32, 10, 42, 42, 59), ncol = 2)
prop.test(X)
```

程序第 1 行，将表 5.9 中的数据输入给矩阵 X，其中第 1 列是成功的次数，第 2 列是失败的次数。程序第 2 行，调用prop.test()函数作检验。计算结果如下：

```
    3-sample test for equality of proportions
    without continuity correction

data:  X
X-squared = 14.671, df = 2, p-value = 0.0006521
alternative hypothesis: two.sided
sample estimates:
   prop 1    prop 2    prop 3
0.2631579 0.4324324 0.1449275
```

在计算结果中，P 值 (= 0.0006521) ≪ 0.05，拒绝原假设，说明三种类型的广告播放效果是有差异的。但从得到的比例来看，采用压缩版本 1（24s）的效果最好。

在拒绝原假设后，只知道各组的比例有差异，但并不知道，谁与谁有显著差异。这就需要作多重比较，称为比例的多重检验。

这个问题可以由pairwise.prop.test()函数完成，其使用格式为

```
pairwise.prop.test(x, n,
    p.adjust.method = p.adjust.methods, ...)
```

参数x和n的意义与prop.test()函数相同（见表 5.8）。

对例 5.13的数据作比例的多重比较，程序和计算结果如下：

```
> pairwise.prop.test(X)
    Pairwise comparisons using Pairwise comparison of proportions
data:  X
   1     2
2 0.138 -
3 0.152 0.001
P value adjustment method: holm
```

计算结果表明：正常版本（30s）与压缩版本 1（24s）、正常版本（30s）与压缩版本 2（20s）无显著差异，而压缩版本 1（24s）与压缩版本 2（20s）有显著差异。

5.2.4 泊松分布参数的检验

上一小节介绍的是总体比例的检验，即二项分布参数的检验。本小节介绍与二项分布联系密切的分布——泊松分布参数的检验问题。

泊松分布是由法国数学家泊松（S. D. Poisson）于 1837 年提出来的，它作为二项分布的近似分布，其分布律为

$$P\{X = k\} = \frac{\lambda^k}{k!} e^{-\lambda}, \tag{5.26}$$

其中，λ 为参数，记为 $X \sim P(\lambda)$。由于 $E(X) = \lambda$，所以称 λ 为总体的平均速率。

泊松分布可以作为稀有事件的模型，例如，放射性物质单位时间内的放射次数，单位面积内的细菌计数等。也可以作为时间、平面或空间散布点的模型，例如，一段时间内顾客到商场的人数，通过某个交通路口的车辆数，或者是一段长度的管道出现漏洞的个数。

泊松分布具有可加性。若 X 和 Y 是相互独立的随机变量，且分别服从参数为 λ_1 和 λ_2 的泊松分布，即 $X \sim P(\lambda_1), Y \sim P(\lambda_2)$，则 $X + Y$ 服从参数为 $\lambda_1 + \lambda_2$ 的泊松分布，即 $X + Y \sim P(\lambda_1 + \lambda_2)$。

泊松分布参数的检验有两种，一个单个总体参数的检验

$$H_0: \lambda = \lambda_0, \quad H_1: \lambda \neq \lambda_0 \quad \text{（双侧检验）},$$
$$H_0: \lambda \leqslant \lambda_0, \quad H_1: \lambda > \lambda_0 \quad \text{（单侧检验）},$$
$$H_0: \lambda \geqslant \lambda_0, \quad H_1: \lambda < \lambda_0 \quad \text{（单侧检验）};$$

另一个是两个总体参数的检验

$$H_0: \lambda_1 = \lambda_2, \quad H_1: \lambda_1 \neq \lambda_2 \quad （双侧检验），$$
$$H_0: \lambda_1 \leqslant \lambda_2, \quad H_1: \lambda_1 > \lambda_2 \quad （单侧检验），$$
$$H_0: \lambda_1 \geqslant \lambda_2, \quad H_1: \lambda_1 < \lambda_2 \quad （单侧检验）。$$

检验方法也有两种，（1）用正态分布作近似检验；（2）用泊松分布作精确检验。

这里不推导关于检验方法的计算公式，而是介绍如何使用poisson.test()函数作泊松分布参数的精确检验，其使用格式为

```
poisson.test(x, T = 1, r = 1,
    alternative = c("two.sided", "less", "greater"),
    conf.level = 0.95)
```

部分参数的名称、取值及意义如表 5.10所示。

表 5.10 poisson.test( ) 函数中参数的名称、取值及意义

名称	取值及意义
x	数量或二维向量，由非负整数构成，表示单个总体或两个总体的事件数。
T	数量或二维向量，由非负实数构成，表示发生事件的时间长度、面积或空间的单位，默认值为 1。
r	假设的速率 λ_0，或者是速率的比值 λ_1/λ_2，默认值为 1。

函数的返回值是一列表，其成员有$statistic（统计量,事件数或计数),$parameter（参数，时间长度或期望计数），$p.value（p 值），$conf.int（参数或参数比的置信区间），$estimate（参数或参数比的估计值），$null.value（原假设），$alternative（备择假设）和$method（检验方法）等。

从返回值可以看出，poisson.test()函数不但给出检验结果，同时也给出参数的置信区间。

1. 单个总体参数的精确检验

例 5.14 根据以往的数据得到：某种疫苗接种后的严重反应为 0.1%，现有 150 接种了某批次的该种疫苗，有 2 人发生了严重反应，试分析：该批次的疫苗的异常反应是否高于以往的平均水平。

解 作假设

$$H_0: \lambda \leqslant \lambda_0 = 0.001, \quad H_1: \lambda > \lambda_0 = 0.001。$$

调用poisson.test()函数作精确检验，有

```
> poisson.test(x = 2, T = 150, r = 0.001, alternative = "greater")
        Exact Poisson test
data:  2 time base: 150
number of events = 2, time base = 150, p-value = 0.01019
```

```
alternative hypothesis: true event rate is greater than 0.001
95 percent confidence interval:
 0.002369077           Inf
sample estimates:
event rate
0.01333333
```

返回值有事件数、发生事件的时间长度、P 值、事件速率的置信区间和事件速率。

由于 P 值 (= 0.01019) < 0.05，拒绝原假设，说明此批次的疫苗的异常反应明显高于以往的平均水平。

2. 两个总体参数比的精确检验

例 5.15 为研究两个水源被污染的情况是否相同，在甲水源处共作 7 次取样，每次 1mL，测得的菌落数分别为 30, 70, 120, 50, 80, 60 和 40。在乙水源处共作 5 次取样，每次 1mL，测得菌落数分别为 70, 90, 130, 40 和 80。试分析两个水源被污染的情况是否有显著差异？

解 作假设

$$H_0 : \lambda_1/\lambda_2 = 1, \quad H_1 : \lambda_1/\lambda_2 \neq 1。$$

调用 poisson.test() 函数作精确检验，由泊松分布的可加性，计算时将所有数据相加，程序及计算结果如下：

```
X <- c(30, 70, 120, 50, 80, 60, 40)
Y <- c(70, 90, 130, 40, 80)
poisson.test(c(sum(X), sum(Y)), c(length(X), length(Y)))

        Comparison of Poisson rates
data:  c(sum(X), sum(Y)) time base: c(length(X), length(Y))
count1 = 450, expected count1 = 501.67, p-value = 0.0004132
alternative hypothesis: true rate ratio is not equal to 1
95 percent confidence interval:
 0.6842518 0.8984228
sample estimates:
rate ratio
 0.7839721
```

返回值有第 1 组数据的事件数、第 1 组数据的期望数、P 值、速率比值的置信区间和速率比值。

由于 P 值 (= 0.0004132) < 0.05，拒绝原假设，说明两水源被污染的情况存在着显著差异，且由置信区间的上限严格小于 1，说明乙水源的被污染的严重程度明显大于甲水源。

5.2.5 正态总体方差的检验

1. 单个总体方差的检验

设 $X_1, X_2, \cdots, X_n$ 是来自总体 $X \sim N(\mu, \sigma^2)$ 的样本, 且总体均值 μ 未知, S^2 为样本方差。当 $\sigma^2 = \sigma_0^2$ 时, 有

$$\chi^2 = \frac{(n-1)S^2}{\sigma_0^2} \sim \chi^2(n-1), \tag{5.27}$$

对于双侧检验

$$H_0 : \sigma^2 = \sigma_0^2, \quad H_1 : \sigma^2 \neq \sigma_0^2,$$

其拒绝域为 $\chi^2 \geqslant \chi^2_{\alpha/2}(n-1)$ 或 $\chi^2 \leqslant \chi^2_{1-\alpha/2}(n-1)$。对于单侧检验

$$H_0 : \sigma^2 \leqslant \sigma_0^2, \quad H_1 : \sigma^2 > \sigma_0^2,$$

其拒绝域为 $\chi^2 \geqslant \chi^2_{\alpha}(n-1)$。对于单侧检验

$$H_0 : \sigma^2 \geqslant \sigma_0^2, \quad H_1 : \sigma^2 < \sigma_0^2,$$

其拒绝域为 $\chi^2 \leqslant \chi^2_{1-\alpha}(n-1)$。

编写单个总体方差的检验程序（程序名: var1.test.R), 在给出统计量 P 值的同时, 按照第 4 章的方法, 同时计算出 σ^2 的置信区间。

```
var1.test <- function(x, sigma2, alternative = "two.sided",
                      alpha = 0.05){
    S2 <- var(x); df <- length(x) - 1
    chi2 <- df*S2/sigma2; p <- pchisq(chi2, df)
    if (alternative == "less" | alternative == "l"){
        a <- 0
        b <- df*S2/qchisq(alpha, df)
    }
    else if (alternative == "greater" | alternative == "g"){
        a <- df*S2/qchisq(1 - alpha, df)
        b <- Inf
        p <- 1 - p
    }
    else{
        a <- df*S2/qchisq(1-alpha/2, df)
        b <- df*S2/qchisq(alpha/2, df)
        p <- if (p < 1/2) 2*p else  2*(1-p)
    }
    data.frame(X.squared = chi2, sample.var = S2, p.value = p,
        df = df, a = a, b = b)
}
```

在函数中，x是由样本构成的数值向量。sigma2为原假设中的总体方差σ_0^2。alternative是字符串，表示备择假设，有"two.sided"（双侧，默认值），"less"（单侧"<"）和"greater"（单侧">"）。alpha是显著性水平，默认值为0.05。

函数的返回值数据框，其成员有X.squared（统计量χ^2），sample.var（样本方差），p.value（P值），df（自由度）和a，b（置信区间的左右端点）。

例 5.16 罐头食品厂的质检人员知道每一盒罐头的精确重量是不同的，因为有一些不可控因素影响重量。每一盒罐头的平均重量是一个重要指标，但是填入量的方差σ^2同样很重要。如果σ^2较大，就会出现某些罐头的装填量太少而另一些罐头又太多的现象。假定管理机构规定 250g 罐头的装填量标准差应小于 3.2g。以下数据是质检人员随机抽取 10 盒罐头称出它们的重量：

249 247 249 250 249 249 251 251 251 251

试分析，有无充分证据说明装填量测量值的标准差 σ 小于 3.2g？

解 设计原假设与备择假设。由题意，作单侧检验

$$H_0: \sigma^2 \geqslant 3.2^2, \quad H_1: \sigma^2 < 3.2^2。$$

以下是程序（程序名: exam0516.R）

```
source("var1.test.R")
X <- c(249, 247, 249, 250, 249, 249, 251, 251, 251, 251)
var1.test(X, sigma2 = 3.2^2, alternative = "less")
```

和计算结果

```
    X.squared sample.var    p.value df a        b
1    1.572266   1.788889 0.00342569  9 0 4.841941
```

由计算结果知，P 值 < 0.05，拒绝原假设，说明装填量总体标准差小于 3.2g。由单侧置信上限 $\sqrt{4.841941} = 2.200441$，也同样说明这一点。

2. 两个总体方差比的检验

设 $X_1, X_2, \cdots, X_{n_1}$ 是来自总体 $X \sim N(\mu_1, \sigma_1^2)$ 的样本，$Y_1, Y_2, \cdots, Y_{n_2}$ 是来自总体 $Y \sim N(\mu_2, \sigma_2^2)$ 的样本，且两样本独立。$\overline{X}$ 和 $\overline{Y}$ 分别为总体 X 和 Y 的样本均值，S_1^2 和 S_2^2 分别为总体 X 和 Y 的样本方差。

当 $\sigma_1^2 = \sigma_2^2$ 时，有

$$F = \frac{S_1^2}{S_2^2} \sim F(n_1 - 1, n_2 - 1)。 \tag{5.28}$$

对于双侧检验

$$H_0: \sigma_1^2/\sigma_2^2 = 1 \ (\sigma_1^2 = \sigma_2^2), \quad H_1: \sigma_1^2/\sigma_2^2 \neq 1 \ (\sigma_1^2 \neq \sigma_2^2),$$

其拒绝域为 $F \geqslant F_{\alpha/2}(n_1-1, n_2-1)$ 或 $F \leqslant F_{1-\alpha/2}(n_1-1, n_2-1)$。对于单侧检验

$$H_0: \sigma_1^2/\sigma_2^2 \leqslant 1 \ (\sigma_1^2 \leqslant \sigma_2^2), \quad H_1: \sigma_1^2/\sigma_2^2 > 1 \ (\sigma_1^2 > \sigma_2^2),$$

其拒绝域为 $F \geqslant F_\alpha(n_1-1, n_2-1)$。对于单侧检验

$$H_0: \sigma_1^2/\sigma_2^2 \geqslant 1 \ (\sigma_1^2 \geqslant \sigma_2^2), \quad H_1: \sigma_1^2/\sigma_2^2 < 1 \ (\sigma_1^2 < \sigma_2^2),$$

其拒绝域为 $F \leqslant F_{1-\alpha}(n_1-1, n_2-1)$。

不必像单个总体检验那样自己编写程序,因为 R 提供了两个正态总体方差比的检验函数——var.test()函数,其使用格式为

```
var.test(x, y, ratio = 1,
    alternative = c("two.sided", "less", "greater"),
    conf.level = 0.95, ...)
```

参数ratio为方差比 σ_1^2/σ_2^2,默认值为 1。

函数的返回值是列表,其成员有$statistic($F$ 统计量),$parameter($F$ 分布的参数,第一和第二自由度),$p.value(P 值),$conf.int(方差比的置信区间),$null.value(原假设)和$alternative(备择假设)等。

例 5.17 试对例 5.7中的数据假设作检验

$$H_0: \sigma_1^2 = \sigma_2^2, \quad H_1: \sigma_1^2 \neq \sigma_2^2。$$

解 输出数据,调用var.test()函数作检验

```
> rt <- read.table("exam0507.data")
> with(rt, var.test(Normal, New))
        F test to compare two variances
data:  Normal and New
F = 1.4945, num df = 9, denom df = 9, p-value = 0.559
alternative hypothesis: true ratio of variances is not equal to 1
95 percent confidence interval:
 0.3712079 6.0167710
sample estimates:
ratio of variances
          1.494481
```

P 值 (= 0.559) ≫ 0.05,因此,无法拒绝原假设,认为两总体的方差是相同的。这也说明在例 5.7 中,假设两总体方差相同是合理的。

实际上,两总体方差比的区间估计也能说明两个总体的方差相同,因为得到的置信区间包含 1。

5.3 分布的检验

在统计推断问题中,若给定或假定了总体分布的具体形式(如正态分布),只是其中含有若干未知参数,要基于来自总体的样本对参数做出估计或者进行某种形式的假设检验,这类推断方法称为参数方法。

但在许多实际问题中，人们往往对总体的分布知之甚少，很难对总体的分布形式作出正确的假定，最多只能对总体的分布做出诸如连续型分布、关于某点对称分布等一般性的假定。这种不假定总体分布的具体形式，尽量从数据（或样本）本身来获得所需要的信息的统计方法称为非参数方法。

对于非参数方法的检验问题称为非参数检验法，它涉及的范围很广，这里介绍的分布检验，和后面各节介绍的其他检验，均属于非参数检验。

5.3.1 皮尔逊拟合优度 χ^2 检验

前面介绍的假设检验问题称为参数检验，即事先认为样本分布具有某种指定的形式，而其中的一些参数未知，检验的目标是关于某个参数落在特定的范围内的假设。这里要介绍的是另一类假设，其目标不是针对具体的参数，而是针对分布的类型。例如，通常假定总体分布具有正态性，则"总体分布为正态"这一断言本身在一定场合下就是可疑的，有待于检验。

在第 3 章中，通过直方图、QQ 图和经验分布图大概描述观测数据是否服从某种分布，这里介绍如何用统计方法检验观测数据是否服从某种分布。

1. 理论分布完全已知的情况

假设根据某理论、学说甚至假定，某随机变量应当有分布 F，现对 X 进行 n 次观察，得到一个样本 $X_1, X_2, \cdots, X_n$，要据此检验

$$H_0 : X \text{ 具有理论分布 } F。$$

这里虽然没有明确指出对立假设，但可以说，对立假设是

$$H_1 : X \text{ 不具有理论分布 } F。$$

本问题的真实含义是估计实测数据与该理论或学说符合得怎么样，而不在于当认为不符合时，X 可能备择的分布如何。故问题中不明确标出对立假设，反而使人感到提法更为贴近现实。

上述问题的检验方法是，将数轴 $(-\infty, \infty)$ 分成 m 个区间

$$I_1 = (-\infty, a_1), \quad I_2 = [a_1, a_2), \quad \cdots, \quad I_m = [a_{m-1}, \infty)。$$

记这些区间的理论概率分别为

$$p_1, p_2, \cdots, p_m, \quad p_i = P\{X \in I_i\}, \quad i = 1, 2, \cdots, m。$$

记 n_i 为 $X_1, X_2, \cdots, X_n$ 中落在区间 I_i 内的个数，则在原假设成立下，n_i 的期望值为 np_i，n_i 与 np_i 的差距 $(i = 1, 2, \cdots, m)$ 可视为理论与观察之间偏离的衡量，将它结合起来形成一个综合指标：$\sum_{i=1}^{m} c_i (n_i - np_i)^2$，其中 $c_i > 0$ 为适当的常数，通常取 $c_i = 1/np_i$，因此，得到统计量

$$K = \sum_{i=1}^{m} \frac{(n_i - np_i)^2}{np_i}, \tag{5.29}$$

称 K 为皮尔逊 χ^2 统计量。皮尔逊证明了，在原假设成立的条件下，当 $n \to \infty$ 时，K 依分布收敛于自由度为 $m-1$ 的 χ^2 分布。在这个基础上，引进一个大样本检验，给定显著性水平 α，当

$$K > \chi_\alpha^2(m-1), \tag{5.30}$$

则拒绝原假设。这就是奈曼–皮尔逊（Neyman-Pearson）拟合优度 χ^2 检验。

这个问题还可以讨论得更细一些，按式 (5.30)，只要 $K > \chi_\alpha^2(m-1)$ 就否定原假设，但是一个远远大于 $\chi_\alpha^2(m-1)$ 的 K 与一个只略大于 $\chi_\alpha^2(m-1)$ 的 K，意义有所不同，前者否定的理由更强一些。为反映这一点，在计算出 K 值后，可计算出 P 值，即

$$\text{P 值} = P\{\chi^2(m-1) > K\}。 \tag{5.31}$$

可将 P 值称为所得数据与原假设的似合优度。P 值越大，支持原假设的证据就越强。给定一个显著性水平 α，当 P 值 $< \alpha$，就拒绝原假设。

皮尔逊拟合优度 χ^2 检验对分组后的基本要求是：$np_i \geqslant 5$ 和 $n_i \geqslant 5$，即每个组的理论频数和实际频数都要大于等于 5。

在 R 中，使用 chisq.test() 函数计算皮尔逊拟合优度 χ^2 检验，其使用格式为

```
chisq.test(x, y = NULL, correct = TRUE,
    p = rep(1/length(x), length(x)), rescale.p = FALSE,
    simulate.p.value = FALSE, B = 2000)
```

参数的名称、取值及意义如表 5.11 所示。

表 5.11 chisq.test( ) 函数参数的名称、取值及意义

名称	取值及意义
x	数值向量或矩阵（用于列联检验），表示观测样本的频数。
p	数值向量，表示落在每个子区间内的理论概率，默认值是指每个子区间有相同的概率。
rescale.p	逻辑变量，表示是否重新计算 p，默认值为 FALSE。

函数的返回值是列表，其成员有\$statistic（χ^2 统计量），\$parameter（χ^2 分布的参数，即自由度），\$p.value（P 值），\$observed（观测频数），\$expected（期望频数）等。

例 5.18 某消费者协会为了确定市场上消费者对 5 种品牌啤酒的喜好情况，随机抽取了 1000 名啤酒爱好者作为样本进行如下试验：每个人得到 5 种品牌的啤酒各一瓶，但未标明牌子。这 5 种啤酒按分别写着 A，B，C，D，E 字母的 5 张纸片随机的顺序送给每一个人。表 5.12 是根据样本资料整理得到的各种品牌啤酒爱好者的频数分布。试根据这些数据判断消费者对这 5 种品牌啤酒的爱好有无明显差异？

表 5.12 5 种品牌啤酒爱好者的频数

最喜欢的牌子	A	B	C	D	E
人数 X	210	312	170	85	223

解 如果消费者对 5 种品牌啤酒喜好无显著差异，那么，可以认为喜好这 5 种品牌啤酒的人是均匀的，即 5 种品牌啤酒爱好者人数各占 20%。因此，原假设为

$$H_0: 喜好每种啤酒的人数相同。$$

输入数据，调用chisq.test()函数，其程序和计算结果如下

```
> X <- c(210, 312, 170, 85, 223); chisq.test(X)
    Chi-squared test for given probabilities
data:  X
X-squared = 136.49, df = 4, p-value < 2.2e-16
```

程序中，X是实际的频数，理论概率是均匀分布（默认值）。

在计算结果中，X-squared为 χ^2 统计量，df为自由度，p-value 为 P 值 $(= 2.2 \times 10^{-16}) \ll 0.05$，拒绝原假设，认为消费者对 5 种品牌啤酒的喜好是有显著差异的。

例 5.19 大麦的杂交后代关于芒性的比例应是无芒：长芒：短芒 $= 9:3:4$。实际观测值为 $335:125:160$。试检验观测值是否符合理论假设？

解 根据题意，

$$H_0: p_1 = \frac{9}{16}, \quad p_2 = \frac{3}{16}, \quad p_3 = \frac{4}{16}。$$

调用chisq.test()函数

```
> X <- c(335, 125, 160);  p <- c(9, 3, 4)/16
> chisq.test(X, p = p)
        Chi-squared test for given probabilities
data:  X
X-squared = 1.362, df = 2, p-value = 0.5061
```

程序中，X是实际的频数，p是理论概率。

计算结果表明，P 值 $(= 0.5061) > 0.05$，接受原假设，即大麦芒性的分离符合 $9:3:4$ 的比例。

例 5.20 用皮尔逊拟合优度 χ^2 检验方法检验例 3.8 中学生成绩是否服从正态分布。

解 分几步讨论，然后将这些步骤编写成 R 程序进行计算。

第一步：先输入数据，这里用scan()函数。

第二步：对 31 名学生成绩进行分组，计算各组的频数，其中 $A_1 = \{X < 70\}$, $A_2 = \{70 \leqslant X < 80\}$, $A_3 = \{80 \leqslant X < 90\}$, $A_4 = \{90 \leqslant X \leqslant 100\}$。这里调用cut()函数和table()函数进行分组和记数。

第三步：计算原假设（正态分布）在各小区间的理论概率值。先计算学生成绩的均值 (mean)、标准差 (sd)，再用pnorm()计算理论概率。

第四步：作皮尔逊 χ^2 检验。调用chisq.test()函数。

下面写出相应的 R 程序（程序名：exam0520.R）。

```
##%% 第一步，输入数据
X <- scan("../chap03/exam0308.data")
```

```
##%% 第二步, 分组和记数
A <- table(cut(X, br = c(0, 69, 79, 89, 100)))

##%% 第三步, 构造理论分布
F <- pnorm(c(70, 80, 90, 100), mean(X), sd(X))
p <- c(F[1], F[2]-F[1], F[3]-F[2], 1-F[3])

##%% 第四步, 作检验
chisq.test(A, p = p)
```

计算结果如下:

```
        Chi-squared test for given probabilities
data:   A
X-squared = 8.334, df = 3, p-value = 0.03959
```

P 值 ($= 0.03959$) < 0.05, 因此, 可以认为该门课程的成绩不服从正态分布。

在这个例子中用到了两个函数, 一个是cut()函数, 另一个是table()函数。下面简单介绍这两个函数的用法。

cut()函数是将变量的区域分成若干个区间, 其使用方法是:

```
cut(x, breaks, labels = NULL,
    include.lowest = FALSE, right = TRUE, dig.lab = 3, ...)
```

其中x是由数据构成的向量, breaks (简写为br) 是所分区间的端点构成的向量。

table()函数是计算因子合并后的个数, 其使用方法是:

```
table(..., exclude = c(NA, NaN), dnn = list.names(...),
      deparse.level = 1)
```

这里用这两个函数计算随机变量落在某个区间的频数。

例 5.21 为研究电话总机在某段时间内接到的呼叫次数是否服从泊松分布, 现收集了 42 个数据, 如表 5.13所示。通过对数据的分析, 问能否确认在某段时间内接到的呼叫次数服从泊松分布 ($\alpha = 0.1$)?

表 5.13 电话总机在某段时间内接到的呼叫次数的频数

接到呼唤次数	0	1	2	3	4	5	6
出现的频数	7	10	12	8	3	2	0

解 编写相应的计算程序 (程序名: exam0521.R)

```
##%% 输入数据
X <- 0:6; Y <- c(7, 10, 12, 8, 3, 2, 0)

##%% 计算理论分布, 其中lambda为样本均值
lambda <- weighted.mean(X, Y)
```

```
F <- ppois(X, lambda); n <- length(Y)
p <- F; p[n] <- 1 - F[n-1]
for (i in 2:(n-1)) p[i] <- F[i] - F[i-1]

##%% 作检验
chisq.test(Y, p = p)
```

但计算结果会出现警告。

```
        Chi-squared test for given probabilities
data:  Y
X-squared = 1.5057, df = 6, p-value = 0.9591
Warning message:

In chisq.test(Y, p = p) : Chi-squared近似算法有可能不准
```

为什么会出现这种情况呢？这是因为皮尔逊 χ^2 检验要求在分组后，每组中的频数至少要大于等于 5，而后三组中出现的频数分别为 3, 2, 0，均小于 5。解决问题的方法是将后三组合成一组，此时的频数为 5，满足要求。下面给出相应的 R 程序。

```
##%% 重新分组并计算
X <- 0:4; Y <- c(7, 10, 12, 8, 5)
F <- ppois(X, lambda); n <- length(Y)
p <- F; p[n] <- 1 - F[n-1]
for (i in 2:(n-1)) p[i] <- F[i] - F[i-1]
chisq.test(Y, p = p)
```

计算得到

```
        Chi-squared test for given probabilities
data:  Y
X-squared = 0.53889, df = 4, p-value = 0.9696
```

P 值 $(= 0.9696) \gg 0.1$，因此，能确认在某段时间内接到的呼叫次数服从泊松分布。

从例 5.21 的结果可以看出，在习题 4 的 6 题中，将在某段时间内接到的呼叫次数认为服从泊松分布是合理的。

2. 理论分布依赖于若干个未知参数的情况

如果分布族 F 依赖于 r 个参数 $\theta_1, \theta_2, \cdots, \theta_r$，要根据样本 $X_1, X_2, \cdots, X_n$ 去检验假设

$$H: X \text{ 的分布属于 } \{F(x; \theta_1, \theta_2, \cdots, \theta_r)\}。$$

解决这个问题的步骤是，先通过样本作出 $(\theta_1, \theta_2, \cdots, \theta_r)$ 的极大似然估计 $(\hat{\theta}_1, \hat{\theta}_2, \cdots, \hat{\theta}_r)$ 再检验假设

$$H: X \text{ 有分布 } F(x; \hat{\theta}_1, \hat{\theta}_2, \cdots, \hat{\theta}_r)。$$

然后再按理论分布已知的情况进行处理，所不同的是由式 (5.29) 得到的统计量 K 服从自由度为 $m-1-r$ 的 χ^2 分布，即自由度减少了 r。

从这种角度来讲，例 5.20 和例 5.21 的计算都是有问题的，因为在计算过程中，是用样本均值代替总体均值，用样本方差代替总体方差。按照要求，分别减少 2 个和 1 个自由度。

另外，$\hat{\sigma}^2 = \frac{1}{n}\sum_{i=1}^{n}(X_i - \overline{X})^2$ 是 σ^2 的极大似然估计，所以应当用 $\hat{\sigma}^2$ 去近似 σ^2，不应该用 S^2 去近似 σ^2。

编写一个小程序，来修改chisq.test()函数中的不足。chisq.test()函数的返回值是一个列表，成员有\$statistic（统计量）和\$parameter（自由度）等，程序中直接用到这些信息，不必从头编写。

```
chi2gof <- function(chi2test, nparams){
    X <- chi2test$statistic
    df <- chi2test$parameter - nparams;
    Pval <- 1 - pchisq(X, df)
    names(Pval) <- "P-val"
    c(X, df, Pval)
}
```

重新计算例 5.20，有

```
n <- length(X)
F <- pnorm(c(70, 80, 90, 100), mean(X), sqrt((n-1)/n)*sd(X))
p <- c(F[1], F[2]-F[1], F[3]-F[2], 1-F[3])
source("chi2gof.R")
chi2gof(chisq.test(A, p = p), 2)

  X-squared         df        P-val
8.079595878 1.000000000 0.004476643
```

P 值变得更小，结论没有改变。

重新计算例 5.21，有

```
> chi2gof(chisq.test(Y, p = p), 1)
X-squared        df       P-val
0.5388945 3.0000000 0.9102670
```

P 值虽然变小，但 P 值还是 > 0.05，结论没有改变。

5.3.2 柯尔莫戈洛夫–斯米尔诺夫检验

柯尔莫戈洛夫（Kolmogorov）拟合优度检验是柯尔莫戈洛夫于 1933 年提出的，它是针对单个总体的检验，检验样本是否来自指定分布 F_0。

$$H_0 : F(x) = F_0(x), \quad H_1 : F(x) \neq F_0(x) \quad \text{（双侧检验）}, \tag{5.32}$$

$$H_0 : F(x) \geqslant F_0(x), \quad H_1 : F(x) < F_0(x) \quad \text{（单侧检验）}, \tag{5.33}$$

$$H_0 : F(x) \leqslant F_0(x), \quad H_1 : F(x) > F_0(x) \quad \text{（单侧检验）}。 \tag{5.34}$$

设 $X_1, X_2, \cdots, X_n$ 是由其分布为 F 的总体中抽出的独立同分布样本，$F_n(x)$ 是由 $X_1, X_2, \cdots, X_n$ 生成的经验分布函数，由格利文科定理（见 2.6.4 节），只要样本量 n 足够大，就可以通过经验分布 F_n 把未知的总体分布逼近到任何要求的精度。因此，如果 $F(x) = F_0(x)$，当 n 较大时，统计量

$$D_n = \sup_{-\infty < x < \infty} |F_n(x) - F_0(x)| \tag{5.35}$$

应取较小的值。于是一个合理的检验是，当 $D_n > c$（c 是某一固定的值）时，则拒绝原假设。

斯米尔诺夫（Smirnov）拟合优度检验，是斯米尔诺夫于 1939 年提出的，它是针对两个总体的检验，检验两个总体的分布是否相同。

$$H_0: F(x) = G(x), \qquad H_1: F(x) \neq G(x) \quad （双侧检验）, \tag{5.36}$$

$$H_0: F(x) \geqslant G(x), \qquad H_1: F(x) < G(x) \quad （单侧检验）, \tag{5.37}$$

$$H_0: F(x) \leqslant G(x), \qquad H_1: F(x) > G(x) \quad （单侧检验）。 \tag{5.38}$$

可以将斯米尔诺夫检验看成柯尔莫戈洛夫检验的两样本情形，因此，将两个检验统称为柯尔莫戈洛夫–斯米尔诺夫检验，简称 K-S 检验。

在 R 中，用`ks.test()`函数作 K-S 检验，其使用格式为

```
ks.test(x, y, ...,
        alternative = c("two.sided", "less", "greater"),
        exact = NULL)
```

参数的名称、取值及意义如表 5.14 所示。

表 5.14 ks.test( ) 函数中参数的名称、取值及意义

名称	取值及意义
x, y	数值向量，由样本构成。
...	附加参数，用于描述分布函数 $F_0(x)$ 及分布函数的参数。
alternative	字符串，表示备择假设，取`"two.sided"`(默认值) 表示双侧检验，取`"less"` 表示 "<" 的单侧检验，取`"greater"` 表示 ">" 的单侧检验。
exact	逻辑变量，表示是否精确计算 P 值，默认值为`NULL`。

函数的返回值是列表，其成员有`$statistic`（D 统计量），`$p.value`（P 值），`$alternative`（备择假设）等。

例 5.22 对一台设备进行寿命检验，纪录 10 次无故障工作时间，并按从小到大的次序排列如下：（单位：h）

420 500 920 1380 1510 1650 1760 2100 2300 2350

试用柯尔莫戈洛夫–斯米尔诺夫检验方法检验此设备无故障工作时间的分布是否服从 $\lambda = 1/1500$ 的指数分布？

解 输入数据,调用ks.test()函数。

```
> X <- c(420, 500, 920, 1380, 1510, 1650, 1760, 2100, 2300, 2350)
> ks.test(X, "pexp", 1/1500)
        One-sample Kolmogorov-Smirnov test
data:  X
D = 0.30148, p-value = 0.2654
alternative hypothesis: two-sided
```

P 值 $(= 0.2654) > 0.05$,无法拒绝原假设,因此,认为此设备无故障工作时间的分布服从 $\lambda = 1/1500$ 的指数分布。

例 5.23 假定从总体 X 和总体 Y 中分别抽出 25 个和 20 个观察值的随机样本,其数据由表 5.15 所示(数据存放在exam0523.data中)。现检验两个总体 X 和 Y 的分布函数是否相同。

表 5.15　抽取两个总体的数据

来自总体 X 的样本									
0.61	0.29	0.06	0.59	−1.73	−0.74	0.51	−0.56	0.39	1.64
0.05	−0.06	0.64	−0.82	0.37	1.77	1.09	−1.28	2.36	1.31
1.05	−0.32	−0.40	1.06	−2.47					
来自总体 Y 的样本									
2.20	1.66	1.38	0.20	0.36	0.00	0.96	1.56	0.44	1.50
−0.30	0.66	2.31	3.29	−0.27	−0.37	0.38	0.70	0.52	−0.71

解 编写相应的计算程序(程序名:exam0523.R)。

```
X <- scan("exam0523.data", nlines = 3)
Y <- scan("exam0523.data", skip = 3)
ks.test(X, Y)
```

运行后得到

```
        Two-sample Kolmogorov-Smirnov test
data:  X and Y
D = 0.23, p-value = 0.5286
alternative hypothesis: two-sided
```

P 值 $(= 0.5286) > 0.05$,故接受原假设 H_0,即认为 $F(x)$ 和 $G(x)$ 两个分布函数相同。

柯尔莫戈洛夫–斯米尔诺夫检验与皮尔逊 χ^2 检验相比,柯尔莫戈洛夫检验不须将样本分组,少了一个任意性,这是其优点。其缺点是只有用在理论分布为一维连续分布且分布完全已知的情形,适用面比皮尔逊检验小。研究也显示:在柯尔莫戈洛夫检验可用的场合下,其功效一般来说略优于皮尔逊检验。

5.3.3　正态性检验

使用拟合优度检验是可以完成正态性检验的,但由于需要分组,使计算复杂化。好在,正态性检验是非参数检验中最常用的检验,除了用前面介绍的方法外,还用许多检验方法，如沙皮罗–威尔克（Shapiro-Wilk）正态性检验，雅尔克–贝拉（Jarque-Bera）正态性检验等。检验的原假设是"总体分布是正态的"。

1. 沙皮罗–威尔克正态性检验

沙皮罗–威尔克检验，也称为 W 检验，是一种基于相关性的算法。计算可得到一个相关系数，它越接近 1 就越表明数据和正态分布拟合得越好。这里不介绍沙皮罗–威尔克检验的统计原理，只介绍 R 中检验函数的使用方法。

在 R 中，shapiro.test()函数完成沙皮罗–威尔克正态性检验，其使用格式为

shapiro.test(x)

参数x是由样本构成的向量，并且向量的长度为 3~5000。

函数的返回值是列表，其成员有$statistic（$W$ 统计量），$p.value（P 值）等。

例 5.24 用沙皮罗–威尔克正态性检验方法检验例 3.8 中学生成绩是否服从正态分布。

解 输入数据，调用shapiro.test()函数，其程序（程序名：exam0524.R）和计算结果如下

```
> X <- scan("../chap03/exam0308.data")
> shapiro.test(X)

        Shapiro-Wilk normality test
data:  X
W = 0.86329, p-value = 0.0009853
```

P 值 $(= 0.0009852) \ll 0.05$，拒绝原假设，即本次考试的成绩不服从正态分布。这个结论与例 5.20 的结论是相同的。

2. 雅尔克–贝拉正态性检验

正态分布总体的偏度系数（C_s）和峰度系数（C_k）[①]均为 0。假若数据来自正态总体，则样本的偏度系数和峰度系数分别应该都在 0 附近，基于这一原理构造统计量

$$J_B = \frac{n}{6}\left(C_s^2 + \frac{C_k^2}{4}\right), \tag{5.39}$$

其中 n 为样本容量。这种检验方法是雅尔克和贝拉在 1982 年提出的，称为雅尔克–贝拉正态性检验。雅尔克和贝拉证明了在正态性假定下，统计量 J_B 渐进服从自由度为 2 的 χ^2 分布，若 J_B 超过了某显著性水平下的临界 χ^2 值，则拒绝正态分布原假设。

在 R 中，雅尔克–贝拉正态性检验可以由tseries程序包中的jarque.bera.test()函数[②]完成，其使用格式为

jarque.bera.test(x)

参数x是由样本构成的向量。

函数的返回值是列表，其成员有$statistic（$\chi^2$ 统计量），$parameter（$\chi^2$ 分布的参数，自由度），$p.value（P 值）等。

[①] 按第 2 章的定义，峰度系数已减 3。
[②] 在使用前需要下载和加载 tseries 程序包。

例 5.25 用雅尔克–贝拉正态性检验方法检验例 3.8 中学生成绩是否服从正态分布。

解 输入数据，调用jarque.bera.test()函数，其程序（程序名：exam0525.R）和计算结果如下：

```
> library(tseries); X <- scan("../chap03/exam0308.data")
> jarque.bera.test(X)
        Jarque Bera Test
data:  X
X-squared = 11.474, df = 2, p-value = 0.003224
```

P 值 $(= 0.003224) \ll 0.05$，仍然是此次考试成绩不服从正态分布。

3. 里利氏检验

由于柯尔莫戈洛夫检验只能检验样本是否来自已知分布，所以对于正态分布，只能检验 μ 和 σ^2 已知的情况。当 μ 和 σ^2 未知时，里利氏（Lilliefors）于 1967 年对柯尔莫戈洛夫检验提出了修正。

设 $X_1, X_2, \cdots, X_n$ 为来自分布为 $F(x)$ 总体的样本，且 $F(x)$ 未知，令 $\overline{X}$ 为样本均值，S^2 为样本方差，将样本 X_i $(i = 1, 2, \cdots, n)$ 标准化，定义

$$Z_i = \frac{X_i - \overline{X}}{S}, \quad i = 1, 2, \cdots, n。 \tag{5.40}$$

当 $F(x)$ 为正态分布时，"标准化"样本 Z 应该近似服从标准正态分布。因此，统计量定义为

$$D = \sup_{-\infty < x < \infty} |F_n(z) - \Phi(z)|, \tag{5.41}$$

其中，$F_n(z)$ 为"标准化"样本 Z 的经验分布，$\Phi(z)$ 为标准正态分布函数。当统计量 D 超过某一值后，则认为样本不是来自正态分布。

在 R 中，里利氏正态性检验可以由nortest程序包中的lillie.test() 函数[①]完成，其使用格式为

```
lillie.test(x)
```

参数x是由样本构成的向量。

函数的返回值是列表，其成员有\$statistic（D 统计量），\$p.value（P 值）等。

例 5.26 用里利氏正态性检验方法检验例 3.8 中学生成绩是否服从正态分布。

解 输入数据，调用lillie.test()函数，其程序 (程序名：exam0526.R) 和计算结果如下：

```
> library(nortest); lillie.test(X)
        Lilliefors (Kolmogorov-Smirnov) normality test
data:  X
D = 0.1952, p-value = 0.004007
```

结果与前面一样，拒绝原假设，即考试成绩不服从正态分布。

---

① 在使用前需要下载和加载 nortest 程序包。

在nortest程序包中，共提供了 5 个正态性检验的函数，除lillie.test()函数外，还有ad.test()函数（安德森–达林（Anderson-Darling）正态性检验）、cvm.test()函数（克莱姆–万·米泽斯（Cramer-von Mises）正态性检验）、pearson.test()函数（皮尔逊 χ^2 正态性检验）和sf.test()函数（沙皮罗–弗朗西亚（Shapiro-Francia）正态性检验），其使用方法基本上与lillie.test()函数相同，这里就不一一介绍了。

5.4 列联表检验

设两个随机变量 X, Y 均为离散型的，X 取值于 $\{a_1, a_2, \cdots, a_I\}$，$Y$ 取值于 $\{b_1, b_2, \cdots, b_J\}$。设 $(X_1, Y_1), (X_2, Y_2), \cdots, (X_n, Y_n)$ 为简单样本，记 n_{ij} 为 (X_1, Y_1), $(X_2, Y_2), \cdots, (X_n, Y_n)$ 中等于 (a_i, b_j) 的个数。在求解问题时，常把数据列为形如表 5.16 的形式，称为列联表。

根据列联表数据做的检验称为列联表检验。

表 5.16　列联表

	b_1	b_2	$\cdots$	b_J	$\sum$
a_1	n_{11}	n_{12}	$\cdots$	n_{1J}	$n_{1\cdot}$
a_2	n_{21}	n_{22}	$\cdots$	n_{2J}	$n_{2\cdot}$
$\vdots$	$\vdots$	$\vdots$		$\vdots$	$\vdots$
a_I	n_{I1}	n_{I2}	$\cdots$	n_{IJ}	$n_{I\cdot}$
$\sum$	$n_{\cdot 1}$	$n_{\cdot 2}$	$\cdots$	$n_{\cdot J}$	

5.4.1　皮尔逊 χ^2 独立性检验

所谓独立性检验就是检验

$$H_0: X \text{ 与 } Y \text{ 独立}, \qquad H_1: X \text{ 与 } Y \text{ 不独立（相关）}。$$

记

$$p_{ij} = P\{X_i = a_i, Y_j = b_j\},$$

$$p_{i\cdot} = P\{X_i = a_i\} = \sum_{j=1}^{J} p_{ij}, \quad p_{\cdot j} = P\{Y_j = b_j\} = \sum_{i=1}^{I} p_{ij},$$

则假设 H_0 可表示为

$$H_0: p_{ij} = p_{i\cdot} \cdot p_{\cdot j}, \quad i = 1, 2, \cdots, I, \ j = 1, 2, \cdots, J。 \tag{5.42}$$

这里只知道 $p_{i\cdot}, p_{\cdot j} \geqslant 0$，$\sum_{i=1}^{I} p_{i\cdot} = 1$，$\sum_{j=1}^{J} p_{\cdot j} = 1$，而其他情况未知，所以这是一个带参数 $p_{i\cdot}(i = 1, 2, \cdots, I)$，$p_{\cdot j}(j = 1, 2, \cdots, J)$ 的拟合优度检验问题。因此，需要先用极大似然估计来估计 $p_{i\cdot}, p_{\cdot j}$，得到

$$\widehat{p}_{i\cdot} = \frac{n_{i\cdot}}{n}, \quad i = 1, 2, \cdots, I,$$

$$\widehat{p}_{\cdot j} = \frac{n_{\cdot j}}{n}, \quad j = 1, 2, \cdots, J,$$

其中, $n_{i\cdot} = \sum_{j=1}^{J} n_{ij}$, $n_{\cdot j} = \sum_{i=1}^{I} n_{ij}$。这样就可以计算皮尔逊 χ^2 统计量

$$K = \sum_{i=1}^{I} \sum_{j=1}^{J} \frac{\left(n_{ij} - \frac{n_{i\cdot} n_{\cdot j}}{n}\right)^2}{\frac{n_{i\cdot} n_{\cdot j}}{n}}。 \tag{5.43}$$

然后再计算自由度。(X,Y) 的值域一共划分成 IJ 个集合, 但估计了一些未知参数。由于 $\sum_{i=1}^{I} p_{i\cdot} = 1$, $p_{i\cdot}(i=1,2,\cdots,I)$ 中未知参数只有 $I-1$ 个, 同理, $p_{\cdot j}(j=1,2,\cdots,J)$ 中未知参数只有 $J-1$ 个, 故共有 $I+J-2$ 个未知参数, 而 K 的自由度就为

$$IJ - 1 - (I+J-2) = (I-1)(J-1)。$$

这样在计算出 K 值后, 其拒绝域为

$$K > \chi_\alpha^2((I-1)(J-1))。$$

或计算其 P 值

$$\text{P 值} = P\{\chi^2((I-1)(J-1)) > K\}。$$

当 $I=J=2$ 时, 列联表中只有 4 个格子, 称为 "四格表", 这时式 (5.43) 简单化为

$$K = \frac{n(n_{11}n_{22} - n_{12}n_{21})^2}{n_{1\cdot}n_{2\cdot}n_{\cdot 1}n_{\cdot 2}},$$

自由度为 1。

对于四格列联表, 由于 $\chi^2(1)$ 为连续型变量, 而 K 取离散值, 当 n 较小时, 这种近似不好, 它往往导致 K 的值太大而轻易否定 H_0。为了改善 K 对 $\chi^2(1)$ 的近似, 耶茨 (Yate) 提出了一种修正方法, 在式 (5.43) 中, 分子的各项减去 0.5, 即 K 统计量的计算公式修改为

$$K = \sum_{i=1}^{I} \sum_{j=1}^{J} \frac{\left(\left|n_{ij} - \frac{n_{i\cdot} n_{\cdot j}}{n}\right| - 0.5\right)^2}{\frac{n_{i\cdot} n_{\cdot j}}{n}}, \tag{5.44}$$

这种方法称为连续型修正。

前面介绍的 chisq.test() 函数可完成列联表数据的皮尔逊 χ^2 独立性检验, 只需将列联表写成矩阵形式即可。

例 5.27 在一次社会调查中, 以问卷方式调查了总共 901 人的月收入及对工作的满意程度, 其中收入 A 分为小于 3000 元、3000~7500 元、7500~12000 元及超过 12000 元四档。对工作的满意程度 B 分为很不满意、较不满意、基本满意和很满意 4 档。调查结果用 4×4 列联表表示, 如表 5.17 所示。试分析工资收入与对工作的满意程度是否有关。

表 5.17　工作满意程度与月收入列联表

工资收入/元	很不满意	较不满意	基本满意	很满意	合计
<3000	20	24	80	82	206
$3000\sim 7500$	22	38	104	125	289
$7500\sim 12000$	13	28	81	113	235
>12000	7	18	54	92	171
合计	62	108	319	412	901

解　输入数据，用chisq.test()作检验。

```
x <- c(20, 24, 80,  82, 22, 38, 104, 125,
       13, 28, 81, 113,  7, 18,  54,  92)
X <- matrix(x, nc = 4, byrow = T)
chisq.test(X)
```

```
        Pearson's Chi-squared test
data:  X
X-squared = 11.989, df = 9, p-value = 0.214
```

X-squared为统计量 K，df为自由度，p-value为 P 值。这里 P 值 $(=0.214)>0.05$，接受原假设，即对工作的满意程度与个人收入无关。

例 5.28　为了研究吸烟是否与患肺癌有关，对 63 位肺癌患者及 43 名非肺癌患者（对照组）调查了其中的吸烟人数，得到 2×2 列联表，如表 5.18所示。试分析，吸烟与患肺癌是否有关？

表 5.18　列联表数据

	患肺癌	未患肺癌	合计
吸烟	60	32	92
不吸烟	3	11	14
合计	63	43	106

解　输入数据，用chisq.test()作检验。

```
> X <- matrix(c(60, 3, 32, 11), nc = 2)
> chisq.test(X, correct = FALSE)
         Pearson's Chi-squared test
data:  X
X-squared = 9.6636, df = 1, p-value = 0.00188
```

程序中，参数correct = FALSE表示不作连续型修正，即是按式 (5.43) 计算统计 K 和相应的 P 值。

但对于 2×2 列联表，统计学家认为，按式 (5.43) 计算统计量得到的 P 值偏小，更容易出现"有显著差异"．因此，需要作连续型修正，即使用式 (5.44) 计算统计量和相应的 P 值，这样会提高 P 值，避免"有显著差异"不可靠的情况发生。

所以chisq.test()函数中的参数correct = TRUE为默认值，且只对 2×2 列联表有效，因为当 χ^2 分布的自由度较大时，这种修正作用不大。

对例 5.28 中的列联表的计算中采用连续型修正

```
> chisq.test(X)
    Pearson's Chi-squared test with Yates' continuity correction
data:  X
X-squared = 7.9327, df = 1, p-value = 0.004855
```

对比前一个结果，会发现，统计量 K 在减少，P 值在增加，但仍拒绝原假设，说明吸烟与患肺癌有关。

在用 chisq.test() 函数作计算时，要注意单元的期望频数。如果没有空单元（所有单元频数都不为零），并且所有单元的期望频数大于等于 5，那么皮尔逊 χ^2 检验是合理的；否则计算机会显示警告信息。

如果数据不满足 χ^2 检验的条件时，应使用费希尔（Fisher）精确检验。

5.4.2 费希尔精确的独立检验

在样本数较小时（单元的期望频数小于 4），需要用费希尔精确检验来完成独立性检验。

费希尔精确检验最初是针对 2×2 列联表提出的，现在可以应用到 $m \times 2$ 或 $2 \times n$ 的列联表中。当 χ^2 检验的条件不满足时，这个精确检验是非常有用的。费希尔检验是建立在超几何分布的基础上的，对于单元频数较小的列联表来说，特别适合。

在 R 中，函数 fisher.test() 作精确的独立检验，其使用方法为

```
fisher.test(x, y = NULL, workspace = 200000, hybrid = FALSE,
    control = list(), or = 1, alternative = "two.sided",
    conf.int = TRUE, conf.level = 0.95,
    simulate.p.value = FALSE, B = 2000)
```

部分参数的名称、取值及意义如表 5.19 所示。

表 5.19 fisher.test( ) 函数部分参数的名称、取值及意义

名称	取值及意义
x	二维列联表形式的矩阵，表示观测样本的频数。
or	数值，表示优势比，默认值为 1，仅用于 2×2 列联表。
alternative	字符串，表示备择假设选项．取"two.sided"（默认值）表示双侧检验（$\neq$）；取"less" 表示单侧检验（<）；取"greater" 表示单侧检验（>）。
conf.int	逻辑变量，表示是否给出优势比的置信区间，默认值为TRUE。

函数的返回值是列表，其成员有 $p.value（P 值），$conf.int（优势比的置信区间），$estimate（优势比的估计值），$null.value（原假设），$alternative（备择假设）等。

优势（odds）和优势比（odds ratio, OR）是医学研究中常用的统计指标，一般用于实验组与对照组的研究中。某类人群中某种因素 E 存在的概率 $P(E)$ 与不存在的概率 $(1 - P(E))$ 的比被称为优势，用公式表示为

$$\text{odds} = \frac{P(E)}{1 - P(E)}. \tag{5.45}$$

odds > 1 说明某因素存在比不存在有优势；odds = 1 表示两者势均力敌；odds < 1 说明缺乏优势。

实验组与对照组某因素优势的比值称为优势比，即

$$\text{OR} = \frac{\text{odds}_1}{\text{odds}_0}, \tag{5.46}$$

其中，odds_1 为实验组的优势，odds_0 为对照组的优势。

当 OR = 1 时，说明实验组与对照组的优势相同，其结论为独立。OR < 1，说明实验组的优势弱，其结论为不独立，负相关。OR > 1，说明实验组的优势强，其结论为不独立，正相关。

例 5.29 某医师为研究乙肝免疫球蛋白预防胎儿宫内感染 HBV 的效果，将 33 例 HBsAg 阳性孕妇随机分为预防注射组和对照组，结果如表 5.20 所示。问两组新生儿的 HBV 总体感染率有无差别。

表 5.20 两组新生儿 HBV 感染情况的比较

组别	阳性	阴性	合计
预防注射组	4	18	22
对照组	5	6	11
合计	9	24	33

解 有一个单元频数小于 5，应该作费希尔精确概率检验。输入数据，并计算费希尔检验。

```
> X <- matrix(c(4, 5, 18, 6), nc = 2)
> fisher.test(X)
    Fisher's Exact Test for Count Data
data:  X
p-value = 0.121
alternative hypothesis: true odds ratio is not equal to 1
95 percent confidence interval:
 0.03974151 1.76726409
sample estimates:
odds ratio
 0.2791061
```

P 值 (= 0.1210) > 0.05，并且优势比的置信区间包含有 1，由此说明两变量是独立的，即认为两组新生儿的 HBV 总体感染率并无显著差异。

当用皮尔逊 χ^2 检验 (`chisq.test()` 函数) 对例 5.29 的数据作检验，会发现计算机在得到结果的同时，也给出警告，认为其计算值可能有误。

对吸烟数据（例 5.28）作费希尔精确检验（`fisher.test()` 函数），得到

```
> X <- matrix(c(60, 3, 32, 11), nc = 2)
> fisher.test(X)
    Fisher's Exact Test for Count Data
```

```
data:  X
p-value = 0.00282
alternative hypothesis: true odds ratio is not equal to 1
95 percent confidence interval:
   1.626301 40.358904
sample estimates:
odds ratio
   6.74691
```

P 值 (= 0.00282) < 0.05，拒绝原假设，即认为吸烟与患肺癌有关。由于置信区间为 [1.63, 40.36]，在 1 的右侧，说明优势比大于 1，表示正相关，也就是说，吸烟越多，患肺癌的可能性也就越大。

5.4.3 麦克尼马尔检验

麦克尼马尔（McNemar）检验虽然不是独立性检验，但它是关于列联表数据的检验，所以放在这里来处理。

麦克尼马尔检验是在相同个体上的两次检验，检验二元数据的两个相关分布的频数比变化的显著性。

如果作为样本的一批个体分别在某一时间间隔或不同条件下作两次研究，比如是关于二元特征的强度，那么确定研究的不再是独立的样本，而是相关样本。每个试验单元可提供一对数据。从第一次到第二次研究中，两种选择的频数比例有或多或少的改变。麦克尼马尔检验是检验这个变化强度，它能较精确地得知在第一次和第二次研究之间有多少个体从这一类变成另一类。从而得出具有第一次研究划分出的两类和第二次研究划分出的两类的列联表，如图 5.21 所示。

表 5.21 不同方法的研究结果

研究 I	研究 II		合计
	+	−	
+	a	b	$a+b$
−	c	d	$c+d$
合计	$a+c$	$b+d$	$a+b+c+d$

问题的原假设为

H_0：在这个总体中两次研究的频数没有区别。

原假设表示频数 b 和 c 是否有显著差异。

在 R 中，mcnemar.test() 函数给出了麦克尼马尔检验，其具体的使用方法是

```
mcnemar.test(x, y = NULL, correct = TRUE)
```

其中 x 是具有二维列联表形式的矩阵。

函数的返回值是列表，其成员有 $statistic（麦克尼马尔 χ^2 统计量），$parameter（$\chi^2$ 分布的参数，自由度），$p.value（P 值）等。

例 5.30 某胸科医院同时用甲、乙两种方法测定 202 份痰标本中的抗酸杆菌，结果如表 5.22 所示。问甲、乙两法的检出率有无显著差异？

表 5.22 甲、乙两法检测痰标本中的抗酸杆菌结果

甲法	乙法		合计
	+	−	
+	49	25	74
−	21	107	128
合计	70	132	202

解 输入数据，调用mcnemar.test()函数作麦克尼马尔检验。

```
> X <- c(49, 21, 25, 107); dim(X) <- c(2, 2)
> mcnemar.test(X)
    McNemar's Chi-squared test with continuity correction
data:  X
McNemar's chi-squared = 0.19565, df = 1, p-value = 0.6583
```

P 值 $(= 0.6583) > 0.05$，因此，不能认定两种检测方法的检出率有差异。

5.5 符 号 检 验

在前面的检验中，所有数据都是数值的，而且有时还要求这些数据服从正态分布。在实际中，有些数据不是数值的，如好与差、正与负。即使是数值型数据，也可能不满足正态分布。

符号检验本质上就是二项分布检验，因为样本取好与差、正与负，就相当于试验成功或者失败，而且成功或失败的概率为 1/2。

5.5.1 单个总体的检验

假设某个总体的中位数为 M_0，如果样本中位数 $M = M_0$，则接受样本来自某个总体的假设。其具体的检验方法如下。

从每个样本观察值中减去总体中位数 M_0，得出的正、负差额用正 (+)、负 (−) 号加以表示。如果总体中位数等于样本中位数，即 $M = M_0$，那么，样本观察值在中位数上、下的数目应各占一半，因而出现正号或负号的概率应各占 1/2。

设样本容量为 n，可以用二项分布 $B(n, 1/2)$ 来计算出现负号（或正号）个数的概率，从而根据一定的显著性水平 α，作出是否接受原假设 $H_0 : M = M_0$ 的判定。

例 5.31 联合国人员在世界上 66 个大城市的生活花费指数（以纽约市 1996 年 12 月为 100）按自小至大的次序排列如下（数据存放在exam0531.data中，北京的指数是99）

```
 66  75  78  80  81  81  82  83  83  83  83
 84  85  85  86  86  86  86  87  87  88  88
 88  88  88  89  89  89  89  90  90  91  91
 91  91  92  93  93  96  96  96  97  99 100
101 102 103 103 104 104 104 105 106 109 109
```

110 110 110 111 113 115 116 117 118 155 192

假设这个样本是从世界许多大城市中随机抽样得到的。试用符号检验分析，北京是在中位数之上，还是在中位数之下。

解 样本的中位数（M）作为城市生活水平的中间值，需要检验

$$H_0: M \geqslant 99, \quad H_1: M < 99。$$

输入数据，作二项检验。

```
> X <- scan("exam0531.data")
> binom.test(sum(X > 99), length(X), al = "l")

        Exact binomial test
data:  sum(X > 99) and length(X)
number of successes = 23, number of trials = 66, p-value = 0.009329
alternative hypothesis: true probability of success is less than 0.5
95 percent confidence interval:
 0.0000000 0.4563087
sample estimates:
probability of success
              0.3484848
```

在程序中，sum(X > 99) 表示样本中大于 99 的个数。P 值小于 0.05，拒绝原假设，也就是说，北京的生活水平高于世界中间水平。注意，单侧区间估计的上界为 0.4563，低于 0.5，所得的结论还是拒绝原假设。

5.5.2 两个总体的检验

符号检验法也可用于以成对随机样本观察值来检验两个总体之间是否存在显著差异。如果两个总体无显著差异，则两个成对随机样本观察值正、负差额的个数应大体相等。假定 $x_i - y_i > 0$ 用正号表示，$x_i - y_i < 0$ 用负号表示，则如果两个总体无显著差异，那么出现正号和负号的概率各占 1/2。和上面检验样本是否来自某个总体一样，可用二项分布 $B(n, 1/2)$，根据一定的显著性水平和正号（或负号）的个数，作出接受或拒绝两个总体无显著差异的判断。

例 5.32 用两种不同的饲料养猪，其增重情况如表 5.23 所示。试分析两种饲料养猪有无显著差异。

表 5.23 不同饲料养猪的增重情况 单位: kg

	1	2	3	4	5	6	7	8	9	10	11	12	13	14
甲饲料	25	30	28	23	27	35	30	28	32	29	30	30	31	16
乙饲料	19	32	21	19	25	31	31	26	30	25	28	31	25	25

解 采用成对符号检验。输入数据，调用 binom.test() 作检验。

```
> X <- c(25, 30, 28, 23, 27, 35, 30, 28, 32, 29, 30, 30, 31, 16)
> Y <- c(19, 32, 21, 19, 25, 31, 31, 26, 30, 25, 28, 31, 25, 25)
> binom.test(sum(X<Y), length(X))

        Exact binomial test
data:   sum(X < Y) and length(X)
number of successes = 4, number of trials = 14, p-value = 0.1796
alternative hypothesis: true probability of success is not equal to 0.5
95 percent confidence interval:
 0.08388932 0.58103526
sample estimates:
probability of success
             0.2857143
```

sum(X < Y) 表示样本 X 小于样本 Y 的个数。P 值大于 0.05，无法拒绝原假设，可以认为两种饲料养猪无显著差异。计算出的区间估计包含 0.5，也就是说，可以认为 $X<Y$ 和 $X \geqslant Y$ 的概率各占 1/2，得到的结论也不无法拒绝原假设，两种饲料养猪无显著差异。

在人们的日常生活中，常常遇到很难用数值确切表示的问题，而符号检验法也可用于这类问题的研究。例如，某饮料店要了解消费者是喜欢咖啡，还是喜欢奶茶就属于这一类的问题。消费者很难用 5 表示对咖啡的爱好，或者用 8 表示对奶茶的爱好，一般只能表示某消费者对咖啡的爱好超过奶茶，或者对奶茶的爱好超过咖啡，或者两者同样爱好。

因而可以用符号检验法来研究这一类的现象。现举例说明这个检验方法的具体应用。

例 5.33 某饮料店为了解顾客对饮料的爱好情况，进一步改进他们的工作，对顾客喜欢咖啡还是喜欢奶茶，或者两者同样爱好进行了调查。该店在某日随机地抽取了 13 名顾客进行了调查，顾客喜欢咖啡超过奶茶用正号表示，喜欢奶茶超过咖啡用负号表示，两者同样爱好用 0 表示。现将调查的结果列在表 5.24 中。试分析顾客是喜欢咖啡还是喜欢奶茶？

表 5.24　不同顾客的爱好情况

顾客	顾客喜好	顾客	顾客喜好	顾客	顾客喜好
1	+	6	0	11	+
2	−	7	+	12	−
3	+	8	−	13	−
4	+	9	+		
5	+	10	+		

解 根据题意可检验如下假设：

　　　　H_0：顾客喜欢咖啡等于喜欢奶茶；　　H_1：顾客喜欢咖啡超过奶茶。

以上资料中有 1 人（即 6 号顾客）表示对咖啡和奶茶有同样爱好，用 0 表示，因而在样本容量中不加计算，所以实际上 $n=12$。

如果 H_0 为真，即顾客对咖啡和奶茶同样爱好，那么出现负号（−）的概率是 $1/2$，所以出现负号的个数服从二项分布，$B(12, 1/2)$。负号个数愈少，说明顾客喜欢咖啡超过奶茶的人数愈多，负号个数少到一定程度就要推翻 H_0 假设，而接受 H_1 假设，即顾客喜欢咖啡超过喜欢奶茶。所以本例属于单侧备择假设检验。

用 R 软件进行计算，显著性水平取 $\alpha = 0.10$，

```
> binom.test(3, 12, p = 1/2, al = "l", conf.level = 0.90)
        Exact binomial test
data:  3 and 12
number of successes = 3, number of trials = 12, p-value = 0.073
alternative hypothesis: true probability of success is less than 0.5
90 percent confidence interval:
 0.0000000 0.4752663
sample estimates:
probability of success
                  0.25
```

P 值 $(= 0.073) < 0.10$，且区间估计为 $[0, 0.475]$，因此拒绝原假设，认为喜欢咖啡的人超过喜欢奶茶的人。

如果显著性水平定在 $\alpha = 0.05$ 时，则不能拒绝原假设，只能认为喜欢咖啡和奶茶的人一样多。

一般来说，符号检验比参数统计 t 检验法的效能低，特别是正、负符号所代表的差额的绝对值比较大时，表现的更为明显。

在符号检验法中，只计算符号的个数，而不考虑每个符号差中所包含的绝对值的大小。为了弥补这一缺点，所以在非参数统计中还要使用其他的检验方法。

5.6 秩 检 验

符号检验的主要缺点是只有正负，没有大小。为克服符号检验的缺点，人们提出了秩检验。所谓秩，就是一种排序。

另外，在参数检验中（如 t 检验），需要样本来自正态总体，当这一条件得不到满足时，检验的结论可能是错误的。这时也需要采用秩检验。

在介绍秩检验之前，先介绍与秩检验有关的概念—秩统计量。

5.6.1 秩统计量

设 $X_1, X_2, \cdots, X_n$ 为一组样本（不必取自同一总体），将 $X_1, X_2, \cdots, X_n$ 从小到大排成一列，用 $R_i(i = 1, 2, \cdots, n)$ 记为 X_i 在上述排列中的位置号。称 $R_1, R_2, \cdots, R_n$ 为样本 $X_1, X_2, \cdots, X_n$ 产生的秩统计量。

秩统计量是在非参数检验中有广泛应用的统计量，它的一个重要的特性是分布无关性。

例 5.34 有下列一组样本

x_1	x_2	x_3	x_4	x_5
1.2	0.8	−3.1	2.0	1.2

求它的秩统计量。

解 由此产生的秩统计量 R 为

R_1	R_2	R_3	R_4	R_5
3	2	1	5	4

注意: 在上述数据中 $x_1 = x_5$, 这时就按自然顺序将 x_1 排在 x_5 前面。

在 R 中, rank()函数计算样本的秩, 其使用格式为

```
rank(x, na.last = TRUE,
     ties.method = c("average", "first", "last",
         "random", "max", "min"))
```

参数的名称、取值及意义如表 5.25所示。函数的返回值是序列的秩。

表 5.25 rank( ) 函数参数的名称、取值及意义

名称	取值及意义
x	数值、复数、字符或逻辑向量, 由样本数据构成。
na.last	字符串, 确定删失数据NA 的秩。取TRUE (默认值) 表示NA 的秩数最大; 取FALSE 表示NA 的秩数最小; 取NA 表示不计算NA 的秩; 取"keep" 表示在秩统计量中保留NA。
ties.method	字符串, 表示处理结的方法。取"average"(默认值) 表示使用平均秩; 取"first" 表示按顺序计算秩; 取"random" 表示随机地安排秩; 取"max" 表示取最大的秩; 取"min" 表示取最小秩。

用rank()函数计算例 5.34的秩统计量

```
> x <- c(1.2, 0.8, -3.1, 2.0, 1.2); rank(x)
[1] 3.5 2.0 1.0 5.0 3.5
```

注意: 在数据中出现了相同的数, 这样会得到相同的排序, 称为"结", 或称为"打结"。

关于"结", rank()函数提供了多种处理方法, 如ties.method = "average" (默认值), 取平均秩, 即现在看到的结果。如果像人为排序那样, 第一次出现的排在前面, 需要设置参数ties.method = "first"。其他关于"结"处理方法, 表 5.25 说得很清楚。

显然, 若样本 $X_1, X_2, \cdots, X_n$ 是取自连续分布总体的独立同分布样本, 则统计量 $R_1, R_2, \cdots, R_n$ 的分布是对称等概率的, 即对 $1, 2, \cdots, n$ 的任一排列 $i_1, i_2, \cdots, i_n$ 有

$$P\{R_1 = i_1, R_2 = i_2, \cdots, R_n = i_n\} = \frac{1}{n!}。 \tag{5.47}$$

因此, $R_1, R_2, \cdots, R_n$ 的分布与总体分布无关。

5.6.2 威尔科克森符号秩检验

威尔科克森符号秩检验是单个总体 X 中位数的检验，即

$$H_0 : M = M_0, \qquad H_1 : M \neq M_0 \quad （双侧检验）, \tag{5.48}$$

$$H_0 : M \geqslant M_0, \qquad H_1 : M < M_0 \quad （单侧检验）, \tag{5.49}$$

$$H_0 : M \leqslant M_0, \qquad H_1 : M > M_0 \quad （单侧检验）。 \tag{5.50}$$

设 $X_1, X_2, \cdots, X_n$ 是来自总体 X 的样本，这里假定 X 的分布是连续的，且关于中位数 M_0 是对称的。这样，将 $|X_i - M_0|$ 得到的差额，按递增次序排列，并根据差额的次序给出相应的秩次 R_i。定义 $X_i - M_0 > 0$ 为正秩次，$X_i - M_0 < 0$ 为负秩次。然后按照正秩次之和进行检验，这就是秩次和检验。这种方法首先由威尔科克森提出的，所以称为威尔科克森符号秩检验。

如果原观察值的数目为 n'，减去 $X_i = M_0$ 的样本后，其样本数为 n。用 $R_i^{(+)}$ 表示正秩次，W 表示正秩次的和，则威尔科克森统计量为

$$W = \sum_{i=1}^{n} R_i^{(+)}。 \tag{5.51}$$

在 R 中，wilcox.test()函数完成威尔科克森符号秩检验，其使用格式为

```
wilcox.test(x, y = NULL,
    alternative = c("two.sided", "less", "greater"),
    mu = 0, paired = FALSE, exact = NULL, correct = TRUE,
    conf.int = FALSE, conf.level = 0.95, ...)
```

部分参数的名称、取值及意义如表 5.26所示。

表 5.26 wilcox.test( ) 函数部分参数的名称、取值及意义（1）

名称	取值及意义
x	数值向量，由总体样本构成。
mu	数值，表示中位数，默认值为 0。
exact	逻辑变量，表示是否精确计算 P 值，此参数只对小样本数据起作用，当样本量较大时，将采用正态分布近似计算 P 值。
correct	逻辑变量，表示是否作连续性修正，默认值为 TRUE。
conf.int	逻辑变量，表示是否计算中位数的置信区间，默认值为 FALSE。

函数的返回值是列表，其成员有$statistic（V 统计量），$p.value（P 值），$null.value（原假设）和$alternative（备择假设）等。

例 5.35 假定某电池厂宣称该厂生产的某种型号电池寿命的中位数为 140 安培小时。为了检验该厂生产的电池是否符合其规定的标准，现从新近生产的一批电池中抽取 20 个随机样本，并对这 20 个电池的寿命进行了测试，其结果如下（单位：安培小时，数据存放在exam0535.data中）：

137.0	140.0	138.3	139.0	144.3	139.1	141.7	137.3	133.5	138.2
141.1	139.2	136.5	136.5	135.6	138.0	140.9	140.6	136.3	134.1

试用威尔科克森符号秩检验分析该厂生产的电池是否符合其标准。

解 根据题意作如下假设
$$H_0: M \geqslant 140, \quad H_1: M < 140。$$
输入数据，调用wilcox.test()函数，

```
X <- scan("exam0535.data")
wilcox.test(X, mu = 140, alternative = "less",
     exact = FALSE, correct = FALSE, conf.int = TRUE)
```

在参数中，选择exact = FALSE，是因为数据"打结"，13 和 14 号样本相同，以及第 2 号样本恰好等于 140，无法精确计算 P 值。其结果如下：

```
        Wilcoxon signed rank test
data:  X
V = 34, p-value = 0.007034
alternative hypothesis: true location is less than 140
95 percent confidence interval:
  -Inf 139.2
sample estimates:
(pseudo)median
         138.2
```

这里V = 34是威尔科克森统计量，P 值 (= 0.007034) < 0.05，拒绝原假设，即中位数达不到 140 安培小时。从相应的区间估计也能得到相应的结论。

去掉参数correct = FALSE，即作连续型修正，P 值会大一些，但仍然拒绝原假设。
如果作符号检验

```
> binom.test(sum(X < 140), length(X) - 1)
        Exact binomial test
data:  sum(X < 140) and length(X) - 1
number of successes = 14, number of trials = 19, p-value = 0.06357
alternative hypothesis: true probability of success is not equal to 0.5
95 percent confidence interval:
 0.4879707 0.9085342
sample estimates:
probability of success
            0.7368421
```

由于数据中有一个样本等于 140，在计算时，需要从总数中减去一个。这里得到的 P 值 (= 0.06357) > 0.05，并不能拒绝原假设。这个事实说明，威尔科克森符号秩检验优于符号检验。

5.6.3 威尔科克森秩和检验

威尔科克森秩和检验是作两个总体 X 和 Y 中位数差的检验

$$H_0: M_1 = M_2, \qquad H_1: M_1 \neq M_2 \quad （双侧检验）, \tag{5.52}$$

$$H_0: M_1 \geqslant M_2, \qquad H_1: M_1 < M_2 \quad （单侧检验）, \tag{5.53}$$

$$H_0: M_1 \leqslant M_2, \qquad H_1: M_1 > M_2 \quad （单侧检验）。 \tag{5.54}$$

假定 $X_1, X_2, \cdots, X_{n_1}$ 是来自总体 X 的样本，$Y_1, Y_2, \cdots, Y_{n_2}$ 是来自总体 Y 的样本。将样本的观察值排在一起，$X_1, X_2, \cdots, X_{n_1}, Y_1, Y_2, \cdots, Y_{n_2}$，仍设 $r_1, r_2, \cdots, r_{n_1}$ 为由 $X_1, X_2, \cdots, X_{n_1}$ 产生的秩统计量，$R_1, R_2, \cdots, R_{n_2}$ 为由 $Y_1, Y_2, \cdots, Y_{n_2}$ 产生的秩统计量，则威尔科克森–曼恩–惠特尼（Wilcoxon-Mann-Whitney）统计量定义为

$$U = n_1 n_2 + \frac{n_2(n_2 + 1)}{2} - \sum_{i=1}^{n_2} R_i。 \tag{5.55}$$

类似单一总体的威尔科克森符号检验一样，可以通过统计量 U 进行检验，该检验称为威尔科克森秩和检验。

因为 n 个整数 $1, 2, \cdots, n$ 的总和用 $\dfrac{n(n+1)}{2}$ 计算，而正秩次总和可以在区间 $\left(0, \dfrac{n(n+1)}{2}\right)$ 内变动，如果观察值来自中位数为 M_0 的某个总体的假设为真，那么威尔科克森检验统计量的取值将在秩次和的平均数，即 $\mu_W = \dfrac{n(n+1)}{4}$ 的左右变动。如果该假设不成立，则 W 的取值将向秩次和的两头的数值靠近。这样，在一定的显著性水平下，便可进行秩次和检验。

在 R 中，wilcox.test()函数也可以完成威尔科克森秩和检验，其使用格式为

```
wilcox.test(x, y = NULL,
    alternative = c("two.sided", "less", "greater"),
    mu = 0, paired = FALSE, exact = NULL, correct = TRUE,
    conf.int = FALSE, conf.level = 0.95, ...)
```

部分参数的名称、取值及意义如表 5.27所示。

表 5.27　wilcox.test( ) 函数部分参数的名称、取值及意义（2）

名称	取值及意义
x, y	数值向量，分别由两总体抽取的样本构成。
mu	数值，表示中位数之差 ($M_1 - M_2$)，默认值为 0。
paired	逻辑变量，表示是否完成配对数据的检验，默认值为FALSE。

函数的返回值是列表，其成员有$statistic（W 统计量），$p.value（P 值），$null.value（原假设）和$alternative（备择假设）等。

例 5.36 今测得 10 名非铅作业工人和 7 名铅作业工人的血铅值, 如表 5.28所示。

表 5.28 两组工人的血铅值   单位:10^{-6}mmol/L

非铅作业组	24	26	29	34	43	58	63	72	87	101
铅作业组	82	87	97	121	164	208	213			

试用威尔科克森秩和检验分析两组工人血铅值有无差异。

解 根据题意作如下假设

H_0: 两组工人血铅无差异, H_1: 铅作业组血铅高于非铅作业组。

输入数据, 调用wilcox.test()函数

```
> X <- c(24, 26, 29, 34, 43, 58, 63, 72, 87, 101)
> Y <- c(82, 87, 97, 121, 164, 208, 213)
> wilcox.test(X, Y, al = "l", exact = FALSE)
    Wilcoxon rank sum test with continuity correction
data:  X and Y
W = 4.5, p-value = 0.001698
alternative hypothesis: true location shift is less than 0
```

W = 4.5是威尔科克森-曼恩-惠特尼统计量。P 值小于 0.05, 拒绝原假设, 即铅作业组工人血铅值高于非铅作业组的工人。

例 5.37 为了了解新的数学教学方法的效果是否比原来方法的效果有所提高, 从水平相当的 10 名学生中随机地各选 5 名接受新方法和原方法的教学试验。充分长一段时间后, 由专家通过各种方式 (如考试提问等) 对 10 名学生的数学能力予以综合评估 (为公证起见, 假定专家对各个学生属于哪一组并不知道), 并按其数学能力由弱到强排序, 结果如表 5.29 所示。对 $\alpha = 0.05$, 检验新方法是否比原方法显著地提高了教学效果。若排序结果如表 5.30 所示, 情况又如何?

表 5.29 学生数学能力排序结果 (1)

新方法			3		5		7		9	10
原方法	1	2		4		6		8		

表 5.30 学生数学能力排序结果 (2)

新方法				4		6	7		9	10
原方法	1	2	3		5			8		

解 因为威尔科克森秩和检验本质只需排出样本的秩次, 而且题目中的数据本身就是一个排序, 因此可直接使用。

```
> X <- c(3, 5, 7, 9, 10); Y <- c(1, 2, 4, 6, 8)
> wilcox.test(X, Y, al = "g")
        Wilcoxon rank sum test
data:  X and Y
```

```
W = 19, p-value = 0.1111
alternative hypothesis: true location shift is greater than 0
```

P 值 (= 0.1111) > 0.05，无法拒绝原假设，即认为新的教学效果并不显著优于原方法。

对于第二种排序结果，有

```
> X <- c(4, 6, 7, 9, 10); Y <- c(1, 2, 3, 5, 8)
> wilcox.test(X, Y, al = "g")
        Wilcoxon rank sum test
data:  X and Y
W = 21, p-value = 0.04762
alternative hypothesis: true location shift is greater than 0
```

P 值 (= 0.04762) < 0.05，拒绝原假设，即认为新的教学效果显著优于原方法。

例 5.38 某医院用某种药物治疗两型慢性支气管炎患者共 216 例，疗效由表 5.31所示。试分析该药物对两型慢性支气管炎的治疗效果是否相同。

表 5.31　某种药物治疗两型慢性支气管炎疗效结果

疗效	控制	显效	进步	无效
单纯型	62	41	14	11
喘息型	20	37	16	15

解 将病人的疗效用 4 个不同的值表示（1 表示最好，4 表示最差），这样就可以为这 216 名病人排序，因此，可用威尔科克森秩和检验来分析问题。

```
> X <- rep(1:4, c(62, 41, 14, 11))
> Y <- rep(1:4, c(20, 37, 16, 15))
> wilcox.test(X, Y)
        Wilcoxon rank sum test with continuity correction
data:  X and Y
W = 3994, p-value = 0.0001242
alternative hypothesis: true location shift is not equal to 0
```

P 值 (= 0.0001242) < 0.05，拒绝原假设，即认为该药物对两型慢性支气管炎的治疗效果是不相同的。

5.6.4　配对数据的秩检验

如果数据是配对出现的，即 $(X_i, Y_i)(i = 1, 2, \cdots, n)$，则令 $Z_i = X_i - Y_i$，对 Z 作单个总体的符号秩检验。

例 5.39 为了检验一种新的复合肥和原来使用的肥料相比是否显著地提高了小麦的产量，在一个农场中选择了 10 块田地，每块等分为两部分，其中任指定一部分使用新的复合肥料，另一部分使用原肥料。小麦成熟后称得各部分小麦产量如表 5.32所示。试用威尔科克森符号检验法检验新复合肥是否会显著提高小麦的产量，并与符号检验作比较（$\alpha = 0.05$）。

5.7 秩相关检验

表 5.32　使用不同肥料情况下小麦的产量　　　　　　　单位: kg

	1	2	3	4	5	6	7	8	9	10
新复合肥	459	367	303	392	310	342	421	446	430	412
原肥料	414	306	321	443	281	301	353	391	405	390

解　根据题意作如下假设

H_0: 新复合肥的产量与原肥料的产量相同,

H_1: 新复合肥的产量高于原肥料的产量。

输入数据，作配对数据的检验。

```
> X <- c(459, 367, 303, 392, 310, 342, 421, 446, 430, 412)
> Y <- c(414, 306, 321, 443, 281, 301, 353, 391, 405, 390)
> wilcox.test(X, Y, al = "g", paired = TRUE)
        Wilcoxon signed rank test
data:  X and Y
V = 47, p-value = 0.02441
alternative hypothesis: true location shift is greater than 0
```

P 值 $(= 0.02441) < 0.05$，拒绝原假设，即新复合肥能够显著提高小麦的产量。

5.7　秩相关检验

秩相关检验是秩检验的一个重要应用。在第 3 章，介绍过皮尔逊相关检验，实际上，它是适用于正态分布总体的数据，这里介绍的秩相关检验并不要求所检验的数据来自正态分布的总体。

5.7.1　斯皮尔曼秩相关检验

设 $(X_1, Y_1), (X_2, Y_2), \cdots, (X_n, Y_n)$ 为取自某个二元总体的独立样本，要检验变量 X 与变量 Y 是否相关。通常以"X 与 Y 相互独立（不相关）"为原假设 (H_0)，"X 与 Y 相关"为备择假设 (H_1)。

设 $r_1, r_2, \cdots, r_n$ 为由 $X_1, X_2, \cdots, X_n$ 产生的秩统计量，$R_1, R_2, \cdots, R_n$ 为由 $Y_1, Y_2, \cdots, Y_n$ 产生的秩统计量，则有

$$\bar{r} = \frac{1}{n}\sum_{i=1}^{n} r_i = \frac{n+1}{2} = \bar{R} = \frac{1}{n}\sum_{i=1}^{n} R_i,$$

$$\frac{1}{n}\sum_{i=1}^{n}(r_i - \bar{r})^2 = \frac{n^2-1}{12} = \frac{1}{n}\sum_{i=1}^{n}(R_i - \bar{R})^2.$$

称

$$r_s = \left[\frac{1}{n}\sum_{i=1}^{n} r_i R_i - \left(\frac{n+1}{2}\right)^2\right] \Big/ \left(\frac{n^2-1}{12}\right)$$

为斯皮尔曼秩相关系数。

当 X 与 Y 相互独立时，$(r_1, r_2, \cdots, r_n)$ 与 $(R_1, R_2, \cdots, R_n)$ 是相互独立的，此时，$E(r_s) = 0$。当 X 与 Y 正相关时，r_s 倾向于取正值；当 X 与 Y 负相关时，r_s 倾向于取负值。这样就可以得用 r_s 的分布来检验 X 与 Y 是否独立。

可以证明：当 n 较大时，$\sqrt{n-1}\, r_s$ 的近似分布为 $N(0,1)$。由此可以构造拒绝域和计算相应的 P 值，当 P 值小于某一显著性水平 α（如 0.05）时，则拒绝原假设。

在 R 中，用 cor.test() 函数作相关检验，其使用格式为

```
cor.test(x, y,
    alternative = c("two.sided", "less", "greater"),
    method = c("pearson", "kendall", "spearman"),
    exact = NULL, conf.level = 0.95, continuity = FALSE, ...)

cor.test(formula, data, subset, na.action, ...)
```

部分参数的名称、取值及意义如表 5.33 所示。

表 5.33　cor.test( ) 函数部分参数的名称、取值及意义

名称	取值及意义
x, y	数值向量，分别由样本构成，且具有相同的维数。
alternative	字符串，表示备择假设选项。取"two.sided"（默认值）表示双侧检验（相关）；取"less" 表示单侧检验（负相关）；取"greater" 表示单侧检验（正相关）。
method	字符串，表示相关检验的类型。取"pearson"（默认值）表示皮尔逊检验；取"kendall" 表示肯德尔秩检验；取"spearman" 表示斯皮尔曼秩检验。
exact	逻辑变量，在秩检验（肯德尔或斯皮尔曼）的 P 值计算时，取 TRUE 时，表示精确计算；取 NULL 时，小样本数据精确计算，大样本数据近似计算。
continuity	逻辑变量，在不精确计算秩检验的 P 值时，取 TRUE 表示对 P 值作连续修正。
formula	形如~ u + v 的公式，其中 u 和 v 是数值变量。
data	数据框。

函数的返回值是列表，其成员有 \$statistic（t, S 和 T 统计量，分别用于皮尔逊检验，斯皮尔曼秩检验和肯德尔秩检验），\$parameter（t 分布的参数，自由度，仅用于皮尔逊检验），\$p.value（P 值），\$estimate（皮尔逊或斯皮尔曼或肯德尔相关系数的估计值），\$null.value（原假设）和 \$alternative（备择假设）等。

例 5.40　一项有六个人参加表演的竞赛，有两人进行评定，评定结果用表 5.34 所示，试用斯皮尔曼秩相关检验方法检验这两个评定员对等级评定有无相关关系。

表 5.34　两位评判者的评定成绩

参加者编号	1	2	3	4	5	6
甲的打分 (X)	1	2	3	4	5	6
乙的打分 (Y)	6	5	4	3	2	1

解 输入数据，作检验

```
> X <- 1:6; Y <- 6:1
> cor.test(X, Y, method = "spearman")
        Spearman's rank correlation rho
data:  X and Y
S = 70, p-value = 0.002778
alternative hypothesis: true rho is not equal to 0
sample estimates:
rho
 -1
```

P 值小于 0.05, 因此拒绝原假设，认为变量 X 与 Y 相关。事实上，由于计算出的 $r_s = -1$, 表示这两个量是完全负相关，即两人的结论有关系，但完全相反。

5.7.2 肯德尔秩相关检验

这里从另一个观点来看相关问题。同样考虑原假设 H_0: 变量 X 与 Y 不相关，和三个备择假设

$$H_1: 正或负相关 \quad (或者) \quad 正相关 \quad (或者) \quad 负相关$$

引进协同的概念。如果乘积 $(X_j - X_i)(Y_j - Y_i) > 0$, 则称对子 (X_i, Y_i) 及 (X_j, Y_j) 是协同的，或者说，它们有同样的倾向。反之，如果乘积 $(X_j - X_i)(Y_j - Y_i) < 0$, 则称该对子是不协同的。令

$$\Psi(X_i, X_j, Y_i, Y_j) = \begin{cases} 1, & 如果 (X_j - X_i)(Y_j - Y_i) > 0, \\ 0, & 如果 (X_j - X_i)(Y_j - Y_i) = 0, \\ -1, & 如果 (X_j - X_i)(Y_j - Y_i) < 0。 \end{cases} \quad (5.56)$$

定义肯德尔 τ 相关系数

$$\hat{\tau} = \frac{2}{n(n-1)} \sum_{1 \leqslant i < j \leqslant n} \Psi(X_i, X_j, Y_i, Y_j) = \frac{K}{\binom{n}{2}} = \frac{n_d - n_c}{\binom{n}{2}}, \quad (5.57)$$

其中

$$K = \sum_{1 \leqslant i < j \leqslant n} \Psi(X_i, X_j, Y_i, Y_j) = n_c - n_d = 2n_c - \binom{n}{2}, \quad (5.58)$$

n_c 是协同对子的数目，n_d 是不协同对子的数目。

上面定义的 $\hat{\tau}$ 为概率差

$$\tau = P\{(X_j - X_i)(Y_j - Y_i) > 0\} - P\{(X_j - X_i)(Y_j - Y_i) < 0\}$$

的一个估计。容易看出，$-1 \leqslant \hat{\tau} \leqslant 1$。事实上，当所有对子都是协同的，则 $K = \binom{n}{2}$, 此时，$\hat{\tau} = 1$。当所有对子都是不协同的，则 $K = -\binom{n}{2}$, 此时，$\hat{\tau} = -1$。

设 $r_1, r_2, \cdots, r_n$ 为由 $X_1, X_2, \cdots, X_n$ 产生的秩统计量，$R_1, R_2, \cdots, R_n$ 为由 $Y_1, Y_2, \cdots, Y_n$ 产生的秩统计量，可以证明

$$K = \sum_{1 \leqslant i < j \leqslant n} \text{sign}(r_i - r_j) \cdot \text{sign}(R_i - R_j). \tag{5.59}$$

结合式 (5.59) 和式 (5.57)，可以计算出估计值 $\hat{\tau}$，这样就可以利用 $\hat{\tau}$ 值作检验。当 $\hat{\tau}$ 接近于 0 时，表示两变量独立；当 $\hat{\tau}$ 大于某一值时，表示两变量相关（正数表示正相关，负数表示负相关）。

在 R 软件中，肯德尔相关检验仍有函数`cor.test()`计算，其计算方法与斯皮尔曼秩相关检验相同，只需使用参数`method = "kendall"`。

例 5.41 某幼儿园对 9 对双胞胎的智力进行检验，并按百分制打分。现将资料如表 5.35 所示。试用肯德尔相关检验方法检验双胞胎的智力是否相关。

表 5.35　9 对双胞胎的得分情况

	1	2	3	4	5	6	7	8	9
先出生	86	77	68	91	70	71	85	87	63
后出生	88	76	64	96	65	80	81	72	60

解　输入数据，作检验

```
> X <- c(86, 77, 68, 91, 70, 71, 85, 87, 63)
> Y <- c(88, 76, 64, 96, 65, 80, 81, 72, 60)
> cor.test(X, Y, method = "kendall")
        Kendall's rank correlation tau
data:  X and Y
T = 31, p-value = 0.005886
alternative hypothesis: true tau is not equal to 0
sample estimates:
      tau
0.7222222
```

P 值小于 0.05，拒绝原假设，认为双胞胎的智力是相关的，而且是正相关的。

5.7.3　多组数据的相关性检验

结合 3.4.2 节有讨论，`cor.test()`函数共可完成三种相关性检验——皮尔逊检验，肯德尔秩检验和斯皮尔曼秩检验。当数据来自正态总体时，作皮尔逊相关性检验；当数据不满足正态分布时，需要作秩检验。

`cor.test()`函数适用于二元变量的数据作检验，对于多元变量的数据，需要考虑两两组对作检验，检验次数较多。

在`psych`程序包中提供了`corr.test()`函数，可以较为方便地作多元数量的相关性检验，其使用格式为

```
corr.test(x, y = NULL, use = "pairwise", method = "pearson",
     adjust = "holm", alpha = .05, ci = TRUE, minlength = 5)
```

部分参数的名称、取值及意义如表 5.36 所示。

表 5.36　corr.test( ) 函数部分参数的名称、取值及意义

名称	取值及意义
x, y	矩阵或数据框。x 的各列与 y 各列作相关性检验，如果 y = NULL（默认值），则是 x 的各列之间作相关性检验。
use	字符串。当数据集中含有 NA（缺失数据）时，取"pairwise"（默认值）表示数据按对匹配（相当于删除与 NA 对应的数据）；取"complete"表示数据完整匹配（相当于删除 NA 所在行的全部数据）。
method	字符串，表示检验的类型，分别是"pearson"（皮尔逊检验，默认值）、"kendall"（肯德尔秩检验）和"spearman"（斯皮尔曼秩检验）。
adjust	字符串，表示 P 值调整的方法 *，有"holm"（默认值），"hochberg", "hommel"和"bonferroni"等，"none"为不调整。
ci	逻辑变量，取 TRUE（默认值）表示给出相关系数的置信区间。

* 第 7 章将给出 P 值调整方法的介绍。

函数的返回值是列表，其成员有$r（相关矩阵），$n（样本个数），$t（t 值），$p（P 值，下三角是没有调整的 P 值，上三角是调整后的 P 值），$se（标准差），$ci（相关系数的置信区间），$ci.adj（调整 P 值后的置信区间）等。

例 5.42　用 corr.test() 函数对例 3.18 中的数据（见表 3.14）作皮尔逊相关性检验。

解　读取数据（第 3 章中的 rubber.data 文件），调用 corr.test() 函数计算，程序与计算结果如下：

```
> library(psych)
> rubber <- read.table("../chap03/rubber.data")
> ct <- corr.test(rubber); ct
Call:corr.test(x = rubber)
Correlation matrix
     X1    X2   X3
X1 1.00 -0.45 0.36
X2 -0.45  1.00 0.13
X3 0.36  0.13 1.00
Sample Size
[1] 10
Probability values (Entries above the diagonal are
    adjusted for multiple tests.)
     X1   X2   X3
X1 0.00 0.56 0.62
X2 0.19 0.00 0.73
X3 0.31 0.73 0.00
To see confidence intervals of the correlations,
    print with the short = FALSE option
```

第一个矩阵是由相关系数构成,第二个矩阵是由 P 值构成,上三角部分是调整后的 P 值。如果在命令中增加 adjust = "none",则 P 值矩阵是对称的。

最后一段文字提示,用 print 语句可以显示出相关系数的置信区间(只列出置信区间部分)。

```
> print(ct, short = FALSE)
      raw.lower raw.r raw.upper raw.p lower.adj upper.adj
X1-X2   -0.84  -0.45    0.24   0.19    -0.88     0.39
X1-X3   -0.35   0.36    0.81   0.31    -0.44     0.84
X2-X3   -0.55   0.13    0.70   0.73    -0.55     0.70
```

分别列出:相关系数的置信下限、相关系数、相关系数的置信上限、P 值、P 值调整后的置信下限和 P 值调整后的置信上限。

在上述结果中,每对变量相关系数的置信区间均包含零,P 值 > 0.05,这说明所有变量两两不相关。

5.8 游程检验

游程检验也称为链检验或连贯检验,它是检验样本观察值随机性的一种方法,用途比较广泛。如某种存货近期价格的变化是否是随机的,生产过程是否处于随机的控制状态,奖券的购买是否也是随机的等。

例 5.43 有人认为医院中出生的婴儿有"性别串"现象,记录了某医院在 1 天中出生的婴儿的性别如下:

```
+ + - + - - - + - + + + - - + - + + - - -
+ - - + - - - - + + + + - - + - + + -
```

其中+代表男婴,-代表女婴。试问婴儿的男女性别是随机出现的吗?

有许多问题的观测数据可以表示为类似上面的符号序列。在由两种符号构成的序列中,由同一符号组成的一段(如+或-)称为一个游程(或链),游程中符号的个数称为游程长度(或链长)。例如,在上述婴儿数据中,共有 22 个游程,其中+ +为第 1 个链,长度为 2,-为第 2 个链,长度为 1,等等。

如何根据游程个数的多少来确定两个抽取样本观察值的随机性呢?令 R 表示这两个样本组成的混合有序样本所形成的游程总数,如果两个抽取样本的总体分布是相等的(记为 H_0),+和- 应均匀混合,R 的取值适中;如果总体分布不相等(记为 H_1),某一符号比另一符号会有偏大的倾向,其游程长度变长,而 R 变小。因此,当游程总数 R 过小时,则拒绝 H_0。

扩展程序包 tseries 中的 runs.test() 函数是游程检验函数[①],其使用格式为

```
runs.test(x, alternative = c("two.sided", "less", "greater"))
```

---
① 在使用前先下载和加载 tseries 程序包。

参数x为游程构成的因子。

下面使用runs.test()函数为例5.43中的数据作游程检验,程序(程序名: exam0543.R)

```
X <- scan(what = "")
+ + - + - - - + - + + + - - + - + + - -
- + - - + - - - - + + + - - + - + + -

runs.test(as.factor(X))
```

和计算结果如下:

```
        Runs Test
data:  as.factor(X)
Standard Normal = 0.33725, p-value = 0.7359
alternative hypothesis: two.sided
```

P 值 ($= 0.7359$) > 0.05,无法拒绝原假设,说明婴儿的男女性别是随机出现的。

例 5.44 对某段公路上一段时间内通过汽车辆数的观测,得到在这段时间内通过的汽车辆数,连续记录了 24 天,所获数据 (数据存放在exam0544.data中) 如下:

```
1  58 47 18 14 21 48 43 22 53 36 38
9  15 63 56 64 26 30 33 50  3 60 41
```

试就这组数据判断观测是否是随机的 ($\alpha = 0.05$)?

解 设 X 为数据,以 X 的中位数作为中间值 M。用 $X - M$ 的正负号作为游程。读取数据,作检验

```
> X <- scan("exam0544.data")
> M <- median(X)
> runs.test(as.factor(X < M))
        Runs Test
data:  as.factor(X < M)
Standard Normal = 0.41742, p-value = 0.6764
alternative hypothesis: two.sided
```

P 值 ($= 0.6764$) > 0.05,无法拒绝原假设,认为这段时间内通过的汽车辆数是随机的。

游程检验可用于两样本问题。设 $X_1, X_2, \cdots, X_m$ 和 $Y_1, Y_2, \cdots, Y_n$ 是分别抽自总体为 X 和 Y 的简单随机样本,且两样本相互独立,并假设两总体 X 和 Y 的分布函数分别为 $F(x)$ 和 $G(x)$。考虑假设检验

$$H_0: F(x) = G(x), \quad H_1: F(x) \neq G(x)。$$

将两个样本混合在一起,并按大小次序重新排列

$$Z_{(1)} \leqslant Z_{(2)} \leqslant \cdots \leqslant Z_{(m+n)}, \tag{5.60}$$

其中，$Z_{(i)}$ 为第 i 个顺序统计量，它或者是总体 X 中的样本，或者是总体 Y 中的样本。记

$$T_i = \begin{cases} 0, & Z_{(i)} \text{是总体 } X \text{ 中的样本,} \\ 1, & Z_{(i)} \text{是总体 } Y \text{ 中的样本。} \end{cases} \quad (5.61)$$

这样得到一个由 0 和 1 组成的序列

$$T_1, T_2, \cdots, T_{m+n}。 \quad (5.62)$$

如果 $X_1, X_2, \cdots, X_m$ 和 $Y_1, Y_2, \cdots, Y_n$ 来自同一个总体，则 $\{X_i\}$ 和 $\{Y_j\}$ 应均匀混合，且游程总数 R 将较大。

如果 $X_1, X_2, \cdots, X_m$ 和 $Y_1, Y_2, \cdots, Y_n$ 来自两个不同的总体，则游程总数 R 将减少。

事实上，如果两总体 X 和 Y 的均值 μ_1 和 μ_2 不同 (不妨设 $\mu_1 < \mu_2$)，则在序列 (5.60) 中，X_i 倾向于排在前面，而 Y_j 倾向于排在后面。特别地，当 $\{X_i\}$ 与 $\{Y_j\}$ 完全分隔时，总游程数 $R = 2$。

如果 $\mu_1 = \mu_2$，但两总体 X 和 Y 的方差 σ_1^2 和 σ_2^2 不同 (不妨设 $\sigma_1^2 < \sigma_2^2$)，则在序列 (5.60) 中，X_i 倾向于排在中间，而 Y_j 倾向于排在前后两端。

因此，游程检验是利用游程总数来检验 H_0 是否成立。

例 5.45 为考察儿童的好斗性是否存在差异，在两次游戏课中观察 12 名男孩和 12 名女孩，并对这些孩子的好斗性进行评分，数据（存放在exam0545.data中）如表 5.37 所示。试问这些数据是否有理由认为男女儿童的争斗性存在差异？

表 5.37　男孩和女孩在自由游戏中争斗性的评分

男孩	86	69	72	65	113	65	118	45	141	104	41	50
女孩	55	40	22	58	16	7	9	16	26	36	20	15

解　录入数据，将 24 个数据排成一个向量 X，前 12 个为男孩，后 12 个为女孩。用sort()函数将数据排序，选择 12.5 为中间值，用runs.test()对原数据所在的位置向量进行检验。

```
> X <- scan("exam0545.data")
> IX <- sort(X, index.return = T)$ix
> runs.test(as.factor(IX < 12.5))
        Runs Test
data:  as.factor(IX < 12.5)
Standard Normal = -3.7568, p-value = 0.0001721
alternative hypothesis: two.sided
```

在程序中，IX表示序列排序后，元素在原序列中的位置，IX < 12.5是逻辑变量，其值是FALSE和TRUE，相当于序列 (5.62) 中的 0 和 1。

在计算结果中，P 值 $\ll 0.05$，拒绝原假设，表明男女儿童争斗性存在显著差异。

习 题 5

1. 市场上出售某品牌的罐头，标称为每罐 400g。现随机抽取 36 听罐头，称其重量，其样本均值为 393g，样本标准差为 24g。试分析，这批罐头的重量是否能达到它标称的重量？

2. 某台仪器测量的数据（单位：10mV）如下：

    0.2   0.0   -1.1   -0.1   -1.5   -0.5   -1.9   -1.3   -0.4   2.0
    -2.3   0.5   0.7   -2.1   -0.6   -0.4   2.4   1.5   1.6   0.6
    -2.4   -0.8   1.2   -0.3   2.5   1.1   0.5   -0.1   0.7

假设数据服从正态分布，且仪器的精度（σ）为 $\sqrt{1.5}$，问能否说明这批数据的均值为 0 吗？

3. 某百货公司有两家分店，一家在市中心，另一家在郊区购物中心。经理发现，在一家畅销的东西，在另一家不一定好卖。经理认为，造成这种现象的原因可能是购物者的年龄差异。为此，经理抽取了 36 名市区的顾客，平均年龄 40 岁，标准差 9 岁。49 名郊区顾客，平均年龄 35 岁，标准差 10 岁。请为经理分析，市区和郊区的顾客群在年龄上是否存在显著差异？

4. （续习题 4 中 10 题）某评估机构需要对甲、乙两家培训中心的教育质量进行研究，分别抽取 30 名和 40 名学员的成绩（见表 4.6，数据存放在 exec0410.data 中）。试分析，两培训中心的教育质量是否存在显著差异？注：在分析中请结合习题 4 中 10 题的计算结果。

5. 正常男子血小板计数均值为 $225 \times 10^9/L$，今测得 20 名男性油漆作业工人的血小板计数值（单位：$10^9/L$）：

    220   188   162   230   145   160   238   188   247   113
    126   245   164   231   256   183   190   158   224   175

问油漆工人的血小板计数与正常成年男子有无差异？

6. 已知某种灯泡寿命服从正态分布，在某星期所生产的该灯泡中随机抽取 10 只，测得其寿命（单位：h）为

    1067   919   1196   785   1126   936   918   1156   920   948

求这个星期生产出的灯泡能使用 1000h 以上的概率。

7. 为研究国产四类新药阿卡波糖胶囊效果，某医院用 40 名 II 型糖尿病病人进行同期随机对照实验。试验者将这些病人随机等分到试验组（阿卡波糖胶囊组）和对照组（拜唐苹胶囊组），分别测得试验开始前和 8 周后空腹血糖，算得空腹血糖下降值，如表 5.38 所示。能否认为国产四类新药阿卡波糖胶囊与拜唐苹胶囊对空腹血糖的降糖效果不同？

表 5.38 试验组与对照组空腹腔血糖下降值   单位：mmol/L

试验组 ($n_1 = 20$)									
−0.70	−5.60	2.00	2.80	0.70	3.50	4.00	5.80	7.10	−0.50
2.50	−1.60	1.70	3.00	0.40	4.50	4.60	2.50	6.00	−1.40
对照组 ($n_2 = 20$)									
3.70	6.50	5.00	5.20	0.80	0.20	0.60	3.40	6.60	−1.10
6.00	3.80	2.00	1.60	2.00	2.20	1.20	3.10	1.70	−2.00

(1) 假设数据来自正态分布，检验两组数据均值是否有差异，分别用方差相同模型、方差不同模型；

(2) 检验试验组与对照组的方差是否相同。

8. 为研究某铁剂治疗和饮食治疗营养性缺铁性贫血的效果,将16名患者按年龄、体重、病程和病情相近的原则配成8对,分别使用饮食疗法和补充铁剂治疗的方法,3个月后测得两种患者血红蛋白如表5.39所示,问两种方法治疗后的患者血红蛋白有无差异?

表 5.39　铁剂和饮食两种方法治疗后患者血红蛋白值　　单位: g/L

铁剂治疗组	113	120	138	120	100	118	138	123
饮食治疗组	138	116	125	136	110	132	130	110

9. 为研究某种新药对抗凝血酶活力的影响,随机安排新药组病人12例,对照组病人10例,分别测定其抗凝血酶活力(单位: mm^3),其结果如下:

　　新药组　126　125　136　128　123　138　142　116　110　108　115　140
　　对照组　162　172　177　170　175　152　157　159　160　162

试分析新药组和对照组病人的抗凝血酶活力有无差别 ($\alpha = 0.05$)。

(1) 检验两组样本方差是否相同;

(2) 选择最合适的检验方法检验新药组和对照组病人的抗凝血酶活力有无显著差别。

10. 某项研究表明,有64%的购物者认为,超市中的品牌与大众品牌在质量上是一样的。某大众品牌的生产商认为,这一结论对自己的品牌也适用。他们调查了100位超市的消费者,有52位消费者认为,他们的品牌与超市中的品牌在质量上是一样的。请分析你的结论。

11. 科学家认为,太平洋树蛙能产生一种酶,以保护它的卵免受紫外线的伤害。现作两组试验,一组是有紫外线保护的,共70个蛙卵,有34个孵化。另一组没有紫外线保护,共80个蛙卵,有31个孵化。试用假设检验的方法分析,太平洋树蛙是否确实有保护它的卵免受紫外线伤害的能力(将此结果与习题4中13题的结果作比较)。

12. 卫生标准规定: 生活饮用水中大肠杆菌数不得超过3个/mL。现对某饮用水作抽样检查,(1) 抽取1mL水,培养后得到5个大肠杆菌,试分析,该饮用水是否合格。(2) 如果抽取10mL水,培养后得到42个大肠杆菌,试分析,该饮用水是否合格。

13. 某省对甲乙两市进行食管癌死亡率的调查。甲市调查了12万人,全年因食管癌死亡的人数有96人,乙市调查了9万人,全年因食管癌死亡的人数有91人,试分析: 甲乙两市食管癌的死亡率是否存在显著差异?

14. 某汽车公司要求员工恪守时间,以在公众面前树立良好的、值得信赖的形象。公司要求各个汽车到站时间的变化不能太大,具体要求是,到站时间的标准差不能超过2min。公司在某市的汽车中转站随机地抽取了10次汽车的到站时间如下 (单位: min)

　　15.2　17.5　19.6　16.6　21.3　17.1　15.0　15.5　20.0　16.2

试分析该公司的汽车司机是否遵守时间规定?

15. 孟德尔(Mendel)用豌豆的两对相对性状进行杂交实验,黄色圆滑种子与绿色皱缩种子的豌豆杂交后,第二代根据自由组合规律,理论分离比为

$$黄圆:黄皱:绿圆:绿皱 = \frac{9}{16}:\frac{3}{16}:\frac{3}{16}:\frac{1}{16}。$$

实际实验值为: 黄圆315粒,黄皱101粒,绿圆108粒,绿皱32粒,共556粒,问此结果是否符合自由组合规律?

16. 观察每分钟进入某商店的人数 X,任取200分钟,所得数据如表5.40所示。

表 5.40　某商店的进店人数

顾客人数	0	1	2	3	4	5
频数	92	68	28	11	1	0

试分析, 能否认为每分钟顾客数 X 服从泊松分布 ($\alpha = 0.1$).

17. 一般认为长途电话通过电话总机的过程是一个随机过程, 打进电话的时间间隔服从指数分布. 某个星期下午 1:00 以后最先打进的 10 个电话的时间为

1:06　1:08　1:16　1:22　1:23　1:34　1:44　1:47　1:51　1:57

试分析打进电话的时间间隔是否服从指数分布.

18. 观察得两样本值如表 5.41.

表 5.41

| I | 2.36 | 3.14 | 7.52 | 3.48 | 2.76 | 5.43 | 6.54 | 7.41 |
| II | 4.38 | 4.25 | 6.53 | 3.28 | 7.21 | 6.55 | | |

试分析, 两样本来自的总体是否相同 ($\alpha = 0.05$).

19. 对习题 5 中 7 题的数据作正态性检验.
(1) 沙皮罗–威尔克检验; (2) 雅克尔–贝拉检验, (3) 里利氏检验.

20. 在高中一年级男生中抽取 300 名考察其两个属性: 1500 米长跑用时和每天平均锻炼时间, 得到 4×3 列联表, 如表 5.42 所示 (数据存放在 exec0520.data 中). 试分析, 长跑用时与每天平均锻炼时间是否独立 ($\alpha = 0.05$).

表 5.42　　300 名高中学生体育锻炼的考察结果

| 1500 米长跑记录 | 锻炼时间 | | | 合计 |
	2 小时以上	1～2 小时	1 小时以下	
$5''01' \sim 5''30'$	45	12	10	67
$5''31' \sim 6''00'$	46	20	28	94
$6''01' \sim 6''30'$	28	23	30	81
$6''31' \sim 7''00'$	11	12	35	58
合计	130	67	103	300

21. 为研究分娩过程中使用胎儿电子监测仪对剖腹产率有无影响, 对 5824 例分娩的经产妇进行回顾性调查, 结果如表 5.43 所示, 试进行分析.

表 5.43　　5824 例经产妇回顾性调查结果

| 剖腹产 | 胎儿电子监测仪 | | 合计 |
	使用	未使用	
是	358	229	587
否	2492	2745	5237
合计	2850	2974	5824

22. 为比较两种工艺对产品的质量是否有影响, 对其产品进行抽样检查, 其结果如表 5.44 所示. 试进行分析.

表 5.44　　两种工艺下产品质量的抽查结果

	合格	不合格	合计
工艺一	3	4	7
工艺二	6	4	10
合计	9	8	17

23. 应用核素法和对比法检测 147 例冠心病患者心脏收缩运动的符合情况，其结果如表 5.45 所示。试分析这两种方法测定结果是否相同。

表 5.45　两法检查室壁收缩运动的符合情况

对比法	核素法			合计
	正常	减弱	异常	
正常	58	2	3	63
减弱	1	42	7	50
异常	8	9	17	34
合计	67	53	27	147

24. 表 5.46 所列的数据是关于 10 名消费者对某产品两种品牌的风味的检验结果。试分析消费者是喜欢品牌 A 还是喜欢品牌 B？

表 5.46　10 名消费者对两种品牌尝试的对比结果

消费者	品牌 A 比品牌 B	消费者	品牌 A 比品牌 B
1	+	6	+
2	+	7	−
3	+	8	+
4	−	9	−
5	+	10	+

25. 在某养鱼塘中，根据过去经验，鱼的长度的中位数为 14.6cm，现对鱼塘中鱼的长度进行一次估测，随机地从鱼塘中取出 10 条鱼长度如下：

　　13.32　13.06　14.02　11.86　13.58　13.77　13.51　14.42　14.44　15.43

将它们作为一个样本进行检验。试分析，该鱼塘中鱼的长度是在中位数之上，还是在中位数之下。
　　(1) 用符号检验分析；(2) 用威尔科克森符号秩检验。

26. 用两种不同的测定方法，测定同一种中草药的有效成分，共重复 20 次，得到实验结果如表 5.47 所示。

表 5.47　两种不同的测定方法得到的结果

方法 A									
48.0	33.0	37.5	48.0	42.5	40.0	42.0	36.0	11.3	22.0
36.0	27.3	14.2	32.1	52.0	38.0	17.3	20.0	21.0	46.1
方法 B									
37.0	41.0	23.4	17.0	31.5	40.0	31.0	36.0	5.7	11.5
21.0	6.1	26.5	21.3	44.5	28.0	22.6	20.0	11.0	22.3

　　(1) 试用符号检验法检验两测定有无显著差异；
　　(2) 试用威尔科克森符号秩检验法检验两测定有无显著差异；
　　(3) 试用威尔科克森秩和检验法检验两测定有无显著差异；
　　(4) 对数据作正态性和方差齐性检验，该数据是否能作 t 检验，如果能，请作 t 检验；
　　(5) 分析各种的检验方法，试说明哪种检验法效果最好。

27. 为比较一种新疗法对某种疾病的治疗效果,将 40 名患者随机地分为两组,每组 20 人,一组采用新疗法,另一组用原标准疗法。经过一段时间的治疗后,对每个患者的疗效作仔细的评估,并划分为差、较差、一般、较好和好五个等级。两组中处于不同等级的患者人数如表 5.48 所示。试分析,由此结果能否认为新方法的疗效显著地优于原方法的疗效 ($\alpha = 0.05$)。

表 5.48　不同方法治疗后的结果

等级	差	较差	一般	较好	好
新疗法组	0	1	9	7	3
原疗法组	2	2	11	4	1

28. 调查某大学学生每周学习时间与得分的平均等级之间的关系,现抽查 10 个学生的资料如表 5.49。

表 5.49　某大学学生每周的学习时间与得分的平均等级

学习时间	24	17	20	41	52	23	46	18	15	29
学习等级	8	1	4	7	9	5	10	3	2	6

其中等级 10 表示最好,1 表示最差。试用秩相关检验(斯皮尔曼检验和肯德尔检验)分析学习等级与学习成绩有无关系。

29. 对例 3.19 中的数据(见表 3.15)的各列作斯皮尔曼秩检验。

30. 统计老师要求学生投掷 20 次硬币,一名学生交给老师的结果报告为

　　　　H H T H T H T H T T H T H T T T H H T H

恰有 10 次正面 10 次反面,这组数据能否说明学生按老师要求由试验得到的,还是该学生根本就没有做试验。

第 6 章 回 归 分 析

在许多实际问题中，经常会遇到需要同时考虑几个变量的情况。例如，在电路中会遇到电压、电流和电阻之间的关系；在炼钢过程中会遇到钢水中的碳含量和钢材的物理性能（如强度、延伸率等）之间的关系。在医学上经常测量人的身高、体重，研究人的血压与年龄的关系等，这些变量之间是相互制约的。

通常，变量间的关系有两大类：一类是变量间有完全确定的关系，可用函数关系式来表示。如电路中的欧姆定律 $I = U/R$，其中 I 表示电流，U 表示电压，R 表示电阻。

另一类是变量间有一定的关系，但由于情况错综复杂无法精确研究，或由于存在不可避免的误差等原因，以致它们的关系无法用函数形式表示出来。为研究这类变量之间的关系就需要通过大量试验或观测获得数据，用统计方法去寻找它们间的关系，这种关系反映了变量间的统计规律。研究这类统计规律的方法之一便是回归分析。

在回归分析中，把变量分成两类。一类是因变量，它们是实际问题中所关心的一些指标，通常用 Y 表示，而影响因变量取值的另一类变量称为自变量，它们用 $X_1, X_2, \cdots, X_p$ 来表示。

在回归分析中研究的主要问题是：

(1) 确定 Y 与 $X_1, X_2, \cdots, X_p$ 间的定量关系表达式，这种表达式称为回归方程。
(2) 对求得的回归方程的可信度进行检验。
(3) 判断自变量 $X_j(j = 1, 2, \cdots, p)$ 对 Y 有无影响。
(4) 利用所求得的回归方程进行预测和控制。

6.1 一元线性回归分析

先从简单的情况开始讨论，考虑一元线性回归模型。

6.1.1 数学模型

通过一个例子来说明如何建立一元线性回归模型。

例 6.1 由专业知识知道，合金的强度 (kg/mm^2) 与合金中碳含量 (%) 有关。为了了解它们间的关系，现从生产中收集了一批数据（见表 6.1，数据以表格形式保存在 exam0601.data 中）。试分析合金的强度与合金中碳含量之间的关系。

为了分析变量之间的相互关系，先将数据可视化。将合金的碳含量记为 X，合金的强度记为 Y，每一对数据以点的形式画在图上，画出数据的"散点图"（见图 6.1）。从图 6.1 中可以发现，图上的 12 个点基本在一条直线附近，从而可以认为 Y 与 X 的关系基本上是线性的，而这些点与直线的偏离是由其他一切不确定因素的影响造成的。为此

可以作如下假定

$$Y = \beta_0 + \beta_1 X + \varepsilon, \tag{6.1}$$

表 6.1　合金的强度与合金中碳含量数据表

序号	碳含量	强度	序号	碳含量	强度
1	0.10	42.0	7	0.16	49.0
2	0.11	43.5	8	0.17	53.0
3	0.12	45.0	9	0.18	50.0
4	0.13	45.5	10	0.20	55.0
5	0.14	45.0	11	0.21	55.0
6	0.15	47.5	12	0.23	60.0

其中，$\beta_0 + \beta_1 X$ 表示 Y 随 X 的变化而线性变化的部分，ε 是随机误差，它是其他一切不确定因素影响的总和，其值不可观测。通常假定 $\varepsilon \sim N(0,\ \sigma^2)$。

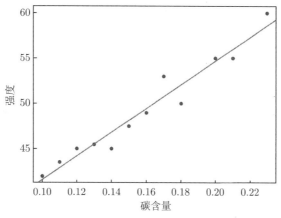

图 6.1　数据的散点图与拟合直线

称函数 $f(X) = \beta_0 + \beta_1 X$ 为一元线性回归函数，β_0 为回归常数，β_1 为回归系数，统称回归参数。称 X 为回归自变量（或回归因子）。称 Y 为回归因变量（或响应变量）。

若 $(x_1, y_1), (x_2, y_2), \cdots, (x_n, y_n)$ 是 (X, Y) 的一组观测值，则一元线性回归模型可表示为

$$y_i = \beta_0 + \beta_1 x_i + \varepsilon_i, \quad i = 1, 2, \cdots, n, \tag{6.2}$$

其中，$E(\varepsilon_i) = 0$, $\mathrm{var}(\varepsilon_i) = \sigma^2$, $i = 1, 2, \cdots, n$。称条件 $\mathrm{var}(\varepsilon_i) = \sigma^2$ 为等方差条件或齐方差条件。

6.1.2　回归参数的估计

计算回归参数最常用的方法是最小二乘法，即求解无约束问题

$$\min_{\beta_0, \beta_1} \sum_{i=1}^{n} (y_i - \beta_0 - \beta_1 x_i)^2, \tag{6.3}$$

其最优解记为 $\widehat{\beta}_0$ 和 $\widehat{\beta}_1$。经计算可得

$$\widehat{\beta}_1 = \frac{\sum_{i=1}^{n}(x_i-\overline{x})(y_i-\overline{y})}{\sum_{i=1}^{n}(x_i-\overline{x})^2} = \frac{S_{xy}}{S_{xx}}, \quad \widehat{\beta}_0 = \overline{y} - \widehat{\beta}_1\overline{x}, \tag{6.4}$$

其中

$$\overline{x} = \frac{1}{n}\sum_{i=1}^{n}x_i, \quad S_{xx} = \sum_{i=1}^{n}(x_i-\overline{x})^2,$$

$$\overline{y} = \frac{1}{n}\sum_{i=1}^{n}y_i, \quad S_{xy} = \sum_{i=1}^{n}(x_i-\overline{x})(y_i-\overline{y})。$$

称 $\widehat{\beta}_0$ 和 $\widehat{\beta}_1$ 分别为未知参数 β_0 和 β_1 的估计值，称 $\widehat{y}_i = \widehat{\beta}_0 + \widehat{\beta}_1 x_i$ 为回归值或拟合值。

从上述计算过程可以看到，求回归参数估计值的直观思想是要求图 6.1 中的点 (x_i, y_i) 与直线上的点 $(x_i, \widehat{y}_i)$ 偏离的平方和越小越好。

因为估计值是由最小二乘法得到的，所以也称 $(\widehat{\beta}_0, \widehat{\beta}_1)$ 为 (β_0, β_1) 的最小二乘估计，称方程

$$\widehat{Y} = \widehat{\beta}_0 + \widehat{\beta}_1 X,$$

为一元回归方程（或称经验回归方程）。

通常取

$$\widehat{\sigma}^2 = \frac{\sum_{i=1}^{n}\left(y_i - \widehat{\beta}_0 - \widehat{\beta}_1 x_i\right)^2}{n-2} \tag{6.5}$$

为参数 σ^2 的估计量，也称为 σ^2 的最小二乘估计。可以证明：$\widehat{\sigma}^2$ 是 σ^2 的无偏估计，即 $\mathrm{E}(\widehat{\sigma}^2) = \sigma^2$。

关于 β_0 和 β_1 估计的方差为

$$\mathrm{var}(\beta_0) = \sigma^2\left(\frac{1}{n} + \frac{\overline{x}^2}{S_{xx}}\right), \quad \mathrm{var}(\beta_1) = \frac{\sigma^2}{S_{xx}}。 \tag{6.6}$$

如果 σ^2 未知，则用 $\widehat{\sigma}$ 替换 σ，得到

$$\mathrm{sd}(\widehat{\beta}_0) = \widehat{\sigma}\sqrt{\frac{1}{n} + \frac{\overline{x}^2}{S_{xx}}}, \quad \mathrm{sd}(\widehat{\beta}_1) = \frac{\widehat{\sigma}}{\sqrt{S_{xx}}}。 \tag{6.7}$$

称 $\mathrm{sd}(\widehat{\beta}_0)$ 和 $\mathrm{sd}(\widehat{\beta}_1)$ 分别为 β_0 和 β_1 标准差的估计值。

6.1.3 回归方程的显著性检验

从回归参数的估计公式（6.4）可知，在计算过程中，并不一定要知道 Y 与 X 是否有线性相关的关系，但如果不存在线性关系，那么求得的回归方程毫无意义。因此，需要对回归方程进行检验。

从统计上讲，β_1 是 $E(Y)$ 随 X 线性变化的变化率，若 $\beta_1 = 0$，则 $E(Y)$ 实际上并不随 X 作线性变化，仅当 $\beta_1 \neq 0$ 时，$E(Y)$ 才随 X 作线性变化，也仅在这时，一元线性回归方程才有意义。因此，假设检验为

$$H_0 : \beta_1 = 0, \quad H_1 : \beta_1 \neq 0。$$

检验的方法有三种，分别为 t 检验、F 检验和相关系数的检验。

1. t 检验

t 检验是关于回归系数的检验，即检验 β_1 是否为 0。当 H_0 成立时，统计量

$$T_1 = \frac{\widehat{\beta_1}}{\mathrm{sd}(\widehat{\beta_1})} = \frac{\widehat{\beta_1}\sqrt{S_{xx}}}{\widehat{\sigma}} \sim t(n-2), \tag{6.8}$$

给定的显著性水平 α，当 $|T| \geqslant t_{\alpha/2}(n-2)$，或者相应的 P 值 $< \alpha$ 时，拒绝原假设，认为 $\beta_1 \neq 0$，回归系数通过检验。

2. F 检验

F 检验法是关于回归方程的检验，对于一元线性回归，它与回归系数的检验是等价的。当 H_0 成立时，统计量

$$F = \frac{\hat{\beta}_1^2 S_{xx}}{\hat{\sigma}^2} \sim F(1, n-2), \tag{6.9}$$

给定的显著性水平 α，当 $F \geqslant F_\alpha(1, n-2)$，或者相应的 P 值 $< \alpha$ 时，拒绝原假设，认为回归方程通过检验。

3. 相关系数检验

相关系数检验是检验自变量 X 与因变量 Y 之间是否存在相关关系。记 $R^2 = \dfrac{S_{xy}^2}{S_{xx}S_{yy}}$，称 R 为样本相关系数，给定的显著性水平 α，查相关系数临界值表可得 $r_\alpha(n-2)$，当

$$|R| > r_\alpha(n-2) \tag{6.10}$$

时，认为线性回归方程是显著的。

对于回归方程而言，一般不作相关系数检验，而只给出 R^2 或调整的 R^2。当 R^2 或调整的 R^2 接近于 1 时，认为自变量与因变量相关。

4. R 计算

不必按式 (6.4) 和式 (6.5) 计算回归系数，也不必用式 (6.8) 和式 (6.9) 作系数和方程的检验，R 中的 lm() 函数和 summary() 函数就可以完成这两项工作。

例 6.2 求例 6.1 的回归方程，并对相应的方程作检验。

解 利用 lm() 函数可以非常方便求出回归参数 $\widehat{\beta}_0, \widehat{\beta}_1$，以及列出相应的检验结果，其程序（程序名：exam0602.R）如下

```
rt <- read.table("exam0601.data")
lm.sol <- lm(Y ~ 1 + X, data = rt)
summary(lm.sol)
```

第 1 行是用read.table()函数读取表格形式的数据文件"exam0601.data"，返回值rt是数据框，其成员有X和Y。第 2 行是用lm()函数作线性回归，参数Y ~ 1 + X表示线性模型$Y = \beta_0 + \beta_1 X + \varepsilon$, data = rt 表示由数据框rt提供数据。第 3 行用summary()函数提取估计值及检验结果等。

程序显示的结果为

```
Call:
lm(formula = Y ~ 1 + X)

Residuals:
    Min      1Q  Median      3Q     Max
-2.0431 -0.7056  0.1694  0.6633  2.2653

Coefficients:
            Estimate Std. Error t value Pr(>|t|)
(Intercept)   28.493      1.580   18.04 5.88e-09 ***
X            130.835      9.683   13.51 9.50e-08 ***
---
Signif. codes:  0 '***' 0.001 '**' 0.01 '*' 0.05 '.' 0.1 ' ' 1

Residual standard error: 1.319 on 10 degrees of freedom
Multiple R-squared:  0.9481,    Adjusted R-squared:  0.9429
F-statistic: 182.6 on 1 and 10 DF,  p-value: 9.505e-08
```

上述结果由 4 部分组成。第一部分（call），描述回归模型所调用的公式。

第二部分（Residuals），列出回归方程残差中的几个重要数值，分别是残差的最小值，1/4 分位数，中位数，3/4 分位数和最大值。

第三部分（Coefficients），与回归系数的估计及检验有关。(Intercept)表示 β_0，X表示 β_1。Estimate表示参数的估计值，即 $\hat{\beta}_0$ 和 $\hat{\beta}_1$。Std. Error表示参数标准差的估计值，即 $\text{sd}(\hat{\beta}_0)$ 和 $\text{sd}(\hat{\beta}_1)$。t value表示 T 值，即 $T_0 = \hat{\beta}_0/\text{sd}(\hat{\beta}_0)$ 和 $T_1 = \hat{\beta}_1/\text{sd}(\hat{\beta}_1)$。Pr(>|t|)表示 P 值，以及显著性标记，其中***说明极为显著，**说明高度显著，*说明显著，. 说明不太显著，没有记号为不显著。

第四部分与方程的检验有关。Residual standard error表示残差标准差的估计值，即 $\hat{\sigma}$，且回归方程的自由度是 $n - 2$。Multiple R-Squared为相关系数的平方，即 R^2。Adjusted R-squared为调整的 R^2，其值会比 R^2 小一些。F-statistic表示 F 统计量，即 $F(1, n - 2)$。p-value表示对应于 F 统计量的 P 值。

从计算结果可以看出回归方程通过了回归参数的检验与回归方程的检验，因此得到的回归方程

$$\hat{Y} = 28.493 + 130.835X。$$

6.1.4 参数 β_0 与 β_1 的区间估计

在得到 β_0 与 β_1 的估计值 $\widehat{\beta}_0$ 与 $\widehat{\beta}_1$ 后, 有时还需要对它们作区间估计, 由 β_0 与 β_1 的统计性质可知,

$$T_i = \frac{\widehat{\beta}_i - \beta_i}{\mathrm{sd}(\widehat{\beta}_i)} \sim t(n-2), \quad i=0,1, \tag{6.11}$$

对给定的置信水平 $1-\alpha$, 有

$$P\left\{\frac{|\widehat{\beta}_i - \beta_i|}{\mathrm{sd}(\widehat{\beta}_i)} \leqslant t_{\alpha/2}(n-2)\right\} = 1-\alpha, \quad i=0,1_\circ \tag{6.12}$$

因此, $\beta_i\ (i=0,1)$ 的区间估计为

$$\left[\widehat{\beta}_i - \mathrm{sd}(\widehat{\beta}_i)\, t_{\alpha/2}(n-2),\ \widehat{\beta}_i + \mathrm{sd}(\widehat{\beta}_i)\, t_{\alpha/2}(n-2)\right]_\circ \tag{6.13}$$

在 R 中, 可以用 confint() 函数作回归系数的区间估计, 其使用格式为

confint(object, parm, level = 0.95, ...)

其中, 参数 object 是对象, 由 lm() 函数生成。parm 是需要作区间估计的回归系数, 默认值为全部回归系数。level 表示置信水平, 默认值为 0.95。

函数的返回值是回归系数的置信区间。

例 6.3 求例 6.2 中参数 β_0 和 β_1 的区间估计 $(\alpha=0.05)$。

解 列出计算结果

```
> confint(lm.sol)
                2.5 %     97.5 %
(Intercept)  24.97279   32.01285
X           109.25892  152.41074
```

这两个区间均不包含零, 从另一方面也说明 $\beta_i \neq 0, i=0,1$。

6.1.5 预测

经过检验, 如果回归方程通过回归系数、回归方程和相关性检验, 则可以利用回归方程作预测。所谓预测, 就是对给定的回归自变量的值, 预测对应的回归因变量所有可能的取值范围, 因此, 这是一个区间估计问题。

给定 X 的值 $X=x_0$, 记回归值

$$\widehat{y}_0 = \widehat{\beta}_0 + \widehat{\beta}_1 x_0_\circ \tag{6.14}$$

则 $\widehat{y}_0$ 是因变量 Y 在 $X=x_0$ 处的观测值

$$y_0 = \beta_0 + \beta_1 x_0 + \varepsilon_0 \tag{6.15}$$

的估计值。现在考虑在置信水平 $1-\alpha$ 下 y_0 的预测区间和 $\mathrm{E}(y_0)$ 的置信区间。

由统计知识可知，置信水平 $1-\alpha$ 下 y_0 的预测区间为

$$\left[\widehat{y_0} \mp t_{\alpha/2}(n-2)\widehat{\sigma}\sqrt{1+\frac{1}{n}+\frac{(\overline{x}-x_0)^2}{S_{xx}}}\right], \tag{6.16}$$

其中 $\overline{x}=\frac{1}{n}\sum_{i=1}^{n}x_i$ 为样本均值。置信水平 $1-\alpha$ 下 $\mathrm{E}(y_0)$ 的置信区间为

$$\left[\widehat{y_0} \mp t_{\alpha/2}(n-2)\widehat{\sigma}\sqrt{\frac{1}{n}+\frac{(\overline{x}-x_0)^2}{S_{xx}}}\right]。 \tag{6.17}$$

两者的差别在于，$\mathrm{E}(y_0) = \beta_0 + \beta_1 x_0$，与 y_0（见式（6.15））相差一个 ε_0。

在 R 中，可用 predict() 函数计算 y_0 的估计值、预测区间和 $\mathrm{E}(y_0)$ 的置信区间。

例 6.4 计算例 6.1 中，当 $X = x_0 = 0.16$ 时，y_0 的预测值，以及置信水平为 95% 情况下，y_0 的预测区间和 $\mathrm{E}(y_0)$ 的置信区间。

解 列出计算结果

```
> newdata <- data.frame(X = 0.16)
> predict(lm.sol, newdata, interval = "prediction")
       fit      lwr      upr
1 49.42639 46.36621 52.48657
> predict(lm.sol, newdata, interval = "confidence")
       fit      lwr      upr
1 49.42639 48.57695 50.27584
```

在程序中，newdata 表示预测自变量 $x_0 = 0.16$，注意，一定要按数据框的形式输入。predict() 函数中的参数 interval = "prediction" 表示计算预测区间，参数 interval = "confidence" 表示计算置信区间。

6.1.6 计算实例

这里用福布斯数据为例，全面展示一元回归模型的计算过程。

例 6.5 福布斯数据

在 19 世纪四五十年代，苏格兰物理学家詹姆斯·D. 福布斯（James D. Forbes），试图通过水的沸点来估计海拔高度。他知道通过气压计测得的大气压可用于得到海拔高度，高度越高，气压越低。在这里讨论的实验中，他研究了气压和沸点之间的关系。由于在当时，运输精密的气压计相当困难，这引起了他研究此问题的兴趣。测量沸点将给旅行者提供一个快速估计高度的方法。

福布斯在阿尔卑斯山及苏格兰收集数据。选定地点后，他装起仪器，测量气压及沸点。气压单位采用水银柱高度，并根据测量时周围气温与标准气温之间的差异校准气压。沸点用华氏温度表示。现从他 1857 年的论文中选取了 $n = 17$ 个地方的数据（见表 6.2，数据以表格形式保存在 Forbes.data 中）[①]。在研究这些数据时，有若干可能引起兴趣的

[①] MASS 程序包中的 forbes 提供了福布斯数据。

问题，气压及沸点是如何联系的？这种关系是强是弱？能否根据温度预测气压？如果能，有效性如何？

表 6.2 在阿尔卑斯山及苏格兰的 17 个地方沸点及大气压的福布斯数据

序号	沸点 (°F)	气压 (英寸汞柱)	log (气压)	$100 \times$ log (气压)
1	194.5	20.79	1.3179	131.79
2	194.3	20.79	1.3179	131.79
3	197.9	22.40	1.3502	135.02
4	198.4	22.67	1.3555	135.55
5	199.4	23.15	1.3646	136.46
6	199.9	23.35	1.3683	136.83
7	200.9	23.89	1.3782	137.82
8	201.1	23.99	1.3800	138.00
9	201.4	24.02	1.3806	138.06
10	201.3	24.01	1.3805	138.05
11	203.6	25.14	1.4004	140.04
12	204.6	26.57	1.4244	142.44
13	209.5	28.49	1.4547	145.47
14	208.6	27.76	1.4434	144.34
15	210.7	29.04	1.4630	146.30
16	211.9	29.88	1.4754	147.54
17	212.2	30.06	1.4780	147.80

分析 福布斯的理论认为，在观测值范围内，沸点和气压值的对数成一直线。由此，取 10 作为对数的底数。事实上，统计分析与对数的底是没有关系的。由于气压的对数值变化不大，最小值为 1.3179，而最大的为 1.4780，因此，将所有气压的对数值乘以 100，如表 6.2 中第 5 列所示。这将在不改变分析的主要性质的同时，避免研究非常小的数字。

求解 着手进行回归分析的一个有效途径是，画一个变量对另一变量的散点图，它既能用于提示某种关系，也能用于说明这种关系可能是不适当的。在散点图中，X 轴为自变量，这里是福布斯数据中的沸点，Y 轴为响应变量，这里为 $100 \times$ log（气压）。

输入数据，画出散点图（程序名：exam0605.R）。

```
forbes <- read.table("Forbes.data"); attach(forbes)
plot(F, log100, pch = 19, cex = 1.2, col = 4)
```

福布斯数据的散点图的总的印象是，这些点基本上，但并不精确地，落在一条直线上。作回归分析。

```
lm.sol <- lm(log100 ~ F, data = forbes); summary(lm.sol)
```

得到（列出部分结果）

```
Coefficients:
            Estimate Std. Error t value Pr(>|t|)
(Intercept) -42.13087    3.33895  -12.62 2.17e-09 ***
F             0.89546    0.01645   54.45  < 2e-16 ***

Residual standard error: 0.3789 on 15 degrees of freedom
Multiple R-squared: 0.995,     Adjusted R-squared: 0.9946
F-statistic:  2965 on 1 and 15 DF,  p-value: < 2.2e-16
```

由计算结果得到：$\widehat{\beta}_0 = -42.13$, $\widehat{\beta}_1 = 0.8955$, $\mathrm{sd}(\widehat{\beta}_0) = 3.339$, $\mathrm{sd}(\widehat{\beta}_1) = 0.01645$。对应于两个系数的 P 值 $\ll 0.05$，非常显著。

关于方程的检验，残差的标准差 $\widehat{\sigma} = 0.3789$。相关系数的平方 $R^2 = 0.995$。F 检验的 P 值 $< 2.2 \times 10^{-16}$，也是非常显著的。

回归系数通过 t 检验，回归方程通过 F 检验。因此，回归方程为

$$\widehat{Y} = -42.13087 + 0.89546X。$$

将得到的直线方程画在散点图上。

```
> abline(lm.sol, lwd = 2, col = 2)
```

得到散点图和相应的回归直线，如图 6.2所示。

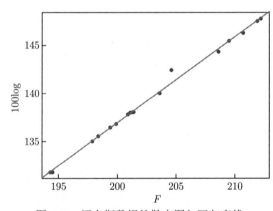

图 6.2 福布斯数据的散点图与回归直线

下面分析残差。称

$$\widehat{\varepsilon}_i = y_i - \widehat{y}_i = y_i - \widehat{\beta}_0 - \widehat{\beta}_1 x_i, \quad i = 1, 2, \cdots, n$$

为回归方程的残差。

在 R 中，residuals()函数提取回归方程的残差。画出残差的散点图，横坐标是拟合值，纵坐标是残差，其命令如下：

```
y.fit <- fitted(lm.sol); y.res <- residuals(lm.sol)
plot(y.fit, y.res, xlab = "Fitted Values", ylab = "Residuals",
     pch = 19, cex = 1.2, col = 4)
text(y.fit[12], y.res[12], labels = 12, adj = 1.3)
```

程序中的text()是在图上标文字，这里标出第 12 号样本点。所绘图形如图 6.3 所示。

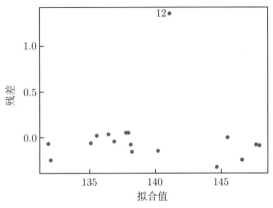

图 6.3 福布斯数据残差的散点图

实际上，并不需要编写上述命令画出回归方程的残差图 6.3，R 已提供了非常方便的方法，只需输入

> plot(lm.sol, 1)

即可。

从图 6.3 中可以看出，第 12 号样本点的残差远远大于其他各点的残差，所以第 12 号样本点很可能是异常值点。该点残差的绝对值约为 1.3，而其他点的残差的绝对值都小于 0.35。因此，这个点可能不正确，或者模型误差的假设不正确，或者 σ^2 不是常数，等等。总之，需要对这个问题进行分析（在 6.5 节的回归诊断中会详细介绍分析的方法）。

这里作简单的处理，在数据中，去掉第 12 号样本点。去掉 12 号点的命令相当的简单，只需在lm()函数中，增加参数subset = -12，其意思是，去掉 12 号观测数据，选择其余的观测数据作为子集参与回归方程的计算。

```
lm12 <- lm(log100 ~ F, data = forbes, subset = -12)
summary(lm12)
```

列出去掉 12 号样本点的计算结果。

```
Coefficients:
             Estimate Std. Error t value Pr(>|t|)
(Intercept) -41.30180    1.00038  -41.29 5.01e-16 ***
F             0.89096    0.00493  180.73  < 2e-16 ***

Residual standard error: 0.1133 on 14 degrees of freedom
Multiple R-squared:  0.9996,    Adjusted R-squared:  0.9995
F-statistic: 3.266e+04 on 1 and 14 DF,  p-value: < 2.2e-16
```

在去掉第 12 号样本点后，回归方程的系数没有太大的变化，但系数的标准差和残差的标准差有较大的变化，减少了约 3 倍左右，相关系数 R^2 也有提高。

6.2 与线性回归有关的函数

上面讲了一元回归方程的方法，在介绍多元回归方程之前，先简单地介绍 R 中与线性回归计算有关的函数，这些函数的大部分在前面已经使用过，在后面的多元线性回归中，也经常会遇到。

6.2.1 基本函数

用于线性回归模型计算的基本函数是lm()函数，其使用格式为

```
lm(formula, data, subset, weights, na.action,
   method = "qr", model = TRUE, x = FALSE, y = FALSE, qr = TRUE,
   singular.ok = TRUE, contrasts = NULL, offset, ...)
```

部分参数的名称、取值及意义如表 6.3所示。

表 6.3 lm( ) 函数中部分参数的名称、取值及意义

名称	取值及意义
formula	字符串，表示形如 y ~ 1 + x 的形式的回归公式，其中 1 表示常数项 (默认项)。如果回归方程为齐次线性模型，其公式改为 y ~ 0 + x 或 y ~ -1 + x。
data	数据框，由样本数据构成。
subset	可选项，表示所使用样本的子集。
weights	可选向量，表示对应样本的权重。

当数据由数据框提供，计算时需要指定相应的数据框。例如，在例 6.5中，lm()函数中包含有data = forbes选项。如果数据直接由向量提供，则不需要data 选项。

如果只取数据集中的一部分数据参与运算，需要用参数subset来指定是哪些数据参与计算。例如，在例 6.5中，subset = -12 表示是去掉 12 号样本点的数据子集。

如果数据中，每个样本的权重是不相同的，需要用参数weights给出每个样本所对应的权重。

函数的返回值是一个列表，其成员有$coefficients（系数），$residuals（残差），$fitted.values（拟合值），$df.residual（残差的自由度）等。这些信息或者用列表$成员的方式列出，或者用函数进行提取。

6.2.2 提取模型信息的函数

lm()函数的返回值称为拟合结果的对象，本质上是一个具有类属性值lm的列表，有model、coeffcients、residuals等成员。lm()的结果非常简单，为了获得更多的信息，可以使用对lm()类对象有特殊操作的通用函数，这些函数包括

```
add1    coef      effects  kappa   predict    step
alias   deviance  fitted   labels  print      summary
anova   drop1     formula  plot    residuals  vcov
```

下面介绍一些常用函数的使用方法。

1. summary() 函数

summary()函数,实际上是summary.lm()函数的简写形式,用于提取lm()对象中的信息,其使用格式为

```
summary(object, correlation = FALSE, symbolic.cor = FALSE, ...)
```

参数object为lm()函数生成的对象。

2. fitted() 函数

fitted()函数用于提取线性回归模型的拟合值,其使用格式为

```
fitted(object, ...)
```

参数object为lm()函数生成的对象。

例如,对于例 6.2,使用命令fitted(lm.sol)列出全部点的拟合值

```
> lm.sol <- lm(Y ~ 1 + X, data = rt); fitted(lm.sol)
       1        2        3        4        5        6
41.57630 42.88465 44.19300 45.50135 46.80969 48.11804
       7        8        9       10       11       12
49.42639 50.73474 52.04309 54.65978 55.96813 58.58483
```

3. predict() 函数

predict()函数,实际上是predict.lm()函数的简写形式,用于线性回归模型预测,计算预测值的估计值、预测区间和置信区间,其使用格式为

```
predict(object, newdata, se.fit = FALSE, scale = NULL, df = Inf,
    interval = c("none", "confidence", "prediction"),
    level = 0.95, type = c("response", "terms"),
    terms = NULL, na.action = na.pass,
    pred.var = res.var/weights, weights = 1, ...)
```

部分参数的名称、取值及意义如表 6.4所示。

表 6.4 predict( ) 函数中部分参数的名称、取值及意义

名称	取值及意义
object	对象,由lm()函数生成。
newdata	数据框,由预测点的自变量构成,如果该值缺省,计算已知数据点的回归值。
interval	字符串,表示计算的区间类型。取"none"(默认值)为不计算;取"confidence"为计算置信区间;取"prediction"表示计算预测区间。
level	0 ~ 1 的数值,表示置信水平,默认值为 0.95。

predict()函数在默认情况下只计算预测值,不计算置信区间和预测区间。除非提供参数interval = "confidence" (简写形式interval = "c"),或参数interval = "prediction" (简写形式interval = "p")。

对于例 6.2，用 predict() 函数作预测（置信区间和预测区间），并将样本点、回归直线、置信区间曲线和预测区间曲线画在同一张图上，如图 6.4 所示。

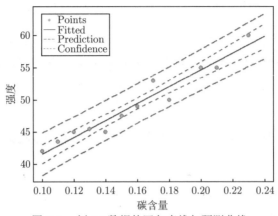

图 6.4 例 6.1 数据的回归直线与预测曲线

4. residuals() 函数

residuals() 函数，实际上是 residuals.lm() 函数的简写形式，可简写成 resid()，它用于提取线性回归模型的残差，其使用格式为

```
residuals(object,
    type = c("working", "response", "deviance", "pearson",
             "partial"),
    ...)
```

其中 object 是由 lm() 函数生成的对象。type 是返回值的类型。

例如，对于例 6.2，命令 resid(lm.sol)，列出回归方程的残差

```
           1            2            3            4            5
  0.423698384  0.615350090  0.807001795 -0.001346499 -1.809694794
           6            7            8            9           10
 -0.618043088 -0.426391382  2.265260323 -2.043087971  0.340215440
          11           12
 -0.968132855  1.415170557
```

5. anova() 函数

ANOVA 是 Analysis of Variance 的缩写，即方差分析，所以 anova() 函数功能是列出方差分析表，其使用格式为

```
anova(object,...)
```

其中 object 是由 lm() 函数生成的对象。

例如，对于例 6.2，命令 anova(lm.sol)，列出回归方程的方差分析表

```
Analysis of Variance Table
Response: Y
```

```
          Df Sum Sq Mean Sq F value   Pr(>F)
X          1 317.82  317.82  182.55 9.505e-08 ***
Residuals 10  17.41    1.74
```

6. coefficients() 函数

coefficients()函数，可简写成coef()，是提取回归方程的系数，其使用格式为

```
coef(object, ...)
coefficients(object, ...)
```

其中object是由模型构成的对象。

例如，对于例 6.2，命令coef(lm.sol)，列出回归方程的系数

```
(Intercept)          X
   28.49282   130.83483
```

这个函数非常有用，在提取回归方程的系数后，可以根据需要，进一步编写所需的函数。

7. vcov() 函数

vcov()函数是计算回归系数 β 协方差矩阵，其使用格式为

```
vcov(object, complete = TRUE, ...)
```

其中object是由模型构成的对象。

例如，对于例 6.2，命令vcov(lm.sol)，列出回归系数的协方差矩阵

```
> vcov(lm.sol)
             (Intercept)         X
(Intercept)    2.495787 -14.84657
X            -14.846573  93.76783
```

8. plot() 函数

这里的plot()函数实际上是用于回归方程诊断的plot.lm()函数，它可以绘出回归方程的各种诊断图，例如，plot(object, 1)是画出回归方程的残差图，函数中的参数object是由lm()函数生成的对象。

关于它的使用，将在回归诊断中作详细的介绍。

9. step() 函数

step()函数的功能是作逐步回归分析，它是根据 AIC 准则选择最佳的回归自变量，使回归模型更加简洁。关于step()函数的使用，将在逐步回归中将给出详细的介绍。

关于其他函数的使用方法，将在需要的时候予以介绍。

6.3 多元线性回归分析

在许多实际问题中影响因变量 Y 的自变量往往不止一个，通常设为 p 个。由于多元变量无法借助于图形的帮助来确定模型，所以仅讨论一种既简单又普遍的模型——多元线性回归模型。

6.3.1 数学模型

设变量 Y 与变量 $X_1, X_2, \cdots, X_p$ 间有线性关系

$$Y = \beta_0 + \beta_1 X_1 + \cdots + \beta_p X_p + \varepsilon, \tag{6.18}$$

其中 $\varepsilon \sim N(0, \sigma^2)$, $\beta_0, \beta_1, \cdots, \beta_p$ 和 σ^2 是未知参数, $p \geqslant 2$, 称模型 (6.18) 为多元线性回归模型。

设 $(x_{i1}, x_{i2}, \cdots, x_{ip}, y_i)$ $(i = 1, 2, \cdots, n)$ 是 $(X_1, X_2, \cdots, X_p, Y)$ 的 n 次独立观测值, 则多元线性模型 (6.18) 可表示为

$$y_i = \beta_0 + \beta_1 x_{i1} + \cdots + \beta_p x_{ip} + \varepsilon_i, \quad i = 1, 2, \cdots, n, \tag{6.19}$$

其中 $\varepsilon_i \sim N(0, \sigma^2)$, 且独立同分布。

为书写方便, 常采用矩阵形式, 令

$$\boldsymbol{Y} = \begin{bmatrix} y_1 \\ y_2 \\ \vdots \\ y_n \end{bmatrix}, \quad \boldsymbol{\beta} = \begin{bmatrix} \beta_0 \\ \beta_1 \\ \vdots \\ \beta_p \end{bmatrix}, \quad \boldsymbol{X} = \begin{bmatrix} 1 & x_{11} & x_{12} & \cdots & x_{1p} \\ 1 & x_{21} & x_{22} & \cdots & x_{2p} \\ \vdots & \vdots & \vdots & & \vdots \\ 1 & x_{n1} & x_{2n} & \cdots & x_{np} \end{bmatrix}, \quad \boldsymbol{\varepsilon} = \begin{bmatrix} \varepsilon_1 \\ \varepsilon_2 \\ \vdots \\ \varepsilon_n \end{bmatrix}。$$

则多元线性模型 (6.19) 可表示为

$$\boldsymbol{Y} = \boldsymbol{X}\boldsymbol{\beta} + \boldsymbol{\varepsilon}, \tag{6.20}$$

其中 $\boldsymbol{Y}$ 是由响应变量构成的 n 维向量, $\boldsymbol{X}$ 是 $n \times (p+1)$ 设计矩阵, $\boldsymbol{\beta}$ 是 $p+1$ 维向量, $\boldsymbol{\varepsilon}$ 是 n 维误差向量, 并且满足

$$\mathrm{E}(\boldsymbol{\varepsilon}) = \boldsymbol{0}, \quad \mathrm{var}(\boldsymbol{\varepsilon}) = \sigma^2 \boldsymbol{I}_n。$$

使用lm()函数建立线性回归模型, 使用方法见 6.2.1 节。

6.3.2 回归系数的估计

类似于一元线性回归, 求参数 $\boldsymbol{\beta}$ 的估计值 $\widehat{\boldsymbol{\beta}}$, 就是求最小二乘函数

$$Q(\boldsymbol{\beta}) = (\boldsymbol{y} - \boldsymbol{X}\boldsymbol{\beta})^{\mathrm{T}}(\boldsymbol{y} - \boldsymbol{X}\boldsymbol{\beta}), \tag{6.21}$$

达到最小的 $\boldsymbol{\beta}$ 值。可以证明 $\boldsymbol{\beta}$ 的最小二乘估计

$$\widehat{\boldsymbol{\beta}} = \left(\boldsymbol{X}^{\mathrm{T}}\boldsymbol{X}\right)^{-1} \boldsymbol{X}^{\mathrm{T}}\boldsymbol{y}。 \tag{6.22}$$

从而可得经验回归方程为

$$\widehat{Y} = \widehat{\beta}_0 + \widehat{\beta}_1 X_1 + \cdots + \widehat{\beta}_p X_p。$$

使用coef()函数或coefficients()函数提取系数$\widehat{\boldsymbol{\beta}}$，使用fitted()函数提取拟合值$\widehat{Y}$。称$\widehat{\boldsymbol{\varepsilon}} = \boldsymbol{y} - \boldsymbol{X}\widehat{\boldsymbol{\beta}}$为残差向量。通常取

$$\widehat{\sigma}^2 = \widehat{\boldsymbol{\varepsilon}}^{\mathrm{T}}\widehat{\boldsymbol{\varepsilon}}/(n-p-1) \tag{6.23}$$

为σ^2的估计，也称为σ^2的最小二乘估计。可以证明：$\mathrm{E}(\widehat{\sigma}^2) = \sigma^2$。

使用resid()函数或residuals()函数提取残差$\widehat{\boldsymbol{\varepsilon}}$，使用df.residual()函数提取残差的自由度$(n-p-1)$。有了这两个信息，由式（6.23）计算出$\widehat{\sigma}^2$。或者使用sigma()函数提取$\widehat{\sigma}$。

可以证明参数$\boldsymbol{\beta}$的协方差矩阵为

$$\mathrm{var}(\boldsymbol{\beta}) = \sigma^2(\boldsymbol{X}^{\mathrm{T}}\boldsymbol{X})^{-1}。 \tag{6.24}$$

由于σ^2未知，用$\widehat{\sigma}^2$替换，得到协方差矩阵的估计值。使用vcov()函数提取方差矩阵的估计值$\widehat{\sigma}^2(\boldsymbol{X}^{\mathrm{T}}\boldsymbol{X})^{-1}$。

因此，参数$\boldsymbol{\beta}$标准差的估计值为

$$\mathrm{sd}(\widehat{\beta}_i) = \widehat{\sigma}\sqrt{c_{ii}}, \quad i = 0, 1, \cdots, p, \tag{6.25}$$

其中c_{ii}是$\boldsymbol{C} = (\boldsymbol{X}^{\mathrm{T}}\boldsymbol{X})^{-1}$对角线上第$i$个元素[①]。

6.3.3 显著性检验

由于在多元线性回归中无法用图形帮助判断$\mathrm{E}(Y)$是否随$X_1, X_2, \cdots, X_p$作线性变化，因而显著性检验就显然得尤其重要。

检验有两种，一种是回归系数的显著性检验，粗略地说，就是检验某个变量X_j的系数是否为0；另一种检验是回归方程的显著性检验，简单地说，就是检验该组数据是否适用于线性回归方程作为模型。

1. 回归系数的检验

回归系数的检验是检验X_j的系数是否为0，作假设

$$H_{j0}: \beta_j = 0, \quad H_{j1}: \beta_j \neq 0, \quad j = 0, 1, \cdots, p。[②]$$

当H_{j0}成立时，统计量

$$T_j = \frac{\widehat{\beta}_j}{\widehat{\sigma}\sqrt{c_{jj}}} \sim t(n-p-1), \quad j = 0, 1, \cdots, p。$$

其中c_{jj}是$\boldsymbol{C} = (\boldsymbol{X}^{\mathrm{T}}\boldsymbol{X})^{-1}$的对角线上第$j$个元素。

给定的显著性水平α，当$|T_j| \geq t_{\alpha/2}(n-p-1)$，或对应的P值$< \alpha$时，拒绝$H_{j0}$，即$\beta_j \neq 0$。

使用summary()函数列出线性回归模型的基本情况，其中包括模型系数、标准差的估计值、t统计量和P值。或者用lmtest程序包中的coeftest()函数提取这些信息。

[①] 为方便起见，认为下标从0开始。
[②] 由于R可以提供β_0的检验，所以这里j从0开始。

2. 回归方程的检验

回归方程的检验是检验线性回归模型是不适用于该组数据，作假设

$$H_0: \beta_0 = \beta_1 = \cdots = \beta_p = 0, \quad H_1: \beta_0, \beta_1, \cdots, \beta_p \text{ 不全为 } 0。$$

当 H_0 成立时，统计量

$$F = \frac{\mathrm{SS}_R/p}{\mathrm{SS}_E/(n-p-1)} \sim F(p, n-p-1),$$

其中

$$\mathrm{SS}_R = \sum_{i=1}^n (\widehat{y}_i - \overline{y})^2, \quad \mathrm{SS}_E = \sum_{i=1}^n (y_i - \widehat{y}_i)^2,$$

$$\overline{y} = \frac{1}{n}\sum_{i=1}^n y_i, \quad \widehat{y}_i = \widehat{\beta}_0 + \widehat{\beta}_1 x_{i1} + \cdots + \widehat{\beta}_p x_{ip}。$$

通常称 SS_R 为回归平方和，称 SS_E 为残差平方和。

给定的显著性水平 α，当 $F > F_\alpha(p, n-p-1)$，或对应的 P 值 $< \alpha$ 时，拒绝 H_0，认为用线性回归模型拟合数据是合理的。

3. 相关系数的平方

相关系数的平方定义为

$$R^2 = \frac{\mathrm{SS}_R}{\mathrm{SS}_T},$$

用它来衡量 Y 与 $X_1, X_2, \cdots, X_p$ 之间相关的密切程度，其中 SS_T 为总体离差平方和，即 $\mathrm{SS}_T = \sum\limits_{i=1}^n (y_i - \overline{y})^2$。并且满足 $\mathrm{SS}_T = \mathrm{SS}_E + \mathrm{SS}_R$。

在统计软件中，通常还会给出调整相关系数的平方 R_a^2，其计算公式为

$$R_a^2 = R^2 - (1 - R^2)\frac{n-1}{n-p-1}。 \tag{6.26}$$

R_a^2 值小于 R^2，其目的是不要轻易作出自变量与因变量相关的判断。

在 summary() 函数列出的模型基本情况中，同时还包含 F 统计量和对应 F 统计量的 P 值，R 平方 R^2 和调整的 R 平方 R_a^2，以及残差的标准差 $\widehat{\sigma}$。

6.3.4 示例

例 6.6 根据经验，在人的身高相等的情况下，血压的收缩压 Y 与体重 X_1（kg），年龄 X_2（岁数）有关。现收集了 13 名男子的数据（见表 6.5，并以表格形式保存在 exam0606.data 文件中）。试建立 Y 关于 X_1, X_2 的线性回归方程。

解 用 read.table() 函数读取表格数据，用 lm() 函数作回归，用 summary() 函数列

表 6.5   13 名男子体重、年龄和血压的数据

序号	X_1	X_2	Y	序号	X_1	X_2	Y
1	76.0	50	120	8	79.0	50	125
2	91.5	20	141	9	85.0	40	132
3	85.5	20	124	10	76.5	55	123
4	82.5	30	126	11	82.0	40	132
5	79.0	30	117	12	95.0	40	155
6	80.5	50	125	13	92.5	20	147
7	74.5	60	123				

出计算结果。程序（程序名：exam0606.R）如下：

```
rt <- read.table("exam0606.data")
lm.sol <- lm(Y ~ 1 + X1 + X2, data = rt)
summary(lm.sol)
```

列出部分结果

```
Coefficients:
            Estimate Std. Error t value Pr(>|t|)
(Intercept) -62.96336  16.99976  -3.704 0.004083 **
X1            2.13656   0.17534  12.185 2.53e-07 ***
X2            0.40022   0.08321   4.810 0.000713 ***
Residual standard error: 2.854 on 10 degrees of freedom
Multiple R-squared: 0.9461,    Adjusted R-squared: 0.9354
F-statistic: 87.84 on 2 and 10 DF,  p-value: 4.531e-07
```

由计算结果可以看出，回归系数与回归方程均是显著的，因此，回归方程为

$$\widehat{Y} = -62.96 + 2.136X_1 + 0.4002X_2 。$$

使用 lmtest 程序包中的 coeftest() 函数 [①] 也可列出同样的 t 检验结果。如

```
> coeftest(lm.sol)
t test of coefficients:
             Estimate Std. Error  t value  Pr(>|t|)
(Intercept) -62.963359  16.999761 -3.7038 0.0040830 **
X1            2.136558   0.175342 12.1851 2.529e-07 ***
X2            0.400216   0.083212  4.8096 0.0007133 ***
```

使用 vcov() 函数列出系数方差矩阵的估计值 $\mathrm{var}(\widehat{\boldsymbol{\beta}})$。

```
> vcov(lm.sol)
            (Intercept)         X1           X2
(Intercept) 288.991861  -2.94992804  -1.117433397
X1           -2.949928   0.03074496   0.010217576
X2           -1.117433   0.01021758   0.006924278
```

① 在使用前，应下载和加载 lmtest 程序包。

6.3.5 回归系数的区间估计

由 $\boldsymbol{\beta}$ 的统计性质可知

$$T_i = \frac{\widehat{\beta}_i - \beta_i}{\mathrm{sd}(\widehat{\beta}_i)} \sim t(n-p-1), \quad i = 0, 1, \cdots, p, \tag{6.27}$$

因此，$\beta_i \ (i=0,1,\cdots,p)$ 的区间估计为

$$\left[\widehat{\beta}_i - \mathrm{sd}(\widehat{\beta}_i)\, t_{\alpha/2}(n-p-1),\ \widehat{\beta}_i + \mathrm{sd}(\widehat{\beta}_i)\, t_{\alpha/2}(n-p-1)\right]. \tag{6.28}$$

例 6.7 求例 6.6 中参数 $\boldsymbol{\beta}$ 的区间估计 $(\alpha = 0.05)$。

解 用 confint() 函数计算回归系数的置信区间。

```
> confint(lm.sol)
                 2.5 %       97.5 %
(Intercept) -100.8411862 -25.0855320
X1             1.7458709   2.5272454
X2             0.2148077   0.5856246
```

使用 lmtest 程序包中的 coefci() 函数可列出相同的置信区间（留给读者完成）。

6.3.6 预测

当多元线性回归方程经过检验是显著的，并且其中每一个系数均显著时，可用此方程作预测。

给定 $\boldsymbol{X} = \boldsymbol{x}_0 = (x_{01}, x_{02}, \cdots, x_{0p})^{\mathrm{T}}$，将其代入回归方程得到

$$y_0 = \beta_0 + \beta_1 x_{01} + \cdots + \beta_p x_{0p} + \varepsilon_0$$

的估计值

$$\widehat{y}_0 = \widehat{\beta}_0 + \widehat{\beta}_1 x_{01} + \cdots + \widehat{\beta}_p x_{0p}.$$

设置信水平为 $1 - \alpha$，则 y_0 的预测区间为

$$\left[\widehat{y}_0 \mp t_{\alpha/2}(n-p-1)\widehat{\sigma}\sqrt{1 + \widetilde{\boldsymbol{x}}_0^{\mathrm{T}}(\boldsymbol{X}^{\mathrm{T}}\boldsymbol{X})^{-1}\widetilde{\boldsymbol{x}}_0}\right], \tag{6.29}$$

其中 $\boldsymbol{X}$ 为设计矩阵，$\widetilde{\boldsymbol{x}}_0 = (1, x_{01}, x_{02}, \cdots, x_{0p})^{\mathrm{T}}$。

$\mathrm{E}(y_0)$ 的置信区间为

$$\left[\widehat{y}_0 \mp t_{\alpha/2}(n-p-1)\widehat{\sigma}\sqrt{\widetilde{\boldsymbol{x}}_0^{\mathrm{T}}(\boldsymbol{X}^{\mathrm{T}}\boldsymbol{X})^{-1}\widetilde{\boldsymbol{x}}_0}\right], \tag{6.30}$$

其中 $\boldsymbol{X}$ 与 $\widetilde{\boldsymbol{x}}_0$ 的意义同上。

例 6.8 在例 6.6 中，设 $\boldsymbol{X} = \boldsymbol{x}_0 = (80, 40)^{\mathrm{T}}$，求 y_0 的估计值 $\widehat{y}_0$，以及 y_0 的预测区间和 $\mathrm{E}(y_0)$ 的置信区间（取置信水平为 0.95）。

```
> rt <- read.table("exam0609.data")
> lm.sol <- lm(Y ~ 1 + X1 + X2, data = rt)
> summary(lm.sol)
Coefficients:
            Estimate Std. Error t value Pr(>|t|)
(Intercept)   4.4075     0.7223   6.102 1.62e-06 ***
X1            1.5883     0.2994   5.304 1.35e-05 ***
X2            0.5635     0.1191   4.733 6.25e-05 ***

Residual standard error: 0.2383 on 27 degrees of freedom
Multiple R-squared:  0.886,   Adjusted R-squared:  0.8776
F-statistic:   105 on 2 and 27 DF,  p-value: 1.845e-13
```

计算结果通过回归系数检验和回归方程检验，由此得到销售量与价格差与广告费之间的关系为

$$Y = 4.4075 + 1.5883X_1 + 0.5635X_2。$$

模型的进一步分析

为进一步分析回归模型，我们画出 Y 与 X_1 和 Y 与 X_2 散点图。从散点图上可以看出，对于 Y 与 X_1，用直线拟合较好。而对于 Y 与 X_2，则用二次曲线拟合较好，如图 6.5 所示。

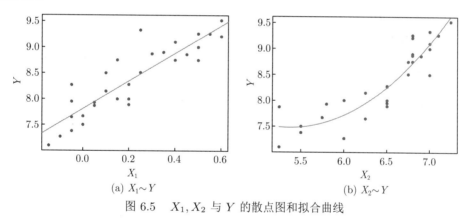

(a) $X_1 \sim Y$ (b) $X_2 \sim Y$

图 6.5 X_1, X_2 与 Y 的散点图和拟合曲线

绘出图 6.5 的 R 命令如下:

```
##%% 绘X1与Y的散点图和回归直线
attach(rt)
plot(Y ~ X1, pch = 19, cex = 1.2, col = 4)
abline(lm(Y ~ X1), lwd = 2, col = 2)

##%% 绘X2与Y的散点图和回归曲线
lm2.sol <- lm(Y ~ 1 + X2 + I(X2^2))
x <- seq(min(X2), max(X2), len = 200)
y <- predict(lm2.sol, data.frame(X2 = x))
```

```
plot(Y ~ X2, pch = 19, cex = 1.2, col = 4)
lines(x, y, lwd = 2, col = 2)
```

其中`I(X2^2)`表示模型中 X_2 的平方项，即 X_2^2。

从图 6.5 看出，将销售量模型改为

$$Y = \beta_0 + \beta_1 X_1 + \beta_2 X_2 + \beta_3 X_2^2 + \varepsilon$$

似乎更合理。为此，作相应的回归分析

```
> lm.new <- update(lm.sol, Y ~ . + I(X2^2))
> summary(lm.new)
Coefficients:
            Estimate Std. Error t value Pr(>|t|)
(Intercept)  17.3244     5.6415   3.071  0.00495 **
X1            1.3070     0.3036   4.305  0.00021 ***
X2           -3.6956     1.8503  -1.997  0.05635 .
I(X2^2)       0.3486     0.1512   2.306  0.02934 *

Residual standard error: 0.2213 on 26 degrees of freedom
Multiple R-squared: 0.9054,    Adjusted R-squared: 0.8945
F-statistic: 82.94 on 3 and 26 DF,  p-value: 1.944e-13
```

此时会发现，模型残差的标准差 $\hat{\sigma}$ 有所下降，相关系数的平方 R^2 有所上升，这说明模型修正是合理的。但同时也出现一个问题，就是对应于 β_2 的 P 值 > 0.05。为进一步分析，作 β 的区间估计。

```
> confint(lm.new)
                  2.5 %      97.5 %
(Intercept)  5.72818421 28.9205529
X1           0.68290927  1.9310682
X2          -7.49886317  0.1076898
I(X2^2)      0.03786354  0.6593598
```

β_2 的区间估计是 $[-7.499, 0.108]$，它包含了 0，也就是说，β_2 的值可能会为 0。

去掉 X_2 的一次项，再进行分析。

```
> lm2.new <- update(lm.new, Y ~ . - X2)
> summary(lm2.new)
Coefficients:
            Estimate Std. Error t value Pr(>|t|)
(Intercept)  6.07667    0.35531  17.102 5.17e-16 ***
X1           1.52498    0.29859   5.107 2.28e-05 ***
I(X2^2)      0.04720    0.00952   4.958 3.41e-05 ***

Residual standard error: 0.2332 on 27 degrees of freedom
Multiple R-squared: 0.8909,    Adjusted R-squared: 0.8828
F-statistic: 110.2 on 2 and 27 DF,  p-value: 1.028e-13
```

此模型虽然通过了 F 检验和 t 检验，但与上一模型对比来看，$\hat{\sigma}$ 上升，R^2 下降。这又是此模型的不足之处。

再作进一步的修正，考虑 X_1 与 X_2 交互作用，即模型为

$$Y = \beta_0 + \beta_1 X_1 + \beta_2 X_2 + \beta_3 X_2^2 + \beta_4 X_1 X_2 + \varepsilon。$$

列出程序和计算结果

```
> lm3.new <- update(lm.new, Y ~ . + X1 * X2)
> summary(lm3.new)
Coefficients:
            Estimate Std. Error t value Pr(>|t|)
(Intercept)  29.1133    7.4832   3.890 0.000656 ***
X1           11.1342    4.4459   2.504 0.019153 *
X2           -7.6080    2.4691  -3.081 0.004963 **
I(X2^2)       0.6712    0.2027   3.312 0.002824 **
X1:X2        -1.4777    0.6672  -2.215 0.036105 *

Residual standard error: 0.2063 on 25 degrees of freedom
Multiple R-squared:  0.9209,    Adjusted R-squared:  0.9083
F-statistic: 72.78 on 4 and 25 DF,  p-value: 2.107e-13
```

模型通过 t 检验和 F 检验，并且 $\hat{\sigma}$ 减少，R^2 增加。因此，最终模型选为

$$Y = 29.1133 + 11.1342 X_1 - 7.6080 X_2 + 0.6712 X_2^2 - 1.4777 X_1 X_2 + \varepsilon。$$

6.4 逐步回归

逐步回归是将变量逐个引入回归方程，或将变量逐一删除的过程。在引入或删除变量之前，需要对变量逐个作检验或计算，以保证不遗漏对因变量有显著影响的变量，同时不包含对因变量无显著影响的变量。这是一个反复的过程，通常需要若干个回合才能完成。

6.4.1 "最优"回归方程的选择

在实际问题中，影响因变量 Y 的因素很多，人们可以从中挑选若干个变量建立回归方程，这便涉及变量选择的问题。

一般来讲，如果在一个回归方程中忽略了对 Y 有显著影响的自变量，那么所建立的方程必与实际有较大的偏离，但变量选得过多，使用就不方便，特别当方程中含有对 Y 影响不大的变量时，可能因为 SS_E 的自由度的减小而使 σ^2 的估计增大，从而影响使用回归方程作预测的精度。因此，适当地选择变量以建立一个"最优"的回归方程是十分重要的。

什么是"最优"回归方程呢？对于这个问题有许多不同的准则，在不同的准则下，"最优"回归方程也可能不同。这里讲的"最优"是指从可供选择的所有变量中选出对 Y 有显著影响的变量建立方程，且在方程中不含对 Y 无显著影响的变量。

在上述意义下，可以有多种方法来获得"最优"回归方程，如"一切子集回归法""前进法""后退法"等。

6.4.2 逐步回归的计算

在 R 中，step() 函数用于"逐步回归"计算，它是以 AIC[①] 信息统计量为准则，通过选择最小的 AIC 信息统计量，来达到删除或增加变量的目的。step() 函数的使用格式为

```
step(object, scope, scale = 0,
     direction = c("both", "backward", "forward"),
     trace = 1, keep = NULL, steps = 1000, k = 2, ...)
```

部分参数的名称、取值及意义如表 6.7所示。

表 6.7   step( ) 函数中部分参数的名称、取值及意义

名称	取值及意义
object	对象，由为lm() 函数生成。
scope	形如~ x1 + x2 的公式，表示逐步回归中变量搜索区域。
direction	字符串，表示逐步回归的搜索方向，取"both"（默认值）表示"一切子集回归法"（增加或删除变量），取"backward" 表示"向后法"（删除变量），取"forward" 表示"向前法"（增加变量）。
k	正数，只有当k 取 2 时（默认值），才计算真正 AIC 统计量。

在这里，不具体介绍通常概率统计教科书上的逐步回归的计算公式，而是通过一个简单的例子，介绍如何使用step()函数来完成逐步回归的过程，从而达到选择"最优"方程的目的。

例6.10 某种水泥在凝固时放出的热量 $Y(\text{K}/\text{g})$ 与水泥中四种化学成分 X_1, X_2, X_3, X_4 含量的百分比有关，现测得13组数据（见表 6.8，以表格形式保存在 exam0610.data 中）。希望从中选出主要的变量，建立 Y 关于它们的线性回归方程。

表 6.8   四种化学成分含量的百分比及放出热量的数据

序号	X_1	X_2	X_3	X_4	Y	序号	X_1	X_2	X_3	X_4	Y
1	7	26	6	60	78.5	8	1	31	22	44	72.5
2	1	29	15	52	74.3	9	2	54	18	22	93.1
3	11	56	8	20	104.3	10	21	47	4	26	115.9
4	11	31	8	47	87.6	11	1	40	23	34	83.8
5	7	52	6	33	95.9	12	11	66	9	12	113.3
6	11	55	9	22	109.2	13	10	68	8	12	109.4
7	3	71	17	6	102.7						

解   先作多元线性回归方程

```
> rt <- read.table("exam0610.data")
```

[①] AIC 是 Akaike Information Criterion 的缩写，是由日本统计学家赤池弘次提出的。

```
> lm.sol <- lm(Y ~ 1 + X1 + X2 + X3 + X4, data = rt)
> summary(lm.sol)
Coefficients:
            Estimate Std. Error t value Pr(>|t|)
(Intercept) 62.4054    70.0710   0.891   0.3991
X1           1.5511     0.7448   2.083   0.0708 .
X2           0.5102     0.7238   0.705   0.5009
X3           0.1019     0.7547   0.135   0.8959
X4          -0.1441     0.7091  -0.203   0.8441

Residual standard error: 2.446 on 8 degrees of freedom
Multiple R-squared:  0.9824,    Adjusted R-squared:  0.9736
F-statistic: 111.5 on 4 and 8 DF,  p-value: 4.756e-07
```

从上述结果可以看到,如果选择全部变量作回归方程,效果是不好的。因为回归方程的系数没有一项通过检验。

再用函数step()作逐步回归。

```
> lm.step <- step(lm.sol)
Start:  AIC=26.94
Y ~ 1 + X1 + X2 + X3 + X4

       Df Sum of Sq    RSS    AIC
- X3    1    0.1091 47.973 24.974
- X4    1    0.2470 48.111 25.011
- X2    1    2.9725 50.836 25.728
<none>              47.864 26.944
- X1    1   25.9509 73.815 30.576

Step:  AIC=24.97
Y ~ X1 + X2 + X4

       Df Sum of Sq    RSS    AIC
<none>               47.97 24.974
- X4    1      9.93  57.90 25.420
- X2    1     26.79  74.76 28.742
- X1    1    820.91 868.88 60.629
```

从程序运行结果可以看到,用全部变量作回归方程时,AIC 值为 26.94。接下来显示的数据表明,如果去掉变量 X_3,得到回归方程的 AIC 值为 24.974。如果去掉变量 X_4,得到回归方程的 AIC 值为 25.011。后面的类推。由于去掉变量 X_3 可以使 AIC 达到最小,因此,R 会自动去掉变量 X_3,进行下一轮计算。

在下一轮计算中,无论去掉哪一个变量,AIC 值均会升高,因此,R 便终止计算,得到"最优"的回归方程。

接下来分析计算结果。用函数summary()提取相关信息。

```
> summary(lm.step)
Coefficients:
            Estimate Std. Error t value Pr(>|t|)
(Intercept)  71.6483    14.1424   5.066 0.000675 ***
X1            1.4519     0.1170  12.410 5.78e-07 ***
X2            0.4161     0.1856   2.242 0.051687 .
X4           -0.2365     0.1733  -1.365 0.205395

Residual standard error: 2.309 on 9 degrees of freedom
Multiple R-squared: 0.9823,     Adjusted R-squared: 0.9764
F-statistic: 166.8 on 3 and 9 DF,  p-value: 3.323e-08
```

由显示结果看到：回归系数检验的显著性水平有很大提高，但变量 X_2, X_4 系数检验的显著性水平仍不理想。下面如何处理呢？

在 R 中，还有两个函数可以用来作逐步回归。这两个函数是add1()和drop1()，它们的使用格式为

```
add1(object, scope, scale = 0, test = c("none", "Chisq", "F"),
     x = NULL, k = 2, ...)
drop1(object, scope, scale = 0, all.cols = TRUE,
      test = c("none", "Chisq", "F"), k = 2, ...)
```

其中object是由拟合模型构成的对象。scope是模型考虑增加或去掉项构成的公式。test是字符串，表示检验的方法，如"Chisq"（χ^2 检验），"F"（F 检验）。

下面用drop1()计算。

```
> drop1(lm.step, test = "F")
Single term deletions
Model:
Y ~ X1 + X2 + X4
       Df Sum of Sq    RSS    AIC  F value    Pr(>F)
<none>              47.97 24.974
X1      1    820.91 868.88 60.629 154.0076 5.781e-07 ***
X2      1     26.79  74.76 28.742   5.0259   0.05169 .
X4      1      9.93  57.90 25.420   1.8633   0.20540
```

从运算结果来看，如果去掉变量 X_4，AIC 值会从 24.97 增加的 25.42。

另外，在逐步回归中，AIC 准则只是其中的一种准则，回归系数的检验也是添加或删除变量的重要准则，如变量 X_4 对应的 P 值是 0.21，不显著，将它去掉应该更合理。

```
> lm.opt <- update(lm.step, Y ~ . - X4); summary(lm.opt)
Coefficients:
            Estimate Std. Error t value Pr(>|t|)
(Intercept) 52.57735    2.28617   23.00 5.46e-10 ***
X1           1.46831    0.12130   12.11 2.69e-07 ***
```

```
X2             0.66225    0.04585    14.44 5.03e-08 ***

Residual standard error: 2.406 on 10 degrees of freedom
Multiple R-squared:  0.9787,    Adjusted R-squared:  0.9744
F-statistic: 229.5 on 2 and 10 DF,  p-value: 4.407e-09
```

这个结果应该还是满意的,因为所有的检验均是显著的。最后得到"最优"的回归方程为
$$\hat{Y} = 52.58 + 1.468X_1 + 0.6622X_2。$$

在上述计算中,参数scope使用的是默认值,也就是说,在上述计算中,仅考虑变量的剔除,并没有考虑变量的添加,实际上是"backward"("向后法")。

从常数项开始计算,即考虑变量的添加,又考虑变量的剔除,其程序如下

```
lm0.sol <- lm(Y ~ 1, data = rt)
lm.step <- step(lm0.sol, scope = ~ X1 + X2 + X3 + X4)
```

计算留给读者完成,并将计算结果与前面的结果作比较。

在逐步回归中,除 AIC 准则外,还有 BIC(Bayesian Information Criterion)准则。简单地说,BIC 准则就是将step()函数中的k = 2换成k = log(n),其中 n 为样本容量。

用 BIC 准则作逐步回归

```
> n <- nrow(rt)
> lm.step <- step(lm.sol, k = log(n))
Start:  AIC=29.77
Y ~ 1 + X1 + X2 + X3 + X4

       Df Sum of Sq     RSS    AIC
- X3    1    0.1091  47.973 27.234
- X4    1    0.2470  48.111 27.271
- X2    1    2.9725  50.836 27.987
<none>              47.864 29.769
- X1    1   25.9509  73.815 32.836

Step:  AIC=27.23
Y ~ X1 + X2 + X4

       Df Sum of Sq     RSS    AIC
- X4    1      9.93   57.90 27.115
<none>              47.97 27.234
- X2    1     26.79   74.76 30.437
- X1    1    820.91  868.88 62.324

Step:  AIC=27.11
Y ~ X1 + X2

       Df Sum of Sq     RSS    AIC
<none>              57.90 27.115
```

- X1	1	848.43	906.34	60.308	
- X2	1	1207.78	1265.69	64.649	

与前面分析的最终结果是相同的。从某种意义上讲，BIC 准则是优于 AIC 准则的，这个结论对于一般的逐步回归来讲，也是正确的。

6.5 回归诊断

前面给出了利用逐步回归来选择对因变量 Y 影响最显著的自变量进入回归方程的方法，并且还可以利用 AIC 准则或其他准则来选择最优回归模型。但是这些只是从选择自变量上来研究，而没有对回归模型的一些特性做更进一步的研究，并且没有研究引起异常样本问题，异常样本的存在，往往会给回归模型带来不稳定。为此，人们提出所谓回归诊断的问题，其主要内容有：

（1）关于误差项是否满足独立性、等方差性和正态性；
（2）选择线性模型是否合适；
（3）是否存在异常样本；
（4）回归分析的结果是否对某些样本的依赖过重，也就是说，回归模型是否具备稳定性；
（5）自变量之间是否存在高度相关？即是否有多重共线性问题存在。

6.5.1 回归诊断的重要性

下面的例子充分说明了回归诊断的重要性。

例 6.11 图的有用性（安斯库姆（Anscombe），1973 年） 表 6.9给出的四组人造数据，每组数据集由 11 对点 (x_i, y_i) 组成，拟合于简单线性模型

$$y_i = \beta_0 + \beta_1 x_i + \varepsilon_i.$$

试分析四组数据是否通过回归方程的检验，并用图形分析每组数据的基本情况。

表 6.9　安斯库姆数据

序号	$X_1 \sim X_3$	Y_1	Y_2	Y_3	X_4	Y_4
1	10.0	8.04	9.14	7.46	8.0	6.58
2	8.0	6.95	8.14	6.77	8.0	5.76
3	13.0	7.58	8.74	12.74	8.0	7.71
4	9.0	8.81	8.77	7.11	8.0	8.84
5	11.0	8.33	9.26	7.81	8.0	8.47
6	14.0	9.96	8.10	8.84	8.0	7.04
7	6.0	7.24	6.13	6.08	8.0	5.25
8	4.0	4.26	3.10	5.39	19.0	12.50
9	12.0	10.84	9.13	8.15	8.0	5.56
10	7.0	4.82	7.26	6.44	8.0	7.91
11	5.0	5.68	4.74	5.73	8.0	6.89

解 不必录入数据，R 中的安斯库姆数据集，提供了表 6.9中的数据。列出 4 组数据回归系数的估计值，及相关的检验。

```
summary(lm(y1 ~ x1, data = anscombe))
summary(lm(y2 ~ x2, data = anscombe))
summary(lm(y3 ~ x3, data = anscombe))
summary(lm(y4 ~ x4, data = anscombe))
```

这四组数据的计算结果由表 6.10所示（最多有 0.01 的误差）。从表 6.10所列结果，可以说明，这四组数据全部通过回归系数的检验和回归方程的检验。由于每个数据集得到的各种统计量的值是相同的，因此，可能会认为每个数据集合对于线性模型会同等的适用，但事实确非如此。

表 6.10　四组数据的计算结果

系数	估计值	标准差	t 值	P 值
β_0	3.0	1.125	2.67	0.026
β_1	0.5	0.118	4.24	0.0022
方程	$\hat{\sigma} = 1.24$,	$R^2 = 0.667$,	F 值 = 17.99,	P 值 = 0.002

画出四组数据的散点图和相应的回归直线，如图 6.6所示。从图形来看，这四组数据是完全不同的。

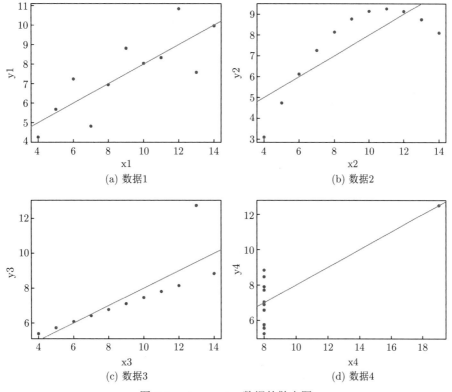

图 6.6　Anscombe 数据的散点图

第一组数据集合，见图 6.6（a）。如果简单线性回归模型合适的话，这就是通常期望看到的数据集合。图 6.6（b）给出第二组数据集合，它给出一个不同的结论，即基于简单线性回归分析是不正确的，而一条光滑曲线，可能是二次多项式，将会以较小的剩余变异拟合数据。

```
> lm2.sol <- lm(y2 ~ x2 + I(x2^2), data = anscombe)
> summary(lm2.sol)
Coefficients:
            Estimate Std. Error t value Pr(>|t|)
(Intercept) -5.9957343  0.0043299   -1385   <2e-16 ***
x2           2.7808392  0.0010401    2674   <2e-16 ***
I(x2^2)     -0.1267133  0.0000571   -2219   <2e-16 ***

Residual standard error: 0.001672 on 8 degrees of freedom
Multiple R-squared:     1,     Adjusted R-squared:     1
F-statistic: 7.378e+06 on 2 and 8 DF,  p-value: < 2.2e-16
```

因此，回归方程是一个二次方程更合理（见图 6.7（a））。

图 6.6（c）表示，简单回归的描述对于大部分数据是正确的，但一个样本距离拟合回归直线太远。称这样的点为异常值点。很可能需要从数据集合中删除那个与其他数据不匹配的数据样本。回归需要根据剩下的 10 个样本重新拟合。

```
> lm3.sol <- lm(y3 ~ x3, data = anscombe, subset = -3 )
> summary(lm3.sol)
Coefficients:
            Estimate Std. Error t value Pr(>|t|)
(Intercept) 4.0056494  0.0029242    1370   <2e-16 ***
x3          0.3453896  0.0003206    1077   <2e-16 ***

Residual standard error: 0.003082 on 8 degrees of freedom
Multiple R-squared:     1,     Adjusted R-squared:     1
F-statistic: 1.161e+06 on 1 and 8 DF,  p-value: < 2.2e-16
```

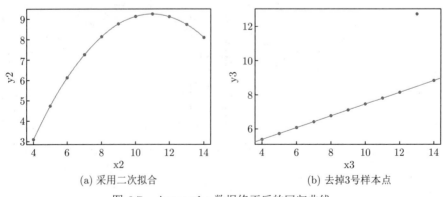

(a) 采用二次拟合　　　　　　(b) 去掉3号样本点

图 6.7　Anscombe 数据修正后的回归曲线

从结果看,应该去掉 3 号样本号,重作线性回归更合理,图 6.7(b)绘出修正后的直线方程。

最后一个组数据集合(见 6.6(d))。它与上述三个不同,没有足够的信息来对拟合模型作出判断。斜率参数的估计值 $\hat{\beta}_1$ 很大程度上由 y_8 的值决定。如果第 8 号样本被删除,则不能估计 β_1。因此,无法相信这是一个综合分析,它对单个样本如此依赖。

在 R 中,以下函数

```
influence.measures    rstandard    rstudent    dffits
cooks.distance        dfbeta       dfbetas     covratio
hatvalues             hat
```

与回归诊断有关,关于函数的使用方法,在讲到相关内容时,再具体地介绍。

6.5.2 残差

在利用最小二乘原理求回归模型时,对残差实际上是作了独立性、等方差性和正态性的假设。但对实际上的 $p+1$ 个变量的 n 组样本数据所求得的回归模型的残差,是否满足这三个性质还应该进行讨论。在讨论残差的检验问题之前,首先讨论残差。

1. 普通残差

设线性回归模型为

$$\boldsymbol{Y} = \boldsymbol{X}\boldsymbol{\beta} + \boldsymbol{\varepsilon}, \tag{6.31}$$

其中 $\boldsymbol{Y}$ 是由响应变量构成的 n 维向量,$\boldsymbol{X}$ 是 $n \times (p+1)$ 设计矩阵,$\boldsymbol{\beta}$ 是 $p+1$ 维向量,$\boldsymbol{\varepsilon}$ 是 n 维误差向量。

回归系数的估计值

$$\hat{\boldsymbol{\beta}} = \left(\boldsymbol{X}^{\mathrm{T}}\boldsymbol{X}\right)^{-1}\boldsymbol{X}^{\mathrm{T}}\boldsymbol{Y}, \tag{6.32}$$

拟合值 $\hat{\boldsymbol{Y}}$ 为

$$\hat{\boldsymbol{Y}} = \boldsymbol{X}\hat{\boldsymbol{\beta}} = \boldsymbol{X}\left(\boldsymbol{X}^{\mathrm{T}}\boldsymbol{X}\right)^{-1}\boldsymbol{X}^{\mathrm{T}}\boldsymbol{Y} = \boldsymbol{H}\boldsymbol{Y}, \tag{6.33}$$

其中

$$\boldsymbol{H} = \boldsymbol{X}\left(\boldsymbol{X}^{\mathrm{T}}\boldsymbol{X}\right)^{-1}\boldsymbol{X}^{\mathrm{T}}。 \tag{6.34}$$

称 $\boldsymbol{H}$ 为帽子矩阵,因为向量 $\boldsymbol{Y}$ 被 $\boldsymbol{H}$ 左乘后,变成 $\hat{\boldsymbol{Y}}$,由此得名。残差为

$$\hat{\boldsymbol{\varepsilon}} = \boldsymbol{Y} - \hat{\boldsymbol{Y}} = (\boldsymbol{I} - \boldsymbol{H})\boldsymbol{Y}。 \tag{6.35}$$

前面介绍过,R 中的 residuals() 函数(或 resid() 函数)提供了模型残差的计算,其使用方式为

```
residuals(object, ...)
resid(object, ...)
```

其中 object 为回归模型。

在得到残差后,可以对残差进行检验,如沙皮尔-威尔克正态性检验,雅尔克-贝拉正态性检验等。

例 6.12 对例 6.5（福布斯数据）得到回归模型得到的残差作沙皮尔–威尔克正态性检验。

解 在计算完例 6.5 的回归模型后，计算其残差，并用 **shapiro.test()** 函数作残差的正态性检验。

```
> y.res <- residuals(lm.sol); shapiro.test(y.res)
        Shapiro-Wilk normality test
data:  y.res
W = 0.54654, p-value = 3.302e-06
```

因此，残差不满足正态性假设。

在去掉第 12 号样本后，再对所得到回归模型的残差进行正态性检验。

```
> y12.res <- residuals(lm12); shapiro.test(y12.res)
        Shapiro-Wilk normality test
data:  y12.res
W = 0.92215, p-value = 0.1827
```

因此，残差能通过正态性检验，由此去掉第 12 号样本点还是合理的。

读者可用雅尔克–威尔克正态性检验完成上述工作。

2. 标准化（内学生化）残差

由残差向量 ε 的性质，得到

$$\mathrm{E}(\widehat{\varepsilon}) = \mathbf{0}, \quad \mathrm{var}(\widehat{\varepsilon}) = \sigma^2(\mathbf{I} - \mathbf{H})。 \tag{6.36}$$

因此，对每个 $\widehat{\varepsilon}_i$，有

$$\frac{\widehat{\varepsilon}_i}{\sigma\sqrt{1-h_{ii}}} \sim N(0,1), \tag{6.37}$$

其中 h_{ii} 是矩阵 $\mathbf{H}$ 对角线上的元素。

用 $\widehat{\sigma}^2$（见式（6.23））作为 σ^2 的估计值，称

$$r_i = \frac{\widehat{\varepsilon}_i}{\widehat{\sigma}\sqrt{1-h_{ii}}} \tag{6.38}$$

为标准化残差，或者称为内学生化残差。这因为 σ^2 的估计中用了包括第 i 个样本在内的全部数据。由式（6.37）可知，标准化残差 r_i 近似服从标准正态分布。

在 R 中，**rstandard()** 函数计算回归模型的标准化（内学生化）残差，其使用格式为

```
rstandard(model, infl = lm.influence(model, do.coef = FALSE),
     sd = sqrt(deviance(model)/df.residual(model)),
     type = c("sd.1", "predictive"), ...)
```

其中 **model** 是由 **lm()** 函数生成的对象。

3. 外学生化残差

若记删除第 i 个样本数据后，由余下的 $n-1$ 个样本数据求得的回归系数为 $\widehat{\beta}_{(i)}$，做 σ^2 的估计值，有

$$\widehat{\sigma}^2_{(i)} = \frac{1}{n-p-2} \sum_{j \neq i} \left(Y_i - \widetilde{\mathbf{X}}_j \widehat{\beta}_{(i)}\right)^2, \tag{6.39}$$

其中 $\widetilde{X}_j$ 为设计矩阵 X 的第 j 行。称

$$\widehat{\varepsilon}_i(\widehat{\sigma}_{(i)}) = \frac{\widehat{\varepsilon}_i}{\widehat{\sigma}_{(i)}\sqrt{1-h_{ii}}} \tag{6.40}$$

为学生化残差，或者称为外学生化残差。

在 R 中，rstudent()函数计算回归模型的（外）学生化残差，其使用格式为

```
rstudent(model, infl = lm.influence(model, do.coef = FALSE),
    res = infl$wt.res, ...)
```

其中model是由lm()函数生成的对象。

6.5.3 残差图

残差图最大的好处是将残差可视化，以直观的形式展现在人们面前。

以残差 $\widehat{\varepsilon}_i$ 为纵坐标，以拟合值 $\widehat{Y}_i$ 或对应的数据观测序号 i 或数据观测时间为横坐标的散点图统称为残差图。残差图是进行模型诊断的重要工具。

1. 回归值与残差的残差图

为检验建立的多元线性回归模型是否合适，可以通过回归值 $\widehat{Y}$ 与残差的散点图来检验。其方法是画出回归值 $\widehat{Y}$ 与普通残差的散点图 $((\widehat{Y}_i, \widehat{\varepsilon}_i), i=1,2,\cdots,n)$，或者画出回归值 $\widehat{Y}$ 与标准残差的散点图 $((\widehat{Y}_i, r_i), i=1,2,\cdots,n)$，其图形可能会出现下面三种情况（如图 6.8所示）。

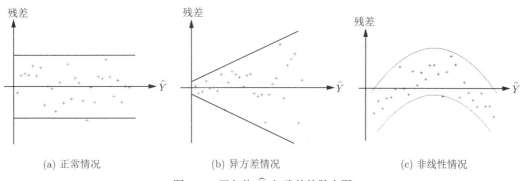

(a) 正常情况　　　　　(b) 异方差情况　　　　　(c) 非线性情况

图 6.8　回归值 $\widehat{Y}$ 与残差的散点图

对于图 6.8（a）的情况，不论回归值 $\widehat{Y}$ 的大小，而残差 $\widehat{\varepsilon}_i$（或 r_i）具有相同的分布，并满足模型的各假设条件；对于图 6.8（b）的情况，表示回归值 $\widehat{Y}$ 的大小与残差的波动大小有关系，即齐方差的假设有问题；对于图 6.8（c），表示线性模型不合适，应考虑非线性模型。

对于图 6.8（a），如果大部分点都落在中间部分，而只有少数几个点落在外边，则这些点对应的样本，可能有异常值存在。

例 6.13　画例 6.6普通残差的散点图和标准化残差的散点图。

解　在计算出例 6.6的回归模型后，计算普通残差和标准化残差，并画出相应的散点图。R 的命令如下：

```
##%% 画残差图
y.res <- resid(lm.sol); y.fit <- predict(lm.sol)
plot(y.res ~ y.fit, pch = 19, cex = 1.2, col = 4)

##%% 画标准化残差图
y.rst <- rstandard(lm.sol)
plot(y.rst ~ y.fit, pch = 19, cex = 1.2, col = 4)
```

绘出的图形如图 6.9（a）和（b）所示。

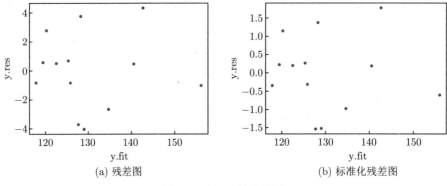

(a) 残差图   (b) 标准化残差图

图 6.9　例 6.6 的残差图

从图 6.9 可以看出，残差具有相同的分布且满足模型的各假设条件。

再仔细分析，当残差服从正态分布的假设成立时，标准化残差应近似地服从标准正态分布。根据正态分布的性质，若随机变量 $X \sim N(\mu, \sigma^2)$，则有

$$P\{\mu - 2\sigma < X < \mu + 2\sigma\} = 0.954。$$

也就是说，对于标准化残差，应该有 95% 的样本点落在区间 $[-2, 2]$ 中。另外，可以证明，拟合值 $\widehat{Y}$ 与残差 $\widehat{\varepsilon}$ 相互独立，因而与标准化残差 $r_1, r_2, \cdots, r_n$ 也独立。所以，如果以拟合值 $\widehat{Y}_i$ 为横坐标，r_i 为纵坐标，那么平面上的点 $(\widehat{Y}_i, r_i), i = 1, 2, \cdots, n$ 大致应落在宽度为 4 的水平带 $|r_i| \leqslant 2$ 的区域内，且不呈现任何趋势。从这种角度看，通过标准化残差图，更容易诊断出回归模型是否出现问题。

回过来，再看图 6.9（b），所有点均在宽度为 4 的水平带 $|r_i| \leqslant 2$ 中，且不呈现任何趋势，因此，例 6.6 的模型应该是合适的。

例 6.14　某公司为了研究产品的营销策略，对产品的销售情况进行了调查。设 Y 为某地区该产品的家庭人均购买量（单位：元），X 为家庭人均收入（单位：元）。表 6.11 给出了 53 个家庭的数据（以表格形式保存在 exam0614.data 中）。试通过这些数据建立 Y 与 X 的关系式。

解　输入数据，作线性回归模型（程序名：exam0614.R）

```
rt <- read.table("exam0614.data")
lm.sol <- lm(Y ~ 1 + X, data = rt); summary(lm.sol)
```

得到

6.5 回归诊断

表 6.11　某地区家庭人均收入与人均购买量数据　　单位: 元

序号	X	Y	序号	X	Y	序号	X	Y
1	679	0.79	19	745	0.77	37	770	1.74
2	292	0.44	20	435	1.39	38	724	4.10
3	1012	0.56	21	540	0.56	39	808	3.94
4	493	0.79	22	874	1.56	40	790	0.96
5	582	2.70	23	1543	5.28	41	783	3.29
6	1156	3.64	24	1029	0.64	42	406	0.44
7	997	4.73	25	710	4.00	43	1242	3.24
8	2189	9.50	26	1434	0.31	44	658	2.14
9	1097	5.34	27	837	4.20	45	1746	5.71
10	2078	6.85	28	1748	4.88	46	468	0.64
11	1818	5.84	29	1381	3.48	47	1114	1.90
12	1700	5.21	30	1428	7.58	48	413	0.51
13	747	3.25	31	1255	2.63	49	1787	8.33
14	2030	4.43	32	1777	4.99	50	3560	14.94
15	1643	3.16	33	370	0.59	51	1495	5.11
16	414	0.50	34	2316	8.19	52	2221	3.85
17	354	0.17	35	1130	4.79	53	1526	3.93
18	1276	1.88	36	463	0.51			

```
Coefficients:
            Estimate Std. Error t value Pr(>|t|)
(Intercept) -0.8313037  0.4416121  -1.882   0.0655
X            0.0036828  0.0003339  11.030 4.11e-15 ***

Residual standard error: 1.577 on 51 degrees of freedom
Multiple R-squared:  0.7046,    Adjusted R-squared:  0.6988
F-statistic: 121.7 on 1 and 51 DF,  p-value: 4.106e-15
```

回归系数通过 t 检验, 方程通过 F 检验, Y 对 X 的一元经验回归方程为

$$\widehat{Y} = -0.8313 + 0.003683X。$$

再作回归诊断, 画出标准化残差散点图

```
y.rst <- rstandard(lm.sol); y.fit <- predict(lm.sol)
plot(y.rst ~ y.fit, pch = 19, cex = 1.2, col = 4)
abline(0.1, 0.5); abline(-0.1, -0.5)
```

其图形由图 6.10 (a) 所示。

　　直观上容易看出, 残差图从左向右逐渐散开呈漏斗状, 这是残差的方差不相等的一个征兆。考虑对响应变量 Y 作变换, 作开方运算。相应的 R 程序为

```
lm.new <- update(lm.sol, sqrt(.) ~ .); coef(lm.new)
```

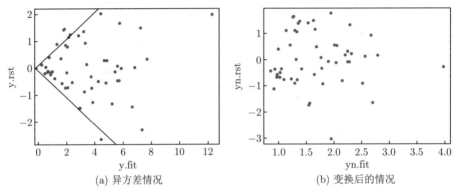

(a) 异方差情况   (b) 变换后的情况

图 6.10   例 6.14 的标准化残差图

其中 update 是模型修正函数。coef 是提取回归系数。计算结果为

```
(Intercept)           X
0.582225917  0.000952859
```

由此得到经验方程
$$\sqrt{\widehat{Y}} = 0.582225917 + 0.000952859X,$$

即
$$\widehat{Y} = (0.582225917 + 0.000952859X)^2$$
$$= 0.338987 + 0.001109558X + 9.079403 \times 10^{-7}X^2 \text{。}$$

再画出变换后的标准化残差散点图

```
yn.rst <- rstandard(lm.new); yn.fit <- predict(lm.new)
plot(yn.rst ~ yn.fit, pch = 19, cex = 1.2, col = 4)
```

其图形由图 6.10（b）所示。散点图的趋势有较大改善。

2. 残差的 QQ 图

在第 3 章，介绍了检验正态分布的 QQ 图。这里可以用 QQ 图的方法检验残差的正态性。

设 $\widehat{\varepsilon}_{(i)}$ 是残差 $\widehat{\varepsilon}_i$ 的次序统计量，$i = 1, 2, \cdots, n$，令
$$q_{(i)} = \Phi^{-1}\left(\frac{i - 0.375}{n + 0.25}\right), \quad i = 1, 2, \cdots, n,$$

其中 $\Phi(x)$ 为标准正态分布 $N(0,1)$ 的分布函数，$\Phi^{-1}(x)$ 为反函数。称 $q_{(i)}$ 为 $\widehat{\varepsilon}_{(i)}$ 的期望值。

可以证明，若 $\widehat{\varepsilon}_i (i = 1, 2, \cdots, n)$ 是来自正态分布总体的样本，则点 $(q_{(i)}, \widehat{\varepsilon}_{(i)})$ $(i = 1, 2, \cdots, n)$ 应在一条直线上。因此，若残差的正态 QQ 图中的点的大致趋势明显地不在

一条直线上，则有理由怀疑对误差的正态性假设的合理性；否则可认为误差的正态性假设是合理的。

用 R 软件画正态 QQ 残差图非常简单，只需一个命令

plot(model, 2)

其中 model 是由 lm 生成的对象。

3. 以自变量为横坐标的残差图

以每个 $X_j(1 \leqslant j \leqslant p)$ 的各个观测值 $x_{ij}(1 \leqslant i \leqslant n)$ 为点的横坐标，即以自变量为横坐标的残差图。与拟合值 $\widehat{Y}$ 为横坐标的残差图一样，满意的残差图呈现图 6.8（a）的水平带状。如果图形呈现图 6.8（b）的形状，则说明误差是等方差的假设不合适。若呈现图 6.8（c）的形状，则需要在模型中添加 X_j 的高次项，或者对 Y 做变换。

例 6.15 画出例 6.6关于自变量为横坐标的残差图。

解 在作完成回归模型后，计算残差，并画出图形。

```
y.res <- resid(lm.sol)
plot(y.res ~ X1, pch = 19, cex = 1.2, col = 4)
plot(y.res ~ X2, pch = 19, cex = 1.2, col = 4)
```

图形如图 6.11所示。

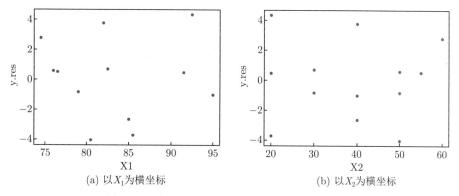

(a) 以 X_1 为横坐标　　　　　　(b) 以 X_2 为横坐标

图 6.11　例 6.6的以 X_1, X_2 为横坐标的残差图

从图 6.11可以看出，回归模型效果是好的。

6.5.4　残差的独立性检验

前面的工作，画残差图，实际上在作残差的等方差检验；画 QQ 图，实际上在作残差的正态性检验。为了判断线性回归模型是否满足要求，还需要作残差的独立性检验。

残差的独立性检验等价于残差的自相关检验，通常使用达宾-沃森自相关检验，它是由 J. 达宾（J. Durbin）和 G. S. 沃森（G. S. Watson）于 1951 年提出的。

假设误差项 ε 的值并不是独立的，而是以下面的形式相互作用

$$\varepsilon_i = \rho \varepsilon_{i-1} + z_i, \tag{6.41}$$

其中 ρ 是绝对值小于 1 的参数，$z_i \sim N(0, \sigma^2)$。当 $\rho = 0$ 时，则误差之间互不相关，每一个误差项均值为 0，方差为 σ^2。在这种情况下，误差的独立性假设得到满足。如果 $\rho > 0$，则误差之间存在正的自相关；如果 $\rho < 0$，则自相关为负。对于这两种情形的任意一种，误差的独立性假设均无法满足。

用 $\widehat{\varepsilon}_i$ 表示第 i 个残差，达宾–沃森检验是通过构造统计量

$$d = \frac{\sum_{i=2}^{n}(\widehat{\varepsilon}_i - \widehat{\varepsilon}_{i-1})^2}{\sum_{i=1}^{n}\widehat{\varepsilon}_i^2} \tag{6.42}$$

来建立 d 与 ρ 的近似关系，从而判断误差项 ε 的自相关性。

如果残差的相邻值之间差距不大（正自相关），达宾–沃森检验统计量的数值将会比较小。如果残差的相邻值之间差距较大（负自相关），达宾–沃森检验统计量的数值将会比较大。

达宾–沃森检验统计量的数值取为 0～4，并且有两个数值 d_l 和 d_u，且 $0 < d_l < d_u < 2$，它们将区间 $[0, 4]$ 分成 5 个子区间，分别是 $[0, d_l]$，$[d_l, d_u]$，$(d_u, 4-d_u)$，$[4-d_u, 4-d_l]$ 和 $(4-d_l, 4]$。这些区间表明了存在或不存在自相关性的范围。

如果 $d \in [0, d_l]$，或者 $d \in (4-d_l, 4]$，则认为残差之间存在着自相关性。特别地，当 $d \in [0, d_l]$ 时，存在着正相关性，当 $d \in (4-d_l, 4]$ 时，存在着负相关性。如果 $d \in [d_l, d_u]$，或者 $d \in [4-d_u, 4-d_l]$，则认为检验失效，无法判别残差之间是否存在着自相关性。如果 $d \in (d_u, 4-d_u)$，则认为残差之间不存在自相关性，即相互独立。

这里的数值 d_l 和 d_u 与样本容量、显著性水平等因素有关，需要查自相关达宾–沃森检验的临界值表才能确定 d_l 和 d_u 的值。

从定性的角度来看，当 $\rho \to 1$ 时，$d \to 0$；当 $\rho \to -1$ 时，$d \to 4$；当 $\rho \to 0$ 时，$d \to 2$。也就是说，当达宾–沃森检验统计量接近于 2 时，表明残差是相互独立的。

在 R 的基本函数中，没有提供达宾–沃森检验的计算函数，可以按式（6.42）编写计算达宾–沃森检验统计量的函数

```
dw.test <- function(r)   sum(diff(r)^2)/sum(r^2)
```

这里的 `diff()` 函数是计算向量的差分。

对于例 6.6，用达宾–沃森检验分析其残差是否独立。

```
> source("dw.test.R"); dw.test(y.res)
[1] 2.263082
```

基本上在 2 附近，可以认为例 6.6 回归方程的残差是独立。

在扩展程序包 lmtest 中的 `dwtest()` 函数提供了达宾–沃森自相关检验，其使用格式为

```
dwtest(formula, order.by = NULL,
    alternative = c("greater", "two.sided", "less"),
    iterations = 15, exact = NULL, tol = 1e-10, data = list())
```

其中参数formula是形如y ~ x的公式。alternative是描述备择假设的字符串，分别为"greater"（正相关），"two.sided"（相关）和"less"（负相关），默认值是"greater"。

例如，用dwtest()函数作例 6.6 的德宾–沃森检验[①]

```
> library(zoo); library(lmtest)
> dwtest(Y ~ 1 + X1 + X2, data = rt, al = "two")
        Durbin-Watson test
data:  Y ~ 1 + X1 + X2
DW = 2.2631, p-value = 0.785
alternative hypothesis: true autocorrelation is not 0
```

得到的达宾–沃森统计量与自编曲函数是相同的，这里多了对应统计量的 P 值。由 P 值认定式（6.41）中的 $\rho = 0$。

6.5.5 影响分析

所谓影响分析就是探查对估计有异常大影响的数据。在回归分析中的一个重要假设是，使用的模型对所有数据是适当的。在应用中，有一个或多个样本其观测值似乎与模型不相符，但模型拟合于大多数数据，这种情况并不罕见，例如，例 6.11 第 3 个观测样本的情况。

如果一个样本不遵从某个模型，但其余数据遵从这个模型，则称该样本点为强影响点（也称为异常值点）。影响分析的一个重要功能是区分这样的样本数据。

1. 帽子矩阵 H 的对角元素

由式（6.33）得到，$\widehat{Y} = HY$。从几何上讲，$\widehat{Y}$ 是 Y 在 X 的列向量张成子空间内的投影，因为 H 满足 $H^\mathrm{T} = H, H^2 = H$，所以 H 是投影矩阵。并且有

$$\frac{\partial \widehat{Y}_i}{\partial Y_i} = h_{ii},$$

因此，h_{ii} 的大小可以表示第 i 个样本值对 $\widehat{Y}_i$ 影响的大小。再考虑 $\widehat{Y}_i$ 的方差

$$\mathrm{var}(\widehat{Y}_i) = h_{ii}\sigma^2,$$

因此，h_{ii} 也反映了回归值 $\widehat{Y}_i$ 的波动情况。

由投影矩阵 H 的性质得到

$$0 \leqslant h_{ii} \leqslant 1, \quad i = 1, 2, \cdots, n, \quad \sum_{i=1}^{n} h_{ii} = p + 1。$$

所以，Hoaglin, Welsch 于 1978 年给出一种判断异常值点的方法，如果当

$$h_{i_0 i_0} \geqslant \frac{2(p+1)}{n}, \tag{6.43}$$

[①] 在使用前先下载 lmtest 程序包。

则可认为第 i_0 组的样本影响较大,可以结合其他准则,考虑是否将其剔除。

由于帽子矩阵(投影矩阵)$\boldsymbol{H}$ 的对角线上的元素 $h_{ii}\,(i=1,2,\cdots,n)$ 是很重要的统计信息量,因此,R 给出相关的计算函数hatvalues()和hat(),其使用格式为

```
hatvalues(model, infl = lm.influence(model, do.coef = FALSE), ...)
hat(x, intercept = TRUE)
```

其中model是回归模型,x是设计矩阵 $\boldsymbol{X}$。

2. DFFITS 准则

Belsley, Kuh 和 Welsch 于 1980 年给出另一种准则。计算统计量

$$D_i(\sigma) = \sqrt{\frac{h_{ii}}{1-h_{ii}}} \cdot \frac{\widehat{\varepsilon}_i}{\sigma\sqrt{1-h_{ii}}}, \tag{6.44}$$

其中 σ 的估计量用 $\widehat{\sigma}_{(i)}$ 来代替。对于第 i 个样本,如果有

$$|D_i(\sigma)| > 2\sqrt{\frac{p+1}{n}}, \tag{6.45}$$

则认为第 i 个样本的影响比较大,应引起注意。

R 给出了 DFFITS 准则的计算函数dffits(),其使用格式为

```
dffits(model, infl = , res = )
```

其中model是回归模型。

例 6.16 用 DFFITS 准则判断例 6.2中的异常值样本点。

解 在计算出回归模型后,利用dffits()函数作判断。

```
> p <- 1; n <- length(X); d <- dffits(lm.sol)
> cf <- 1:n; cf[d > 2*sqrt((p+1)/n)]
[1] 12
```

因此,第 12 号样本点可能是异常值点。

3. 库克距离

库克(Cook)在 1977 年提出了库克距离,库克距离定义为

$$D_i = \frac{(\widehat{\boldsymbol{\beta}} - \widehat{\boldsymbol{\beta}}_{(i)})^{\mathrm{T}} \boldsymbol{X}^{\mathrm{T}} \boldsymbol{X} (\widehat{\boldsymbol{\beta}} - \widehat{\boldsymbol{\beta}}_{(i)})}{(p+1)\widehat{\sigma}^2}, \quad i=1,2,\cdots,n, \tag{6.46}$$

其中 $\widehat{\boldsymbol{\beta}}_{(i)}$ 为删除第 i 个样本(数据)后,由余下的 $n-1$ 个样本(数据)求得回归系数的估计值。经过推导,库克距离可以改写为

$$D_i = \frac{1}{p+1}\left(\frac{h_{ii}}{1-h_{ii}}\right)r_i^2, \quad i=1,2,\cdots,n, \tag{6.47}$$

其中 r_i 是标准化残差。

在 R 中,cooks.distance()函数计算库克距离,其使用格式为

```
cooks.distance(model, infl = lm.influence(model, do.coef = FALSE),
        res = weighted.residuals(model),
        sd = sqrt(deviance(model)/df.residual(model)),
        hat = infl$hat, ...)
```

其中model是回归模型。

直观上讲，库克距离 D_i 越大的点，越可能是异常值点，但要给库克距离一个用以判定异常值点的临界值是很困难的，在应用上要视具体问题的实际情况而定。

4. COVRATIO 准则

利用全部样本回归系数估计值的协方差矩阵和去掉第 i 个样本回归系数估计值的协方差矩阵分别为

$$\mathrm{var}(\widehat{\boldsymbol{\beta}}) = \sigma^2 \left(\boldsymbol{X}^{\mathrm{T}} \boldsymbol{X}\right)^{-1}, \quad \mathrm{var}(\widehat{\boldsymbol{\beta}}_{(i)}) = \sigma^2 \left(\boldsymbol{X}_{(i)}^{\mathrm{T}} \boldsymbol{X}_{(i)}\right)^{-1},$$

其中 $\boldsymbol{X}_{(i)}$ 是 $\boldsymbol{X}$ 剔除第 i 行得到的矩阵。分别用 $\widehat{\sigma}$ 和 $\widehat{\sigma}_{(i)}$ 替代上式中的 σ。为了比较其对应的回归系数的精度，考虑其协方差的比

$$\mathrm{COVRATIO} = \frac{\det\left(\widehat{\sigma}_{(i)}^2 (\boldsymbol{X}_{(i)}^{\mathrm{T}} \boldsymbol{X}_{(i)})^{-1}\right)}{\det\left(\widehat{\sigma}^2 (\boldsymbol{X}^{\mathrm{T}} \boldsymbol{X})^{-1}\right)} = \frac{(\widehat{\sigma}_{(i)}^2)^{p+1}}{(\widehat{\sigma}^2)^{p+1}} \cdot \frac{1}{1-h_{ii}}, \quad i=1,2,\cdots,n。 \quad (6.48)$$

如果有一个样本所对应的 COVRATIO 值离开 1 越远，则越认为那个样本影响越大。

在 R 中，covratio() 函数计算 COVRATIO 值，其使用格式为

```
covratio(model, infl = lm.influence(model, do.coef = FALSE),
        res = weighted.residuals(model))
```

其中model是回归模型。

5. 小结

上面介绍了 4 种分析强影响点（异常值点）的方法，每种方法找到的点是否是强影响点还需要根据具体情况进行分析。为了方便计算，R 提供了一个涵盖上述指标计算的函数 —— influence.measures() 函数，其使用格式为

```
influence.measures(model)
```

其中model是回归模型。

函数的返回值是一列表，其成员有$infmat（影响矩阵），以矩阵形式列出各种影响分析的值。$is.inf（是否为强影响点，或异常值点），是以矩阵形式给出的逻辑变量，如果是TRUE，则说明对应位置的分析值超过规定的门限值。

例 6.17（智力测试数据） 表 6.12是教育学家测试的 21 个儿童的记录（数据以表格形式保存在exam0617.data中），其中 X 是儿童的年龄（以月为单位），Y 表示某种智力指标，通过这些数据，我们要建立智力随年龄变化的关系。

解 读取数据（数据框），调用函数lm()进行求解 (程序名：exam0617.R)。

```
intellect <- read.table("exam0617.data")
lm.sol<-lm(Y ~ 1 + X, data = intellect)
summary(lm.sol)
```

表 6.12　儿童智力测试数据

序号	X	Y	序号	X	Y	序号	X	Y
1	15	95	8	11	100	15	11	102
2	26	71	9	8	104	16	10	100
3	10	83	10	20	94	17	12	105
4	9	91	11	7	113	18	42	57
5	15	102	12	9	96	19	17	121
6	20	87	13	10	83	20	11	86
7	18	93	14	11	84	21	10	100

其计算结果如下:

```
Coefficients:
            Estimate Std. Error t value Pr(>|t|)
(Intercept) 109.8738     5.0678  21.681 7.31e-15 ***
X            -1.1270     0.3102  -3.633  0.00177 **

Residual standard error: 11.02 on 19 degrees of freedom
Multiple R-squared:  0.41,    Adjusted R-squared:  0.3789
F-statistic: 13.2 on 1 and 19 DF,  p-value: 0.001769
```

模型通过 t 检验和 F 检验,因此,回归方程为

$$\widehat{Y} = 109.8738 - 1.1270X。$$

下面作回归诊断。调用 influence.measures(()函数

```
> (IM <- influence.measures(lm.sol))
Influence measures of
         lm(formula = Y ~ 1 + X, data = intellect) :

     dfb.1_    dfb.X    dffit cov.r   cook.d    hat inf
1   0.01664  0.00328  0.04127 1.166 8.97e-04 0.0479
2   0.18862 -0.33480 -0.40252 1.197 8.15e-02 0.1545
3  -0.33098  0.19239 -0.39114 0.936 7.17e-02 0.0628
4  -0.20004  0.12788 -0.22433 1.115 2.56e-02 0.0705
5   0.07532  0.01487  0.18686 1.085 1.77e-02 0.0479
6   0.00113 -0.00503 -0.00857 1.201 3.88e-05 0.0726
7   0.00447  0.03266  0.07722 1.170 3.13e-03 0.0580
8   0.04430 -0.02250  0.05630 1.174 1.67e-03 0.0567
9   0.07907 -0.05427  0.08541 1.200 3.83e-03 0.0799
10 -0.02283  0.10141  0.17284 1.152 1.54e-02 0.0726
11  0.31560 -0.22889  0.33200 1.088 5.48e-02 0.0908
12 -0.08422  0.05384 -0.09445 1.183 4.68e-03 0.0705
13 -0.33098  0.19239 -0.39114 0.936 7.17e-02 0.0628
14 -0.24681  0.12536 -0.31367 0.992 4.76e-02 0.0567
15  0.07968 -0.04047  0.10126 1.159 5.36e-03 0.0567
```

```
16  0.02791 -0.01622  0.03298 1.187 5.74e-04 0.0628
17  0.13328 -0.05493  0.18717 1.096 1.79e-02 0.0521
18  0.83112 -1.11275 -1.15578 2.959 6.78e-01 0.6516   *
19  0.14348  0.27317  0.85374 0.396 2.23e-01 0.0531   *
20 -0.20761  0.10544 -0.26385 1.043 3.45e-02 0.0567
21  0.02791 -0.01622  0.03298 1.187 5.74e-04 0.0628
```

先分析回归诊断结果。显示结果是一个 7 列的矩阵，其中第 1, 2 列是 dfbetas 值（对应于常数和变量 x）。第 3 列是 DFFITS 准则值。第 4 列是 COVRATIO 准则值。第 5 列是库克距离。第 6 列是帽子值（也称为高杠杆值）。第 7 列是影响点记号。由回归诊断结果得到 18 号和 19 号样本点是强影响点（inf 为 *）。

如果打算看具体情况，显示这两个样本点的判别情况。

```
> IM$is.inf[18:19,]
   dfb.1_ dfb.X dffit cov.r cook.d   hat
18  FALSE  TRUE  TRUE  TRUE  FALSE  TRUE
19  FALSE FALSE FALSE  TRUE  FALSE FALSE
```

第 18 号样本的 dfb.X, dffit (DFFITS 值), cov.r (COVRATIO 值) 和 hat (帽子值) 超过门限值，它可能是一个强影响点。

第 19 号样本只有 cov.r (COVRATIO 值) 超过门限，是否为异常值点还需进一步分析，如果计算残差（或标准化残差），发现它的残差（或标准化残差）远远大于其他点的残差，所以它还是一个异常值点。

6. 回归诊断图

上述回归诊断的方法是计算影响分析统计量或准则的值，通过数值进行判断。如果将这些统计量可视化，即用图形表示，可能对回归诊断更有帮助，而且也更直观。

在 R 中，plot.lm() 函数 (简写形式 plot()) 可以画出回归模型的残差图，其使用格式为

```
plot(x, which = c(1:3, 5),
    caption = list("Residuals vs Fitted", "Normal Q-Q",
      "Scale-Location", "Cook's distance",
      "Residuals vs Leverage",
      expression("Cook's dist vs Leverage  " * h[ii] / (1-h[ii]))),
    panel = if(add.smooth) panel.smooth else points,
    sub.caption = NULL, main = "",
    ask = prod(par("mfcol")) < length(which) && dev.interactive(),
    ...,
    id.n = 3, labels.id = names(residuals(x)), cex.id = 0.75,
    qqline = TRUE, cook.levels = c(0.5, 1.0),
    add.smooth = getOption("add.smooth"), label.pos = c(4,2),
    cex.caption = 1, cex.oma.main = 1.25)
```

部分参数的名称、取值及意义如表 6.13 所示。

表 6.13 plot( ) 函数中部分参数的名称、取值及意义

名称	取值及意义
`x`	对象,由`lm()`函数生成。
`which`	开关变量,其值为 1~6,默认值为子集 {1,2,3,5},即绘出第 1 号、2 号、3 号和第 5 号散点图。

`plot()`函数共画出 6 张诊断图,其中,第 1 张是残差与预测值的残点图,第 2 张是残差的正态 QQ 图,第 3 张是标准差的平方根与预测值的散点图,第 4 张是库克距离图,第 5 张是残差与杠杆率的散点图,第 6 张是库克距离与杠杆率的散点图。

为了能够说明问题,仍以例 6.17 为例,画出回归的散点点,回归直线,残差图和回归诊断图,从这些图分析,图形在回归诊断中的作用。

编写绘图程序

```
opar <- par(mfrow = c(2, 2), oma = c(0, 0, 1.1, 0),
            mar = c(4.1, 4.1, 2.1, 1.1))
plot(lm.sol, 1); plot(lm.sol, 3); plot(lm.sol, 4)
plot(X, Y); x <- X[18:19]; y <- Y[18:19]
text(x, y, labels = 18:19, adj = 1.2); abline(lm.sol)
par(opar)
```

在上述程序中,使用`par()`函数设置图形参数,构成一个 2×2 的方框,每个方框中画一张图,所画图形如图 6.12 所示。

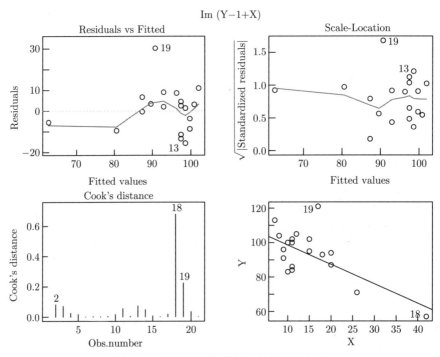

图 6.12 智力测试数据的残差图和回归图

在图 6.12 中，左上图是残差散点图，从图形看出，第 19 号样本点明显远离其他的样本点。右上图是标准化残差绝对值的开方的残差图，第 19 号样本点标准化残差的开方大于 1.5，说明第 19 号样本点在 95% 的范围以外。左下图表示的是库克距离，这里是第 18 号样本点的值最大，因此，第 18 号样本点可能是强影响点（异常值点）。为了显示分析的结果，右下图给出了回归直线和样本点的散点图，第 18 号样本点明显偏右，第 19 号样本点明显偏上。

对于多元回归模型，虽然无法画出回归方程与数据的图形，但通过回归诊断，还是能够分析出数据的问题所在，例如，对于智力测试数据，第 18 号样本的年龄是否有问题，而第 19 号样本的测试结果是否有问题，这些需要作进一步的研究。

6.6 多重共线性的诊断

当自变量彼此相关时，回归模型可能非常令人糊涂。估计的效应会由于模型中的其他自变量而改变数值，甚至是符号。故在分析时，了解自变量间的关系的影响是很重要的。这一复杂问题常称为共线性或多重共线性。

6.6.1 什么是多重共线性

如果存在某些常数 c_0, c_1 和 c_2，使得线性等式

$$c_1 X_1 + c_2 X_2 = c_0 \tag{6.49}$$

对于数据中所有数据中的样本都成立，则自变量 X_1 和 X_2 是精确共线性的。

在实际中，精确共线性是偶然发生的，因此，如果等式（6.49）近似地对测量数据成立，则有近似共线性。一个常用但不是完全合适的 X_1 与 X_2 间的共线性程度的度量，是它们样本相关系数的平方 r_{12}^2。精确共线性对应于 $r_{12}^2 = 1$；非共线性对应于 $r_{12}^2 = 0$。当 r_{12}^2 越接近于 1，近似共线性越强。通常，会去掉形容词"近似"，当 r_{12}^2 较大时，我们说 X_1 和 X_2 是共线性的。

对于 $p(>2)$ 个自变量，如果存在常数 $c_0, c_1, \cdots, c_p$，使得

$$c_1 X_1 + c_2 X_2 + \cdots + c_p X_p = c_0 \tag{6.50}$$

近似成立，则表示这 p 个变量存在多重共线性。

6.6.2 多重共线性的发现

前面介绍了关于多重共线性的定义，下面介绍如何发现线性模型中的多重共线性。实际上，可以通过直观观察，发现回归模型是否存在着多重共线性。例如，出现以下情况之一，都有可能存在着多重共线性。

（1）如果剔除或增加某一变量，或者是删除或添加一个观测数据，其回归系数会有很大的变化；

(2) 在作回归模型的显著性检验时,如果回归方程能通过 F 检验,而回归系数无法通过 t 检验;

(3) 如果某个变量的符号与直观判断的符号相反;

(4) 在相关矩阵中,某些变量之间的相关系数较大。

但直观判断属于非正规方法,缺少理论性分析。下面介绍三种判断多重共线性的方法。

1. 特征分析方法

设 $\boldsymbol{x}_{(1)}, \boldsymbol{x}_{(2)}, \cdots, \boldsymbol{x}_{(p)}$ 是自变量 $X_1, X_2, \cdots, X_p$ 经过中心化和标准化得到的向量[①],记 $\boldsymbol{X}^* = (\boldsymbol{x}_{(1)}, \boldsymbol{x}_{(2)}, \cdots, \boldsymbol{x}_{(p)})$,设 λ 为 $\boldsymbol{X}^{*\mathrm{T}}\boldsymbol{X}^*$ 的一个特征值,φ 为对应的特征向量,其长度为 1,即 $\varphi^{\mathrm{T}}\varphi = 1$。若 $\lambda \approx 0$,则

$$\boldsymbol{X}^{*\mathrm{T}}\boldsymbol{X}^*\varphi = \lambda\varphi \approx \boldsymbol{0}。$$

用 φ^{T} 左乘上式,得到

$$\varphi^{\mathrm{T}}\boldsymbol{X}^{*\mathrm{T}}\boldsymbol{X}^*\varphi = \lambda\varphi^{\mathrm{T}}\varphi = \lambda \approx 0,$$

所以有 $\boldsymbol{X}^*\varphi \approx \boldsymbol{0}$,即

$$\varphi_1 \boldsymbol{x}_{(1)} + \varphi_2 \boldsymbol{x}_{(2)} + \cdots + \varphi_p \boldsymbol{x}_{(p)} \approx \boldsymbol{0}, \tag{6.51}$$

其中 $\varphi = (\varphi_1, \varphi_2, \cdots, \varphi_p)^{\mathrm{T}}$。式 (6.51) 表明,向量 $\boldsymbol{x}_{(1)}, \boldsymbol{x}_{(2)}, \cdots, \boldsymbol{x}_{(p)}$ 之间有近似的线性关系,也是说,对于自变量 $X_1, X_2, \cdots, X_p$,存在 $c_0, c_1, \cdots, c_p$,使得式 (6.50) 近似成立,即自变量之间存在多重共线性。

2. 条件数方法

度量多重共线性严重程度的一个重要指标是方阵 $\boldsymbol{X}^{*\mathrm{T}}\boldsymbol{X}^*$ 的条件数,即

$$\kappa(\boldsymbol{X}^{*\mathrm{T}}\boldsymbol{X}^*) = \|\boldsymbol{X}^{*\mathrm{T}}\boldsymbol{X}^*\| \cdot \|(\boldsymbol{X}^{*\mathrm{T}}\boldsymbol{X}^*)^{-1}\| = \frac{\lambda_{\max}(\boldsymbol{X}^{*\mathrm{T}}\boldsymbol{X}^*)}{\lambda_{\min}(\boldsymbol{X}^{*\mathrm{T}}\boldsymbol{X}^*)},$$

其中 $\lambda_{\max}(\boldsymbol{X}^{*\mathrm{T}}\boldsymbol{X}^*)$,$\lambda_{\min}(\boldsymbol{X}^{*\mathrm{T}}\boldsymbol{X}^*)$ 分别表示方阵 $\boldsymbol{X}^{*\mathrm{T}}\boldsymbol{X}^*$ 的最大、最小特征值。

直观上,条件数刻画了 $\boldsymbol{X}^{*\mathrm{T}}\boldsymbol{X}^*$ 的特征值差异的大小。从实际应用经验的角度,一般若 $\kappa < 100$,则认为多重共线性的程度很小;若 $100 \leqslant \kappa \leqslant 1000$,则认为存在中等程度或较强的多重共线性;若 $\kappa > 1000$,则认为存在严重的多重共线性。

在 R 中,kappa() 函数计算矩阵的条件数,其使用方法为

```
kappa(z, ...)
```

其中 z 是矩阵。

例 6.18 考虑一个有六个回归自变量的线性回归问题,原始数据(以表格形式保存在 exam0618.data 中)列在表 6.14 中。这里共有 12 组数据,除第 1 组数据外,其余 11 组数据的自变量 $X_1, X_2, \cdots, X_6$ 满足线性关系

$$X_1 + X_2 + X_3 + X_4 = 10,$$

试用求矩阵条件数的方法,分析出自变量间存在多重共线性。

---
① 关于数据中心化与标准化的方法将在 8.2.1 节作详细介绍。

表 6.14 原始数据

序号	Y	X_1	X_2	X_3	X_4	X_5	X_6
1	10.006	8.000	1.000	1.000	1.000	0.541	−0.099
2	9.737	8.000	1.000	1.000	0.000	0.130	0.070
3	15.087	8.000	1.000	1.000	0.000	2.116	0.115
4	8.422	0.000	0.000	9.000	1.000	−2.397	0.252
5	8.625	0.000	0.000	9.000	1.000	−0.046	0.017
6	16.289	0.000	0.000	9.000	1.000	0.365	1.504
7	5.958	2.000	7.000	0.000	1.000	1.996	−0.865
8	9.313	2.000	7.000	0.000	1.000	0.228	−0.055
9	12.960	2.000	7.000	0.000	1.000	1.380	0.502
10	5.541	0.000	0.000	0.000	10.000	−0.798	−0.399
11	8.756	0.000	0.000	0.000	10.000	0.257	0.101
12	10.937	0.000	0.000	0.000	10.000	0.440	0.432

解 读取数据,自变量 $X_1, X_2, \cdots, X_6$ 中心化和标准化得到的矩阵 $\boldsymbol{X}^{*\mathrm{T}}\boldsymbol{X}^*$ 本质上就由这些自变量生成的相关矩阵,再用kappa()函数求出矩阵 $\boldsymbol{X}^{*\mathrm{T}}\boldsymbol{X}^*$ 的条件数,用eigen()函数求出矩阵 $\boldsymbol{X}^{*\mathrm{T}}\boldsymbol{X}^*$ 的最小特征值和相应的特征向量。计算程序(程序名:exam0618.R)如下:

```
rt <- read.table("exam0618.data")
XX <- cor(rt[, 2:7])
kappa(XX, exact = TRUE)
```

exact = TRUE表示精确计算条件数,得到的结果 $\kappa = 2195.908 > 1000$,认为有严重的多重共线性。

进一步,找出哪些变量是多重共线性的。计算矩阵的特征值和相应的特征向量

```
> eigen(XX)
```

得到 $\lambda_{\min} = 0.001106$, $\varphi = (0.4476, 0.4211, 0.5417, 0.5734, 0.006052, 0.002167)^{\mathrm{T}}$,即

$$0.4476\boldsymbol{x}_{(1)} + 0.4211\boldsymbol{x}_{(2)} + 0.5417\boldsymbol{x}_{(3)} + 0.5734\boldsymbol{x}_{(4)} + 0.006052\boldsymbol{x}_{(5)} + 0.002167\boldsymbol{x}_{(6)} \approx \boldsymbol{0}。$$

由于 $\boldsymbol{x}_{(5)}, \boldsymbol{x}_{(6)}$ 前的系数近似为 0,因此,有

$$0.4476\boldsymbol{x}_{(1)} + 0.4211\boldsymbol{x}_{(2)} + 0.5417\boldsymbol{x}_{(3)} + 0.5734\boldsymbol{x}_{(4)} \approx \boldsymbol{0}, \tag{6.52}$$

所以存在着 c_0, c_1, c_2, c_3, c_4 使得

$$c_1 X_1 + c_2 X_2 + c_3 X_3 + c_4 X_4 \approx c_0。$$

这说明变量 X_1, X_2, X_3, X_4 存在着多重共线性,与题目所给变量是相同的。

3. 方差膨胀因子

多重共线性的另一种度量是方差膨胀因子(Variance Inflation Factor,VIF),所以也称为 VIF 检验。

设 R_j^2 是以 X_j 为因变量,其余 $p-1$ 个变量为自变量,构成的回归方程的相关系数的平方,方差膨胀因子定义为

$$\text{VIF}_j = \frac{1}{1-R_j^2}, \quad j=1,2,\cdots,p。 \tag{6.53}$$

由于 R_j^2 是度量 X_j 与其余 $p-1$ 个自变量的相关程度,这种相关程度越强,说明自变量之间的多重共线性越严重,R_j^2 也就越接近于 1,VIF_j 也就越大。反之,X_j 与其余 $p-1$ 个自变量的相关程度越弱,自变量之间的多重共线性也就越弱,R_j^2 就越接近于 0,VIF_j 也就接近于 1。经验表明,当 VIF_j 大于 5 或 10,说明回归方程存在着严重的共线性。

那么,为什么将 VIF_j 称为方差膨胀因子,因为它与方差有关。设 $\boldsymbol{X}^*$ 是自变量经过中心化和标准化得到的矩阵,则 $\boldsymbol{X}^{*\text{T}}\boldsymbol{X}^*$ 是自变量的相关矩阵,记

$$\boldsymbol{C}=(c_{ij})_{p\times p}=\left(\boldsymbol{X}^{*\text{T}}\boldsymbol{X}^*\right)^{-1}, \tag{6.54}$$

可以证明:

$$c_{jj}=\frac{1}{1-R_j^2}=\text{VIF}_j, \quad j=1,2,\cdots,p。 \tag{6.55}$$

由回归系数方差的性质(见式 (6.24)),可以得到

$$\text{var}(\widehat{\beta}_j)=l_{jj}c_{jj}\sigma^2, \quad j=1,2,\cdots,p, \tag{6.56}$$

其中 $l_{jj}=\sum_{k=1}^n(X_{kj}-\overline{X}_j)^2$,$\overline{X}_j=\frac{1}{n}\sum_{k=1}^n X_{kj}$。由式(6.56)可知,用 c_{jj} 作为衡量自变量 X_j 系数方差的膨胀程序的因子是恰如其分的。

按照式(6.54)和式(6.55)编写 VIF 的计算程序(程序名:VIF.test.R)

```
VIF.test <- function(X){
    XX <- cor(X)
    diag(solve(XX))
}
```

在程序中,参数X是回归方程由自变量构成的矩阵或数据框,cor(X)是计算自变量的相关矩阵 $\boldsymbol{X}^{*\text{T}}\boldsymbol{X}^*$,solve(XX)是计算 $\left(\boldsymbol{X}^{*\text{T}}\boldsymbol{X}^*\right)^{-1}$。程序的返回值是逆矩阵对角线的元素(即 c_{jj})构成的向量。

再考虑例 6.18,调用自编函数计算方差膨胀因子

```
> source("VIF.test.R"); VIF.test(rt[, -1])
        X1         X2         X3         X4         X5         X6
182.051943 161.361942 266.263648 297.714658   1.919992   1.455265
```

可以看出,前 4 个变量存在着严重的共线性。

在扩展程序包car中的vif()函数提供了 VIF 检验,其使用格式为

```
vif(mod, ...)
```

其中参数mod是线性模型函数(lm()函数)或广义线性模型函数(glm()函数)生成的对象。

用vif()函数计算例 6.18中各变量的方差膨胀因子

```
> vif(lm(Y ~ X1 + X2 + X3 + X4 + X5 + X6, data = rt))
       X1         X2         X3         X4         X5         X6
182.051943 161.361942 266.263648 297.714658   1.919992   1.455265
```

计算结果与自编函数VIF.test()得到的结果完全相同。

当变量之间存在多重共线性时，可以选择逐步回归分析来剔除一些变量或选择其他的回归方法，如岭回归。

6.7 广义线性回归模型

广义线性模型（generalized linear model，GLM）是常见正态线性模型的直接推广，它可以适用于连续数据和离散数据，特别是后者，如属性数据、计数数据。这在应用上，尤其是生物、医学、经济和社会数据的统计分析上，有着重要意义。

广义线性模型首先由 Nelder 和 Wedderburn 于 1972 年提出。这些模型要求响应变量只能通过线性形式依赖于自变量，从而保持了线性自变量的思想。它们对线性模型进行了两个方面的推广：通过设定一个连接函数，将响应变量的期望与线性自变量相联系，以及对误差的分布给出一个误差函数。这些推广允许许多线性模型的方法能被用于一般的问题。在线性回归中，是将响应变量 y_i 作为 p 个自变量 $x_{1i}, x_{2i}, \cdots, x_{pi}(i = 1, 2, \cdots, n)$ 的函数建立模型。

对于广义线性模型应有以下三个概念：第一个是线性自变量，它表明第 i 个响应变量的期望值 $E(Y_i)$ 只是能过线性自变量 $\boldsymbol{X}_i^T\boldsymbol{\beta}$ 而依赖于 $\boldsymbol{X}_i$，其中，$\boldsymbol{\beta}$ 如通常一样，是未知参数的 $p+1$ 维向量，可能包含截距。第二个是连接函数，它说明线性自变量和 $E(Y_i)$ 的关系，给出了线性模型的推广。第三个是误差函数，它说明广义线性模型的最后一部分随机成分。保留样本为相互独立的假设，但去掉可加和正态误差的假设。可以从指数型分布族中选一个作为误差函数。

表 6.15 给出了广义线性模型中常见的连接函数和误差函数，例如，对于正态线性模型，假设 Y_i 是服从正态分布的随机变量，均值为 $\boldsymbol{X}_i^T\boldsymbol{\beta}$，未知方差 σ^2。如果假设 Y_i 是服从泊松分布的随机变量，均值为 $\exp(\boldsymbol{X}_i^T\boldsymbol{\beta})$，得到泊松回归模型。

表 6.15 常见的连接函数和误差函数

	连接函数	逆连接函数 (回归模型)	典型误差函数
恒等	$\boldsymbol{X}^T\boldsymbol{\beta} = E(Y)$	$E(Y) = \boldsymbol{X}^T\boldsymbol{\beta}$	正态分布
对数	$\boldsymbol{X}^T\boldsymbol{\beta} = \ln E(Y)$	$E(Y) = \exp(\boldsymbol{X}^T\boldsymbol{\beta})$	泊松分布
Logit	$\boldsymbol{X}^T\boldsymbol{\beta} = \text{Logit} E(Y)$	$E(Y) = \dfrac{\exp(\boldsymbol{X}^T\boldsymbol{\beta})}{1+\exp(\boldsymbol{X}^T\boldsymbol{\beta})}$	二项分布
逆	$\boldsymbol{X}^T\boldsymbol{\beta} = \dfrac{1}{E(Y)}$	$E(Y) = \dfrac{1}{\boldsymbol{X}^T\boldsymbol{\beta}}$	伽马分布

6.7.1 与广义线性模型有关的 R 函数

在 R 中，可用glm()函数作广义线性模型的计算，其命令格式如下

```
glm(formula, family = gaussian, data, weights, subset,
    na.action, start = NULL, etastart, mustart, offset,
    control = list(...), model = TRUE, method = "glm.fit",
    x = FALSE, y = TRUE, singular.ok = TRUE, contrasts = NULL, ...)
```

其中formula是拟合公式。family是分布族,用它提供分布族与对应的连接函数,如正态分布族(默认值)、泊松分布族和二项分布族等,具体分布族与连接函数如表6.16所示。

表 6.16 分布族与相关的连接函数

分布族 (family)	连 接 函 数
binomial	logit, probit, cauchit, log, cloglog。
gaussian	identity, log, inverse。
Gamma	inverse, identity, log。
inverse.gaussian	1/mu^2, inverse, identity, log。
poisson	identity, log, sqrt。
quasi	logit, probit, cloglog, identity, inverse, log, 1/mu^2, sqrt。

有了这些分布族和连接函数,就可完成相应的广义线性模型的似合问题。下面就各种不同的分布族进行分析。

6.7.2 正态分布族

正态分布族的使用方法是

```
fm <- glm(formula, family = gaussian(link = identity),
          data = data.frame)
```

式中link = identity可以不写,因为正态分布族的连接函数默认值是恒等函数。还有其他的连接函数,如log和inverse。

当连接函数link = inverse时,其直观概念是

$$\mathrm{E}(Y) = \frac{1}{\beta_0 + \beta_1 X_1 + \cdots + \beta_p X_p}。$$

例 6.19 已知数据如表6.17所示,满足关系式

$$y = \frac{x}{\beta_0 x + \beta_1} + \varepsilon, \quad \varepsilon \sim N(0, \sigma^2), \tag{6.57}$$

表 6.17 数据表

序号	x	y	序号	x	y	序号	x	y
1	2.00	0.42	6	8.00	3.93	11	16.00	4.76
2	3.00	2.20	7	10.00	4.49	12	18.00	5.00
3	4.00	3.58	8	11.00	4.59	13	19.00	5.20
4	5.00	3.50	9	14.00	4.60			
5	7.00	4.00	10	15.00	4.90			

(1) 作适当的变换，用线性模型的回归方法估计参数 β_0 和 β_1；

(2) 作适当的变换，用广义线性模型的回归方法估计参数 β_0 和 β_1；

(3) 将观测数据点，两种方法的回归曲线画在同一张图，比较两种方法回归效果的差异，并分析其原因。

解 (1) 用线性模型求解。该模型看上去是非线性的，但可以化成线性模型

$$\frac{1}{y} = \beta_0 + \beta_1 \frac{1}{x} + \varepsilon。 \tag{6.58}$$

因此，可以选用线性模型（lm()函数）计算系数，其程序（程序名：exam0619.R）和计算结果（部分）如下

```
> rt <- read.table("exam0619.data")
> lm.sol <- lm(1/y ~ 1 + I(1/x), data = rt)
> summary(lm.sol)
Coefficients:
            Estimate Std. Error t value Pr(>|t|)
(Intercept) -0.1739   0.1508    -1.153  0.273320
I(1/x)       3.7206   0.7420     5.014  0.000394 ***

Residual standard error: 0.343 on 11 degrees of freedom
Multiple R-squared:  0.6957,    Adjusted R-squared:  0.668
F-statistic: 25.14 on 1 and 11 DF,  p-value: 0.0003936
```

(2) 用广义线性模型求解。由于模型 (6.57) 等价于

$$y = \frac{1}{\beta_0 + \beta_1 \dfrac{1}{x}} + \varepsilon, \tag{6.59}$$

且 ε 仍然服从正态分布。用广义线性模型中的高斯分布族,连接函数选择link = inverse，其程序和计算结果（部分）如下：

```
> glm.sol <- glm(y ~ I(1/x), family = gaussian(link = inverse))
> summary(glm.sol)
Coefficients:
            Estimate Std. Error t value Pr(>|t|)
(Intercept) 0.14848   0.01525    9.736 9.65e-07 ***
I(1/x)      0.83468   0.16224    5.145 0.000321 ***

(Dispersion parameter for gaussian family taken to be 0.2530352)
    Null deviance: 21.2105  on 12  degrees of freedom
Residual deviance:  2.7831  on 11  degrees of freedom
AIC: 22.855
Number of Fisher Scoring iterations: 6
```

(3) 画出散点图及相应的回归曲线（见图 6.13），从图 6.13 可以看出，方法 (1) 得到的回归曲线 (· - ·) 效果相当的不好，与数据点相差很大，分析其原因，发现：如果

式（6.57）的误差项 ε 服从正态分布的话，则式（6.58）的误差项 ε 就不再服从正态分布了。对于方法（2），仍然能够保证误差项服从正态分析，用正态分布族的广义线性模型，得到的回归曲线（- -）可以达到较好的效果。

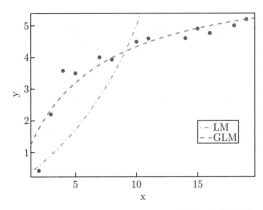

图 6.13　散点图及两种回归方法的拟合曲线图

6.7.3　二项分布族

在二项分布族中，logistic 回归模型是最重要的模型，它属于概率回归模型，适用于因变量是分类变量，如成功或失败。对于这些问题，正态线性模型显然是不合适的，因为正态误差不对应一个 0-1 响应。在这种情况下，可用一种重要的方法称为 logistic 回归。

对于响应变量 Y 有 p 个自变量（或称为解释变量），记为 $X_1, X_2, \cdots, X_p$。在 p 个自变量的作用下出现成功的条件概率记为 $P = P\{Y = 1 | X_1, X_2, \cdots, X_p\}$，那么 logistic 回归模型为

$$P = \frac{\exp(\beta_0 + \beta_1 X_1 + \beta_2 + \cdots + \beta_p X_p)}{1 + \exp(\beta_0 + \beta_1 X_1 + \beta_2 + \cdots + \beta_p X_p)}, \tag{6.60}$$

其中称 β_0 为常数项或截距，称 $\beta_1, \beta_2, \cdots, \beta_p$ 为 logistic 模型回归系数。

从公式（6.60）可以看出，logistic 回归模型是一个非线性回归模型，自变量 $X_j (j = 1, 2, \cdots, p)$ 可以是连续变量，也可以是分类变量，或哑变量对自变量 X_j 任意取值，$\beta_0 + \beta_1 X_1 + \beta_2 X_2 + \cdots + \beta_p X_p$ 在 $-\infty \sim +\infty$ 变化时，公式（6.60）的比值总在 $0 \sim 1$ 变化，这正是概率 P 的取值区间。

对公式（6.60）作 logit 变换，logistic 回归模型可以变成下列线性形式

$$\mathrm{logit}(P) = \ln\left(\frac{P}{1-P}\right) = \beta_0 + \beta_1 X_1 + \beta_2 X_2 + \cdots + \beta_p X_p。 \tag{6.61}$$

从式（6.61）可以看出，可以使用线性回归模型对参数进行估计。这就是 logistic 回归模型属于广义线性模型的原因。

在广义线性模型中，logistic 回归计算的语句为

```
fm <- glm(formula, family = binomial(link = logit),
        data = data.frame)
```

式中 link = logit 可以不写,因为 logit 是二项分布族连接函数是默认状态。连接函数除 logit 外,还有 probit, cauchit 等。

在用 glm() 函数作 logistic 回归模型时,对于公式 formula 有两种输入方法,一种方法是输入成功和失败的次数;另一种像线性模型通常数据的输入方法,这里用两个例子说明其数据的输入和 glm() 函数的使用方法。

例 6.20 (R. Norell 实验) 为研究高压电线对牲畜的影响,R. Norell 研究小的电流对农场动物的影响。他在实验中,选择了 7 头,6 种电击强度,0,1,2,3,4,5 mA。每头牛被电击 30 下,每种强度 5 下,按随机的次序进行。然后重复整个实验,每头牛总共被电击 60 下。对每次电击,响应变量——嘴巴运动,或者出现,或者未出现。表 6.18 中的数据给出每种电击强度 70 次试验中响应的总次数。试分析电击对牛的影响。

表 6.18 7 头牛对 6 种不同强度的非常小的电击的响应

电流/mA	试验次数	响应次数	响应的比例
0	70	0	0.000
1	70	9	0.129
2	70	21	0.300
3	70	47	0.671
4	70	60	0.857
5	70	63	0.900

解 用数据框形式输入数据,再构造矩阵,一列是成功(响应)的次数,另一列是失败(不响应)的次数,然后再作 logistic 回归。其程序如下(程序名:exam0620.R)

```
x <- 0 : 5; y <- c(0, 9, 21, 47, 60, 63)
Y <- cbind(y, 70 - y)
glm.sol <- glm(Y ~ x, family = binomial)
summary(glm.sol)
```

其计算结果(部分)为

```
Coefficients:
            Estimate Std. Error z value Pr(>|z|)
(Intercept) -3.3010    0.3238   -10.20   <2e-16 ***
x            1.2459    0.1119    11.13   <2e-16 ***

(Dispersion parameter for binomial family taken to be 1)
    Null deviance: 250.4866  on 5  degrees of freedom
Residual deviance:   9.3526  on 4  degrees of freedom
AIC: 34.093
Number of Fisher Scoring iterations: 4
```

即 $\beta_0 = -3.3010, \beta_1 = 1.2459$。并且回归方程通过了检验,因此,回归模型为

$$P = \frac{\exp(-3.3010 + 1.2459X)}{1 + \exp(-3.3010 + 1.2459X)},$$

其中 X 是电流强度（单位：mA）。

与线性回归模型相同，在得到回归模型后，可以作预测，例如，当电流强度为 3.5mA 时，有响应的牛的概率为多少？

在作预测前，先介绍预测函数 predict.glm()（简写形式 predict()），其使用格式为

```
predict(object, newdata = NULL,
        type = c("link", "response", "terms"),
        se.fit = FALSE, dispersion = NULL, terms = NULL,
        na.action = na.pass, ...)
```

参数 object 是由 glm() 函数生成的对象。newdata 是预测自变量，由数据框形式提供。type 是指返回值的类型，取 "link" 表示返回是连接函数的值，即 $\text{logit}(P)$，取 "response" 表示返回是概率 P，即式（6.60）计算出的概率。

因此，流强度为 3.5mA 的预测概率为

```
> predict(glm.sol, data.frame(x = 3.5), type = "response")
        1
0.742642
```

即 74.26%。

可以作控制，如有 50% 的牛有响应，其电流强度为多少？当 $P = 0.5$ 时，$\ln \dfrac{P}{1-P} = 0$，所以，$X = -\beta_0/\beta_1$。

```
> beta <- coef(glm.sol)
> X <- - beta[1]/beta[2]; names(X) <- NULL; X
[1] 2.649439
```

即 2.65mA 的电流强度，可以使 50% 的牛有响应。在程序中，用 coef() 函数提取广义回归模型的系数 β。

最后画出响应的比例与 logistic 回归曲线画（见图 6.14），其绘图命令如下：

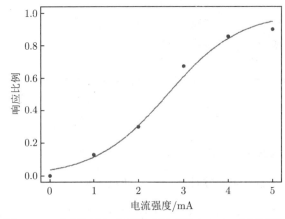

图 6.14 响应比例与电流强度拟合的 logistic 回归曲线

```
d <- seq(0, 5, len = 100)
p <- predict(glm.sol, data.frame(x = d), type = "response")
plot(x, y/70, ylim = c(0, 1), pch = 19, cex = 1.2, col = 4,
    col = 4, xlab = "电流强度 / mA", ylab = "响应比例")
lines(d, p, lwd=2, col=2)
```

在程序中，d是给出曲线横坐标的点，p是相应的预测概率。用plot函数和lines给出散点图和对应的预测曲线。

例 6.21 50 位急性淋巴细胞性白血病病人，在入院治疗时取得了外辕血中的细胞数 X_1（千个/mm^3）；淋巴结浸润等级 X_2（分为 0, 1, 2, 3 级）；出院后有无巩固治疗 X_3（"1"表示有巩固治疗，"0"表示无巩固治疗）。通过随访取得病人的生存时间，并以变量 $Y=0$ 表示生存时间在 1 年以内，$Y=1$ 表示生存时间在 1 年或 1 年以上。关于 X_1, X_2, X_3 和 Y 的观测数据（见表 6.19，以表格形式保存在exam0621.data中）。试用 logistic 回归模型分析病人生存时间长短的概率与 X_1, X_2, X_3 的关系。

表 6.19 50 位急性淋巴细胞性白血病病人生存数据

序号	X_1	X_2	X_3	Y	序号	X_1	X_2	X_3	Y
1	2.5	0	0	0	26	1.2	2	0	0
2	173.0	2	0	0	27	3.5	0	0	0
3	119.0	2	0	0	28	39.7	0	0	0
4	10.0	2	0	0	29	62.4	0	0	0
5	502.0	2	0	0	30	2.4	0	0	0
6	4.0	0	0	0	31	34.7	0	0	0
7	14.4	0	1	0	32	28.4	2	0	0
8	2.0	2	0	0	33	0.9	0	1	0
9	40.0	2	0	0	34	30.6	2	0	0
10	6.6	0	0	0	35	5.8	0	1	0
11	21.4	2	1	0	36	6.1	0	1	0
12	2.8	0	0	0	37	2.7	2	1	0
13	2.5	0	0	0	38	4.7	0	0	0
14	6.0	0	0	0	39	128.0	2	1	0
15	3.5	0	1	0	40	35.0	0	0	0
16	62.2	0	0	1	41	2.0	0	0	1
17	10.8	0	1	1	42	8.5	0	1	1
18	21.6	0	1	1	43	2.0	2	1	1
19	2.0	0	1	1	44	2.0	0	1	1
20	3.4	2	1	1	45	4.3	0	1	1
21	5.1	0	1	1	46	244.8	2	1	1
22	2.4	0	0	1	47	4.0	0	1	1
23	1.7	0	1	1	48	5.1	0	1	1
24	1.1	0	1	1	49	32.0	0	1	1
25	12.8	0	1	1	50	1.4	0	1	1

解 读取数据，用glm()函数计算 (程序名：exam0621.R)。

```
life <- read.table("exam0621.data")
glm.sol <- glm(Y ~ ., family = binomial, data = life)
summary(glm.sol)
```

计算结果（部分）如下：

```
Coefficients:
            Estimate Std. Error z value Pr(>|z|)
(Intercept) -1.696538   0.658635  -2.576 0.010000 **
X1           0.002326   0.005683   0.409 0.682308
X2          -0.792177   0.487262  -1.626 0.103998
X3           2.830373   0.793406   3.567 0.000361 ***

(Dispersion parameter for binomial family taken to be 1)
    Null deviance: 67.301  on 49  degrees of freedom
Residual deviance: 46.567  on 46  degrees of freedom
AIC: 54.567

Number of Fisher Scoring iterations: 5
```

由于 β_1 和 β_2 没有通过检验，还不能用于预测。这里用step()函数对变量作筛选。

```
> glm.step <- step(glm.sol, trace = 0)
> summary(glm.step)
Coefficients:
            Estimate Std. Error z value Pr(>|z|)
(Intercept)  -1.6419     0.6381  -2.573 0.010082 *
X2           -0.7070     0.4282  -1.651 0.098750 .
X3            2.7844     0.7797   3.571 0.000355 ***

(Dispersion parameter for binomial family taken to be 1)
    Null deviance: 67.301  on 49  degrees of freedom
Residual deviance: 46.718  on 47  degrees of freedom
AIC: 52.718

Number of Fisher Scoring iterations: 5
```

在step()函数中，参数trace = 0表示不显示逐步回归的筛选过程。

从计算结果可以看出，如果取 $\alpha = 0.1$，则回归系数通过了检验。此时，回归模型为

$$P = \frac{\exp(-1.6419 - 0.7070 X_2 + 2.7844 X_3)}{1 + \exp(-1.6419 - 0.7070 X_2 + 2.7844 X_3)}。$$

作预测，考虑 $X_2 = 2, X_3 = 0$ 的预测值，即淋巴结浸润等级为 2 级，无巩固治疗下生存时间在 1 年或 1 年以上的概率

```
> new1 <- data.frame(X2 = 2, X3 = 0)
> predict(glm.step, newdata = new1, type = "response")
         1
0.04496518
```

为 4.5%。

有巩固治疗下生存时间在 1 年或 1 年以上的概率

```
> new2 <- data.frame(X2 = 2, X3 = 1)
> predict(glm.step, newdata = new2, type = "response")
         1
0.4325522
```

为 43.3%。巩固治疗比没有巩固治疗提高了 9.619 倍。

由于广义线性模型是线性模型的推广，所以也可以用前面讲过的方法作回归诊断，例如

```
> influence.measures(glm.step)
```

诊断结果是并未发现异常值点。

6.7.4 泊松分布族

当响应变量取值是正整数，并且服从泊松分布，如某种药物可引发细胞的癌变数，某种设备的故障数等，此时应当使用泊松分布族的广义线性模型。

在glm()函数中，泊松分布族的使用方法是

```
fm <- glm(formula, family = poisson(link = log),
          data = data.frame)
```

当连接函数link = log时，其直观概念是

$$\ln(\mathrm{E}(Y)) = \beta_0 + \beta_1 X_1 + \cdots + \beta_p X_p。$$

也就是

$$\mathrm{E}(Y) = \exp\left(\beta_0 + \beta_1 X_1 + \cdots + \beta_p X_p\right)。$$

泊松分布族另外两个连接函数是identity和sqrt。

例 6.22 现有某医院在非器质性心脏病且仅有胸闷症状的就诊者中随机收集了 30 名患者在 24h 内的早搏数 (y)，试分析心脏早搏数与吸烟 (x_1)、性别 (x_2) 和喝咖啡 (x_3) 之间的关系。具体数据如表 6.20所示（数据以表格形式保存在exam0622.data中），其中 $x_1 = 1$ 表示吸烟，$x_1 = 0$ 表示不吸烟；$x_2 = 1$ 表示男性，$x_2 = 0$ 表示女性；$x_3 = 1$ 表示喜欢喝咖啡，$x_3 = 0$ 表示不喜欢喝咖啡。

解 在定量分析因变量与多个影响因素之间的关系时，通常可以考虑线性回归模型，但在线性回归模型中，要求因变量服从正态分布，并且与自变量之间呈线性关系。实际上，本例的数据并不满足这些条件，也可能并不服从正态分布，因为在本例中，因变量

是计数变量。考虑计数变量这一特点，可以假定因变量服从泊松分布，联接函数取对数('log')。

表 6.20　某医院非器质性心脏病伴有胸闷患者情况

序号	x_1	x_2	x_3	y	序号	x_1	x_2	x_3	y	序号	x_1	x_2	x_3	y
1	0	1	1	11	11	0	0	0	1	21	0	1	1	5
2	0	0	0	7	12	0	0	1	9	22	1	1	0	8
3	0	0	0	3	13	0	0	1	6	23	1	1	0	13
4	1	0	1	5	14	1	1	1	17	24	0	0	1	8
5	0	0	0	2	15	0	0	0	5	25	1	0	0	6
6	1	1	1	13	16	1	0	0	11	26	0	0	1	4
7	0	1	0	6	17	0	1	1	8	27	0	0	0	6
8	1	0	1	10	18	1	0	1	9	28	1	1	1	13
9	0	0	0	4	19	0	0	0	8	29	1	1	0	9
10	1	0	1	7	20	1	0	0	5	30	0	0	1	5

下面是计算程序（程序名：exam0622.R）和计算结果

```
> rt <- read.table("exam0622.data")
> glm.sol <- glm(Y ~ 1 + X1 + X2 + X3,
        family = poisson(link = log), data = rt)
> summary(glm.sol)
Coefficients:
            Estimate Std. Error z value Pr(>|z|)
(Intercept)   1.5066     0.1323  11.389  < 2e-16 ***
X1            0.4162     0.1381   3.014  0.00258 **
X2            0.4012     0.1382   2.903  0.00369 **
X3            0.2546     0.1362   1.870  0.06154 .

(Dispersion parameter for poisson family taken to be 1)
    Null deviance: 51.515  on 29  degrees of freedom
Residual deviance: 23.516  on 26  degrees of freedom
AIC: 143.8
Number of Fisher Scoring iterations: 4
```

所有系数均通过检验 $(\alpha = 0.1)$，相应的模型为

$$Y = \exp\{1.5066 + 0.4162X_1 + 0.4012X_2 + 0.2546X_3\}。$$

从模型来看，心脏早搏数与吸烟、性别和喝咖啡是有关的。下面作预测，分析各种情况下的预测值。

```
new <- data.frame(
    X1 = rep(0:1, each = 4),
```

```
    X2 = rep(0:1, each = 2, len = 8),
    X3 = rep(0:1, 4)
)
pre <- predict(glm.sol, newdata = new, type = "response",
        se.fit = TRUE)
```

预测自变量new给出了全部 8 种情况。predict()函数的参数type = "response" 表示给出预测值，即各种情况下的心脏早搏数，参数se.fit = TRUE 表示给出预测值的标准差。计算结果如表 6.21 所示。可见，吸烟要比不吸烟，男性要比女性，喝咖啡要比不喝咖啡，更容易引起心脏早搏。

表 6.21　各种情况下的预测值及标准差

序号	吸烟	性别	喝咖啡	预测值	标准差
1	0	0	0	4.511328	0.5967917
2	0	0	1	5.819173	0.7462433
3	0	1	0	6.738292	1.0856785
4	0	1	1	8.691739	1.2620126
5	1	0	0	6.840218	0.9462134
6	1	0	1	8.823214	1.1766347
7	1	1	0	10.216810	1.4167039
8	1	1	1	13.178688	1.5622879

6.7.5　其他分布族

除前面介绍的分布族外，还有其他的一些分布族。

1. 伽马分布族

如果响应变量是某种极值，如水文、地震、材料断裂等，可以考虑伽马分布族的广义线性模型。

在glm()函数中，伽马分布族的使用方法是

```
fm <- glm(formula, family = Gamma(link = inverse),
        data = data.frame)
```

伽马分布族的连接函数还有，identity和log。

2. 拟泊松分布族

拟泊松分布族的使用方法是

```
fm <- glm(formula, family = quasipoisson(link = log),
        data = data.frame)
```

拟泊松分布族的连接函数与泊松分布族相同，唯一的不同点是，泊松分布族要求响应变量是整数，而拟泊松分布族没有这一要求。

3. 拟分布族

拟分布族模型的使用方法是

```
fm <- glm(formula,
          family = quasi(link = link.fun, variance = var.val),
          data = data.frame)
```

其中`link.fun`表示连接函数，有如下函数：`logit, probit, cloglog, identity, inverse, log, 1/mu^2, sqrt`，而`var.val`表示方差值，有`constant, mu, mu^2, mu^3`等。

例如，对于例 6.19，选择

```
glm.sol <- glm(y ~ I(1/x), data = rt,
    family = quasi(link = inverse, var = constant))
```

得到完全相同的计算结果。

除上述分布族外，还有`quasibinomial`分布族、`inverse.gaussian`族等。这些分布族需要大家在使用中加深对它们的了解，这里就不一一介绍了。

6.8 非线性回归模型

前面各节讲到的模型主要是线性模型，它具有如下的形式

$$Y = \beta_0 + \beta_1 Z_1 + \beta_2 Z_2 + \cdots + \beta_k Z_k + \varepsilon, \tag{6.62}$$

其中 Z_i 可以表示基本变量 $X_1, X_2, \cdots, X_p$ 的任意函数。虽然式（6.62）可以表示变量之间很广泛的关系（如广义线性模型），但在许多实际情况下，这种形式的模型是不合适的。例如，当我们获得了关于响应和自变量之间的有用信息，而这种信息提供了真实模型的形式或提供了模型必须满足某种方程时，套用式（6.62）就不合适了。一般地，当实际情况要求用非线性模型时，就应该尽可能地拟合这样的模型，而不拟合可能脱离实际的线性模型。

下面列举两个非线性模型的例子：

$$Y = \exp(\theta_1 + \theta_2 t^2 + \varepsilon), \tag{6.63}$$

$$Y = \frac{\theta_1}{\theta_1 - \theta_2} \left(e^{-\theta_2 t} - e^{-\theta_1 t} \right) + \varepsilon。 \tag{6.64}$$

模型（6.63）和模型（6.64）都是以非线性的形式包含参数 θ_1 和 θ_2，在这种意义下，它们都是非线性模型，但它们有本质上的区别。一个可以化成线性模型，如对于模型（6.63）两边取对数，得到

$$\ln Y = \theta_1 + \theta_2 t^2 + \varepsilon, \tag{6.65}$$

它具有模型（6.62）的形式，即参与参数是线性的。类似于模型（6.63）那样，可以通过适当的变换转达化为线性模型的非线性模型称为内在线性的。然而，要想将模型（6.64）转化成关于参数是线性形式是不可能的。这样的模型称为内在非线性的。虽然很多时候可以变换这种模型使它容易拟合，但无论如何变换，它仍然是非线性的。

对内在线性模型，本节主要介绍多项式回归模型，而对于其他的内在线性模型就不作介绍了。本节的重点还是放在内在非线性模型上，尽管有些例子可能还是内在线性的，但还是用这些例子说明如何求解内在非线性的模型。

6.8.1 多项式回归模型

这里只介绍一元多项式回归模型。

1. 多项式回归

设已收集到 n 组样本 (x_i, y_i), $i = 1, 2, \cdots, n$，假定响应变量是自变量的 k 次多项式，即

$$y_i = \beta_0 + \beta_1 x_i + \beta_2 x_i^2 + \cdots + \beta_k x_i^k + \varepsilon_i, \quad i = 1, 2, \cdots, n, \tag{6.66}$$

其中 $\varepsilon_i \sim N(0, \sigma^2)$。令

$$z_{i1} = x_i, \quad z_{i2} = x_i^2, \quad \cdots, \quad z_{ik} = x_i^k,$$

则多项式回归模型（6.66）就可化成 k 元线性回归模型

$$y_i = \beta_0 + \beta_1 z_{i1} + \beta_2 z_{i2} + \cdots + \beta_k z_{ik} + \varepsilon_i, \quad i = 1, 2, \cdots, n, \tag{6.67}$$

其中 $\varepsilon_i \sim N(0, \sigma^2)$。

对于回归模型（6.67）可用前面讲过的线性回归模型进行计算。

例 6.23 某种合金钢中的主要成分是金属 A 与 B，经过试验和分析，发现这两种金属成分之和 x 与膨胀系数 y 之间有一定的数量关系，表 6.22 记录了一组试验数据（以表格形式保存在exam0623.data中），试用多项式回归来分析 x 与 y 之间的关系。

表 6.22 金属成分与膨胀系数的关系数据

序号	X	Y	序号	X	Y	序号	X	Y
1	37.0	3.40	6	39.5	1.83	11	42.0	2.35
2	37.5	3.00	7	40.0	1.53	12	42.5	2.54
3	38.0	3.00	8	40.5	1.70	13	43.0	2.90
4	38.5	3.27	9	41.0	1.80			
5	39.0	2.10	10	41.5	1.90			

解 先画出数据的散点图，如图 6.15 所示。从图可见，y 开始时随着 x 的增加而降低，而当 x 超过一定值后，y 又随 x 的增加而上升，因而可以假定 y 与 x 之间是二次多项式回归模型，并假设各次试验误差是独立同分布的，并服从正态分布 $N(0, \sigma^2)$。

$$y_i = \beta_0 + \beta_1 x_i + \beta_2 x_i^2 + \varepsilon_i, \quad i = 1, 2, \cdots, n。$$

用 R 计算多项式回归（程序名：exam0623.R）

```
> alloy <- read.table("exam0623.data")
> lm.sol <- lm(y ~ 1 + x + I(x^2), data = alloy)
> summary(lm.sol)
Coefficients:
            Estimate Std. Error t value Pr(>|t|)
```

```
(Intercept)  257.06961    47.00295    5.469 0.000273 ***
x            -12.62032     2.35377   -5.362 0.000318 ***
I(x^2)         0.15600     0.02942    5.303 0.000346 ***
```

```
Residual standard error: 0.329 on 10 degrees of freedom
Multiple R-squared: 0.7843,    Adjusted R-squared:  0.7412
F-statistic: 18.18 on 2 and 10 DF,  p-value: 0.0004668
```

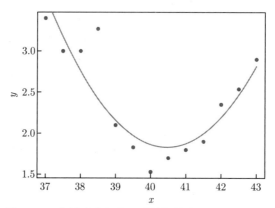

图 6.15　金属成分与膨胀系数的散点图与拟合曲线

因此, 得到 y 关于 x 的二次回归方程:

$$\hat{y} = 257.06961 - 12.62032x + 0.15600x^2。$$

并且方程通过 t 检验和 F 检验. 其拟合曲线见图 6.15所示. 相应的绘图命令如下:

```
xfit <- seq(37, 43, len=200)
yfit <- predict(lm.sol, data.frame(x = xfit))
with(alloy,  plot(x, y, pch = 19, cex = 1.2, col = 4))
lines(xfit, yfit, lwd = 2, col = 2)
```

2. 正交多项式回归

从前面的讨论可知, 多项式回归本质上并不存在困难, 但它存在的缺点是: 当多项式的次数 k 较大时, $1, x, x^2, \cdots, x^k$ 接近线性相关. 从计算角度讲, 这样会给正则方程的求解带来困难, 产生较大的计算误差. 从统计角度讲, 由 $1, x, x^2, \cdots, x^k$ 构成的设计矩阵 $\boldsymbol{X}$ 的各列接近相关, 矩阵 $(\boldsymbol{X}^{\mathrm{T}}\boldsymbol{X})^{-1}$ 元素的值会变得很大, 使得系数 $\boldsymbol{\beta}$ 的估计值的方差会变得很大. 因此, 为克服这些缺点, 应采用正交多项式回归.

考虑正交多项式模型

$$y_i = \beta_0 + \beta_1\varphi_1(x_i) + \beta_2\varphi_2(x_i) + \cdots + \beta_k\varphi_k(x_i) + \varepsilon_i, \quad i = 1, 2, \cdots, n, \tag{6.68}$$

其中 $1, \varphi_1(x), \varphi_2(x), \cdots, \varphi_k(x)$ 分别是 x 的零次, 一次, $\cdots$, k 次正交多项式, 即满足

$$\begin{cases} \sum_{i=1}^{n} \varphi_j(x_i) = 0, & j = 1, 2, \cdots, k, \\ \sum_{i=1}^{n} \varphi_j(x_i)\varphi_q(x_i) = 0, & j \neq q = 1, 2, \cdots, k。 \end{cases} \tag{6.69}$$

关于正交多项式的计算公式这里就不推导了，这里只给出 R 中计算正交多项函数 poly()的使用方法，其使用格式为

```
poly(x, ..., degree = 1, coefs = NULL, raw = FALSE, simple = FALSE)
```

其中x是数值向量，degree是正交多项式的阶数，并且要求它小于样本容量数。该函数的返回值是一矩阵，矩阵的各列是满足式（6.69）的正交向量。

对于例 6.23 的数据作二次正交式

```
> poly(alloy$x, degree = 2)
                  1            2
 [1,] -4.447496e-01  0.49168917
 [2,] -3.706247e-01  0.24584459
 [3,] -2.964997e-01  0.04469902
 [4,] -2.223748e-01 -0.11174754
 [5,] -1.482499e-01 -0.22349508
 [6,] -7.412493e-02 -0.29054360
 [7,] -1.645904e-17 -0.31289311
 [8,]  7.412493e-02 -0.29054360
 [9,]  1.482499e-01 -0.22349508
[10,]  2.223748e-01 -0.11174754
[11,]  2.964997e-01  0.04469902
[12,]  3.706247e-01  0.24584459
[13,]  4.447496e-01  0.49168917
```

其中第一列是 φ_1，第二列是 φ_2，且满足式（6.69）。进一步，它们还是单位向量。

与poly()函数一起使用的有predict()函数（predict.poly()函数的简写形式），它给出变量在正交多项式下的坐标，其使用格式为

```
predict(object, newdata, ...)
```

其中object是由poly()函数生成的对象，newdata是数值向量。

例如

```
z <- poly(alloy$x, degree = 2)
xfit <- seq(from = 37, to = 43, length = 200)
zfit <- predict(z, xfit)
```

z是由例 6.23 中自变量构成的 2 阶正交多项式，xfit是 37～43 分成 200 个点的数值向量，zfit是在正交坐标下xfit的坐标值，是 200×2 矩阵。

例 6.24 用正交多项式回归计算例 6.23 中的数据。

解 构成 2 阶正交多项式，再作回归

```
> alloy$z1 <- z[,1]; alloy$z2 <- z[,2]
> lm.pol <- lm(y ~ 1 + z1 + z2, data = alloy)
> summary(lm.pol)
Coefficients:
```

```
              Estimate Std. Error t value Pr(>|t|)
(Intercept)    2.4092     0.0913   26.40   1.4e-10 ***
z1            -0.9444     0.3290   -2.87   0.01667 *
z2             1.7450     0.3290    5.30   0.00035 ***

Residual standard error: 0.329 on 10 degrees of freedom
Multiple R-squared:  0.784,     Adjusted R-squared:  0.741
F-statistic: 18.2 on 2 and 10 DF,  p-value: 0.000467
```

因此，得到 y 关于 x 的二次回归方程：

$$\hat{y} = 2.40923 - 0.94435\varphi_1 + 1.74505\varphi_2。 \tag{6.70}$$

利用正交多项下的坐标作预测

```
yfit <- predict(lm.pol, data.frame(z1 = zfit[,1], z2 = zfit[,2]))
```

用下面的命令画出散点图和二次曲线，其图形与图 6.15 完全相同。

```
with(alloy, plot(x, y, pch = 19, cex = 1.2, col = 4))
lines(xfit, yfit, lwd = 2, col = 2)
```

可以将上述过程简化为

```
lm.pol <- lm(y ~ 1 + poly(x,2), data = alloy)
summary(lm.pol)
xfit <- seq(37, 43, len = 200)
yfit <- predict(lm.pol, data.frame(x = xfit))
```

前 2 行作回归，后 2 行作预测。

6.8.2 （内在）非线性回归模型

1. 非线性最小二乘与极大似然模型

设非线性回归模型具有如下形式

$$Y = f(X_1, X_2, \cdots, X_p, \theta_1, \theta_2, \cdots, \theta_k) + \varepsilon, \tag{6.71}$$

其中 $\varepsilon \sim N(0, \sigma^2)$。

设 $(x_{i1}, x_{i2}, \cdots, x_{ip}, y_i)$, $i = 1, 2, \cdots, n$ 是 $(X_1, X_2, \cdots, X_p, Y)$ 的 n 次独立观测值，则多元线性模型（6.71）可表示为

$$y_i = f(x_{i1}, x_{i2}, \cdots, x_{ip}, \theta_1, \theta_2, \cdots, \theta_k) + \varepsilon_i, \quad i = 1, 2, \cdots, n, \tag{6.72}$$

其中 $\varepsilon_i \in N(0, \sigma^2)$，且独立同分布。

为方便起见，将式（6.72）简写成

$$y_i = f(\boldsymbol{x}^{(i)}, \boldsymbol{\theta}) + \varepsilon_i, \tag{6.73}$$

其中 $\boldsymbol{x}^{(i)} = (x_{i1}, x_{i2}, \cdots, x_{ip})^{\mathrm{T}}$，$\boldsymbol{\theta} = (\theta_1, \theta_2, \cdots, \theta_k)^{\mathrm{T}}$。

为求参数 $\boldsymbol{\theta}$ 的估计值，求解最小二乘问题

$$\min \quad Q(\boldsymbol{\theta}) = \sum_{i=1}^{n} \left(y_i - \boldsymbol{f}(\boldsymbol{x}^{(i)}, \boldsymbol{\theta}) \right)^2 \, 。 \tag{6.74}$$

其解 $\widehat{\boldsymbol{\theta}}$ 作为参数 $\boldsymbol{\theta}$ 的估计值。

可以证明，如果 $\varepsilon_i \sim N(0, \sigma^2)$，则 $\boldsymbol{\theta}$ 的最小二乘估计也是 $\boldsymbol{\theta}$ 的极大似然估计。这是由于该问题的似然函数可写成

$$L(\boldsymbol{\theta}, \sigma^2) = \frac{1}{(2\pi)^{n/2} \sigma^n} \exp\left(-Q(\boldsymbol{\theta})/2\sigma^2\right) \, 。$$

因而，如果 σ^2 已知，关于 $\boldsymbol{\theta}$ 极大似然估计等价于求解问题（6.74）。

2. 非线性模型的参数估计——nls() 函数的使用

关于参数 $\boldsymbol{\theta}$ 的估计值 $\widehat{\boldsymbol{\theta}}$ 的计算，实质上涉及无约束问题的求解问题，此类问题这里不作介绍，其原因有二。其一，求解问题（6.74）属于最优化方法，与统计问题相差较远；其二，R 软件提供了非常方便的求解优化问题的函数，容易得到其估计值。

在 R 中，可用nls()函数求解非线性最小二乘问题（6.74），其使用格式为

```
nls(formula, data, start, control, algorithm,
    trace, subset, weights, na.action, model,
    lower, upper, ...)
```

其中formula是包括变量和参数的非线性拟合公式。data是可选择的数据框。start是初始点，用列表（list）形式给出。

例 6.25 在化学工业的可靠性研究中，对象是某种产品 A。在制造时单位产品中必须含有 0.50 的有效氯气。已知产品中的氯气随着时间增加而减少。在产品到达用户之前的最初 8 周内，氯气含量衰减到 0.49。但由于随后出现了许多无法控制的因素（如库房环境、处理设备等），因而在后 8 周理论的计算对有效氯气的进一步预报是不可靠的。为了有利于管理需要决定产品所含的有效氯气随时间的变化规律。在一段时间中观测若干盒产品得到的数据如表 6.23所示（以表格形式保存在exam0625.data中）。假定非线性模型

$$Y = \alpha + (0.49 - \alpha) \exp(-\beta(X - 8)) + \varepsilon \tag{6.75}$$

能解释当 $X \geqslant 8$ 时数据中出现的变差。试用非线性最小二乘方法分析。

解 输入数据，用nls()求解（程序名：exam0625.R）

```
> cl <- read.table("exam0625.data")
> nls.sol <- nls(Y ~ a + (0.49-a) * exp(-b*(X-8)), data = cl,
                 start = list( a= 0.1, b = 0.01 ))
> summary(nls.sol)
Parameters:
   Estimate Std. Error t value Pr(>|t|)
```

```
a 0.390140   0.005045  77.333  < 2e-16 ***
b 0.101633   0.013360   7.607 1.99e-09 ***
```

Residual standard error: 0.01091 on 42 degrees of freedom
Number of iterations to convergence: 19
Achieved convergence tolerance: 1.365e-06

表 6.23 单位产品中有效氯气

序号	生产后的时间	有效氯气	序号	生产后的时间	有效氯气
1	8	0.49	23	22	0.41
2	8	0.49	24	22	0.40
3	10	0.48	25	24	0.42
4	10	0.47	26	24	0.40
5	10	0.48	27	24	0.40
6	10	0.47	28	26	0.41
7	12	0.46	29	26	0.40
8	12	0.46	30	26	0.41
9	12	0.45	31	28	0.41
10	12	0.43	32	28	0.40
11	14	0.45	33	30	0.40
12	14	0.43	34	30	0.40
13	14	0.43	35	30	0.38
14	16	0.44	36	32	0.41
15	16	0.43	37	32	0.40
16	16	0.43	38	34	0.40
17	18	0.46	39	36	0.41
18	18	0.45	40	36	0.38
19	20	0.42	41	38	0.40
20	20	0.42	42	38	0.40
21	20	0.43	43	40	0.39
22	22	0.41	44	42	0.39

因此，模型为

$$\hat{Y} = 0.39 + (0.49 - 0.39)\exp(-0.10(X - 8))。$$

下面画出数据的散点图和相应的拟合曲线，R 程序如下：

```
xfit <- seq(8, 44, len = 200)
yfit <- predict(nls.sol, data.frame(X = xfit))
with(cl, plot(X, Y, pch = 19, cex = 1.2, col = 4))
lines(xfit,yfit, lwd = 2, col = 2)
```

其图形如图 6.16 所示。

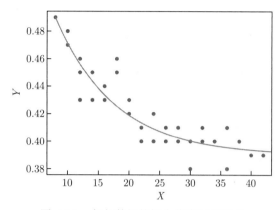

图 6.16 氯气数据的拟合曲线与观测点

下面讨论对于非线性回归模型其他参数估计的计算。

非线性回归参数的推断要求对误差项方差 σ^2 作出估计，这个估计值与线性回归是一样的

$$\widehat{\sigma}^2 = \frac{\sum_{i=1}^{n}(y_i - \widehat{y}_i)^2}{n-k} = \frac{\sum_{i=1}^{n}\left(y_i - f(\boldsymbol{x}^{(i)}, \widehat{\boldsymbol{\theta}})\right)^2}{n-k} = \frac{Q(\widehat{\boldsymbol{\theta}})}{n-k}, \quad (6.76)$$

其中 $\widehat{\boldsymbol{\theta}}$ 是参数 $\boldsymbol{\theta}$ 估计值。对非线性回归来说，$\widehat{\sigma}^2$ 不是 σ^2 的无偏估计量，但是当样本量很大时，它的偏差很小。

不必用式（6.76）计算估计值 $\widehat{\sigma}$，可用 sigma() 函数提取。例如，对于例 6.25，有

```
> sigma(nls.sol)
[1] 0.01091273
```

给出了 $\widehat{\sigma}$ 的值。

当模型的误差项满足 $\varepsilon_i \sim N(0, \sigma^2)$，而样本量 n 也充分大时，则 $\widehat{\boldsymbol{\theta}}$ 的样本分布近似正态，且

$$\mathrm{E}(\widehat{\boldsymbol{\theta}}) \approx \boldsymbol{\theta}。 \quad (6.77)$$

这样，当样本量充分大时，非线性回归的最小二乘估计量 $\widehat{\boldsymbol{\theta}}$ 是近似正态分布的，而且是无偏的。回归系数近似协方差矩阵的估计值是

$$\mathrm{var}(\widehat{\boldsymbol{\theta}}) = \widehat{\sigma}^2 (\boldsymbol{D}^\mathrm{T}\boldsymbol{D})^{-1}, \quad (6.78)$$

其中 $\boldsymbol{D}$ 是根据最后最小二乘估计值 $\widehat{\boldsymbol{\theta}}$ 计算得到的雅可比（Jacobi）矩阵。与线性回归的估计协方差矩阵具有完全相同的形式，$\boldsymbol{D}$ 充当了 $\boldsymbol{X}$ 矩阵的角色。

因此，可用 vcov() 函数计算 $\mathrm{var}(\widehat{\boldsymbol{\theta}})$。例如，对于例 6.25，有

```
> vcov(nls.sol)
         a        b
a 2.55e-05 5.98e-05
b 5.98e-05 1.78e-04
```

当非线性回归模型（6.73）的误差项是独立正态分布时，如果样本量充分大，则成立下述近似结果

$$\frac{\widehat{\theta}_j - \theta_j}{\text{sd}(\widehat{\theta}_j)} \sim t(n-k), \quad j = 1, 2, \cdots, k, \tag{6.79}$$

其中 $\text{sd}(\widehat{\theta}_j)$ 表示 $\widehat{\theta}_j$ 的标准差。因此，对任意单个的 θ_j，近似 $1-\alpha$ 置信区间与通常形式是一样的，即

$$[\theta_j - t_{\alpha/2}(n-k)\text{sd}(\widehat{\theta}_j), \ \theta_j + t_{\alpha/2}(n-k)\text{sd}(\widehat{\theta}_j)]。 \tag{6.80}$$

用confint()函数计算非线性回归的系数的置信区间，例如

```
> confint(nls.sol)
        2.5%       97.5%
a 0.37794724 0.3991656
b 0.07679967 0.1320809
```

3. 非线性模型的参数估计 —— nlm() 函数的使用

在 R 中，也可用函数nlm()求解非线性最小二乘问题（6.74）。在 1.5.2 节介绍过nlm()函数的使用方法，下面介绍用nlm()函数求解非线性最小二乘问题。

例 6.26 用函数nlm()作例 6.25 的非线性最小二乘估计。

解 写出非线性最小二乘问题的目标函数，其中函数包含梯度（'gradient'）属性。函数名：fn.R

```
fn <- function(p, X, Y){
    f <- Y - p[1] - (0.49-p[1]) * exp(-p[2]*(X-8))
    res <- sum(f^2)
    f1 <- -1 + exp(-p[2]*(X-8))
    f2 <- (0.49-p[1]) * exp(-p[2]*(X-8))*(X-8)
    J <- cbind(f1,f2)
    attr(res, "gradient") <- 2*t(J)%*%f
    res
}
```

在函数中，f是残差向量，res是残差平方和。f1是f对 p_1 求导数得到的向量，f2是f对 p_2 求导数得到的向量。J是雅可比矩阵。

再用nlm()函数求解

```
> (out <- nlm(fn, p = c(0.1, 0.01), cl$X, cl$Y))
$'minimum'
[1] 0.00500168

$estimate
[1] 0.3901400 0.1016327

$gradient
[1]  7.954390e-07 -3.261297e-07
```

```
$code
[1] 1
$iterations
[1] 33
```

在上述计算结果中，minimum是目标函数在最优点处的最小值，也就是残差的平方和；estimate是参数的估计值，即 $\hat{\alpha}, \hat{\beta}$；gradient 是目标函数在最优点处的梯度值；iterations是迭代次数。

由于nlm()函数的目标是求解无约束优化问题，它的计算结果中不含参数的其他统计量，需要进一步的编程才能得到。例如，利用式（6.76）计算 $\hat{\sigma}^2$。

```
> n <- length(cl$X); k <- 2
> sigma2 <- out$minimum/(n-k); sigma2
[1] 0.0001190876
```

习　题　6

1. 为估计山上积雪融化后对下游灌溉的影响，在山上建立一个观测站，测量最大积雪深度（单位：m）与当年灌溉面积（单位：公顷），测得连续 10 年的数据如表 6.24 所示（以表格形式保存在exec0601.data中）。

表 6.24　10 年中最大积雪深度与当年灌溉面积的数据

序号	积雪深度/m	灌溉面积/公顷	序号	积雪深度/m	灌溉面积/公顷
1	5.1	1907	6	7.8	3000
2	3.5	1287	7	4.5	1947
3	7.1	2700	8	5.6	2273
4	6.2	2373	9	8.0	3113
5	8.8	3260	10	6.4	2493

(1) 试画相应的散点图，判断积雪深度与灌溉面积是否有线性关系；
(2) 求出灌溉面积关于积雪深度的一元线性回归方程；
(3) 对方程作显著性检验；
(4) 现测得今年的积雪深度是 7m，给出今年灌溉面积的预测值、Y 的预测区间和 $E(Y)$ 的置信区间 ($\alpha = 0.05$)。

2. 研究同一地区土壤所含可给态磷 (Y) 的情况，得到 18 组数据如表 6.25 所示（以表格形式保存在exec0602.data中）。表中 X_1 为土壤内所含无机磷浓度，X_2 为土壤内溶于 K_2CO_3 溶液并受溴化物水解的有机磷，X_3 为土壤内溶于 K_2CO_3 溶液但不溶于溴化物水解的有机磷。

(1) 求出 Y 关于 X 的多元线性回归方程；
(2) 对方程作显著性检验；
(3) 对变量作逐步回归分析。

3. 已知数据如表 6.26所示（以表格形式保存在exec0603.data中）。
(1) 画出数据的散点图，求回归直线 $y = \hat{\beta}_0 + \hat{\beta}_1 x$，同时将回归直线也画在散点图上；
(2) 分析 t 检验和 F 检验是否通过；
(3) 画出残差与预测值的残差图，分析误差是否是等方差的；

表 6.25　某地区土壤所含可给态磷的情况

序号	X_1	X_2	X_3	Y	序号	X_1	X_2	X_3	Y
1	0.4	52	158	64	10	12.6	58	112	51
2	0.4	23	163	60	11	10.9	37	111	76
3	3.1	19	37	71	12	23.1	46	114	96
4	0.6	34	157	61	13	23.1	50	134	77
5	4.7	24	59	54	14	21.6	44	73	93
6	1.7	65	123	77	15	23.1	56	168	95
7	9.4	44	46	81	16	1.9	36	143	54
8	10.1	31	117	93	17	26.8	58	202	168
9	11.6	29	173	93	18	29.9	51	124	99

表 6.26　数据表

序号	X	Y	序号	X	Y	序号	X	Y
1	1	0.6	11	4	3.5	21	8	17.5
2	1	1.6	12	4	4.1	22	8	13.4
3	1	0.5	13	4	5.1	23	8	4.5
4	1	1.2	14	5	5.7	24	9	30.4
5	2	2.0	15	6	3.4	25	11	12.4
6	2	1.3	16	6	9.7	26	12	13.4
7	2	2.5	17	6	8.6	27	12	26.2
8	3	2.2	18	7	4.0	28	12	7.4
9	3	2.4	19	7	5.5			
10	3	1.2	20	7	10.5			

(4) 修正模型。对响应变量 Y 作开方, 再完成 (1) ∼ (3) 的工作。

4. 对牙膏销售数据 (数据表见例 6.9) 得到的线性模型作回归诊断, 分析哪些样本点需要作进一步的研究? 哪些样本点需要在回归计算中删去, 如果有, 删去再作线性回归模型的计算。

5. 诊断水泥数据 (数据见例 6.10) 是否存在多重共线性。(1) 条件数法; (2) 特征分析方法; (3) VIF 检验。并分析例 6.10 中 step() 函数去掉的变量是否合理。

6. 为研究一些因素 (如用抗生素、有无危险因子和事先是否有计划) 对 "剖腹产后是否有感染" 的影响, 表 6.27 给出的是某医院剖腹产后的数据, 试用 logistic 回归模型对这些数据进行研究, 分析感染与这些因素的关系。

表 6.27　某医院进行剖腹产后的数据

		事先有计划		临时决定	
		有感染	无感染	有感染	无感染
使用抗生素	有危险因子	1	17	11	87
	没有	0	2	0	0
不使用抗生素	有危险因子	28	30	23	3
	没有	8	32	0	9

7. 表 6.28 (以表格形式保存在 exec0607.data 中) 是 40 名肺癌病人的生存资料, 其中 X_1 表示生活行动能力评分 (1 ∼ 100); X_2 表示病人的年龄; X_3 表示由诊断到进入研究时间 (月); X_4 表示肿

瘤类型（"0"是磷癌，"1"是小型细胞癌，"2"是腺癌，"3"是大型细胞癌）；X_5 表示两种化疗方法（"1"是常规，"0"是试验新法）；Y 表示病人的生存时间（"0"是生存时间短，即生存时间小于200天；"1"表示生存时间长，即生存时间大于或等于200天）。

表 6.28 40 名肺癌病人的生存资料

序号	X_1	X_2	X_3	X_4	X_5	Y	序号	X_1	X_2	X_3	X_4	X_5	Y
1	70	64	5	1	1	1	21	60	37	13	1	1	0
2	60	63	9	1	1	0	22	90	54	12	1	0	1
3	70	65	11	1	1	0	23	50	52	8	1	0	1
4	40	69	10	1	1	0	24	70	50	7	1	0	1
5	40	63	58	1	1	0	25	20	65	21	1	0	0
6	70	48	9	1	1	0	26	80	52	28	1	0	1
7	70	48	11	1	1	0	27	60	70	13	1	0	0
8	80	63	4	2	1	0	28	50	40	13	1	0	0
9	60	63	14	2	1	0	29	70	36	22	2	0	0
10	30	53	4	2	1	0	30	40	44	36	2	0	0
11	80	43	12	2	1	0	31	30	54	9	2	0	0
12	40	55	2	2	1	0	32	30	59	87	2	0	0
13	60	66	25	2	1	1	33	40	69	5	3	0	0
14	40	67	23	2	1	0	34	60	50	22	3	0	0
15	20	61	19	3	1	0	35	80	62	4	3	0	0
16	50	63	4	3	1	0	36	70	68	15	0	0	0
17	50	66	16	0	1	0	37	30	39	4	0	0	0
18	40	68	12	0	1	0	38	60	49	11	0	0	0
19	80	41	12	0	1	1	39	80	64	10	0	0	0
20	70	53	8	0	1	1	40	70	67	18	0	0	1

（1）建立 $P(Y=1)$ 对 $X_1 \sim X_5$ 的 logistic 回归模型，$X_1 \sim X_5$ 对 $P(Y=1)$ 的综合影响是否显著？哪些变量是主要的影响因素，显著水平如何？

（2）用逐步回归法选取自变量，结果如何？

（3）如果模型通过检验 ($\alpha=0.1$)，计算病人生存时间大于等于200天的概率估计值。

8. 一位饮食公司的分析人员想调查自助餐馆中的自动咖啡售货机数量与咖啡销售量之间的关系，她选择了14家餐馆来进行实验。这14家餐馆在营业额、顾客类型和地理位置方面都是相近的。放在试验餐馆的自动售货机数量从 0（这里咖啡由服务员端来）到6不等，并且是随机分配到每个餐馆的。表 6.29所示的是关于试验结果的数据（以表格形式保存在exec0608.data中）。

表 6.29 自动咖啡售货机数量与咖啡销售量数据　　　　　　单位：杯

餐馆	售货机数量	咖啡销售量	餐馆	售货机数量	咖啡销售量
1	0	508.1	8	3	697.5
2	0	498.4	9	4	755.3
3	1	568.2	10	4	758.9
4	1	577.3	11	5	787.6
5	2	651.7	12	5	792.1
6	2	657.0	13	6	841.4
7	3	713.4	14	6	831.8

(1) 作线性回归模型;

(2) 作多项式回归模型;

(3) 画出数据的散点图和拟合曲线。

9. 一位医院管理人员想建立一个回归模型,对重伤病人出院后的长期恢复情况进行预测。自变量是病人住院的天数,因变量是病人出院后长期恢复的预后指数,指数的数值越大表示预后结局越好。为此,研究了 15 个病人的数据,这些数据如表 6.30 所示(以表格形式保存在 exec0609.data 中)。根据经验表明,病人住院的天数 (X) 和预后指数 (Y) 服从非线性模型

$$Y_i = \theta_0 \exp(\theta_1 X_i) + \varepsilon_i, \quad i = 1, 2, \cdots, 15。$$

表 6.30 关于重伤病人的数据

序号	住院天数	预后指数	序号	住院天数	预后指数
1	2	54	9	34	18
2	5	50	10	38	13
3	7	45	11	45	8
4	10	37	12	52	11
5	14	35	13	53	8
6	19	25	14	60	4
7	26	20	15	65	6
8	31	16			

(1) 用内在线性模型方法计算其各种参的估计值;

(2) 用非线性方法 (`nls()`函数和`nlm()`函数) 计算其各种参数的估计值。

10. 用`nls()`函数直接计算例 6.19 中(式 (6.57))参数 β_0 和 β_1 的估计值,初始点为 $(0.5, 0.5)$。将计算结果与例 6.19 中广义线性模型(方法(2))的估计作对比,试解释其原因。

11. 已知数据(见表 6.31)满足 Michaelis-Menten 方程

$$Y = \frac{\theta_1 X}{\theta_2 + X} + \varepsilon, \tag{6.81}$$

其中 θ_1 和 θ_2 为参数。试求出参数 θ_1 和 θ_2 的估计值,并进行检验。

表 6.31 数据表

序号	x	y	序号	x	y	序号	x	y
1	0.02	76	5	0.11	123	9	0.56	191
2	0.02	47	6	0.11	139	10	0.56	201
3	0.06	97	7	0.22	159	11	1.10	207
4	0.06	107	8	0.22	152	12	1.10	200

(1) 作变换, 将式 (6.81) 转换成

$$\frac{1}{Y} \approx \frac{1}{\theta_1} + \frac{\theta_2}{\theta_1} \cdot \frac{1}{X},$$

利用线性模型方法作估计；

(2) 作变换，将式 (6.81) 转换成

$$Y = \frac{1}{\frac{1}{\theta_1} + \frac{\theta_2}{\theta_1} \cdot \frac{1}{X}} + \varepsilon,$$

利用广义线性模型方法作估计 (选择gaussian分布族, 或quasi分布族, 连接函数选择link = inverse);

(3) 用非线性模型方法 (nls()函数) 直接对作式 (6.81) 估计；

(4) 试分析，在上述三种方法中，哪一种方法更适合于非线性模型 (6.81)，为什么? 必要时，可画出散点图和三种方法的拟合曲线图等。

第 7 章 方差分析

在实际工作中，影响一件事的因素是很多的，人们总是希望通过各种试验来观察各种因素对试验结果的影响。例如：不同的生产厂家，不同的原材料，不同的操作规程，及不同的技术指标等对产品的质量、性能都会有影响，然而不同因素的影响大小不等。方差分析是研究一种或多种因素的变化对试验结果的观测值是否有显著影响。从而找出较优的试验条件或生产条件的一种常用数理统计方法。

人们在试验中所考察到的数量指标如产量、性能等称为观测值。影响观测值的条件称为因素。因素的不同状态称为水平，一个因素可以采用多个水平。在一项试验中，可以得出一系列不同的观测值。引起观测值不同的原因是多方面的，有的是处理方式不同或条件不同引起的，称为因素效应（或处理效应、条件变异）。有的是试验过程中偶然性因素的干扰或观测误差所导致的，称为试验误差。方差分析的主要工作是将测量数据的总变异按照变异原因的不同分解为因素效应和试验误差，并对其作出数量分析，比较各种原因在总变异中所占的重要程度，作为统计推断的依据，由此确定进一步的工作方向。

7.1 单因素方差分析

下面从一个实例出发说明单因素方差分析的基本思想。

例 7.1 利用四种不同配方的材料 A_1, A_2, A_3, A_4 生产出来的元件，测得其使用寿命如表 7.1所示（数据保存在exam0701.data中）。问：四种不同配方下元件的使用寿命有无显著的差异？

表 7.1 元件寿命数据

材料	使用寿命							
A_1	1600	1610	1650	1680	1700	1700	1780	
A_2	1500	1640	1400	1700	1750			
A_3	1640	1550	1600	1620	1640	1600	1740	1800
A_4	1510	1520	1530	1570	1640	1600		

在例 7.1中材料的配方是影响元件的使用寿命的因素，四种不同的配方表明因素处于四种状态，称为四种水平，这样的试验称为单因素四水平试验。由表中数据可知，不仅不同配方的材料生产出的元件使用寿命不同，而且同一配方下元件的使用寿命也不一样。分析数据波动的原因主要来自两方面。

其一，在同样的配方下做若干次寿命试验，试验条件大体相同，因此，数据的波动是由于其他随机因素的干扰所引起的。设想在同一配方下元件的使用寿命应该有一个理论上的均值，而实测寿命数据与均值的偏离即为随机误差，此误差服从正态分布。

其二, 在不同的配方下, 使用寿命有不同的均值, 它导致不同组的元件间寿命数据的不同.

对于一般情况, 设试验只有一个因素 A 在变化, 其他因素都不变. A 有 r 个水平 $A_1, A_2, \cdots, A_r$, 在水平 A_i 下进行 n_i 次独立观测, 得到试验指标列表中, 如表 7.2所示.

其中 x_{ij} 表示在因素 A 的第 i 个水平下的第 j 次试验的试验结果.

表 7.2　单因素方差分析数据

水　平	观　测　值				总　体
A_1	x_{11}	x_{12}	$\cdots$	x_{1n_1}	$N(\mu_1, \sigma^2)$
A_2	x_{21}	x_{22}	$\cdots$	x_{2n_2}	$N(\mu_2, \sigma^2)$
$\vdots$	$\vdots$	$\vdots$		$\vdots$	$\vdots$
A_r	x_{r1}	x_{r2}	$\cdots$	x_{rn_r}	$N(\mu_r, \sigma^2)$

7.1.1　数学模型

将水平 A_i 下的试验结果 $x_{i1}, x_{i2}, \cdots, x_{in_i}$ 看作来自第 i 个正态总体 $X_i \sim N(\mu_i, \sigma^2)$ 的样本观测值, 其中 μ_i, σ^2 均未知, 且每个总体 X_i 相互独立, 考虑线性统计模型

$$\begin{cases} x_{ij} = \mu_i + \varepsilon_{ij}, & i = 1, 2, \cdots, r, \quad j = 1, 2, \cdots, n_i, \\ \varepsilon_{ij} \sim N(0, \sigma^2) \quad \text{且相互独立,} \end{cases} \tag{7.1}$$

其中, μ_i 是第 i 个总体的均值, ε_{ij} 是相应的试验误差.

比较因素 A 的 r 个水平的差异归结为比较这 r 个总体的均值, 即检验假设

$$H_0: \mu_1 = \mu_2 = \cdots = \mu_r, \qquad H_1: \mu_1, \mu_2, \cdots, \mu_r \text{ 不全相等.} \tag{7.2}$$

记

$$\mu = \frac{1}{n} \sum_{i=1}^{r} n_i \mu_i, \quad n = \sum_{i=1}^{r} n_i, \quad \alpha_i = \mu_i - \mu,$$

这里 μ 表示总和的均值, α_i 为水平 A_i 对指标的效应, 不难验证 $\sum_{i=1}^{r} n_i \alpha_i = 0$.

模型 (7.1) 又可以等价写成

$$\begin{cases} x_{ij} = \mu + \alpha_i + \varepsilon_{ij}, & i = 1, 2, \cdots, r, \quad j = 1, 2, \cdots, n_i, \\ \varepsilon_{ij} \sim N(0, \sigma^2) \quad \text{且相互独立,} \\ \sum_{i=1}^{r} n_i \alpha_i = 0. \end{cases} \tag{7.3}$$

称模型 (7.3) 为单因素方差分析的数学模型, 它是一种线性模型.

7.1.2　方差分析

比较模型 (7.1) 和模型 (7.3) 得到, 假设 (7.2) 等价于

$$H_0: \alpha_1 = \alpha_2 = \cdots = \alpha_r = 0, \qquad H_1: \alpha_1, \alpha_2, \cdots, \alpha_r \text{ 不全为零.} \tag{7.4}$$

如果 H_0 被拒绝，则说明因素 A 的各水平的效应之间有显著的差异；否则，差异不明显。

为了导出 H_0 的检验统计量。方差分析法建立在平方和分解和自由度分解的基础上，考虑统计量

$$S_T = \sum_{i=1}^{r}\sum_{j=1}^{n_i}(x_{ij}-\bar{x})^2, \quad \bar{x} = \frac{1}{n}\sum_{i=1}^{r}\sum_{j=1}^{n_i}x_{ij}。$$

称 S_T 为总离差平方和（或称为总变差），它是所有数据 x_{ij} 与总平均值 $\bar{x}$ 差的平方和，描绘了所有观测数据的离散程度。经计算，有如下的平方和分解公式

$$S_T = S_E + S_A, \tag{7.5}$$

其中

$$S_E = \sum_{i=1}^{r}\sum_{j=1}^{n_i}(x_{ij}-\bar{x}_{i\cdot})^2, \quad \bar{x}_{i\cdot} = \frac{1}{n_i}\sum_{j=1}^{n_i}x_{ij},$$

$$S_A = \sum_{i=1}^{r}\sum_{j=1}^{n_i}(\bar{x}_{i\cdot}-\bar{x})^2 = \sum_{i=1}^{r}n_i(\bar{x}_{i\cdot}-\bar{x})^2。$$

这里 S_E 表示了随机误差的影响。这是因为对于固定的 i 来讲，观测值 $x_{i1}, x_{i2}, \cdots, x_{in_i}$ 是来自同一个正态总体 $N(\mu_i, \sigma^2)$ 的样本。因此，它们之间的差异是由随机误差所致。而 $\sum_{j=1}^{n_i}(x_{ij}-\bar{x}_{i\cdot})^2$ 是这 n_i 个数据的变动平方和，正是它们差异大小的度量。将 r 组这样的变动平方和相加，就得到了 S_E，通常称 S_E 为误差平方和或组内平方和。

S_A 表示在 A_i 水平下的样本均值与总平均值之间的差异之和，它反映了 r 个总体均值之间的差异，因为 $\bar{x}_{i\cdot}$ 是第 i 个总体的样本均值，是 μ_i 的估计值，因此，r 个总体均值 $\mu_1, \mu_2, \cdots, \mu_r$ 之间的差异越大，这些样本均值 $\bar{x}_{1\cdot}, \bar{x}_{2\cdot}, \cdots, \bar{x}_{r\cdot}$ 之间的差异也就越大。平方和 $\sum_{i=1}^{r}n_i(\bar{x}_{i\cdot}-\bar{x})^2$ 正是这种差异大小的度量。这里 n_i 反映了第 i 个总体样本大小在平方和 S_A 中的作用。称 S_A 为因素 A 的效应平方和或组间平方和。

式 (7.5) 表明，总平方和 S_T 可按其来源分解成两部分，一部分是误差平方和 S_E，是由随机误差引起的；另一部分是因素 A 的平方和 S_A，是由因素 A 的各水平的差异引起的。

由模型 (7.1)，经过统计分析得到 $E(S_E) = (n-r)\sigma^2$，即 $S_E/(n-r)$ 是 σ^2 的一个无偏估计，且

$$\frac{S_E}{\sigma^2} \sim \chi^2(n-r)。$$

如果原假设 H_0 成立，则有 $E(S_A) = (r-1)\sigma^2$，此时 $S_A/(r-1)$ 也是 σ^2 的无偏估计，且

$$\frac{S_A}{\sigma^2} \sim \chi^2(r-1),$$

并且 S_A 与 S_E 相互独立，因此，当 H_0 成立时，有

$$F = \frac{S_A/(r-1)}{S_E/(n-r)} \sim F(r-1, n-r)。 \tag{7.6}$$

于是 F （也称 F 比）可以作为 H_0 的检验统计量。

对给定的显著性水平 α, 用 $F_\alpha(r-1, n-r)$ 表示 F 分布的上 α 分位点。若 $F > F_\alpha(r-1, n-r)$, 则拒绝原假设, 认为因素 A 的 r 个水平有显著差异。也可以通过计算 P 值的方法来决定是接受还是拒绝原假设 H_0。P 值定义为 $p = P\{F(r-1, n-r) > F\}$, 表示服从自由度为 $(r-1, n-r)$ 的 F 分布的随机变量取值大于 F 的概率。显然, P 值小于 α 等价于 $F > F_\alpha(r-1, n-r)$。它表示在显著性水平 α 下的小概率事件发生了, 这意味着应该拒绝原假设 H_0。当 P 值大于 α 时, 则无法拒绝原假设 H_0。

通常将计算结果表示成表 7.3 的形式, 称为方差分析表。

表 7.3　单因素方差分析表

方差来源	自由度	平方和	均方	F 比	P 值
因素 A	$r-1$	S_A	$\mathrm{MS}_A = \dfrac{S_A}{r-1}$	$F = \dfrac{\mathrm{MS}_A}{\mathrm{MS}_E}$	p
误　差	$n-r$	S_E	$\mathrm{MS}_E = \dfrac{S_E}{n-r}$		
总　和	$n-1$	S_T			

7.1.3　方差分析表的计算

在 R 中, aov() 函数提供了方差分析表的计算, 其使用方法如下:

```
aov(formula, data = NULL, projections = FALSE, qr = TRUE,
    contrasts = NULL, ...)
```

其中formula是方差分析的公式。data是数据框。

另外, 可用summary()列出方差分析表的详细信息。

例 7.2　（续例 7.1）　用 R 软件计算例 7.1。

解　用数据框的格式输入数据, 调用aov()函数计算方差分析, 用summary()提取方差分析的信息（程序名：exam0702.R）。

```
> lamp <- data.frame(
      X = scan("exam0701.data"),
      A = factor(rep(1:4, c(7, 5, 8, 6)))
  )
> lamp.aov <- aov(X ~ A, data = lamp)
> summary(lamp.aov)
            Df Sum Sq Mean Sq F value Pr(>F)
A            3  49212   16404   2.166  0.121
Residuals   22 166622    7574
```

上述数据与方差分析表 7.3 中的内容相对应, 其中Df表示自由度, Sum Sq表示平方和, Mean Sq表示均方, F value表示 F 值, 即 F 比。Pr(>F)表示 P 值, A就是因素 A, Residuals是残差, 即误差。

在上述结果中,没有方差分析表 7.3 的总和行,下面编写一个小程序(程序名: anova.tab.R)来弥补其不足。

```
anova.tab <- function(fm){
    tab <- summary(fm)
    k <- length(tab[[1]]) - 2
    temp <-c(apply(tab[[1]][1:2], 2, sum), rep(NA, k))
    tab[[1]]["Total",] <- temp
    tab
}
```

该程序的基本思想是将 summary() 函数所得结果的第一行与第二行相加,以此来得到总和行。

编写这个程序的另一个目的是,学会如何用 R 的计算结果进行编程,即简单、方便,又可得到所需的更多信息。

用自编 anova.tab() 函数给出完整的方差分析表。

```
> source("anova.tab.R"); anova.tab(lamp.aov)
          Df Sum Sq Mean Sq F value Pr(>F)
A          3  49212   16404   2.166  0.121
Residuals 22 166622    7574
Total     25 215835
```

并将结果填在方差分析表中,由表 7.4 所示。

表 7.4 元件寿命试验的方差分析表

方差来源	自由度	平方和	均方	F 比	P 值
因素 A	3	49212	16404	2.166	0.121
误 差	22	166622	7574		
总 和	25	215835			

从 P 值 $(= 0.121) > 0.05$ 可以看出,没有充分理由说明 H_0 不正确,也就是说,接受 H_0。说明四种材料生产出的元件的平均寿命无显著的差异。

通过 plot() 函数绘出 4 个水平下的箱线图,用来描述各个水平之间的差异,其命令如下,所绘图形由图 7.1 所示。

```
> with(lamp, plot(X ~ A))
```

从图形上也可看出,四种材料生产出的元件的平均寿命是无显著差异的。

例 7.3 小白鼠在接种了 3 种不同菌型的伤寒杆菌后的存活天数如表 7.5 所示(数据保存在 exam0703.data 中)。判断小白鼠被注射 3 种菌型后的平均存活天数有无显著差异?

解 设小白鼠被注射的伤寒杆菌为因素,3 种不同的菌型为 3 个水平,接种后的存活天数视作来自 3 个正态分布总体 $N(\mu_i, \sigma^2)(i=1,2,3)$ 的样本观测值。问题归结为检验

$$H_0: \mu_1 = \mu_2 = \mu_3; \quad H_1: \mu_1, \mu_2, \mu_3 \text{ 不全相等}.$$

R 的计算过程(程序名: exam0703.R)与结果如下:

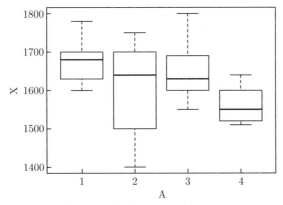

图 7.1　元件寿命试验的箱线图

表 **7.5**　白鼠试验数据

菌型	存 活 日 数										
1	2	4	3	2	4	7	7	2	2	5	4
2	5	6	8	5	10	7	12	12	6	6	
3	7	11	6	6	7	9	5	5	10	6	3	10

```
> mouse <- data.frame(
        X = scan("exam0703.data"),
        A = factor(rep(1:3, c(11, 10, 12)))
    )
> mouse.aov <- aov(X ~ A, data = mouse)
> source("anova.tab.R"); anova.tab(mouse.aov)
          Df Sum Sq Mean Sq F value Pr(>F)
A          2  94.26   47.13   8.484 0.0012 **
Residuals 30 166.65    5.56
Total     32 260.91
```

P 值远小于 0.01 应拒绝原假设, 即认为小白鼠在接种 3 种不同菌型的伤寒杆菌后的存活天数有显著的差异。

从分析的角度来看, "总和" 一行的作用不大, 可以略去。另外, 由式 (7.3) 可以看出, 方差分析模型本质上就是一个线性模型, 因此, 也可以使用 lm() 函数作计算, 此时需要使用 anova() 函数列出方差分析表。

例如, 对于例 7.3, 其命令改为

```
mouse.lm <- lm(X ~ A, data = mouse)
anova(mouse.lm)
```

其结果为

```
Analysis of Variance Table

Response: X
```

```
              Df  Sum Sq Mean Sq F value   Pr(>F)
A              2  94.256  47.128  8.4837 0.001202 **
Residuals     30 166.653   5.555
```

效果是相同的。

7.1.4 均值的多重比较

如果 F 检验的结论是拒绝 H_0,则说明因素 A 的 r 个水平效应有着显著差异,也就是说,r 个均值之间存在着显著差异。但是这并不意味着所有均值间都存在差异,这时还需要对每一对 μ_i 和 μ_j 作一对一的比较,即多重比较。

1. 多重 t 检验

这种方法本质上就是针对每组数据进行 t 检验,只不过估计方差时利用的是全体数据,因而自由度变大。具体地说,要比较第 i 组和第 j 组的均值 μ_i 和 μ_j,即检验

$$H_0: \mu_i = \mu_j, \quad H_1: \mu_i \neq \mu_j, \quad i \neq j, \ i,j = 1,2,\cdots,r。$$

方法采用两正态总体均值的 t 检验,取检验统计量

$$t_{ij} = \frac{\overline{X}_{i.} - \overline{X}_{j.}}{\sqrt{\mathrm{MS}_E\left(\frac{1}{n_i} + \frac{1}{n_j}\right)}}, \quad i \neq j, \ i,j = 1,2,\cdots,r。 \tag{7.7}$$

当 H_0 成立时,$t_{ij} \sim t(n-r)$。所以当

$$|t_{ij}| > t_{\frac{\alpha}{2}}(n-r) \tag{7.8}$$

时,拒绝原假设,说明 μ_i 与 μ_j 差异显著。定义相应的 P 值

$$p_{ij} = P\{\ t(n-r) > |t_{ij}|\ \}, \tag{7.9}$$

即服从自由度为 $n-r$ 的 t 分布的随机变量大于 $|t_{ij}|$ 的概率。上述方法等价于当 $p_{ij} < \alpha$ 时,拒绝原似,即 μ_i 与 μ_j 有显著差异。

多重 t 检验方法的优点是使用方便。但在均值的多重检验中,如果因素的水平较多,而检验又是同时进行的,多次重复使用 t 检验会增大犯第一类错误的概率,所得到的"有显著差异"的结论不一定可靠。

2. P 值的修正

为了克服多重 t 检验方法的缺点,统计学家们提出了许多更有效的方法来调整 P 值,由于这些方法涉及较深的统计知识,这里只作简单的说明。具体调整方法的名称和参数见表 7.6。

在 R 中,P 值调整函数是p.adjust(),其使用方法如下:

```
p.adjust(p, method = p.adjust.methods, n = length(p))
```

其中p是由 P 值构成的向量。method是 P 值的调整方法(见表 7.6),默认值为holm。

表 7.6　P 值的调整方法

调整方法	R 软件中的参数
Bonferroni	"bonferroni"
Holm (1979)	"holm"
Hochberg (1988)	"hochberg"
Hommel (1988)	"hommel"
Benjamini & Hochberg (1995)	"BH" 或"fdr"
Benjamini & Yekutieli (2001)	"BY"

3. 均值的多重比较的计算

在 R 中，pairwise.t.test()函数作均值的多重比较，其使用方法如下：

```
pairwise.t.test(x, g, p.adjust.method = p.adjust.methods,
    pool.sd = !paired, paired = FALSE,
    alternative = c("two.sided", "less", "greater"),
    ...)
```

其中x是由响应变量构成的向量，g是由因子构成的向量，每个元素表示x 中元素的水平。p.adjust.method是字符串，表示 P 值的调整方法（见表 7.6），如果参数取p.adjust.method = "none"，表示 P 值不作调整，即式（7.9）的计算值，默认值为"holm"。

例 7.4　（续例 7.3）由于在例 7.3中 F 检验的结论是拒绝 H_0，应进一步检验

$$H_0: \mu_i = \mu_j, \quad H_1: \mu_i \neq \mu_j, \quad i,j = 1,2,3。$$

解　首先计算各个因子间的均值，再用多重 t 检验方法作检验，也就是说，P 值不作任何调整。（程序名：exam0704.R）

```
##%% 求数据在各水平下的均值
> attach(mouse)
> tapply(X, A, mean)
       1        2        3
3.818182 7.700000 7.083333

##%% 作多重t检验
> pairwise.t.test(X, A, p.adjust.method = "none")
    Pairwise comparisons using t tests with pooled SD
data:  X and A
  1       2
2 0.00072 -
3 0.00238 0.54576
P value adjustment method: none
```

将计算结果列入表中，如表 7.7所示。

由于计算时参数的选取是p.adjust.method = "none"，所以计算出的 P 值没有作任何调，即表 7.7表中的数值是由式（7.7）和式（7.9）得到的。

观察两个作调整后 P 值的情况。

表 7.7　均值多重检验 P 值表

水平	均值		P 值	
1	3.818	1.00000	0.00072	0.00238
2	7.700	0.00072	1.00000	0.54576
3	7.083	0.00238	0.54576	1.00000

（1）Holm 调整方法。

```
> pairwise.t.test(X, A, p.adjust.method = "holm")
    Pairwise comparisons using t tests with pooled SD
data:  X and A
    1      2
2 0.0021 -
3 0.0048 0.5458
P value adjustment method: holm
```

（2）Bonferroni 调整方法。

```
> pairwise.t.test(X, A, p.adjust.method = "bonferroni")
    Pairwise comparisons using t tests with pooled SD
data:  X and A
    1      2
2 0.0021 -
3 0.0071 1.0000
P value adjustment method: bonferroni
```

从这两种方法得到的计算结果可以看出，作调整后，P 值会增大，在一定程度上会克服多重 t 检验方法的缺点。

从上述计算结果（无论是调整后的 P 值还未调整的 P 值）可见，μ_1 与 μ_2，μ_1 与 μ_3 均有显著差异，而 μ_2 与 μ_3 没有显著差异，即小白鼠所接种的三种不同菌型的伤寒杆菌中第一种与后两种使得小白鼠的平均存活天数有显著差异，而后两种差异不显著。

从箱线图也能看出这种情况，见图 7.2 所示。

```
> plot(X ~ A)
```

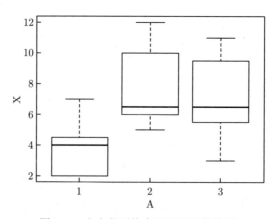

图 7.2　小白鼠平均存活天数的箱线图

4. 多重比较的图基法

图基法是 J.W. 图基（J.W.Tukey）于 1952 年提出的一种多重比较方法，它是以试验错误率为标准的一种方法，又称为真正显著差（honestly significant difference，HSD）法。

在 R 中，TukeyHSD()函数提供了对多组均值差作成对检验，其使用格式为

```
TukeyHSD(x, which, ordered = FALSE, conf.level = 0.95, ...)
```

参数x是由aov()函数生成的对象。which是字符串，指明对哪些项作均值差异的成对检验，默认值为所有项。ordered是逻辑变量，表示是否对检验结果进行排序。conf.level是 0~1 的数值，表示置信水平，默认值为 0.95。

例如，用TukeyHSD()函数完成例 7.4 的检验。

```
> (tukey <- TukeyHSD(mouse.aov))
  Tukey multiple comparisons of means
    95% family-wise confidence level
Fit: aov(formula = X ~ A, data = mouse)
$`A`
          diff        lwr      upr     p adj
2-1  3.8818182  1.3430444 6.420592 0.0020129
3-1  3.2651515  0.8397276 5.690575 0.0065348
3-2 -0.6166667 -3.1045580 1.871225 0.8152215
```

在计算结果中，diff两组数据的均值差，lwr是均值差的置信下限，upr 是均值差的置信上限，p adj是调整后的 P 值。其结论与例 7.4相同，第 1 组小白鼠的平均存活天数与后两组小白鼠有显著差异。

另外，TukeyHSD()函数的结果也可以用plot()函数画出。如

```
> plot(tukey)
```

所画图形如图 7.3所示。在图中，3-2项包含 0，这也说明，后两组小白鼠的平均存活天数没有显著差异。

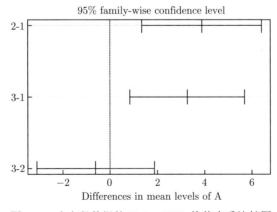

图 7.3 小白鼠数据的 TukeyHSD 均值多重比较图

7.2 单因素方差分析的进一步讨论

要进行方差分析，应当具备以下三个条件：

（1）可加性。假设模型是线性可加模型，每个处理效应与随机误差是可以叠加的，即

$$x_{ij} = \mu + \alpha_i + \varepsilon_{ij}.$$

（2）独立正态性。试验误差应当服从正态分布、而且相互独立。

（3）方差齐性。不同处理间的方差是一致的，即满足假设

$$H_0: \quad \sigma_1^2 = \sigma_2^2 = \cdots = \sigma_r^2. \tag{7.10}$$

对于常用的试验来说，大都能满足以上三个条件。当某些不满足条件的试验时，需要考虑使用其他方法作方差分析。

面对试验结果，如果对误差的正态性和方差齐性没有把握，则应进行检验。

7.2.1 误差的正态性检验

误差的正态性检验本质上就是数据的正态性检验。可以用 5.3.3 节介绍的正态性检验方法（如沙皮罗-威尔克正态性检验）对数据的正态性作检验。

例 7.5 对例 7.1的数据作正态性检验。

解 调用shapiro.test()函数对因素 A 的不同水平作 W 正态性检验。

```
> with(lamp, tapply(X, A, shapiro.test))
$`1`

        Shapiro-Wilk normality test

data:  X[[i]]
W = 0.94235, p-value = 0.6599


$`2`

        Shapiro-Wilk normality test

data:  X[[i]]
W = 0.93842, p-value = 0.6548


$`3`

        Shapiro-Wilk normality test

data:  X[[i]]
W = 0.88859, p-value = 0.2271


$`4`

        Shapiro-Wilk normality test

data:  X[[i]]
W = 0.91768, p-value = 0.4888
```

计算结果表明，例 7.1中数据在四种水平下均是正态的。

7.2.2 方差齐性检验

方差齐性检验就是检验数据在不同水平下方差是否相同。方差齐性检验最常用的方法是巴特利特（Bartlett）检验。当各处理组的数据较多时，令

$$S_i^2 = \frac{1}{n_i - 1} \sum_{j=1}^{n_i} (X_{ij} - \overline{X}_{i\cdot})^2,$$

$$S^2 = \frac{1}{n-r} \sum_{i=1}^{r} (n_i - 1) S_i^2,$$

$$c = 1 + \frac{1}{3(r-1)} \left[\sum_{i=1}^{r} (n_i - 1)^{-1} - (n-r)^{-1} \right],$$

$$n = n_1 + n_2 + \cdots + n_r。$$

在假设（7.10）成立时，统计量

$$K^2 = \frac{2.3026}{c} \left[(n-r) \ln S^2 - \sum_{i=1}^{r} (n_i - 1) \ln S_i^2 \right] \tag{7.11}$$

近似服从自由度为 $r-1$ 的 χ^2 分布。当

$$K^2 > \chi_\alpha^2(r-1) \quad \text{或} \quad P\{\chi^2 > K^2\} < \alpha$$

时，拒绝 H_0，即认为至少有两个处理组数据的方差不等；否则，认为数据满足方差齐性的要求。

在 R 中，bartlett.test() 函数提供是巴特利特检验，其使用格式为

```
bartlett.test(x, g, ...)
bartlett.test(formula, data, subset, na.action, ...)
```

其中x是由数据构成的向量或列表。g是由因子构成的向量，当x是列表时，此项无效。formula是方差分析的公式，data是数据框。

例 7.6 对例 7.1的数据作巴特利特方差齐性检验。

解

```
> bartlett.test(X ~ A, data = lamp)
    Bartlett test of homogeneity of variances
data:  X by A
Bartlett's K-squared = 5.8056, df = 3, p-value = 0.1215
```

P 值 $(= 0.1215) > 0.05$，接受原假设 H_0，认为各处理组的数据是等方差的。

另外，命令

```
with(lamp, bartlett.test(X, A))
```

具有相同的效果。

7.2.3 非齐方差数据的方差分析

当数据只满足正态性, 但不满足方差齐性的要求时, 可用oneway.test()函数作方差分析, 其使用格式为

```
oneway.test(formula, data, subset, na.action, var.equal = FALSE)
```

当观测值满足方差齐性时, 选择var.equal = TRUE。

例如, 用函数oneway.test()对例 7.3 的数据作单因素方差分析, 有

```
> oneway.test(X ~ A, data = mouse)
    One-way analysis of means (not assuming equal variances)
data:  X and A
F = 9.7869, num df = 2.000, denom df = 19.104, p-value = 0.001185

> oneway.test(X ~ A, data = mouse, var.equal = TRUE)
    One-way analysis of means
data:  X and A
F = 8.4837, num df = 2, denom df = 30, p-value = 0.001202
```

注意到, 在齐方差的假设下, 其计算结果与例 7.3 的计算结果相同。

7.3 秩 检 验

方差分析过程需要若干条件, F 检验才能奏效。可惜, 有时候所采集的数据常常不能满足这些条件。事实上, 即使有一个条件不满足都会令我们陷入尴尬之中。像两样本比较时一样, 不妨尝试将数据转化为秩统计量, 因为秩统计量的分布与总体分布无关, 可以摆脱总体分布的束缚。

7.3.1 克鲁斯卡尔–沃利斯秩和检验

在比较两个以上的总体时, 广泛使用的克鲁斯卡尔–沃利斯 (Kruskal-Wallis) 秩和检验, 它是对两个以上样本进行比较的非参数检验方法。实质上, 它是两样本的威尔科克森秩检验方法在多于两个样本时的推广。

给定 n 个个体, 用 $s(s \geqslant 3)$ 种处理方法的效果比较。将这 n 个个体随机地分为 s 组, 使第 i 组有 n_i 个, 并指定这 n_i 个个体接受第 i 种处理方法的试验 $(i = 1, 2, \cdots, s)$, 此时, $\sum_{i=1}^{s} n_i = n$。当试验结束后, 将这 n 个个体放在一起, 根据处理效果的优劣排序, 得到各自的秩。记第 i 组的 n_i 个个体的秩为

$$R_{i1}, R_{i2}, \cdots, R_{in_i}, \quad i = 1, 2, \cdots, s。$$

并设观测值中无结点, 即 $R_{i1} < R_{i2} < \cdots < R_{in_i}(i = 1, 2, \cdots, s)$。检验的目的是根据这些秩统计量检验假设

$$H_0: 各处理方法的效果无显著差异$$

能否接受.

为了构造合适的检验统计量, 只有原假设是不够的, 还应对相应的备择假设有足够的了解. 克鲁斯卡尔–沃利斯秩和检验考虑的是最常见的一种备择假设, 即各方法的处理效果若有差异, 其差异主要反映在各组个体的处理效果的度量值的分离上.

换句话说, 若各方法的处理效果有显著差异, 则接受各方法试验的个体的秩之间有一个排序, 其中某些方法中个体的秩趋于取较小值, 另一些方法中个体的秩趋于取较大的值. 下面针对此类备择假设构造检验统计量. 令

$$R_{i\cdot} = \frac{R_{i1} + R_{i2} + \cdots + R_{in_i}}{n_i}, \quad i = 1, 2, \cdots, s, \tag{7.12}$$

$$R_{\cdot\cdot} = \frac{1}{n}\sum_{i=1}^{s}\sum_{j=1}^{n_i} R_{ij} = \frac{n+1}{2}, \tag{7.13}$$

其中, $R_{i\cdot}$ 是第 i 组个体的秩的平均值 $(i = 1, 2, \cdots, s)$, $R_{\cdot\cdot}$ 是总的平均值. 若各方法处理效果之间有显著差异, 按上述备择假设, 则 $R_{i\cdot}(i = 1, 2, \cdots, s)$ 相互差异较大. 反之, 若 H_0 为真, 由于分组是随机的, 则各 $R_{i\cdot}(i = 1, 2, \cdots, s)$ 差异应较小, 且均分散在 $R_{\cdot\cdot}$ 附近. 因此, 可以用 $(R_{i\cdot} - R_{\cdot\cdot})^2$ 的加权和来度量各 $R_{i\cdot}$ 与 $R_{\cdot\cdot}$ 的接近程度. 令

$$K = \frac{12}{n(n+1)}\sum_{i=1}^{s} n_i\left(R_{i\cdot} - \frac{n+1}{2}\right)^2, \tag{7.14}$$

称 K 为克鲁斯卡尔–沃利斯统计量. 若 H_0 不成立时, 则 K 有偏大的趋势, 因此, 其拒绝域形式为

$$K \geqslant c.$$

或者计算出相应的 P 值, 当 P 值小于相应的显著性水平, 则拒绝原假设. 上述检验方法称为克鲁斯卡尔–沃利斯秩和检验.

在 R 中, 可用kruskal.test()完成克鲁斯卡尔–沃利斯秩和检验, 其使用格式如下:

```
kruskal.test(x, g, ...)
kruskal.test(formula, data, subset, na.action, ...)
```

其中x是由数据构成的向量或列表. g是由因子构成的向量, 当x是列表时, 此项无效. formula是方差分析的公式, data是数据框.

例 7.7 为了比较属同一类的四种不同食谱的营养效果, 将 25 只老鼠随机地分为 4 组, 每组分别是 8 只, 4 只, 7 只和 6 只, 各采用食谱甲、乙、丙、丁喂养. 假设其他条件均保持相同, 12 周后测得体重增加量如表 7.8所示 (数据保存在exam0707.data中). 对于 $\alpha = 0.05$, 检验各食谱的营养效果是否有显著差异.

解 根据题意, 原假设为

H_0: 各食谱的营养效果无显著差异, H_1: 各食谱的营养效果有显著差异.

输入数据, 调用kruskal.test()函数作检验 (程序名: exam0707.R).

表 7.8　12 周后 25 只老鼠的体重增加量　　　　　　　　单位：克

食谱	体重增加值							
甲	164	190	203	205	206	214	228	257
乙	185	197	201	231				
丙	187	212	215	220	248	265	281	
丁	202	204	207	227	230	276		

```
> food <- data.frame(
      x = scan("exam0707.data"),
      g = factor(rep(1:4, c(8, 4, 7, 6)))
  )
> kruskal.test(x ~ g, data = food)

    Kruskal-Wallis rank sum test

data:  x by g
Kruskal-Wallis chi-squared = 4.213, df = 3, p-value = 0.2394
```

P 值 (= 0.2394) > 0.05，无法拒绝原假设，认为各食谱的营养效果无显著差异。

另两种写法，

```
with(food, kruskal.test(x, g))
```

和

```
A <- c(164, 190, 203, 205, 206, 214, 228, 257)
B <- c(185, 197, 201, 231)
C <- c(187, 212, 215, 220, 248, 265, 281)
D <- c(202, 204, 207, 227, 230, 276)
kruskal.test(list(A, B, C, D))
```

可以达到同样的效果。

对上述数据作正态检验和方差齐性检验。

```
> with(food, tapply(x, g, shapiro.test))
$'1'

    Shapiro-Wilk normality test

data:  X[[i]]
W = 0.9619, p-value = 0.828

$'2'

    Shapiro-Wilk normality test

data:  X[[i]]
W = 0.90843, p-value = 0.4741

$'3'

    Shapiro-Wilk normality test

data:  X[[i]]
W = 0.9523, p-value = 0.7506

$'4'
```

```
        Shapiro-Wilk normality test
data:  X[[i]]
W = 0.81821, p-value = 0.08516

> with(food, bartlett.test(x, g))
    Bartlett test of homogeneity of variances
data:  x and g
Bartlett's K-squared = 0.93281, df = 3, p-value = 0.8175
```

全部通过检验，因此，上述数据也可以用总体满足正态性和方差齐性的方差分析方法作方差分析（如aov()函数）。

```
> summary(aov(x ~ g, data = food))
            Df Sum Sq Mean Sq F value Pr(>F)
g            3   3308  1102.7   1.378  0.277
Residuals   21  16804   800.2
```

其结论是相同的，即认为各食谱的营养效果无显著差异。

7.3.2 弗里德曼秩和检验

在配伍组设计中，多个样本的比较，如果它们的总体不能满足正态性和方差齐性的要求，可采用弗里德曼（Friedman）秩和检验。

弗里德曼秩和检验的基本思想与前面介绍的方法类似。但是配伍组设计的随机化是在配伍组内进行的，而配伍组间没有进行随机化。因此在进行弗里德曼秩和检验时，是分别在每个配伍组内将数据从小到大编秩，如果有相同数据，则取平均秩次。

设有 N 个配伍组，s 个处理水平，则不同配伍组的秩和相等，均为 $\frac{s(s+1)}{2}$，且平均秩次与总平均秩次相等，都等于 $\frac{s(s+1)}{2}$，这正好对应于随机区组设计的方差分析。由于配伍组间没有进行随机化，因此无须对配伍组因素进行检验。

弗里德曼检验统计量 Q 的计算为

$$Q = \frac{12N}{s(s+1)} \sum_{i=1}^{s} \left(R_{i\cdot} - \frac{1}{2}(s+1)\right)^2, \tag{7.15}$$

其中

$$R_{i\cdot} = \frac{1}{N}(R_{i1} + R_{i2} + \cdots + R_{iN}), \quad i = 1, 2, \cdots, s,$$

R_{ij} 表示第 i 个处理组第 j 个数据的秩次。

弗里德曼秩和检验的原假设为

$$H_0: \text{各方法的处理效果无显著差异}。$$

其备择假设主要考虑各方法的处理效果使各个体的效果度量趋于增加或减少。若 H_0 不成立时，则 Q 有偏大的趋势，因此拒绝域的形式为

$$Q \geqslant c.$$

或用相应的 P 值进行检验。上述检验方法称为弗里德曼秩和检验。

令 T_i 为第 i 个处理组的秩和，即
$$T_i = NR_{i\cdot} = R_{i1} + R_{i2} + \cdots + R_{iN}, \quad i = 1, 2, \cdots, s,$$

则 Q 又可以表示为
$$Q = \frac{12}{Ns(s+1)} \sum_{i=1}^{s} T_i^2 - 3N(s+1)。 \tag{7.16}$$

式（7.16）更便于实际计算。

在 R 中，friedman.test()函数提供了弗里德曼秩和检验，其使用格式如下：

```
friedman.test(y, groups, blocks, ...)
friedman.test(formula, data, subset, na.action, ...)
```

其中y是数据构成的向量或矩阵，groups是与y有同样长度的向量，其内容表示y的分组情况，blocks与y有同样长度的向量，其内容表示y的水平。当y是矩阵时，groups和blocks 无效。

例 7.8 24 只小鼠按不同窝别分为 8 个区组，再把每个区组中的观察单位随机分配到 3 种不同的饲料组，喂养一定时间后，测得小鼠肝脏中铁含量，结果如表 7.9所示（数据保存在exam0708.data中）。试分析不同饲料的小鼠肝中的铁含量是否不同。

表 7.9 不同饲料组小鼠肝脏中铁含量 单位：μg/g

窝别（配伍组）	1	2	3	4	5	6	7	8
饲料 A	1.00	1.01	1.13	1.14	1.70	2.01	2.23	2.63
饲料 B	0.96	1.23	1.54	1.96	2.94	3.68	5.59	6.96
饲料 C	2.07	3.72	4.50	4.90	6.00	6.84	8.23	10.33

解 输入数据，调用friedman.test()函数（程序名：exam0708.R）。

```
> X <- matrix(data = scan("exam0708.data"),
      ncol = 3, dimnames = list(1:8, c("A", "B", "C"))
  )
> friedman.test(X)
    Friedman rank sum test
data:  X
Friedman chi-squared = 14.25, df = 2, p-value = 0.0008047
```

P 值 $(= 0.0008047) < 0.05$，拒绝原假设，认为不同饲料的小鼠肝脏中的铁含量有显著差异。

另两种写法，

```
x <- scan("exam0708.data")
g <- gl(3, 8)
b <- gl(8, 1, 24)
friedman.test(x, g, b)
```

和

```
mouse <- data.frame(
    x = scan("exam0708.data"),
    g = gl(3, 8),
    b = gl(8, 1, 24)
)
friedman.test(x ~ g | b, data = mouse)
```

可以达到同样的效果。

7.4 双因素方差分析

在大量的实际问题中，需要考虑影响试验数据的因素多于一个的情形。例如在化学试验中，几种原料的用量、反应时间、温度的控制等都可能影响试验结果，这就构成多因素试验问题。本节讨论双因素试验的方差分析。

例 7.9 在一次农业试验中，考虑 4 种不同的种子品种 A_1, A_2, A_3 和 A_4, 3 种不同的施肥方法 B_1, B_2 和 B_3 的产量数据（见表 7.10，数据保存在 exam0709.data中）。试分析种子与施肥对产量有无显著影响？

表 7.10 农业试验数据 单位: kg

	B_1	B_2	B_3
A_1	325	292	316
A_2	317	310	318
A_3	310	320	318
A_4	330	370	365

这是一个双因素试验，因素 A（种子）有 4 个水平，因素 B（施肥）有 3 个水平。通过下面的双因素方差分析法来回答上述问题。

设有 A, B 两个因素，因素 A 有 r 个水平 $A_1, A_2, \cdots, A_r$；因素 B 有 s 个水平 B_1, $B_2, \cdots, B_s$。

7.4.1 不考虑交互效应

1. 数学模型

在因素 A 和 B 的每一种水平组合 (A_i, B_j) 下进行一次独立试验得到观测值 x_{ij}, $i = 1, 2, \cdots, r; j = 1, 2, \cdots, s$ 将观测数据列表，如表 7.11所示。

假定 $x_{ij} \sim N(\mu_{ij}, \sigma^2), i = 1, 2, \cdots, r, j = 1, 2, \cdots s$, 且各 x_{ij} 相互独立。不考虑两因素间的交互效应，数据可以分解为

$$\begin{cases} x_{ij} = \mu + \alpha_i + \beta_j + \varepsilon_{ij}, \ i = 1, 2, \cdots, r, \ j = 1, 2, \cdots, s, \\ \varepsilon_{ij} \sim N(0, \sigma^2), \ \text{且各} \ \varepsilon_{ij} \ \text{相互独立}, \ \sum_{i=1}^{r} \alpha_i = 0, \ \sum_{j=1}^{s} \beta_j = 0, \end{cases} \quad (7.17)$$

其中，$\mu = \dfrac{1}{rs}\sum\limits_{i=1}^{r}\sum\limits_{j=1}^{s}\mu_{ij}$ 为总平均，α_i 为因素 A 的第 i 个水平的效应，β_j 为因素 B 的第 j 个水平的效应。

表 7.11　无重复试验的双因素方差分析数据

	B_1	B_2	$\cdots$	B_s
A_1	x_{11}	x_{12}	$\cdots$	x_{1s}
A_2	x_{21}	x_{22}	$\cdots$	x_{2s}
$\vdots$	$\vdots$	$\vdots$		$\vdots$
A_r	x_{r1}	x_{r2}	$\cdots$	x_{rs}

2. 方差分析

在线性模型（7.17）下，方差分析的主要任务是：系统分析因素 A 和因素 B 对试验指标影响的大小，因此，在给定显著性水平 α 下，提出如下统计假设：

对于因素 A，"因素 A 对试验指标影响不显著" 等价于

$$H_{01}:\quad \alpha_1 = \alpha_2 = \cdots = \alpha_r = 0。$$

对于因素 B，"因素 B 对试验指标影响不显著" 等价于

$$H_{02}:\quad \beta_1 = \beta_2 = \cdots = \beta_s = 0。$$

双因素方差分析与单因素方差分析的统计原理基本相同，也是基于平方和分解公式

$$S_T = S_E + S_A + S_B,$$

其中

$$S_T = \sum_{i=1}^{r}\sum_{j=1}^{s}(x_{ij}-\bar{x})^2,\quad \bar{x} = \frac{1}{rs}\sum_{i=1}^{r}\sum_{j=1}^{s}x_{ij},$$

$$S_A = s\sum_{i=1}^{r}(\bar{x}_{i\cdot}-\bar{x})^2,\quad \bar{x}_{i\cdot} = \frac{1}{s}\sum_{j=1}^{s}x_{ij},\ i=1,2,\cdots,r,$$

$$S_B = r\sum_{j=1}^{s}(\bar{x}_{\cdot j}-\bar{x})^2,\quad \bar{x}_{\cdot j} = \frac{1}{r}\sum_{i=1}^{r}x_{ij},\ j=1,2,\cdots,s,$$

$$S_E = \sum_{i=1}^{r}\sum_{j=1}^{s}(x_{ij}-\bar{x}_{i\cdot}-\bar{x}_{\cdot j}+\bar{x})^2,$$

这里 S_T 为总离差平方和，S_E 为误差平方和。S_A 是由因素 A 的不同水平所引起的离差平方和，称为因素 A 的平方和。类似地，S_B 称为因素 B 的平方和。

可以证明当 H_{01} 成立时，

$$S_A/\sigma^2 \sim \chi^2(r-1),$$

且与 S_E 相互独立，而

$$S_E/\sigma^2 \sim \chi^2((r-1)(s-1))。$$

于是当 H_{01} 成立时，

$$F_A = \frac{S_A/(r-1)}{S_E/[(r-1)(s-1)]} \sim F(r-1, (r-1)(s-1)).$$

类似地，当 H_{02} 成立时，

$$F_B = \frac{S_B/(s-1)}{S_E/[(r-1)(s-1)]} \sim F(s-1, (r-1)(s-1)).$$

分别以 F_A, F_B 作为 H_{01}, H_{02} 的检验统计量，将计算结果列成方差分析表，如表 7.12 所示。

表 7.12 双因素方差分析表

方差来源	自由度	平方和	均方	F 比	P 值
因素 A	$r-1$	S_A	$\mathrm{MS}_A = \dfrac{S_A}{r-1}$	$F_A = \dfrac{\mathrm{MS}_A}{\mathrm{MS}_E}$	p_A
因素 B	$s-1$	S_B	$\mathrm{MS}_B = \dfrac{S_B}{s-1}$	$F_B = \dfrac{\mathrm{MS}_B}{\mathrm{MS}_E}$	p_B
误 差	$(r-1)(s-1)$	S_E	$\mathrm{MS}_E = \dfrac{S_E}{(r-1)(s-1)}$		
总 和	$rs-1$	S_T			

3. 方差分析表的计算

仍然用 aov() 函数计算双因素方差分析表 7.12 中的各种统计量。

例 7.10 （续例 7.9） 对例 7.9 的数据作双因素方差分析，试确定种子与施肥对产量有无显著影响？

解 输入数据，用 aov() 函数求解。用自编的函数 anova.tab() 给出方差分析表（程序名：exam0710.R）。

```
> agriculture <- data.frame(
      Y = scan("exam0709.data"),
      A = gl(4, 3),
      B = gl(3, 1, 12)
  )
> agriculture.aov <- aov(Y ~ A + B, data = agriculture)
> anova.tab(agriculture.aov)
          Df Sum Sq Mean Sq F value Pr(>F)
A          3   3824  1274.7   5.226 0.0413 *
B          2    162    81.2   0.333 0.7291
Residuals  6   1464   243.9
Total     11   5450
```

根据 P 值说明不同品种（因素 A）对产量有显著影响，而没有充分理由说明施肥方法（因素 B）对产量有显著的影响。

事实上在应用模型 (7.17) 时，遵循着一种假定，即因素 A, B 对指标的效应是可以叠加的。而且认为因素 A 的各水平效应的比较，与因素 B 在什么水平无关。这里并没有考虑因素 A, B 的各种水平组合 (A_i, B_j) 的不同给产量带来的影响。而这种影响在许多实际工作中是应该给予足够的重视的，这种影响被称为交互效应。这就导出下面所要讨论的问题。

7.4.2 考虑交互效应

1. 数学模型

设有两个因素 A 和 B，因素 A 有 r 个水平 $A_1, A_2, \cdots, A_r$；因素 B 有 s 个水平 $B_1, B_2, \cdots, B_s$，每种水平组合 (A_i, B_j) 下重复试验 t 次。记第 k 次的观测值为 x_{ijk}，将观测数据列表，如表 7.13 所示。

表 7.13　双因素重复试验数据

	B_1	B_2	$\cdots$	B_s
A_1	$x_{111}x_{112}\cdots x_{11t}$	$x_{121}x_{122}\cdots x_{12t}$	$\cdots$	$x_{1s1}x_{1s2}\cdots x_{1st}$
A_2	$x_{211}x_{212}\cdots x_{21t}$	$x_{221}x_{222}\cdots x_{22t}$	$\cdots$	$x_{2s1}x_{2s2}\cdots x_{2st}$
$\vdots$	$\vdots$	$\vdots$		$\vdots$
A_r	$x_{r11}x_{r12}\cdots x_{r1t}$	$x_{r21}x_{r22}\cdots x_{r2t}$	$\cdots$	$x_{rs1}x_{rs2}\cdots x_{rst}$

假定

$$x_{ijk} \sim N(\mu_{ij}, \sigma^2), \quad i=1,2,\cdots,r;\ j=1,2,\cdots,s;\ k=1,2,\cdots,t,$$

各 x_{ijk} 相互独立。所以，数据可以分解为

$$\begin{cases} x_{ijk} = \mu + \alpha_i + \beta_j + \delta_{ij} + \varepsilon_{ijk}, \\ \varepsilon_{ijk} \sim N(0, \sigma^2), \text{且各 } \varepsilon_{ijk} \text{ 相互独立}, \\ i=1,2,\cdots,r, \quad j=1,2,\cdots,s, \quad k=1,2,\cdots,t, \end{cases} \quad (7.18)$$

其中，α_i 为因素 A 的第 i 个水平的效应，β_j 为因素 B 的第 j 个水平的效应。δ_{ij} 表示 A_i 和 B_j 的交互效应，因此有

$$\mu = \frac{1}{rs}\sum_{i=1}^{r}\sum_{j=1}^{s}\mu_{ij}, \quad \sum_{i=1}^{r}\alpha_i = 0, \quad \sum_{j=1}^{s}\beta_j = 0, \quad \sum_{i=1}^{r}\delta_{ij} = \sum_{j=1}^{s}\delta_{ij} = 0.$$

2. 方差分析

此时判断因素 A, B 及交互效应的影响是否显著等价于检验下列假设：

$$H_{01}: \quad \alpha_1 = \alpha_2 = \cdots = \alpha_r = 0,$$
$$H_{02}: \quad \beta_1 = \beta_2 = \cdots = \beta_r = 0,$$
$$H_{03}: \quad \delta_{ij} = 0,\ i=1,2,\cdots,r,\ j=1,2,\cdots s.$$

在这种情况下，方差分析法与前两节的方法类似，有下列计算公式：

$$S_T = S_E + S_A + S_B + S_{A\times B},$$

其中

$$S_T = \sum_{i=1}^{r}\sum_{j=1}^{s}\sum_{k=1}^{t}(x_{ijk} - \bar{x})^2, \quad \bar{x} = \frac{1}{rst}\sum_{i=1}^{r}\sum_{j=1}^{s}\sum_{k=1}^{t}x_{ijk},$$

$$S_E = \sum_{i=1}^{r}\sum_{j=1}^{s}\sum_{k=1}^{t}(x_{ijk} - \bar{x}_{ij\cdot})^2,$$

$$\bar{x}_{ij\cdot} = \frac{1}{t}\sum_{k=1}^{t}x_{ijk}, \quad i=1,2,\cdots,r, \quad j=1,2,\cdots,s,$$

$$S_A = st\sum_{i=1}^{r}(\bar{x}_{i\cdot\cdot} - \bar{x})^2, \quad \bar{x}_{i\cdot\cdot} = \frac{1}{st}\sum_{j=1}^{s}\sum_{k=1}^{t}x_{ijk}, \quad i=1,2,\cdots,r,$$

$$S_B = rt\sum_{j=1}^{s}(\bar{x}_{\cdot j\cdot} - \bar{x})^2, \quad \bar{x}_{\cdot j\cdot} = \frac{1}{rt}\sum_{i=1}^{r}\sum_{k=1}^{t}x_{ijk}, \quad j=1,2,\cdots,s,$$

$$S_{A\times B} = t\sum_{i=1}^{r}\sum_{j=1}^{s}(\bar{x}_{ij\cdot} - \bar{x}_{i\cdot\cdot} - \bar{x}_{\cdot j\cdot} + \bar{x})^2,$$

这里 S_T 为总离差平方和，S_E 为误差平方和，S_A 为因素 A 的平方和，S_B 为因素 B 的平方和，$S_{A\times B}$ 为交互效应平方和。可以证明：当 H_{01} 成立时，

$$F_A = \frac{S_A/(r-1)}{S_E/[rs(t-1)]} \sim F(r-1, rs(t-1))。$$

当 H_{02} 成立时，

$$F_B = \frac{S_B/(s-1)}{S_E/[rs(t-1)]} \sim F(s-1, rs(t-1))。$$

当 H_{03} 成立时，

$$F_{A\times B} = \frac{S_{A\times B}/[(r-1)(s-1)]}{S_E/[rs(t-1)]} \sim F((r-1)(s-1), rs(t-1))。$$

分别以 $F_A, F_B, F_{A\times B}$ 作为 H_{01}, H_{02}, H_{03} 的检验统计量，将检验结果列成方差分析表，如表 7.14 所示。

表 7.14 有交互效应的双因素方差分析表

方差来源	自由度	平方和	均方	F 比	P 值
因素 A	$r-1$	S_A	$\text{MS}_A = \dfrac{S_A}{r-1}$	$F_A = \dfrac{\text{MS}_A}{\text{MS}_E}$	p_A
因素 B	$s-1$	S_B	$\text{MS}_B = \dfrac{S_B}{s-1}$	$F_B = \dfrac{\text{MS}_B}{\text{MS}_E}$	p_B
交互效应 $A\times B$	$(r-1)(s-1)$	$S_{A\times B}$	$\text{MS}_{A\times B} = \dfrac{S_{A\times B}}{(r-1)(s-1)}$	$F_{A\times B} = \dfrac{\text{MS}_{A\times B}}{\text{MS}_E}$	$p_{A\times B}$
误 差	$rs(t-1)$	S_E	$\text{MS}_E = \dfrac{S_E}{rs(t-1)}$		
总 和	$rst-1$	S_T			

例 7.11 研究树种与地理位置对松树生长的影响，对 4 个地区的 3 种同龄松树的直径进行测量得到数据（见表 7.15，数据保存在exam0711.data中）。A_1, A_2 和 A_3 分别表示 3 种不同的树种，B_1, B_2, B_3 和 B_4 分别表示 4 个不同的地区。对每一种水平组合，进行了 5 次测量，对此试验结果进行方差分析。

表 7.15　三种同龄松树的直径测量数据　　　　　　单位：cm

	B_1	B_2	B_3	B_4
A_1	23　25　21 14　15	20　17　11 26　21	16　19　13 16　24	20　21　18 27　24
A_2	28　30　19 17　22	26　24　21 25　26	19　18　19 20　25	26　26　28 29　23
A_3	18　15　23 18　10	21　25　12 12　22	19　23　22 14　13	22　13　12 22　19

解　用数据框的形式输入数据，调用 aov() 函数计算，再调用 summary() 函数显示方差分析表（程序名：exam0711.R）。

```
> tree <- data.frame(
    Y = scan("exam0711.data"),
    A = gl(3, 20, 60, labels = paste0("A", 1:3)),
    B = gl(4, 5, 60, labels = paste0("B", 1:4))
  )
> tree.aov <- aov(Y ~ A + B + A:B, data = tree)
> summary(tree.aov)
            Df Sum Sq Mean Sq F value   Pr(>F)
A            2  352.5  176.27   8.959 0.000494 ***
B            3   87.5   29.17   1.483 0.231077
A:B          6   71.7   11.96   0.608 0.722890
Residuals   48  944.4   19.68
```

可见在显著性水平 $\alpha = 0.05$ 下，树种（因素 A）效应是高度显著的，而位置（因素 B）效应及交互效应都不显著。

得到结果后，如何使用它，一种简单的方法是计算各因素的均值。由于关于树种（因素 A）效应是高度显著的，也就是说，选什么树种对树的生长很重要，因此，要选那些生长粗壮的树种。计算因素 A 的均值

```
> attach(tree); tapply(Y, A, mean)
   A1    A2    A3
19.55 23.55 17.75
```

所以选择第 2 种树对生长有利。下面计算因素 B（位置）的均值

```
> tapply(Y, B, mean)
       B1       B2       B3       B4
19.86667 20.60000 18.66667 22.00000
```

是否选择位置 4 最有利呢？不必了。因为计算结果表明：关于位置效应并不显著，也就是说，所受到的影响是随机的。因此，选择成本较低的位置种树就可以了。

本题关于交互效应也不显著，因此，没有必要计算交互效应的均值。如果需要计算其均值，可用命令

```
> matrix(tapply(Y, A:B, mean), nr = 3, nc = 4, byrow = T,
        dimnames = list(levels(A), levels(B)))
     B1   B2   B3   B4
A1 19.6 19.0 17.6 22.0
A2 23.2 24.4 20.2 26.4
A3 16.8 18.4 18.2 17.6
```

如果问题交互效应是显著的, 则可根据上述结果选择最优的方案。

除了用 P 值来判断两因素是否有交互效应外, 还可以通过图形来判断这一点。在 R 中, `interaction.plot()` 函数就是为这种需求设计的, 其使用格式为

```
interaction.plot(x.factor, trace.factor,
    response, fun = mean,
    type = c("l", "p", "b", "o", "c"), legend = TRUE,
    trace.label = deparse(substitute(trace.factor)),
    fixed = FALSE,
    xlab = deparse(substitute(x.factor)),
    ylab = ylabel,
    ylim = range(cells, na.rm = TRUE),
    lty = nc:1, col = 1, pch = c(1:9, 0, letters),
    xpd = NULL, leg.bg = par("bg"), leg.bty = "n",
    xtick = FALSE, xaxt = par("xaxt"), axes = TRUE,
    ...)
```

参数`x.factor`是画在 X 轴上的因子, `trace.factor`是另一个因子, 它构成水平的迹。`response`是影响变量。`fun`是计算函数, 默认值为计算均值。其余参数与函数`plot()`参数相同。

绘出例 7.11 的交互效应图, 命令为

```
interaction.plot(A, B, Y, lwd = 2, col = 2:5)
```

其图形如图 7.4 所示。如果图中折线接近平行, 则说明交互效应不显著; 如果折线相互交叉, 则说明两因素的交互效应明显。从图 7.4 的结果可以得到, 因素 A 和因素 B 的交互效应不显著, 这与方差分析的结果是相同的。

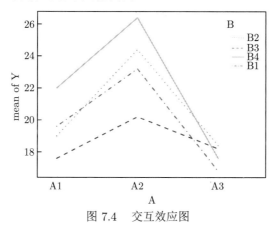

图 7.4 交互效应图

7.4.3 方差齐性检验

与单因素方差分析相同，对于双因素方差分析，数据也应满足正态性和方差齐性的要求。

例 7.12 检验例 7.11 中的数据对于因素 A 和因素 B 是否是正态的？是否满足方差齐性的要求？

解 仍然采用夏皮罗－威尔克正态性检验作正态性检验，用巴特利特检验作方差的齐性检验（程序名：exam0712.R）。

```
##%% 因素A的正态性检验
> with(tree, tapply(Y, A, shapiro.test))
$'1'

        Shapiro-Wilk normality test

data:  X[[i]]
W = 0.97586, p-value = 0.8703

$'2'

        Shapiro-Wilk normality test

data:  X[[i]]
W = 0.94389, p-value = 0.2837

$'3'

        Shapiro-Wilk normality test

data:  X[[i]]
W = 0.91063, p-value = 0.06552


##%% 因素B的正态性检验
> with(tree, tapply(Y, B, shapiro.test))
$'1'

        Shapiro-Wilk normality test

data:  X[[i]]
W = 0.98353, p-value = 0.988

$'2'

        Shapiro-Wilk normality test

data:  X[[i]]
W = 0.85374, p-value = 0.01963

$'3'

        Shapiro-Wilk normality test

data:  X[[i]]
W = 0.94833, p-value = 0.4986

$'4'

        Shapiro-Wilk normality test

data:  X[[i]]
W = 0.94519, p-value = 0.4521


##%% 关于因素A的巴特利特方差齐性检验
```

```
> bartlett.test(Y ~ A, data = tree)
        Bartlett test of homogeneity of variances
data:  Y by A
Bartlett's K-squared = 0.59, df = 2, p-value = 0.7445

##%% 关于因素B的巴特利特方差齐性检验
> bartlett.test(Y ~ B, data = tree)
        Bartlett test of homogeneity of variances
data:  Y by B
Bartlett's K-squared = 2.0436, df = 3, p-value = 0.5634
```

数据只对因素 B 的第 2 个水平不满足正态性要求, 其余均满足; 对于因素 A 和因素 B 均满足方差齐性要求。

7.5 正交试验设计与方差分析

前面介绍的是一个因素或两个因素的试验, 由于因素较少, 可以对不同因素的所有可能的水平组合做试验, 这种称为全面试验。

当因素较多时, 虽然理论上仍可采用前面的方法进行全面试验后再做相应的方差分析, 但在实际中, 有时会遇到试验次数太多的问题。如 3 因素 4 水平的问题, 所有不同水平的组合有 $4^3 = 64$ 种, 在每一种组合只进行一次试验, 也需要做 64 次。

如果考虑更多的因素及水平, 则全面试验的次数可能大得惊人。因此, 在实际应用中, 对于多因素做全面试验是不现实的。于是可以考虑是否选择其中一部分组合进行试验, 这就要用到试验设计方法选择合理的试验方案, 使得试验次数不多, 但也能得到比较满意的结果。

7.5.1 用正交表安排试验

正交表是一系列规格化的表格, 每个表格都有一个记号, 如 $L_8(2^7)$, $L_9(3^4)$ 等。表 7.16 表示的是正交表 $L_8(2^7)$ 和正交表 $L_9(3^4)$。以 $L_9(3^4)$ 为例, L 表示正交表, 9 是正交表的行数, 表示需要试验次数。4 是正交表的列数, 表示最多可以安排的因素的个数。3 是因素水平数, 表示此表可以安排三水平的试验。

从表 7.16可见, $L_9(3^4)$ 有 9 行 4 列, 表中由数字 1, 2, 3 组成, $L_8(2^7)$ 有 8 行 7 列, 表中数字由 1, 2 组成。

用正交表安排试验时, 根据因素和水平个数的多少以及试验工作量的大小来考虑用哪张正交表, 下面举例说明。

例 7.13 为提高某种化学产品的转化率 (%), 考虑 3 个有关因素: 反应温度 $A(°C)$, 反应时间 $B(\min)$ 和用碱量 $C(\%)$。各因素选取 3 个水平, 如表 7.17所示。如何用正交表安排试验得到较好的生产方案?

表 7.16 正交表

$L_8(2^7)$ 表

试验号	列号						
	1	2	3	4	5	6	7
1	1	1	1	1	1	1	1
2	1	1	1	2	2	2	2
3	1	2	2	1	1	2	2
4	1	2	2	2	2	1	1
5	2	1	2	1	2	1	2
6	2	1	2	2	1	2	1
7	2	2	1	1	2	2	1
8	2	2	1	2	1	1	2

$L_9(3^4)$ 表

试验号	列号			
	1	2	3	4
1	1	1	1	1
2	1	2	2	2
3	1	3	3	3
4	2	1	2	3
5	2	2	3	1
6	2	3	1	2
7	3	1	3	2
8	3	2	1	3
9	3	3	2	1

表 7.17 转化率试验因素水平表

因素	水平		
	1	2	3
反应温度 $A/°C$	80	85	90
反应时间 $B/\min$	90	120	150
用碱量 $C/\%$	5	6	7

解 如果做全面试验,则需要 $3^3 = 27$ 次试验。若用正交表 $L_9(3^4)$,仅做 9 次试验。将三个因素 A, B, C 分别放在 $L_9(3^4)$ 表的任意三列上,如将 A, B, C 分别放在第 1, 2, 3 列上。将表中 A, B, C 所在的三列的数字 1, 2, 3 分别用相应的因素水平去代替,得 9 次试验方案。以上工作称为表头设计。再将 9 次试验结果转化率数据列于表上 (见表 7.18)。

表 7.18 转化率试验的正交表

试验号	反应温度 A	反应时间 B	用碱量 C	转化率
1	80 (1)	90 (1)	5 (1)	31
2	80 (1)	120 (2)	6 (2)	54
3	80 (1)	150 (3)	7 (3)	38
4	85 (2)	90 (1)	6 (2)	53
5	85 (2)	120 (2)	7 (3)	49
6	85 (2)	150 (3)	5 (1)	42
7	90 (3)	90 (1)	7 (3)	57
8	90 (3)	120 (2)	5 (1)	62
9	90 (3)	150 (3)	6 (2)	64

计算各种因素和水平下转化率的平均值 (尽管计算非常简单,但为了便于推广起见,还是用 R 进行计算)。

用数据框形式输入转化率试验的正交表数据,并计算各个因素水平下的平均值 (程序名: `exam0713.R`)。

```
##%% 输入数据
```

```
> rate <- data.frame(
     A = gl(3, 3),
     B = gl(3, 1, 9),
     C = factor(c(1, 2, 3, 2, 3, 1, 3, 1, 2)),
     Y = c(31, 54, 38, 53, 49, 42, 57, 62, 64) )
> ##%% 计算各因素的均值
> attach(rate)
> z <- c(tapply(Y, A, mean), tapply(Y, B, mean),
       tapply(Y, C, mean))
> K <- matrix(z, nrow = 3, ncol = 3,
       dimnames = list(1:3, c("A", "B", "C")))
  ##%% 显示计算结果
> K
   A  B  C
1 41 47 45
2 48 55 57
3 61 48 48
```

用 A, B, C 三列的值 K_1, K_2, K_3 作图,其命令如下:

```
plot(as.vector(K), axes = F, xlab = "水平", ylab = "转化率")
xmark <- c(NA, "A1", "A2", "A3", "B1", "B2", "B3",
       "C1", "C2", "C3", NA)
axis(1, 0:10, labels = xmark)
axis(2, 4*10:16)
axis(3, 0:10, labels = xmark)
axis(4, 4*10:16)
lines(K[,"A"]); lines(4:6, K[,"B"]); lines(7:9,K[,"C"])
```

图形如图 7.5所示。

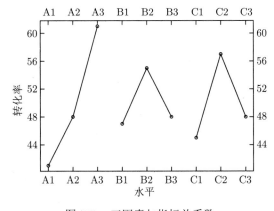

图 7.5 三因素与指标关系数

从图 7.5 可以看出：

（1）温度越高其转化率越高，以 $90°C(A_3)$ 最好，还应探索更高温度的情况；

（2）反应时间以 $120\text{min}(B_2)$ 转化率最高；

（3）用碱量以 $6\%(C_2)$ 转化率最高。

综合起来，$A_3B_2C_2$ 可能是较好的工艺条件。但会发现这个工艺条件并不在 9 次试验中，它是否好还要通过实践来检验。因此，需要对于 $A_3B_2C_2$ 再作一次试验，假定这组实验的转化率为 74%，与最好的一组试验（第 9 号试验，$A_3B_3C_2$，转化率为 64%）作对比，优于最好的一组实验，这可以说明选出的工艺是比较好的。可以证明，当因素之间没有相互作用时，用这种方法选出的工艺条件就是全面试验中最好的。

7.5.2 正交试验的方差分析

对于例 7.13 的试验，如果用交叉分组全面试验需 27 次，而正交试验只用了 9 次，自然要问，这 9 次试验是否能大体上反映 27 次试验的结果？如果能反映又是为什么？

首先假定三个因素之间没有交互效应，9 次试验的结果以 $y_1, y_2, \cdots, y_9$ 表示，根据一般线性模型的假定，数据可分解为

$$
\begin{aligned}
y_1 &= \mu + a_1 + b_1 + c_1 + \varepsilon_1, \\
y_2 &= \mu + a_1 + b_2 + c_2 + \varepsilon_2, \\
y_3 &= \mu + a_1 + b_3 + c_3 + \varepsilon_3, \\
y_4 &= \mu + a_2 + b_1 + c_2 + \varepsilon_4, \\
y_5 &= \mu + a_2 + b_2 + c_3 + \varepsilon_5, \\
y_6 &= \mu + a_2 + b_3 + c_1 + \varepsilon_6, \\
y_7 &= \mu + a_3 + b_1 + c_3 + \varepsilon_7, \\
y_8 &= \mu + a_3 + b_2 + c_1 + \varepsilon_8, \\
y_9 &= \mu + a_3 + b_3 + c_2 + \varepsilon_9,
\end{aligned}
$$

其中 $\sum_{i=1}^{3} a_i = \sum_{j=1}^{3} b_j = \sum_{k=1}^{3} c_k = 0$，$\varepsilon_i \sim N(0, \sigma^2)$ $(i = 1, 2, \cdots, 9)$，且相互独立。

对此模型考虑如下三种假设的检验问题：

$$
\begin{aligned}
H_{01} &: a_1 = a_2 = a_3 = 0, \\
H_{02} &: b_1 = b_2 = b_3 = 0, \\
H_{03} &: c_1 = c_2 = c_3 = 0。
\end{aligned}
$$

若 H_{01} 成立，则说明因素 A 的三个水平对指标 y 的影响无显著差异。类似地，若 H_{02}（或 H_{03}）成立，则表示因素 B（因素 C）的三个水平对指标 y 的影响无显著差异。

类似于单因素和双因素方法，对于正交试验也可以导出相应的方差分析表（具体过程可参见文献 [4]），其表格形式如表 7.19 所示。

表 7.19　正交试验设计的方差分析表

方差来源	自由度	平方和	均方	F 比	P 值
因素 1	$a-1$	S_1	$\text{MS}_1 = \dfrac{S_1}{a-1}$	$F_1 = \dfrac{\text{MS}_1}{\text{MS}_E}$	p_1
因素 2	$a-1$	S_2	$\text{MS}_2 = \dfrac{S_2}{a-1}$	$F_2 = \dfrac{\text{MS}_2}{\text{MS}_E}$	p_2
$\vdots$	$\vdots$	$\vdots$	$\vdots$	$\vdots$	$\vdots$
因素 m	$a-1$	S_m	$\text{MS}_m = \dfrac{S_m}{a-1}$	$F_m = \dfrac{\text{MS}_m}{\text{MS}_E}$	p_m
误　差	$n-m(a-1)-1$	S_E	$\text{MS}_E = \dfrac{S_E}{n-m(a-1)-1}$		
总　和	$n-1$	S_T			

在表 7.19 中，n 为试验总次数，m 为因素个数，a 为每个因素的试验水平，r 为每个水平的试验次数，即 $n = ra$。P 值与前面方差分析表中的意义是相同的，即当 $p_i < \alpha$，则认为因素 i 存在着显著差异。

例 7.14 （续例 7.13）　对正交试验进行方差分析。

解　直接用 R 计算。

```
> rate.aov <- aov(Y ~ A + B + C, data = rate)
> summary(rate.aov)
          Df Sum Sq Mean Sq F value Pr(>F)
A          2    618     309  34.333 0.0283 *
B          2    114      57   6.333 0.1364
C          2    234     117  13.000 0.0714 .
Residuals  2     18       9
```

从计算结果可以看到，转化率对于因素 A 很显著，所以因素 A 水平的选取很重要；转化率对因素 C 显著，因此，因素 C 水平的选取也重要，因素 B 不显著，所以为了节约能源，可以选择最短的反映时间，因此，工艺条件可以选择 $A_3B_1C_2$。

7.5.3　有交互效应的试验

在作双因素方差分析时，讲到因素之间有搭配作用，这个搭配作用被称为交互效应。实际上，在正交试验设计中，也可以分析因素之间交互效应的影响。

还是用例子说明问题。

例 7.15　在梳棉机上纺粘锦混纺纱，为了提高质量，选了三个因素，每个因素两个水平。如表 7.20 所示。三个因素间可能有交互效应。要设计一个试验方案。

解　首先设计表头。这是一个三因素两水平的试验，用正交表 $L_8(2^7)$ 比较合适（见表 7.16）。对于 $L_8(2^7)$ 还有一个各列间的交互效应表，如表 7.21 所示。

如果将 A 放在第 1 列，B 放在第 2 列，查表 7.21 的第 "1" 行，第 "2" 列，对应的数是 3，即第 3 列反映了 A×B。如果把 A 放在第 3 列，B 放在第 5 列，查表 7.21 第

"3"行第"5"列,对应的数是 6,即 A×B 在第 6 列。这样一个表对于如何安排试验是很重要的。

表 7.20 纺粘锦混纺纱试验的因素水平表

因素	水平	
	1	2
金属针布 (A)	进口的	国产的
产量水平 (B)	6kg	10kg
锡林速度 (C)	238r/min	320r/min

表 7.21 $L_8(2^7)$ 二列间的交互效应表

列号	列号					
	2	3	4	5	6	7
1	3	2	5	4	7	6
2		1	6	7	4	5
3			7	6	5	4
4				1	2	3
5					2	3
6						1

通过分析,将 A 放在第 1 列,B 放在第 2 列,则第 3 列表示 A×B,C 放在第 4 列,则第 5 列表示 A×C,第 6 列表示 B×C,第 7 列是空列。然后再将 8 次试验结果棉结粒数放在第 8 列上(见表 7.22)。

表 7.22 纺粘锦混纺纱试验的正交表

列号	1	2	3	4	5	6	7	棉结粒数
试验号	A	B	A×B	C	A×C	B×C	(空)	
1	1	1	1	1	1	1	1	0.30
2	1	1	1	2	2	2	2	0.35
3	1	2	2	1	1	2	2	0.20
4	1	2	2	2	2	1	1	0.30
5	2	1	2	1	2	1	2	0.15
6	2	1	2	2	1	2	1	0.50
7	2	2	1	1	2	2	1	0.15
8	2	2	1	2	1	1	2	0.40

做方差分析。用数据框输入数据,用 aov() 函数做方差分析,用 summary() 函数列出方差分析表(程序名:exam0715.R)。

```
> cotton <- data.frame(
    Y = c(0.30, 0.35, 0.20, 0.30, 0.15, 0.50, 0.15, 0.40),
```

```
        A = gl(2, 4), B = gl(2, 2, 8), C = gl(2, 1, 8)
    )
> cotton.aov <- aov(Y ~ A + B + C + A:B + A:C + B:C, data = cotton)
> summary(cotton.aov)
          Df  Sum Sq  Mean Sq  F value  Pr(>F)
A          1 0.00031  0.00031    0.111   0.795
B          1 0.00781  0.00781    2.778   0.344
C          1 0.07031  0.07031   25.000   0.126
A:B        1 0.00031  0.00031    0.111   0.795
A:C        1 0.02531  0.02531    9.000   0.205
B:C        1 0.00031  0.00031    0.111   0.795
Residuals  1 0.00281  0.00281
```

从计算结果可以看出，棉结粒数关于任何因素都不显著。

再作进一步的分析。对于因素 A，因素 A:B 和因素 B:C，它们的 F 值很小，P 值很大，因此，它们影响棉结粒数更不显著（也就是说，是次要因素）。所以在分析模型中，将这三个因素去掉。

```
> cotton.new <- aov(Y ~ B + C + A:C, data = cotton)
> summary(cotton.new)
          Df  Sum Sq  Mean Sq  F value  Pr(>F)
B          1 0.00781  0.00781    6.818 0.07960 .
C          1 0.07031  0.07031   61.364 0.00433 **
C:A        2 0.02562  0.01281   11.182 0.04068 *
Residuals  3 0.00344  0.00115
```

从结果可以看出，最显著的是因素 C，其次是交互效应 A×C，最后是因素 B。那么我们选择哪些因素作为最后的结果呢？还需要计算各个因素下的均值。

```
> attach(cotton)
> cotton$AC <- c(rep(1:2, 2), rep(2:1, 2))
> z <- c(tapply(Y, A, mean), tapply(Y, B, mean),
        tapply(Y, C, mean), tapply(Y, AC, mean))
> K <- matrix(z, nrow = 2, ncol = 4,
       dimnames=list(1:2, c("A", "B", "C", "AC")))
> K
       A      B      C      AC
1 0.2875 0.3250 0.2000 0.3500
2 0.3000 0.2625 0.3875 0.2375
```

因为因素 C 最显著，所以先选择因素 C，选因素 C 用第 1 个水平（因为棉结粒数越少越好），因素 A×C 次显著，所以再选择因素 AC，应该是第 2 个水平。由于因素 C 已选择第 1 个水平，所以因素 A 只能选择第 2 个水平（注意，这与直接选择因素 A 是矛盾的，这是因为棉结粒数关于因素 AC 是显著的，而关于因素 A 是不显著的，所以要从因素 AC 来考虑问题). 最后, 选择因素 B, 应是第 2 个水平. 最后结果为 $A_2B_2C_1$, 即较好的生产方案选择为: 金属针布是国产的; 产量是 10kg; 锡林速度为 238r/min.

7.5.4 有重复试验的方差分析

类似前面的分析, 对于正交试验设计也可以考虑带有重复试验的数据. 这里仅用一个例子说明.

例 7.16 在研究四种药物对淡色库蚊的杀灭作用的试验中, 每种药物取三个水平, 试验安排如表 7.20 所示. 试采取 $L_9(3^4)$ 正交表, 在不考虑交互效应, 相同试验条件下均做 4 次重复试验下, 检验四种药物对淡色库蚊杀灭作用有无差别, 试选择较好灭蚊方案.

表 7.23 淡色库蚊杀灭作用试验的试验因素水平表 %

因素	水平 1	水平 2	水平 3
A	2	4	5
B	0	1	2
C	0	1	3
D	0	1	3

解 用 $L_9(3^4)$ 正交表列出表头, 并将试验结果填在表 7.24 后的各列.

表 7.24 四种对淡色库蚊的 50% 击倒时间的正交试验表

试验号	A	B	C	D	50% 击倒时间/s			
1	1	1	1	1	9.41	7.19	10.73	3.73
2	1	2	2	2	11.91	11.85	11.00	11.72
3	1	3	3	3	10.67	10.70	10.91	10.18
4	2	1	2	3	3.87	3.18	3.80	4.85
5	2	2	3	1	4.20	5.72	4.58	3.71
6	2	3	1	2	4.29	3.89	3.88	4.71
7	3	1	3	2	7.62	7.01	6.83	7.41
8	3	2	1	3	7.79	7.38	7.56	6.28
9	3	3	2	1	8.09	8.17	8.14	7.49

用数据框输入数据, 再作方差分析. 然后计算各因素情况下对淡色库蚊的 50% 击倒时间平均值.

```
> mosquito <- data.frame(
    A = gl(3, 12), B = gl(3, 4, 36),
    C = factor(rep(c(1, 2, 3, 2, 3, 1, 3, 1, 2), rep(4, 9))),
    D = factor(rep(c(1, 2, 3, 3, 1, 2, 2, 3, 1), rep(4, 9))),
    Y = scan("exam0716.data")
)
```

```
> mosquito.aov <- aov(Y ~ A + B + C + D, data = mosquito)
> summary(mosquito.aov)
          Df Sum Sq Mean Sq F value   Pr(>F)
A          2 201.31  100.65  77.488 6.5e-12 ***
B          2  15.92    7.96   6.128 0.00639 **
C          2  13.30    6.65   5.118 0.01304 *
D          2   5.02    2.51   1.933 0.16428
Residuals 27  35.07    1.30

> attach(mosquito)
> z <- c(tapply(Y, A, mean), tapply(Y, B, mean),
         tapply(Y, C, mean), tapply(Y, D, mean))
> K <- matrix(z, nrow=3, ncol=4,
       dimnames = list(1:3, c("A", "B", "C", "D")))
> K
          A        B        C        D
1 10.000000 6.302500 6.403333 6.763333
2  4.223333 7.808333 7.839167 7.676667
3  7.480833 7.593333 7.461667 7.264167
```

灭蚊效果对因素的显著性依次是因素 A、因素 B、因素 C 和因素 D（因素 D 不显著）。从计算出的平均时间（时间越短越好），可以看出，选择较好的方案是：$A_2B_1C_1D_1$。

习 题 7

1. 三个工厂生产同一种零件。现从各厂产品中分别抽取 4 件产品作检测，其检测强度如表 7.25 所示。

表 7.25 产品检测数据

工厂	零件强度			
甲	115	116	98	83
乙	103	107	118	116
丙	73	89	85	97

(1) 对数据作方差分析，判断三个厂生产的产品的零件强度是否有显著差异；
(2) 求每个工厂生产产品零件强度的均值，作出相应的区间估计 ($\alpha = 0.05$)；
(3) 对数据作多重检验。

2. 有四种产品。$A_i(i=1,2,3)$ 分别为国内甲、乙、丙三个工厂生产的产品，A_4 为国外工厂生产的同类产品。现从各厂分别取 10 个，6 个，6 个和 2 个产品做 300h 连续磨损老化试验，得变化率如表 7.26 所示。假定各厂产品试验变化率服从等方差的正态分布。

(1) 试问四个厂生产的产品的变化率是否有显著差异？
(2) 若有差异，请做进一步的检验。i) 国内产品与国外产品有无显著差异？ii) 国内各厂家的产品有无显著差异？

表 7.26 磨损老化试验数据

产品	变化率									
A_1	20	18	19	17	15	16	13	18	22	17
A_2	26	19	26	28	23	25				
A_3	24	25	18	22	27	24				
A_4	12	14								

3. 某单位在大白鼠营养试验中,随机将大白鼠分为三组,测得每组 12 只大白鼠尿中氨氮的排出量,数据由表 7.27 所示。试对该资料作正态性检验和方差齐性检验。根据你的结论选择合理的方差分析方法。

表 7.27 大白鼠尿中氨氮检测数据

白鼠	大白鼠营养试验中各组大鼠尿中氨氮排出量（mg/6 d）											
第 1 组	30	27	35	35	29	33	32	36	26	41	33	31
第 2 组	43	45	53	44	51	53	54	37	47	57	48	42
第 3 组	82	66	66	86	56	52	76	83	72	73	59	53

4. 以小白鼠为对象研究正常肝核糖核酸（RNA）对癌细胞的生物作用,试验分别为对照组（生理盐水）、水层 RNA 组和酚层 RNA 组,分别用此三种不同处理方法诱导肝癌细胞的果糖二磷酸酯酶（FDP 酶）活力,数据如表 7.28 所示。请用克鲁斯卡尔-沃利斯秩和检验,分析三种不同处理的诱导作用是否相同?

表 7.28 三种不同处理的诱导结果

处理方法	诱 导 结 果							
对照组	2.79	2.69	3.11	3.47	1.77	2.44	2.83	2.52
水层 RNA 组	3.83	3.15	4.70	3.97	2.03	2.87	3.65	5.09
酚层 RNA 组	5.41	3.47	4.92	4.07	2.18	3.13	3.77	4.26

5. 为研究人们在催眠状态下对各种情绪的反应是否有差异,选取了 8 个受试者。在催眠状态下,要求每人按任意次序做出恐惧、愉快、忧虑和平静 4 种反应。表 7.29 给出了各受试者在处于这 4 种情绪状态下皮肤的电位变化值。这是一组配伍数据,请用弗里德曼秩和检验,检验受试者在催眠状态下对这 4 种情绪的反应力是否有显著差异。

表 7.29 4 种情绪状态下皮肤的电位变化值   单位: mV

情绪状态	受 试 者							
	1	2	3	4	5	6	7	8
恐惧	23.1	57.6	10.5	23.6	11.9	54.6	21.0	20.3
愉快	22.7	53.2	9.7	19.6	13.8	47.1	13.6	23.6
忧虑	22.5	53.7	10.8	21.1	13.7	39.2	13.7	16.3
平静	22.6	53.1	8.3	21.6	13.3	37.0	14.8	14.8

6. 为了提高化工厂的产品质量,需要寻求最优反应温度与反应压力的配合,在每组条件下做两次试验,其产量如表 7.30 所示。

表 7.30　试验数据

反应压力	反 应 温 度					
	60°C		70°C		80°C	
2kg	4.6	4.3	6.1	6.5	6.8	6.4
2.5kg	6.3	6.7	3.4	3.8	4.0	3.8
3kg	4.7	4.3	3.9	3.5	6.5	7.0

(1) 对数据作方差分析（应考虑交互效应）；

(2) 计算每组条件下平均值，i) 只考虑反应压力，ii) 只考虑反应温度，iii) 同时考虑反应压力和反应温度；

(3) 根据上述计算结果，请给出最优试验方案。

7. 某良种繁育场为了提高水稻产量，制定试验的因素如表 7.31 所示。试选择 $L_9(3^4)$ 正交表安排试验，假定相应的产量为（单位：$kg/100m^2$）

62.925　57.075　51.6　55.05　58.05　56.55　63.225　50.7　54.45

试对试验结果进行方差分析，并给出一组较好的种植条件。

表 7.31　水稻的试验因素水平表

因素	水　平		
	1	2	3
品种	窄叶青 8 号	南二矮 5 号	珍珠矮 11 号
密度（棵/$100m^2$）	4.50	3.75	3.00
施肥量（$kg/100m^2$）	0.75	0.375	1.125

8. 某单位研究四种因素对钉螺产卵数的影响，制定试验的因素如表 7.32 所示。试选择 $L_8(2^7)$ 正交表安排试验，假定相应的钉螺产卵数为（单位：个）

86　95　91　94　91　96　83　88

试对试验结果进行方差分析，并给出一组较好灭螺方案（不考虑交互效应）。

表 7.32　钉螺产卵影响试验因素的水平表

因素	水　平	
	1	2
温度 (A)/°C	5	10
含氧量 (B)/%	0.5	5.0
含水量 (C)/%	10	30
pH 值 (D)	6.0	8.0

9. 某工厂为了提高零件内孔研磨工序质量进行工艺的参数选优试验，考察孔的锥度值，希望其值越小越好。在试验中考察因子的水平表 7.33。试选择 $L_8(2^7)$ 正交表安排试验，其表头设计如表 7.34 所示。在每一条件下加工了四个零件，测量其锥度，试验结果如表 7.35 所示。试对试验结果进行方差分析，并给出一组较好工艺参数指标。

表 7.33　因子水平表

因　素	水　　　平	
	1	2
研孔工艺设备 (A)	通用夹具	专用夹具
生铁研圈材质 (B)	特殊铸铁	一般灰铸铁
留研量 (C)/mm	0.01	0.015

表 7.34　试验结果

表头设计	A	B		C			
列号	1	2	3	4	5	6	7

表 7.35　试验结果

试验号	试　验　值			
1	1.5	1.7	1.3	1.5
2	1.0	1.2	1.0	1.0
3	2.5	2.2	3.2	2.0
4	2.5	2.5	1.5	2.8
5	1.5	1.8	1.7	1.5
6	1.0	2.5	1.3	1.5
7	1.8	1.5	1.8	2.2
8	1.9	2.6	2.3	2.0

第 8 章 应用多元分析（I）

多元分析是多变量的统计分析方法，是数理统计中应用广泛的一个重要分支，包含了丰富的理论成果与众多的应用方法，它主要包括回归分析、方差分析、判别分析、聚类分析、主成分分析、因子分析和典型相关分析等。

有关回归分析和方差分析的内容已在第 6 章、第 7 章作了介绍，本章介绍判别分析与聚类分析的内容。这两部分内容有一个共同点，就是对样本进行分类。但两者也有所不同，判别分析是在已知有多少类，并且在有训练样本的前提下，利用训练样本得到判别函数，对待测样本进行分类。而聚类分析是在预先不知道有多少类的情况下，根据某种规则将样本（或指标）进行分类。

本章简单介绍判别分析和聚类分析的基本原理与方法，着重介绍如何应用 R 对数据作判别分析和聚类分析。

8.1 判别分析

判别分析是用以判别个体所属群体的一种统计方法，它产生于 20 世纪 30 年代，近年来，在许多现代自然科学的各个分支和技术部门中，得到广泛的应用。

8.1.1 判别分析的基本概念

判别分析的特点是根据已掌握的、历史上每个类别的若干样本的数据信息，总结出客观事物分类的规律性，建立判别公式和判别准则。然后，当遇到新的样本点时，只要根据总结出来的判别公式和判别准则，就能判别该样本点所属的类别。

为了说明判别分析的基本概念，先看一下与判别分析有关的例子。

例 8.1 表 8.1（数据以表格形式保存在 exam0801.data 中）是某气象站预报有无春旱的实际资料，有两个综合预报因子（气象含义略），分别为因子 1 和因子 2，有春旱的是 6 个年份的资料，无春旱的是 8 个年份的资料，今年初测到两个指标的数据为 $(23.5, -1.6)$，现在要回答的问题是，今年是有春旱，还是无春旱。

这是一个两分类问题，即有春旱和无春旱。表 8.1 中的 14 个观测数据被称为训练样本，意思是通过这些数据得到判别函数。年初的观测数据称为待测样本，在得到判别函数后，将待测样本代入判别函数，来预测今年是否有春旱。这就是判别分析要完成的工作。

对于判别分析而言，除了两分类问题外，还有多分类问题，在多分类数据中，最有名的例子是费希尔鸢尾花数据。

例 8.2 费希尔鸢尾花数据。鸢尾花（iris）数据有 4 个属性，萼片的长度、萼片的宽度、花瓣长度和花瓣的宽度。数据共 150 个样本，分为三类，前 50 个数据是第一类——Setosa，中间的 50 个数据是第二类——Versicolor，最后 50 个数据是第三类——Virginica。数据格式如表 8.2所示。试对鸢尾花数据进行判别分析。

表 8.1　某气象站有无春旱的资料

序号	春　旱		无　春　旱	
	因子 1	因子 2	因子 1	因子 2
1	24.8	−2.0	22.1	−0.7
2	24.1	−2.4	21.6	−1.4
3	26.6	−3.0	22.0	−0.8
4	23.5	−1.9	22.8	−1.6
5	25.5	−2.1	22.7	−1.5
6	27.4	−3.1	21.5	−1.0
7			22.1	−1.2
8			21.4	−1.3

表 8.2　费希尔鸢尾花数据

序号	萼片长度	萼片宽度	花瓣长度	花瓣宽度	种类
1	5.1	3.5	1.4	0.2	setosa
2	4.9	3.0	1.4	0.2	setosa
⋮	⋮	⋮	⋮	⋮	⋮
50	5.0	3.3	1.4	0.2	setosa
51	7.0	3.2	4.7	1.4	versicolor
52	6.4	3.2	4.5	1.5	versicolor
⋮	⋮	⋮	⋮	⋮	⋮
100	5.7	2.8	4.1	1.3	versicolor
101	6.3	3.3	6.0	2.5	virginica
102	5.8	2.7	5.1	1.9	virginica
⋮	⋮	⋮	⋮	⋮	⋮
150	5.9	3.0	5.1	1.8	virginica

在例 8.2 中，并没有待测数据。实际上，在判别分析中，通常是不提供待测数据的，如果提供，例如，像例 8.1那样，很难验证预测结果的正确性。因此，通常的方法是将一部分数据（占总体数据的 80%～90%）作为训练样本，而将剩余的数据（占总体数据的 10%～20%）作为待测样本，这样，很容易判断待测样本的预测正确率。

如果将训练样本作预测，并与真实值作比较，得到的正确率称为回代正确率。预测正确率和回代正确率是判别分析方法的两项重要指标。

严格意义上讲，所谓判别问题，就是将 p 维欧几里得（Euclid）空间 $\mathbf{R}^p$ 划分成 k 个互不相交的区域 $R_1, R_2, \cdots, R_k$，即 $R_i \bigcap R_j = \varnothing$, $i \neq j$, $i, j = 1, 2, \cdots, k$, $\bigcup_{j=1}^{k} R_j = \mathbf{R}^p$。当 $x \in R_i$, $i = 1, 2, \cdots k$, 就判定 x 属于总体 X_i, $i = 1, 2, \cdots, k$。特别地，当 $k = 2$ 时，就是两个总体的判别问题。

判别分析方法有多种，这里主要介绍的是最常见的三种方法——距离判别，贝叶斯判别和费希尔判别。

8.1.2 距离判别

距离判别是最简单、直观的一种判别方法，该方法适用于连续型随机变量的判别类，对变量的概率分布没有限制。

1. 马哈拉诺比斯距离的概念

通常定义的距离是欧几里得距离（简称欧氏距离）。若 $\boldsymbol{x}, \boldsymbol{y}$ 是 $\mathbf{R}^p$ 中的两个点，则 $\boldsymbol{x}$ 与 $\boldsymbol{y}$ 的距离为

$$d(\boldsymbol{x}, \boldsymbol{y}) = \|\boldsymbol{x} - \boldsymbol{y}\|_2 = \sqrt{(\boldsymbol{x} - \boldsymbol{y})^{\mathrm{T}}(\boldsymbol{x} - \boldsymbol{y})}。$$

但在统计分析与计算中，欧几里得距离就不适用了，参见下面的例子（见图 8.1）。

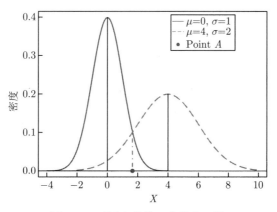

图 8.1 不同方差的正态分布函数

为简单起见，考虑 $p=1$ 的情况。设 $X \sim N(0,1)$，$Y \sim N(4,2^2)$，绘出相应的概率密度曲线，如图 8.1 所示。考虑图中的 A 点，A 点距 X 的均值 $\mu_1 = 0$ 较近，距 Y 的均值 $\mu_2 = 4$ 较远。但从概率角度来分析问题，情况并非如此。经计算，A 点的 x 值为 1.66，也就是说，A 点距 $\mu_1 = 0$ 是 $1.66\sigma_1$，而 A 点距 $\mu_2 = 4$ 却只有 $1.17\sigma_2$，因此，从概率分布的角度来讲，应该认为 A 点距 μ_2 更近一点。所以，在定义距离时，要考虑随机变量方差的信息。

设 $\boldsymbol{x}, \boldsymbol{y}$ 是从均值为 $\boldsymbol{\mu}$，协方差矩阵为 $\boldsymbol{\Sigma}$ 的总体 X 中抽取的两个样本，则总体 X 内两个样本 $\boldsymbol{x}$ 与 $\boldsymbol{y}$ 的马哈拉诺比斯（Mahalanobis）距离（简称马氏距离）定义为

$$d(\boldsymbol{x}, \boldsymbol{y}) = \sqrt{(\boldsymbol{x} - \boldsymbol{y})^{\mathrm{T}} \boldsymbol{\Sigma}^{-1} (\boldsymbol{x} - \boldsymbol{y})}。 \tag{8.1}$$

定义样本 $\boldsymbol{x}$ 与总体 X 的马哈拉诺比斯距离为

$$d(\boldsymbol{x}, X) = \sqrt{(\boldsymbol{x} - \boldsymbol{\mu})^{\mathrm{T}} \boldsymbol{\Sigma}^{-1} (\boldsymbol{x} - \boldsymbol{\mu})}, \tag{8.2}$$

其中 $\boldsymbol{\mu}$ 是总体 X 的均值向量。

2. 判别准则与判别函数

在这里，讨论两个总体的距离判别，分别讨论两总体协方差矩阵相同和协方差矩阵不同的情况。

设总体 X_1 和 X_2 的均值向量分别为 $\boldsymbol{\mu}_1$ 和 $\boldsymbol{\mu}_2$，协方差矩阵分别为 $\boldsymbol{\Sigma}_1$ 和 $\boldsymbol{\Sigma}_2$，今给一个样本 $\boldsymbol{x}$，要判断 $\boldsymbol{x}$ 来自哪一个总体。

首先考虑两个总体 X_1 和 X_2 的协方差矩阵相同的情况，即

$$\boldsymbol{\mu}_1 \neq \boldsymbol{\mu}_2, \quad \boldsymbol{\Sigma}_1 = \boldsymbol{\Sigma}_2 = \boldsymbol{\Sigma}。$$

要判断 $\boldsymbol{x}$ 是属于哪一个总体，需要计算 $\boldsymbol{x}$ 到总体 X_1 和 X_2 的马哈拉诺比斯距离的平方 $d^2(\boldsymbol{x}, X_1)$ 和 $d^2(\boldsymbol{x}, X_2)$，然后进行比较，若 $d^2(\boldsymbol{x}, X_1) \leqslant d^2(\boldsymbol{x}, X_2)$，则判定 $\boldsymbol{x}$ 属于 X_1；否则判定 $\boldsymbol{x}$ 来自 X_2。由此得到如下判别准则：

$$R_1 = \{\boldsymbol{x} \mid d^2(\boldsymbol{x}, X_1) \leqslant d^2(\boldsymbol{x}, X_2)\}, \quad R_2 = \{\boldsymbol{x} \mid d^2(\boldsymbol{x}, X_1) > d^2(\boldsymbol{x}, X_2)\}。 \tag{8.3}$$

现在引进判别函数的表达式，考虑 $d^2(\boldsymbol{x}, X_1)$ 与 $d^2(\boldsymbol{x}, X_2)$ 之间的关系，有

$$\begin{aligned}
d^2(\boldsymbol{x}, X_2) - d^2(\boldsymbol{x}, X_1) &= (\boldsymbol{x} - \boldsymbol{\mu}_2)^{\mathrm{T}} \boldsymbol{\Sigma}^{-1} (\boldsymbol{x} - \boldsymbol{\mu}_2) - (\boldsymbol{x} - \boldsymbol{\mu}_1)^{\mathrm{T}} \boldsymbol{\Sigma}^{-1} (\boldsymbol{x} - \boldsymbol{\mu}_1) \\
&= (\boldsymbol{x}^{\mathrm{T}} \boldsymbol{\Sigma}^{-1} \boldsymbol{x} - 2 \boldsymbol{x}^{\mathrm{T}} \boldsymbol{\Sigma}^{-1} \boldsymbol{\mu}_2 + \boldsymbol{\mu}_2^{\mathrm{T}} \boldsymbol{\Sigma}^{-1} \boldsymbol{\mu}_2) - \\
&\quad (\boldsymbol{x}^{\mathrm{T}} \boldsymbol{\Sigma}^{-1} \boldsymbol{x} - 2 \boldsymbol{x}^{\mathrm{T}} \boldsymbol{\Sigma}^{-1} \boldsymbol{\mu}_1 + \boldsymbol{\mu}_1^{\mathrm{T}} \boldsymbol{\Sigma}^{-1} \boldsymbol{\mu}_1) \\
&= 2 \boldsymbol{x}^{\mathrm{T}} \boldsymbol{\Sigma}^{-1} (\boldsymbol{\mu}_1 - \boldsymbol{\mu}_2) + (\boldsymbol{\mu}_1 + \boldsymbol{\mu}_2)^{\mathrm{T}} \boldsymbol{\Sigma}^{-1} (\boldsymbol{\mu}_2 - \boldsymbol{\mu}_1) \\
&= 2 \left(\boldsymbol{x} - \frac{\boldsymbol{\mu}_1 + \boldsymbol{\mu}_2}{2} \right)^{\mathrm{T}} \boldsymbol{\Sigma}^{-1} (\boldsymbol{\mu}_1 - \boldsymbol{\mu}_2) \\
&= 2 (\boldsymbol{x} - \overline{\boldsymbol{\mu}})^{\mathrm{T}} \boldsymbol{\Sigma}^{-1} (\boldsymbol{\mu}_1 - \boldsymbol{\mu}_2),
\end{aligned} \tag{8.4}$$

其中 $\overline{\boldsymbol{\mu}} = \dfrac{\boldsymbol{\mu}_1 + \boldsymbol{\mu}_2}{2}$ 是两个总体均值的平均。

令

$$w(\boldsymbol{x}) = (\boldsymbol{x} - \overline{\boldsymbol{\mu}})^{\mathrm{T}} \boldsymbol{\Sigma}^{-1} (\boldsymbol{\mu}_1 - \boldsymbol{\mu}_2), \tag{8.5}$$

称 $w(\boldsymbol{x})$ 为两总体的距离判别函数，因此判别准则 (8.3) 变为

$$R_1 = \{\boldsymbol{x} \mid w(\boldsymbol{x}) \geqslant 0\}, \quad R_2 = \{\boldsymbol{x} \mid w(\boldsymbol{x}) < 0\}。 \tag{8.6}$$

在实际计算中，总体的均值与协方差矩阵是未知的，因此，总体的均值与协方差矩阵需要用样本均值与协方差矩阵来代替。设 $\boldsymbol{x}_1^{(1)}, \boldsymbol{x}_2^{(1)}, \cdots, \boldsymbol{x}_{n_1}^{(1)}$ 是来自总体 X_1 的 n_1 个样本，$\boldsymbol{x}_1^{(2)}, \boldsymbol{x}_2^{(2)}, \cdots, \boldsymbol{x}_{n_2}^{(2)}$ 是来自总体 X_2 的 n_2 个样本，则样本的均值与协方差矩阵分别为

$$\widehat{\boldsymbol{\mu}}_i = \overline{\boldsymbol{x}^{(i)}} = \frac{1}{n_i} \sum_{j=1}^{n_i} \boldsymbol{x}_j^{(i)}, \quad i = 1, 2, \tag{8.7}$$

$$\widehat{\boldsymbol{\Sigma}} = \frac{1}{n_1 + n_2 - 2} \sum_{i=1}^{2} \sum_{j=1}^{n_i} \left(\boldsymbol{x}_j^{(i)} - \overline{\boldsymbol{x}^{(i)}} \right) \left(\boldsymbol{x}_j^{(i)} - \overline{\boldsymbol{x}^{(i)}} \right)^{\mathrm{T}}。 \tag{8.8}$$

对于待测样本 $\boldsymbol{x}$，其判别函数定义为

$$\widehat{w}(\boldsymbol{x}) = (\boldsymbol{x} - \overline{\boldsymbol{x}})^{\mathrm{T}} \widehat{\boldsymbol{\Sigma}}^{-1} (\overline{\boldsymbol{x}^{(1)}} - \overline{\boldsymbol{x}^{(2)}}), \tag{8.9}$$

其中 $\overline{\boldsymbol{x}} = \dfrac{\overline{\boldsymbol{x}^{(1)}} + \overline{\boldsymbol{x}^{(2)}}}{2}$。其判别准则为

$$R_1 = \{\boldsymbol{x} \mid \widehat{w}(\boldsymbol{x}) \geqslant 0\}, \quad R_2 = \{\boldsymbol{x} \mid \widehat{w}(\boldsymbol{x}) < 0\}。 \tag{8.10}$$

注意到，判别函数 (8.9) 是线性函数，因此，在两个总体的协方差矩阵相同的情况下，距离判别属于线性判别，称 $\boldsymbol{a} = \widehat{\boldsymbol{\Sigma}}^{-1}(\overline{\boldsymbol{x}^{(1)}} - \overline{\boldsymbol{x}^{(2)}})$ 为判别系数。从几何角度上讲，$\widehat{w}(\boldsymbol{x}) = 0$ 表示的是一张超平面，将整个空间分成 R_1 和 R_2 两个半空间。

再考虑两个总体 X_1 和 X_2 协方差矩阵不同的情况，即

$$\boldsymbol{\mu}_1 \neq \boldsymbol{\mu}_2, \quad \boldsymbol{\Sigma}_1 \neq \boldsymbol{\Sigma}_2。$$

对于样本 $\boldsymbol{x}$，在协方差矩阵不同的情况下，判别函数为

$$w(\boldsymbol{x}) = (\boldsymbol{x} - \boldsymbol{\mu}_2)^{\mathrm{T}} \boldsymbol{\Sigma}_2^{-1}(\boldsymbol{x} - \boldsymbol{\mu}_2) - (\boldsymbol{x} - \boldsymbol{\mu}_1)^{\mathrm{T}} \boldsymbol{\Sigma}_1^{-1}(\boldsymbol{x} - \boldsymbol{\mu}_1)。 \tag{8.11}$$

与前面讨论的情况相同，在实际计算中总体的均值与协方差矩阵是未知的，同样需要用样本的均值与样本协方差矩阵来代替。因此，对于待测样本 $\boldsymbol{x}$，判别函数定义为

$$\widehat{w}(\boldsymbol{x}) = (\boldsymbol{x} - \overline{\boldsymbol{x}^{(2)}})^{\mathrm{T}} \widehat{\boldsymbol{\Sigma}}_2^{-1}(\boldsymbol{x} - \overline{\boldsymbol{x}^{(2)}}) - (\boldsymbol{x} - \overline{\boldsymbol{x}^{(1)}})^{\mathrm{T}} \widehat{\boldsymbol{\Sigma}}_1^{-1}(\boldsymbol{x} - \overline{\boldsymbol{x}^{(1)}}), \tag{8.12}$$

其中

$$\widehat{\boldsymbol{\Sigma}}_i = \dfrac{1}{n_i - 1} \sum_{j=1}^{n_i} \left(\boldsymbol{x}_j^{(i)} - \overline{\boldsymbol{x}^{(i)}}\right) \left(\boldsymbol{x}_j^{(i)} - \overline{\boldsymbol{x}^{(i)}}\right)^{\mathrm{T}} = \dfrac{1}{n_i - 1} S_i, \quad i = 1, 2。 \tag{8.13}$$

其判别准则与式 (8.10) 的形式相同。

由于 $\widehat{\boldsymbol{\Sigma}}_1$ 和 $\widehat{\boldsymbol{\Sigma}}_2$ 一般不会相同，所以函数 (8.12) 是二次函数，因此，在两个总体协方差矩阵不同的情况下，距离判别属于二次判别。从几何角度上讲，$\widehat{w}(\boldsymbol{x}) = 0$ 表示的是一张超二次曲面。

3. 多分类问题

对于距离判别，很容易将两分类判别方法推广到多分类问题。事实上，距离判别的本质就是计算马哈拉诺比斯距离，待测样本距哪个总体的距离近，就认为它属于哪一类。

假设样本来自 k 类总体，分别是 $X_1, X_2, \cdots, X_k$。若认为这 k 类总体的协方差矩阵是相同的，即

$$\boldsymbol{\Sigma}_1 = \boldsymbol{\Sigma}_2 = \cdots = \boldsymbol{\Sigma}_k = \boldsymbol{\Sigma},$$

则用全部样本计算的样本协方差矩阵 $\widehat{\boldsymbol{\Sigma}}$ 作为总体协方差矩阵 $\boldsymbol{\Sigma}$ 的估计值。$\widehat{\boldsymbol{\Sigma}}$ 的计算公式为

$$\widehat{\boldsymbol{\Sigma}} = \dfrac{1}{n_1 + n_2 - k} \sum_{i=1}^{k} \sum_{j=1}^{n_i} \left(\boldsymbol{x}_j^{(i)} - \overline{\boldsymbol{x}^{(i)}}\right) \left(\boldsymbol{x}_j^{(i)} - \overline{\boldsymbol{x}^{(i)}}\right)^{\mathrm{T}}。 \tag{8.14}$$

若认为 k 类总体的协方差矩阵不相同,则用各自的样本计算的样本协方差矩阵 $\widehat{\boldsymbol{\Sigma}}_i$ 作为总体协方差矩阵 $\boldsymbol{\Sigma}_i$ 的估计值。$\widehat{\boldsymbol{\Sigma}}_i$ 的计算公式为

$$\widehat{\boldsymbol{\Sigma}}_i = \frac{1}{n_i - 1} \sum_{j=1}^{n_i} \left(\boldsymbol{x}_j^{(i)} - \overline{\boldsymbol{x}^{(i)}} \right) \left(\boldsymbol{x}_j^{(i)} - \overline{\boldsymbol{x}^{(i)}} \right)^{\mathrm{T}}, \quad i = 1, 2, \cdots, k。 \tag{8.15}$$

相应的判别准则为

$$R_i = \{ \boldsymbol{x} \mid d(\boldsymbol{x}, X_i) = \min_{1 \leqslant j \leqslant k} d(\boldsymbol{x}, X_j) \}, \quad i = 1, 2, \cdots, k,$$

其中 $d(\boldsymbol{x}, X_j)$ 是由式 (8.2) 定义样本 $\boldsymbol{x}$ 与总体 X_j 的马哈拉诺比斯距离。若认为协方差矩阵相同时,式 (8.2) 中的 $\boldsymbol{\Sigma}$ 由估计值 $\widehat{\boldsymbol{\Sigma}}$ 代替,若认为协方差矩阵不同时,式 (8.2) 中的 $\boldsymbol{\Sigma}$ 由估计值 $\widehat{\boldsymbol{\Sigma}}_i$ 代替。

4. R 程序

按照离谁最近就属于哪一类的原则编写程序,这样,程序可以用于两类和多类问题的判别。以下是距离判别函数(程序名: discriminiant.distance.R)

```
discriminiant.distance <- function(X, G, Tst = NULL,
       var.equal = FALSE){
   if (is.factor(G) != TRUE) G <- as.factor(G)
   if (is.null(Tst) == TRUE) Tst <- X
   if (is.vector(Tst) == TRUE) dim(Tst) <- c(1, length(Tst))

   g <- levels(G); k <- length(g); N <- numeric(k)
   n <- ncol(X); m <- nrow(Tst)
   for (i in 1:k) N[i] <- sum(G==g[i])

   mu <- matrix(0, nrow = k, ncol = n,
       dimnames = list(g, colnames(X)))
   for (j in 1:n)  mu[, j] <- tapply(X[, j], G, mean)

   S <- array(0, c(n, n, k)); St <- array(0, c(n, n))
   for (i in 1:k){
      S[, , i] <- var(X[G==g[i], ])
      St <- St + (N[i]-1)*var(X[G==g[i], ])
   }
   St <- St/(sum(N) - k)

   D <- matrix(0, nrow = k, ncol = m,
       dimnames = list(g, rownames(Tst)))
   if (var.equal == TRUE  || var.equal == T){
      for (i in 1:k)
           D[i,] <-  mahalanobis(Tst, mu[i,], St)
   }else{
```

```
            for (i in 1:k)
                D[i,] <- mahalanobis(Tst, mu[i,], S[ , , i])
        }
        blong <- numeric(m); names(blong) <- rownames(Tst)
        for (j in 1:m){
            dmin <- Inf
            for (i in 1:k)
                if (D[i,j] < dmin){
                    dmin <- D[i,j]; blong[j] <- g[i]
                }
        }
        blong
    }
```

程序分别考虑了总体协方差矩阵相同和总体协方差矩阵不同的两种情况。变量 X 表示训练样本，其输入格式是矩阵（样本按行输入），或数据框。G 是因子变量，表示输入训练样本的分类情况。Tst 是待测样本，其输入格式是矩阵（样本按行输入），或数据框，或向量（一个待测样本）。如果不输入 Tst（默认值），则待测样本为训练样本。var.equal 是逻辑变量，var.equal = TRUE 表示计算时认为总体协方差矩阵是相同的；否则（默认值）是不同的。

函数的返回值是由因子构成的向量，表示预测样本所属的类。

在上述程序中，用 mahalanobis() 函数计算马哈拉诺比斯距离，该函数的使用格式为

```
mahalanobis(x, center, cov, inverted = FALSE, ...)
```

其中 x 是由样本数据构成的向量或矩阵（p 维），center 为样本中心，cov 为样本的协方差矩阵。

5. 判别实例

例 8.3　用距离判别方法分析例 8.1 中的数据，预测今年是否有春旱。

解：从 exam0801.data 中读取数据（其中前两列为变量，第 3 列为因子，"yes" 表示有春旱，"no" 表示无春旱），再调用函数 discriminiant.distance() 函数作判别，分别考虑两总体协方差矩阵相同和协方差矩阵不同的情况。程序（程序名：exam0803.R）如下：

```
source("discriminiant.distance.R")
rt <- read.table("exam0801.data")
X <- rt[, 1:2]; G <- rt[, 3]
discriminiant.distance(X, G, Tst, var.equal = TRUE)
discriminiant.distance(X, G, Tst)
```

方差相同情况下的预测结果是 "no"，即无春旱。方差不同情况下的预测结果是 "yes"，即有春旱。

究竟是哪一个更准确一些呢？在无法检验的情况下，看一下样本回代的情况。方差相同时的计算结果为

```
> discriminiant.distance(X, G, var.equal = TRUE)
    1     2     3     4     5     6     7     8     9    10
  "yes" "yes" "yes" "no"  "yes" "yes" "no"  "no"  "no"  "no"
   11    12    13    14
  "no"  "no"  "no"  "no"
```

第 4 号样本误判，将有春旱判为无春旱。方差不同时的计算结果为

```
> discriminiant.distance(X, G)
    1     2     3     4     5     6     7     8     9    10
  "yes" "yes" "yes" "yes" "yes" "yes" "no"  "no"  "no"  "no"
   11    12    13    14
  "no"  "no"  "no"  "no"
```

全部正确，从这种角度来讲，预测为有春旱应该更合理。

再看一下几何直观。在总体方差相同的情况下，判别函数 $\widehat{w}(\boldsymbol{x}) = 0$ 是一条直线。在总体方差不同的情况下，判别函数 $\widehat{w}(\boldsymbol{x}) = 0$ 是一条二次曲线；图 8.2 显示了两种判别情况。在图中，◆ 为 "no" 样本（即无春旱），■ 为 "yes" 样本（即有春旱），● 为待测样本。从图 8.2 中的散点来看，应该认为两总体方差不同是合理的。所以应该预测为有春旱。

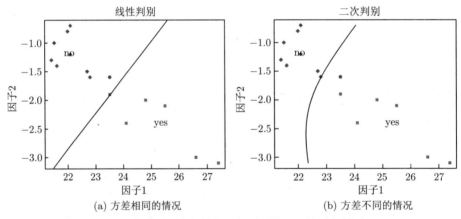

图 8.2 例 8.3 中方差相同与不同情况下的距离判别

例 8.4 考虑例 8.2 中的费希尔鸢尾花数据。取每类数据的前 40 个数据作为训练样本，后 10 个数据作为待测样本，试用距离判别对待测样本进行判别，计算错判概率。

解 在 R 中，数据集 iris 提供了鸢尾花数据，其中前 4 列是数据的 4 个属性，第 5 列标明数据属于哪一类。判别程序（程序名：exam0804.R）如下：

```
source("discriminiant.distance.R")
num <- c(1:40, 51:90, 101:140)
X <- iris[num, 1:4]; G <- iris[num, 5]
Tst <- iris[-num, 1:4]
discriminiant.distance(X, G, Tst, var.equal = TRUE)
discriminiant.distance(X, G, Tst)
```

(1) 在总体协方差矩阵相同的假定下，计算结果为

41	42	43	44	45
"setosa"	"setosa"	"setosa"	"setosa"	"setosa"
46	47	48	49	50
"setosa"	"setosa"	"setosa"	"setosa"	"setosa"
91	92	93	94	95
"versicolor"	"versicolor"	"versicolor"	"versicolor"	"versicolor"
96	97	98	99	100
"versicolor"	"versicolor"	"versicolor"	"versicolor"	"versicolor"
141	142	143	144	145
"virginica"	"virginica"	"virginica"	"virginica"	"virginica"
146	147	148	149	150
"virginica"	"virginica"	"virginica"	"virginica"	"virginica"

预测结果全部正确，错判概率为 0。

(2) 在总体协方差矩阵不同的假定下，计算结果也是全部正确，错判概率为 0。

8.1.3 贝叶斯判别

贝叶斯判别是假定对研究对象已有一定的认识，这种认识常用先验概率来描述，当取得样本后，就可以用样本来修正已有的先验概率分布，得出后验概率分布，现通过后验概率分布进行各种统计推断。

1. 误判概率与误判损失

考虑两个总体的判别情况。设总体 X_1 与 X_2 分别具有概率密度函数 $f_1(\boldsymbol{x})$ 与 $f_2(\boldsymbol{x})$，其中 $\boldsymbol{x}$ 是 p 维向量。记 Ω 为 $\boldsymbol{x}$ 的所有可能观测值的全体，称为样本空间。R_1 为根据某种规则要判为 X_1 的那些 $\boldsymbol{x}$ 的全体，而 $R_2 = \Omega - R_1$ 是要判为 X_2 那些 $\boldsymbol{x}$ 的全体。某样本实际来自 X_1，但被判为 X_2 的概率为

$$P(2|1) = P\{\boldsymbol{x} \in R_2 | X_1\} = \int_{R_2} f_1(\boldsymbol{x})\mathrm{d}\boldsymbol{x}, \tag{8.16}$$

来自 X_2，但被判为 X_1 的概率

$$P(1|2) = P\{\boldsymbol{x} \in R_1 | X_2\} = \int_{R_1} f_2(\boldsymbol{x})\mathrm{d}\boldsymbol{x}。 \tag{8.17}$$

类似地，来自 X_1 也被判为 X_1，来自 X_2 也被判为 X_2 的概率

$$P(1|1) = P\{\boldsymbol{x} \in R_1 | X_1\} = \int_{R_1} f_1(\boldsymbol{x})\mathrm{d}\boldsymbol{x}, \tag{8.18}$$

$$P(2|2) = P\{\boldsymbol{x} \in R_2 | X_2\} = \int_{R_2} f_2(\boldsymbol{x})\mathrm{d}\boldsymbol{x}, \tag{8.19}$$

设 p_1 和 p_2 分别表示总体 X_1 和 X_2 的先验概率，且 $p_1 + p_2 = 1$，于是

$$P\{\text{正确地判为} X_1\} = P\{\text{来自} X_1, \text{被判为} X_1\}$$

$$= P\{\boldsymbol{x} \in R_1 | X_1\} \cdot P(X_1) = P(1|1) \cdot p_1, \tag{8.20}$$

$$P\{\text{误判到}X_1\} = P\{\text{来自 } X_2, \text{ 被判为 } X_1\}$$

$$= P\{\boldsymbol{x} \in R_1 | X_2\} \cdot P(X_2) = P(1|2) \cdot p_2。 \tag{8.21}$$

类似地有

$$P\{\text{正确地判为}X_2\} = P(2|2) \cdot p_2, \tag{8.22}$$

$$P\{\text{误判到}X_2\} = P(2|1) \cdot p_1。 \tag{8.23}$$

设 $L(1|2)$ 表示来自 X_2 被误判为 X_1 引起的损失，$L(2|1)$ 表示来自 X_1 被误判为 X_2 引起的损失，并规定 $L(1|1) = L(2|2) = 0$。

将上述误判概率与误判损失结合起来，定义平均误判损失（ECM）为

$$\text{ECM}(R_1, R_2) = L(2|1)P(2|1)p_1 + L(1|2)P(1|2)p_2。 \tag{8.24}$$

一个合理的选择是使 ECM 达到极小。

2. 两个总体的贝叶斯判别

可以证明，极小化平均误判损失函数 (8.24) 的划分区域 R_1 和 R_2 为

$$R_1 = \left\{\boldsymbol{x} \,\Big|\, \frac{f_1(\boldsymbol{x})}{f_2(\boldsymbol{x})} \geqslant \frac{L(1|2)}{L(2|1)} \cdot \frac{p_2}{p_1}\right\}, \quad R_2 = \left\{\boldsymbol{x} \,\Big|\, \frac{f_1(\boldsymbol{x})}{f_2(\boldsymbol{x})} < \frac{L(1|2)}{L(2|1)} \cdot \frac{p_2}{p_1}\right\}。 \tag{8.25}$$

因此，可以将式 (8.25) 作为贝叶斯判别的判别准则。在这个准则中只需要计算：

（1）样本点 $\boldsymbol{x}$ 的概率密度函数比 $f_1(\boldsymbol{x})/f_2(\boldsymbol{x})$；

（2）损失比 $L(1|2)/L(2|1)$；

（3）先验概率比 p_2/p_1。

下面讨论正态分布情况下，样本点 $\boldsymbol{x}$ 的概率密度函数比的计算。设 $X_i \sim N(\boldsymbol{\mu}_i, \boldsymbol{\Sigma}_i)$ $(i = 1, 2)$，分别考虑总体协方差矩阵相同和总体协方差矩阵不同的情况。

首先考虑总体协方差矩阵相同的情况，即 $\boldsymbol{\Sigma}_1 = \boldsymbol{\Sigma}_2 = \boldsymbol{\Sigma}$。此时 X_i 的密度为

$$f_i(\boldsymbol{x}) = (2\pi)^{-p/2} |\boldsymbol{\Sigma}|^{-1/2} \exp\left\{-\frac{1}{2}(\boldsymbol{x} - \boldsymbol{\mu}_i)^\mathrm{T} \boldsymbol{\Sigma}^{-1}(\boldsymbol{x} - \boldsymbol{\mu}_i)\right\}, \quad i = 1, 2, \tag{8.26}$$

其中 $|\boldsymbol{\Sigma}|$ 为矩阵 $\boldsymbol{\Sigma}$ 的行列式。因此，R_1 和 R_2 划分区域 (8.25) 等价于

$$R_1 = \left\{\boldsymbol{x} \,\Big|\, W(\boldsymbol{x}) \geqslant \beta\right\}, \quad R_2 = \left\{\boldsymbol{x} \,\Big|\, W(\boldsymbol{x}) < \beta\right\}, \tag{8.27}$$

其中

$$W(\boldsymbol{x}) = \frac{1}{2}(\boldsymbol{x} - \boldsymbol{\mu}_2)^\mathrm{T} \boldsymbol{\Sigma}^{-1}(\boldsymbol{x} - \boldsymbol{\mu}_2) - \frac{1}{2}(\boldsymbol{x} - \boldsymbol{\mu}_1)^\mathrm{T} \boldsymbol{\Sigma}^{-1}(\boldsymbol{x} - \boldsymbol{\mu}_1)$$

$$= \left[\boldsymbol{x} - \frac{1}{2}(\boldsymbol{\mu}_1 + \boldsymbol{\mu}_2)\right]^\mathrm{T} \boldsymbol{\Sigma}^{-1}(\boldsymbol{\mu}_1 - \boldsymbol{\mu}_2), \tag{8.28}$$

$$\beta = \ln \frac{L(1|2) \cdot p_2}{L(2|1) \cdot p_1}。 \tag{8.29}$$

不难发现，对于正态分布总体的贝叶斯判别，其判别规则，式 (8.27) ~ 式 (8.29)，可以看成距离判别的推广，当 $p_1 = p_2$，$L(1|2) = L(2|1)$ 时，$\beta = 0$，就是距离判别。

再考虑总体协方差矩阵不同的情况，即 $\boldsymbol{\Sigma}_1 \neq \boldsymbol{\Sigma}_2$。此时 R_1 和 R_2 划分区域 (8.25) 等价于

$$R_1 = \left\{ \boldsymbol{x} \mid W(\boldsymbol{x}) \geqslant \beta \right\}, \quad R_2 = \left\{ \boldsymbol{x} \mid W(\boldsymbol{x}) < \beta \right\}, \tag{8.30}$$

其中

$$W(\boldsymbol{x}) = \frac{1}{2}(\boldsymbol{x} - \boldsymbol{\mu}_2)^{\mathrm{T}} \boldsymbol{\Sigma}_2^{-1}(\boldsymbol{x} - \boldsymbol{\mu}_2) - \frac{1}{2}(\boldsymbol{x} - \boldsymbol{\mu}_1)^{\mathrm{T}} \boldsymbol{\Sigma}_1^{-1}(\boldsymbol{x} - \boldsymbol{\mu}_1), \tag{8.31}$$

$$\beta = \ln \frac{L(1|2) \cdot p_2}{L(2|1) \cdot p_1} + \frac{1}{2} \ln \left(\frac{|\boldsymbol{\Sigma}_1|}{|\boldsymbol{\Sigma}_2|} \right). \tag{8.32}$$

3. 多分类问题

从两分类问题的推导过程可知，贝叶斯判别的本质就是找到一种判别准则，使得平均误判损失达到最小，也就是相应的概率达到最大。

假设样本共有 k 类，分别是 $X_1, X_2, \cdots, X_k$，相应的先验概率为 $p_1, p_2, \cdots, p_k$，并假设所有错判损失是相同的，因此，相应的判别准则为

$$R_i = \{\boldsymbol{x} \mid p_i f_i(\boldsymbol{x}) = \max_{1 \leqslant j \leqslant k} p_j f_j(\boldsymbol{x})\}, \quad i = 1, 2, \cdots, k。 \tag{8.33}$$

以下只在 k 类总体分布为正态分布的情况下讨论。当 k 类总体的协方差矩阵相同，即 $\boldsymbol{\Sigma}_1 = \boldsymbol{\Sigma}_2 = \cdots = \boldsymbol{\Sigma}_k = \boldsymbol{\Sigma}$，此时概率密度函数为

$$f_j(\boldsymbol{x}) = (2\pi)^{-p/2} |\boldsymbol{\Sigma}|^{-1/2} \exp \left\{ -\frac{1}{2}(\boldsymbol{x} - \boldsymbol{\mu}_j)^{\mathrm{T}} \boldsymbol{\Sigma}^{-1}(\boldsymbol{x} - \boldsymbol{\mu}_j) \right\}, \quad j = 1, 2, \cdots, k, \tag{8.34}$$

则计算函数

$$d_j(\boldsymbol{x}) = \frac{1}{2}(\boldsymbol{x} - \boldsymbol{\mu}_j)^{\mathrm{T}} \boldsymbol{\Sigma}^{-1}(\boldsymbol{x} - \boldsymbol{\mu}_j) - \ln p_j, \tag{8.35}$$

在计算中，式 (8.35) 中协方差矩阵 $\boldsymbol{\Sigma}$ 用其估计值 $\widehat{\boldsymbol{\Sigma}}$ 代替。

若 k 类总体的协方差矩阵不同，此时概率密度函数为

$$f_j(\boldsymbol{x}) = (2\pi)^{-p/2} |\boldsymbol{\Sigma}_j|^{-1/2} \exp \left\{ -\frac{1}{2}(\boldsymbol{x} - \boldsymbol{\mu}_j)^{\mathrm{T}} \boldsymbol{\Sigma}_j^{-1}(\boldsymbol{x} - \boldsymbol{\mu}_j) \right\}, \quad j = 1, 2, \cdots, k, \tag{8.36}$$

则计算函数

$$d_j(\boldsymbol{x}) = \frac{1}{2}(\boldsymbol{x} - \boldsymbol{\mu}_j)^{\mathrm{T}} \boldsymbol{\Sigma}_j^{-1}(\boldsymbol{x} - \boldsymbol{\mu}_j) - \ln p_j + \frac{1}{2} \ln(|\boldsymbol{\Sigma}_j|), \tag{8.37}$$

在计算中，式 (8.37) 中协方差矩阵 $\boldsymbol{\Sigma}_j$ 用其估计值 $\widehat{\boldsymbol{\Sigma}}_j$ 代替。

判别准则 (8.33) 等价为

$$R_i = \{\boldsymbol{x} \mid d_i(\boldsymbol{x}) = \min_{1 \leqslant j \leqslant k} d_j(\boldsymbol{x})\}, \quad i = 1, 2, \cdots, k。 \tag{8.38}$$

4. R 程序与例子

按照上述方法写出多分类问题的贝叶斯判别程序（程序名：discriminiant.bayes.R）。

```r
discriminiant.bayes <- function(X, G, Tst = NULL,
        var.equal = FALSE){
    if (is.factor(G) != TRUE) G <- as.factor(G)
    if (is.null(Tst) == TRUE) Tst <- X
    if (is.vector(Tst) == TRUE) dim(Tst) <- c(1, length(Tst))

    g <- levels(G); k <- length(g); N <- numeric(k)
    n <- ncol(X); m <- nrow(Tst)
    for (i in 1:k) N[i] <- sum(G==g[i]); p <- N/sum(N)

    mu <- matrix(0, nrow = k, ncol = n,
        dimnames = list(g, colnames(X)))
    for (j in 1:n)  mu[,j] <- tapply(X[ ,j], G, mean)

    S <- array(0, c(n, n, k)); St <- array(0, c(n,n))
    for (i in 1:k){
        S[, , i] <- var(X[G==g[i], ])
        St <- St + (N[i]-1)*var(X[G==g[i], ])
    }
    St <- St/(sum(N) - k)

    D <- matrix(0, nrow = k, ncol = m,
        dimnames = list(g, rownames(Tst)))
    if (var.equal == TRUE  || var.equal == T){
        for (i in 1:k)
            D[i,] <- mahalanobis(Tst, mu[i,], St) - 2*log(p[i])
    }else{
        for (i in 1:k)
            D[i,] <- mahalanobis(Tst, mu[i,], S[ , , i]) -
                2*log(p[i]) + log(det(S[ , , i]))
    }
    blong <- numeric(m); names(blong) <- rownames(Tst)
    for (j in 1:m){
        dmin <- Inf
        for (i in 1:k)
            if (D[i,j] < dmin){
                dmin <- D[i,j]; blong[j] <- g[i]
            }
    }
    blong
}
```

程序中 p 表示总体的先验概率,用样本的频率近似。函数中变量的含意与自编函数 discriminiant.distance() 相同。

例 8.5 用贝叶斯判别方法分析例 8.1 中的数据,预测今年是否有春旱。

解 从 exam0801.data 中读取数据,调用函数 discriminiant.bayes() 函数作判别,分别考虑两总体协方差矩阵相同和协方差矩阵不同的情况。程序(程序名: exam0805.R)和计算结果如下:

```
> discriminiant.bayes(X, G, Tst, var.equal = TRUE)
[1] "no"
> discriminiant.bayes(X, G, Tst)
[1] "yes"
> discriminiant.bayes(X, G, var.equal = TRUE)
    1     2     3     4     5     6     7     8     9
"yes" "yes" "yes" "no"  "yes" "yes" "no"  "no"  "no"
   10    11    12    13    14
 "no"  "no"  "no"  "no"  "no"
> discriminiant.bayes(X, G)
    1     2     3     4     5     6     7     8     9
"yes" "yes" "yes" "yes" "yes" "yes" "no"  "no"  "no"
   10    11    12    13    14
 "no"  "no"  "no"  "no"  "no"
```

预测与回代结果与例 8.3(距离判别)相同。

类似于例 8.3,看一下几何直观情况(见图 8.3)。与距离判别的图形作对比(见图 8.2),会发现,无论是方差相同的情况,还是方差不同的情况,判别直线(曲线)向右作了移动。这是由于增加了先验概率,无春旱的年份稍多,所以扩大了无春旱的区域,即更容易被判为无春旱。

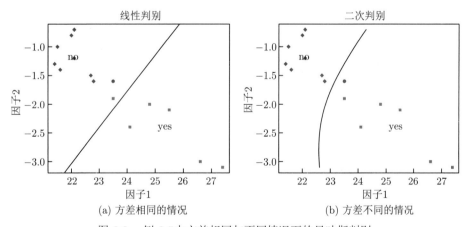

图 8.3 例 8.5中方差相同与不同情况下的贝叶斯判别

例 8.6 用贝叶斯判别方法完成对例 8.4的判别与预测。

解 数据输入部分与例 8.4相同,调用自编函数 discriminiant.bayes() 作计算。

```
> sol <- discriminiant.bayes(X, G, Tst, var.equal = TRUE)
> sum(sol == iris[num, 5])
[1] 30
```

```
> sol <- discriminiant.bayes(X, G, Tst)
> sum(sol == iris[num, 5])
[1] 30
```

预测结果全部正确，错判概率为 0。

8.1.4 费希尔判别

费希尔判别是按类内方差尽量小，类间方差尽量大的准则来求判别函数的。为了便于讨论，这里先考虑两个总体的判别方法。

1. 判别准则

设两个总体 X_1 和 X_2 的均值与协方差矩阵分别为 $\boldsymbol{\mu}_1$, $\boldsymbol{\mu}_2$ 和 $\boldsymbol{\Sigma}_1$, $\boldsymbol{\Sigma}_2$, 对于任给的一个样本 $\boldsymbol{x}$，考虑它的判别函数

$$u = u(\boldsymbol{x}), \tag{8.39}$$

并假设

$$u_1 = \mathrm{E}(u(\boldsymbol{x}) \mid \boldsymbol{x} \in X_1), \quad u_2 = \mathrm{E}(u(\boldsymbol{x}) \mid \boldsymbol{x} \in X_2), \tag{8.40}$$

$$\sigma_1^2 = \mathrm{var}(u(\boldsymbol{x}) \mid \boldsymbol{x} \in X_1), \quad \sigma_2^2 = \mathrm{var}(u(\boldsymbol{x}) \mid \boldsymbol{x} \in X_2)。 \tag{8.41}$$

费希尔判别准则就是要寻找判别函数 $u(\boldsymbol{x})$，使类内偏差平方和

$$W_0 = \sigma_1^2 + \sigma_2^2$$

最小，而类间偏差平方和

$$B_0 = (u_1 - u)^2 + (u_2 - u)^2$$

最大，其中 $u = \dfrac{1}{2}(u_1 + u_2)$。

将上面两个要求结合在一起，费希尔判别准则就是要求函数 $u(\boldsymbol{x})$ 使得

$$I = \frac{B_0}{W_0} \tag{8.42}$$

达到最大。因此，判别准则为

$$R_1 = \{\boldsymbol{x} \mid |u(\boldsymbol{x}) - u_1| \leqslant |u(\boldsymbol{x}) - u_2|\}, \tag{8.43}$$

$$R_2 = \{\boldsymbol{x} \mid |u(\boldsymbol{x}) - u_1| > |u(\boldsymbol{x}) - u_2|\}。 \tag{8.44}$$

2. 判别函数与判别准则

从理论上讲，$u(\boldsymbol{x})$ 可以是任意函数，但对于任意函数 $u(\boldsymbol{x})$ 使式 (8.42) 中的 I 达到最大是很困难的，因此，通常取 $u(\boldsymbol{x})$ 为线性函数，即令

$$u(\boldsymbol{x}) = \boldsymbol{a}^{\mathrm{T}} \boldsymbol{x} = a_1 x_1 + a_2 x_2 + \cdots + a_p x_p。 \tag{8.45}$$

因此，问题就转化为求 $u(\boldsymbol{x})$ 的系数 $\boldsymbol{a}$，使得目标函数 I 达到最大。

与距离判别一样，在实际计算中，总体的均值与协方差矩阵是未知的，因此，需要用样本均值与协方差矩阵来代替。设 $\boldsymbol{x}_1^{(1)}, \boldsymbol{x}_2^{(1)}, \cdots, \boldsymbol{x}_{n_1}^{(1)}$ 是来自总体 X_1 的 n_1 个样本，$\boldsymbol{x}_1^{(2)}, \boldsymbol{x}_2^{(2)}, \cdots, \boldsymbol{x}_{n_2}^{(2)}$ 是来自总体 X_2 的 n_2 个样本，用这些样本得到 u_1, u_2, u, σ_1 和 σ_2 的估计，

$$\widehat{u}_i = \overline{u}_i = \frac{1}{n_i} \sum_{j=1}^{n_i} u(\boldsymbol{x}_j^{(i)}) = \frac{1}{n_i} \sum_{j=1}^{n_i} \boldsymbol{a}^\mathrm{T} \boldsymbol{x}_j^{(i)} = \boldsymbol{a}^\mathrm{T} \overline{\boldsymbol{x}^{(i)}}, \quad i = 1, 2, \tag{8.46}$$

$$\widehat{u} = \overline{u} = \frac{1}{n} \sum_{i=1}^{2} \sum_{j=1}^{n_i} u(\boldsymbol{x}_j^{(i)}) = \frac{1}{n} \sum_{i=1}^{2} \sum_{j=1}^{n_i} \boldsymbol{a}^\mathrm{T} \boldsymbol{x}_j^{(i)} = \boldsymbol{a}^\mathrm{T} \overline{\boldsymbol{x}}, \tag{8.47}$$

$$\begin{aligned}\widehat{\sigma}_i^2 &= \frac{1}{n_i-1} \sum_{j=1}^{n_i} \left[u(\boldsymbol{x}_j^{(i)}) - \overline{u}_i\right]^2 = \frac{1}{n_i-1} \sum_{j=1}^{n_i} \left[\boldsymbol{a}^\mathrm{T}\left(\boldsymbol{x}_j^{(i)} - \overline{\boldsymbol{x}^{(i)}}\right)\right]^2 \\ &= \frac{1}{n_i-1} \boldsymbol{a}^\mathrm{T} \left[\sum_{j=1}^{n_i} \left(\boldsymbol{x}_j^{(i)} - \overline{\boldsymbol{x}^{(i)}}\right)\left(\boldsymbol{x}_j^{(i)} - \overline{\boldsymbol{x}^{(i)}}\right)^\mathrm{T}\right] \boldsymbol{a} \\ &= \frac{1}{n_i-1} \boldsymbol{a}^\mathrm{T} \boldsymbol{S}_i \boldsymbol{a}, \quad i = 1, 2,\end{aligned} \tag{8.48}$$

其中

$$\begin{aligned}n &= n_1 + n_2, \\ \boldsymbol{S}_i &= \sum_{j=1}^{n_i} \left(\boldsymbol{x}_j^{(i)} - \overline{\boldsymbol{x}^{(i)}}\right)\left(\boldsymbol{x}_j^{(i)} - \overline{\boldsymbol{x}^{(i)}}\right)^\mathrm{T}, \quad i = 1, 2。\end{aligned} \tag{8.49}$$

因此，将类内偏差的平方 W_0 与类间偏差平方和 B_0 改为组内离差平方和 $\widehat{W}_0$ 与组间离偏差的平方和 $\widehat{B}_0$，即

$$\widehat{W}_0 = \sum_{i=1}^{2} (n_i - 1)\widehat{\sigma}_i^2 = \boldsymbol{a}^\mathrm{T}(\boldsymbol{S}_1 + \boldsymbol{S}_2)\boldsymbol{a} = \boldsymbol{a}^\mathrm{T} \boldsymbol{S} \boldsymbol{a}, \tag{8.50}$$

$$\begin{aligned}\widehat{B}_0 &= \sum_{i=1}^{2} n_i(\widehat{u}_i - \widehat{u})^2 = \boldsymbol{a}^\mathrm{T} \left(\sum_{i=1}^{2} n_i \left(\overline{\boldsymbol{x}^{(i)}} - \overline{\boldsymbol{x}}\right)\left(\overline{\boldsymbol{x}^{(i)}} - \overline{\boldsymbol{x}}\right)^\mathrm{T}\right) \boldsymbol{a} \\ &= \frac{n_1 n_2}{n} \boldsymbol{a}^\mathrm{T} (\boldsymbol{d}\boldsymbol{d}^\mathrm{T}) \boldsymbol{a},\end{aligned} \tag{8.51}$$

其中 $\boldsymbol{S} = \boldsymbol{S}_1 + \boldsymbol{S}_2$，$n = n_1 + n_2$，$\boldsymbol{d} = \left(\overline{\boldsymbol{x}^{(2)}} - \overline{\boldsymbol{x}^{(1)}}\right)$。因此，求 $I = \widehat{B}_0 / \widehat{W}_0$ 最大，等价于求

$$\frac{\boldsymbol{a}^\mathrm{T}(\boldsymbol{d}\boldsymbol{d}^\mathrm{T})\boldsymbol{a}}{\boldsymbol{a}^\mathrm{T} \boldsymbol{S} \boldsymbol{a}}$$

最大。这个解是不唯一的，因为对任意的 $\boldsymbol{a} \neq \boldsymbol{0}$，它的任意非零倍均保持其值不变。不失一般性，将求最大问题转化为约束优化问题

$$\max_{\boldsymbol{a}} \quad \boldsymbol{a}^\mathrm{T}(\boldsymbol{d}\boldsymbol{d}^\mathrm{T})\boldsymbol{a}, \tag{8.52}$$

$$\text{s.t.} \quad \boldsymbol{a}^\mathrm{T} \boldsymbol{S} \boldsymbol{a} = 1。 \tag{8.53}$$

由约束问题的一阶必要条件得到

$$a = S^{-1}d \text{。} \tag{8.54}$$

对于一个新样本 x，现要确定 x 属于哪一类。由式 (8.54) 计算出系数 a 后，线性判别函数为式 (8.45)，即 $u(x) = a^T x$，可用式 (8.43) 和式 (8.44) 作为判别准则。但由于 μ_1 和 μ_2 未知，这里用样本均值 $\overline{u}_1$ 和 $\overline{u}_2$ 替代，即判别准则改为

$$R_1 = \{x \mid |u(x) - \overline{u}_1| \leqslant |u(x) - \overline{u}_2|\}, \tag{8.55}$$

$$R_2 = \{x \mid |u(x) - \overline{u}_1| > |u(x) - \overline{u}_2|\} \text{。} \tag{8.56}$$

3. 多分类问题

对于多分类问题，其原理与两分类问题相同，仍然是考虑使式 (8.42) 达到最大。由于只有观测样本，所以只能要求

$$I = \frac{\widehat{B}_0}{\widehat{W}_0} \tag{8.57}$$

达到最大。

类似于式 (8.50) 和式 (8.51) 的推导过程，有

$$\widehat{W}_0 = a^T S a, \quad \widehat{B}_0 = a^T B a, \tag{8.58}$$

其中

$$S = \sum_{i=1}^{k} S_i = \sum_{i=1}^{k} \sum_{j=1}^{n_i} \left(x_j^{(i)} - \overline{x^{(i)}}\right)\left(x_j^{(i)} - \overline{x^{(i)}}\right)^T, \tag{8.59}$$

$$B = \sum_{i=1}^{k} n_i \left(\overline{x^{(i)}} - \overline{x}\right)\left(\overline{x^{(i)}} - \overline{x}\right)^T, \tag{8.60}$$

$$\overline{x^{(i)}} = \frac{1}{n_i} \sum_{j=1}^{n_i} x_j^{(i)}, \quad \overline{x} = \frac{1}{n} \sum_{i=1}^{k} \sum_{j=1}^{n_i} x_j^{(i)}, \tag{8.61}$$

且 n_i 是第 i 类样本的个数，$\sum_{i=1}^{k} n_i = n$。

极大化式 (8.57) 等价于求解条件极值问题

$$\max_{a} \quad a^T B a, \tag{8.62}$$

$$\text{s.t.} \quad a^T S a = 1 \text{。} \tag{8.63}$$

由条件极值问题的一阶必要条件得到

$$Ba = \lambda Sa, \tag{8.64}$$

即 λ 是矩阵 B 关于矩阵 S 的广义特征值。对于优化问题 (8.62)~(8.63) 而言，λ 应是最大特征值，且 a 是对应于 λ 的特征向量。

对于两分类问题，判别准则（式 (8.55) 和式 (8.56)）等价为：当式

$$|u(x) - \overline{u}_1| \leqslant |u(x) - \overline{u}_2| \tag{8.65}$$

成立时, x 属于第 1 类; 否则 x 属于第 2 类。

将式 (8.65) 推广到多类问题。如果

$$|u(\boldsymbol{x}) - \overline{u}_{i_0}| = \min_{1 \leqslant i \leqslant k} |u(\boldsymbol{x}) - \overline{u}_i|, \tag{8.66}$$

则认为 x 属于第 i_0 类, 其中 $u(\boldsymbol{x}) = \boldsymbol{a}^{\mathrm{T}}\boldsymbol{x}$, $\overline{u}_i = \boldsymbol{a}^{\mathrm{T}}\overline{\boldsymbol{x}^{(i)}}$。

4. R 程序与例子

按照前面论述的方法编写多分类问题的费希尔判别的 R 程序 (程序名: discriminiant.fisher.R)

```
discriminiant.fisher <- function(X, G, Tst = NULL){
    if (is.factor(G) != TRUE) G <- as.factor(G)
    if (is.null(Tst) == TRUE) Tst <- X
    if (is.vector(Tst) == TRUE) dim(Tst) <- c(1, length(Tst))
    else Tst <- as.matrix(Tst)

    g <- levels(G); k <- length(g); N <- numeric(k)
    n <- ncol(X); m <- nrow(Tst)
    for (i in 1:k) N[i] <- sum(G == g[i])

    S <- array(0, c(n, n))
    for (i in 1:k)
        S <- S + (N[i]-1)*var(X[G == g[i], ])

    Xbar <- apply(X, 2, mean)
    mu <- matrix(0, nrow = k, ncol = n,
        dimnames = list(g, colnames(X)))
    for (j in 1:n)  mu[,j] <- tapply(X[ ,j], G, mean)

    Y <- t(t(mu) - Xbar)
    B <- matrix(0, nc = n, nr = n)
    for (i in 1:k) B <- B + N[i] * (Y[i, ] %o% Y[i, ])

    z <- eigen(solve(S, B))
    a <- z$vectors[,1]
    ui <- mu %*% a; u <- Tst %*% a

    blong <- numeric(m); names(blong) <- rownames(Tst)
    for (j in 1:m){
        dmin <- Inf
        for (i in 1:k)
            if (abs(u[j]-ui[i]) < dmin){
                dmin <- abs(u[j]-ui[i]); blong[j] <- g[i]
            }
    }
```

blong
}
```

**例 8.7**  用费希尔判别方法分析例 8.1 中的数据, 预测今年是否有春旱。

**解**  从 exam0801.data 中读取数据, 调用函数 discriminiant.fisher() 函数作判别, 程序 (程序名: exam0807.R) 与计算如下:

```
> discriminiant.fisher(X, G, Tst)
[1] "no"
> discriminiant.fisher(X, G)
    1     2     3     4     5     6     7     8     9
"yes" "yes" "yes" "no"  "yes" "yes" "no"  "no"  "no"
   10    11    12    13    14
 "no"  "no"  "no"  "no"  "no"
```

预测结果是无春旱, 回代结果的第 4 号样本误判。

例 8.8 用费希尔判别方法完成对例 8.4 的判别与预测。

解 数据输入部分与例 8.4 相同, 调用自编函数 discriminiant.fisher() 作计算。

```
> sol <- discriminiant.fisher(X, G, Tst)
> sum(sol == iris[-num, 5])
[1] 30
```

预测结果全部正确, 错判概率为 0。

8.1.5 判别分析的进一步讨论

前面共讲了三种判别方法——距离判别、贝叶斯判别和费希尔判别, 这三种方法实际上属于两类判别方法——线性判别 (如上述判别中, 方差矩阵相同的情况) 和二次判别 (方差矩阵不同的情况), 图 8.2 和图 8.3 很直观地说明了这一点。

这里用一些篇幅, 介绍 R 中的线性判别函数和二次判别函数。

1. R 软件中的判别函数

在 R 中, lda() 函数和 qda() 函数[①] 是对于数据进行线性判别分析和二次判别分析的函数, 其使用格式为

```
lda(formula, data, ..., subset, na.action)
lda(x, grouping, prior = proportions, tol = 1.0e-4,
    method, CV = FALSE, nu, ...)

qda(formula, data, ..., subset, na.action)
qda(x, grouping, prior = proportions,
    method, CV = FALSE, nu, ...)
```

部分参数的名称、取值及意义如表 8.3 所示。

[①] MASS 程序包中的函数, 在使用前需要加载 MASS 程序包。
```

表 8.3　lda( ) 函数和 qda( ) 函数中部分参数的名称、取值及意义

名称	取值及意义
formula	字符串，表示形如 groups ~ x1 + x2 + ... 的公式。
data	数据框，由样本数据构成。
subset	可选项，表示所使用样本的子集。
x	矩阵或数据框，由数据构成。
grouping	因子向量，表示样本的分类。
prior	先验概率，默认值按输入样本的比例给出。

函数的返回值是一个列表，其成员有 $prior（先验概率），$means（样本均值），$scaling（线性判别函数的系数，相当于第 1 主成分，或第 1 主成分和第 2 主成分，qda() 函数的返回值中无此成员）。

predict() 函数（实际上是 predict.lda() 函数或 predict.qda() 函数的简写形式）是待测样本的预测函数，其使用格式为

```
predict(object, newdata, prior = object$prior, dimen,
        method = c("plug-in", "predictive", "debiased"), ...)
```

部分参数的名称、取值及意义如表 8.4 所示。

表 8.4　predict( ) 函数中部分参数的名称、取值及意义

名称	取值及意义
object	对象，由 lda() 函数或 qda() 函数生成。
newdata	数据框，由待测样本构成，如果 lda 或 qda 用公式形式计算；向量或矩阵，如果用矩阵与因子形式计算。默认值为训练样本。
prior	先验概率，默认值是对象（lda 或 qda）的先验概率。
dimen	维数，1 或 2，默认值是对象的主成分维数。

函数的返回值是一个列表，其成员有 $class（预测分类），$posterior（后验概率），$x（预测得分，qda 对象的返回值中无此成员）。

例 8.9　用 lda() 和 predict() 函数对例 8.1 中的数据进行判别与预测。

解　读取数据，用矩阵和因子形式作判别分析（程序名: exam0809.R）。

```
> lda.sol <- lda(X, G)
> predict(lda.sol, newdata = Tst)$class
[1] no
Levels: no yes
> predict(lda.sol)$class
 [1] yes yes yes no  yes yes no  no  no  no  no  no  no
Levels: no yes
```

计算结果与例 8.3（距离判别，方差相同）一致。

```
> qda.sol <- qda(X, G)
> predict(qda.sol, newdata = Tst)$class
```

```
[1] yes
Levels: no yes
> predict(qda.sol)$class
 [1] yes yes yes yes yes yes no  no  no  no  no  no  no
Levels: no yes
```

计算结果与例 8.3（距离判别，方差不同）一致。

例 8.10 用 lda() 函数和 qda() 函数对鸢尾花数据作判别分析。

解 直接用公式形式对鸢尾花数据 (iris) 作分析。

```
> (iris.lda <- lda(Species ~ ., data = iris))
Prior probabilities of groups:
    setosa versicolor  virginica
 0.3333333  0.3333333  0.3333333

Group means:
           Sepal.Length Sepal.Width Petal.Length Petal.Width
setosa            5.006       3.428        1.462       0.246
versicolor        5.936       2.770        4.260       1.326
virginica         6.588       2.974        5.552       2.026

Coefficients of linear discriminants:
                    LD1         LD2
Sepal.Length  0.8293776   0.02410215
Sepal.Width   1.5344731   2.16452123
Petal.Length -2.2012117  -0.93192121
Petal.Width  -2.8104603   2.83918785

Proportion of trace:
   LD1    LD2
0.9912 0.0088
```

在计算结果中，第 1 段是先验概率，第 2 段是样本均值，第 3 段是线性判别系数，第 4 段是第 1 主成分和第 2 主成分所占的百分比。

计算数据回代的情况。

```
> iris.pre <- predict(iris.lda)
> table(true_class = iris$Species, preedict = iris.pre$class)
            preedict
true_class   setosa versicolor virginica
  setosa         50          0         0
  versicolor      0         48         2
  virginica       0          1        49
```

第 1 组数据没有误判，第 2 组数据误判 2 个，第 3 组数据误判 1 个。

对于 qda() 函数可以作类似的分析（留给读者完成）。

在 predict() 函数的返回列表中，成员 $x 是预测得分。对于两分类问题只有第 1 主成分得分，对于多分类问题，有第 1 主成分和第 2 主成分得分。可将待测样本（或训练样本）的预测得分画在图上，这样会清晰看出各类数据点的分类情况。

例如，对于鸢尾花数据，画出预测得分的散点图，其程序如下：

```
plot(iris.pre$x, cex=1.2,
     pch = rep(21:23, c(50, 50, 50)),
     col = rep(2:4, c(50, 50, 50)),
     bg = rep(2:4, c(50, 50, 50)),
     xlab = "LD1", ylab = "LD2")
legend(0, 2.5, c("setosa", "versicolor", "virginica"),
       pch = 21:23, col = 2:4, cex=1.1)
```

所画图形如图 8.4 所示。

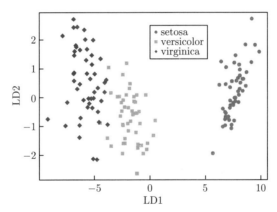

图 8.4　鸢尾花数据训练样本预测得分的散点图

2. k 折交叉验证

如何评价一个判别方法的好坏呢？最主要的指标是判别函数的预测准确率和回代准确率。所谓预测准确率就是将待判样本用判别函数作预测，在判别后，将计算结果与实际情况作对照，计算出相应的判对的正确率。所谓回代准确率就是将训练样本（也就是生成判别函数的样本）进行预测，再将计算结果与实际结果作比较，计算出相应的判对的正确率。

对于回代正确率是很好计算的，因为计算值与实际值均是已知的。但对于预测正确率就不是那么容易计算了，因为是预测，通常是不知道数据的实际值的。为克服这一困难，通常会采用 k 折交叉验证的方法得到预测正确率。所谓 k 折交叉验证，就是将已知的数据分成数量差不多的 k 份，将其中的一份作为待测样本，余下的 $k-1$ 份作为训练样本，然后再交换这些样本，共进行 k 次计算。由于数据是已知的，这样就容易计算出判别函数的预测正确率。

例 8.11　对费希尔鸢尾花数据作 k 折交叉验证，这里取 $k=5$，用函数 lda() 作线性判别，计算预测正确率和回代正确率。

解 对鸢尾花数据分组，每组 30 个样本（每一类 10 个），共分成 5 组，每次选 1 组作为预测样本，其余 4 组作为训练样本，然后累加每组的预测正确数和回代正确数，最后计算相应的正确率。其 R 程序如下（程序名：exam0811.R）：

```
pre.sum <- 0; cla.sum <- 0
for (k in 0:4){
    x <- 10*k + 1:10
    PredSet <- c(x, 50 + x, 100 + x)
    lda.sol <- lda(Species ~ ., subset = -PredSet, data = iris)
    pre <- predict(lda.sol, iris[PredSet, 1:4])$class
    cla <- predict(lda.sol)$class
    pre.sum <- pre.sum + sum(pre == iris[predict.set,5])
    cla.sum <- cla.sum + sum(cla == iris[-predict.set,5])
}
matrix(c(pre.sum, cla.sum, pre.sum/150, cla.sum/600), nc=2,

    dimnames = list(c("预测值 ", "回代值 "), c("正确数 ", "正确率 ")))
```

其计算结果为

	正确数	正确率
预测	147	0.98
回代	588	0.98

8.1.6 扩展程序包中的判别函数

前面介绍的 lda() 函数和 qda() 函数是程序包 MASS 中的函数，如果需要，还可以下载其他程序包，得到一些常用的判别函数。本小节仅以两个函数 —— knn() 函数和 naiveBayes() 函数为例子，说明如何使用扩展程序包中的函数来完成判别分析的。

1. KNN 算法

KNN 是 K - Nearest Neighbor 的缩写，所以 KNN 算法就是 K 最近邻算法，它是由 Cover 和 Hert 于 1968 年提出的，是一个理论上比较成熟的方法，也是机器学习中最简单的算法之一。

K 最近邻算法可以看成距离判别的推广，它的思路也非常简单直观：如果一个样本在特征空间中的 K 个最近邻的样本中的大多数属于某一类别，也就判别这个样本属于这个类别。

图 8.5 给出 KNN 算法的直观解释：假设样本的特征空间共有 3 类，分别是下三角（▼）类、上三角（▲）类和方框（■）类，有三个待判样本（●），分别记为 1、2 和 3。如果选择 5 个最近邻的样本（也就是 $K = 5$ 的情况），按照最近邻算法的原则，待判样本 1，最近的 5 个样本均属于下三角类，所以样本 1 应被判为下三角类。在待判样本 2 的 5 个最近邻中，有 3 个样本属于上三角类，占大多数，应被判为上三角类。同理，样本 3 应被判为方框类。

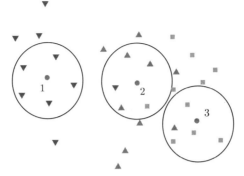

图 8.5　KNN 算法的直观解示意图

还可以给出 3 个待判样本被判为某一类的概率，样本 1 的 5 个最近邻都属于下三角类，所以被判为下三角类的概率是 100%，而样本 2 被判为上三角类的概率只有 60%，同样，样本 3 被判为方框类的概率是 80%。

knn()函数是 class 程序包中的函数[①]，它是根据 KNN 算法编写的，其使用格式为

```
knn(train, test, cl, k = 1, l = 0, prob = FALSE, use.all = TRUE)
```

参数的名称、取值及意义如表 8.5 所示。

表 8.5　knn( ) 函数中参数的名称、取值及意义

名称	取值及意义
train	矩阵或数据框，由训练样本构成。
test	矩阵或数据框，由待判样本构成。
cl	因子，表示训练样本的类别。
k	正整数，表示表示最近邻样本的数目，默认值为 1。
l	正整数，表示最少赞成票数，默认值为 0。
prob	逻辑变量，取 TRUE 时，返回值给出样本被判为某一类的概率，默认值为 FALSE。
use.all	逻辑变量，取 TRUE（默认值）时，考虑所有距离相同的训练样本。

函数的返回值是因子，表示待判样本的类别。如果运算时取 prob = TRUE，则在因子后面增加待判样本的 "prob"（概率）属性。

例 8.12　用 knn()函数对例 8.1 中的数据进行判别与预测，分别取 $k = 3$ 和 $k = 5$ 两种情况进行讨论。

解　读取数据，调用 knn()函数作预测，程序与计算结果如下：

```
> rt <- read.table("exam0801.data")
> train <- rt[ ,1:2]; cl <- rt[ ,3]; test <- c(23.5, -1.6)
> knn(train, test, cl, k = 3, prob = TRUE)
[1] no
attr(,"prob")
[1] 0.6666667
Levels: no yes
```

[①] 在使用之前需要下载和加载 class 程序包。

```
> knn(train, test, cl, k = 5, prob = TRUE)
[1] yes
attr(,"prob")
[1] 0.6
Levels: no yes
```

当 $k=3$ 时，预测今年无春旱，概率值为 0.667，也就是说，在 3 个最近邻的样本中，有 2 个属于无春旱。当 $k=5$ 时，预测今年有春旱，概率值为 0.6，也就是说，在 5 个最近邻的样本中，有 3 个属于有春旱。具体情况如图 8.6 所示。

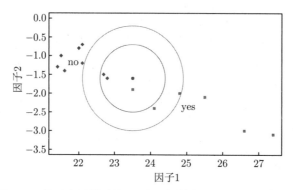

图 8.6 关于春旱判别的 K 个近邻样本，其中 ● 是待判点

例 8.13 用 knn() 函数（取 $k=5$）完成对例 8.4 的判别与预测。

解 与例 8.4 一样，每一类取前 40 个样本作为训练样本，后 10 个样本作为待判样本，程序如下：

```
num <- c(1:40, 51:90, 101:140)
X <- iris[num, 1:4]; G <- iris[num, 5]; Tst <- iris[-num, 1:4]
knn(train = X, test = Tst, cl = G, k = 5, prob = TRUE)
```

计算结果为

```
 [1] setosa     setosa     setosa     setosa     setosa
 [6] setosa     setosa     setosa     setosa     setosa
[11] versicolor versicolor versicolor versicolor versicolor
[16] versicolor versicolor versicolor versicolor versicolor
[21] virginica  virginica  virginica  virginica  virginica
[26] virginica  virginica  virginica  virginica  virginica
attr(,"prob")
 [1] 1.0000000 1.0000000 1.0000000 1.0000000 1.0000000 1.0000000
 [7] 1.0000000 1.0000000 1.0000000 1.0000000 1.0000000 1.0000000
[13] 1.0000000 1.0000000 1.0000000 1.0000000 1.0000000 1.0000000
[19] 1.0000000 1.0000000 1.0000000 1.0000000 0.8333333 1.0000000
[25] 1.0000000 1.0000000 0.6000000 1.0000000 1.0000000 0.6000000
Levels: setosa versicolor virginica
```

判别结果是全部正确。但细心的读者会发现，第 23 号样本的被判概率是 0.833，为什么会出现这种情况？这是由于函数的默认参数是 use.all = TRUE，当数据打"结"时，它会将距离相同的样本全部包含在计算样本中，此时 K 的值不是 5，而是 6。

在前面判别分析的讨论中，有两个重要的指标，一个是待判样本的预测正确率，另一个是训练样本的回代正确率。为了分析 KNN 算法的预测正确率，class 程序中的 knn.cv() 函数用"留一法"（一个样本作为待判样本，其余的样本作为训练样本）对样本作预测。

knn.cv() 函数的使用格式为

```
knn.cv(train, cl, k = 1, l = 0, prob = FALSE, use.all = TRUE)
```

参数的意义与 knn() 函数相同（见表 8.5）。

例如，对于鸢尾花数据，全部样本"留一法"的计算结果如下：

```
> knn_class <- knn.cv(train = iris[,1:4], cl = iris[,5], k = 3)
> table(true_class = iris[,5], predict = knn_class)
            predict
true_class   setosa versicolor virginica
  setosa        50       0          0
  versicolor     0      47          3
  virginica      0       3         47
```

2. 朴素贝叶斯算法

朴素贝叶斯分类算法是统计学的一种分类方法，其分类原理就是利用贝叶斯公式根据某对象的先验概率计算出其后验概率，然后选择具有最大后验概率的类作为该对象所属的类。

之所以称之为"朴素"，是因为贝叶斯分类只做最原始、最简单的假设：一个属性值对给定类的影响独立于其他属性类值，该假设被称为类条件独立假设。它的好处是，可以降低算法的计算量，但它同时也是算法的缺点，因为在实际应用中，类条件独立假设可能不成立。

naiveBayes() 函数是 e1071 程序包中的函数[①]，它是根据朴素贝叶斯分类算法编写的，其使用格式为

```
naiveBayes(formula, data, laplace = 0, ..., subset,
           na.action = na.pass)
naiveBayes(x, y, laplace = 0, ...)
```

部分参数的名称、取值及意义如表 8.6 所示。

函数的返回值是一个列表，其成员有 $apriori（先验概率），$tables（条件概率构成的表）。

在 naiveBayes() 函数作出训练后，还需要使用的 predict() 函数（实际上是 predict.naiveBayes() 函数的简写形式）对待判样本作预测，其使用格式为

---

① 在使用之前需要下载和加载 e1071 程序包。

```
predict(object, newdata,
    type = c("class", "raw"), threshold = 0.001, eps = 0, ...)
```

表 8.6 naiveBayes( ) 函数中部分参数的名称、取值及意义

名称	取值及意义
formula	字符串，表示形如 groups ~ x1 + x2 + ⋯ 的公式。
data	数据框，由样本数据构成。
subset	可选项，表示所使用样本的子集。
x	矩阵或数据框，由数据构成。
y	因子向量，表示样本的分类。

部分参数的名称、取值及意义如表 8.7 所示。

表 8.7 predict( ) 函数中部分参数的名称、取值及意义

名称	取值及意义
object	对象，由 naiveBayes() 函数生成。
newdata	数据框，由待判样本构成。
type	字符串，取 "class"（默认值）时，返回值给出待判样本预测的分类；取 "raw" 时，返回值给出待判样本预测的后验概率。

函数的返回值是因子向量（type = "class"），或者是矩阵（type = "raw"）。

例 8.14 用 naiveBayes() 函数和 predict() 函数对例 8.1 中的数据进行判别与预测。

解 用 naiveBayes() 函数作训练，predict() 函数作预测，程序与计算结果如下：

```
> model <- naiveBayes(G ~ X1 + X2, data = rt)
> predict(model, newdata = data.frame(X1 = 23.5, X2 = -1.6))
[1] yes
Levels: no yes
> predict(model, data.frame(X1 = 23.5, X2 = -1.6), type = "raw")
            no       yes
[1,] 0.2700763 0.7299237
```

预测今年有春旱，且春旱的后验概率是 0.73。再计算回代情况

```
> predict(model, newdata = rt)
 [1] yes yes yes yes yes yes no  no  no  no  no  no  no  no
Levels: no yes
```

回代正确率是 100%。

在作训练时，也可以采用另一种计算格式

```
model <- naiveBayes(x = rt[ ,1:2], y = rt[ ,3])
```

请读者自己完成。

例 8.15 用 naiveBayes() 函数和 predict() 函数完成对例 8.4 的判别与预测。

解 全部数据作训练,然后计算样本的回代情况。

```
> m <- naiveBayes(Species ~ ., data = iris)
> table(true_class = iris[,5], predict = predict(m, iris[,1:4]))
            predict
true_class   setosa versicolor virginica
  setosa         50          0         0
  versicolor      0         47         3
  virginica       0          3        47
```

8.2 聚类分析

聚类分析是一类将数据所对应研究对象进行分类的统计方法。这一类方法的共同特点是:事先不知道类别的个数与结构;据以进行分析的数据是对象之间的相似性或相异性的数据。将这些相似(相异)性数据看成是对象之间的"距离"远近的一种度量,将距离近的对象归入一类,不同类之间的对象距离较远。这就是聚类分析方法的共同思路。

聚类分析根据分类对象的不同,分为 Q 型聚类分析和 R 型聚类分析。Q 型聚类分析是指对样本进行聚类,R 型聚类分析是指对变量进行聚类分析。

8.2.1 距离和相似系数

聚类分析是研究对样本或变量的聚类,在进行聚类时,可使用的方法有很多,而这些方法的选择往往与变量的类型是有关系的,由于数据的来源及测量方法的不同,变量大致可以分为两类。

(1) 定量变量。也就是通常所说的连续量,如长度、重量、产量、人口、速度和温度等,它们是由测量或计数、统计所得到的量,这些变量具有数值特征,称为定量变量。

(2) 定性变量。这些量并非真有数量上的变化,而只有性质上的差异。这些量还可以分为两种,一种是有序变量,它没有数量关系,只有次序关系,如某种产品分为一等品、二等品、三等品等,矿石的质量分为贫矿和富矿;另一种是名义变量,这种变量既无等级关系,也无数量关系,如天气(阴、晴),性别(男、女)、职业(工人、农民、教师、干部)和产品的型号等。

1. 距离

设 x_{ik} 为第 i 个样本的第 k 个指标,数据观测值如表 8.8 所示。在表 8.8 中,每个样本有 p 个变量,故每个样本可以看成是 $\mathbf{R}^p$ 中的一个点,n 个样本就是 $\mathbf{R}^p$ 中的 n 个点。在 $\mathbf{R}^p$ 中需要定义某种距离,第 i 个样本与第 j 个样本之间的距离记为 d_{ij},在聚类过程中,距离较近的点倾向于归为一类,距离较远的点应归属不同类。所定义的距离一般满足如下四个条件:

(1) $d_{ij} \geqslant 0$,对一切 i, j;

(2) $d_{ij} = 0$,当且仅当第 i 个样本与第 j 个样本的各变量值相同;

(3) $d_{ij} = d_{ji}$,对一切 i, j;

(4) $d_{ij} \leqslant d_{ik} + d_{kj}$, 对一切 i, j, k。

表 8.8　数据观测值

样本	变量			
	x_1	x_2	$\cdots$	x_p
1	x_{11}	x_{12}	$\cdots$	x_{1p}
2	x_{21}	x_{22}	$\cdots$	x_{2p}
$\vdots$	$\vdots$	$\vdots$		$\vdots$
n	x_{n1}	x_{n2}	$\cdots$	x_{np}

对于距离最常用的有以下几种:

(1) 绝对值距离

$$d_{ij}(1) = \sum_{k=1}^{p} |x_{ik} - x_{jk}|。 \tag{8.67}$$

绝对值距离也称为"棋盘距离"或"城市街区"距离。

(2) 欧几里得距离

$$d_{ij}(2) = \sqrt{\sum_{k=1}^{p} (x_{ik} - x_{jk})^2}。 \tag{8.68}$$

这就是通常意义下的距离。

(3) 闵科夫斯基 (Minkowski) 距离

$$d_{ij}(q) = \left[\sum_{k=1}^{p} |x_{ik} - x_{jk}|^q\right]^{1/q}, \quad q > 0。 \tag{8.69}$$

不难看出绝对值距离和欧几里得距离是闵科夫斯基距离的特例。

当各变量的单位不同或测量值的范围相差很大时, 不应直接采用闵科夫斯基距离, 而应先对各变量的数据作标准化处理, 然后再用标准化后的数据进行计算。

(4) 切比雪夫距离

$$d_{ij}(\infty) = \max_{1 \leqslant k \leqslant p} |x_{ik} - x_{jk}|, \tag{8.70}$$

它是闵科夫斯基距离中 $q \to \infty$ 的情况。

(5) 马哈拉诺比斯距离

$$d_{ij}(M) = \sqrt{(\boldsymbol{x}_{(i)} - \boldsymbol{x}_{(j)})^{\mathrm{T}} \boldsymbol{S}^{-1} (\boldsymbol{x}_{(i)} - \boldsymbol{x}_{(j)})}, \tag{8.71}$$

其中 $\boldsymbol{x}_{(i)} = (x_{i1}, x_{i2}, \cdots, x_{ip})^{\mathrm{T}}$, $\boldsymbol{x}_{(j)} = (x_{j1}, x_{j2}, \cdots, x_{jp})^{\mathrm{T}}$, $\boldsymbol{S}$ 为样本方差矩阵。

用马哈拉诺比斯距离的好处是考虑到各变量之间的相关性, 并且与变量的单位无关。但马哈拉诺比斯距离有一个很大的缺陷, 就是马哈拉诺比斯距离公式中的 $\boldsymbol{S}$ 难以确定。

(6) 兰斯和威廉斯距离

$$d_{ij}(L) = \sum_{k=1}^{p} \frac{|x_{ik} - x_{jk}|}{x_{ik} + x_{jk}}, \tag{8.72}$$

其中 $x_{ij} > 0, i = 1, 2, \cdots, n, j = 1, 2, \cdots, p$。

以上几种距离的定义均要求变量是定量变量，下面介绍一种定性变量距离的定义方法。

（7）定性变量样本间的距离

在数量化的理论中，常将定性变量称为项目，而将定性变量的各种不同的取"值"称为类目。例如，性别是项目，而男或女是这个项目的类目。体形也是一个项目，而适中、胖、瘦、壮等是这个项目的类目。设样本

$$\boldsymbol{x}_{(i)} = (\delta_i(1,1), \delta_i(1,2), \cdots, \delta_i(1,r_1), \delta_i(2,1), \delta_i(2,2), \cdots, \delta_i(2,r_2), \cdots,$$
$$\delta_i(m,1), \delta_i(m,2), \cdots, \delta_i(m,r_m))^{\mathrm{T}}, \quad i = 1, 2, \cdots, n,$$

其中 n 为样本的个数，m 为项目的个数，r_k 为第 k 个项目的类目数，$r_1 + r_2 + \cdots + r_m = p$，

$$\delta_i(k,l) = \begin{cases} 1, & \text{第 } i \text{ 个样本中第 } k \text{ 个项目的数据为第 } l \text{ 个类目时,} \\ 0, & \text{否则。} \end{cases}$$

称 $\delta_i(k,l)$ 为第 k 个项目之 l 类在第 i 个样本中的反应。

例如，考虑项目 1 为性别，其目类为男、女。项目 2 为外语种类，其目类为英、日、德、俄。项目 3 为专业，其目类为统计、会计、金融。项目 4 为职业，其目类为教师、工程师。现有两个样本，第一个人是男性，所学外语是英语，所学专业是金融，其职业是工程师；第二个人是女性，所学外语是英语，所学专业是统计，其职业是教师。表 8.9 给出相应的项目、类目和样本的取值情况。这里 $n = 2, m = 4, r_1 = 2, r_2 = 4, r_3 = 3, r_4 = 2, p = 11$。

表 8.9 项目、类目和样本的取值情况

样本	性别		外语				专业			职业	
	男	女	英	日	德	俄	统计	会计	金融	教师	工程师
$x_{(1)}$	1	0	1	0	0	0	0	0	1	0	1
$x_{(2)}$	0	1	1	0	0	0	1	0	0	1	0

设有两个样本 $\boldsymbol{x}_{(i)}, \boldsymbol{x}_{(j)}$，若 $\delta_i(k,l) = \delta_j(k,l) = 1$，则称这两个样本在第 k 个项目的第 l 类目上 $1-1$ 配对；若 $\delta_i(k,l) = \delta_j(k,l) = 0$，则称这两个样本在第 k 个项目的第 l 类目上 $0-0$ 配对；若 $\delta_i(k,l) \neq \delta_j(k,l)$，则称这两个样本在第 k 个项目的第 l 类目上不配对。

记 m_1 为 $\boldsymbol{x}_{(i)}$ 和 $\boldsymbol{x}_{(j)}$ 在 m 个项目所有类目中 $1-1$ 配对的总数，m_0 为 $0-0$ 配对的总数，m_2 为不配对的总数。显然，有

$$m_0 + m_1 + m_2 = p。$$

样本 $\boldsymbol{x}_{(i)}$ 和 $\boldsymbol{x}_{(j)}$ 之间的距离可以定义为

$$d_{ij} = \frac{m_2}{m_1 + m_2}。 \tag{8.73}$$

对于表 8.9 中的数据，$m_0 = 4, m_1 = 1, m_2 = 6$. 因此，距离为 $d_{12} = 6/7 = 0.8571429$.

在 R 中，dist() 函数给出了各种距离的计算结果，其使用格式为

dist(x, method = "euclidean", diag = FALSE, upper = FALSE, p = 2)

部分参数的名称、取值及意义如表 8.10 所示。

表 8.10 dist() 函数中部分参数的名称、取值及意义

名称	取值及意义
x	矩阵或数据框，由观测数据构成（样本按行输入）。
method	字符串，表示计算距离的方法，默认值为欧几里得距离。 "euclidean" 表示欧几里得距离，即按公式 (8.68) 计算； "maximum" 表示切比雪夫距离，即按公式 (8.70) 计算； "manhattan" 表示绝对值距离，即按公式 (8.67) 计算； "canberra" 表示 Lance 距离 *； "minkowski" 表示闵科夫斯基距离，其中参数 p 是闵可夫斯基距离的阶数，即公式 (8.69) 中的 q； "binary" 表示定性变量的距离，按公式 (8.73) 计算。
diag	逻辑变量，当 diag = TRUE 时，输出对角线上的距离。
upper	是逻辑变量，当 upper = TRUE 时，输出上三角矩阵的值（默认值仅输出下三角矩阵的值）。

* 是 Lance 距离的扩充，并不要求 $x_{ij} > 0$，计算公式为 $d_{ij} = \sum\limits_{k=1}^{p} \dfrac{|x_{ik} - x_{jk}|}{|x_{ik} + x_{jk}|}$。

2. 数据中心化与标准化变换

在作聚类分析过程中，大多数数据往往是不能直接参与运算的，需要先将数据作中心化或标准化处理。

(1) 中心化变换。称

$$x_{ij}^* = x_{ij} - \overline{x}_j, \quad i = 1, 2, \cdots, n,\ j = 1, 2, \cdots, p \tag{8.74}$$

为中心化变换，其中 $\overline{x}_j = \dfrac{1}{n}\sum\limits_{k=1}^{n} x_{kj}$。变换后数据的均值为 **0**，方差矩阵不变。

(2) 标准化变换。称

$$x_{ij}^* = \dfrac{x_{ij} - \overline{x}_j}{s_j}, \quad i = 1, 2, \cdots, n,\ j = 1, 2, \cdots, p \tag{8.75}$$

为标准化变换，其中 $\overline{x}_j = \dfrac{1}{n}\sum\limits_{k=1}^{n} x_{kj}$，$s_j^2 = \dfrac{1}{n-1}\sum\limits_{k=1}^{n}(x_{kj} - \overline{x}_j)^2$。变换后数据均值为 0，标准差为 1，而且标准化后的数据与变量的量纲无关。

在 R 中，可用 scale() 函数作数据的中心化或标准化，其使用格式为

scale(x, center = TRUE, scale = TRUE)

其中 x 是由观测数据构成的矩阵。center 是逻辑变量，TRUE（默认值）表示对数据作中心化变换。scale 是逻辑变量，TRUE（默认值）表示对数据作标准化变换。$x^* = $ scale(x, scale = FALSE) 对应于公式 (8.74)，$x^* = $ scale(x) 对应于公式 (8.75)。

(3) 极差标准化变换。称

$$x_{ij}^* = \frac{x_{ij} - \overline{x}_j}{R_j}, \quad i = 1, 2, \cdots, n, \ j = 1, 2, \cdots, p \tag{8.76}$$

为极差标准化变换，其中 $R_j = \max\limits_{1 \leqslant k \leqslant n} x_{kj} - \min\limits_{1 \leqslant k \leqslant n} x_{kj}$。变换后数据，每个变量的样本均值为 0，极差为 1，且 $|x_{ij}^*| < 1$，在以后的分析计算中可以减少误差的产生，同时变换后的数据也是无量纲的量。

在 R 中，可用 sweep() 函数作极差标准化变换，其变换过程如下：

```
center <- sweep(x, 2, apply(x, 2, mean))
R <- apply(x, 2, max) - apply(x,2,min)
x_star <- sweep(center, 2, R, "/")
```

其中 x 是由观测数据构成的矩阵。第 1 行是将数据中心化，即式 (8.74)。第 2 行是计算极差 $R_j, j = 1, 2, \cdots, p$。第 3 行是将中心化后的数据除以极差，得到数据的极差标准化数据。

在上述命令中用到 sweep() 函数，sweep() 函数对数组或矩阵进行运算，其运算格式为

```
sweep(x, MARGIN, STATS, FUN = "-", check.margin = TRUE, ...)
```

其中 x 是数组或矩阵。MARGIN 是运算的区域，对于矩阵来讲，1 表示行，2 表示列。STATS 是统计量，如 apply(x, 2, mean) 表示各列的均值。FUN 表示函数的运算，默认值为减法运算。

从 sweep() 函数的规则可知，如果将命令中的第 3 行改为

```
x_star <- sweep(center, 2, sd(x), "/")
```

得到的就是 (普通) 标准化变换后的数据。

(4) 极差正规化变换。称

$$x_{ij}^* = \frac{x_{ij} - \min\limits_{1 \leqslant k \leqslant n} x_{kj}}{R_j}, \quad i = 1, 2, \cdots, n, \ j = 1, 2, \cdots, p \tag{8.77}$$

为极差正规化变换，其中 $R_j = \max\limits_{1 \leqslant k \leqslant n} x_{kj} - \min\limits_{1 \leqslant k \leqslant n} x_{kj}$。变换后数据 $0 \leqslant x_{ij}^* \leqslant 1$，极差为 1，也是无量纲的量。

利用 sweep() 函数，可以很容易得到数据的极差正规化变换，其变换过程如下：

```
center <- sweep(x, 2, apply(x, 2, min))
R <- apply(x, 2, max) - apply(x,2,min)
x_star <- sweep(center, 2, R, "/")
```

其中 x 是由观测数据构成的矩阵。

3. 相似系数

聚类分析方法不仅用来对样本进行分类，而且可用来对变量进行分类，在对变量进行分类时，常用相似系数来度量变量之间的相似程度。

设 c_{ij} 表示变量 X_i 和 X_j 间的相似系数，一般要求：

(1) $c_{ij} = \pm 1$ 当且仅当 $X_i = aX_j$ $(a \neq 0)$；

(2) $|c_{ij}| \leqslant 1$，对一切 i, j 成立；

(3) $c_{ij} = c_{ji}$，对一切 i, j 成立。

$|c_{ij}|$ 越接近 1，则表示 X_i 和 X_j 的关系越密切，c_{ij} 越接近 0，则两者关系越疏远。

(1) 夹角余弦。变量 X_i 的 n 次观测值为 $(x_{1i}, x_{2i}, \cdots, x_{ni})$，则 X_i 与 X_j 的夹角余弦称为两向量的相似系数，记为 $c_{ij}(1)$，即

$$c_{ij}(1) = \frac{\sum_{k=1}^{n} x_{ki} x_{kj}}{\sqrt{\sum_{k=1}^{n} x_{ki}^2} \sqrt{\sum_{k=1}^{n} x_{kj}^2}}, \quad i, j = 1, 2, \cdots, p。 \tag{8.78}$$

当 X_i 和 X_j 平行时，$c_{ij}(1) = \pm 1$，说明这两向量完全相似；当 X_i 和 X_j 正交时，$c_{ij}(1) = 0$，说明这两向量不相关。

在 R 中，可用 scale() 函数完成两向量夹角余弦的计算，其计算公式如下：

```
y <- scale(x, center = F, scale = T)/sqrt(nrow(x)-1)
C <- t(y) %*% y
```

其中 x 是由观测数据构成的矩阵。C 是由式 (8.78) 计算出的相似系数构成的矩阵。注意：由于函数 scale 除的是 $\sqrt{\frac{1}{n-1} \sum_{k=1}^{n} x_{ki}^2}$，而式 (8.78) 需要除 $\sqrt{\sum_{k=1}^{n} x_{ki}^2}$，相差 $\sqrt{n-1}$ 倍，故计算公式中还需再除上 $\sqrt{n-1}$。

(2) 相关系数。相关系数就是对数据作标准化处理后的夹角余弦。也就是变量 X_i 和变量 X_j 的相关系数 r_{ij}，这里记为 $c_{ij}(2)$，即

$$c_{ij}(2) = \frac{\sum_{k=1}^{n} (x_{ki} - \overline{x}_i)(x_{kj} - \overline{x}_j)}{\sqrt{\sum_{k=1}^{n} (x_{ki} - \overline{x}_i)^2} \sqrt{\sum_{k=1}^{n} (x_{kj} - \overline{x}_j)^2}}, \quad i, j = 1, 2, \cdots, p, \tag{8.79}$$

其中 $\overline{x}_i = \frac{1}{n} \sum_{k=1}^{n} x_{ki}$，$\overline{x}_j = \frac{1}{n} \sum_{k=1}^{n} x_{kj}$。当 $c_{ij}(2) = \pm 1$ 时表示两变量线性相关。

在 R 中，$c_{ij}(2)$ 的计算更加方便，即样本的相关矩阵，

```
C <- cor(x)
```

其中 x 是由观测数据构成的矩阵。

变量之间常借助于相似系数来定义距离，如令

$$d_{ij}^2 = 1 - c_{ij}^2。 \tag{8.80}$$

有时也用相似系数来度量样本间的相似程度。

8.2.2 系统聚类法

系统聚类方法是聚类分析诸方法中用得最多的一种,其基本思想是:开始将 n 个样本各自作为一类,并规定样本之间的距离和类与类之间的距离,然后将距离最近的两类合并成一个新类,计算新类与其他类的距离;重复进行两个最近类的合并,每次减少一类,直至所有的样本合并为一类。

以下用 d_{ij} 表示第 i 个样本与第 j 个样本的距离,$G_1, G_2, \cdots$ 表示类,D_{KL} 表示 G_K 与 G_L 的距离。在下面所介绍的系统聚类法中,所有的方法一开始每个样本自成一类,类与类之间的距离与样本之间的距离相同,即 $D_{KL} = d_{KL}$,所以最初的距离矩阵全部相同,记为 $D_{(0)} = (d_{ij})$。

1. 最短距离法

定义类与类之间的距离为两类最近样本间的距离,即

$$D_{KL} = \min_{i \in G_K, j \in G_L} d_{ij}。 \tag{8.81}$$

称这种系统聚类法为最短距离法。

当某步骤类 G_K 和 G_L 合并为 G_M 后,按最短距离法计算新类 G_M 与其他类 G_J 的类间距离,其递推公式为

$$\begin{aligned} D_{MJ} &= \min_{i \in G_M, j \in G_J} d_{ij} = \min\left\{\min_{i \in G_K, j \in G_J} d_{ij}, \min_{i \in G_L, j \in G_J} d_{ij}\right\} \\ &= \min\{D_{KJ}, D_{LJ}\}。 \end{aligned} \tag{8.82}$$

2. 最长距离法

定义类与类之间的距离为两类最远样本间的距离,即

$$D_{KL} = \max_{i \in G_K, j \in G_L} d_{ij}。 \tag{8.83}$$

称这种系统聚类法为最长距离法。

当某步骤类 G_K 和 G_L 合并为 G_M 后,则 G_M 与任一类 G_J 距离为

$$D_{MJ} = \max\{D_{KJ}, D_{LJ}\}。 \tag{8.84}$$

3. 中间距离法

类与类之间的距离即不取两类最近样本的距离,也不取两类最远样本的距离,而是取介于两者中间的距离,称为中间距离法。

设某一步将 G_K 和 G_L 合并为 G_M,对于任一类 G_J,考虑由 D_{KL},D_{LJ} 和 D_{KJ} 为边长组成的三角形(见图 8.7),取 D_{KL} 边的中线作为 D_{MJ}。由初等平面几何可知,D_{MJ} 的计算公式为

$$D_{MJ}^2 = \frac{1}{2}D_{KJ}^2 + \frac{1}{2}D_{LJ}^2 - \frac{1}{4}D_{KL}^2。 \tag{8.85}$$

这就是中间距离法的递推公式。

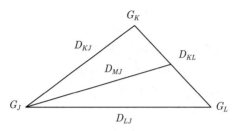

图 8.7 中间距离法的几何表示

中间距离法可推广为更一般的情形，将式 (8.85) 中三个系数改为带有参数 β，即

$$D_{MJ}^2 = \frac{1-\beta}{2}\left(D_{KJ}^2 + D_{LJ}^2\right) + \beta D_{KL}^2, \tag{8.86}$$

其中 $\beta < 1$，这种方法称为可变法。当 $\beta = 0$ 时，递推公式变为

$$D_{MJ}^2 = \frac{1}{2}\left(D_{KJ}^2 + D_{LJ}^2\right)。\tag{8.87}$$

称此方法为马奎提（Mcquitty）相似分析法。

4. 类平均法

类平均法有两种定义，一种定义方法是把类与类之间的距离定义为所有样本对之间的平均距离，即定义 G_K 和 G_L 之间的距离为

$$D_{KL} = \frac{1}{n_K n_L} \sum_{i \in G_K, j \in G_L} d_{ij}, \tag{8.88}$$

其中 n_K 和 n_L 分别为类 G_K 和 G_L 的样本个数，d_{ij} 为 G_K 中样本 i 与 G_L 中的样本 j 之间的距离。容易得到它的一个递推公式

$$\begin{aligned}
D_{MJ} &= \frac{1}{n_M n_J} \sum_{i \in G_M, j \in G_J} d_{ij} \\
&= \frac{1}{n_M n_J}\left(\sum_{i \in G_K, j \in G_J} d_{ij} + \sum_{i \in G_L, j \in G_J} d_{ij}\right) \\
&= \frac{n_K}{n_M} D_{KJ} + \frac{n_L}{n_M} D_{LJ}。
\end{aligned} \tag{8.89}$$

另一种定义方法是定义类与类之间的平方距离为样本对之间平方距离的平均值，即

$$D_{KL}^2 = \frac{1}{n_K n_L} \sum_{i \in G_K, j \in G_L} d_{ij}^2。\tag{8.90}$$

它的递推公式为

$$D_{MJ}^2 = \frac{n_K}{n_M} D_{KJ}^2 + \frac{n_L}{n_M} D_{LJ}^2。\tag{8.91}$$

类平均法较充分地利用了所有样本之间的信息，在很多情况下，它被认为是一种较好的系统聚类法。

在递推公式 (8.91) 中，D_{KL} 的影响没有被反映出来，为此可将该递推公式进一步推广为

$$D_{MJ}^2 = (1-\beta)\left(\frac{n_K}{n_M}D_{KJ}^2 + \frac{n_L}{n_M}D_{LJ}^2\right) + \beta D_{KL}^2, \tag{8.92}$$

其中 $\beta < 1$，称这种系统聚类法为可变类平均法。

5. 重心法

类与类之间的距离定义为它们的重心（均值）之间的欧几里得距离。设 G_K 和 G_L 的重心分别为 $\overline{x}_K$ 和 $\overline{x}_L$，则 G_K 与 G_L 之间的平方距离为

$$D_{KL}^2 = d_{\overline{x}_K \overline{x}_L}^2 = (\overline{x}_K - \overline{x}_L)^{\mathrm{T}}(\overline{x}_K - \overline{x}_L)。 \tag{8.93}$$

这种系统聚类方法称为重心法。它的递推公式为

$$D_{MJ}^2 = \frac{n_K}{n_M}D_{KJ}^2 + \frac{n_L}{n_M}D_{LJ}^2 - \frac{n_K n_L}{n_M^2}D_{KL}^2。 \tag{8.94}$$

重心法在处理异常值方面比其他系统类法更稳健，但是在别的方面一般不如类平均法或离差平方和法的效果好。

6. 离差平方和法（沃德方法）

离差平方和法是沃德（Ward）于 1963 年提出的，也称为沃德法。它基于方差分析思想，如果类分得正确，则同类样本之间的离差平方和应当较小，不同类样本之间的离差平方和应当较大。

设类 G_K 和 G_L 合并成新的类 G_M，则 G_K, G_L, G_M 的离差平方和分别是

$$W_K = \sum_{i \in G_K}(\boldsymbol{x}_{(i)} - \overline{\boldsymbol{x}}_K)^{\mathrm{T}}(\boldsymbol{x}_{(i)} - \overline{\boldsymbol{x}}_K),$$

$$W_L = \sum_{i \in G_L}(\boldsymbol{x}_{(i)} - \overline{\boldsymbol{x}}_L)^{\mathrm{T}}(\boldsymbol{x}_{(i)} - \overline{\boldsymbol{x}}_L),$$

$$W_M = \sum_{i \in G_M}(\boldsymbol{x}_{(i)} - \overline{\boldsymbol{x}}_M)^{\mathrm{T}}(\boldsymbol{x}_{(i)} - \overline{\boldsymbol{x}}_M),$$

其中 $\overline{x}_K$、$\overline{x}_L$ 和 $\overline{x}_M$ 分别是 G_K、G_L 和 G_M 的重心。所以 W_K、W_L 和 W_M 反映了各自类内样本的分散程度。如 G_K 和 G_L 这两类相距较近，则合并后所增加的离差平方和 $W_M - W_K - W_L$ 应较小；否则，应较大。于是定义 G_K 和 G_L 之间的平方距离为

$$D_{KL}^2 = W_M - W_K - W_L。 \tag{8.95}$$

这种系统聚类法称为离差平方和法或沃德方法。它的递推公式为

$$D_{MJ}^2 = \frac{n_J + n_K}{n_J + n_M}D_{KJ}^2 + \frac{n_J + n_L}{n_J + n_M}D_{LJ}^2 - \frac{n_J}{n_J + n_M}D_{KL}^2。 \tag{8.96}$$

G_K 和 G_L 之间的平方距离也可以写成

$$D_{KL}^2 = \frac{n_K n_L}{n_M}(\overline{x}_K - \overline{x}_L)^{\mathrm{T}}(\overline{x}_K - \overline{x}_L)。 \tag{8.97}$$

可见，这个距离与由式 (8.93) 给出的重心法的距离只相差一个常数倍。重心法的类间距与两类的样本数无关，而离差平方和法的类间距与两类的样本数有较大的关系，两个大类倾向于有较大的距离，因而不易合并，这更符合对聚类的实际要求。离差平方和法在许多场合下优于重心法，是比较好的一种系统聚类法，但它对异常值很敏感。

7. 系统聚类的 R 计算

在 R 中，hclust() 函数提供了系统聚类的计算，plot() 函数可画出系统聚类的树形图，或称为谱系图。

hclust() 函数的使用格式为

hclust(d, method = "complete", members = NULL)

部分参数的名称、取值及意义如表 8.11 所示。

表 8.11　hclust( ) 函数中部分参数的名称、取值及意义

名称	取值及意义
d	距离结构，或相异结构，由 dist() 函数生成。
method	字符串，表示系统聚类的方法，其中 "single" 表示最短距离法，"complete" (默认值) 表示最长距离法，"median" 表示中间距离法，"mcquitty" 表示马奎提相似法，"average" 表示类平均法，"centroid" 表示重心法，"ward.D" 和 "ward.D2" 表示两种离差平方和法 (Ward, 1963 和 Murtagh & Legendre 2014)。

hclust() 函数的返回值是一个列表，其成员有，$merge, $height, $order, $labels, $method 等，这些参数用 plot() 函数（plot.hclust() 函数简写形式）绘图，会使结果更加清晰、易懂.

plot() 函数画出谱系图的格式为

```
plot(x, labels = NULL, hang = 0.1, check = TRUE,
     axes = TRUE, frame.plot = FALSE, ann = TRUE,
     main = "Cluster Dendrogram",
     sub = NULL, xlab = NULL, ylab = "Height", ...)
```

其中 x 是由 hclust() 函数生成的对象。hang 是表明谱系图中各类所在的位置，当 hang 取负值时，谱系图中的类从底部画起.

下面通过一些简单的例子来说明系统聚类方法，以及相关函数的使用方法.

例 8.16　设有五个样本，每个样本只有一个指标，分别是 1, 2, 6, 8, 11, 样本间的距离选用欧几里得距离，试用最短距离法、最长距离法等方法进行聚类分析，并画出相应的谱系图。

解　用欧几里得距离计算各样本点间的距离，用最短距离法、最长距离法、中间距离法和马奎提相似分析法进行聚类分析，并画出四种方法的谱系图，而且将四个谱系图画在一个图上。以下是 R 程序（程序名：exam0816.R）

```
##%% 输入数据，生成距离结构
x <- c(1, 2, 6, 8, 11); dim(x) <- c(5, 1); d <- dist(x)
```

8.2 聚类分析

```
##%% 生成系统聚类
hc1 <- hclust(d, "single"); hc2 <- hclust(d, "complete")
hc3 <- hclust(d, "median"); hc4 <- hclust(d, "mcquitty")
##%% 绘出所有树形结构图,并以2×2的形式绘在一张图上
opar <- par(mfrow = c(2, 2))
    plot(hc1, hang = -1); plot(hc2, hang = -1)
    plot(hc3, hang = -1); plot(hc4, hang = -1)
par(opar)
```

画出的图形如图 8.8 所示。

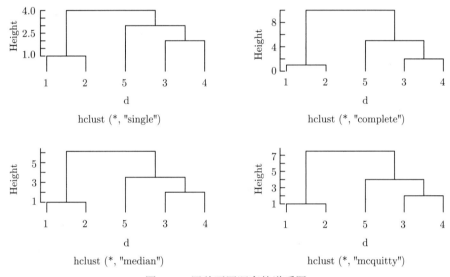

图 8.8 四种不同距离的谱系图

与绘谱系图有关的函数还有 `as.dendrogram()`,其意思是将系统聚类得到的对象强制为谱系图,其使用格式为

```
as.dendrogram(object, hang = -1, check = TRUE, ...)
```

其中 object 是由 hclust 得到的对象。

对应的绘图函数是 `plot()` 函数(`plot.dendrogram()` 函数的简写形式),其使用格式为

```
plot(x, type = c("rectangle", "triangle"),
    center = FALSE,
    edge.root = is.leaf(x) || !is.null(attr(x,"edgetext")),
    nodePar = NULL, edgePar = list(),
    leaflab = c("perpendicular", "textlike", "none"),
    dLeaf = NULL, xlab = "", ylab = "", xaxt = "n", yaxt = "s",
    horiz = FALSE, frame.plot = FALSE, xlim, ylim, ...)
```

部分参数的名称、取值及意义如表 8.12 所示。

以下命令可以帮助理解有关参数的意义,所绘图形如图 8.9 所示。

```
dend1 <- as.dendrogram(hc1)
opar <- par(mfrow = c(2, 2), mar = c(4, 3, 1, 2))
plot(dend1)
plot(dend1, nodePar=list(pch = c(1,NA), cex = 0.8, lab.cex = 0.8),
     type = "t", center = TRUE)
plot(dend1, edgePar = list(col = 1:2, lty = 2:3),
     dLeaf = 1, edge.root = TRUE)
plot(dend1, nodePar = list(pch = 2:1, cex = 0.4 * 2:1, col = 2:3),
     horiz = TRUE)
par(opar)
```

表 8.12　plot( ) 函数中部分参数的名称、取值及意义

名称	取值及意义
x	对象，由 dendrogram() 函数生成。
type	字符串，表示画谱系图的类型，其中 "rectangle"(默认值) 为矩形，"triangle" 为三角形。
horiz	逻辑变量，取 TRUE 时，表示谱系图水平放置。

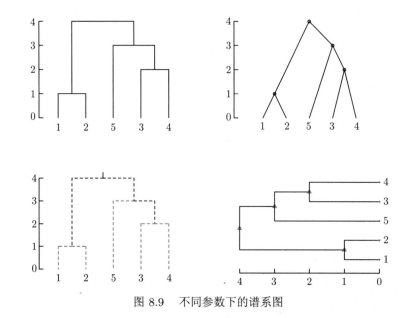

图 8.9　不同参数下的谱系图

例 8.17　对 305 名女中学生测量 8 项体型指标，相应的相关矩阵如表 8.13 所示 (数据保存在 exam0817.data 中)。将相关系数看成相似系数，定义距离为

$$d_{ij} = 1 - r_{ij}。$$

用最长距离法作系统分析。

解　读取数据，作谱系图时会用到 hclust() 函数，as.dendrogram() 函数和 plot() 函数。为了使谱系图画的更好看，还增加一个自编的函数。下面是相应的程序 (程序名：exam0817.R)：

```
##%% 读取数据, 构造相关矩阵
z <- scan("exam0817.data"); z

names <- c("身高 ", "手臂长 ", "上肢长 ", "下肢长 ",
           "体重 ", "颈围 ", "胸围 ", "胸宽 ")

r <- matrix(1, nc = 8, nr = 8, dimnames = list(names, names))
for (i in 1:7){
    for( j in 1:i){
        r[i+1,j] <- r[j, i+1] <- z[i*(i-1)/2 + j]
    }
}
##%% 作系统聚类分析
d <- as.dist(1-r); hc <- hclust(d); dend <- as.dendrogram(hc)
##%% 写一段小程序, 其目的是在绘图命令中调用它, 使谱系图更好看.
nP <- list(col = 3:2, cex = c(2.0, 0.75), pch = 21:22,
           bg = c("light blue", "pink"),
           lab.cex = 1.0, lab.col = "tomato")
addE <- function(n){
    if(!is.leaf(n)){
        attr(n, "edgePar") <- list(p.col = "plum")
        attr(n, "edgetext") <- paste(attr(n, "members"), "members")
    }
    n
}
##%% 画出谱系图.
de <- dendrapply(dend, addE); plot(de, nodePar= nP)
```

表 8.13　各对变量之间的相关系数

	身高	手臂长	上肢长	下肢长	体重	颈围	胸围
手臂长	0.846						
上肢长	0.805	0.881					
下肢长	0.859	0.826	0.801				
体重	0.473	0.376	0.380	0.436			
颈围	0.398	0.326	0.319	0.329	0.762		
胸围	0.301	0.277	0.237	0.327	0.730	0.583	
胸宽	0.382	0.277	0.345	0.365	0.629	0.577	0.539

所绘图形如图 8.10 所示。

从上面的谱系图 (见图 8.10) 容易看出, 手臂长与上肢长最先合并成一类。接下来是身高与下肢长合并成一类。再合并就是将新得到的两类合并成一类 (可以称为 "长" 类)。后面要合并的是体重与颈围。再合并就是将胸围加到新类中, 再加就是胸宽。最后合并为一类。

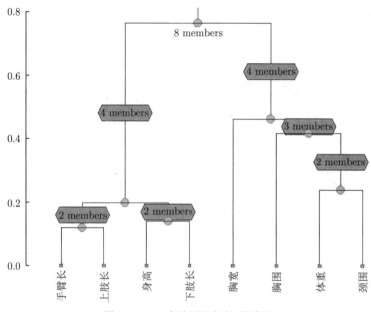

图 8.10　八个体型指标的谱系图

8. 类个数的确定

在聚类过程中类的个数如何确定才是适宜的呢？这是一个十分困难的问题，至今仍未找到令人满意的方法，但这又是一个不可回避的问题。目前基本的方法有三种。

（1）给定一个阈值。通过观察谱系图，给出一个你认为的阈值 T，要求类与类之间的距离要大于 T。

（2）观测样本的散点图。对于二维或三维变量的样本，可以通过观测数据的散点图来确定类的个数。

（3）使用统计量。通过一些统计量来确定类的个数。

（4）根据谱系图确定分类个数的准则。

Bemirmen（1972）提出了根据研究目的来确定适当的分类方法，并提出一些根据谱系图来分析的准则：

准则 A　各类重心的距离必须很大；

准则 B　确定的类中，各类所包含的元素都不要太多；

准则 C　类的个数必须符合实用目的；

准则 D　若采用几种不同的聚类方法处理，则在各自的聚类图中应发现相同的类。

在 R 中，与确定类的个数有关的函数是 rect.hclust() 函数，它的本质是由给定类的个数或给定阈值来确定聚类的情况，其使用格式为

```
rect.hclust(tree, k = NULL, which = NULL, x = NULL, h = NULL,
            border = 2, cluster = NULL)
```

其中 tree 是由 hclust() 函数生成的对象。k 是类的个数。h 是谱系图中的阈值，要求分成的各类的距离大于 h。border 是数或向量，标明矩形框的颜色。

对于 8 项体型指标的聚类分析中（见例 8.17），将变量分为 3 类，即 $k=3$，其程序和计算结果如下：

```
plot(hc, hang = -1); re <- rect.hclust(hc, k = 3)
```

得到身高、手臂长、上肢长、下肢长分为第 1 类，胸宽为第 2 类，体重、颈围、胸围分为第 3 类。其图形如图 8.11 所示。

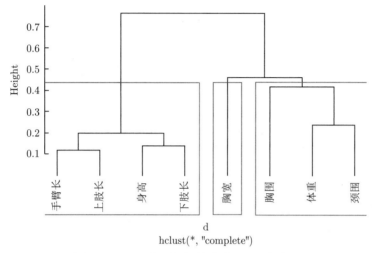

图 8.11　8 项体型指标的谱系图和聚类情况

9. 实例

下面用一个具体的实例来总结前面介绍的聚类分析的方法。

例 8.18 表 8.14（数据以表格方式保存在 exam0818.data 中）列出了 1999 年我国大陆 31 个省、直辖市、自治区的城镇居民家庭平均每人全年消费性支出的 8 个主要指标（变量）数据。这 8 个变量是 x_1（食品），x_2（衣着），x_3（家庭设备用品及服务），x_4（医疗保健），x_5（交通与通讯），x_6（娱乐教育文化服务），x_7（居住），x_8（杂项商品和服务），分别用最长距离法、类平均法、重心法和沃德方法对各地区作聚类分析。

解 先读取数据。在作聚类分析之前，为同等地对待每个变量，消除数据在数量级的影响，对数据作标准化处理。然后，用 hclust() 作聚类分析，用 plot() 函数画出谱系图。最后用 rect.hclust() 将地区分成 5 类。下面是程序（程序名：exam0818.R）。

```
##%% 读取数据
rt <- read.table("exam0818.data")

##%% 生成距离结构,作系统聚类
d <- dist(scale(rt))
hc1 <- hclust(d);            hc2 <- hclust(d, "average")
hc3 <- hclust(d, "centroid"); hc4 <- hclust(d, "ward.D")

##%% 绘出谱系图和聚类情况(最长距离法和类平均法)
win.graph(width = 11, height = 7)
```

```
opar <- par(mfrow = c(2, 1), mar=c(5.2, 4, 1.5, 0))
plot(hc1, hang=-1); re1 <- rect.hclust(hc1, k=5, border="red")
plot(hc2, hang=-1); re2 <- rect.hclust(hc2, k=5, border="red")
par(opar)
```

表 8.14　31 个省、直辖市、自治区消费性支出数据

	x_1	x_2	x_3	x_4	x_5	x_6	x_7	x_8
北京	2959.19	730.79	749.41	513.34	467.87	1141.82	478.42	457.64
天津	2459.77	495.47	697.33	302.87	284.19	735.97	570.84	305.08
河北	1495.63	515.90	362.37	285.32	272.95	540.58	364.91	188.63
山西	1046.33	477.77	290.15	208.57	201.50	414.72	281.84	212.10
内蒙古	1303.97	524.29	254.83	192.17	249.81	463.09	287.87	192.96
辽宁	1730.84	553.90	246.91	279.81	239.18	445.20	330.24	163.86
吉林	1561.86	492.42	200.49	218.36	220.69	459.62	360.48	147.76
黑龙江	1410.11	510.71	211.88	277.11	224.65	376.82	317.61	152.85
上海	3712.31	550.74	893.37	346.93	527.00	1034.98	720.33	462.03
江苏	2207.58	449.37	572.40	211.92	302.09	585.23	429.77	252.54
浙江	2629.16	557.32	689.73	435.69	514.66	795.87	575.76	323.36
安徽	1844.78	430.29	271.28	126.33	250.56	513.18	314.00	151.39
福建	2709.46	428.11	334.12	160.77	405.14	461.67	535.13	232.29
江西	1563.78	303.65	233.81	107.90	209.70	393.99	509.39	160.12
山东	1675.75	613.32	550.71	219.79	272.59	599.43	371.62	211.84
河南	1427.65	431.79	288.55	208.14	217.00	337.76	421.31	165.32
湖北	1783.43	511.88	282.84	201.01	237.60	617.74	523.52	182.52
湖南	1942.23	512.27	401.39	206.06	321.29	697.22	492.60	226.45
广东	3055.17	353.23	564.56	356.27	811.88	873.06	1082.82	420.81
广西	2033.87	300.82	338.65	157.78	329.06	621.74	587.02	218.27
海南	2057.86	186.44	202.72	171.79	329.65	477.17	312.93	279.19
重庆	2303.29	589.99	516.21	236.55	403.92	730.05	438.41	225.80
四川	1974.28	507.76	344.79	203.21	240.24	575.10	430.36	223.46
贵州	1673.82	437.75	461.61	153.32	254.66	445.59	346.11	191.48
云南	2194.25	537.01	369.07	249.54	290.84	561.91	407.70	330.95
西藏	2646.61	839.70	204.44	209.11	379.30	371.04	269.59	389.33
陕西	1472.95	390.89	447.95	259.51	230.61	490.90	469.10	191.34
甘肃	1525.57	472.98	328.90	219.86	206.65	449.69	249.66	228.19
青海	1654.69	437.77	258.78	303.00	244.93	479.53	288.56	236.51
宁夏	1375.46	480.99	273.84	317.32	251.08	424.75	228.73	195.93
新疆	1608.82	536.05	432.46	235.82	250.28	541.30	344.85	214.40

其结果如图 8.12 所示。

```
##%% 绘出谱系图和聚类情况(重心法和沃德法)
opar <- par(mfrow = c(2, 1), mar = c(5.2, 4, 1.5, 0))
plot(hc3, hang=-1); re3 <- rect.hclust(hc3, k=5, border="red")
plot(hc4, hang=-1); re4 <- rect.hclust(hc4, k=5, border="red")
par(opar)
```

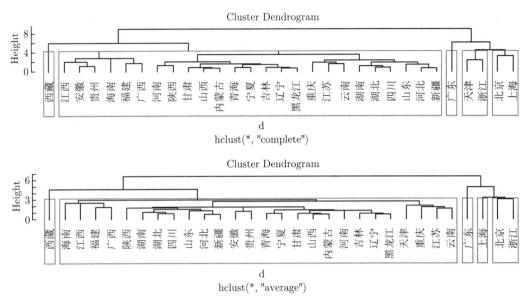

图 8.12 消费性支出数据的谱系图和聚类结果（最长距离法和类平均法）

其结果如图 8.13 所示。

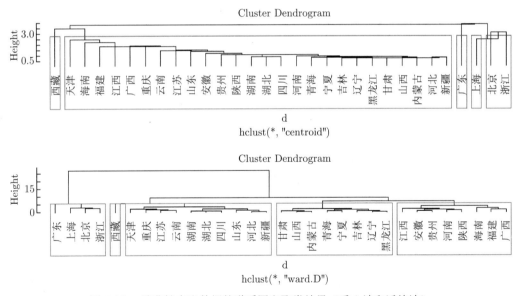

图 8.13 消费性支出数据的谱系图和聚类结果（重心法和沃德法）

四种方法得到的类有的是相同的，有的是不相同的，可以根据具体的数据与背景再进一步确定认同哪种聚类是较为合理的。

8.2.3 动态聚类法

系统聚类法一次形成类以后就不能改变，这就要求一次分类分得比较准确，对分类的方法提出较高的要求，相应的计算量自然也较大。如 Q 型系统聚类法，聚类的过程是在样本间距离矩阵的基础上进行，当样本容量很大时，需要占据足够大的计算机内存，而且在并类过程中，需要将每类样本和其他样本间的距离逐一加以比较，以决定应合并的类别，需要较长的计算时间。所以对于大样本问题，Q 型系统聚类法可能会因计算机内存或计算时间的限制而无法进行计算，这给应用带来一定的不便。基于这种情况，产生了动态聚类，即动态聚类法。

动态聚类又称为逐步聚类法，其基本思想是，开始先粗略地分一下类，然后按照某种最优原则修改不合理的分类，直至类分得比较合理为止，这样就形成一个最终的分类结果。这种方法具有计算量较小，占计算机内存较少和方法简单的优点，适用于大样本的 Q 型聚类分析。

关于动态聚类法的算法这里就不作介绍了，任何一本《多元分析》的教科书，均有此方面的内容，如果需要的话，读者可以看这方面的参考书。这里介绍用于动态聚类的 R 函数 —— kmeans() 函数。

kmeans() 函数采用的是 K 均值方法，是采用逐个修改方法，最早由麦奎因（MacQueen）于 1967 年提出来，随后许多人对此作了许多改进。kmeans() 函数的使用格式为

```
kmeans(x, centers, iter.max = 10, nstart = 1,
       algorithm = c("Hartigan-Wong", "Lloyd", "Forgy",
                     "MacQueen"), trace = FALSE)
```

部分参数的名称、取值及意义如表 8.15 所示。

表 8.15　kmeans( ) 函数中部分参数的名称、取值及意义

名称	取值及意义
x	矩阵或数据框，由观测数据构成。
centers	聚类的个数，或者是初始类的中心。
iter.max	正整数 (默认值为 10)，表示最大迭代次数。
nstart	正整数，表示随机集合的个数 (当 centers 为聚类的个数时)。
algorithm	字符串，表示动态聚类的算法，有 "Hartigan-Wong" (默认值), "Lloyd", "Forgy", "MacQueen"。

返回值是一个列表，其成员有，$cluster （聚类的结果），$centers （每一类的中心位置坐标）等。

例 8.19　K 均值方法（kmeans()函数）对例 8.18给出的 31 个省、直辖市、自治区的消费水平进行聚类分析。

解　与例 8.18一样，为消除数据数量级的影响，先对数据作标准化处理，然后再用 kmeans()函数作动态聚类，为与前面的方法作比较，类的个数选择为 5。算法选择 "Hartigan-Wong"，即默认状态。

```
> km <- kmeans(scale(rt), 5, nstart = 20)
> sort(km$cluster)
```

河北	山西	内蒙古	辽宁	吉林	黑龙江	安徽	江西	河南	海南	贵州
1	1	1	1	1	1	1	1	1	1	1
西	甘肃	青海	宁夏	新疆	北京	上海	浙江	广东	天津	江苏
1	1	1	1	1	2	2	2	3	4	4
福建	山东	湖北	湖南	广西	重庆	四川	云南	西藏		
4	4	4	4	4	4	4	4	5		

习 题 8

1. 根据经验,今天与昨天的湿度差 X_1 及今天的压温差(气压与温度之差)X_2 是预报明天下雨或不下雨的两个重要因素。现有一批已收集的数据资料,如表 8.16 所示。今测得 $x_1=8.1, x_2=2.0$,试分析,预报明天下雨还是预报明天不下雨?分别用距离判别、贝叶斯判别(考虑方差相同与方差不同两种情况)和费希尔判别来得到你所需要的结论。

表 8.16 湿度差与压温差数据

序号	雨 天		非 雨 天	
	湿度差 (X_1)	压温差 (X_2)	湿度差 (X_1)	压温差 (X_2)
1	−1.9	3.2	0.2	0.2
2	−6.9	10.4	−0.1	7.5
3	5.2	2.0	0.4	14.6
4	5.0	2.5	2.7	8.3
5	7.3	0.0	2.1	0.8
6	6.8	12.7	−4.6	4.3
7	0.9	−15.4	−1.7	10.9
8	−12.5	−2.5	−2.6	13.1
9	1.5	1.3	2.6	12.8
10	3.8	6.8	−2.8	10.0

2. 某医院研究心电图指标对健康人(I)、硬化症患者(II)和冠心病患者(III)的鉴别能力。现获得训练样本如表 8.17 所示。试用距离判别(考虑方差相同与方差不同两种情况)、贝叶斯判别(考虑方差相同与方差不同两种情况,且先验概率为 11/23, 7/23, 5/23)和费希尔判别对数据进行分析。

表 8.17 3 类 23 人的心电图指标数据

序号	类别	x_1	x_2	x_3	x_4
1	I	8.11	261.01	13.23	7.36
2	I	9.36	185.39	9.02	5.99
3	I	9.85	249.58	15.61	6.11
4	I	2.55	137.13	9.21	4.35
5	I	6.01	231.34	14.27	8.79
6	I	9.64	231.38	13.03	8.53
7	I	4.11	260.25	14.72	10.02
8	I	8.90	259.91	14.16	9.79
9	I	7.71	273.84	16.01	8.79
10	I	7.51	303.59	19.14	8.53

续表

序号	类别	x_1	x_2	x_3	x_4
11	I	8.06	231.03	14.41	6.15
12	II	6.80	308.90	15.11	8.49
13	II	8.68	258.69	14.02	7.16
14	II	5.67	355.54	15.13	9.43
15	II	8.10	476.69	7.38	11.32
16	II	3.71	316.32	17.12	8.17
17	II	5.37	274.57	16.75	9.67
18	II	9.89	409.42	19.47	10.49
19	III	5.22	330.34	18.19	9.61
20	III	4.71	331.47	21.26	13.72
21	III	4.71	352.50	20.79	11.00
22	III	3.36	347.31	17.90	11.19
23	III	8.27	189.56	12.74	6.94

3. 用线性判别函数（lda()）、二次判别函数（qda()）和预测函数（predict()）重新完成习题 8 中 1 题的预测。

4. 用线性判别函数（lda()）、二次判别函数（qda()）和预测函数（predict()）重新对习题 8 中 2 题的数据作分析。

5. 用 knn() 函数重新完成习题 8 中 1 题的预测，分别取 $k=3$ 和 $k=5$ 两种情况进行讨论。

6. 用 knn.cv() 函数（取 $k=5$）重新对习题 8 中 2 题的数据作分析。

7. 为了更深入地了解我国人口的文化程度状况，现利用 1990 年全国人口普查数据对我国大陆 30 个省、直辖市、自治区进行聚类分析。原始数据如表 8.18 所示。分析选用了三个指标：(1) 大学以上文化程度的人口占全部人口的比例（DXBZ）；(2) 初中文化程度的人口占全部人口的比例（CZBZ）；(3) 文盲半文盲人口占全部人口的比例（WMBZ）分别用来反映较高、中等、较低文化程度人口的状况。

表 8.18 1990 年我国大陆人口中普查文化程度人口占比

地区	DXBZ	CZBZ	WMBZ	地区	DXBZ	CZBZ	WMBZ
北京	9.30	30.55	8.70	河南	0.85	26.55	16.15
天津	4.67	29.38	8.92	湖北	1.57	23.16	15.79
河北	0.96	24.69	15.21	湖南	1.14	22.57	12.10
山西	1.38	29.24	11.30	广东	1.34	23.04	10.45
内蒙古	1.48	25.47	15.39	广西	0.79	19.14	10.61
辽宁	2.60	32.32	8.81	海南	1.24	22.53	13.97
吉林	2.15	26.31	10.49	四川	0.96	21.65	16.24
黑龙江	2.14	28.46	10.87	贵州	0.78	14.65	24.27
上海	6.53	31.59	11.04	云南	0.81	13.85	25.44
江苏	1.47	26.43	17.23	西藏	0.57	3.85	44.43
浙江	1.17	23.74	17.46	陕西	1.67	24.36	17.62
安徽	0.88	19.97	24.43	甘肃	1.10	16.85	27.93
福建	1.23	16.87	15.63	青海	1.49	17.76	27.70
江西	0.99	18.84	16.22	宁夏	1.61	20.27	22.06
山东	0.98	25.18	16.87	新疆	1.85	20.66	12.75

（1）计算样本的欧几里得距离，分别用最长距离法、均值法、重心法和沃德法作聚类分析，并画出相应的谱系图。如果将所有样本分为 4 类，试写出各种方法的分类结果；

（2）用动态聚类方法（共分为 4 类），给出相应的分类结果。

8. 对 48 位应聘者数据（见表 3.15）的自变量作聚类分析，选择变量的相关系数作为变量间的相似系数 (c_{ij})，距离定义为 $d_{ij} = 1 - c_{ij}$。分别用最长距离法、均值法、重心法和沃德法作聚类分析，并画出相应的谱系图。如果将所有变量分为 5 类，试写出各种方法的分类结果。

第 9 章 应用多元分析（II）

第 8 章介绍了判别分析和聚类分析，这两种方法均是处理数据分类问题的方法。本章介绍多元分析的另一部分内容——主成分分析、因子分析和典型相关分析。这三种方法的共同点是对数据作降维处理，从数据中提取某些公共部分，然后针对这些公共部分进行分析和处理，得到我们需要的结论。

与第 8 章相同，本章的重点还是放在用 R 软件来进行主成分分析、因子分析和典型相关分析，而对于各种分析所用到的概念只作简单介绍。

9.1 主成分分析

主成分分析（PCA）是将多指标化为少数几个综合指标的一种统计分析方法，是由皮尔逊于 1901 年提出的，后来被霍特林（Hotelling）于 1933 年发展了。主成分分析是一种通过降维技术把多个变量化成少数几个主成分的方法。这些主成分能够反映原始变量的绝大部分信息，它们通常表示为原始变量的线性组合。

9.1.1 总体主成分

1. 主成分的定义与导出

设 $\boldsymbol{X}$ 是 p 维随机变量，并假设 $\boldsymbol{\mu} = \mathrm{E}(\boldsymbol{X})$，$\boldsymbol{\Sigma} = \mathrm{var}(\boldsymbol{X})$。考虑如下线性变换

$$\begin{cases} Z_1 = \boldsymbol{a}_1^\mathrm{T} \boldsymbol{X}, \\ Z_2 = \boldsymbol{a}_2^\mathrm{T} \boldsymbol{X}, \\ \quad \vdots \\ Z_p = \boldsymbol{a}_p^\mathrm{T} \boldsymbol{X}, \end{cases} \tag{9.1}$$

易见

$$\mathrm{var}(Z_i) = \boldsymbol{a}_i^\mathrm{T} \boldsymbol{\Sigma} \boldsymbol{a}_i, \quad i = 1, 2, \cdots, p, \tag{9.2}$$

$$\mathrm{cov}(Z_i, Z_j) = \boldsymbol{a}_i^\mathrm{T} \boldsymbol{\Sigma} \boldsymbol{a}_j, \quad i, j = 1, 2, \cdots, p, \quad i \neq j。 \tag{9.3}$$

如果希望 Z_1 的方差达到最大，可以求解如下约束优化问题：

$$\max \quad \boldsymbol{a}^\mathrm{T} \boldsymbol{\Sigma} \boldsymbol{a} \tag{9.4}$$

$$\mathrm{s.t.} \quad \boldsymbol{a}^\mathrm{T} \boldsymbol{a} = 1。 \tag{9.5}$$

由约束问题的一阶必要条件知，约束问题 (9.4)~(9.5) 的解 $\boldsymbol{a}_1$ 是 $\boldsymbol{\Sigma}$ 的最大特征值（不妨设为 λ_1）对应的单位特征向量。此时，称 $Z_1 = \boldsymbol{a}_1^\mathrm{T} \boldsymbol{X}$ 为第 1 主成分。类似地，希望

Z_2 的方差达到最大,并且要求 $\mathrm{cov}(Z_1, Z_2) = \boldsymbol{a}_1^\mathrm{T} \boldsymbol{\Sigma} \boldsymbol{a}_2 = 0$。由于 $\boldsymbol{a}_1$ 是 λ_1 的特征向量,所以,选择的 $\boldsymbol{a}_2$ 应与 $\boldsymbol{a}_1$ 正交。类似于前面的推导,$\boldsymbol{a}_2$ 是 $\boldsymbol{\Sigma}$ 的第 2 大特征值(不妨设为 λ_2)对应的单位特征向量。称 $Z_2 = \boldsymbol{a}_2^\mathrm{T} \boldsymbol{X}$ 为第 2 主成分。

一般情况。对于协方差矩阵 $\boldsymbol{\Sigma}$,存在正交阵 $\boldsymbol{Q}$,将它化为对角阵,即

$$\boldsymbol{Q}^\mathrm{T} \boldsymbol{\Sigma} \boldsymbol{Q} = \boldsymbol{\Lambda} = \mathrm{diag}(\lambda_1, \lambda_2, \cdots, \lambda_p), \tag{9.6}$$

且 $\lambda_1 \geqslant \lambda_2 \geqslant \cdots \geqslant \lambda_p$,则矩阵 $\boldsymbol{Q}$ 的第 i 列就对应于 $\boldsymbol{a}_i$,相应的 Z_i 为第 i 主成分。

2. 主成分的性质

关于主成分有如下性质:

(1) 主成分的均值和协方差矩阵。记

$$\boldsymbol{Z} = \begin{bmatrix} Z_1 \\ Z_2 \\ \vdots \\ Z_p \end{bmatrix}, \quad \boldsymbol{\nu} = \mathrm{E}(\boldsymbol{Z}), \quad \boldsymbol{\Lambda} = \begin{bmatrix} \lambda_1 & & & \\ & \lambda_2 & & \\ & & \ddots & \\ & & & \lambda_p \end{bmatrix},$$

由于

$$\boldsymbol{Z} = \boldsymbol{Q}^\mathrm{T} \boldsymbol{X}, \tag{9.7}$$

所以有

$$\boldsymbol{\nu} = \mathrm{E}(\boldsymbol{Z}) = \mathrm{E}(\boldsymbol{Q}^\mathrm{T} \boldsymbol{X}) = \boldsymbol{Q}^\mathrm{T} \mathrm{E}(\boldsymbol{X}) = \boldsymbol{Q}^\mathrm{T} \boldsymbol{\mu},$$
$$\mathrm{var}(\boldsymbol{Z}) = \boldsymbol{Q}^\mathrm{T} \mathrm{var}(\boldsymbol{X}) \boldsymbol{Q} = \boldsymbol{Q}^\mathrm{T} \boldsymbol{\Sigma} \boldsymbol{Q} = \boldsymbol{\Lambda}。$$

(2) 主成分的总方差。由于

$$\mathrm{tr}(\boldsymbol{\Lambda}) = \mathrm{tr}(\boldsymbol{Q}^\mathrm{T} \boldsymbol{\Sigma} \boldsymbol{Q}) = \mathrm{tr}(\boldsymbol{\Sigma} \boldsymbol{Q} \boldsymbol{Q}^\mathrm{T}) = \mathrm{tr}(\boldsymbol{\Sigma}),$$

所以

$$\sum_{i=1}^p \lambda_i = \sum_{i=1}^p \sigma_{ii} \quad \text{或} \quad \sum_{i=1}^p \mathrm{var}(Z_i) = \sum_{i=1}^p \mathrm{var}(X_i), \tag{9.8}$$

其中 σ_{ii} 是协方差矩阵 $\boldsymbol{\Sigma}$ 的第 i 个对角元素。

由式 (9.8) 可以看出,主成分分析把 p 个原始变量 $X_1, X_2, \cdots, X_p$ 的总方差分解成了 p 个不相关变量 $Z_1, Z_2, \cdots, Z_p$ 的方差之和。称总方差中第 i 主成分 Z_i 的比例 $\lambda_i / \sum_{i=1}^p \lambda_i$ 为主成分 Z_i 的贡献率。第 1 主成分 Z_1 的贡献率最大,表明它对原始变量 $X_1, X_2, \cdots, X_p$ 的解释能力最强,而 $Z_2, Z_3, \cdots, Z_p$ 的解释能力依次递减。

主成分分析的目的就是减少变量的个数,因而一般是不会使用所有的 p 个主成分,忽略一些有较小方差的主成分,将不会给总方差带来大的影响。称前 m 个主成分的贡献率之和 $\sum_{i=1}^m \lambda_i / \sum_{i=1}^p \lambda_i$ 为主成分 $Z_1, Z_2, \cdots, Z_m$ 的累积贡献率,它表明 $Z_1, Z_2, \cdots, Z_m$ 解释 $X_1, X_2, \cdots, X_p$ 的能力。相对于 p,通常取较小的 m,使得累积贡献率达到一个较高的

百分比（通常为 85%）。此时，$Z_1, Z_2, \cdots, Z_m$ 可用来代替 $X_1, X_2, \cdots, X_p$，达到降维的目的，而信息的损失却不多。

（3）原始变量 X_j 与主成分 Z_i 之间的相关系数。由于式 (9.7)，知

$$\boldsymbol{X} = \boldsymbol{QZ}, \tag{9.9}$$

即

$$X_j = q_{j1}Z_1 + q_{j2}Z_2 + \cdots + q_{jp}Z_p, \tag{9.10}$$

所以，

$$\operatorname{cov}(X_j, Z_i) = \operatorname{cov}(q_{ji}Z_i, Z_i) = q_{ji}\lambda_i, \quad j, i = 1, 2, \cdots, p, \tag{9.11}$$

$$\rho(X_j, Z_i) = \frac{\operatorname{cov}(X_j, Z_i)}{\sqrt{\operatorname{var}(X_j)}\sqrt{\operatorname{var}(Z_i)}} = \frac{\sqrt{\lambda_i}}{\sqrt{\sigma_{jj}}}q_{ji}, \quad j, i = 1, 2, \cdots, p。 \tag{9.12}$$

在实际应用中，通常只对 X_j 与 Z_i 的相关系数感兴趣。

（4）m 个主成分对原始变量的贡献率。前面提到的累积贡献率这个概念度量了 m 个主成分 $Z_1, Z_2, \cdots, Z_m$ 从原始变量 $X_1, X_2, \cdots, X_p$ 中提取信息的多少，那么 $Z_1, Z_2, \cdots, Z_m$ 包含有 $X_j(j = 1, 2, \cdots, p)$ 的多少信息应该用什么指标来度量呢？这个指标就是 X_j 与 $Z_1, Z_2, \cdots, Z_m$ 的复相关系数的平方，称为 m 个主成分 $Z_1, Z_2, \cdots, Z_m$ 对原始变量 X_j 的贡献率，记为 $\rho_{j \cdot 1 \cdots m}^2$，即

$$\rho_{j \cdot 1 \cdots m}^2 = \sum_{i=1}^{m} \rho^2(X_j, Z_i) = \sum_{i=1}^{m} \lambda_i q_{ji}^2 / \sigma_{jj}。 \tag{9.13}$$

对式 (9.10) 两边取方差，得到

$$\sigma_{jj} = q_{j1}^2 \lambda_1 + q_{j2}^2 \lambda_2 + \cdots + q_{jp}^2 \lambda_p, \tag{9.14}$$

由于 $q_{j1}^2 + q_{j2}^2 + \cdots + q_{jp}^2 = 1$，故 σ_{jj} 实际上是 $\lambda_1, \lambda_2, \cdots, \lambda_p$ 的加权平均。

由式 (9.13) 和式 (9.14)，可以得到 $Z_1, Z_2, \cdots, Z_p$ 对 X_j 的贡献率

$$\rho_{j \cdot 1 \cdots p}^2 = \sum_{i=1}^{p} \rho^2(X_j, Z_i) = \sum_{i=1}^{p} \lambda_i q_{ji}^2 / \sigma_{jj} = 1。 \tag{9.15}$$

（5）原始变量对主成分的影响。式 (9.7) 也可以表示成

$$Z_i = q_{1i}X_1 + q_{2i}X_2 + \cdots + q_{pi}X_p,$$

称 q_{ji} 为第 i 主成分在第 j 个原始变量 X_j 上的载荷，它度量了 X_j 对 Z_i 的重要程度。

3. 相关矩阵的主成分

当各变量的单位不全相同或虽单位相同，但变量间的数值大小相差较大时，直接从协方差矩阵 $\boldsymbol{\Sigma}$ 出发进行主成分分析就显得不妥。为了使主成分分析能够均等地对待每一个原始变量，消除由于单位不同时可能带来的影响，常常将原始变量作标准化处理，即令

$$X_j^* = \frac{X_j - \mu_j}{\sqrt{\sigma_{jj}}}, \quad j = 1, 2, \cdots, p。 \tag{9.16}$$

显然，$\boldsymbol{X}^* = [X_1^*, X_2^*, \cdots, X_p^*]^\mathrm{T}$ 的方差矩阵就是 $\boldsymbol{X}$ 的相关矩阵 $\boldsymbol{R}$。

从相关矩阵 $\boldsymbol{R}$ 出发导出的主成分方法与从协方差矩阵 $\boldsymbol{\Sigma}$ 出发导出的主成分方法完全类似，并且得到的主成分的一些性质更加简洁。

设 $\lambda_1^* \geqslant \lambda_2^* \geqslant \cdots \geqslant \lambda_p^* \geqslant 0$ 为相关矩阵 $\boldsymbol{R}$ 的 p 个特征值，$\boldsymbol{a}_1^*, \boldsymbol{a}_2^*, \cdots, \boldsymbol{a}_p^*$ 为相应的单位特征向量，且相互正交，则相应的 p 个主成分为

$$Z_i^* = \boldsymbol{a}_i^{*\mathrm{T}} \boldsymbol{X}^*, \quad i = 1, 2, \cdots, p。$$

令 $\boldsymbol{Z}^* = [Z_1^*, Z_2^*, \cdots, Z_p^*]^\mathrm{T}$，$\boldsymbol{Q}^* = [\boldsymbol{a}_1^*, \boldsymbol{a}_2^*, \cdots, \boldsymbol{a}_p^*]$，于是

$$\boldsymbol{Z}^* = \boldsymbol{Q}^{*\mathrm{T}} \boldsymbol{X}^*。$$

关于相关矩阵 $\boldsymbol{R}$ 的主成分有如下性质：

（1）$\mathrm{E}(\boldsymbol{Z}^*) = \boldsymbol{0}$，$\mathrm{var}(\boldsymbol{Z}^*) = \boldsymbol{\Lambda}^*$，其中 $\boldsymbol{\Lambda}^* = \mathrm{diag}(\lambda_1^*, \lambda_2^*, \cdots, \lambda_p^*)$。

（2）$\sum\limits_{i=1}^{p} \lambda_i^* = p$。

（3）变量 X_j^* 与主成分 Z_i^* 之间的相关系数

$$\rho(X_j^*, Z_i^*) = \sqrt{\lambda_i^*} q_{ji}^*, \quad j, i = 1, 2, \cdots, p。$$

（4）主成分 $Z_1^*, Z_2^*, \cdots, Z_m^*$ 对 X_j^* 的贡献率

$$\rho_{j \cdot 1 \cdots m}^2 = \sum_{i=1}^{m} \rho^2(X_j^*, Z_i^*) = \sum_{i=1}^{m} \lambda_i^* {q_{ji}^*}^2。$$

（5）

$$\rho_{j \cdot 1 \cdots p}^2 = \sum_{i=1}^{p} \rho^2(X_j^*, Z_i^*) = \sum_{i=1}^{p} \lambda_i {q_{ji}^*}^2 = 1。$$

9.1.2 样本主成分

前面讨论的是总体主成分，而在实际问题中，一般总体的协方差矩阵 $\boldsymbol{\Sigma}$ 或相关矩阵 $\boldsymbol{R}$ 是未知的，需要通过样本来估计。

设 $\boldsymbol{X}_{(k)} = [x_{k1}, x_{k2}, \cdots, x_{kp}]^\mathrm{T}$ $(k = 1, 2, \cdots, n)$ 为来自总体 X 的样本，记样本数据矩阵为

$$\boldsymbol{X} = \begin{bmatrix} x_{11} & x_{12} & \cdots & x_{1p} \\ x_{21} & x_{22} & \cdots & x_{2p} \\ \vdots & \vdots & & \vdots \\ x_{n1} & x_{n2} & \cdots & x_{np} \end{bmatrix} = \begin{bmatrix} \boldsymbol{X}_{(1)}^\mathrm{T} \\ \boldsymbol{X}_{(2)}^\mathrm{T} \\ \vdots \\ \boldsymbol{X}_{(n)}^\mathrm{T} \end{bmatrix} = [\boldsymbol{X}_1, \boldsymbol{X}_2, \cdots \boldsymbol{X}_p],$$

其中 $\boldsymbol{X}_{(k)}^\mathrm{T}$ 表示样本数据矩阵 $\boldsymbol{X}$ 的各行，$\boldsymbol{X}_j$ 表示样本数据矩阵 $\boldsymbol{X}$ 的各列。所以，样本的协方差矩阵 $\boldsymbol{S}$ 为

$$\boldsymbol{S} = \frac{1}{n-1} \sum_{k=1}^{n} \left(\boldsymbol{X}_{(k)} - \overline{\boldsymbol{X}} \right) \left(\boldsymbol{X}_{(k)} - \overline{\boldsymbol{X}} \right)^\mathrm{T} = (s_{ij})_{p \times p},$$

其中
$$\overline{X} = \frac{1}{n}\sum_{k=1}^{n} X_{(k)} = [\bar{x}_1, \bar{x}_2, \cdots, \bar{x}_p]^{\mathrm{T}},$$
$$s_{ij} = \frac{1}{n-1}\sum_{k=1}^{n}(x_{ki} - \bar{x}_i)(x_{kj} - \bar{x}_j), \quad i,j = 1,2,\cdots,p。$$

及样本的相关矩阵 R 为
$$R = \frac{1}{n-1}\sum_{k=1}^{n} X_{(k)}^* {X_{(k)}^*}^{\mathrm{T}} = (r_{ij})_{p\times p},$$

其中
$$X_{(k)}^* = \left[\frac{x_{k1} - \bar{x}_1}{\sqrt{s_{11}}}, \frac{x_{k2} - \bar{x}_2}{\sqrt{s_{22}}}, \cdots, \frac{x_{kp} - \bar{x}_p}{\sqrt{s_{pp}}}\right]^{\mathrm{T}},$$
$$r_{ij} = \frac{s_{ij}}{\sqrt{s_{ii}s_{jj}}}, \quad i,j = 1,2,\cdots,p。$$

1. 样本协方差矩阵的主成分

设 $\lambda_1 \geqslant \lambda_2 \geqslant \cdots \geqslant \lambda_p \geqslant 0$ 为样本协方差矩阵 S 的特征值，$a_1, a_2, \cdots, a_p$ 为相应的单位特征向量，且彼此正交。则第 i 个主成分 $z_i = a_i^{\mathrm{T}}x$, $i = 1,2,\cdots,p$, 其中 $x = (x_1, x_2, \cdots, x_p)^{\mathrm{T}}$。令
$$z = [z_1, z_2, \cdots, z_p]^{\mathrm{T}} = [a_1, a_2, \cdots, a_p]^{\mathrm{T}} x = Q^{\mathrm{T}} x,$$

其中 $Q = [a_1, a_2, \cdots, a_p] = (q_{ij})_{p \times p}$。

下面构造样本主成分，令
$$Z_{(k)} = Q^{\mathrm{T}} X_{(k)},$$

因此，样本主成分为
$$Z = \begin{bmatrix} z_{11} & z_{12} & \cdots & z_{1p} \\ z_{21} & z_{22} & \cdots & z_{2p} \\ \vdots & \vdots & & \vdots \\ z_{n1} & z_{n2} & \cdots & z_{np} \end{bmatrix} = \begin{bmatrix} Z_{(1)}^{\mathrm{T}} \\ Z_{(2)}^{\mathrm{T}} \\ \vdots \\ Z_{(n)}^{\mathrm{T}} \end{bmatrix} = \begin{bmatrix} X_{(1)}^{\mathrm{T}} Q \\ X_{(2)}^{\mathrm{T}} Q \\ \vdots \\ X_{(n)}^{\mathrm{T}} Q \end{bmatrix} = XQ$$
$$= [Xa_1, Xa_2, \cdots, Xa_p] = [Z_1, Z_2, \cdots, Z_p],$$

其中 $Z_{(k)}^{\mathrm{T}}$ 表示样本主成分的各行，Z_j 表示样本主成分的各列。

对于样本主成分有如下性质：

（1）$\mathrm{var}(Z_j) = \lambda_j, j = 1,2,\cdots,p$。

（2）$\mathrm{cov}(Z_i, Z_j) = 0, i,j = 1,2,\cdots,p, \ i \neq j$。

（3）样本总方差
$$\sum_{j=1}^{p} s_{jj} = \sum_{j=1}^{p} \lambda_j。$$

(4) X_j 与 Z_i 的样本相关系数

$$r(X_j, Z_i) = \frac{\sqrt{\lambda_i}}{\sqrt{s_{jj}}} q_{ji}, \quad j, i = 1, 2, \cdots, p。$$

在实际应用中，常常将样本数据中心化，这不影响样本协方差矩阵 S。考虑中心化数据矩阵

$$X - \mathbf{1}\overline{X}^{\mathrm{T}} = \begin{bmatrix} (X_{(1)} - \overline{X})^{\mathrm{T}} \\ (X_{(2)} - \overline{X})^{\mathrm{T}} \\ \vdots \\ (X_{(n)} - \overline{X})^{\mathrm{T}} \end{bmatrix},$$

其中 $\mathbf{1} = [1, 1, \cdots, 1]^{\mathrm{T}} \in \mathbf{R}^n$，对应的主成分数据为

$$Z = \begin{bmatrix} z_{11} & z_{12} & \cdots & z_{1p} \\ z_{21} & z_{22} & \cdots & z_{2p} \\ \vdots & \vdots & & \vdots \\ z_{n1} & z_{n2} & \cdots & z_{np} \end{bmatrix} = \begin{bmatrix} Z_{(1)}^{\mathrm{T}} \\ Z_{(2)}^{\mathrm{T}} \\ \vdots \\ Z_{(n)}^{\mathrm{T}} \end{bmatrix} = \begin{bmatrix} (X_{(1)} - \overline{X})^{\mathrm{T}} Q \\ (X_{(2)} - \overline{X})^{\mathrm{T}} Q \\ \vdots \\ (X_{(n)} - \overline{X})^{\mathrm{T}} Q \end{bmatrix}。$$

2. 样本相关矩阵的主成分

设 $\lambda_1^* \geqslant \lambda_2^* \geqslant \cdots \geqslant \lambda_p^* \geqslant 0$ 为样本相关矩阵 R 的特征值，$a_1^*, a_2^*, \cdots, a_p^*$ 为相应的单位特征向量，且彼此正交。

令

$$Z_{(i)}^* = Q^{\mathrm{T}} X_{(i)}^*,$$

其中 $Q = [a_1^*, a_2^*, \cdots, a_p^*]$，因此样本主成分为

$$Z^* = \begin{bmatrix} z_{11}^* & z_{12}^* & \cdots & z_{1p}^* \\ z_{21}^* & z_{22}^* & \cdots & z_{2p}^* \\ \vdots & \vdots & & \vdots \\ z_{n1}^* & z_{n2}^* & \cdots & z_{np}^* \end{bmatrix} = \begin{bmatrix} Z_{(1)}^{*\mathrm{T}} \\ Z_{(2)}^{*\mathrm{T}} \\ \vdots \\ Z_{(n)}^{*\mathrm{T}} \end{bmatrix} = \begin{bmatrix} X_{(1)}^{*\mathrm{T}} Q \\ X_{(2)}^{*\mathrm{T}} Q \\ \vdots \\ X_{(n)}^{*\mathrm{T}} Q \end{bmatrix} = X^* Q$$

$$= [X^* a_1^*, X^* a_2^*, \cdots, X a_p^*] = [Z_1^*, Z_2^*, \cdots, Z_p^*],$$

其中 $Z_{(k)}^{*\mathrm{T}}$ 表示样本主成分的各行，Z_j^* 表示样本主成分的各列。

对于样本主成分有如下性质：

(1) $\mathrm{var}(Z_j^*) = \lambda_j^*$, $j = 1, 2, \cdots, p$。

(2) $\mathrm{cov}(Z_i^*, Z_j^*) = 0$, $i, j = 1, 2, \cdots, p$, $i \neq j$。

(3) $\sum\limits_{j=1}^{p} \lambda_j^* = 1$。

(4) X_j^* 与 Z_i^* 的样本相关系数

$$r(X_j^*, Z_i^*) = \sqrt{\lambda_i}\, q_{ji}, \quad j, i = 1, 2, \cdots, p。$$

9.1.3 相关函数的介绍及实例

下面介绍与主成分分析有关的函数。

1. princomp 函数

作主成分分析最主要的函数是 princomp() 函数，使用格式有公式型和默认型两种

```
princomp(formula, data = NULL, subset, na.action, ...)
princomp(x, cor = FALSE, scores = TRUE, covmat = NULL,
    subset = rep_len(TRUE, nrow(as.matrix(x))), fix_sign = TRUE, ...)
```

部分参数的名称、取值及意义如表 9.1 所示。

表 9.1　princomp( ) 函数中部分参数的名称、取值及意义

名称	取值及意义
formula	无响应变量公式，形如 ~ v1 + v2。
data	数据框，为公式提供数据。
x	数值矩阵或数据框，提供主成分分析的数据。
cor	逻辑变量，取 FALSE（默认值）时，用协方差矩阵作主成分分析；取 TRUE 时，用相关矩阵作主成分分析。
covmat	协方差矩阵，用样本协方差矩阵作主成分分析，此时不提供 x。

函数的返回值是一个列表，其成员有 $sdev（主成分标准差），$loadings（载荷），$center（样本均值），$scale（样本标准差），$scores（主成分得分）等，可借助于其他函数（如 summary, loadings, predict）提取。

2. prcomp 函数

另一个作主成分分析的函数是 prcomp() 函数，其分析原理是一样的，但在数值计算上与 princomp() 函数存在着微小差别，它也有公式型和默认型两种使用格式

```
prcomp(formula, data = NULL, subset, na.action, ...)
prcomp(x, retx = TRUE, center = TRUE, scale. = FALSE,
    tol = NULL, rank. = NULL, ...)
```

部分参数的名称、取值及意义如表 9.2 所示。

表 9.2　prcomp( ) 函数中部分参数的名称、取值及意义

名称	取值及意义
formula	无响应变量公式，形如 ~ v1 + v2。
data	数据框，为公式提供数据。
x	数值矩阵或数据框，提供主成分分析的数据。
retx	逻辑变量，取 TRUE (默认值) 时，返回值中包含主成分得分。
center	逻辑变量，取 TRUE (默认值) 时，将数据中心化。
scale.	逻辑变量，取 TRUE 时，将数据标准化，默认值为 FALSE。

函数的返回值是一个列表，其成员有 $sdev（主成分标准差），$rotation（旋转矩阵，即载荷），$center（样本均值），$scale（样本标准差），$x（主成分得分，仅当 retx = TRUE时才给出）。

注 princomp() 函数与 prcomp() 函数的差异。

(1) princomp()函数是基于总体协方差矩阵或总体相关矩阵作主成分分析,由于总体参数未知,用它的极大似然估计值替代。

(2) prcomp()函数是基于样本协方差矩阵或样本的相关矩阵作主成分分析。

3. summary 函数

summary() 函数,是 summary.princomp() 函数简写形式,其目的是提取主成分的信息,其作用格式为

```
summary(object, loadings = FALSE, cutoff = 0.1, ...)
```

其中 object 是由 princomp() 得到的对象。loadings 为逻辑变量,表示是否显示 loadings (载荷) 的内容,默认值为 FALSE。

4. loadings 函数

loadings()函数是显示主成分分析或因子分析中 loadings (载荷,见因子分析) 的内容。在主成分分析中,该内容实际上是主成分对应的各列,即前面分析的正交矩阵 Q。在因子分析中,其内容就是载荷因子矩阵。loadings()函数的使用格式为

```
loadings(x, ...)
```

其中 x 是由函数 princomp() 或 factanal() (见因子分析) 得到的对象。

5. predict 函数

predict() 函数,是 predict.princomp() 函数的简写形式,预测主成分的值(类似于回归分析中的使用方法),其使用格式为

```
predict(object, newdata, ...)
```

其中 object 是由 princomp() 得到的对象。newdata 是由预测值构成的数据框,当 newdata 为默认值时,预测已有数据的主成分值。

6. screeplot 函数

screeplot() 函数是画出主成分的碎石图,其使用格式为

```
screeplot(x, npcs = min(10, length(x$sdev)),
          type = c("barplot", "lines"),
          main = deparse(substitute(x)), ...)
```

其中 x 是由 princomp() 得到的对象。npcs 是画出的主成分的个数。type 是描述画出的碎石图的类型,其中 "barplot" 是直方图类型,"lines" 是直线图类型。

7. 实例

下面用一个例子说明前面介绍的函数的使用方法。

例 9.1(中学生身体四项指标的主成分分析) 在某中学随机抽取某年级 30 名学生,测量其身高 (X_1)、体重 (X_2)、胸围 (X_3) 和坐高 (X_4),数据如表 9.3 所示(以表格形式保存在 exam0901.data 中)。试对这 30 名中学生身体四项指标数据做主成分分析。

表 9.3　30 名中学生身体四项指标数据

序号	X_1	X_2	X_3	X_4	序号	X_1	X_2	X_3	X_4
1	148	41	72	78	16	152	35	73	79
2	139	34	71	76	17	149	47	82	79
3	160	49	77	86	18	145	35	70	77
4	149	36	67	79	19	160	47	74	87
5	159	45	80	86	20	156	44	78	85
6	142	31	66	76	21	151	42	73	82
7	153	43	76	83	22	147	38	73	78
8	150	43	77	79	23	157	39	68	80
9	151	42	77	80	24	147	30	65	75
10	139	31	68	74	25	157	48	80	88
11	140	29	64	74	26	151	36	74	80
12	161	47	78	84	27	144	36	68	76
13	158	49	78	83	28	141	30	67	76
14	140	33	67	77	29	139	32	68	73
15	137	31	66	73	30	148	38	70	78

解　用 read.table() 函数读取。用 princomp() 作主成分分析，由前面的分析，选择相关矩阵作主成分分析更合理，因此，这里选择的参数是 cor = TRUE。最后用 summary() 列出主成分分析的值，这里选择 loadings = TRUE，即列出载荷矩阵。以下是相应的程序（程序名：exam0901.R）。

```
rt <- read.table("exam0901.data"); rt
student.pr <- princomp(rt, cor = TRUE)
summary(student.pr, loadings = TRUE)
```

其计算结果为

```
Importance of components:
                          Comp.1     Comp.2     Comp.3     Comp.4
Standard deviation     1.8817805 0.55980636 0.28179594 0.25711844
Proportion of Variance 0.8852745 0.07834579 0.01985224 0.01652747
Cumulative Proportion  0.8852745 0.96362029 0.98347253 1.00000000

Loadings:
   Comp.1 Comp.2 Comp.3 Comp.4
X1  0.497  0.543  0.450  0.506
X2  0.515 -0.210  0.462 -0.691
X3  0.481 -0.725 -0.175  0.461
X4  0.507  0.368 -0.744 -0.232
```

在上述程序中，语句 student.pr <- princomp(rt, cor = TRUE) 可以改成 student.pr <- princomp(~ X1 + X2 + X3 + X4, data = rt, cor = TRUE)，两者是

等价的。

summary()函数列出了主成分分析的重要信息，Standard deviation行表示的是主成分的标准差，即主成分的方差的开方，也就是相应的特征值 λ_1, λ_2, λ_3, λ_4 的开方。Proportion of Variance行表示的是方差的贡献率。Cumulative Proportion行表示的是方差的累积贡献率。

由于在 summary 函数的参数中选取了 loadings = TRUE, 列出了 loadings（载荷）的内容，它实际上是主成分对应于原始变量 X_1, X_2, X_3, X_4 的系数，即前面介绍的矩阵 Q。因此，得到

$$Z_1^* = 0.497 X_1^* + 0.515 X_2^* + 0.481 X_3^* + 0.507 X_4^*,$$
$$Z_2^* = 0.543 X_1^* - 0.210 X_2^* - 0.725 X_3^* + 0.368 X_4^*,$$

由于前两个主成分的累积贡献率已达到 96%, 另外两个主成分可以舍去，达到降维的目的。

第 1 主成分对应系数的符号都相同，其值在 0.5 左右，它反映了中学生身材魁梧程度: 身体高大的学生，他的 4 个部分的尺寸都比较大，所以第 1 主成分的值也较大; 而身材矮小的学生，他的 4 部分的尺寸都比较小，所以第 1 主成分的值也较小。因此，称第 1 主成分为大小因子。第 2 主成分是高度与围度的差，第 2 主成分值大的学生表明该学生"细高"，而第 2 主成分值越小的学生表明该学生"矮胖"，因此，称第 2 主成分为体形因子。

看一下各样本的主成分得分（用 predict() 函数作预测）。

```
> pred <- predict(student.pr); pred
        Comp.1      Comp.2       Comp.3       Comp.4
1   -0.06990950 -0.23813701   0.35509248 -0.266120139
2   -1.59526340 -0.71847399  -0.32813232 -0.118056646
3    2.84793151  0.38956679   0.09731731 -0.279482487
4   -0.75996988  0.80604335   0.04945722 -0.162949298
5    2.73966777  0.01718087  -0.36012615  0.358653044
6   -2.10583168  0.32284393  -0.18600422 -0.036456084
7    1.42105591 -0.06053165  -0.21093321 -0.044223092
8    0.82583977 -0.78102576   0.27557798  0.057288572
9    0.93464402 -0.58469242   0.08814136  0.181037746
10  -2.36463820 -0.36532199  -0.08840476  0.045520127
11  -2.83741916  0.34875841  -0.03310423 -0.031146930
12   2.60851224  0.21278728   0.33398037  0.210157574
13   2.44253342 -0.16769496   0.46918095 -0.162987830
14  -1.86630669  0.05021384  -0.37720280 -0.358821916
15  -2.81347421 -0.31790107   0.03291329 -0.222035112
16  -0.06392983  0.20718448  -0.04334340  0.703533624
17   1.55561022 -1.70439674   0.33126406  0.007551879
18  -1.07392251 -0.06763418  -0.02283648  0.048606680
```

```
19   2.52174212   0.97274301  -0.12164633  -0.390667991
20   2.14072377   0.02217881  -0.37410972   0.129548960
21   0.79624422   0.16307887  -0.12781270  -0.294140762
22  -0.28708321  -0.35744666   0.03962116   0.080991989
23   0.25151075   1.25555188   0.55617325   0.109068939
24  -2.05706032   0.78894494   0.26552109   0.388088643
25   3.08596855  -0.05775318  -0.62110421  -0.218939612
26   0.16367555   0.04317932  -0.24481850   0.560248997
27  -1.37265053   0.02220972   0.23378320  -0.257399715
28  -2.16097778   0.13733233  -0.35589739   0.093123683
29  -2.40434827  -0.48613137   0.16154441  -0.007914021
30  -0.50287468   0.14734317   0.20590831  -0.122078819
```

从第 1 主成分得分来看，得分较大的几个样本分别是 25 号、3 号和 5 号，这说明这几名学生身材魁梧；得分较小的几个样本分别是 11 号、15 号和 29 号，说明这几名学生身材瘦小。

从第 2 主成分得分来看，得分较大的几个样本分别是 23 号、19 号和 4 号，说明这几名学生属于"细高"型；得分较小的几个样本分别是 17 号、8 号和 2 号，说明这几名学生身材属于"矮胖"型。

画出主成分的碎石图。

```
> screeplot(student.pr, type = "lines")
```

参数选择的直线型，其图形如图 9.1 所示。

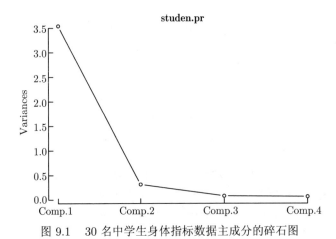

图 9.1   30 名中学生身体指标数据主成分的碎石图

还可以画出身体指标数据得分的散点图，其图形如图 9.2 所示。从该散点图可以很容易看出：哪些学生属于高大魁梧型，如 25 号学生，哪些学生属于身材瘦小型，如 11 号或 15 号；哪些学生属于"细高"型，如 23 号，哪些学生属于"矮胖"型，如 17 号。还有哪些学生属于正常体形，如 26 号，等等。

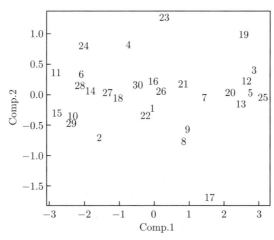

图 9.2　30 名中学生身体指标数据得分的散点图

9.1.4　主成分分析的应用

这一小节讲两个问题作为主成分分析的应用,一个是变量分类问题;另一个是主成分回归问题。

1. 主成分分类

例 9.2　对 128 个成年男子的身材进行测量,每人各测得 16 项指标:身高 (X_1)、坐高 (X_2)、胸围 (X_3)、头高 (X_4)、裤长 (X_5)、下裆 (X_6)、手长 (X_7)、领围 (X_8)、前胸 (X_9)、后背 (X_{10})、肩厚 (X_{11})、肩宽 (X_{12})、袖长 (X_{13})、肋围 (X_{14})、腰围 (X_{15}) 和腿肚 (X_{16})。16 项指标的相关矩阵 $\boldsymbol{R}$ 如表 9.4 所示(由于相关矩阵是对称的,只给出下三角部分,数据保存在 exam0902.data 中)。试从相关矩阵 $\boldsymbol{R}$ 出发进行主成分分析,对 16 项指标进行分类。

表 9.4　16 项身体指标数据的相关矩阵

	X_1	X_2	X_3	X_4	X_5	X_6	X_7	X_8	X_9	X_{10}	X_{11}	X_{12}	X_{13}	X_{14}	X_{15}
X_2	0.79														
X_3	0.36	0.31													
X_4	0.96	0.74	0.38												
X_5	0.89	0.58	0.31	0.90											
X_6	0.79	0.58	0.30	0.78	0.79										
X_7	0.76	0.55	0.35	0.75	0.74	0.73									
X_8	0.26	0.19	0.58	0.25	0.25	0.18	0.24								
X_9	0.21	0.07	0.28	0.20	0.18	0.18	0.29	-0.04							
X_{10}	0.26	0.16	0.33	0.22	0.23	0.23	0.25	0.49	-0.34						
X_{11}	0.07	0.21	0.38	0.08	-0.02	0.00	0.10	0.44	-0.16	0.23					
X_{12}	0.52	0.41	0.35	0.53	0.48	0.38	0.44	0.30	-0.05	0.50	0.24				
X_{13}	0.77	0.47	0.41	0.79	0.79	0.69	0.67	0.32	0.23	0.31	0.10	0.62			
X_{14}	0.25	0.17	0.64	0.27	0.27	0.14	0.16	0.51	0.21	0.15	0.31	0.17	0.26		
X_{15}	0.51	0.35	0.58	0.57	0.51	0.26	0.38	0.51	0.15	0.29	0.28	0.41	0.50	0.63	
X_{16}	0.21	0.16	0.51	0.26	0.23	0.00	0.12	0.38	0.18	0.14	0.31	0.18	0.24	0.50	0.65

解 读取数据，构造相关矩阵，用 `princomp()` 对相关矩阵作主成分分析，然后画出各变量在第 1、第 2 主成分下的散点图（程序名：exam0902.R）

```
z <- scan("exam0902.data")
R <- matrix(1, nrow = 16, ncol = 16); k <- 1
for (i in 2:16){
   for (j in 1:(i-1)){
      R[i,j] <- R[j,i] <- z[k]; k <- k + 1
   }
}
pr <- princomp(covmat = R); load <- loadings(pr)
Names <- c("身高 ", "坐高", "胸围", " 头高 ", "裤长 ", "下裆 ", "手长 ",
           "领围 ", "前胸 ", "后背 ", "肩厚 ", "肩宽 ", "袖长 ", "肋围 ",
           "腰围 ", "腿肚 ")
plot(load[,1:2], type = "n"); text(load[,1:2], label = Names)
```

所画图形如图 9.3 所示。

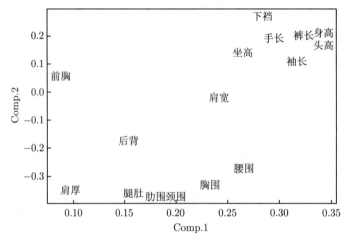

图 9.3 16 个变量在前两个分量下的散点图

图 9.3 中右上角的点看成一类，它们是"长"类，如身高、坐高、头高、裤长、下裆、手长、袖长。右下角的点看成一类，它们是"围"类，如身胸围、领围、肩厚、肋围、腰围、腿肚。中间的点看成一类，为体形特征指标，即前胸、后背、肩宽。

2. 主成分回归

在回归分析一章中曾经讲过，当自变量出现多重共线性时，经典回归方法作回归系数的最小二乘估计，一般效果会较差。这里采用主成分回归的方法来克服普通回归的不足，请看下面的例子。

例 9.3（法国经济分析数据） 考虑进口总额 Y 与三个自变量：国内总产值 (X_1)，存储量 (X_2)，总消费量 (X_3)（单位为 10 亿法郎）之间的关系。现收集了 1949—1959 年共 11 年的数据（以表格形式保存在 exam0903.data 中），如表 9.5 所示。试对此数据作经典回归分析和主成分回归分析。

表 9.5 法国经济分析数据

序号	X_1	X_2	X_3	Y
1	149.3	4.2	108.1	15.9
2	161.2	4.1	114.8	16.4
3	171.5	3.1	123.2	19.0
4	175.5	3.1	126.9	19.1
5	180.8	1.1	132.1	18.8
6	190.7	2.2	137.7	20.4
7	202.1	2.1	146.0	22.7
8	212.4	5.6	154.1	26.5
9	226.1	5.0	162.3	28.1
10	231.9	5.1	164.3	27.6
11	239.0	0.7	167.6	26.3

解 读取数据，用普通线性回归方法作回归分析（程序名: exam0903.R）。

```
rt <- read.table("exam0903.data")
lm.sol <- lm(y ~ x1 + x2 + x3, data = rt)
summary(lm.sol)
```

其结果（部分）为

```
Coefficients:
            Estimate Std. Error t value Pr(>|t|)
(Intercept) -10.12799    1.21216  -8.355 6.9e-05 ***
x1           -0.05140    0.07028  -0.731 0.488344
x2            0.58695    0.09462   6.203 0.000444 ***
x3            0.28685    0.10221   2.807 0.026277 *

Residual standard error: 0.4889 on 7 degrees of freedom
Multiple R-squared:  0.9919,    Adjusted R-squared:  0.9884
F-statistic: 285.6 on 3 and 7 DF,  p-value: 1.112e-07
```

从计算结果可以看出，按三个变量得到回归方程

$$Y = -10.12799 - 0.05140X_1 + 0.58695X_2 + 0.28685X_3。 \tag{9.17}$$

仔细分析方程 (9.17)，发现它并不合理。回到问题本身，Y 是进口量，X_1 是国内总产值，而对应系数的符号为负，也就是说，国内的总产值越高，对应的进口量却越少，这与实际情况是不相符的。

问其原因，三个变量可能存在着多重共线性。作方差膨胀因子检验

```
> source("../chap06/VIF.test.R"); VIF.test(rt[,1:3])
        x1          x2         x3
185.997470    1.018909 186.110015
```

变量 X_1 和 X_3 的方差膨胀因子都远远大于 10，说明存在着多重共线性。

为克服多重共线性的影响，对变量作主成分回归。先作主成分分析。

```
> conomy.pr <- princomp(~ x1 + x2 + x3, data = rt, cor = T)
> summary(conomy.pr, loadings = TRUE)
Importance of components:
                          Comp.1    Comp.2     Comp.3
Standard deviation     1.413915 0.9990767 0.0518737839
Proportion of Variance 0.666385 0.3327181 0.0008969632
Cumulative Proportion  0.666385 0.9991030 1.0000000000

Loadings:
   Comp.1 Comp.2 Comp.3
x1  0.706         0.707
x2         -0.999
x3  0.707        -0.707
```

前两个主成分已达到 99% 的贡献率。第 1 主成分是关于国内总产值和总消费，称为产销因子。第 2 主成分只与存储量有关，称为存储因子。

下面作主成分回归。首先计算样本的主成分的预测值，并将第 1 主成分的预测值和第 2 主成分的预测值存放在数据框 rt 中，然后再对主成分作回归分析。其命令格式如下：

```
pre <- predict(conomy.pr)
rt$z1 <- pre[,1]; rt$z2 <- pre[,2]
lm.sol <- lm(y ~ z1 + z2, data = rt)
summary(lm.sol)
```

计算结果（部分）为

```
Coefficients:
            Estimate Std. Error t value Pr(>|t|)
(Intercept) 21.8909     0.1658  132.006 1.21e-14 ***
z1           2.9892     0.1173   25.486 6.02e-09 ***
z2          -0.8288     0.1660   -4.993  0.00106 **

Residual standard error: 0.55 on 8 degrees of freedom
Multiple R-squared:  0.9883,    Adjusted R-squared:  0.9853
F-statistic: 337.2 on 2 and 8 DF,  p-value: 1.888e-08
```

回归系数和回归方程均通过检验，而且效果显著，得到如下回归方程：

$$Y = 21.8909 + 2.9892 Z_1^* - 0.8288 Z_2^*。$$

上述方程得到是响应变量与主成分的关系，但应用起来并不方便，还是希望得到响应变量与原变量之间的关系。由于

$$Y = \beta_0^* + \beta_1^* Z_1^* + \beta_2^* Z_2^*,$$

$$Z_i^* = a_{i1}X_1^* + a_{i2}X_2^* + a_{i3}X_3^*$$
$$= \frac{a_{i1}(X_1 - \overline{x}_1)}{\sqrt{s_{11}}} + \frac{a_{i2}(X_2 - \overline{x}_2)}{\sqrt{s_{22}}} + \frac{a_{i3}(X_3 - \overline{x}_3)}{\sqrt{s_{33}}}, \quad i = 1, 2,$$

所以

$$Y = \beta_0^* - \beta_1^* \left(\frac{a_{11}\overline{x}_1}{\sqrt{s_{11}}} + \frac{a_{12}\overline{x}_2}{\sqrt{s_{22}}} + \frac{a_{13}\overline{x}_3}{\sqrt{s_{33}}} \right) - \beta_2^* \left(\frac{a_{21}\overline{x}_1}{\sqrt{s_{11}}} + \frac{a_{22}\overline{x}_2}{\sqrt{s_{22}}} + \frac{a_{23}\overline{x}_3}{\sqrt{s_{33}}} \right) +$$
$$\frac{(\beta_1^* a_{11} + \beta_2^* a_{21})}{\sqrt{s_{11}}} X_1 + \frac{(\beta_1^* a_{12} + \beta_2^* a_{22})}{\sqrt{s_{22}}} X_2 + \frac{(\beta_1^* a_{13} + \beta_2^* a_{23})}{\sqrt{s_{33}}} X_3$$
$$= \beta_0 + \beta_1 X_1 + \beta_2 X_2 + \beta_3 X_3, \tag{9.18}$$

其中

$$\beta_0 = \beta_0^* - \beta_1^* \left(\frac{a_{11}\overline{x}_1}{\sqrt{s_{11}}} + \frac{a_{12}\overline{x}_2}{\sqrt{s_{22}}} + \frac{a_{13}\overline{x}_3}{\sqrt{s_{33}}} \right) - \beta_2^* \left(\frac{a_{21}\overline{x}_1}{\sqrt{s_{11}}} + \frac{a_{22}\overline{x}_2}{\sqrt{s_{22}}} + \frac{a_{23}\overline{x}_3}{\sqrt{s_{33}}} \right), \tag{9.19}$$
$$\beta_i = \frac{(\beta_1^* a_{1i} + \beta_2^* a_{2i})}{\sqrt{s_{ii}}}, \quad i = 1, 2, 3。 \tag{9.20}$$

按照式 (9.19) ~ 式 (9.20) 编写计算系数的函数

```
beta <- coef(lm.sol); A <- loadings(conomy.pr)
x.bar <- conomy.pr$center; x.sd <- conomy.pr$scale
coef <- (beta[2]*A[,1] + beta[3]*A[,2]) / x.sd
beta0 <- beta[1] - sum(x.bar * coef)
```

在程序中，coef 函数是提取回归系数，loadings 是提取主成分对于的特征向量，conomy.pr$center 是数据的中心，也就是数据 $\boldsymbol{X}$ 的均值，conomy.pr$scale 是数据的标准差，即 s_{ii} 的开方。因此，得到相应的系数

```
> c(beta0, coef)
(Intercept)          x1           x2           x3
-9.13010782  0.07277981   0.60922012   0.10625939
```

即回归方程为

$$Y = -9.13010782 + 0.07277981 X_1 + 0.60922012 X_2 + 0.10625939 X_3。 \tag{9.21}$$

此时，对应 X_1, X_2, X_3 的系数均为正数，比原回归方程 (9.17) 更合理。

9.2 因子分析

因子分析是主成分分析的推广和发展，也是多元统计分析中的一种降维方法，是用来分析隐藏在表面现象背后的因子作用的一类统计模型。因子分析是研究相关矩阵或协方差矩阵的内部依赖关系，它将多个变量综合为少数几个因子，以再现原始变量与因子之间的相关关系。

因子分析起源于 20 世纪初，皮尔逊和斯皮尔曼等学者为定义和测定智力所作的统计分析。目前因子分析在心理学、社会学、经济学等学科取得了成功的应用。

9.2.1 引例

下面用几个例子说明如何用因子分析来构造因子模型。

例 9.4 为了解学生的学习能力，观测了 n 个学生的 p 个科目的成绩（分数），用 $X_1, X_2, \cdots, X_p$ 表示 p 个科目（例如代数、几何、语文、英语、政治、$\cdots$），$\boldsymbol{X}_{(i)} = (x_{i1}, x_{i2}, \cdots, x_{ip})^{\mathrm{T}}$ $(i = 1, 2, \cdots, n)$ 表示第 i 个学生的 p 科目的成绩。现要分析主要由哪些因素决定学生的学习能力。

现对这些资料进行归纳分析，可以看出各个科目（变量）由两部分组成：

$$X_i = a_i f + \varepsilon_i, \quad i = 1, 2, \cdots, p, \tag{9.22}$$

其中 f 是对所有 $X_i (i = 1, 2, \cdots, p)$ 都起作用的公共因子，它表示智能高低的因子；系数 a_i 称为因子载荷；ε_i 是科目（变量）X_i 特有的特殊因子。这就是一个最简单的因子模型。

进一步，可把简单因子模型推广到多个因子的情况，即科目 X 所有的因子有 m 个，如数学推导因子、记忆因子、计算因子等，分别记为 $f_1, f_2, \cdots, f_m$，即

$$X_i = a_{i1} f_1 + a_{i2} f_2 + \cdots + a_{im} f_m + \varepsilon_i, \quad i = 1, 2, \cdots, p。 \tag{9.23}$$

用这 m 个不可观测的互不相关的公共因子 $f_1, f_2, \cdots, f_m$（也称为潜因子）和一个特殊因子 ε_i 来描述原始可测的相关变量（科目）$X_1, X_2, \cdots, X_p$，并解释分析学生的学习能力。它们的系数 $a_{i1}, a_{i2}, \cdots, a_{ip}$ 称为因子载荷，表示第 i 个科目在 m 个方面的表现。这就是一个因子模型。

例 9.5 林登（Linden）对第二次世界大战以来奥林匹克十项全能的得分作研究，他收集了 160 组数据，以 $X_1, X_2, \cdots, X_{10}$ 分别表示十项全能的标准得分，这里十项全能依次是：100 米短跑、跳远、铅球、跳高、400 米跑、110 米跨栏、铁饼、撑杆跳高、标枪、1500 米跑。现要分析主要由哪些因素决定十项全能的成绩，以此可用来指导运动员的选拔。

对于这十项得分，基本上可以归结于短跑速度、爆发性臂力、爆发性腿力和耐力四个方面，每一方面都称为一个因子，因此，该类问题可用因子分析模型去处理。

例 9.6 考察人体的五项生理指标：收缩压 (X_1)、舒张压 (X_2)、心跳间隔 (X_3)、呼吸间隔 (X_4) 和舌下温度 (X_5)。从这些指标考察人体的健康状况。

从生理学的知识可知，这五项指标是受植物神经支配的，植物神经又分为交感神经和副交感神经，因此，这五项指标至少受到两个公共因子的影响，也可用因子分析的模型去处理。

通过以上几个例子可以看到，因子分析的主要应用有两个方面，一是寻求基本结构，简化观测系统，将具有错综复杂关系的对象（变量或样本）综合为少数几个因子（不可观测的随机变量），以再现因子与原始变量之间的内在联系；二是用于分类，对于 p 个变量或 n 个样本进行分类。

因子分析根据研究对象的不同，可以分为 R 型因子分析和 Q 型因子分析。R 型因子分析研究变量（指标）之间的相关关系，通过对变量的相关矩阵或协方差矩阵内部结构

的研究，找出控制所有变量的几个公共因子（或称主因子、潜在因子），用以对变量或样本进行分类。Q 型因子分析研究样本之间的相关关系，通过对样本的相似矩阵内部结构的研究找出控制样本的几个主要因素（或称为主因子）。这两种因子分析的处理方法是一样的，只是出发点不同。R 型从变量的相关矩阵出发，Q 型从样本的相似矩阵出发。对一批观测数据，可以根据实际问题的需要来决定采用哪一种类型的因子分析。

9.2.2 因子模型

1. 数学模型

设 $\boldsymbol{X} = [X_1, X_2, \cdots, X_p]^\mathrm{T}$ 是可观测的随机向量，且

$$\mathrm{E}(\boldsymbol{X}) = \boldsymbol{\mu} = [\mu_1, \mu_2, \cdots, \mu_p]^\mathrm{T}, \quad \mathrm{var}(\boldsymbol{X}) = \boldsymbol{\Sigma} = (\sigma_{ij})_{p \times p}。$$

因子分析的一般模型为

$$\begin{cases} X_1 - \mu_1 = a_{11}f_1 + a_{12}f_2 + \cdots + a_{1m}f_m + \varepsilon_1, \\ X_2 - \mu_2 = a_{21}f_1 + a_{22}f_2 + \cdots + a_{2m}f_m + \varepsilon_2, \\ \qquad\qquad\qquad\qquad \vdots \\ X_p - \mu_p = a_{p1}f_1 + a_{p2}f_2 + \cdots + a_{pm}f_m + \varepsilon_p, \end{cases} \tag{9.24}$$

其中，$f_1, f_2, \cdots, f_m$ $(m < p)$ 为公共因子，$\varepsilon_1, \varepsilon_2, \cdots, \varepsilon_p$ 为特殊因子，它们都是不可观测的随机变量。公共因子 $f_1, f_2, \cdots, f_m$ 出现在每一个原始变量 $X_i (i = 1, 2, \cdots, p)$ 的表达式中，可理解为原始变量共同具有的公共因素，每个公共因子 $f_j (j = 1, 2, \cdots, m)$ 一般至少对两个原始变量有作用，否则它将归入特殊因子。每个特殊因子 $\varepsilon_i (i = 1, 2, \cdots, p)$ 仅仅出现在与之相应的第 i 个原始变量 X_i 的表达式中，它只对这个原始变量有作用。可将式 (9.24) 写成矩阵表示形式

$$\boldsymbol{X} = \boldsymbol{\mu} + \boldsymbol{A}\boldsymbol{F} + \boldsymbol{\varepsilon}, \tag{9.25}$$

其中 $\boldsymbol{F} = [f_1, f_2, \cdots, f_m]^\mathrm{T}$ 为公共因子向量，$\boldsymbol{\varepsilon} = [\varepsilon_1, \varepsilon_2, \cdots, \varepsilon_p]^\mathrm{T}$ 为特殊因子向量，$\boldsymbol{A} = (a_{ij})_{p \times m}$ 为因子载荷矩阵。通常假设

$$\mathrm{E}(\boldsymbol{F}) = \boldsymbol{0}, \quad \mathrm{var}(\boldsymbol{F}) = \boldsymbol{I}_m, \tag{9.26}$$

$$\mathrm{E}(\boldsymbol{\varepsilon}) = \boldsymbol{0}, \quad \mathrm{var}(\boldsymbol{\varepsilon}) = \boldsymbol{D} = \mathrm{diag}(\sigma_1^2, \sigma_2^2, \cdots, \sigma_p^2), \tag{9.27}$$

$$\mathrm{cov}(\boldsymbol{F}, \boldsymbol{\varepsilon}) = \boldsymbol{0}。\tag{9.28}$$

由上述假定可以看出，公共因子彼此不相关且具有单位方阵，特殊因子也彼此不相关且和公共因子也不相关。

2. 因子模型的性质

（1）$\boldsymbol{\Sigma}$ 的分解

$$\boldsymbol{\Sigma} = \boldsymbol{A}\boldsymbol{A}^\mathrm{T} + \boldsymbol{D}。\tag{9.29}$$

(2) 模型不受单位的影响。若 $\boldsymbol{X}^* = \boldsymbol{CX}$，则有

$$\boldsymbol{X}^* = \boldsymbol{\mu}^* + \boldsymbol{A}^*\boldsymbol{F}^* + \boldsymbol{\varepsilon}^*,$$

其中 $\boldsymbol{\mu}^* = \boldsymbol{C\mu}$，$\boldsymbol{A}^* = \boldsymbol{CA}$，$\boldsymbol{F}^* = \boldsymbol{F}$，$\boldsymbol{\varepsilon}^* = \boldsymbol{C\varepsilon}$。

(3) 因子载荷不是唯一的。设 $\boldsymbol{T}$ 是一 m 阶正交矩阵，令 $\boldsymbol{A}^* = \boldsymbol{AT}$，$\boldsymbol{F}^* = \boldsymbol{T}^{\mathrm{T}}\boldsymbol{F}$，则模型 (9.25) 可表示为

$$\boldsymbol{X} = \boldsymbol{\mu} + \boldsymbol{A}^*\boldsymbol{F}^* + \boldsymbol{\varepsilon}。 \tag{9.30}$$

因子载荷矩阵不唯一对实际应用是有好处的，通常利用这一点，通过因子旋转，使得新因子有更好的实际意义。

3. 因子载荷矩阵的统计意义

(1)
$$\operatorname{cov}(\boldsymbol{X}, \boldsymbol{F}) = \boldsymbol{A} \quad \text{或} \quad \operatorname{cov}(X_i, f_j) = a_{ij}。 \tag{9.31}$$

即因子载荷 a_{ij} 是第 i 个变量与第 j 个公共因子的协方差。由于 X_i 是 $f_1, f_2, \cdots, f_m$ 的线性组合，所以系数 $a_{i1}, a_{i2}, \cdots, a_{im}$ 是用来度量 X_i 可由 $f_1, f_2, \cdots, f_m$ 线性组合表示的程度。

(2) 令 $h_i^2 = \sum\limits_{j=1}^{m} a_{ij}^2$，则有

$$\sigma_{ii} = h_i^2 + \sigma_i^2, \quad i = 1, 2, \cdots, p。 \tag{9.32}$$

h_i^2 反映了公共因子对原始变量 X_i 的影响，可以看成是公共因子对 X_i 的方差贡献，称为变量 X_i 的共同度或共性方差；而 σ_i^2 是特殊因子 ε_i 对 X_i 的方差贡献，称为变量 X_i 的特殊方差。当 $\boldsymbol{X}$ 为各分量已标准化的随机变量 ($\sigma_{ii} = 1$)，此时有

$$h_i^2 + \sigma_i^2 = 1, \quad i = 1, 2, \cdots, p。 \tag{9.33}$$

(3) 令 $g_j^2 = \sum\limits_{i=1}^{p} a_{ij}^2$，则有

$$\sum_{i=1}^{p} \operatorname{var}(X_i) = \sum_{j=1}^{m} g_j^2 + \sum_{i=1}^{p} \sigma_i^2。 \tag{9.34}$$

g_j^2 反映了公共因子 f_j 对 $X_1, X_2, \cdots, X_p$ 的影响，是衡量公共因子 f_j 重要性的一个尺度，可视为公共因子 f_j 对 $X_1, X_2, \cdots, X_p$ 的总方差贡献。

9.2.3 参数估计

设 $\boldsymbol{X}_{(1)}, \boldsymbol{X}_{(2)}, \cdots, \boldsymbol{X}_{(n)}$ 是一组 p 维样本，其中 $\boldsymbol{X}_{(i)} = [x_{i1}, x_{i2}, \cdots, x_{ip}]^{\mathrm{T}}$。则 $\boldsymbol{\mu}$ 和 $\boldsymbol{\Sigma}$ 可分别估计为

$$\overline{\boldsymbol{X}} = \frac{1}{n}\sum_{i=1}^{n} \boldsymbol{X}_{(i)} \quad \text{或} \quad \boldsymbol{S} = \frac{1}{n-1}\sum_{i=1}^{n} \left(\boldsymbol{X}_{(i)} - \overline{\boldsymbol{X}}\right)\left(\boldsymbol{X}_{(i)} - \overline{\boldsymbol{X}}\right)^{\mathrm{T}}。$$

为了建立因子模型，首先要估计因子载荷矩阵 $\boldsymbol{A} = (a_{ij})_{p \times m}$ 和特殊方差矩阵 $\boldsymbol{D} = \operatorname{diag}(\sigma_1^2, \sigma_2^2, \cdots, \sigma_p^2)$。常用的参数估计方法有如下三种：主成分法、主因子法和极大似然法。

1. 主成分法

设样本的协方差矩阵 S 的特征值为 $\lambda_1 \geqslant \lambda_2 \geqslant \cdots \geqslant \lambda_p \geqslant 0$，相应的单位正交特征向量为 $l_1, l_2, \cdots, l_p$，则 S 有谱分解式

$$S = \sum_{i=1}^{p} \lambda_i l_i l_i^{\mathrm{T}}。$$

当最后 $p-m$ 个特征值较小时，S 可近似地分解成

$$\begin{aligned} S &= \lambda_1 l_1 l_1^{\mathrm{T}} + \cdots + \lambda_m l_m l_m^{\mathrm{T}} + \lambda_{m+1} l_{m+1} l_{m+1}^{\mathrm{T}} + \cdots + \lambda_p l_p l_p^{\mathrm{T}} \\ &\approx \lambda_1 l_1 l_1^{\mathrm{T}} + \cdots + \lambda_m l_m l_m^{\mathrm{T}} + D \\ &= AA^{\mathrm{T}} + D, \end{aligned} \quad (9.35)$$

其中

$$A = [\sqrt{\lambda_1} l_1, \sqrt{\lambda_2} l_2, \cdots, \sqrt{\lambda_m} l_m] = (a_{ij})_{p \times m}, \quad (9.36)$$

$$D = \mathrm{diag}(\sigma_1^2, \sigma_2^2, \cdots, \sigma_p^2), \quad (9.37)$$

$$\sigma_i^2 = s_{ii} - \sum_{j=1}^{m} a_{ij}^2 = s_{ii} - h_i^2, \quad i = 1, 2, \cdots, p。 \quad (9.38)$$

式 (9.36) ~ 式 (9.38) 给出的 A 和 D 就是因子模型的一个解。载荷矩阵 A 中的第 j 列和 X 的第 j 个主成分的系数相差一个倍数 $\sqrt{\lambda_j} (j = 1, 2, \cdots, m)$。故由式 (9.36)-(9.38) 给出的这个解称为因子模型的主成分解。

当相关变量所取单位不同时，常常先对变量标准化，标准化变量的样本协方差矩阵就是原始变量的样本相关阵 R，再用 R 代替 S，与上面类似，即可得主成分解。

下面写出主成分法的 R 程序（程序名: factor.analy1.R）

```
factor.analy1 <- function(S, m){
    p <- nrow(S); diag_S <- diag(S); sum_rank <- sum(diag_S)
    rowname <- paste("X", 1:p, sep = "")
    colname <- paste("Factor", 1:m, sep = "")
    A <- matrix(0, nrow = p, ncol = m,
        dimnames = list(rowname, colname))
    eig <- eigen(S)
    for (i in 1:m)
        A[,i] <- sqrt(eig$values[i])*eig$vectors[,i]
    h <- diag(A%*%t(A))
    rowname <- c("SS loadings", "Proportion Var", "Cumulative Var")
    B <- matrix(0, nrow = 3, ncol = m,
        dimnames = list(rowname, colname))
    for (i in 1:m){
        B[1,i] <- sum(A[,i]^2)
        B[2,i] <- B[1,i]/sum_rank
```

```
            B[3,i] <- sum(B[1,1:i])/sum_rank
    }
    method <- c("Principal Component Method")
    list(method = method, loadings = A,
         var = cbind(common = h, spcific = diag_S - h), B = B)
}
```

函数输入值 S 是样本方差阵或相关矩阵，m 是主因子的个数。

函数的返回值是列表，其成员有 $method（估计参数的方法）、$loadings（因子载荷）、$var（共性方差和特殊方差）、$B（因子对变量的贡献、贡献率和累积贡献率）。

例 9.7 对 55 个国家和地区的男子径赛记录作统计，每位运动员记录 8 项指标：100 米跑 (X_1)、200 米跑 (X_2)、400 米跑 (X_3)、800 米跑 (X_4)、1500 米跑 (X_5)、5000 米跑 (X_6)、10000 米跑 (X_7)、马拉松 (X_8)。8 项指标的相关矩阵 $\boldsymbol{R}$ 如表 9.6 所示（数据保存在 exam0907.data 中）。取 $m=2$，用主成分法估计因子载荷和共性方差等指标。

表 9.6   16 项身体指标数据的相关矩阵

	X_1	X_2	X_3	X_4	X_5	X_6	X_7
X_2	0.923						
X_3	0.841	0.851					
X_4	0.756	0.807	0.870				
X_5	0.700	0.775	0.835	0.918			
X_6	0.619	0.695	0.779	0.864	0.928		
X_7	0.633	0.697	0.787	0.869	0.935	0.975	
X_8	0.520	0.596	0.705	0.806	0.866	0.932	0.943

解 读取数据，用编写的函数 factor.analy1() 主成分法估计载荷和相关指标（程序名：exam0907.R）。

```
z <- scan("exam0907.data")
R <- matrix(1, nrow = 8, ncol = 8); k <- 1
for (i in 2:8){
    for (j in 1:(i-1)){
        R[i,j] <- R[j,i] <- z[k]; k <- k +1
    }
}
source("factor.analy1.R")
fa <- factor.analy1(R, m = 2); fa
```

得到

```
$method
[1] "Principal Component Method"
$loadings
      Factor1    Factor2
X1 -0.8171700 -0.53109531
```

```
X2 -0.8672869 -0.43271347
X3 -0.9151671 -0.23251311
X4 -0.9487413 -0.01184826
X5 -0.9593762  0.13147503
X6 -0.9376630  0.29267677
X7 -0.9439737  0.28707618
X8 -0.8798085  0.41117192
$var
       common     spcific
X1 0.9498290 0.05017099
X2 0.9394274 0.06057257
X3 0.8915931 0.10840689
X4 0.9002505 0.09974954
X5 0.9376883 0.06231171
X6 0.9648716 0.03512837
X7 0.9734990 0.02650100
X8 0.9431254 0.05687460
$B
                  Factor1    Factor2
SS loadings     6.6223580  0.8779264
Proportion Var  0.8277947  0.1097408
Cumulative Var  0.8277947  0.9375355
```

若记
$$E = S - (AA^{T} + D) = (e_{ij})_{p \times p},$$
可以证明
$$Q(m) = \sum_{i=1}^{p}\sum_{j=1}^{p} e_{ij}^2 \leqslant \lambda_{m+1}^2 + \cdots + \lambda_p^2, \tag{9.39}$$
当 m 选择适当, 则近似公式 (9.39) 的误差平方和 $Q(m)$ 很小.

计算出例 9.7 的 $Q(m)$ 值.

```
> E <- R - fa$loadings %*% t(fa$loadings) - diag(fa$var[,2])
> sum(E^2)
[1] 0.01740023
```

公因子个数 m 的确定方法一般有两种, 一是根据实际问题的意义或专业理论知识来确定; 二是用确定主成分个数的原则, 选 m 为满足:
$$\sum_{i=1}^{m}\lambda_i \bigg/ \sum_{i=1}^{p}\lambda_i \geqslant P_0$$
的最小个数（比如取 $P_0 \geqslant 0.70$ 且 $P_0 < 1$）.

2. 主因子法

主因子法是对主成分法的修正, 这里假定变量已经标准化. 设 $R = AA^{T} + D$, 则
$$R - D = AA^{T} = R^{*},$$

称为简约相关矩阵。易见，$\boldsymbol{R}^*$ 中对角线元素是 h_i^2，而不是 1，非对角线元素与 $\boldsymbol{R}$ 中是完全一样的，并且 $\boldsymbol{R}^*$ 也一定是非负矩阵。

设 $\widehat{\sigma}_i^2$ 是特殊方差 σ_i^2 的一个合适的初始估计，则简约相关矩阵可估计为

$$\widehat{\boldsymbol{R}}^* = \begin{bmatrix} \widehat{h}_1^2 & r_{12} & \cdots & r_{1p} \\ r_{21} & \widehat{h}_2^2 & \cdots & r_{2p} \\ \vdots & \vdots & & \vdots \\ r_{p1} & r_{p2} & \cdots & \widehat{h}_p^2 \end{bmatrix},$$

其中 $\widehat{h}_i^2 = 1 - \widehat{\sigma}_i^2$ 是 h_i^2 的初始估计。

设 $\widehat{\boldsymbol{R}}^*$ 的前 m 个特征值依次为 $\widehat{\lambda}_1^* \geqslant \widehat{\lambda}_2^* \geqslant \cdots \geqslant \widehat{\lambda}_m^* > 0$，相应的单位正交特征向量为 $\widehat{\boldsymbol{l}}_1^*, \widehat{\boldsymbol{l}}_2^*, \cdots, \widehat{\boldsymbol{l}}_m^*$，则有近似分解式

$$\widehat{\boldsymbol{R}}^* = \widehat{\boldsymbol{A}} \widehat{\boldsymbol{A}}^{\mathrm{T}}, \tag{9.40}$$

其中

$$\widehat{\boldsymbol{A}} = \left(\sqrt{\widehat{\lambda}_1^*} \widehat{\boldsymbol{l}}_1^*, \sqrt{\widehat{\lambda}_2^*} \widehat{\boldsymbol{l}}_2^*, \cdots, \sqrt{\widehat{\lambda}_m^*} \widehat{\boldsymbol{l}}_m^* \right) 。 \tag{9.41}$$

令

$$\widehat{\sigma}_i^2 = 1 - \widehat{h}_i^2 = 1 - \sum_{j=1}^m \widehat{a}_{ij}^2, \quad i = 1, 2, \cdots, p, \tag{9.42}$$

则 $\widehat{\boldsymbol{A}}$ 和 $\widehat{\boldsymbol{D}} = \mathrm{diag}(\widehat{\sigma}_1^2, \widehat{\sigma}_2^2, \cdots, \widehat{\sigma}_p^2)$ 为因子模型的一个解，这个解就称为主因子解。

如果希望求得拟合程度更好的解，则可以采用迭代的方法，即式 (9.42) 中的 $\widehat{\sigma}_i^2$ 再作为特殊方差的初始估计，重复上述步骤，直至解稳定为止。

与主成分法类似，主因子法中的 $\boldsymbol{R}$ 也可以换成样本方差矩阵 $\boldsymbol{S}$，只不过此时 $\widehat{h}_i^2 = s_{ii} - \widehat{\sigma}_i^2$。

按照主因子法的思想编写相应的 R 程序（程序名: factor.analy2.R）

```
factor.analy2 <- function(R, m, d){
    p <- nrow(R); diag_R <- diag(R); sum_rank <- sum(diag_R)
    rowname <- paste("X", 1:p, sep = "")
    colname <- paste("Factor", 1:m, sep = "")
    A <- matrix(0, nrow = p, ncol = m,
            dimnames = list(rowname, colname))
    kmax <- 20; k <- 1; h <- diag_R-d
    repeat{
        diag(R) <- h; h1 <- h; eig <- eigen(R)
        for (i in 1:m)
            A[,i] <- sqrt(eig$values[i])*eig$vectors[,i]
        h <- diag(A %*% t(A))
        if ((sqrt(sum((h-h1)^2)) < 1e-4) | k == kmax) break
        k <- k + 1
```

```
    }
    rowname <- c("SS loadings","Proportion Var","Cumulative Var")
    B <- matrix(0, nrow = 3, ncol = m,
            dimnames = list(rowname, colname))
    for (i in 1:m){
        B[1,i] <- sum(A[,i]^2)
        B[2,i] <- B[1,i]/sum_rank
        B[3,i] <- sum(B[1,1:i])/sum_rank
    }
    method <- c("Principal Factor Method")
    list(method = method, loadings = A,
         var = cbind(common = h, spcific = diag_R - h),
         B = B, iterative = k)
}
```

函数输入值 R 是样本相关矩阵或样本方差矩阵，m 是主因子的个数，d 是特殊方差的估计值。

函数的返回值是列表，其成员有 $method（估计参数的方法），$loadings（因子载荷），$var（共性方差和特殊方差），$B（因子对变量的贡献、贡献率和累积贡献率），$iterative（迭代次数）。

例 9.8 取 $m=2$，特殊方差的估计值 $\hat{\sigma}_i^2$ 为

0.123 0.112 0.155 0.116 0.073 0.045 0.033 0.095

用主因子法估计例 9.7 因子载荷和共性方差等指标。

解 读取数据，输入特殊方差的估计值，调用自编函数 factor.analy2() 计算，程序与计算结果如下：

```
> source("factor.analy2.R")
> d <- c(0.123, 0.112, 0.155, 0.116, 0.073, 0.045, 0.033, 0.095)
> fa <- factor.analy2(R, m = 2, d); fa
$method
[1] "Principal Factor Method"
$loadings
      Factor1    Factor2
X1 -0.8123397 -0.5138770
X2 -0.8610033 -0.4156335
X3 -0.9005036 -0.2105394
X4 -0.9370464 -0.0178458
X5 -0.9545376  0.1186825
X6 -0.9384689  0.2861327
X7 -0.9470951  0.2858694
X8 -0.8728340  0.3770009
$var
      common     spcific
X1 0.9239653 0.07603473
```

```
X2 0.9140779 0.08592213
X3 0.8552337 0.14476635
X4 0.8783744 0.12162560
X5 0.9252275 0.07477251
X6 0.9625958 0.03740416
X7 0.9787105 0.02128951
X8 0.9039690 0.09603103
$B
                Factor1    Factor2
SS loadings     6.5408794  0.8012746
Proportion Var  0.8176099  0.1001593
Cumulative Var  0.8176099  0.9177692
$iterative
[1] 16
```

用了 16 次迭代得到稳定解。再计算 $Q(m)$,

```
> E <- R - fa$loadings %*% t(fa$loadings) - diag(fa$var[,2])
> sum(E^2)
[1] 0.005421902
```

要优于主成分法。

特殊方差 σ_i^2 的常用初始估计方法有以下几种:

(1) 取 $\hat{\sigma}_i^2 = 1/r^{ii}$, 其中 r^{ii} 是 $\boldsymbol{R}^{-1}$ 的第 i 个对角线元素。

(2) 取 $\hat{h}_i^2 = \max\limits_{j \neq i} |r_{ij}|$, 此时, $\hat{\sigma}_i^2 = 1 - \hat{h}_i^2$。

(3) 取 $\hat{h}_i^2 = 1$, 此时, $\hat{\sigma}_i^2 = 0$。

3. 极大似然法

设公共因子 $\boldsymbol{F} \sim N_m(\boldsymbol{0}, \boldsymbol{I})$, 特殊因子 $\boldsymbol{\varepsilon} \sim N_p(\boldsymbol{0}, \boldsymbol{I})$, 且相互独立, 那么可以得到因子载荷矩阵和特殊方差的极大似然估计。设 p 维观测向量 $\boldsymbol{X}_{(1)}, \boldsymbol{X}_{(2)}, \cdots, \boldsymbol{X}_{(n)}$ 为来自总体 $N_p(\boldsymbol{\mu}, \boldsymbol{\Sigma})$ 的随机样本, 则样本的似然函数为 $\boldsymbol{\mu}$, $\boldsymbol{\Sigma}$ 的函数 $L(\boldsymbol{\mu}, \boldsymbol{\Sigma})$。

设 $\boldsymbol{\Sigma} = \boldsymbol{A}\boldsymbol{A}^T + \boldsymbol{D}$, 取 $\boldsymbol{\mu} = \overline{\boldsymbol{X}}$, 则似然函数 $L(\overline{\boldsymbol{X}}, \boldsymbol{A}\boldsymbol{A}^T + \boldsymbol{D})$ 的对数似然函数为 $\boldsymbol{A}, \boldsymbol{D}$ 的函数, 记为 $\varphi(\boldsymbol{A}, \boldsymbol{D})$。设 $(\boldsymbol{A}, \boldsymbol{D})$ 的极大似然估计为 $(\widehat{\boldsymbol{A}}, \widehat{\boldsymbol{D}})$, 即有

$$\varphi(\widehat{\boldsymbol{A}}, \widehat{\boldsymbol{D}}) = \max \varphi(\boldsymbol{A}, \boldsymbol{D}),$$

则 $\widehat{\boldsymbol{A}}, \widehat{\boldsymbol{D}}$ 满足以下方程组

$$\widehat{\boldsymbol{\Sigma}}\widehat{\boldsymbol{D}}^{-1}\widehat{\boldsymbol{A}} = \widehat{\boldsymbol{A}}\left(\boldsymbol{I} + \widehat{\boldsymbol{A}}^T \widehat{\boldsymbol{D}}^{-1} \widehat{\boldsymbol{A}}\right), \tag{9.43}$$

$$\widehat{\boldsymbol{D}} = \mathrm{diag}\left(\widehat{\boldsymbol{\Sigma}} - \widehat{\boldsymbol{A}}\widehat{\boldsymbol{A}}^T\right), \tag{9.44}$$

其中

$$\widehat{\boldsymbol{\Sigma}} = \frac{1}{n}\sum_{i=1}^{n}(\boldsymbol{X}_{(i)} - \overline{\boldsymbol{X}})(\boldsymbol{X}_{(i)} - \overline{\boldsymbol{X}})^T.$$

为了保证方程组 (9.43) 得到唯一解, 可附加方便计算的唯一性条件:

$$A^{\mathrm{T}}DA = 对角矩阵。 \tag{9.45}$$

Jöreskog 和 Lawley 等人于 1967 年提出了一种较为实用的迭代法, 使极大似然法逐步被人们采用。其基本思想是, 先取一个初始矩阵

$$D_0 = \mathrm{diag}(\widehat{\sigma}_1^2, \widehat{\sigma}_1^2, \cdots, \widehat{\sigma}_p^2),$$

再计算 A_0。计算 A_0 的办法是先求 $D_0^{-1/2}\widehat{\Sigma}D_0^{-1/2}$ 的特征值 $\theta_1 \geqslant \theta_2 \geqslant \cdots \geqslant \theta_p$, 及相应的特征向量 $l_1, l_2, \cdots, l_p$。令 $\Theta = \mathrm{diag}(\theta_1, \theta_2, \cdots, \theta_m)$, $L = [l_1, l_2, \cdots, l_m]$ 且令

$$A_0 = D_0^{1/2}L(\Theta - I_m)^{1/2}。 \tag{9.46}$$

再由式 (9.44) 计算 D_1, 然后再按上述方法计算 A_1, 直到满足方程 (9.43) 为止。

下面是由上述思想编写的 R 程序（程序名: factor.analy3.R）

```
factor.analy3 <- function(S, m, d){
    p <- nrow(S); diag_S <- diag(S); sum_rank <- sum(diag_S)
    rowname <- paste("X", 1:p, sep = "")
    colname <- paste("Factor", 1:m, sep = "")
    A <- matrix(0, nrow = p, ncol = m,
            dimnames = list(rowname, colname))
    kmax <- 20; k <- 1
    repeat{
        d1 <- d; d2 <- 1/sqrt(d); eig <- eigen(S * (d2 %o% d2))
        for (i in 1:m)
            A[,i] <- sqrt(eig$values[i]-1) * eig$vectors[,i]
        A <- diag(sqrt(d)) %*% A
        d <- diag(S-A %*% t(A))
        if ((sqrt(sum((d-d1)^2))<1e-4 | k == kmax) break
        k <- k + 1
    }
    rowname <- c("SS loadings", "Proportion Var", "Cumulative Var")
    B <- matrix(0, nrow = 3, ncol = m,
                dimnames=list(rowname, colname))
        for (i in 1:m){
            B[1,i] <- sum(A[,i]^2)
            B[2,i] <- B[1,i]/sum_rank
            B[3,i] <- sum(B[1,1:i])/sum_rank
        }
    method <- c("Maximum Likelihood Method")
    list(method = method, loadings = A,
         var = cbind(common = diag_S - d, spcific = d),
         B = B, iterative = k)
}
```

函数输入值 S 是样本方差矩阵或样本相关矩阵，m 是主因子的个数，d 是特殊方差的估计值。

函数的返回值是列表，其成员有 $method（估计参数的方法），$loadings（因子载荷），$var（共性方差和特殊方差），$B（因子对变量的贡献、贡献率和累积贡献率），$iterative（迭代次数）。

例 9.9 取 $m = 2$，特殊方差的估计值 $\hat{\sigma}_i^2$ 为

0.123 0.112 0.155 0.116 0.073 0.045 0.033 0.095

用极大似然法估计例 9.7 因子载荷和共性方差等指标。

解 读取数据，输入特殊方差的估计值，调用自编函数 factor.analy3() 计算，程序与计算结果如下：

```
> source("factor.analy3.R")
> d <- c(0.123, 0.112, 0.155, 0.116, 0.073, 0.045, 0.033, 0.095)
> fa <- factor.analy3(R, m = 2, d); fa
$method
[1] "Maximum Likelihood Method"
$loadings
        Factor1    Factor2
[1,] -0.7310172 -0.62009641
[2,] -0.7919994 -0.54575786
[3,] -0.8549232 -0.34252454
[4,] -0.9158820 -0.16063750
[5,] -0.9580091 -0.02492734
[6,] -0.9725436  0.14485411
[7,] -0.9806291  0.14276290
[8,] -0.9226101  0.24953974
$var
        common    spcific
[1,] 0.9189057 0.08109428
[2,] 0.9251146 0.07488539
[3,] 0.8482167 0.15178334
[4,] 0.8646442 0.13535579
[5,] 0.9184028 0.08159724
[6,] 0.9668237 0.03317631
[7,] 0.9820147 0.01798529
[8,] 0.9134795 0.08652046
$B
                 Factor1    Factor2
SS loadings     6.407848  0.9297541
Proportion Var  0.800981  0.1162193
Cumulative Var  0.800981  0.9172002
$iterative
[1] 14
```

用了 14 次迭代得到稳定解。再计算 $Q(m)$,

```
> E <- R - fa$loadings %*% t(fa$loadings) - diag(fa$var[,2])
> sum(E^2)
[1] 0.006710651
```

9.2.4 方差最大的正交旋转

因子分析的目的不仅是求出公共因子,更主要的是应该知道每个公因子的实际意义。但由于前面介绍的估计方法所求出的公因子解,其初始因子载荷矩阵并不满足"简单结构准则",即各个公因子的典型代表变量很不突出,因而容易使公因子的实际意义含糊不清,不利用对因子的解释。为此,必须对因子载荷矩阵施行旋转变换,使得因子载荷的每一列各元素的平方按列向 0 或 1 两极转化,达到其结构简化的目的。

1. 理论依据

设因子模型: $\boldsymbol{X} = \boldsymbol{AF} + \boldsymbol{\varepsilon}$,其中 $\boldsymbol{F}$ 为公因子向量,对 $\boldsymbol{F}$ 施行正交变换,令 $\boldsymbol{Z} = \boldsymbol{\Gamma}^\mathrm{T}\boldsymbol{F}$ ($\boldsymbol{\Gamma}$ 为任一 m 阶正交矩阵),则

$$\boldsymbol{X} = \boldsymbol{A\Gamma Z} + \boldsymbol{\varepsilon}, \tag{9.47}$$

且

$$\mathrm{var}(\boldsymbol{Z}) = \mathrm{var}(\boldsymbol{\Gamma}^\mathrm{T}\boldsymbol{F}) = \boldsymbol{\Gamma}^\mathrm{T}\mathrm{var}(\boldsymbol{F})\boldsymbol{\Gamma} = \boldsymbol{I}_m, \tag{9.48}$$

$$\mathrm{cov}(\boldsymbol{Z},\boldsymbol{\varepsilon}) = \mathrm{cov}(\boldsymbol{\Gamma}^\mathrm{T}\boldsymbol{F},\boldsymbol{\varepsilon}) = \boldsymbol{\Gamma}^\mathrm{T}\mathrm{cov}(\boldsymbol{F},\boldsymbol{\varepsilon}) = \boldsymbol{0}, \tag{9.49}$$

$$\mathrm{var}(\boldsymbol{X}) = \mathrm{var}(\boldsymbol{A\Gamma Z}) + \mathrm{var}(\boldsymbol{\varepsilon}) = \boldsymbol{A\Gamma}\mathrm{var}(\boldsymbol{Z})\boldsymbol{\Gamma}^\mathrm{T}\boldsymbol{A}^\mathrm{T} + \boldsymbol{D}$$
$$= \boldsymbol{AA}^\mathrm{T} + \boldsymbol{D}。 \tag{9.50}$$

式 (9.47) $\sim$ 式 (9.50) 说明,若 $\boldsymbol{F}$ 是因子模型的公因子向量,则对任一正交矩阵 $\boldsymbol{\Gamma}$,$\boldsymbol{Z} = \boldsymbol{\Gamma}^\mathrm{T}\boldsymbol{F}$ 也是公因子向量。相应的 $\boldsymbol{A\Gamma}$ 是公因子 $\boldsymbol{Z}$ 的因子载荷矩阵。

利用此性质,在因子分析的实际计算中,当求得初始因子载荷矩阵 $\boldsymbol{A}$ 后,反复右乘正交矩阵 $\boldsymbol{\Gamma}$,使得 $\boldsymbol{A\Gamma}$ 具有更明显的实际意义。这种变换载荷矩阵的方法,称为因子轴的正交旋转。

2. 因子载荷方差

设因子模型 $\boldsymbol{X} = \boldsymbol{AF} + \boldsymbol{\varepsilon}$,$\boldsymbol{A} = (a_{ij})_{p\times m}$ 为公因子向量 $\boldsymbol{F}$ 的因子载荷矩阵,$h_i^2 = \sum_{j=1}^m a_{ij}^2$ $(i = 1, 2, \cdots, p)$ 为变量 X_i 的共同度。

如果 $\boldsymbol{A}$ 的每一列(即因子载荷向量)数值越分散,相应的因子载荷向量的方差越大。为消除由于 a_{ij} 符号不同的影响及各变量对公共因子依赖程度不同的影响,令

$$d_{ij}^2 = \frac{a_{ij}^2}{h_i^2}, \quad i = 1, 2, \cdots, p, \ j = 1, 2, \cdots, m,$$

将第 j 列的 p 个数据 $d_{1j}^2, d_{2j}^2, \cdots, d_{pj}^2$ 的方差定义为

$$V_j = \frac{1}{p}\sum_{i=1}^p \left(d_{ij}^2 - \bar{d}_j\right)^2 = \frac{1}{p^2}\left[p\sum_{i=1}^p \frac{a_{ij}^4}{h_i^4} - \left(\sum_{i=1}^p \frac{a_{ij}^2}{h_i^2}\right)^2\right],$$

其中 $\bar{d}_j = \dfrac{1}{p}\sum\limits_{i=1}^{p}d_{ij}^2$, $j = 1, 2, \cdots, m$。则因子载荷矩阵 $\boldsymbol{A}$ 的方差为

$$V = \sum_{j=1}^{m}V_j = \frac{1}{p^2}\left\{\sum_{j=1}^{m}\left[p\sum_{i=1}^{p}\frac{a_{ij}^4}{h_i^4} - \left(\sum_{i=1}^{p}\frac{a_{ij}^2}{h_i^2}\right)^2\right]\right\}。$$

若 V_j 值越大,$\boldsymbol{A}$ 的第 j 个因子载荷向量数值越分散,如果载荷值或是趋于 1 或是趋于 0,这时相应的公共因子 F_j 具有简单化结构,所以希望因子载荷矩阵 $\boldsymbol{A}$ 的方差尽可能大。

3. 方差最大的正交旋转

通常采用正交旋转得到方差最大的载荷矩阵。设 $m = 2$,因子 $\boldsymbol{F}$ 的载荷矩阵为

$$\boldsymbol{A} = \begin{bmatrix} a_{11} & a_{12} \\ a_{21} & a_{22} \\ \vdots & \vdots \\ a_{p1} & a_{p2} \end{bmatrix},$$

取正交矩阵 $\boldsymbol{\Gamma} = \begin{bmatrix} \cos\varphi & -\sin\varphi \\ \sin\varphi & \cos\varphi \end{bmatrix}$,则

$$\boldsymbol{B} = \boldsymbol{A}\boldsymbol{\Gamma} = \begin{bmatrix} a_{11}\cos\varphi + a_{12}\sin\varphi & -a_{11}\sin\varphi + a_{12}\cos\varphi \\ a_{21}\cos\varphi + a_{22}\sin\varphi & -a_{21}\sin\varphi + a_{22}\cos\varphi \\ \vdots & \vdots \\ a_{p1}\cos\varphi + a_{p2}\sin\varphi & -a_{p1}\sin\varphi + a_{p2}\cos\varphi \end{bmatrix} = \begin{bmatrix} b_{11} & b_{12} \\ b_{21} & b_{22} \\ \vdots & \vdots \\ b_{p1} & b_{p2} \end{bmatrix}$$

是 $\boldsymbol{Z} = \boldsymbol{\Gamma}^{\mathrm{T}}\boldsymbol{F}$ 的因子载荷矩阵,这相当于将 f_1, f_2 确定的因子平面上旋转一个角度 φ。此时

$$V_j = \frac{1}{p^2}\left[p\sum_{i=1}^{p}\frac{b_{ij}^4}{h_i^4} - \left(\sum_{i=1}^{p}\frac{b_{ij}^2}{h_i^2}\right)^2\right], \quad j = 1, 2。$$

为了使

$$\frac{\partial V}{\partial \varphi} = \frac{\partial}{\partial \varphi}(V_1 + V_2) = 0,$$

φ 应满足

$$\tan 4\varphi = \frac{d - 2\alpha\beta/p}{c - (\alpha^2 - \beta^2)/p}, \tag{9.51}$$

其中

$$\alpha = \sum_{i=1}^{p}\mu_i, \quad \beta = \sum_{i=1}^{p}\nu_i, \quad c = \sum_{i=1}^{p}(\mu_i^2 - \nu_i^2), \quad d = 2\sum_{i=1}^{p}\mu_i\nu_i, \tag{9.52}$$

$$\mu_i = \left(\frac{a_{i1}}{h_i}\right)^2 - \left(\frac{a_{i2}}{h_i}\right)^2, \quad i = 1, 2, \cdots, p。 \tag{9.53}$$

对于 $m > 2$ 的情况,需要作多次的旋转变换,这里就不再介绍其方法了,因为 `varimax()` 函数可以完成因子载荷矩阵的旋转变换(或反射变换),其使用格式为

```
varimax(x, normalize = TRUE, eps = 1e-5)
```

其中 x 是因子载荷矩阵。normalize 是逻辑变量，即是否对变量进行凯撒（Kaiser）正则化。eps 是迭代终止精度。

函数的返回值是一列表，其成员有 $loadings（载荷矩阵和贡献率）和 $rotmat（旋转矩阵）。

例 9.10 用 varimax() 函数对例 9.7、例 9.8 和例 9.9 中得到的因子载荷矩阵作旋转变换，使其方差达到最大。

解 用自编的函数 factor.analy1(), factor.analy2() 和 factor.analy3() 计算的因子载荷估计矩阵，再用 varimax() 函数得到方差最大的因子载荷矩阵。

```
fa <- factor.analy1(R, m = 2)
varimax(fa$loadings, normalize = F)
fa <- factor.analy2(R, m = 2, d)
varimax(fa$loadings, normalize = F)
fa <- factor.analy3(R, m = 2, d)
varimax(fa$loadings, normalize = F)
```

表 9.7 列出全部的计算结果。

表 9.7 旋转后的因子载荷矩阵

变量	主成分		主因子		极大似然	
	f_1^*	f_2^*	f_1^*	f_2^*	f_1^*	f_2^*
X_1	−0.278	−0.934	−0.299	−0.913	−0.297	−0.911
X_2	−0.380	−0.891	−0.399	−0.869	−0.388	−0.880
X_3	−0.547	−0.770	−0.561	−0.736	−0.548	−0.740
X_4	−0.715	−0.624	−0.711	−0.610	−0.695	−0.617
X_5	−0.816	−0.521	−0.812	−0.516	−0.803	−0.524
X_6	−0.904	−0.385	−0.906	−0.377	−0.904	−0.387
X_7	−0.905	−0.393	−0.912	−0.382	−0.910	−0.393
X_8	−0.937	−0.257	−0.913	−0.265	−0.916	−0.272
贡献	4.211	3.289	4.215	3.127	4.152	3.186
贡献率	0.526	0.411	0.527	0.391	0.519	0.398
累积贡献率	0.526	0.938	0.527	0.918	0.519	0.917
旋转矩阵	0.762	0.648	0.771	0.637	0.851	0.525
	−0.648	0.762	−0.637	0.771	−0.525	0.851

9.2.5 因子分析的计算函数

事实上，R 提供了作因子分析计算的函数 —— factanal() 函数，它可以从样本本身、样本方差矩阵和样本相关矩阵出发对数据作因子分析，并可直接给出方差最大的载荷因子矩阵。

函数 factanal() 采用极大似然法估计参数，其使用格式为

```
factanal(x, factors, data = NULL, covmat = NULL, n.obs = NA,
         subset, na.action, start = NULL,
         scores = c("none", "regression", "Bartlett"),
         rotation = "varimax", control = NULL, ...)
```

部分参数的名称、取值及意义如表 9.8 所示。

表 9.8 factanal( ) 函数中部分参数的名称、取值及意义

名称	取值及意义
x	公式，数据由 data 提供；矩阵或数据框，样本按行输入。
factors	正整数，表示因子个数。
data	数据框，当 x 是公式形式时使用。
covmat	样本协方差矩阵，或样本相关矩阵，此时不必输入变量 x。
scores	字符串，表示因子得分的方法。取 "regression" 表示使用回归方法，取 "Bartlett" 表示用巴特利特（Bartlett）方法，取 "none"（默认值）表示不计算因子得分。
rotation	字符串，取 "varimax"（默认值）表示方差最大旋转，取 "none" 表示不作旋转变换。

函数的返回值是列表，其成员有 $converged （收敛），$loadings （载荷），$uniquenesses （特殊方差）。

例 9.11 取 $m=2$，用 factanal() 函数估计例 9.7 因子载荷和共性方差等指标，参数选择方差最大。

解 读取数据，调用 factanal() 函数计算。

```
> factanal(factors = 2, covmat = R)

Call:
factanal(factors = 2, covmat = R)

Uniquenesses:
[1] 0.081 0.075 0.152 0.135 0.082 0.033 0.018 0.087

Loadings:
    Factor1 Factor2
[1,] 0.291   0.913
[2,] 0.382   0.883
[3,] 0.543   0.744
[4,] 0.691   0.622
[5,] 0.799   0.529
[6,] 0.901   0.393
[7,] 0.907   0.399
[8,] 0.914   0.278


            Factor1 Factor2
SS loadings   4.112   3.225
```

```
Proportion Var    0.514    0.403
Cumulative Var    0.514    0.917
```

```
The degrees of freedom for the model is 13 and the fit was 0.3318
```

在上述信息中，call 表示调用函数的方法。uniquenesses 是特殊方差，即 σ_i^2 的值。loadings 是因子载荷矩阵，其中 Factor1 Factor2 是因子，X1 X2 … X8 是对应的变量。SS loadings 是公共因子 f_j 对变量 $X_1, X_2, \cdots, X_p$ 的总方差贡献，即 $g_j^2 = \sum\limits_{i=1}^{p} a_{ij}^2$。Proportion Var 是方差贡献率，即 $g_j^2 / \sum\limits_{i=1}^{p} \mathrm{Var}(X_i)$。Cumulative Var 是累积方差贡献率，即 $\sum\limits_{k=1}^{j} g_k^2 / \sum\limits_{i=1}^{p} \mathrm{Var}(X_i)$。

在计算结果中，因子 f_1 后几个变量（X_6, X_7, X_8）的因子载荷系数接近于 1，这些变量涉及的是长跑，因此可称 f_1 是耐力因子。而因子 f_2 中前几个变量（X_1, X_2）的因子载荷系数接近 1，涉及的是短跑，因此可称 f_2 是速度因子。

例 9.12 现有 48 名应聘者应聘某公司的某职位，公司为这些应聘者的 15 项指标打分，其指标与得分情况见例 3.17。试用因子分析的方法对 15 项指标作因子分析，在因子分析中选取 5 个因子。

解 读数据（由例 3.17 知，数据在数据文件 applicant.data 中），再调用函数 factanal() 进行因子分析。

```
> rt <- read.table("../chap03/applicant.data")
> factanal(~., factors = 5, data = rt)

Call:
factanal(x = ~., factors = 5, data = rt)

Uniquenesses:
   FL   APP    AA    LA    SC    LC   HON   SMS   EXP   DRV
0.439 0.597 0.509 0.197 0.118 0.005 0.292 0.140 0.365 0.223
  AMB   GSP   POT    KJ  SUIT
0.098 0.119 0.084 0.005 0.267

Loadings:
     Factor1 Factor2 Factor3 Factor4 Factor5
FL    0.127   0.722   0.102  -0.117
APP   0.451   0.134   0.270   0.206   0.258
AA            0.129           0.686
LA    0.222   0.246   0.827
SC    0.917                   0.167
LC    0.851   0.125   0.279          -0.420
HON   0.228  -0.220   0.777
SMS   0.880   0.266   0.111
```

```
EXP            0.773           0.171
DRV    0.754   0.393   0.199           0.114
AMB    0.909   0.187   0.112           0.165
GSP    0.783   0.295   0.354   0.148  -0.181
POT    0.717   0.362   0.446   0.267
KJ     0.418   0.399   0.563  -0.585
SUIT   0.351   0.764           0.148

               Factor1 Factor2 Factor3 Factor4 Factor5
SS loadings     5.490   2.507   2.188   1.028   0.331
Proportion Var  0.366   0.167   0.146   0.069   0.022
Cumulative Var  0.366   0.533   0.679   0.748   0.770

Test of the hypothesis that 5 factors are sufficient.
The chi square statistic is 60.97 on 40 degrees of freedom.
The p-value is 0.0179
```

第一行是读数据, 第二行作因子分析, ~. 表示全部变量。在得到的结果中, 公共因子还有比较鲜明的实际意义。

第一公共因子中, 系数绝对值大的变量主要是: SC (自信心), LC (洞察力), SMS (推销能力), DRV (驾驶水平), AMB (事业心), GSP (理解能力), POT (潜在能力), 这些主要表现求职者外露能力;

第二公共因子系数绝对值大的变量主要是: FL (求职信的形式), EXP (经验), SUIT (适应性), 这些主要反映了求职者的经验;

第三公共因子系数绝对值大的变量主要是: LA (讨人喜欢), HON (诚实), 它主要反映了求职者是否讨人喜欢;

第四、五公共因子系数绝对值较小, 这说明这两个公共因子相对次要一些。第四公共因子相对较大的变量是: AA (专业能力), KJ (交际能力), 它主要反映了求职者的专业能力; 第五公共因子相对较大的变量是: APP (外貌), LC (洞察力), 它主要反映求职者的外貌。

9.2.6 因子得分

迄今为止, 已介绍了如何从样本协方差矩阵 S 或相关矩阵 R 来得到公共因子和因子载荷, 并给出相应的实际背景。在得到公共因子和因子载荷后, 就应当反过来考察每一个样本。如对于例 9.12, 在得到五个公共因子后, 应当考察 48 名应聘者在五个因子的得分情况, 这样可以便于公司从中挑选更适合本公司需要的人员。

估计因子得分的方法有两种: 一是加权最小二乘法, 二是回归方法。

1. 加权最小二乘法

设 X 满足因子模型 (不妨设 $\mu = 0$),

$$X = AF + \varepsilon.$$

假定因子载荷矩阵 A 和特殊因子方差矩阵 D 已知，考虑加权最小二乘函数

$$\varphi(F) = (X - AF)^{\mathrm{T}} D^{-1} (X - AF)。$$

求 F 的估计值 $\widehat{F}$，使得 $\varphi(\widehat{F}) = \min \varphi(F)$。由极值的必要条件得到

$$\widehat{F} = \left(A^{\mathrm{T}} D^{-1} A\right)^{-1} A^{\mathrm{T}} D^{-1} X, \tag{9.54}$$

这就是因子得分的加权最小二乘估计。

如果假定 $X \sim N_p(AF, D)$，则由式 (9.54) 得到的 $\widehat{F}$ 也是对 F 的极大似然估计。该方法称为巴特利特因子得分。

在实际问题中，式 (9.54) 中的 A 和 D 用估计值 $\widehat{A}$ 和 $\widehat{D}$ 代替，X 用样本 $X_{(i)}$ 来代替，此时，得到因子得分 $F_{(i)}$。

2. 回归法

在因子模型中，也可以反过来，将因子表示成变量的线性组合，即

$$f_i = \beta_{i1} X_1 + \beta_{i2} X_2 + \cdots + \beta_{ip} X_p, \quad i = 1, 2, \cdots, m \tag{9.55}$$

来计算因子得分。称式 (9.55) 为因子得分函数。写成矩阵形式

$$F = \mathcal{B} X, \tag{9.56}$$

其中 $F = (f_1, f_2, \cdots, f_m)^{\mathrm{T}}$，$\mathcal{B} = (\beta_{ij})_{m \times p}$。

下面用回归的方法计算式 (9.56) 中 $\mathcal{B}$ 的估计值。

假设变量 X 已标准化，公共因子 F 也已标准化，并假设公共因子 F 和变量 X 满足回归方程

$$f_j = b_{j1} X_1 + b_{j2} X_2 + \cdots + b_{jp} X_p + \varepsilon_j, \quad j = 1, 2, \cdots, m。 \tag{9.57}$$

由因子载荷矩阵 $A = (a_{ij})_{p \times n}$ 的意义，有

$$\begin{aligned} a_{ij} &= \mathrm{cov}(X_i, f_j) = \mathrm{cov}(X_i, b_{j1} X_1 + b_{j2} X_2 + \cdots + b_{jp} X_p + \varepsilon_j) \\ &= b_{j1} r_{i1} + b_{j2} r_{i2} + \cdots + b_{jp} r_{ip} \\ &= \sum_{k=1}^{p} r_{ik} b_{jk}, \quad i = 1, 2, \cdots, p, \ j = 1, 2, \cdots, m, \end{aligned} \tag{9.58}$$

即

$$A = R B^{\mathrm{T}}, \tag{9.59}$$

其中 $R = (r_{ij})_{p \times p}$ 为相关矩阵，$B = (b_{ij})_{m \times p}$。因此，用

$$B = A^{\mathrm{T}} R^{-1} \tag{9.60}$$

作为 $\mathcal{B}$ 的估计值。代入式 (9.56) 得到

$$\widehat{F} = A^{\mathrm{T}} R^{-1} X。 \tag{9.61}$$

式 (9.61) 是因子得分的计算公式。由于该公式是由回归方程得到的,因此称为回归法。此方法是汤普森(Thompson)于 1939 年提出来的,也称为汤普森方法。

截至目前,计算因子得分的两种估计方法到底哪一个好还没有定论,因此,factanal() 函数同时给出这两种方法,当参数 scores = "regression" 时,计算得分时采用回归法;当参数为 scores = "Bartlett" 时,采用加权最小二乘法。

例 9.13 计算例 9.12 中 48 名应聘者的因子得分。

解 在 factanal() 函数中增加参数,计算因子得分

```
rt <- read.table("../chap03/applicant.data")
fa <- factanal(~., factors = 5, data = rt, scores = "regression")
```

这里采用的是回归法。fa$scores 将给出 48 名应聘者在 5 个公共因子的得分情况(略)。为直观起见,画出 48 位应聘者在第一、第二公共因子下的散点图,

```
plot(fa$scores[, 1:2], type = "n")
text(fa$scores[, 1:2])
```

其图形如图 9.4 所示。由前面分析可知,第一公共因子主要表现求职者外露能力,第二公共因子主要表现求职者的经验。公司可以选择两者得分都比较高的应聘者,如 39 号、40 号、7 号、8 号、9 号和 2 号应聘者。如果偏重外露能力,则选取第一公共因子得分较大的应聘者。如果偏重经验,则可以考虑第二公共因子得分较大的应聘者。公司也可以根据情况,画出第二、第三公共因子得分的散点图,或选择巴特利特方法计算因子得分。

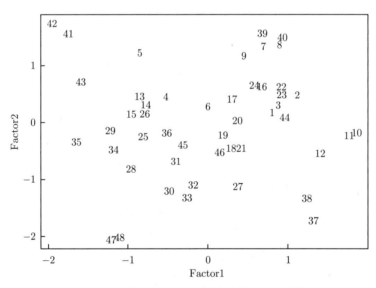

图 9.4 48 位应聘者在第一、第二公共因子下的散点图

9.3 典型相关分析

典型相关分析是用于分析两组随机变量之间的相关性程度的一种统计方法,它有效地揭示两组随机变量之间的相互线性依赖关系。这一方法是由霍特林于 1935 年首先提

出来的。

在实际问题中，经常遇到要研究一部分变量与另一部分变量之间的相互关系。例如，在工厂，考察原料的主要指标 $(X_1, X_2, \cdots, X_p)$ 与产品的主要指标 $(Y_1, Y_2, \cdots, Y_q)$；在经济学中，研究商品的价格与销售之间的关系；在地质学中，为研究岩石形成的成因关系，考察岩石的化学成分与其周围岩化学成分的相关性；在教育学中，考察研究生入学考试成绩与本科阶段一些主要课程成绩的相关性，等等。

一般地，假设有两组随机变量 $X_1, X_2, \cdots, X_p$ 和 $Y_1, Y_2, \cdots, Y_q$，研究它们的相关关系，当 $p = q = 1$ 时，就是通常两个变量 X 与 Y 的相关关系。当 $p > 1, q > 1$ 时，采用类似于主成分分析的方法，找出第一组变量的线性组合 U 和第二组变量的线性组合 V，即

$$U = a_1 X_1 + a_2 X_2 + \cdots + a_p X_p,$$
$$V = b_1 Y_1 + b_2 Y_2 + \cdots + b_q Y_q,$$

于是将研究两组变量的相关性问题转化成研究两个变量的相关性问题，并且可以适当地调整相应的系数 $\boldsymbol{a} = (a_1, a_2, \cdots, a_p)^{\mathrm{T}}$ 和 $\boldsymbol{b} = (b_1, b_2, \cdots, b_q)^{\mathrm{T}}$，使得变量 U 和 V 的相关性达到最大，称这种相关为典型相关，基于这种原则的分析方法称为典型相关分析。

9.3.1 总体典型相关

1. 典型相关的定义

设 $\boldsymbol{X} = (X_1, X_2, \cdots, X_p)^{\mathrm{T}}$，$\boldsymbol{Y} = (Y_1, Y_2, \cdots, Y_q)^{\mathrm{T}}$ 为随机向量，用 $\boldsymbol{X}$ 与 $\boldsymbol{Y}$ 的线性组合 $\boldsymbol{a}^{\mathrm{T}} \boldsymbol{X}$ 和 $\boldsymbol{b}^{\mathrm{T}} \boldsymbol{Y}$ 之间的相关来研究 $\boldsymbol{X}$ 与 $\boldsymbol{Y}$ 之间的相关，并希望找到 $\boldsymbol{a}$ 与 $\boldsymbol{b}$，使 $\rho(\boldsymbol{a}^{\mathrm{T}} \boldsymbol{X}, \boldsymbol{b}^{\mathrm{T}} \boldsymbol{Y})$ 最大。由相关系数的定义，有

$$\rho(\boldsymbol{a}^{\mathrm{T}} X, \boldsymbol{b}^{\mathrm{T}} \boldsymbol{Y}) = \frac{\mathrm{cov}(\boldsymbol{a}^{\mathrm{T}} \boldsymbol{X}, \boldsymbol{b}^{\mathrm{T}} \boldsymbol{Y})}{\sqrt{\mathrm{var}(\boldsymbol{a}^{\mathrm{T}} \boldsymbol{X})} \sqrt{\mathrm{var}(\boldsymbol{b}^{\mathrm{T}} \boldsymbol{Y})}} \text{。} \tag{9.62}$$

对任意的 α, β 和 c d，有

$$\rho\left(\alpha(\boldsymbol{a}^{\mathrm{T}} \boldsymbol{X}) + \beta, c(\boldsymbol{b}^{\mathrm{T}} \boldsymbol{Y}) + d\right) = \rho\left(\boldsymbol{a}^{\mathrm{T}} \boldsymbol{X}, \boldsymbol{b}^{\mathrm{T}} \boldsymbol{Y}\right) \text{。} \tag{9.63}$$

式 (9.63) 说明使得相关系数最大的 $\boldsymbol{a}^{\mathrm{T}} \boldsymbol{X}$ 和 $\boldsymbol{b}^{\mathrm{T}} \boldsymbol{Y}$ 并不唯一。因此，在综合变量时，可限定

$$\mathrm{var}(\boldsymbol{a}^{\mathrm{T}} \boldsymbol{X}) = 1, \quad \mathrm{var}(\boldsymbol{b}^{\mathrm{T}} \boldsymbol{Y}) = 1 \text{。}$$

设 $\boldsymbol{X} = (X_1, X_2, \cdots, X_p)^{\mathrm{T}}$，$\boldsymbol{Y} = (Y_1, Y_2, \cdots, Y_q)^{\mathrm{T}}$，$p + q$ 维随机向量 $\begin{bmatrix} \boldsymbol{X} \\ \boldsymbol{Y} \end{bmatrix}$ 的均值为 $\boldsymbol{0}$，协方差矩阵 $\boldsymbol{\Sigma}$ 对称正定。若存在 $\boldsymbol{a}_1 = (a_{11}, a_{12}, \cdots, a_{1p})^{\mathrm{T}}$ 和 $\boldsymbol{b}_1 = (b_{11}, b_{12}, \cdots, b_{1q})^{\mathrm{T}}$ 使得 $\rho(\boldsymbol{a}_1^{\mathrm{T}} \boldsymbol{X}, \boldsymbol{b}_1^{\mathrm{T}} \boldsymbol{Y})$ 是约束问题

$$\max \quad \rho(\boldsymbol{\alpha}^{\mathrm{T}} \boldsymbol{X}, \boldsymbol{\beta}^{\mathrm{T}} \boldsymbol{Y}) \tag{9.64}$$

$$\text{s.t.} \quad \mathrm{var}(\boldsymbol{\alpha}^{\mathrm{T}} \boldsymbol{X}) = 1, \tag{9.65}$$

$$\operatorname{var}(\boldsymbol{\beta}^{\mathrm{T}}\boldsymbol{Y}) = 1 \tag{9.66}$$

目标函数的最大值,则称 $U_1 = \boldsymbol{a}_1^{\mathrm{T}}\boldsymbol{X}$,$V_1 = \boldsymbol{b}_1^{\mathrm{T}}\boldsymbol{Y}$ 为 $\boldsymbol{X},\boldsymbol{Y}$ 的第一对 (组) 典型变量,称它们之间的相关系数 $\rho(U_1, V_1)$ 为第一典型相关系数。

如果存在 $\boldsymbol{a}_k = (a_{k1}, a_{k2}, \cdots, a_{kp})^{\mathrm{T}}$ 和 $\boldsymbol{b}_k = (b_{k1}, b_{k2}, \cdots, b_{kq})^{\mathrm{T}}$ 使得

(1) $\boldsymbol{a}_k^{\mathrm{T}}\boldsymbol{X}, \boldsymbol{b}_k^{\mathrm{T}}\boldsymbol{Y}$ 和前面的 $k-1$ 对典型变量都不相关;

(2) $\operatorname{var}(\boldsymbol{a}_k^{\mathrm{T}}\boldsymbol{X}) = 1$, $\operatorname{var}(\boldsymbol{b}_k^{\mathrm{T}}\boldsymbol{Y}) = 1$;

(3) $\boldsymbol{a}_k^{\mathrm{T}}\boldsymbol{X}$ 与 $\boldsymbol{b}_k^{\mathrm{T}}\boldsymbol{Y}$ 相关系数最大。

则称 $U_k = \boldsymbol{a}_k^{\mathrm{T}}\boldsymbol{X}$, $V_k = \boldsymbol{b}_k^{\mathrm{T}}\boldsymbol{Y}$ 为 $\boldsymbol{X},\boldsymbol{Y}$ 的第 k 对(组)典型变量,称它们之间的相关系数 $\rho(U_k, V_k)$ 为第 $k\,(k=2,3,\cdots,\min\{p,q\})$ 典型相关系数。

2. 典型变量和典型相关系数的计算

令 $\boldsymbol{Z} = \begin{bmatrix} \boldsymbol{X} \\ \boldsymbol{Y} \end{bmatrix}$,则有

$$\mathrm{E}(\boldsymbol{Z}) = \boldsymbol{0}, \quad \operatorname{var}(\boldsymbol{Z}) = \boldsymbol{\Sigma} = \begin{bmatrix} \boldsymbol{\Sigma}_{11} & \boldsymbol{\Sigma}_{12} \\ \boldsymbol{\Sigma}_{21} & \boldsymbol{\Sigma}_{22} \end{bmatrix},$$

令 $U = \boldsymbol{a}^{\mathrm{T}}\boldsymbol{X}, V = \boldsymbol{b}^{\mathrm{T}}\boldsymbol{Y}$,因此,求解第一对典型变量和典型相关系数的约束优化问题 (9.64)~(9.66) 就等价为

$$\max \quad \rho(U, V) = \boldsymbol{\alpha}^{\mathrm{T}}\boldsymbol{\Sigma}_{12}\boldsymbol{\beta} \tag{9.67}$$

$$\text{s.t.} \quad \boldsymbol{\alpha}^{\mathrm{T}}\boldsymbol{\Sigma}_{11}\boldsymbol{\alpha} = 1, \tag{9.68}$$

$$\boldsymbol{\beta}^{\mathrm{T}}\boldsymbol{\Sigma}_{22}\boldsymbol{\beta} = 1。 \tag{9.69}$$

这是一个典型的约束优化问题,这里采用约束问题的一阶必要条件进行求解。

构造约束问题 (9.67)~(9.69) 的拉格朗日(Lagrange)函数

$$L(\boldsymbol{\alpha}, \boldsymbol{\beta}, \boldsymbol{\lambda}) = \boldsymbol{\alpha}^{\mathrm{T}}\boldsymbol{\Sigma}_{12}\boldsymbol{\beta} - \frac{\lambda_1}{2}\left(\boldsymbol{\alpha}^{\mathrm{T}}\boldsymbol{\Sigma}_{11}\boldsymbol{\alpha} - 1\right) - \frac{\lambda_2}{2}\left(\boldsymbol{\beta}^{\mathrm{T}}\boldsymbol{\Sigma}_{22}\boldsymbol{\beta} - 1\right),$$

其中 $\boldsymbol{\lambda} = (\lambda_1, \lambda_2)^{\mathrm{T}}$ 为拉格朗日乘子。

由约束问题 (9.67)~(9.69) 的一阶必要条件

$$\nabla_{\boldsymbol{\alpha}} L = \boldsymbol{0}, \quad \nabla_{\boldsymbol{\beta}} L = \boldsymbol{0}, \quad \boldsymbol{\alpha}^{\mathrm{T}}\boldsymbol{\Sigma}_{11}\boldsymbol{\alpha} = 1, \quad \boldsymbol{\beta}^{\mathrm{T}}\boldsymbol{\Sigma}_{22}\boldsymbol{\beta} = 1$$

得到如下方程

$$\boldsymbol{\Sigma}_{12}\boldsymbol{\beta} - \lambda_1 \boldsymbol{\Sigma}_{11}\boldsymbol{\alpha} = \boldsymbol{0}, \tag{9.70}$$

$$\boldsymbol{\Sigma}_{21}\boldsymbol{\alpha} - \lambda_2 \boldsymbol{\Sigma}_{22}\boldsymbol{\beta} = \boldsymbol{0}, \tag{9.71}$$

$$\boldsymbol{\alpha}^{\mathrm{T}}\boldsymbol{\Sigma}_{11}\boldsymbol{\alpha} = 1, \tag{9.72}$$

$$\boldsymbol{\beta}^{\mathrm{T}}\boldsymbol{\Sigma}_{22}\boldsymbol{\beta} = 1。 \tag{9.73}$$

下面求解该方程。在式 (9.70) 上左乘 $\boldsymbol{\alpha}^{\mathrm{T}}$，式 (9.71) 上左乘 $\boldsymbol{\beta}^{\mathrm{T}}$，再利用式 (9.72) 和式 (9.73)，得到 $\lambda_1 = \lambda_2 = \lambda$。

由于 $\boldsymbol{\Sigma}$ 对称正定，所以 $\boldsymbol{\Sigma}_{11}^{-1}$，$\boldsymbol{\Sigma}_{22}^{-1}$ 存在，整理式 (9.70) 和式 (9.71) 得到

$$\lambda\boldsymbol{\alpha} = \boldsymbol{\Sigma}_{11}^{-1}\boldsymbol{\Sigma}_{12}\boldsymbol{\beta}, \quad \lambda\boldsymbol{\beta} = \boldsymbol{\Sigma}_{22}^{-1}\boldsymbol{\Sigma}_{21}\boldsymbol{\alpha}, \tag{9.74}$$

所以有

$$\lambda^2\boldsymbol{\alpha} = \boldsymbol{\Sigma}_{11}^{-1}\boldsymbol{\Sigma}_{12}\boldsymbol{\Sigma}_{22}^{-1}\boldsymbol{\Sigma}_{21}\boldsymbol{\alpha} = \boldsymbol{M}_1\boldsymbol{\alpha}, \quad \lambda^2\boldsymbol{\beta} = \boldsymbol{\Sigma}_{22}^{-1}\boldsymbol{\Sigma}_{21}\boldsymbol{\Sigma}_{11}^{-1}\boldsymbol{\Sigma}_{12}\boldsymbol{\beta} = \boldsymbol{M}_2\boldsymbol{\beta}, \tag{9.75}$$

其中 $\boldsymbol{M}_1 = \boldsymbol{\Sigma}_{11}^{-1}\boldsymbol{\Sigma}_{12}\boldsymbol{\Sigma}_{22}^{-1}\boldsymbol{\Sigma}_{21}$，$\boldsymbol{M}_2 = \boldsymbol{\Sigma}_{22}^{-1}\boldsymbol{\Sigma}_{21}\boldsymbol{\Sigma}_{11}^{-1}\boldsymbol{\Sigma}_{12}$。

因此，λ^2 是矩阵 $\boldsymbol{M}_1$ 或 $\boldsymbol{M}_2$ 的特征值（注意，$\boldsymbol{M}_1$ 和 $\boldsymbol{M}_2$ 有相同的特征值），$\boldsymbol{\alpha}$ 是 $\boldsymbol{M}_1$ 特征值 λ^2 对应的特征向量，$\boldsymbol{\beta}$ 是 $\boldsymbol{M}_2$ 特征值 λ^2 对应的特征向量。

由于

$$\boldsymbol{\alpha}^{\mathrm{T}}\boldsymbol{\Sigma}_{12}\boldsymbol{\beta} = \lambda\boldsymbol{\alpha}^{\mathrm{T}}\boldsymbol{\Sigma}_{11}\boldsymbol{\alpha} = \lambda\boldsymbol{\beta}^{\mathrm{T}}\boldsymbol{\Sigma}_{11}\boldsymbol{\beta} = \lambda,$$

因此，优化问题 (9.67)~(9.69) 的解 $\boldsymbol{a}_1, \boldsymbol{b}_1$ 是求 $\boldsymbol{M}_1$ 或 $\boldsymbol{M}_2$ 最大特征值 λ_1^2 和相应的满足

$$\left\|\boldsymbol{\Sigma}_{11}^{1/2}\boldsymbol{\alpha}\right\| = 1, \quad \left\|\boldsymbol{\Sigma}_{22}^{1/2}\boldsymbol{\beta}\right\| = 1$$

的特征向量 $\boldsymbol{\alpha}$ 和 $\boldsymbol{\beta}$。

下面给出计算过程：

（1）令 $\boldsymbol{M}_1 = \boldsymbol{\Sigma}_{11}^{-1}\boldsymbol{\Sigma}_{12}\boldsymbol{\Sigma}_{22}^{-1}\boldsymbol{\Sigma}_{21}$；

（2）计算 $\boldsymbol{M}_1$ 的最大特征值 λ_1^2 和相应的特征向量 $\boldsymbol{\alpha}_1$，令

$$\boldsymbol{\beta}_1 = \boldsymbol{\Sigma}_{22}^{-1}\boldsymbol{\Sigma}_{21}\boldsymbol{\alpha}_1, \quad \boldsymbol{a}_1 = \boldsymbol{\alpha}_1 \Big/ \sqrt{\boldsymbol{\alpha}_1^{\mathrm{T}}\boldsymbol{\Sigma}_{11}\boldsymbol{\alpha}_1}, \quad \boldsymbol{b}_1 = \boldsymbol{\beta}_1 \Big/ \sqrt{\boldsymbol{\beta}_1^{\mathrm{T}}\boldsymbol{\Sigma}_{22}\boldsymbol{\beta}_1},$$

则 $\lambda_1 = \sqrt{\lambda_1^2}$ 为第一对典型相关系数，$U_1 = \boldsymbol{a}_1^{\mathrm{T}}\boldsymbol{X}, V_1 = \boldsymbol{b}_1^{\mathrm{T}}\boldsymbol{Y}$ 为第一对典型变量。

对于第 k 对典型相关变量的求解方法类似于第 1 对典型相关变量，求解第 k 个最大特征值和相应的特征向量。略去推导过程，只需将上面的第二步改为：

（2'）计算 $\boldsymbol{M}_1$ 的第 k 大特征值 λ_k^2 和相应的特征向量 $\boldsymbol{\alpha}_k$，令

$$\boldsymbol{\beta}_k = \boldsymbol{\Sigma}_{22}^{-1}\boldsymbol{\Sigma}_{21}\boldsymbol{\alpha}_k, \quad \boldsymbol{a}_k = \boldsymbol{\alpha}_k \Big/ \sqrt{\boldsymbol{\alpha}_k^{\mathrm{T}}\boldsymbol{\Sigma}_{11}\boldsymbol{\alpha}_k}, \quad \boldsymbol{b}_k = \boldsymbol{\beta}_k \Big/ \sqrt{\boldsymbol{\beta}_k^{\mathrm{T}}\boldsymbol{\Sigma}_{22}\boldsymbol{\beta}_k},$$

则 $\lambda_k = \sqrt{\lambda_k^2}$ 为第 k 对典型相关系数，$U_k = \boldsymbol{a}_k^{\mathrm{T}}\boldsymbol{X}, V_k = \boldsymbol{b}_k^{\mathrm{T}}\boldsymbol{Y}$ 为第 k 对典型变量。

9.3.2 样本典型相关

设总体 $\boldsymbol{Z} = (X_1, X_2, \cdots, X_p, Y_1, Y_2, \cdots, Y_q)^{\mathrm{T}}$，在实际中，总体的均值向量 $\mathrm{E}(\boldsymbol{Z}) = \boldsymbol{\mu}$ 和协方差矩阵 $\mathrm{cov}(\boldsymbol{Z}) = \boldsymbol{\Sigma}$ 通常是未知的，因而无法求得总体的典型变量和典型相关系数，因此需要根据样本对 $\boldsymbol{\Sigma}$ 进行估计。

已知总体 $\boldsymbol{Z}$ 的 n 次观测数据

$$\boldsymbol{Z}_{(i)} = \begin{bmatrix} \boldsymbol{X}_{(i)} \\ \boldsymbol{Y}_{(i)} \end{bmatrix}_{(p+q)\times 1}, \quad i = 1, 2, \cdots, n,$$

于是样本资料为

$$\begin{bmatrix} x_{11} & x_{12} & \cdots & x_{1p} & y_{11} & y_{12} & \cdots & y_{1q} \\ x_{21} & x_{22} & \cdots & x_{2p} & y_{21} & y_{22} & \cdots & y_{2q} \\ \vdots & \vdots & & \vdots & \vdots & \vdots & & \vdots \\ x_{n1} & x_{n2} & \cdots & x_{np} & y_{n1} & y_{n2} & \cdots & y_{nq} \end{bmatrix}.$$

假设 $\boldsymbol{Z} \sim N_{p+q}(\boldsymbol{\mu}, \boldsymbol{\Sigma})$，则协方差矩阵 $\boldsymbol{\Sigma}$ 的极大似然估计为

$$\widehat{\boldsymbol{\Sigma}} = \frac{1}{n}\sum_{i=1}^{n} \left(\boldsymbol{Z}_{(i)} - \overline{\boldsymbol{Z}}\right) \left(\boldsymbol{Z}_{(i)} - \overline{\boldsymbol{Z}}\right)^{\mathrm{T}},$$

其中 $\overline{\boldsymbol{Z}} = \frac{1}{n}\sum_{i=1}^{n} \boldsymbol{Z}_{(i)}$，称矩阵 $\widehat{\boldsymbol{\Sigma}}$ 为样本协方差矩阵。

因此，关于样本典型变量的计算，只需要将矩阵 $\boldsymbol{M}_1$ 或 $\boldsymbol{M}_2$ 中的 $\boldsymbol{\Sigma}_{11}$，$\boldsymbol{\Sigma}_{12}$，$\boldsymbol{\Sigma}_{21}$，$\boldsymbol{\Sigma}_{22}$ 换成 $\widehat{\boldsymbol{\Sigma}}_{11}$，$\widehat{\boldsymbol{\Sigma}}_{12}$，$\widehat{\boldsymbol{\Sigma}}_{21}$，$\widehat{\boldsymbol{\Sigma}}_{22}$ 即可。因此，计算过程如下：

(1) 令 $\boldsymbol{M}_1 = \widehat{\boldsymbol{\Sigma}}_{11}^{-1} \widehat{\boldsymbol{\Sigma}}_{12} \widehat{\boldsymbol{\Sigma}}_{22}^{-1} \widehat{\boldsymbol{\Sigma}}_{21}$；

(2) 计算 $\boldsymbol{M}_1$ 的全部特征值 $\lambda_1^2 \geqslant \lambda_2^2 \geqslant \cdots \geqslant \lambda_m^2$，其中 $m = \min\{p, q\}$，和相应的特征向量 $\boldsymbol{\alpha}_k (k = 1, 2, \cdots, m)$，令

$$\boldsymbol{\beta}_k = \widehat{\boldsymbol{\Sigma}}_{22}^{-1} \widehat{\boldsymbol{\Sigma}}_{21} \boldsymbol{\alpha}_k, \quad \boldsymbol{a}_k = \boldsymbol{\alpha}_k \Big/ \sqrt{\boldsymbol{\alpha}_k^{\mathrm{T}} \widehat{\boldsymbol{\Sigma}}_{11} \boldsymbol{\alpha}_k}, \quad \boldsymbol{b}_k = \boldsymbol{\beta}_k \Big/ \sqrt{\boldsymbol{\beta}_k^{\mathrm{T}} \widehat{\boldsymbol{\Sigma}}_{22} \boldsymbol{\beta}_k},$$

则 $\lambda_k = \sqrt{\lambda_k^2}$ 为第 k 对样本典型相关系数，$U_k = \boldsymbol{a}_k^{\mathrm{T}} \boldsymbol{X}$，$V_k = \boldsymbol{b}_k^{\mathrm{T}} \boldsymbol{Y}$ 为第 k 对样本典型变量。

9.3.3 典型相关分析的计算

在 R 中，cancor() 函数提供了典型相关分析的计算，其使用格式为

```
cancor(x, y, xcenter = TRUE, ycenter = TRUE)
```

其中 x 和 y 分别为 $\boldsymbol{X}$ 和 $\boldsymbol{Y}$ 的数据矩阵，xcenter 和 ycenter 为逻辑变量，表示是否将数据中心化，默认值为 TRUE。

函数的返回值为一列表，其成员有 $cor （典型相关系数），$xcoef （$\boldsymbol{X}$ 的系数），$ycoef （$\boldsymbol{Y}$ 的系数），$xcenter （$\boldsymbol{X}$ 的均值），和 $ycenter （$\boldsymbol{Y}$ 的均值）。

例 9.14 某康复俱乐部对 20 名中年人测量了三个生理指标：体重 (X_1)、腰围 (X_2)、脉搏 (X_3) 和三个训练指标：引体向上 (Y_1)、起坐次数 (Y_2)、跳跃次数 (Y_3)，数据列在表 9.9 中（以表格形式保存在 exam0914.data 中）。试对这组数据进行典型相关分析。

解 读取数据. 为消除数据数量级的影响，先将数据标准化，再调用函数 cancor() 作典型相关分析 (程序名：exam0914.R)

```
rt <- read.table("exam0914.data")
rt <- scale(rt)
ca <- cancor(rt[,1:3], rt[,4:6])
```

计算结果为

```
> ca
$'cor'
```

```
[1] 0.79560815 0.20055604 0.07257029
$xcoef
          [,1]         [,2]         [,3]
X1 -0.17788841  -0.43230348  -0.04381432
X2  0.36232695   0.27085764   0.11608883
X3 -0.01356309  -0.05301954   0.24106633
$ycoef
          [,1]         [,2]         [,3]
Y1 -0.08018009  -0.08615561  -0.29745900
Y2 -0.24180670   0.02833066   0.28373986
Y3  0.16435956   0.24367781  -0.09608099
$xcenter
            X1            X2            X3
 2.289835e-16  4.315992e-16  -1.778959e-16
$ycenter
            Y1            Y2            Y3
 1.471046e-16 -1.776357e-16  4.996004e-17
```

表 9.9 康复俱乐部测量的生理指标和训练指标

序号	X_1	X_2	X_3	Y_1	Y_2	Y_3	序号	X_1	X_2	X_3	Y_1	Y_2	Y_3
1	191	36	50	5	162	60	11	189	37	52	2	110	60
2	193	38	58	12	101	101	12	162	35	62	12	105	37
3	189	35	46	13	155	58	13	182	36	56	4	101	42
4	211	38	56	8	101	38	14	167	34	60	6	125	40
5	176	31	74	15	200	40	15	154	33	56	17	251	250
6	169	34	50	17	120	38	16	166	33	52	13	210	115
7	154	34	64	14	215	105	17	247	46	50	1	50	50
8	193	36	46	6	70	31	18	202	37	62	12	210	120
9	176	37	54	4	60	25	19	157	32	52	11	230	80
10	156	33	54	15	225	73	20	138	33	68	2	110	43

其中 cor 是典型相关系数。xcoef 是对应于数据 X 的系数，也称为关于数据 X 的典型载荷，即样本典型变量 U 系数矩阵 A 的转置。ycoef 是对应于数据 Y 的系数，也称为关于数据 Y 的典型载荷，即样本典型变量 V 系数矩阵 B 的转置。$xcenter 是数据 X 的中心，即数据 X 的样本均值 $\overline{X}$。$ycenter 是数据 Y 的中心，即数据 Y 的样本均值 $\overline{Y}$。由于数据已作了标准化处理，所以这里计算出的样本均值为 $\mathbf{0}$。

对于康复俱乐部数据，与计算结果相对应的数学意义是

$$\begin{cases} U_1 = -0.178X_1^* + 0.362X_2^* - 0136X_3^*, \\ U_2 = -0.432X_1^* + 0.271X_2^* - 0.0530X_3^*, \\ U_3 = -0.0438X_1^* + 0.116X_2^* + 0.241X_3^*, \end{cases} \quad (9.76)$$

$$\begin{cases} V_1 = -0.0802Y_1^* - 0.242Y_2^* + 0.164Y_3^*, \\ V_2 = -0.08615Y_1^* + 0.0283Y_2^* + 0.244Y_3^*, \\ V_3 = -0.297Y_1^* + 0.284Y_2^* - 0.0961Y_3^*, \end{cases} \tag{9.77}$$

其中 X_i^*, Y_i^* ($i=1,2,3$) 是标准化后的数据。相应的相关系数为

$$\rho(U_1, V_1) = 0.796, \quad \rho(U_2, V_2) = 0.201, \quad \rho(U_3, V_3) = 0.0726。$$

由式 (9.63) 可知，式 (9.76) 和式 (9.77) 的系数并不唯一，是它们的任意倍均可。

下面计算样本数据在典型变量下的得分。由于 $\boldsymbol{U} = \boldsymbol{AX}$，$\boldsymbol{V} = \boldsymbol{BY}$，所以得分的 R 程序为

```
U <- as.matrix(rt[, 1:3]) %*% ca$xcoef
V <- as.matrix(rt[, 4:6]) %*% ca$ycoef
```

画出以相关变量 U_1, V_1 和 U_3, V_3 为坐标的数据散点图，其命令为

```
plot(U[,1], V[,1], xlab = "U1", ylab = "V1", pch = 19, col = 4)
plot(U[,3], V[,3], xlab = "U3", ylab = "V3", pch = 19, col = 4)
```

其图形如图 9.5 和图 9.6 所示。

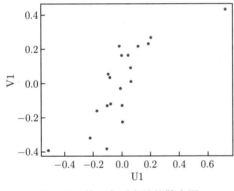
图 9.5　第一典型变量的散点图

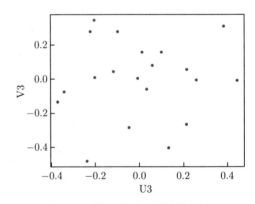
图 9.6　第三典型变量的散点图

观察这两张图，你会发现，图 9.5 中的点基本上在一条直线附近，而图 9.6 中的点，基本上分布很散。这是为什么呢？事实上，图 9.5 画的是第一典型变量的散点图，其相关系数为 0.796，接近于 1，所以在一直线附近，而图 9.6 画的是第三典型变量的散点图，其相关系数为 0.0726，接近于 0，所以很分散。

9.3.4　典型相关系数的显著性检验

作相关分析的目的，与前面的主成分分析、因子分析类似，都是利用降维的方法来处理数据，这里同样存在着一个问题，就是选择多少对典型变量？要回答这一问题，就需要作典型相关系数的显著性检验。若认为典型相关系数 $\rho_k = 0$，则就不必考虑第 k 对典型变量。

1. 全部总体典型相关系数均为零的检验

设 $\begin{bmatrix} \boldsymbol{X} \\ \boldsymbol{Y} \end{bmatrix} \sim N_{p+q}(\boldsymbol{\mu}, \boldsymbol{\Sigma})$，$\boldsymbol{\Sigma}$ 对称正定，$\boldsymbol{S}$ 为样本的协方差矩阵，n 为样本个数，且 $n > p+q$。

考虑假设检验问题：

$$H_0: \rho_1 = \rho_2 = \cdots = \rho_m = 0, \quad H_1: \text{至少一个 } \rho_i \text{ 不为 } 0, \tag{9.78}$$

其中 $m = \min\{p, q\}$。

若检验接受 H_0，则认为讨论两组变量之间的相关性没有意义；若检验拒绝 H_0，则认为第一对典型变量是显著的。事实上，式 (9.78) 等价于假设检验问题

$$H_0: \boldsymbol{\Sigma}_{12} = 0, \quad H_1: \boldsymbol{\Sigma}_{12} \neq \mathbf{0}。 \tag{9.79}$$

当 H_0 成立，表明 $\boldsymbol{X}$ 与 $\boldsymbol{Y}$ 互不相关。似然比检验统计量为

$$\Lambda_1 = \prod_{i=1}^{m} \left(1 - r_i^2\right)。 \tag{9.80}$$

对于充分大的 n，当 H_0 成立时，统计量

$$Q_1 = -\left[n - \frac{1}{2}(p+q+3)\right] \ln \Lambda_1 \tag{9.81}$$

近似服从自由度为 pq 的 χ^2 分布。在给定的显著性水平 α 下，若 $Q_1 \geqslant \chi_\alpha^2(pq)$，则拒绝原假设 H_0，认为典型变量 U_1 与 V_1 之间相关性显著；否则认为第一典型相关系数不显著。在这种情况下，就没有必要作典型相关分析了。

2. 部分总体典型相关系数均为零的检验

假设前 k 个典型相关系数是显著的，现要检验第 $k+1$ 个典型相关系数是否显著，则作如下检验：

$$H_0: \rho_{k+1} = \rho_{k+2} = \cdots = \rho_m = 0, \quad H_1: \text{至少一个 } \rho_i \text{ 不为 } 0。 \tag{9.82}$$

其检验统计量为

$$\Lambda_{k+1} = \prod_{i=k+1}^{m} \left(1 - r_i^2\right)。 \tag{9.83}$$

对于充分大的 n，当 H_0 为真时，统计量

$$Q_{k+1} = -\left[n - k - \frac{1}{2}(p+q+3) + \sum_{i=1}^{k} r_i^{-2}\right] \ln \Lambda_{k+1} \tag{9.84}$$

近似服从自由度为 $(p-k)(q-k)$ 的 χ^2 分布。在给定的显著性水平 α 下，若 $Q_{k+1} \geqslant \chi_\alpha^2((p-k)(q-k))$，则拒绝原假设 H_0，认为第 $k+1$ 个典型相关系数 ρ_{k+1} 是显著的；否则认为典型相关系数不显著，那么典型变量只取到 k 为止。

3. 相关系数检验的 R 程序

按照前面介绍有方法编写出相应的 R 程序（程序名: corcoef.test.R）

```
corcoef.test <- function(r, n, p, q, alpha = 0.1){
    m <- length(r); Q <- rep(0, m); lambda <- 1
    for (k in m:1){
        lambda <- lambda*(1-r[k]^2);
        Q[k] <- -log(lambda)
    }
    s <- 0; i <- m
    for (k in 1:m){
        Q[k] <- (n-k+1-1/2*(p+q+3)+s)*Q[k]
        chi <- 1 - pchisq(Q[k], (p-k+1)*(q-k+1))
        if (chi > alpha){
            i <- k-1; break
        }
        s <- s + 1/r[k]^2
    }
    i
}
```

程序的输入值是相关系数 r，样本个数 n，两个随机向量的维数 p 和 q，以及置信水平 α（默认值为 0.1）。程序的输出值是典型变量的对数。

例 9.15（续例 9.14） 对例 9.14 的典型相关系数作检验。

解 利用计算公式所编写的 R 函数 corcoef.test() 作检验。

```
> source("corcoef.test.R")
> corcoef.test(r = ca$cor, n = 20, p = 3, q = 3)
[1] 1
```

只需第一对典型变量。从图 9.6，我们也可以看到，散点图很分散，无法给出相关信息。同样，画第二典型变量的散点图，其图形也很分散。因此，只利用第一典型变量分析问题，达到降维的目的。

习 题 9

1. 用主成分方法探讨城市工业主体结构。表 9.10 是某市工业部门 13 个行业，8 个指标，分别是年末固定资产净值 X_1（万元）、职工人数 X_2（人）、工业总产值 X_3（万元）、全员劳动生产率 X_4（元/人年）、百元固定原值实现产值 X_5（元）、资金利税率 X_6（%）、标准燃料消费量 X_7（吨）和能源利用效果 X_8（万元/吨）的数据。

(1) 试用主成分分析方法确定 8 个指标的几个主成分，并对主成分进行解释；
(2) 利用主成分得分对 13 个行业进行排序；
(3) 画出行业关于第 1 主成分、第 2 主成分的散点图，并根据散点图进行分类。

表 9.10   某市工业部门 13 个行业 8 个指标的数据

行业	X_1	X_2	X_3	X_4	X_5	X_6	X_7	X_8
冶金	90342	52455	101091	19272	82.0	16.1	197435	0.172
电力	4903	1973	2035	10313	34.2	7.1	592077	0.003
煤炭	6735	21139	3767	1780	36.1	8.2	726396	0.003
化学	49454	36241	81557	22504	98.1	25.9	348226	0.985
机械	139190	203505	215898	10609	93.2	12.6	139572	0.628
建材	12215	16219	10351	6382	62.5	8.7	145818	0.066
森工	2372	6572	8103	12329	184.4	22.2	20921	0.152
食品	11062	23078	54935	23804	370.4	41.0	65486	0.263
纺织	17111	23907	52108	21796	221.5	21.5	63806	0.276
缝纫	1206	3930	6126	15586	330.4	29.5	1840	0.437
皮革	2150	5704	6200	10870	184.2	12.0	8913	0.274
造纸	5251	6155	10383	16875	146.4	27.5	78796	0.151
文教	14341	13203	19396	14691	94.6	17.8	6354	1.574

2. 对某地区的某类消费品的销售量 Y 进行调查，它与下面四个变量有关：X_1 居民可支配收入，X_2 该类消费品平均价格指数，X_3 社会该消费品保有量，X_4 其他消费品平均价格指数，历史资料如表 9.11 所示。试利用主成分回归方法建立销售量 Y 与四个变量 X_1，X_2，X_3 和 X_4 的回归方程。

表 9.11   某类消费品销售的原始数据

序号	X_1	X_2	X_3	X_4	Y
1	82.9	92	17.1	94	8.4
2	88.0	93	21.2	96	9.6
3	99.9	96	25.1	97	10.4
4	105.3	94	29.0	97	11.4
5	117.7	100	34.0	100	12.2
6	131.0	101	40.0	101	14.2
7	148.2	105	44.0	104	15.8
8	161.8	112	49.0	109	17.9
9	174.2	112	51.0	111	19.6
10	184.7	112	53.0	111	20.8

3. 对 305 名女中学生测量八个体型指标，相应的相关矩阵如表 8.10 所示。试用因子分析的方法对这八个体型指标进行分析，找出公共因子，并给出合理的解释。

4. 为考查学生的学习情况，学校随机的抽取 12 名学生的 5 门课期末考试的成绩，其数据见表 3.6，试用因子分析的方法对这种数据进行分析。

(1) 找出五门课程的公共因子，并进行合理的解释；

(2) 用回归方法或巴特利特方法计算样本的因子得分，画出因子得分的第一公共因子、第二公共因子的散点图，通过这些散点图来分析这 12 名学生的学习情况。

5. 欲研究儿童形态与肺通气功能的关系，测得某小学 40 名 8~12 岁健康儿童形态（身高、体重和胸围）与肺通气功能（肺活量、静息通气和每分钟最大通气量），数据如表 9.12 所示。试分析儿童形态指标与肺通气指标的相关性，确定典型变量的对数。

表 9.12　儿童形态肺通气功能指标表

序号	儿童形态			肺通气功能		
	身高/cm	体重/kg	胸围/cm	肺活量/L	静息通气量/L	每分钟最大通气量/L
1	140.6	43.7	77.9	2.67	7.00	108.0
2	135.7	39.5	63.9	2.08	6.98	91.7
3	140.2	48.0	75.0	2.62	6.17	101.8
4	152.1	52.3	88.1	2.89	10.42	112.5
5	132.2	36.7	62.4	2.14	7.47	97.5
6	147.1	45.2	78.9	2.86	9.25	92.4
7	147.5	47.4	76.2	3.14	8.78	95.4
8	130.6	38.4	61.8	2.03	5.31	77.2
9	154.9	48.2	87.2	2.91	10.69	80.8
10	142.4	42.6	74.1	2.33	11.15	76.7
11	136.5	38.4	69.6	1.98	7.77	49.9
12	162.0	58.7	95.6	3.29	3.35	58.0
13	148.9	42.4	80.6	2.74	10.11	82.4
14	136.3	33.1	68.3	2.44	7.82	76.5
15	159.5	49.1	87.7	2.98	11.77	88.1
16	165.9	55.7	93.5	3.17	13.14	110.3
17	134.5	41.6	61.9	2.25	8.75	75.1
18	152.5	53.4	83.2	2.96	6.60	71.5
19	138.2	35.5	66.1	2.13	6.62	105.4
20	144.2	42.0	76.2	2.52	5.59	82.0
21	128.1	37.3	57.0	1.92	5.81	92.7
22	127.5	32.0	57.9	2.02	6.42	78.2
23	140.7	44.7	73.7	2.64	8.00	89.1
24	150.4	49.7	82.4	2.87	9.09	61.8
25	151.5	48.5	81.3	2.71	10.20	98.9
26	151.3	47.2	84.3	2.92	6.16	83.7
27	150.2	48.1	85.8	2.79	9.50	84.0
28	139.4	33.6	67.0	2.27	8.92	71.0
29	150.8	45.6	84.9	2.86	12.03	125.4
30	140.6	46.7	67.9	2.67	7.00	108.0
31	135.7	47.5	57.9	2.38	6.98	91.7
32	140.2	48.0	71.0	2.62	6.17	101.8
33	152.1	50.3	88.1	2.89	10.42	112.5
34	132.2	43.7	62.4	2.14	7.47	97.5
35	147.1	41.2	78.9	2.66	9.25	92.4
36	147.5	45.4	76.2	2.75	8.78	95.4
37	130.6	38.4	65.8	2.13	5.31	77.2
38	154.9	48.2	91.2	2.91	10.69	80.8
39	142.4	42.6	83.1	2.63	11.15	76.7
40	136.5	40.4	69.6	2.01	7.77	49.9

第 10 章 数据可视化

本章介绍的内容本质上还属于应用多元分析的内容，之所以称为数据可视化，是因为本章介绍的三种方法都是将高维数据经过某种变换或映射转换为低维数据（二维或三维），可以用图形将数据展现在人们的面前。因此，本章的命名为数据的可视化。

数据的可视化方法有很多种，本章仅介绍应用多元分析中的多维标度法、对应分析和样本与变量的双重信息图。

10.1 多维标度法

多维标度法，又称为多维尺度法，或者称为相似度结构分析，是一种将高维空间在研究对象（样本或变量）简化到低维空间进行定位、分析和归类，同时又保留对象间原始关系的数据分析方法，是社会学、数量心理学、市场营销等统计实证分析的常用方法。

10.1.1 多维标度法的基本概念

在实际生活中，如果给你一张地图和一组城市名单，你可以通过经纬度的换算，得到这组城市名单中，任意两个城市之间的距离。但如果将问题反过来，即知道这组城市名单中任意两城市之间的距离，你是否能够在一张纸上画出每座城市的具体位置。看一个经典的例子。

例 10.1 表 10.1 列出了英国 12 个城市间公路的距离，由于公路是弯弯曲曲的，这些距离并不是城市之间的真正距离。现希望在地图上重新画出这 12 个城市，使它们它们之间的距离很接近表 10.1 的距离。

如果用 $\boldsymbol{D} = (d_{ij})$ 表示表 10.1 的矩阵，它只是名义上距离矩阵，但并不一定是 $n\ (= 12)$ 个点的距离，即不是通常所理解的距离矩阵。于是要将距离矩阵的概念加以拓广。

表 10.1 英国 12 个城市之间的公路距离　　　　　　　　　单位：英里

	Aberystwyth	Brighton	Carlisle	Dover	Exeter	Glasgow	Hull	Inverness	Leeds	London	Newcastle
Brighton	244										
Carlisle	218	350									
Dover	284	77	369								
Exeter	197	167	347	242							
Glasgow	312	444	94	463	441						
Hull	215	221	150	236	279	245					
Inverness	469	583	251	598	598	169	380				
Leeds	166	242	116	257	269	210	55	349			
London	212	53	298	72	170	392	168	531	190		
Newcastle	253	325	57	340	359	143	117	264	91	273	
Norwich	270	168	284	164	277	378	143	514	173	111	256

如果 n 阶矩阵 $\boldsymbol{D} = (d_{ij})_{n \times n}$ 满足 $\boldsymbol{D}^\mathrm{T} = \boldsymbol{D}$，$d_{ii} = 0$，$d_{ij} \geqslant 0$ $(i, j = 1, 2, \cdots, n)$，则称 $\boldsymbol{D}$ 为距离矩阵。

多维标度法的目的是，给了一个距离矩阵 $\boldsymbol{D} = (d_{ij})$ 后，寻找正整数 k 和 $\mathbf{R}^k$ 中的 n 个点 $\boldsymbol{x}_1, \boldsymbol{x}_2, \cdots, \boldsymbol{x}_n$，使得 $\widehat{\boldsymbol{D}} = \left(\widehat{d}_{ij}\right)_{n \times n}$ 在某种意义下与 $\boldsymbol{D}$ 相近，其中 $\widehat{d}_{ij}$ 是 $\boldsymbol{x}_i$ 与 $\boldsymbol{x}_j$ 在 $\mathbf{R}^k$ 上的欧几里得距离。在应用中，通常取 $k = 1, 2$ 或 $k = 3$。

为方便起见，令
$$\boldsymbol{X} = [\boldsymbol{x}_1, \boldsymbol{x}_2, \cdots, \boldsymbol{x}_n]^\mathrm{T}, \tag{10.1}$$

称 $\boldsymbol{X}$ 为 $\boldsymbol{D}$ 的拟合构造点。如果 $\widehat{\boldsymbol{D}} = \boldsymbol{D}$，则称 $\boldsymbol{X}$ 为 $\boldsymbol{D}$ 的构造点。

特别需要指出：多维标度法的解并不是唯一的。如果 $\boldsymbol{X}$ 是 $\boldsymbol{D}$ 的拟合构造点，令
$$\boldsymbol{y}_i = \boldsymbol{\Gamma} \boldsymbol{x}_i + \boldsymbol{b},$$

其中 $\boldsymbol{\Gamma}$ 为正交矩阵，$\boldsymbol{b}$ 为常数向量，则 $\boldsymbol{Y} = [\boldsymbol{y}_1, \boldsymbol{y}_2, \cdots, \boldsymbol{y}_n]^\mathrm{T}$ 也是 $\boldsymbol{D}$ 的拟合构造点，因为平移与旋转（或反射）不改变欧几里得距离。

10.1.2 多维标度法的古典解

1. 欧几里得型距离矩阵

如果存在正整数 p，且 p 维空间中的 n 个点 $\boldsymbol{x}_1, \boldsymbol{x}_2, \cdots, \boldsymbol{x}_n$，使得
$$d_{ij}^2 = (\boldsymbol{x}_i - \boldsymbol{x}_j)^\mathrm{T}(\boldsymbol{x}_i - \boldsymbol{x}_j), \quad i, j = 1, 2, \cdots, n, \tag{10.2}$$

则称距离矩阵 $\boldsymbol{D} = (d_{ij})_{n \times n}$ 是欧几里得型的。

构造矩阵
$$\boldsymbol{A} = (a_{ij})_{n \times n}, \quad a_{ij} = -\frac{1}{2} d_{ij}^2, \tag{10.3}$$

$$\boldsymbol{B} = \boldsymbol{H} \boldsymbol{A} \boldsymbol{H}, \quad \boldsymbol{H} = \boldsymbol{I} - \frac{1}{n} \mathbf{1} \mathbf{1}^\mathrm{T}, \tag{10.4}$$

其中 $\mathbf{1} = [1, 1, \cdots, 1]^\mathrm{T} \in \mathbf{R}^n$。

下面给出判断距离矩阵 $\boldsymbol{D}$ 是欧几里得型的充分必要条件。

定理 10.1 设 $\boldsymbol{D}$ 是 n 阶距离矩阵，矩阵 $\boldsymbol{B}$ 由式（10.3）和式（10.4）定义，则 $\boldsymbol{D}$ 是欧几里得型的充分必要条件是：$\boldsymbol{B}$ 半正定。

证明 "必要性"。设 $\boldsymbol{D}$ 是欧几里得型的，即存在 $\boldsymbol{x}_1, \boldsymbol{x}_2, \cdots, \boldsymbol{x}_n \in \mathbf{R}^p$，使得式（10.2）成立。由式（10.4），得到
$$\boldsymbol{B} = \boldsymbol{H} \boldsymbol{A} \boldsymbol{H} = \left[\boldsymbol{I} - \frac{1}{n} \mathbf{1} \mathbf{1}^\mathrm{T}\right] \boldsymbol{A} \left[\boldsymbol{I} - \frac{1}{n} \mathbf{1} \mathbf{1}^\mathrm{T}\right]$$
$$= \boldsymbol{A} - \left(\frac{1}{n} \boldsymbol{A} \mathbf{1}\right) \mathbf{1}^\mathrm{T} - \mathbf{1} \left(\frac{1}{n} \mathbf{1}^\mathrm{T} \boldsymbol{A}\right) + \frac{1}{n^2} \left(\mathbf{1}^\mathrm{T} \boldsymbol{A} \mathbf{1}\right) \mathbf{1} \mathbf{1}^\mathrm{T}. \tag{10.5}$$

在式（10.5）中，$\boldsymbol{A}\mathbf{1}$ 是矩阵的行和，$\frac{1}{n}\boldsymbol{A}\mathbf{1}$ 是矩阵行的平均值，记为 $[\overline{a_{1\cdot}}, \overline{a_{2\cdot}}, \cdots, \overline{a_{n\cdot}}]^{\mathrm{T}}$。同理，$\frac{1}{n}\mathbf{1}^{\mathrm{T}}\boldsymbol{A}$ 是矩阵列的平均值，记为 $[\overline{a_{\cdot 1}}, \overline{a_{\cdot 2}}, \cdots, \overline{a_{\cdot n}}]$。$\frac{1}{n^2}\left(\mathbf{1}^{\mathrm{T}}\boldsymbol{A}\mathbf{1}\right)$ 是矩阵所有元素的平均值，记为 $\overline{a_{\cdot\cdot}}$。因此

$$b_{ij} = a_{ij} - \overline{a_{i\cdot}} - \overline{a_{\cdot j}} + \overline{a_{\cdot\cdot}}。 \tag{10.6}$$

由式（10.3）得到

$$\begin{aligned} a_{ij} &= -\frac{1}{2}d_{ij}^2 = -\frac{1}{2}(\boldsymbol{x}_i - \boldsymbol{x}_j)^{\mathrm{T}}(\boldsymbol{x}_i - \boldsymbol{x}_j) \\ &= -\frac{1}{2}(\boldsymbol{x}_i - \overline{\boldsymbol{x}})^{\mathrm{T}}(\boldsymbol{x}_i - \overline{\boldsymbol{x}}) - \frac{1}{2}(\boldsymbol{x}_j - \overline{\boldsymbol{x}})^{\mathrm{T}}(\boldsymbol{x}_j - \overline{\boldsymbol{x}}) + \\ &\quad (\boldsymbol{x}_i - \overline{\boldsymbol{x}})^{\mathrm{T}}(\boldsymbol{x}_j - \overline{\boldsymbol{x}}), \end{aligned} \tag{10.7}$$

$$\begin{aligned} \overline{a_{i\cdot}} &= \frac{1}{n}\sum_{j=1}^{n} a_{ij} \\ &= -\frac{1}{2}(\boldsymbol{x}_i - \overline{\boldsymbol{x}})^{\mathrm{T}}(\boldsymbol{x}_i - \overline{\boldsymbol{x}}) - \frac{1}{2n}\sum_{j=1}^{n}(\boldsymbol{x}_j - \overline{\boldsymbol{x}})^{\mathrm{T}}(\boldsymbol{x}_j - \overline{\boldsymbol{x}}), \end{aligned} \tag{10.8}$$

$$\begin{aligned} \overline{a_{\cdot j}} &= \frac{1}{n}\sum_{i=1}^{n} a_{ij} \\ &= -\frac{1}{2n}\sum_{i=1}^{n}(\boldsymbol{x}_i - \overline{\boldsymbol{x}})^{\mathrm{T}}(\boldsymbol{x}_i - \overline{\boldsymbol{x}}) - \frac{1}{2}(\boldsymbol{x}_j - \overline{\boldsymbol{x}})^{\mathrm{T}}(\boldsymbol{x}_j - \overline{\boldsymbol{x}}), \end{aligned} \tag{10.9}$$

$$\begin{aligned} \overline{a_{\cdot\cdot}} &= \frac{1}{n^2}\sum_{i=1}^{n}\sum_{j=1}^{n} a_{ij} \\ &= -\frac{1}{2n}\sum_{i=1}^{n}(\boldsymbol{x}_i - \overline{\boldsymbol{x}})^{\mathrm{T}}(\boldsymbol{x}_i - \overline{\boldsymbol{x}}) - \frac{1}{2n}\sum_{j=1}^{n}(\boldsymbol{x}_j - \overline{\boldsymbol{x}})^{\mathrm{T}}(\boldsymbol{x}_j - \overline{\boldsymbol{x}}), \end{aligned} \tag{10.10}$$

将式（10.7）~式（10.10）代入式（10.6），得到

$$b_{ij} = (\boldsymbol{x}_i - \overline{\boldsymbol{x}})^{\mathrm{T}}(\boldsymbol{x}_j - \overline{\boldsymbol{x}}), \tag{10.11}$$

其中 $\overline{\boldsymbol{x}} = \frac{1}{n}\sum_{k=1}^{n} \boldsymbol{x}_k$。

另一方面，由

$$\boldsymbol{HX} = \left[\boldsymbol{I} - \frac{1}{n}\mathbf{1}\mathbf{1}^{\mathrm{T}}\right][\boldsymbol{x}_1, \boldsymbol{x}_2, \cdots, \boldsymbol{x}_n]^{\mathrm{T}} = [\boldsymbol{x}_1 - \overline{\boldsymbol{x}}, \boldsymbol{x}_2 - \overline{\boldsymbol{x}}, \cdots, \boldsymbol{x}_n - \overline{\boldsymbol{x}}]^{\mathrm{T}}。 \tag{10.12}$$

所以

$$\boldsymbol{B} = (\boldsymbol{HX})(\boldsymbol{HX})^{\mathrm{T}}, \tag{10.13}$$

即 B 是半正定矩阵。

"充分性"。设 B 是半正定矩阵，令 $p = \operatorname{rank}(B)$，则存在 p 个正特征值 $\lambda_1 \geqslant \lambda_2 \geqslant \cdots \geqslant \lambda_p > 0$，和正交矩阵 Q，使得

$$BQ = Q\Lambda, \tag{10.14}$$

其中 $\Lambda = \operatorname{diag}(\lambda_1, \lambda_2, \cdots, \lambda_p)$，$Q = [q_1, q_2, \cdots, q_p]$，$q_i$ 是 λ_i 对应的特征向量。因此

$$B = Q\Lambda Q^{\mathrm{T}} = Q\Lambda^{\frac{1}{2}}\Lambda^{\frac{1}{2}}Q^{\mathrm{T}} = \left(Q\Lambda^{\frac{1}{2}}\right)\left(Q\Lambda^{\frac{1}{2}}\right)^{\mathrm{T}} = XX^{\mathrm{T}}, \tag{10.15}$$

其中 $\Lambda^{\frac{1}{2}} = \operatorname{diag}(\lambda_1^{\frac{1}{2}}, \lambda_2^{\frac{1}{2}}, \cdots, \lambda_p^{\frac{1}{2}})$，$X = Q\Lambda^{\frac{1}{2}}$。

由式（10.15）得到

$$b_{ij} = x_i^{\mathrm{T}} x_j, \quad i, j = 1, 2, \cdots, n, \tag{10.16}$$

其中 $X = [x_1, x_2, \cdots, x_n]^{\mathrm{T}}$，$x_i^{\mathrm{T}}$ 是矩阵 X 的第 i 行。因此

$$\begin{aligned}
(x_i - x_j)^{\mathrm{T}}(x_i - x_j) &= x_i^{\mathrm{T}} x_i - 2 x_i^{\mathrm{T}} x_j + x_j^{\mathrm{T}} x_j \\
&= b_{ii} - 2 b_{ij} + b_{jj} = a_{ii} - 2 a_{ij} + a_{jj} \\
&= -2 a_{ij} = d_{ij}^2。
\end{aligned} \tag{10.17}$$

这表明 X 是 D 的构造，D 是欧几里得型的。

由定理 10.1 的证明过程，可以得到以下事实：

（1）若 D 是欧几里得型的，由式（10.11）得到，b_{ij} 是 x_i 与 x_j 中心化后的内积，可将 B 简称为 X 中心化内积矩阵。

（2）在给定距离矩阵 D 后，构造 X 的方法是

$$D \to A \to B \to X。 \tag{10.18}$$

（3）由式（10.15），有

$$\mathbf{1}^{\mathrm{T}} B \mathbf{1} = \mathbf{1}^{\mathrm{T}} X X^{\mathrm{T}} \mathbf{1} = \left(X^{\mathrm{T}} \mathbf{1}\right)^{\mathrm{T}} \left(X^{\mathrm{T}} \mathbf{1}\right) = \left(\sum_{k=1}^{n} x_k\right)^{\mathrm{T}} \left(\sum_{k=1}^{n} x_k\right) \geqslant 0。$$

另一方面，由 $H\mathbf{1} = \mathbf{0}$，得到 $\mathbf{1}^{\mathrm{T}} B \mathbf{1} = \mathbf{1}^{\mathrm{T}} H A H \mathbf{1} = 0$，所以，$\bar{x} = \mathbf{0}$，即充分性证明中的 $x_1, x_2, \cdots, x_n$ 的均值为 0。

（4）由 $B\mathbf{1} = HAH\mathbf{1} = 0\mathbf{1}$，则 0 是 B 的特征值，$\mathbf{1}$ 为对应于 0 特征值的特征向量。

2. 古典解

事实上，定理 10.1 的充分性证明已给出 D 的构造点或拟合构造点的求解方法。

当 D 是欧几里得型矩阵时，定理 10.1 的充分性证明得到的 X 是 D 的构造点。当 D 不是欧几里得型矩阵时，无法得到 D 的构造点，只能计算它的拟合构造点。在实用

中，即便是能够得到 $\boldsymbol{D}$ 的构造点 $\boldsymbol{X}$，由于它是一个 $n \times p$ 的矩阵，如果 p 过大，也需要求解低维的拟合构造点。

设 $\lambda_1 \geqslant \lambda_2 \geqslant \cdots \geqslant \lambda_k > 0$ 是矩阵 $\boldsymbol{B}$ 的前 k 个正特征值，$\boldsymbol{q}_i$ 是对应 λ_i 的特征向量，且 $\boldsymbol{q}_i^{\mathrm{T}} \boldsymbol{q}_i = 1$，$\boldsymbol{q}_i^{\mathrm{T}} \boldsymbol{q}_j = 0\ (i \neq j)$。令 $\boldsymbol{Q} = [\boldsymbol{q}_1, \boldsymbol{q}_2, \cdots, \boldsymbol{q}_k]$，$\boldsymbol{\Lambda}^{\frac{1}{2}} = \mathrm{diag}(\lambda_1^{\frac{1}{2}}, \lambda_2^{\frac{1}{2}}, \cdots, \lambda_k^{\frac{1}{2}})$，$\boldsymbol{X} = \boldsymbol{Q} \boldsymbol{\Lambda}^{\frac{1}{2}}$，则 $\boldsymbol{X}$ 是 $\boldsymbol{D}$ 的拟合构造点。特别地，当 $k = p$ 时，$\boldsymbol{X}$ 是 $\boldsymbol{D}$ 的构造点。

关于 k 的取值，类似于主成分分析中的累积贡献率，选取 k 的原则是希望 k 不要太大，而使

$$\sum_{i=1}^{k} \lambda_i \Big/ \sum_{i=1}^{n} |\lambda_i| \quad \text{和} \quad \sum_{i=1}^{k} \lambda_i^2 \Big/ \sum_{i=1}^{n} \lambda_i^2$$

比较大。为了数据可视化，通常取 $k = 1$，2 或 $k = 3$。

例 10.2 给定矩阵

$$\boldsymbol{D} = \begin{bmatrix} 0 & 1 & \sqrt{3} & 2 & \sqrt{3} & 1 & 1 \\ & 0 & 1 & \sqrt{3} & 2 & \sqrt{3} & 1 \\ & & 0 & 1 & \sqrt{3} & 2 & 1 \\ & & & 0 & 1 & \sqrt{3} & 1 \\ & & & & 0 & 1 & 1 \\ & & & & & 0 & 1 \\ & & & & & & 0 \end{bmatrix},$$

求矩阵 $\boldsymbol{D}$ 的拟合构造点（或构造点）。

解 由式（10.3）和式（10.4），构造矩阵 $\boldsymbol{A}$ 和矩阵

$$\boldsymbol{B} = \frac{1}{2} \begin{bmatrix} 2 & 1 & -1 & -2 & -1 & 1 & 0 \\ & 2 & 1 & -1 & -2 & -1 & 0 \\ & & 2 & 1 & -1 & -2 & 0 \\ & & & 2 & 1 & -1 & 0 \\ & & & & 2 & 1 & 0 \\ & & & & & 2 & 0 \\ & & & & & & 0 \end{bmatrix},$$

矩阵 $\boldsymbol{B}$ 的特征值为 $\lambda_1 = \lambda_2 = 3$，$\lambda_3 = \lambda_4 = \lambda_5 = \lambda_6 = \lambda_7 = 0$。对应于 $\lambda_1 = \lambda_2 = 3$ 的特征向量，分别为

$$\boldsymbol{q}_1 = \left[0, -\frac{1}{2}, -\frac{1}{2}, 0, \frac{1}{2}, \frac{1}{2}, 0\right]^{\mathrm{T}}, \quad \boldsymbol{q}_2 = \frac{1}{\sqrt{3}} \left[1, \frac{1}{2}, -\frac{1}{2}, -1, -\frac{1}{2}, \frac{1}{2}, 0\right]^{\mathrm{T}},$$

所以

$$X = \left[\sqrt{3}\,q_1, \sqrt{3}\,q_2\right] = \begin{bmatrix} 0 & 1 \\ -\dfrac{\sqrt{3}}{2} & \dfrac{1}{2} \\ -\dfrac{\sqrt{3}}{2} & -\dfrac{1}{2} \\ 0 & -1 \\ \dfrac{\sqrt{3}}{2} & -\dfrac{1}{2} \\ \dfrac{\sqrt{3}}{2} & \dfrac{1}{2} \\ 0 & 0 \end{bmatrix}。$$

由于 B 的特征值均大于等于 0，即 B 是半正定矩阵，则 D 是欧几里得型的，得到的 X 是 D 的构造矩阵，其坐标点分别为 $(0,1)$，$\left(-\dfrac{\sqrt{3}}{2}, \dfrac{1}{2}\right)$，$\left(-\dfrac{\sqrt{3}}{2}, -\dfrac{1}{2}\right)$，$(0,-1)$，$\left(\dfrac{\sqrt{3}}{2}, -\dfrac{1}{2}\right)$，$\left(\dfrac{\sqrt{3}}{2}, \dfrac{1}{2}\right)$ 和 $(0,0)$。

3. cmdscale() 函数

在 R 中，cmdscale() 函数给出距离矩阵的古典解，其使用格式为

```
cmdscale(d, k = 2, eig = FALSE, add = FALSE, x.ret = FALSE,
        list. = eig || add || x.ret)
```

部分参数的名称、取值及意义如表 10.2 所示。

表 10.2　cmdscale( ) 函数中部分参数的名称、取值及意义

名称	取值及意义
d	对象，由 dist() 函数生成；或者是矩阵，由距离矩阵构成。
k	正整数，表示拟合构造矩阵的维数，默认值为 2。
eig	逻辑变量，当取 TRUE 时，返回值中增加矩阵 B 的特征值。
add	逻辑变量，当取 TRUE 时，矩阵 D 的非对角线元素加常数 c，使 D 成为欧几里得型矩阵。
x.retg	逻辑变量，当取 TRUE 时，返回值中增加矩阵 $-2B$ 的值。

函数的返回值是矩阵 X，当所有的逻辑变量取 FALSE 时；或者是列表，其成员有 \$points（拟合构造点 X），\$eig（矩阵 B 的特征值），\$x（矩阵 $-2B$），\$ac（常数 c），\$GOF 是二维向量，由

$$\sum_{i=1}^{k}\lambda_i \Big/ \sum_{i=1}^{n}|\lambda_i| \quad \text{和} \quad \sum_{i=1}^{k}\lambda_i \Big/ \sum_{i=1}^{n}\max\{\lambda_i, 0\}$$

构成。

例如，对于例 10.2，D 是距离矩阵。

```
> cmdscale(D, eig = TRUE, x.ret = TRUE)
$'points'
              [,1]          [,2]
[1,]  0.000000e+00  1.000000e+00
[2,] -8.660254e-01  5.000000e-01
[3,] -8.660254e-01 -5.000000e-01
[4,] -1.922963e-16 -1.000000e+00
[5,]  8.660254e-01 -5.000000e-01
[6,]  8.660254e-01  5.000000e-01
[7,]  2.154463e-18 -1.110223e-16
$eig
[1]  3.000000e+00  3.000000e+00  1.332268e-15  8.881784e-16
[5]  2.408758e-16  7.831330e-17 -1.249001e-16
$x
              [,1]          [,2]          [,3]          [,4]
[1,] -2.000000e+00 -1.000000e+00  1.000000e+00  2.000000e+00
[2,] -1.000000e+00 -2.000000e+00 -1.000000e+00  1.000000e+00
[3,]  1.000000e+00 -1.000000e+00 -2.000000e+00 -1.000000e+00
[4,]  2.000000e+00  1.000000e+00 -1.000000e+00 -2.000000e+00
[5,]  1.000000e+00  2.000000e+00  1.000000e+00 -1.000000e+00
[6,] -1.000000e+00  1.000000e+00  2.000000e+00  1.000000e+00
[7,]  2.220446e-16  2.220446e-16  2.220446e-16  2.220446e-16
              [,5]          [,6]          [,7]
[1,]  1.000000e+00 -1.000000e+00  1.110223e-16
[2,]  2.000000e+00  1.000000e+00  1.110223e-16
[3,]  1.000000e+00  2.000000e+00  1.110223e-16
[4,] -1.000000e+00  1.000000e+00  1.110223e-16
[5,] -2.000000e+00 -1.000000e+00  1.110223e-16
[6,] -1.000000e+00 -2.000000e+00  1.110223e-16
[7,]  2.775558e-16  2.220446e-16  2.220446e-16
$ac
[1] 0
$GOF
[1] 1 1
```

这里的计算结果与手工计算是相同的。

4. 相似系数矩阵

在有些问题中，已知的是 n 个样本之间的相似系数矩阵 C，而不是距离矩阵 D。在第 8 章（8.2 节）曾介绍过相似系数的概念，这里的相似系数矩阵 $C = (c_{ij})$ 满足 $C^{\mathrm{T}} = C$，且

$$c_{ij} \leqslant c_{ii}, \quad c_{ij} \leqslant c_{jj}, \quad \forall\, i, j. \tag{10.19}$$

由式（10.19），得到 $c_{ii} + c_{jj} - 2c_{ij} \geqslant 0$。

用相似系数矩阵 C 定义距离矩阵 $D = (d_{ij})$，令

$$d_{ij} = (c_{ii} + c_{jj} - 2c_{ij})^{\frac{1}{2}}, \qquad (10.20)$$

则有 $d_{ij} \geqslant 0$，$d_{ii} = 0$ 和 $d_{ij} = d_{ji}$，故 D 为距离矩阵。

例 10.3 表 10.3（数据保存在 exam1003.data 中）是一个相似矩阵 C，求它的古典解。

表 10.3 相似系数矩阵   %

	1	2	3	4	5	6	7	8	9	10
1	84									
2	62	89								
3	16	59	86							
4	6	23	38	89						
5	12	8	27	56	90					
6	12	14	33	34	30	86				
7	20	25	17	24	18	65	85			
8	37	25	16	13	10	22	65	88		
9	57	28	9	7	5	8	31	58	91	
10	52	13	9	7	5	18	15	39	79	94

解 用式 (10.20) 构造距离矩阵 D，使用 cmdscale() 函数求解，即

```
z <- scan("exam1003.data")
n <- 10; k <- 1
C <- matrix(0, nc = n, nr = n)
for (i in 1:n){
    for(j in 1:i){
        C[i,j] <- C[j,i] <- z[k]; k <- k + 1
    }
}
D <- matrix(0, nc = n, nr = n)
for (i in 1:n){
    for(j in 1:n){
        D[i,j] <- sqrt(C[i,i] + C[j,j] - 2*C[i,j])
    }
}
cmdscale(D)
```

得到的古典解为

```
          [,1]        [,2]
 [1,] -4.20410535 -3.3327233
 [2,] -0.03263877 -5.9644522
```

```
 [3,]  3.77836350 -4.2572382
 [4,]  5.62252572 -0.3961095
 [5,]  5.31286676  0.2454241
 [6,]  3.69636079  3.9860128
 [7,]  0.85476113  5.2834562
 [8,] -3.05256571  3.4472363
 [9,] -6.23179664  0.5060804
[10,] -5.74377144  0.4823133
```

10.1.3 非度量方法

1. 理论分析

前面介绍的古典方法是基于主成分分析的思想，此时有

$$d_{ij} = \widehat{d}_{ij} + e_{ij},$$

其中 $\widehat{d}_{ij}$ 是 d_{ij} 的拟合点，e_{ij} 为误差。有时将 d_{ij} 与 $\widehat{d}_{ij}$ 之间的拟合关系放松为

$$d_{ij} = f(\widehat{d}_{ij} + e_{ij}), \tag{10.21}$$

其中 f 是一个未知的单调递增函数。此时，可以用来构造 $\widehat{d}_{ij}$ 的唯一信息是利用 $\{d_{ij}\}$ 的秩。将 $\{d_{ij} \mid i < j\}$ 由小到大排列

$$d_{i_1j_1} \leqslant d_{i_2j_2} \leqslant \cdots \leqslant d_{i_mj_m}, \quad m = \frac{n(n-1)}{2}. \tag{10.22}$$

(i,j) 所对应的 d_{ij} 在式（10.22）的名次（由小到大）称为 (i,j) 或 $\{d_{ij}\}$ 的秩。

现在要寻找拟合构造点 $\widehat{d}_{ij}$，并满足式（10.22）的次序，即

$$\widehat{d}_{i_1j_1} \leqslant \widehat{d}_{i_2j_2} \leqslant \cdots \leqslant \widehat{d}_{i_mj_m}, \tag{10.23}$$

并记为

$$\widehat{d}_{ij} \xrightarrow{\text{单调}} d_{ij}。$$

在相似系数矩阵中，常会用到上述模型，因为相似系数强调的是样本之间的相似性，而非它们之间的距离。

求解上述模型有多种方法，最常用的方法是斯巴德–克鲁斯卡尔算法，该算法是由斯巴德（Shepard）和克鲁斯卡尔（Kruskal）于 20 世纪 60 年代前半期提出来的，是一种二向度非度量化模型。

斯巴德–克鲁斯卡尔算法的步骤如下：

（1）已知一个相似矩阵（这里仍用 D 来记相似系数矩阵），并将非对角线元素由小到大排列起来

$$d_{i_1j_1} \leqslant d_{i_2j_2} \leqslant \cdots \leqslant d_{i_mj_m}, \quad m = \frac{n(n-1)}{2}。$$

（2）设 $\widehat{\boldsymbol{X}}\,(n \times k)$ 是 k 维拟合构造点，相应的距离矩阵 $\widehat{\boldsymbol{D}} = \left(\widehat{d}_{ij}\right)$，令

$$S^2(\widehat{\boldsymbol{X}}) = \frac{\min \sum_{i<j} \left(d_{ij}^* - \widehat{d}_{ij}\right)^2}{\sum_{i<j} d_{ij}^2}。 \tag{10.24}$$

极小是对一切 $\{d_{ij}^*\}$ ($d_{ij}^* \xrightarrow{\text{单调}} d_{ij}$) 进行的，使式（10.24）达到最小的 $\{d_{ij}^*\}$ 称为 $\widehat{d}_{ij}$ 对 $\{d_{ij}\}$ 的最小二乘单调回归。

如果 $\widehat{d}_{ij} \xrightarrow{\text{单调}} d_{ij}$，在式（10.24）中取 $d_{ij}^* = \widehat{d}_{ij}$，此时，$S^2(\widehat{\boldsymbol{X}}) = 0$，$\widehat{\boldsymbol{X}}$ 是 $\boldsymbol{D}$ 的构造点。

如果将 $\boldsymbol{X}$ 的列作正交平移变换 $\boldsymbol{y}_i = \boldsymbol{\Gamma}\boldsymbol{x}_i + \boldsymbol{b}$，$\boldsymbol{\Gamma}$ 为正交矩阵，$\boldsymbol{b}$ 为常数向量，则式（10.24）的分子不变。

（3）如果 k 固定，且存在一个 $\widehat{\boldsymbol{X}}_0$，使得

$$S(\widehat{\boldsymbol{X}}_0) = \min_{\widehat{\boldsymbol{X}}_{:n \times k}} S(\widehat{\boldsymbol{X}}) \equiv S_k,$$

则称 $\widehat{\boldsymbol{X}}_0$ 为 k 维最佳拟合构造点。称 S_k 为压力指数。

（4）由于压力指数 S_k 是 k 的单调下降序列，取 k，使 S_k 适当的小。评价标准：$S_k \leqslant 5\%$ 最好，$5\% < S_k \leqslant 10\%$ 次之，$S_k > 10\%$ 较差。

2. R 中的计算函数

在 R 中，isoMDS()函数给出了非度量方法的计算，它是依据斯巴德–克鲁斯卡尔算法编写的，是MASS程序包中的函数[①]，其使用格式为

```
isoMDS(d, y = cmdscale(d, k), k = 2, maxit = 50, trace = TRUE,
       tol = 1e-3, p = 2)
```

部分参数的名称、取值及意义如表 10.4 所示。

表 10.4　isoMDS( ) 函数中部分参数的名称、取值及意义

名称	取值及意义
d	对象，由dist() 函数生成；或者是矩阵，由距离矩阵构成。
y	拟合构造点的初始值，默认值由cmdscale() 函数提供。
k	正整数，表示拟合构造矩阵的维数，默认值是 2。
maxit	正整数，最大迭代次数，默认值为 50。

函数的返回值是列表，其成员有\$points（拟合构造点 $\boldsymbol{X}$），\$stress（压力指数）。

[①] 在使用之前，需要加载 MASS 程序包。

另一个非度量方法计算函数是sammon()，它是依据萨蒙（Sammon）非度量方法编写的，也是MASS程序包中的函数，其使用格式为

```
sammon(d, y = cmdscale(d, k), k = 2, niter = 100, trace = TRUE,
       magic = 0.2, tol = 1e-4)
```

参数的名称、取值及意义与isoMDS()函数基本相同 (见表 10.4)，参数niter是最大迭代次数，默认值为 100。

函数的返回值是列表，其成员有\$points（拟合构造点 X），\$stress（压力指数）。

10.1.4 实例计算

下面给出一些计算实例，以展示三种计算拟合构造点函数的使用方法。

例 10.4（英国各城市的多维标度变换） 试用古典法（cmdscale()函数）、非度量方法（isoMDS()函数和sammon()函数）计算例 10.1 中英国 12 个城市的拟合构造点。并将三种方法计算出的拟合构造点画在二维平面图上。

解 读取例 10.1 中的数据，构造距离矩阵。由于将拟合构造点画在二维平面图上，所以取 $k = 2$。以下为程序（程序名：exam1004.R）：

```
z <- scan("exam1001.data"); n <- 12
D <- matrix(0, nc = n, nr = n); k <- 1
for (i in 2:n){
    for(j in 1:(i-1)){
        D[i,j] <- D[j,i] <- z[k]; k <- k + 1
    }
}
cmds <- cmdscale(D); library(MASS)
sam <- sammon(D); iso <- isoMDS(D, tol = 1e-4)
Names <- c("Aberystwyth", "Brighton", "Carlisle", "Dover",
    "Exeter", "Glasgow", "Hull", "Inverness", "Leeds", "London",
    "Newcastle", "Norwich")
plot(sam$points, type = "n",
     xlim = c(-410, 230), ylim = c(-140, 170),
     xlab = "Frist Component", ylab = "Second Component")
text(sam$points, label = Names, adj = c(.5, -1))
points(cmds, pch = 19, col = "blue")
points(iso$points, pch = 15, col = "brown")
points(sam$points, pch = 17, col = "red")
legend(-400, 150, legend = c("cmdscale", "isoMDS", "sammon"),
       pch = c(19, 15, 17), col = c("blue", "brown", "red"))
```

所绘图形如图 10.1 所示。

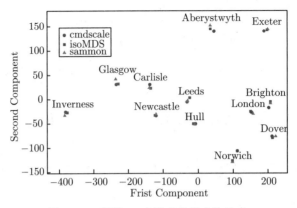

图 10.1 英国 12 个城市的拟合构造点

例 10.5（消费性支出数据的多维标度变换） 表 8.14 给出了我国大陆 31 个省、直辖市、自治区消费性支出数据，构造各省、直辖市、自治区消费支出数据之间的距离，试用古典法（cmdscale()函数）计算拟合构造点，并将拟合构造点画在二维平面图上。

解 读取数据。为了同等地对待每个变量，消除数据在数量级的影响，对数据作标准化。然后，用 cmdscale() 函数计算拟合构造点。由于将拟合构造点画在二维平面图上，所以取 $k = 2$。以下的程序（程序名：exam1005.R）

```
rt <- read.table("../chap08/exam0818.data")
d <- dist(scale(rt))
cmds <- cmdscale(d)
plot(cmds, pch=19, col= "blue",
     xlim = c(-6, 2.3), ylim = c(-2.5, 3.3),
     xlab = "Frist Component", ylab = "Second Component")
text(cmds, label = rownames(rt), adj = c(.5, -1))
```

所绘图形如图 10.2 所示。从图形可以看出，广东、上海、浙江、北京、西藏这些省（直辖市、自治区）相距较远，回顾例 8.18，将这些省（直辖市、自治区）单独分成一类是有道理的。而安徽、河南、吉林、内蒙古、山西、黑龙江、甘肃、宁夏等省（自治区）相距较近。所以将这些省（自治区）分成一类。

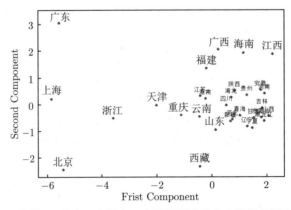

图 10.2 我国 31 个省、直辖市、自治区消费性支出数据的拟合构造点

例 10.6 (8 项体型指标的多维标度变换) 表 8.13 给出了 305 名女中学生测量 8 项体型指标，相应的相关系数。类似于例 8.17，定义距离为 $d_{ij} = 1 - r_{ij}$。试用古典法 (cmdscale() 函数) 计算拟合构造点，并将拟合构造点画在二维平面图上。

解 读取数据，构造相关矩阵和距离矩阵，用 cmdscale() 函数计算拟合构造点。由于将拟合构造点画在二维平面图上，所以取 $k = 2$。以下的程序（程序名：exam1006.R）

```
names <-c("身高", "手臂长", "上肢长", "下肢长", "体重",
          "颈围", "胸围", "胸宽")
z <- scan("../chap08/exam0813.data")
r <- matrix(1, nc = 8, nr = 8)
for (i in 1:7){
    for( j in 1:i){
        r[i+1,j] <- r[j, i+1] <- z[i*(i-1)/2+j]
    }
}
d <- as.dist(1-r); cmds <- cmdscale(d)
plot(cmds, pch=19, col= "blue",
     xlim = c(-0.4, 0.4), ylim = c(-0.2, 0.3),
     xlab = "Frist Component", ylab = "Second Component")
text(cmds, label = names, adj = c(.5, -1))
```

所绘图形如图 10.3 所示。从图形可以看出，如果分三类，就是图形左侧的"长"类，图形右侧的"围"类，胸宽为单独一类，这与例 8.17 的划分是相同的。

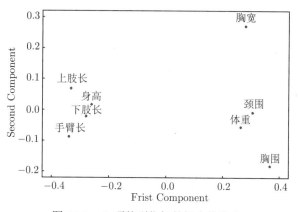

图 10.3 8 项体型指标的拟合构造点

10.2 对应分析

对应分析又称为相应分析，是在 R 型和 Q 型因子分析的基础上发展起来的一种多元统计分析方法。因此，对应分析也称为 R-Q 型因子分析。

在因子分析中，如果研究的对象是样本，则需要采用 Q 型因子分析；如果研究对象是变量，则采用 R 型因子分析。而对应分析则是建立变量与样本之间的对应关系。先看一个例子。

10.2.1 引例

例 10.7 表 10.5 给出美国西南部 7 个考古场所挖掘出来的 4 种不同类型陶器的频数（以表格形式保存在 exam1007.data 中），试分析，出土的陶器类型与考古场所是否有关。

表 10.5 陶器类型的频数

考古场所	陶器类型			
	A	B	C	D
P0	30	10	10	39
P1	53	4	16	2
P2	73	1	41	1
P3	20	6	1	4
P4	46	36	37	13
P5	45	6	59	10
P6	16	28	169	5

解 表 10.5 实际上是一个 7×4 的列联表，作列联表的独立性检验，即检验

H_0: 考古场所与出土的陶器类型是否独立。

程序如下

```
> rt <- read.table("exam1007.data")
> chisq.test(rt)

        Pearson's Chi-squared test

data:  rt
X-squared = 400.25, df = 18, p-value < 2.2e-16
```

拒绝原假设，说明考古场所与出土的陶器类型是有关的。

但谁与谁有关，独立性检验是无法回答的，这需要用到对应分析。这里给出对应分析的计算结果（见图 10.4）。大家先不用关心这张图是如何得到的，而是通过这张图来分析，谁与谁有关。

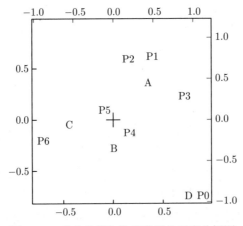

图 10.4 考古场所与陶器类型的对应分析图

从图 10.4 中可以看出,点 P0 与 D 彼此很接近,且与其他点分开,这说明 D 型陶器几乎是排他地与考古场所 P0 相联系。类似地,A 型陶器在某种程度上与场所 P1,P2 和 P3 有联系。场所 P6 差不多只与 C 型陶器有联系等。因此,可以看到,对应分析是将考古场所(行)与陶器类型(列)联系在一起。这就是前面所说的,R-Q 因子分析。

10.2.2 对应分析的计算公式

设 $\boldsymbol{X}$ 是 $I \times J$ 的列联表

$$\boldsymbol{X} = \begin{bmatrix} x_{11} & x_{12} & \cdots & x_{1J} \\ x_{21} & x_{22} & \cdots & x_{2J} \\ \vdots & \vdots & & \vdots \\ x_{I1} & x_{I2} & \cdots & x_{IJ} \end{bmatrix},$$

其元素 x_{ij} 为频数或计数。为便于讨论,不妨假设 $I > J$,并且 $\boldsymbol{X}$ 是列满秩的。列联表的行和列对应着两个不同类别特征。例如,在表 10.5 中,$I = 7$(考古场所),$J = 4$(陶器类型)。

为了便于图示,需要将列联表变换成中心化和标准化的矩阵。若 n 是 $\boldsymbol{X}$ 中所有元素的总和,则用 n 除 $\boldsymbol{X}$ 的每个元素得到每个元素占总数的比例。令 $\boldsymbol{P} = (p_{ij})_{I \times J}$,其中

$$p_{ij} = \frac{x_{ij}}{n}, \ i = 1, 2, \cdots, I, \ j = 1, 2, \cdots, J, \quad \text{或} \quad \boldsymbol{P} = \frac{1}{n} \boldsymbol{X}, \tag{10.25}$$

称矩阵 $\boldsymbol{P}$ 为对应矩阵。

接下来,考虑对 $\boldsymbol{P}$ 作中心化运算,也就是 $\boldsymbol{P}$ 中每个元素减去行和与列和的乘积,即

$$\widetilde{p}_{ij} = p_{ij} - r_i c_j, \quad i = 1, 2, \cdots, I, \ j = 1, 2, \cdots, J, \tag{10.26}$$

其中

$$r_i = \sum_{j=1}^{J} p_{ij} = \sum_{j=1}^{J} \frac{x_{ij}}{n}, \quad i = 1, 2, \cdots, I, \tag{10.27}$$

$$c_j = \sum_{i=1}^{I} p_{ij} = \sum_{i=1}^{I} \frac{x_{ij}}{n}, \quad j = 1, 2, \cdots, J。 \tag{10.28}$$

写成矩阵形式

$$\widetilde{\boldsymbol{P}} = \boldsymbol{P} - \boldsymbol{r}\boldsymbol{c}^{\mathrm{T}}, \quad \boldsymbol{r} = \boldsymbol{P}\boldsymbol{1}_J, \quad \boldsymbol{c} = \boldsymbol{P}^{\mathrm{T}}\boldsymbol{1}_I, \tag{10.29}$$

其中 $\boldsymbol{1}_I$ 和 $\boldsymbol{1}_J$ 分别为每个元素均是 1 的 $I \times 1$ 和 $J \times 1$ 向量。由于 $\widetilde{\boldsymbol{P}}\boldsymbol{1}_J = \boldsymbol{P}\boldsymbol{1}_J - \boldsymbol{r}\boldsymbol{c}^{\mathrm{T}}\boldsymbol{1}_J = \boldsymbol{r} - \boldsymbol{r} = \boldsymbol{0}$,所以 $\mathrm{rank}(\widetilde{\boldsymbol{P}}) \leqslant J - 1$。

再考虑对 $\boldsymbol{P}$ 作中心化和标准化运算,有

$$p_{ij}^* = \frac{p_{ij} - r_i c_j}{\sqrt{r_i c_j}}, \quad i = 1, 2, \cdots, I, \ j = 1, 2, \cdots, J。 \tag{10.30}$$

令 $\boldsymbol{P}^* = (p_{ij}^*)_{I \times J}$，则有

$$\boldsymbol{P}^* = \boldsymbol{D}_r^{-\frac{1}{2}} (\boldsymbol{P} - \boldsymbol{r}\boldsymbol{c}^{\mathrm{T}}) \boldsymbol{D}_c^{-\frac{1}{2}}。 \tag{10.31}$$

其中

$$\boldsymbol{D}_r^{-\frac{1}{2}} = \mathrm{diag}\left(\frac{1}{\sqrt{r_1}}, \frac{1}{\sqrt{r_2}}, \cdots, \frac{1}{\sqrt{r_I}}\right), \tag{10.32}$$

$$\boldsymbol{D}_c^{-\frac{1}{2}} = \mathrm{diag}\left(\frac{1}{\sqrt{c_1}}, \frac{1}{\sqrt{c_2}}, \cdots, \frac{1}{\sqrt{c_J}}\right), \tag{10.33}$$

且 $\mathrm{rank}(\boldsymbol{P}^*) = \mathrm{rank}(\widetilde{\boldsymbol{P}}) \leqslant J - 1$。

现在可以将二维列联表中的各种联系表示图点图的步骤。

(1) 对矩阵 $\boldsymbol{P}^*$ 作奇异值分解，即

$$\boldsymbol{P}^* = \boldsymbol{U}\boldsymbol{\Lambda}\boldsymbol{V}^{\mathrm{T}}, \tag{10.34}$$

其中 $\boldsymbol{U}$ 和 $\boldsymbol{V}$ 为正交阵，$\boldsymbol{\Lambda} = \mathrm{diag}(\lambda_1, \lambda_2, \cdots, \lambda_{J-1})$，$\lambda_j$ 为奇异值，且由大到小排列。

(2) 计算行得分

$$\boldsymbol{R} = \boldsymbol{D}_r^{-\frac{1}{2}} \boldsymbol{U}, \tag{10.35}$$

和列得分

$$\boldsymbol{C} = \boldsymbol{D}_c^{-\frac{1}{2}} \boldsymbol{V}, \tag{10.36}$$

(3) 计算行轮廓坐标

$$\boldsymbol{Y} = \boldsymbol{R}\boldsymbol{\Lambda} = \boldsymbol{D}_r^{-\frac{1}{2}} \boldsymbol{U}\boldsymbol{\Lambda}, \tag{10.37}$$

和列轮廓坐标

$$\boldsymbol{Z} = \boldsymbol{C}\boldsymbol{\Lambda} = \boldsymbol{D}_c^{-\frac{1}{2}} \boldsymbol{V}\boldsymbol{\Lambda}。 \tag{10.38}$$

例 10.8 表 10.6 给出 3×2 列联表，试给出对应分析中的行、列得分，以及行、列轮廓坐标。

表 10.6 列联表

	B1	B2	和
A1	24	12	36
A2	16	48	64
A3	60	40	100
和	100	100	200

解 第一步，构造矩阵 $\boldsymbol{P}$，及行和 $\boldsymbol{r}$，列和 $\boldsymbol{c}$，即

$$\boldsymbol{P} = \begin{bmatrix} 0.12 & 0.06 \\ 0.08 & 0.24 \\ 0.30 & 0.20 \end{bmatrix}, \quad \boldsymbol{r} = \begin{bmatrix} 0.18 \\ 0.32 \\ 0.50 \end{bmatrix}, \quad \boldsymbol{c} = \begin{bmatrix} 0.5 \\ 0.5 \end{bmatrix}。$$

以及
$$D_r^{-\frac{1}{2}} = \mathrm{diag}\left(\frac{5}{3}\sqrt{2}, \frac{5}{4}\sqrt{2}, \sqrt{2}\right), \quad D_c^{-\frac{1}{2}} = \mathrm{diag}\left(\sqrt{2}, \sqrt{2}\right)。$$

第二步，构造矩阵 P^*，即
$$P^* = D_r^{-\frac{1}{2}}(P - rc^{\mathrm{T}})D_c^{-\frac{1}{2}} = \begin{bmatrix} 0.1 & -0.1 \\ -0.2 & 0.2 \\ 0.1 & -0.1 \end{bmatrix},$$

作奇异值分解
$$P^* = \frac{\sqrt{3}}{5}\begin{bmatrix} -\frac{1}{\sqrt{6}} \\ \frac{2}{\sqrt{6}} \\ -\frac{1}{\sqrt{6}} \end{bmatrix}\begin{bmatrix} -\frac{1}{\sqrt{2}} & \frac{1}{\sqrt{2}} \end{bmatrix}。$$

第三步，计算行、列得分
$$R = D_r^{-\frac{1}{2}}U = \begin{bmatrix} \frac{5}{3}\sqrt{2} & & \\ & \frac{5}{4}\sqrt{2} & \\ & & \sqrt{2} \end{bmatrix}\begin{bmatrix} -\frac{1}{\sqrt{6}} \\ \frac{2}{\sqrt{6}} \\ -\frac{1}{\sqrt{6}} \end{bmatrix} = \begin{bmatrix} -\frac{5}{9}\sqrt{3} \\ \frac{5}{6}\sqrt{3} \\ -\frac{1}{3}\sqrt{3} \end{bmatrix},$$

$$C = D_c^{-\frac{1}{2}}V = \begin{bmatrix} \sqrt{2} & \\ & \sqrt{2} \end{bmatrix}\begin{bmatrix} -\frac{1}{\sqrt{2}} \\ \frac{1}{\sqrt{2}} \end{bmatrix} = \begin{bmatrix} -1 \\ 1 \end{bmatrix}。$$

第四步，计算行、列轮廓坐标
$$Y = R\Lambda = \frac{\sqrt{3}}{5}\begin{bmatrix} -\frac{5}{9}\sqrt{3} \\ \frac{5}{6}\sqrt{3} \\ -\frac{1}{3}\sqrt{3} \end{bmatrix} = \begin{bmatrix} -\frac{1}{3} \\ \frac{1}{2} \\ -\frac{1}{5} \end{bmatrix},$$

$$Z = C\Lambda = \frac{\sqrt{3}}{5}\begin{bmatrix} -1 \\ 1 \end{bmatrix} = \begin{bmatrix} -\frac{\sqrt{3}}{5} \\ \frac{\sqrt{3}}{5} \end{bmatrix}。$$

10.2.3 R 计算与绘图

在 R 中，corresp()函数给出对应分析的计算，它是MASS程序包中的函数[①]，其使用格式为

[①] 在使用之前，需要加载 MASS 程序包。

```
corresp(x, nf = 1, ...)
```
参数x是则列联表构成的矩阵，nf是因子数，默认值为1。

函数返回值是一列表，其成员有$cor（奇异值 λ_j），$rscore（行得分 R），$cscore（列得分 C）等。

对于例 10.8，读取数据，加载MASS程序包，调用corresp()函数计算

```
> X <- matrix(c(24, 16, 60, 12, 48, 40), nr = 3, nc = 2,
    dimnames = list(c("A1", "A2", "A3"), c("B1", "B2")))
> library(MASS); corresp(X)
First canonical correlation(s): 0.3464102
 Row scores:
        A1        A2        A3
-0.9622504  1.4433757 -0.5773503
 Column scores:
B1 B2
-1  1
```

在计算结果中，canonical correlation(s)是 λ，Row scores是行得分 R，Column scores是列得分 C，计算结果与前面的手工计算完全相同。

再看例 10.7 的计算结果。

```
> (X.corresp <- corresp(rt, nf = 2))
First canonical correlation(s): 0.5325294 0.4124400
 Row scores:
        [,1]       [,2]
P0  1.7266437 -1.8237706
P1  0.7101091  1.4823650
P2  0.2581055  1.4205279
P3  1.3147837  0.5359273
P4  0.2780191 -0.3276719
P5 -0.1471425  0.2098401
P6 -1.3608690 -0.5146096
 Column scores:
        [,1]       [,2]
A  0.78939242  1.0658404
B -0.01495695 -0.8690807
C -1.05934601 -0.1634935
D  1.76655743 -2.2716644
```

这里的参数取 nf = 2，所以得到两列的得分。

下面考虑绘制图 10.4. 实际上，绘图命令非常简单，只需使用biplot()函数即可完成，其使用格式为

```
biplot(x, type = c("symmetric", "rows", "columns"), ...)
```

参数x是由corresp()函数生成的对象，type是字符串，表示对应分析图形的类型，具体参数的意义结合例 10.7 解释。

图 10.4 的绘图命令是

```
biplot(X.corresp)
```

当类型参数type = "symmetric"（或默认值）时，对应分析的散点图以行、列的轮廓坐标为基准绘制，它是一张双坐标图。左侧和下侧的坐标是行轮廓坐标的刻度标记，右侧和上侧的坐标是列轮廓坐标的刻度标记（见图 10.4）。

虽然corresp()函数没有直接给出轮廓坐标，但可以利用函数返回值中的信息，按式（10.37）和式（10.38）将轮廓坐标值计算出来。例如，例 10.7 中对应分析轮廓坐标的计算命令与结果如下：

```
> X.corresp$rscore %*% diag(X.corresp$cor)
          [,1]         [,2]
P0  0.91948857  -0.75219596
P1  0.37815399   0.61138660
P2  0.13744880   0.58588253
P3  0.70016098   0.22103785
P4  0.14805337  -0.13514502
P5 -0.07835769   0.08654646
P6 -0.72470277  -0.21224557
> X.corresp$cscore %*% diag(X.corresp$cor)
           [,1]         [,2]
A  0.420374688   0.43959523
B -0.007965016  -0.35844365
C -0.564132918  -0.06743125
D  0.940743806  -0.93692526
```

当类型参数type = "rows"时，关于行（如例 10.7 中的考古场所）的散点图是按行轮廓坐标画出，而关于列（如例 10.7 中的陶器类型）的散点图是按列得分画出；当类型参数type = "columns"时，关于列（如例 10.7 中的陶器类型）的散点图是按列轮廓坐标画出，而关于行（如例 10.7 中的考古场所）的散点图是按行得分画出。图 10.5 给出两种不同参数的对应分析图。

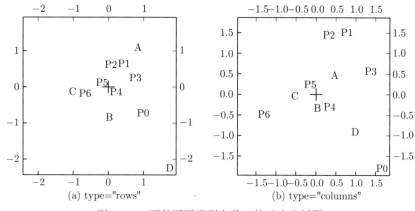

图 10.5 两种不同类型参数下的对应分析图

corresp()函数还有另一种使用格式——公式形式

corresp(formula, data, ...)

参数formula为形如 ~F1 + F2 的公式，其中 F1 和 F2 是因子，data 是数据框。看一个例子。

例 10.9 在犬的饲养和繁殖过程中，人们常常希望有选择地繁殖具有某些特定体态和心理特征的犬，使它们更好地适应某种需求。同时，希望它们的后代也能很好地保留这些品性，这就需要对犬的生理和心理特征与它们的功用之间有较详细的认识。表 10.7（以表格形式保存在 exam1009.data 中）选择了 27 个品种的犬，它们的生理和心理指标是身材大小、体重、敏捷性、聪颖性、友善性和进攻性 6 个方面，它们的功用有陪伴、狩猎和益犬（如守卫、救护、导盲犬和警犬）。试用对应分析的方法，分析犬的聪颖性与功用之间的对应关系。

表 10.7 犬的生理和心理特征，及它们的功用性

序号	身材	体重	敏捷性	聪颖性	友善性	进攻性	功用
1	胖	中等	很敏捷	聪明	好	强	益犬
2	瘦	轻	不敏捷	不聪明	差	强	狩猎
3	胖	中等	很敏捷	很聪明	好	强	益犬
4	适中	中等	敏捷	聪明	好	强	益犬
5	瘦	轻	不敏捷	聪明	好	弱	陪伴
6	胖	重	不敏捷	很聪明	差	强	益犬
7	瘦	轻	敏捷	很聪明	好	弱	陪伴
8	瘦	轻	不敏捷	不聪明	好	弱	陪伴
9	适中	轻	不敏捷	聪明	好	强	陪伴
10	胖	中等	很敏捷	聪明	好	弱	陪伴
11	适中	中等	敏捷	聪明	好	弱	陪伴
12	胖	中等	很敏捷	很聪明	差	强	益犬
13	胖	重	很敏捷	不聪明	差	强	益犬
14	适中	中等	敏捷	很聪明	好	弱	狩猎
15	胖	中等	敏捷	聪明	差	弱	狩猎
16	胖	中等	很敏捷	不聪明	差	强	狩猎
17	瘦	轻	敏捷	聪明	好	强	陪伴
18	胖	中等	敏捷	不聪明	差	强	狩猎
19	适中	中等	敏捷	聪明	好	弱	狩猎
20	胖	中等	很敏捷	不聪明	差	弱	狩猎
21	胖	重	不敏捷	不聪明	差	强	益犬
22	瘦	轻	不敏捷	不聪明	好	弱	陪伴
23	胖	中等	很敏捷	很聪明	差	弱	狩猎
24	胖	重	不敏捷	聪明	差	强	益犬
25	胖	中等	很敏捷	聪明	差	弱	狩猎
26	瘦	轻	不敏捷	聪明	好	弱	陪伴
27	胖	重	不敏捷	聪明	差	弱	益犬

解 读取数据，使用 corresp() 函数（数据框形式）作分析，再用 biplot() 画出对应分析图。

```
> rt <- read.table("exam1009.data")
```

10.3 样本与变量的双重信息图

```
> (ct <- corresp(~ 功用 + 聪颖性, data = rt, nf = 2))
First canonical correlation(s): 0.2773501 0.1924501
功用 scores:
            [,1]       [,2]
陪伴 -1.3363062 -0.4629100
狩猎  1.0690450 -0.9258201
益犬  0.2672612  1.3887301
聪颖性 scores:
            [,1]        [,2]
不聪明  0.9636241 -1.202676e+00
聪明   -1.0377490  3.200003e-16
很聪明  0.9636241  1.603567e+00
> biplot(ct, xlim = c(-0.4, 0.4))
```

所绘图形如图 10.6 所示。从对应分析图得到：很聪明的犬多用于益犬（守卫、救护、导盲犬和警犬），聪明的犬多用于陪伴，不聪明的犬多用于狩猎。

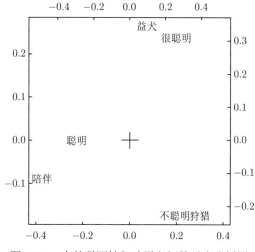

图 10.6 犬的聪颖性与功用之间的对应分析图

10.3 样本与变量的双重信息图

所谓双重信息图，实际上，是数据矩阵中信息的一种图形表示方法，"双重"是指包含在数据矩阵中的两类信息——行（样本）信息和列（变量）信息。

事实上，上一节的对应分析，就是在研究样本与变量之间的对应关系，画出的对应分析图本身就是一种双重信息图。

10.3.1 双重信息图的构造

对于二维的数据矩阵，很容易将数据画在二维平面图上。但对于一个 $n \times p\ (p \geqslant 3)$ 的数据矩阵，就需要使用降维的方法才能将它们画在二维平面图上。

设 $\boldsymbol{X}=(x_{ij})_{n\times p}$ 的矩阵，将数据中心化，令 $\boldsymbol{X}_c=(x_{ij}^c)_{n\times p}$，其中

$$x_{ij}^c = x_{ij} - \overline{x}_j, \quad \overline{x}_j = \frac{1}{n}\sum_{i=1}^n x_{ij}, \quad i=1,2,\cdots,n,\ j=1,2,\cdots,p_\circ \tag{10.39}$$

写成矩阵形式

$$\boldsymbol{X}_c = \left[\boldsymbol{I} - \frac{1}{n}\boldsymbol{1}\boldsymbol{1}^{\mathrm{T}}\right]\boldsymbol{X} = \begin{bmatrix}(\boldsymbol{X}_{(1)} - \overline{\boldsymbol{X}})^{\mathrm{T}} \\ (\boldsymbol{X}_{(2)} - \overline{\boldsymbol{X}})^{\mathrm{T}} \\ \vdots \\ (\boldsymbol{X}_{(n)} - \overline{\boldsymbol{X}})^{\mathrm{T}}\end{bmatrix}, \tag{10.40}$$

其中，$\boldsymbol{I}$ 为 n 阶单位矩阵，$\boldsymbol{1}=[1,1,\cdots,1]^{\mathrm{T}}\in\mathbf{R}^n$，$\boldsymbol{X}_{(i)}^{\mathrm{T}}$ 为数据矩阵 $\boldsymbol{X}$ 的第 i 行，也就是第 i 个样本，$\overline{\boldsymbol{X}}^{\mathrm{T}}=[\overline{x}_1,\overline{x}_2,\cdots,\overline{x}_p]$ 为样本均值向量。

对矩阵 $\boldsymbol{X}_c$ 作奇异值分解

$$\boldsymbol{X}_c = \boldsymbol{U}\boldsymbol{\Lambda}\boldsymbol{V}^{\mathrm{T}} = \sum_{i=1}^p \lambda_i \boldsymbol{u}_i \boldsymbol{v}_i^{\mathrm{T}}, \tag{10.41}$$

其中 $\boldsymbol{U}$ 为 $n\times p$ 的正交矩阵，$\boldsymbol{V}$ 为 $p\times p$ 的正交矩阵，$\boldsymbol{\Lambda}=\mathrm{diag}(\lambda_1,\lambda_2,\cdots,\lambda_p)$，$\lambda_i$ 是奇异值，由大到小排列。

令 $\widehat{\boldsymbol{\Lambda}}=\mathrm{diag}(\lambda_1,\lambda_2,0,\cdots,0)$，则

$$\boldsymbol{X}_c \approx \boldsymbol{U}\widehat{\boldsymbol{\Lambda}}\boldsymbol{V}^{\mathrm{T}} = (\lambda_1\boldsymbol{u}_1)\boldsymbol{v}_1^{\mathrm{T}} + (\lambda_2\boldsymbol{u}_2)\boldsymbol{v}_2^{\mathrm{T}} = \boldsymbol{y}_1\boldsymbol{v}_1^{\mathrm{T}} + \boldsymbol{y}_2\boldsymbol{v}_2^{\mathrm{T}}, \tag{10.42}$$

其中 $\boldsymbol{y}_1=\lambda_1\boldsymbol{u}_1$，$\boldsymbol{y}_2=\lambda_2\boldsymbol{u}_2$。

由式（10.40）和式（10.42）得到

$$\boldsymbol{X}_{(i)} \approx \overline{\boldsymbol{X}} + y_{i1}\boldsymbol{v}_1 + y_{i2}\boldsymbol{v}_2, \tag{10.43}$$

其中 y_{i1} 和 y_{i2} 分别是 $\boldsymbol{y}_1$ 和 $\boldsymbol{y}_2$ 的第 i 个分量。

式（10.43）给出样本在两个正交方向 $\boldsymbol{v}_1$ 和 $\boldsymbol{v}_2$ 下的近似表达式，$\boldsymbol{y}_1$ 和 $\boldsymbol{y}_2$ 是样本点在 $\boldsymbol{v}_1$ 和 $\boldsymbol{v}_2$ 坐标下的系数。而原坐标轴 $\boldsymbol{e}_1,\boldsymbol{e}_2,\cdots,\boldsymbol{e}_p$ 在 $\boldsymbol{v}_1$ 和 $\boldsymbol{v}_2$ 坐标下的系数，恰好就是 $\boldsymbol{v}_1$ 和 $\boldsymbol{v}_2$ 自身。因此，以 $\boldsymbol{v}_1$ 和 $\boldsymbol{v}_2$ 为坐标轴，可以同时画出样本点的散点图和原坐标轴的方向。

对于任何向量 $\boldsymbol{v}$，乘上一个常数只能改变它的长短，并不能改变它的方向。所以按式（10.43）的推导过程，式（10.43）可改写为

$$\boldsymbol{X}_{(i)} \approx \overline{\boldsymbol{X}} + u_{i1}(\lambda_1\boldsymbol{v}_1) + u_{i2}(\lambda_2\boldsymbol{v}_2), \tag{10.44}$$

其中 u_{i1} 和 u_{i2} 分别是 $\boldsymbol{u}_1$ 和 $\boldsymbol{u}_2$ 的第 i 个分量。因此，$\boldsymbol{u}_1$ 和 $\boldsymbol{u}_2$ 分别是样本点在 $\lambda_1\boldsymbol{v}_1$ 和 $\lambda_2\boldsymbol{v}_2$ 坐标下的系数。原坐标轴 $\boldsymbol{e}_1,\boldsymbol{e}_2,\cdots,\boldsymbol{e}_p$ 在 $\lambda_1\boldsymbol{v}_1$ 和 $\lambda_2\boldsymbol{v}_2$ 坐标下的系数分别是 $\lambda_1\boldsymbol{v}_1$ 和 $\lambda_2\boldsymbol{v}_2$。

可以考虑更一般的情况，将式（10.44）改写为

$$\boldsymbol{X}_{(i)} \approx \overline{\boldsymbol{X}} + (\lambda_1^{1-s}u_{i1})(\lambda_1^s\boldsymbol{v}_1) + (\lambda_2^{1-s}u_{i2})(\lambda_2^s\boldsymbol{v}_2), \tag{10.45}$$

其中 $0 \leqslant s \leqslant 1$。这样，可通过调整 s 的值来调整样本点和原坐标方向在"双重"信息图中的位置。称 s 为尺度因子。

由式 (10.40) 得到

$$\boldsymbol{X}_c^{\mathrm{T}}\boldsymbol{X}_c = \sum_{i=1}^{n}(\boldsymbol{X}_{(i)} - \overline{\boldsymbol{X}})(\boldsymbol{X}_{(i)} - \overline{\boldsymbol{X}})^{\mathrm{T}} = n\widehat{\boldsymbol{\Sigma}}, \tag{10.46}$$

其中 $\widehat{\boldsymbol{\Sigma}}$ 是总体协方差矩阵 $\boldsymbol{\Sigma}$ 的极大似然估计。另外，由式（10.41）得到

$$\boldsymbol{X}_c^{\mathrm{T}}\boldsymbol{X}_c = \boldsymbol{V}\boldsymbol{\Lambda}\boldsymbol{U}^{\mathrm{T}}\boldsymbol{U}\boldsymbol{\Lambda}\boldsymbol{V}^{\mathrm{T}} = \boldsymbol{V}\boldsymbol{\Lambda}^2\boldsymbol{V}^{\mathrm{T}}, \tag{10.47}$$

所以 $\boldsymbol{V}$ 恰好就是主成分分析中的载荷矩阵，而 $\lambda_1/\sqrt{n}$ 和 $\lambda_2/\sqrt{n}$ 分别是第一和第二主成分的标准差。并且由式（10.42）得到

$$\boldsymbol{X}_c\boldsymbol{V} = \boldsymbol{U}\boldsymbol{\Lambda},$$

所以 $\boldsymbol{U}\boldsymbol{\Lambda}$ 就是主成分分析中的主成分得分。这样作的好处是，既降维，又能够保持最大的信息量。

如果将数据标准化，令 $\boldsymbol{X}^* = (x_{ij}^*)_{n \times p}$，其中

$$x_{ij}^* = \frac{x_{ij} - \overline{x}_j}{\sqrt{\widehat{\sigma}_{jj}}}, \quad i = 1, 2, \cdots, n, \ j = 1, 2, \cdots, p, \tag{10.48}$$

$\widehat{\sigma}_{jj}$ 是 σ_{jj} 的极大似然估计。写成矩阵形式

$$\boldsymbol{X}^* = [\boldsymbol{I} - \frac{1}{n}\boldsymbol{1}\boldsymbol{1}^{\mathrm{T}}]\boldsymbol{X}\boldsymbol{D}^{-\frac{1}{2}}, \quad \boldsymbol{D}^{-\frac{1}{2}} = \operatorname{diag}\left(\frac{1}{\sqrt{\widehat{\sigma}_{11}}}, \frac{1}{\sqrt{\widehat{\sigma}_{22}}}, \cdots, \frac{1}{\sqrt{\widehat{\sigma}_{pp}}}\right)。 \tag{10.49}$$

式（10.49）中的 $\boldsymbol{X}\boldsymbol{D}^{-\frac{1}{2}}$ 相当于对原始数据作了一个尺度变换（数据／标准差）。

对矩阵 $\boldsymbol{X}^*$ 作奇异值分解

$$\boldsymbol{X}^* = \boldsymbol{U}^*\boldsymbol{\Lambda}^*(\boldsymbol{V}^*)^{\mathrm{T}}, \tag{10.50}$$

其中 $\boldsymbol{U}^*$ 为 $n \times p$ 正交矩阵，$\boldsymbol{V}^*$ 为 $p \times p$ 正交矩阵，$\boldsymbol{\Lambda}^* = \operatorname{diag}(\lambda_1^*, \lambda_2^*, \cdots, \lambda_p^*)$，$\lambda_i^*$ 是奇异值，由大到小排列。

此时，

$$n\widehat{\boldsymbol{R}} = (\boldsymbol{X}^*)^{\mathrm{T}}\boldsymbol{X}^* = \boldsymbol{V}^*(\boldsymbol{\Lambda}^*)^2(\boldsymbol{V}^*)^{\mathrm{T}}, \tag{10.51}$$

其中 $\widehat{\boldsymbol{R}}$ 是总体相关矩阵 $\boldsymbol{R}$ 极大似然估计。因此，$\boldsymbol{V}^*$ 恰好是从相关矩阵出发的主成分分析的载荷矩阵，而 $\lambda_1^*/\sqrt{n}$ 和 $\lambda_2^*/\sqrt{n}$ 分别是从相关矩阵出发的第一和第二主成分的标准差。

从这种角度看，用`princomp()`函数作主成分分析，当选择`cor = TRUE`时，本质上就是对原始数据作了尺度变换。

对于`prcomp()`函数，如果选择`scale = TRUE`，也是对原始数据作尺度变换（数据／样本标准差）。

10.3.2 R 作图

这里介绍两种作双重信息图的方法——主成分分析法和高尔–韩德（Gower-Hand）方法。

1. 主成分分析法

在 R 中，biplot()函数（biplot.princomp()函数或biplot.prcomp()函数的简写形式）是绘制双重信息图的函数，它画出数据的散点图和原坐标的方向，其使用格式为

```
biplot(x, choices = 1:2, scale = 1, pc.biplot = FALSE, ...)
```

参数的名称、取值及意义如表 10.8 所示。

表 10.8 biplot( ) 函数中部分参数的名称、取值及意义

名称	取值及意义
x	对象，由princomp()函数生成，或由prcomp()函数生成。
choices	二维向量，表示图形坐标的分量，默认值为前两个分量。
scale	$0 \sim 1$ 的数值，表示尺度因子 s，即用 $\lambda^{1-s}u$ 计算样本坐标，$\lambda^s v$ 计算原坐标轴的坐标，默认值为1。
pc.biplot	逻辑变量，取TRUE 时，使用加布里埃尔（Gabriel）于 1971 年提出的画图方法，默认值为FALSE。

例 10.10（大学及其特征的双重信息图） 表 10.9（以表格形式保存在exam1010.dada中）给出了美国某些大学的一些变量的数据，用于主要大学进行比较或排队，表中"SAT"表示新生的平均 SAT 得分，"前十"表示新生中在高中时期名列班上前 10% 的人数百分比，"接受率"表示报名者被接受入学的百分比，"师生比"表示学生与教师的比例，"费用"表示估计的年费用，"毕业率"表示所有学生毕业的比例 (%)。试画出大学数据的双重信息图。

表 10.9 美国某些大学的数据

大学	SAT	前十	接受率/%	师生比	费用/亿美元	毕业率/%
哈佛大学	14.00	91	14	11	39.525	97
普林斯顿大学	13.75	91	14	8	30.220	95
耶鲁大学	13.75	95	19	11	43.514	96
斯坦福大学	13.60	90	20	12	36.450	93
麻省理工学院	13.80	94	30	10	34.870	91
杜克大学	13.15	90	30	12	31.585	95
加州理工学院	14.15	100	25	6	63.575	81
达特茅斯大学	13.40	89	23	10	32.162	95
布朗大学	13.10	89	22	13	22.704	94
约翰斯·霍普金斯大学	13.05	75	44	7	58.691	87
芝加哥大学	12.90	75	50	13	38.380	87
宾夕法尼亚大学	12.85	80	36	11	27.553	90
康奈尔大学	12.80	83	33	13	21.864	90

续表

大学	SAT	前十	接受率/%	师生比	费用/亿美元	毕业率/%
西北大学	12.60	85	39	11	28.052	89
哥伦比亚大学	13.10	76	24	12	31.510	88
诺特丹大学	12.55	81	42	13	15.122	94
弗吉尼亚大学	12.25	77	44	14	13.349	92
乔治敦大学	12.55	74	24	12	20.126	92
卡耐基梅隆大学	12.60	62	59	9	25.026	72
密歇根大学	11.80	65	68	16	15.470	85
加州大学伯克利分校	12.40	95	40	17	15.140	78
威斯康星大学	10.85	40	69	15	11.857	71
宾州大学	10.81	38	54	18	10.185	80
普度大学	10.05	28	90	19	9.066	69
得克萨斯 A&M 大学	10.75	49	67	25	8.704	67

解 用 princomp() 函数作主成分分析，为消除变量之间尺度上的差异，将数据标准化（cor = TRUE），然后用 biplot() 函数绘出双重信息图，其命令如下：

```
rt <- read.table("exam1010.data")
pr <- princomp(rt, cor = T)
biplot(pr, cex = 0.7)
```

所绘图形如图 10.7 所示。

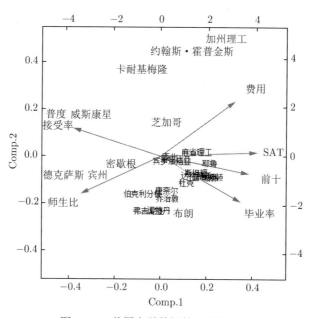

图 10.7　美国大学数据的双重信息图

从图 10.7 中可以看出，加州理工学院和约翰斯·霍普金斯大学远离群体单独在一起，费用是这两所大学的主要定位。从接受率来看，普度大学和威斯康星大学较高。从师生比来看，得克萨斯 A&M 大学较高。在图中，大型的州立大学在图的左侧，而大部分私立大学集中在图的右侧。变量"SAT""前十"和"毕业率"的较大值与私立学校组相联系。西北大学距中心位置最近。

例 10.11（续例 9.1） 表 9.3 给出了某中学 30 名学生的身体四项指标（身高、体重、胸围和坐高）的数据，试画出这些数据的双重信息图。

解 用 princomp() 函数作主成分分析，再用 biplot() 函数绘出双重信息图，这里取尺度因子 scale = 0.5，其命令如下：

```
rt <- read.table("../chap09/exam0901.data")
colnames(rt) <- c("身高", "体重", "胸围", "坐高")
student.pr <- princomp(rt)
biplot(student.pr, scale = 0.5, xlim = c(-2.1, 2.3))
```

所绘图形如图 10.8 所示。

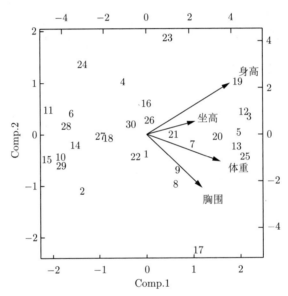

图 10.8 30 名学生体征指标数据的双重信息图

这张图与图 9.2 散点位置相差不大，只是多了 4 个坐标方向，可以更好地说明问题。4 个坐标方向全向右侧，所以说，右侧的学生的 4 项指标都偏大，而左侧的学生都偏小。身高和坐高的箭头朝上，而体重和胸围的箭头朝下，所以在图形上部的学生的体型是瘦高，而图形下部的学生的体型是矮胖。这与主成分分析的结论是相同的。

2. 高尔–韩德方法

另一种画双重信息图的方法是由高尔（Gower）和韩德（Hand）提出来的，是对前面介绍的双重信息图的推广，具有易于解释的优点。高尔–韩德双重信息图的作图方法如下：

（1）主成分的两个轴是隐藏的。

（2）每个变量有一个轴，并有尺度。

10.3 样本与变量的双重信息图

仍然考虑中心化矩阵 $\boldsymbol{X}_c$ 的奇异值分解，$\boldsymbol{X}_c = \boldsymbol{U\Lambda V}^{\mathrm{T}}$，在绘图时，以 $\boldsymbol{v}_1$ 为横坐标，$\boldsymbol{v}_2$ 为纵坐标，其中 $\boldsymbol{v}_1$ 和 $\boldsymbol{v}_2$ 分别为 $\boldsymbol{V}$ 的第 1 列和第 2 列。因此

$$((\boldsymbol{X}_{(i)} - \overline{\boldsymbol{X}})^{\mathrm{T}}\boldsymbol{v}_1, (\boldsymbol{X}_{(i)} - \overline{\boldsymbol{X}})^{\mathrm{T}}\boldsymbol{v}_2) = (y_{i1}, y_{i2})$$

是第 i 样本在坐标轴 $\boldsymbol{v}_1, \boldsymbol{v}_2$ 下的坐标，其中 y_{ij} 是 $\boldsymbol{y}_j$ 的第 i 个元素，$\boldsymbol{y}_j$ 是矩阵 $\boldsymbol{U\Lambda}$ 的第 j 列。绘图时不在 $\boldsymbol{v}_1, \boldsymbol{v}_2$ 上标刻度。

此外，原始的双重信息图中表示变量的前头用两个方向上的刻度轴代替，如同在用前头表示的情况一样，第 i 个变量的轴由 $(\boldsymbol{v}_1, \boldsymbol{v}_2)$ 的第 i 行确定。

为了绘图方便，先编写一个绘制高尔-韩德双重信息图的一般函数（程序名：GHbiplot.R）

```
GHbiplot <- function(X, cor = FALSE, cex = 1){
    #% Gower Hand 双重信息图
    source("linear_trans.R")            #%调用坐标变换函数
    X <- as.matrix(X); n <- nrow(X);
    p <- ncol(X); Y <- X
    if (cor == TRUE | cor == T) X <- scale(X)

    e <- rep(1, n); I <- diag(e)
    Xc <- (I-e%o%e/n)%*% X; X.svd <- svd(Xc)

    #% 画样本点的散点图
    R <- X.svd$u[,1:2]; C <- X.svd$v[,1:2]
    xR <- linear_trans(R, R)            #%坐标变换
    par(mai=c(0.1, 0.1, 0.1, 0.1))
    plot(xR, type = "n", axes = F, xlab = "", ylab = "",
        xlim = c(-0.15, 1.15), ylim = c(-0.15, 1.15))
    points(xR, pch = 15)
    text(xR, label = rownames(X), cex = cex, adj = c(0.5, 1.5))
    lines(x = c(-0.1, 1.1, 1.1, -0.1, -0.1),
        y = c(-0.1, -0.1, 1.1, 1.1, -0.1))

    w <- c(-0.1, 1.1); uC <- linear_trans(C, R)
    uC0 <- linear_trans(t(c(0,0)), R); u0 <- uC0[1]
    v0 <- uC0[2]; u <- uC[,1]; v <- uC[,2]

    #% 画原始坐标轴
    for (i in 1:p){
        tu <- (w-u0)/(u[i]-u0); tv <- (w-v0)/(v[i]-v0)
        if (tu[1]<0 & tv[1]>0) {
            t <- c(max(tu[1], tv[2]), min(tu[2], tv[1]))
        }else if (tu[1]>0 & tv[1]<0){
            t <- c(max(tu[2], tv[1]), min(tu[1], tv[2]))
```

```
        }else if (tu[1]>0 & tv[1]>0) {
            t <- c(max(tu[2], tv[2]), min(tu[1], tv[1]))
        }else {
            t <-c(max(tu[1], tv[1]), min(tu[2], tv[2]))
        }
        ut <- u0+(u[i]-u0)*t; vt <- v0+(v[i]-v0)*t
        if (ut[2] > 1.09) {
            adu <- 0.05; adv <- 0
        }else if (ut[2] < -0.09) {
            adu <- -0.05; adv <- 0
        }else if (vt[2] > 1.09) {
            adu <- 0; adv <- 0.05
        }else if (vt[2] < -0.09) {
            adu <- 0; adv <- -0.05
        }
        lines(ut, vt)
        text(ut[2]+adu, vt[2]+adv, label = colnames(X)[i])

        #% 画原坐标轴上的刻度
        w <- c(-0.1, 1.1); w0<- seq(0, 1, length.out = 5)
        t1 <- t[1] + (t[2]-t[1])/(w[2]-w[1])*(w0-w[1])
        ut <- u0 + (u[i]-u0)*t1; vt <- v0 + (v[i]-v0)*t1
        points(ut, vt, pch = 19, col = 4)
        val <- seq(min(Y[,i]), max(Y[,i]), length.out = 5)
        val <- floor(val*100+0.5)/100
        text(ut, vt, val, adj = c(-0.3,0), col = 2, cex = cex+0.1)
    }
}
```

参数X是矩阵或数据框，表示数据，其中每一行为一个样本，每一列为一个变量。cor是逻辑变量，取TRUE时，表示对数据进行标准化变换，默认值为FALSE。cex是数值，表示图中字体的大小，默认值为1。

程序中的linear_trans()函数是线性变换函数，目的是使绘图较为方便。linear_trans()函数的程序如下：

```
linear_trans <- function(z, X){
    #% 坐标变换函数
    u <- (z[,1]-min(X[,1]))/(max(X[,1])-min(X[,1]))
    v <- (z[,2]-min(X[,2]))/(max(X[,2])-min(X[,2]))
    cbind(u, v)
}
```

GHbiplot()函数的结果是绘制出高尔-韩德双重信息图。

例 10.12（续例 10.10） 绘制美国部分大学数据（见表 10.9）的高尔-韩德双重信息图。

解 读取数据，调用自编函数GHbiplot()，并绘图。

```
rt <- read.table("exam1010.data")
source("GHbiplot.R")
GHbiplot(rt, cor = TRUE, cex=.7)
```

程序中，cor = TRUE表示将数据标准化，所绘图形如图 10.9 所示。

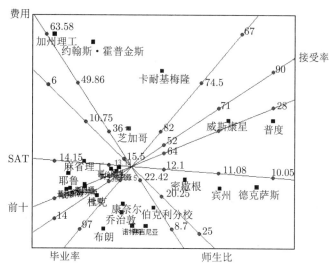

图 10.9　美国大学数据的高尔–韩德双重信息图

从图 10.9 可以看出，加州理工大学和约翰斯·霍普金斯大学的费用较高，而师生比较低。威斯康星大学和普度大学的接受率较高，而在前十的比例较低。弗吉尼亚大学和加州大学伯克利分校的师生比较高，而费用较低。杜克大学的毕业率较高，而接受率较低等。

习　题　10

1. 表 10.10 给出的是德国 6 座城市之间的公路距离，试用古典法（cmdscale()函数）、非度量方法（isoMDS()函数和sammon()函数）计算表 10.10 中 6 个城市的拟合构造点。并将三种方法计算出的拟合构造点画在二维平面图上。

表 10.10　德国 6 座城市之间的公路距离　　　　　　　　　单位：km

	Berlin	Dresden	Hamburg	Koblenz	Munich
Dresden	214				
Hamburg	279	492			
Koblenz	610	533	520		
Munich	596	496	772	521	
Rostock	237	444	140	687	771

2. （续例 10.5）表 8.14 给出了我国大陆 31 个省、直辖市、自治区消费性支出数据，构造各省、直

辖市、自治区消费支出数据之间的距离，试用非度量方法（isoMDS()函数）计算拟合构造点，并将拟合构造点画在二维平面图上。

3. （续例 10.6）表 8.13 给出了 305 名女中学生测量 8 项体型指标，相应的相关系数。类似于例 8.17，定义距离为 $d_{ij} = 1 - r_{ij}$。试用非度量方法（sammon()函数）计算拟合构造点，并将拟合构造点画在二维平面图上。

4. 例 5.28 给出了是否吸烟与是否中患肺癌的列联表（见表 5.18），试用手工方法（类似于例 10.8），计算行（是否吸烟）、列（是否患肺癌）得分，以及行、列轮廓坐标。

5. 某调查公司为了研究个人收入与他们对工作的满意程度之间的关系，随机调查了 1090 名员工，调查结果如表 10.11 所示。试用对应分析的方法（corresp()函数）作分析，并画出对应分析图。

表 10.11　年收入与对工作是否满意的调查数据

年收入/万元	对工作的满意程度			
	很不满意	有些不满意	比较满意	很满意
<1	42	82	67	55
$1 \leqslant, <3$	35	62	165	118
$3 \leqslant, <5$	13	28	92	81
$5 \leqslant, <10$	7	18	54	75
$\geqslant 10$	3	7	32	54

6. （续例 10.9）利用表 10.7 中的数据，试用对应分析的方法，分析（1）犬的敏捷性与功用之间的对应关系；（2）犬的身材与功用之间的对应关系，并画出对应分析图。

7. （续例 10.10）用 prcomp()函数作主成分分析，在分析时需要将数据标准化，然后用 biplot()函数绘出双重信息图，并与例 10.10 画出的双重信息图作对比。

8. （续例 10.11）用 prcomp()函数作主成分分析，然后用 biplot()函数绘出双重信息图，且参数 scale = 0.5，并与例 10.11 画出的双重信息图作对比。

9. （续例 10.11）绘制出 30 名学生身体四项指标数据的高尔–韩德双重信息图。

附　录

A. R 函数索引

R 函数索引由三部分组成，第一部分是函数名，第二部分是函数的意义，第三部分是能够解释该函数意义或能够体现该函数使用方法的章节号。由于有些函数在全书中不断调用，因此，在其他位置出现的章节号就不再列出了。

非字母开始

%*%	内积运算，1.4.2 节，1.4.3 节
%o%	叉积运算，1.4.2 节
:	构造等距数列，1.3.2 节

A

abline	低水平绘图命令，在图上加直线，3.3.3 节
add1	在线性模型中添加一个变量，6.4.2 节
addE	使谱系图更好看，在绘制谱系图的函数中使用，自编函数，8.2.2 节
andrews_curve	多变量调和曲线图，需要安装和加载 MSG 程序包，3.5.1 节
anova	列出模型的方差分析表，6.2.2 节，7.1.3 节
anova.tab	列出模型的方差分析表（含总和行），自编函数，7.1.3 节
anscombe	（安斯库姆）数据集，6.5.1 节
aov	方差分析，7.1.3 节
apply	应用函数，用于矩阵、数组或数据框，1.3.5 节，1.3.7 节，3.1.1 节
append	添加，将一个向量添加到另一向量中，1.3.2 节
array	生成数组，1.3.5 节
as.character	强制转换成字符型变量，1.3.2 节
as.complex	强制转换成复数变量，1.3.2 节
as.data.frame	强制将矩阵或列表（满足数据框条件）转换成数据框，1.3.7 节
as.dendrogram	强制系统聚类对象转换成谱系图，8.2.2 节
as.double	强制转换成双精度变量，1.3.2 节
as.factor	强制转换成因子变量，1.3.3 节
as.integer	强制转换成整数变量，1.3.2 节
as.logical	强制转换成逻辑变量，1.3.2 节
as.null	强制转换成空，1.3.2 节
as.numeric	强制转换成数值变量，1.3.2 节
as.vector	拉直运算，强制将矩阵（按列）转换成向量，1.3.4 节
attach	连接函数，用于列表或数据框，1.3.7 节
axis	坐标轴上添加标记，3.3.3 节

B

bartlett.test	巴特利特方差齐性检验，7.2.2 节
binom.test	总体比例的精确检验，符号检验，5.2.3 节，5.5.1 节，5.5.2 节
biplot	双重信息图，对应分析（需要加载 MASS 程序包）和主成分分析，10.2.3 节，10.3.2 节
boxplot	箱线图，3.2.2 节
break	中止，1.7.2 节

C

c	连接函数，1.3.2 节
cancor	典型相关分析，9.3.3 节
cbind	按列合并矩阵，1.3.4 节
chi2gof	计算拟合优度检验的 P 值，自编函数，5.3.1 节
chisq.test	拟合优度 χ^2 检验，列联表检验（独立性检验），5.3.1 节，5.4.1 节
choose	计算组合数，2.1.3 节
cmdscale	多维标度法的古典解，10.1.2 节
coef	列出线性模型的系数，6.2.2 节
coefficients	列出线性模型的系数，6.2.2 节
coefci	列出线性模型系数的置信区间，需要下载和加载 lmtest 程序包，6.3.5 节
coeftest	列出线性模型的系数及检验，需要下载和加载 lmtest 程序包，6.3.4 节
colMeans	计算矩阵各列的平均值，1.3.4 节
colSums	矩阵列求和，1.3.4 节
combn	列出组合方案，2.1.3 节
confint	提取线性模型系数的置信区间，6.1.4 节，6.3.5 节，6.3.8 节
contour	等值线图，3.3.1 节
cooks.distance	回归诊断，库克距离，6.5.5 节
coplot	协同图，3.3.1 节
cor	相关系数，3.4.1 节
corcoef.test	典型相关系数的显著性检验，自编函数，9.3.4 节
cor.test	相关性检验，3.4.2 节，5.7.1 节，5.7.2 节
corresp	对应分析，需要加载 MASS 程序包，10.2.3 节
corr.test	多组数据的相关性检验，需要安装和加载 psych 程序包，5.7.3 节
cov	协方差，3.4.1 节
covratio	回归诊断，COVRATIO 准则，6.5.5 节
crossprod	内积运算函数，1.4.2 节
cut	将连续型数据分组，5.3.1 节，

D

data	显示数据集，1.6.4 节
data.frame	生成数据框，1.3.7 节
dbinom	二项分布的分布律，2.2.2 节
dchisq	χ^2 分布的概率密度函数，2.6.6 节

density	核密度估计，3.2.1 节
det	计算矩阵行列式，1.4.4 节
detach	取消连接（与attach函数相对应），1.3.7 节
dexp	指数分布的概率密度函数，2.2.3 节
df	F 分布的概率密度函数，2.6.6 节
dffits	回归诊断，DFFITS 准则，6.5.5 节
dhyper	超几何分布的分布律，2.2.2 节
diag	获得主对角线，或生成对角阵，1.4.4 节
dim	获取矩阵或数组的维数，或者是将向量转换成矩阵或数组，1.3.4 节，1.3.5 节
discriminant.bayes	贝叶斯判别，自编函数，8.1.3 节
discriminant.distance	距离判别，自编函数，8.1.2 节
discriminant.fisher	费希尔判别，自编函数，8.1.4 节
dist	计算距离，8.2.1 节，8.2.2 节
dnorm	正态分布的概率密度函数，2.2.3 节
dotchart	绘制克里夫兰点图，3.3.1 节
dpois	泊松分布的分布律，2.2.2 节
drop1	去掉线性模型中的一个变量，6.4.2 节
dt	学生 t 分布的概率密度函数，2.6.6 节
dunif	均匀分布的概率密度函数，2.2.3 节
dw.test	达宾-沃森自相关检验，自编函数，6.5.4 节
dwtest	达宾-沃森自相关检验，需要下载和加载 lmtest 程序包，需要加载zoo程序包，6.5.4 节

E

ecdf	经验分布函数，3.2.1 节
eigen	矩阵特征值分解，1.4.6 节
expand.grid	展开网格，2.1.3 节

F

factanal	主因子分析，9.2.5 节
factor	构造因子变量，1.3.3 节
factor.analy1	主因子分析（主成分法），自编函数，9.2.3 节
factor.analy2	主因子分析（主因子法），自编函数，9.2.3 节
factor.analy3	主因子分析（极大似然法），自编函数，9.2.3 节
file.show	显示文件内容，1.2.2 节
fisher.test	费希尔精确独立性检验，5.4.2 节
fitted	提取线性模型的拟合值，6.2.2 节
fivenum	五数总括，3.2.2 节
forbes	福布斯数据集，需要加载 MASS 程序包，6.1.6 节
friedman.test	弗里德曼秩和检验，7.3.2 节

G

getwd	获得工作目录，1.2.2 节
GHbiplot	双重信息图，高尔–韩德方法，自编函数，10.3.2 节
gl	定义有规律的因子向量，1.3.3 节
glm	广义线性模型，6.7.1 节，6.7.2 节，6.7.3 节，6.7.4 节，6.7.5 节

H

hat	回归诊断，帽子值，自变量为设计矩阵，6.5.5 节
hatvalues	回归诊断，帽子值，自变量为模型，6.5.5 节
hclust	系统聚类，8.2.2 节
hist	直方图，3.2.1 节

I

I	用于函数表达式，在线性、广义线性模型中使用，6.3.8 节，6.5.1 节，6.7.2 节，6.8.1 节
if/else	分支，1.7.1 节
influence.measures	回归诊断，6.5.5 节
install.packages	安装程序包，1.2.4 节
interaction.plot	画出交互效应图，7.4.2 节
interval_rate1	比例的区间估计，自编函数，4.4.3 节
interval_rate2	比例差的区间估计，自编函数，4.5.3 节
interval_t1	均值的区间估计（方差未知），自编函数，4.4.2 节
interval_t2	均值差的区间估计（方差未知），自编函数，4.5.2 节
interval_var1	方差的区间估计，自编函数，4.6.1 节
interval_var2	方差比的区间估计，自编函数，4.6.2 节
interval_z1	均值的区间估计（方差已知），自编函数，4.4.1 节
interval_z2	均值差的区间估计（方差已知），自编函数，4.5.1 节
isoMDS	多维标度法的斯巴德–克鲁斯卡尔非度量解，需要加载 MASS 程序包，10.1.3 节
is.character	检测是否为字符型变量，1.3.2 节
is.complex	检测是否为复数变量，1.3.2 节
is.data.frame	检测是否为数据框，1.3.7 节
is.double	检测是否为双精度变量，1.3.2 节
is.factor	检测是否为因子变量，1.3.3 节
is.integer	检测是否为整数变量，1.3.2 节
is.logical	检测是否为逻辑变量，1.3.2 节
is.numeric	检测是否为数值变量，1.3.2 节

J

jarque.bera.test	雅尔克–贝拉正态性检验，需要安装和加载 tseries 程序包，5.3.3 节

K

kappa	计算矩阵的条件数，6.6.2 节
kmeans	k 均值聚类，8.2.3 节
knn	最近邻算法，需要下载和加载 class 程序包，8.1.6 节
knn.cv	在最近邻算法中使用"留一法"，需要下载和加载 class 程序包，8.1.6 节
kruskal.test	克鲁斯卡尔–沃利斯秩和检验，7.3.1 节
ks.test	柯尔莫戈洛夫–斯米尔诺夫检验，5.3.2 节
kurt	峰度系数，自编函数，3.1.2 节
kurtosis	峰度系数，需要安装和加载e1071程序包，3.1.2 节

L

lapply	应用函数，用于列表或数据框，1.3.6 节，1.3.7 节
lda	线性判别，需要加载 MASS 程序包，8.1.5 节
length	计算向量维数，3.1.1 节
level	提取因子向量的因子水平，1.3.3 节
library	加载程序包或获得程序包信息，1.2.4 节
lillie.test	里利氏检验，需要安装和加载nortest程序包，5.3.3 节
linear_trans	线性变换，用于GHbiplot()函数，自编函数，10.3.2 节
lines	低水平绘图命令，在图上加线，3.3.3 节
list	生成列表，1.3.6 节
lm	线性模型，6.1.3 节，6.2.1 节，6.3.4 节，6.3.8 节
loadings	提取载荷矩阵（主成分分析或因子分析），9.1.3 节

M

mahalanobis	马哈拉诺比斯距离，8.1.2 节
matrix	生成矩阵，1.3.4 节
mcnemar.test	麦克尼马尔检验，5.4.3 节
mean	计算样本的平均值，3.1.1 节
median	计算样本的中位数，3.1.1 节

N

naiveBayes	朴素贝叶斯算法，需要下载和加载 e1071 程序包，8.1.6 节
ncol	获取矩阵的列数，1.3.4 节
next	空语句，1.7.2 节
nleqslv	多变量非线性方程组求解，需要安装和加载 nleqslv 程序包，1.5.1 节，4.1.1 节
nlm	多变量函数求极小（求解非线性优化问题），1.5.2 节，6.8.2 节
nls	非线性回归，6.8.2 节
nP	使谱系图更好看，在绘制谱系图的函数中使用，自编函数，8.2.2 节
nrow	获取矩阵的行数，1.3.4 节

O

oneway.test	单因素方差分析（不需要方差齐性条件），7.2.3 节
optimize	单变量函数求极值，1.5.2 节
outer	外积运算函数，用于函数表达式，1.4.2 节，4.1.2 节
outline	多变量轮廓图，自编函数，3.5.1 节

P

P_value	计算 P 值，用于 Z 检验，自编函数，5.2.1 节
p.adjust	调整 P 值，7.1.4 节
pairs	绘制多变量散点图，3.3.1 节
pairwise.t.test	均值的多重比较，7.1.4 节
panel.cor	在多变量散点图中添加相关系数，在 pairs() 函数中使用，自编函数，3.3.1 节
panel.hist	在多变量散点图中添加直方图，在 pairs() 函数中使用，自编函数，3.3.1 节
panel.lm	在协同图中添加回归直线，在 coplot() 函数中使用，自编函数，3.3.1 节
parcoord	绘制多变量轮廓图，需要加载MASS程序包，3.5.1 节
pbinom	二项分布的分布函数，2.2.2 节
pchisq	χ^2 分布的分布函数，2.6.6 节
persp	三维透视图，3.3.1 节
pexp	指数分布的分布函数，2.2.3 节
pf	F 分布的分布函数，2.6.6 节
phyper	超几何分布的分布函数，2.2.2 节
plot	绘图（点、线等），3.3.1 节
plot	plot.data.frame简写形式，绘制与数据框有关的图形（散点图），3.3.1 节
plot	plot.dendrogram简写形式，画出谱系图，8.2.2 节
plot	plot.factor简写形式，绘制与因子有关的图形（箱线图），3.3.1 节
plot	plot.hclust简写形式，画出谱系图，8.2.2 节
plot	plot.lm简写形式，线性模型的回归诊断函数，6.2.2 节，6.5.3 节，6.5.5 节
pnorm	正态分布的分布函数，2.2.3 节
points	低水平绘图命令，在图上加点，3.3.3 节
poisson.test	泊松分布的参数或参数比的精确检验，5.2.4 节
poly	正交多项式，6.8.1 节
ppois	泊松分布的分布函数，2.2.2 节
prcomp	主成分分析，用样本方差或相关矩阵计算，9.1.3 节
predict	predict.lm简写形式，线性模型预测，6.1.5 节，6.2.2 节，6.3.6 节，6.3.8 节
predict	predict.glm简写形式，广义线性模型预测，6.7.3 节，6.7.4 节
predict	predict.princomp简写形式，预测主成分值，9.1.3 节
princomp	主成分分析，用总体方差或相关矩阵（极大似然估计值）计算，9.1.3 节

prod	联乘积，2.1.3 节	
prop.table	表的边缘概率，2.1.3 节	
prop.test	总体比例或总体比例差的检验，5.2.3 节	
pt	学生 t 分布的分布函数，2.6.6 节	
punif	均匀分布的分布函数，2.2.3 节	

Q

qbinom	二项分布的分位数，2.2.2 节
qchisq	χ^2 分布的分位数，2.6.6 节
qda	二次判别，需要加载 MASS 程序包，8.1.5 节
qexp	指数分布的分位数，2.2.3 节
qf	F 分布的分位数，2.6.6 节
qhyper	超几何分布的分位数，2.2.2 节
qnorm	正态分布的分位数，2.2.3 节
qpois	泊松分布的分位数，2.2.2 节
qqline	在 QQ 散点图加直线，3.2.1 节
qqnorm	正态分布的 QQ 散点图，3.2.1 节
qr	QR 分解，1.4.6 节
qr.Q	QR 分解中的 $\boldsymbol{Q}$ 矩阵，1.4.6 节
qr.R	QR 分解中的 $\boldsymbol{R}$ 矩阵，1.4.6 节
qt	学生 t 分布的分位数，2.6.6 节
quantile	百分位数，3.1.1 节
qunif	均匀分布的分位数，2.2.3 节

R

rank	计算样本秩，5.6.1 节
rbind	按行合并矩阵，1.3.4 节
read_excel	读取 Excel 表格数据，需要安装和加载readxl程序包，1.6.3 节
read.csv	读取csv表格数据，1.6.2 节
read.table	读取表格数据文件，1.6.1 节
read.xlsx	读取 Excel 表格数据（后缀为.xlsx)，需要安装和加载openxlsx程序包，1.6.3 节
rect.hclust	确定类的个数，8.2.2 节
rep	产生重复数列，1.3.2 节
resid	计算线性、广义线性模型的残差，6.2.2 节，6.5.2 节
residuals	计算线性、广义线性模型的残差，6.2.2 节，6.5.2 节
rowMeans	计算矩阵各行的均值，1.3.4 节
rowSums	矩阵行求和，1.3.4 节
rstandard	计算线性、广义线性模型的标准化残差，6.5.2 节
rstudent	计算线性、广义线性模型的外学生化残差，6.5.2 节
ruben.test	鲁宾相关性检验，自编函数，3.4.2 节
runs.test	游程检验，需要安装和加载tseries程序包，5.8 节

S

sammon	多维标度法的萨蒙非度量解,需要加载 MASS 程序包,10.1.3 节	
sample	抽样,2.6.5 节	
sapply	应用函数,用于列表或数据框,1.3.6 节,1.3.7 节	
savePlot	保存所绘图形,3.3.1 节	
scale	数据中心化或数据标准化,8.2.1 节,8.2.2 节	
scan	读取纯文本文件,1.6.1 节	
screeplot	画出主成分的碎石图,9.1.3 节	
sd	计算样本的标准差,3.1.2 节	
setwd	改变工作目录,1.2.2 节	
seq	产生等间隔数列,1.3.2 节	
shapiro.test	沙皮罗–威尔克正态性检验,5.3.3 节	
skew	偏度系数,自编函数,3.1.2 节	
skewness	偏度系数,需要安装和加载e1071程序包,3.1.2 节	
solve	求解线性方程组,1.4.5 节	
sort	排序,3.1.1 节	
source	运行 R 脚本,1.2.2 节	
stars	星图,3.5.1 节	
stem	茎叶图,3.2.2 节	
step	逐步回归,6.2.2 节,6.4.2 节,6.7.3 节	
subset	获得指定条件的数据子集,用于数据框,1.3.7 节	
sum	求和,3.1.1 节	
summary	summary.aov简写形式,提取方差分析信息,7.1.3 节	
summary	summary.glm简写形式,提取广义线性模型信息,6.7.2 节,6.7.3 节,6.7.4 节,6.8.2 节	
summary	summary.lm简写形式,提取线性模型信息,6.1.3 节,6.2.2 节,6.3.4 节,6.3.8 节	
summary	summary.princomp简写形式,提取主成分分析信息,9.1.3 节	
svd	奇异值分解,1.4.6 节	
sweep	极差标准化变换,8.2.1 节	
switch	多分支,1.7.1 节	

T

t	转置运算,用于矩阵,1.4.4 节	
t.test	正态总体均值或均值差的 t 检验,5.2.2 节	
table	计算因子下的频数,交叉列表,5.3.1 节,	
tapply	应用函数,用于与因子有关的向量,1.3.3 节	
tcrossprod	叉积运算函数,1.4.2 节	
text	低水平绘图命令,在图上加文字或标记,3.3.3 节	
title	加图题,3.3.3 节	
TukeyHSD	多组均值差的成对检验,7.1.4 节	

U

`uniroot`	单变量非线性方程求根，1.5.1 节，4.1.2 节
`unison`	多变量调和曲线图，自编函数，3.5.1 节
`unlist`	取消列表，1.3.6 节
`update`	模型修正，6.3.7 节，6.3.8 节

V

`var`	计算样本方差，3.1.2 节
`varimax()`	方差最大的因子载荷旋转变换，9.2.4 节
`var.test`	正态总体方差比的 F 检验，5.2.5 节
`var1.test`	正态总体方差的检验，自编函数，5.2.5 节
`vcov`	列出模型系数的协方差矩阵，6.2.2 节，6.3.3 节，6.8.2 节
`vif`	方差膨胀因子，需要下载和加载car程序包，6.6.2 节
`VIF.test`	方差膨胀因子，自编函数，6.6.2 节

W

`weighted.mean`	计算样本的加权平均值，3.1.1 节
`wilcox.test`	威尔科克森符号秩检验，威尔科克森秩和检验，5.6.2 节，5.6.3 节
`with`	环境函数，用于列表或数据框，1.3.7 节
`write`	将数据写入文本文件，1.6.5 节
`write.csv`	将数据写入csv表格数据文件，1.6.5 节
`write.table`	将数据写入表格数据文件，1.6.5 节
`write.xlsx`	将数据写入 Excel 表格数据文件，需要安装和加载openxlsx程序包，1.6.5 节

Z

`z.test1`	正态总体均值的 Z 检验，自编函数，5.2.1 节
`z.test2`	正态总体均值差的 Z 检验，自编函数，5.2.1 节

B. 习题参考答案

习题 1

4.

```
library(foreign)
rs <- read.spss("educ_scores.sav")
as.data.frame(rs)
```

5.
```
install.packages("e1071")
library(e1071)
library(help = "e1071")
```

7. 0 3 6 9和0.000000 3.333333 6.666667 10.000000。

8. `x <- rep(1:4, c(5, 3, 4, 2))`

9.
```
A <- matrix(1:20, nr = 4, nc = 5)
B <- matrix(1:20, nr = 4, nc = 5, byrow = TRUE)
C <- A[1:3, 1:3]
D <- B[,-3]
```

10.
```
x <- c(1, 3, 5, 7, 9)
X <- cbind(1, x, x^2)
colnames(X) <- c("const", "x", "x^2")
rownames(X) <- 1:5
```

11.
```
hilb <- function(n){
    H <- matrix(0, nc = n, nr = n)
    for (i in 1:n){
        for (j in 1:n){
            H[i,j] <- 1/(i+j-1)
        }
    }
    H
}
hilb(5)
```

12.
```
df <- data.frame(
    姓名 = c("张三", "李四", "王五", "赵六", "丁一"),
    性别 = c("女", "男", "女", "男", "女"),
    年龄 = c(14, 15, 16, 14, 15),
    身高 = c(156, 165, 157, 162, 159),
    体重 = c(42.0, 49.0, 41.5, 52.0, 45.5)
)
```

13.
```
x <- 1:3; y <- 4:6
z <- 2*x + y + 1; z
x %*% y
x %o% y
```

14.
```
A <- matrix(c(1, 2, 0, 2, 5, -1, 4, 10, -1), nc = 3, byrow = TRUE)
B <- t(A)
C <- A + B
D <- A %*% B
E <- A * B
```

15.
```
b <- c(1, -1, 1)
x <- solve(A, b)
B <- solve(A)
B %*% b
```

16.
```
A <- matrix(c(1, 2, 4, 2, 5, 10, 0, -1, -1), nr = 3)
QR <- qr(A); qr.Q(QR); qr.R(QR) # (1)
svd(A) # (2)
eigen(A) # (3)
```

17.
```
Lst <- scan(, what = list(ID = 0, Name = "", Num = 0))
    1  dog   3
    2  cat   5
    3  duck  7
```

18.
```
f <- function(x) exp(-x^2)*(-2*x^2-2*x*sin(x)+1+cos(x))
uniroot(f, c(0, 2))
uniroot(f, c(-2, 0))
```

19.
```
library(nleqslv)
funs <- function(x)
    c(x[1] - 0.7*sin(x[1]) - 0.2*cos(x[2]),
      x[2] - 0.7*cos(x[1]) + 0.2*sin(x[2]) )
nleqslv(x = c(0, 0), fn = funs)
```

20.
```
f <- function(x) exp(-x^2)*(x+sin(x))
optimize(f, interval = c(-2, 2))
optimize(f, interval = c(-2, 2), maximum = TRUE)
```

21.
```
obj <- function(x)
    (-13 + x[1] + ( (5-x[2])*x[2] - 2)*x[2])^2 +
    (-29 + x[1] + ( (x[2]+1)*x[2] - 14)*x[2] )^2
nlm(obj, c(0.5, -2))
```

22.
```
write.table(df, file = "exec0122.data", quote = FALSE)
write.csv(df, file = "exec0122.csv")
library(openxlsx)
write.xlsx(df, file = "exec0122.xlsx")
```

23.
```
rt <- read.table("exec0122.data"); rt
rc <- read.csv("exec0122.csv"); rc
rx <- read.xlsx("exec0122.xlsx"); rx
```

24.
```
number <- function(){
    print("%请输入一个正整数后，回车，再回车")
    n <- scan()
    if (n <= 0){print("%输入负数退出")}
    else{
        while (n > 1){
            cat('n =', n, '\n')
            if (n %% 2 == 0){ n <-  n/2}
            else{ n <- 3*n + 1}
        }
        print("%运算成功!")
    }
}
number()
```

习题 2

1. （1）$\dfrac{m!}{N^m}$；（2）$\dfrac{\binom{N}{m}m!}{N^m}$；（3）$\dfrac{\binom{10}{2}\binom{6}{2}\left(\binom{9}{4}+\binom{9}{1}\binom{4}{3}\binom{8}{1}+\binom{9}{1}\right)}{10^6}$。

2. 提示：利用 expand.grid() 函数、apply() 函数、table() 函数等，概率分别为 $\dfrac{1}{216}$, $\dfrac{3}{216}$, $\dfrac{6}{216}$, $\dfrac{10}{216}$, $\dfrac{15}{216}$, $\dfrac{21}{216}$, $\dfrac{25}{216}$, $\dfrac{27}{216}$, $\dfrac{27}{216}$, $\dfrac{25}{216}$, $\dfrac{21}{216}$, $\dfrac{15}{216}$, $\dfrac{10}{216}$, $\dfrac{6}{216}$, $\dfrac{3}{216}$, $\dfrac{1}{216}$。

3. $p = \dfrac{1}{2} \cdot \dfrac{22^2 + 23^2}{24^2} = 0.8793$。

4. （1）$\dfrac{35}{228}$；（2）$\dfrac{5}{18}$；（3）$\dfrac{1}{4}$。

B. 习题参考答案

5. 0.5。

6. (1) $p = 1 - 0.3 \times 0.2 \times 0.1 = 0.994$;(2) 全概率公式,$p = 0.9266$。

7. $F(x) = \begin{cases} \dfrac{x^2}{4}, & 0 \leqslant x \leqslant 2, \\ 1, & x > 2。\end{cases}$

8. 两点分布,交保险费 $a(p+5\%)$。

9. $X \sim B(100, 0.004)$, $P\{X \geqslant 1\} = 0.3302$。

10. $X \sim B(200, 0.02)$,上 0.01 分位数 $= 9$。

11. $X \sim B(n, p)$,其中 $p = 0.01$。分开负责:$n = 20$,有一人无法维护设备的概率 $P\{X \geqslant 2\} = 0.0361$;三人中至少一人无法维护设备的概率 $1 - (1 - P\{X \geqslant 2\})^3 = 0.1046$;共同负责,$n = 90$,无法维护设备的概率 $P\{X \geqslant 4\} = 0.0129$。共同负责优于分开负责。

12. $X \sim P(\lambda)$,$\lambda = 4$。(1) $P\{X = 6\} = 0.1042$;(2) $P\{X \leqslant 10\} = 0.9972$。

13. $X \sim N(168, 6^2)$,(1) $P\{X > 170\} = 0.3694$。(2) 计算下 0.99 分位数 $= 181.9581$,即在 182 cm 以上。

14. 由方程 $\dfrac{X_1 - \mu}{\sigma} = \Phi^{-1}(p_1)$,$\dfrac{X_2 - \mu}{\sigma} = \Phi^{-1}(p_2)$ 解出 μ 和 σ,再由 $\dfrac{C - \mu}{\sigma} = \Phi^{-1}(p_3)$ 计算出 C,其中 $X_1 = 90, X_2 = 60, p_1 = 1 - 359/10000, p_2 = 1151/10000, p_3 = 1 - 2500/10000$。$C = 78.74$,即最低分为 79 分。

15. 指数分布,离开的概率 $p_1 = P\{X > 10\}$。二项分布,离开记为成功,5 次中至少成功 1 次的概率 $P\{X \geqslant 1\} = 0.5167$。

16. $P\{1 < X \leqslant 2, 3 < Y \leqslant 5\} = F(2,5) - F(1,5) - F(2,3) + F(1,3) = 0.0234$。

17. (1) $P\{X=0, Y=0\} = 0$, $P\{X=1, Y=0\} = \dfrac{1}{5}$, $P\{X=0, Y=1\} = \dfrac{1}{5}$, $P\{X=1, Y=1\} = \dfrac{3}{5}$;(2) $P\{X \geqslant Y\} = \dfrac{4}{5}$。

18. (1) 2;(2) $(1 - e^{-1})(1 - e^{-2})$;(3) $1 - 2e^{-1} + e^{-2}$;

   (4) $F(x, y) = \begin{cases} (1 - e^{-2x})(1 - e^{-y}), & x > 0, y > 0, \\ 0, & \text{其他。} \end{cases}$

19. $X_i = \begin{cases} 1, & \text{第 } i \text{ 站有人下车}, \\ 0, & \text{第 } i \text{ 站无人下车}, \end{cases}$ $E(X_i) = 1 - \left(\dfrac{9}{10}\right)^{20}$,$X = \sum\limits_{i=1}^{10} X_i$,

   $E(X) = 10\left(1 - \left(\dfrac{9}{10}\right)^{20}\right) = 8.7842$。

20. $\mu = 0.5$,$\sigma = 0.1$,用中心极限定理得到:0.0786。

21. $\mu = 0$,$\sigma^2 = \dfrac{1}{12}$,用中心极限定理得到:(1) 0.1797;(2) 443。

22. 每盒装 104 只,至少有 100 只合格元件的概率为 97.91%。

23. $\dfrac{1}{\sigma^2} \sum\limits_{i=1}^{n} X_i^2 \sim \chi^2(n)$,$P\left\{\sum\limits_{i=1}^{10} X_i^2 > 1.44\right\} = P\left\{\dfrac{1}{0.3^2} \sum\limits_{i=1}^{10} X_i^2 > 16\right\} = 0.0996$。

24. $\dfrac{(n-1)S^2}{\sigma^2} \sim \chi^2(n-1)$, $P\left\{S^2/\sigma^2 \leqslant 2.04\right\} = P\left\{15S^2/\sigma^2 \leqslant 15 \times 2.04\right\} = 0.9901$。

25. $\dfrac{\overline{X}-\mu}{S/\sqrt{n}} \sim t(n-1)$, $P\{|\overline{X}-\mu| > 2.85\} = P\left\{\left|\dfrac{\overline{X}-\mu}{S/\sqrt{n}}\right| > \dfrac{2.85}{S/\sqrt{n}}\right\} = 0.0771$。

26. （1）χ^2 分布的性质，$\chi^2(2n-2)$；（2）t 分布的性质，$F(1, 2n-2)$。

习题 3

1. $73.668, 15.51513, 3.938925, 5.34686, 20, 0.3938925, 0.05324501, -0.02420884$（偏度系数和峰度系数用自编函数计算）

2. 19.88。

3.

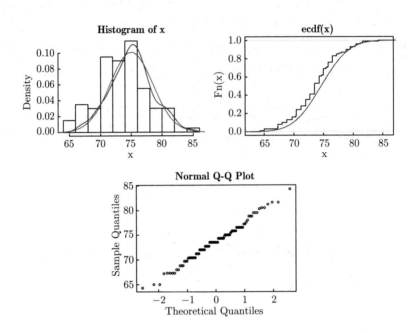

4. 五个数分别为 64.3 71.2 73.5 75.8 84.3

```
The decimal point is at the |

64 | 300
66 | 23333
68 | 00888777
70 | 344444442222
72 | 000000077777755555555555555
74 | 33333333700000004688888
76 | 5555555226
78 | 0888555
80 | 355266
82 |
84 | 3
```

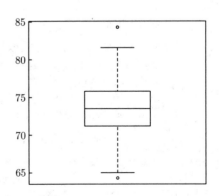

5.

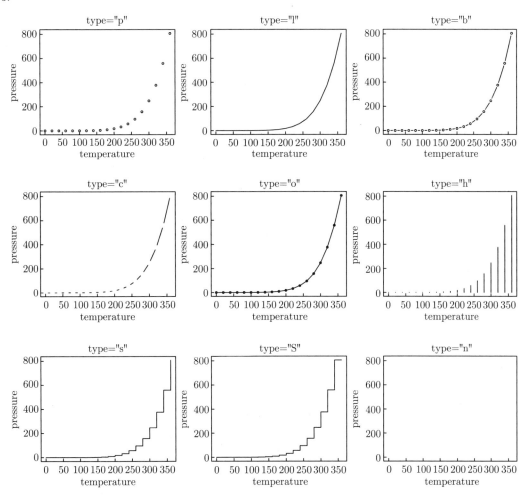

6. 有显著差异。

7.

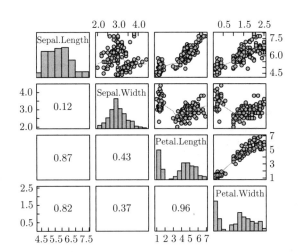

8.

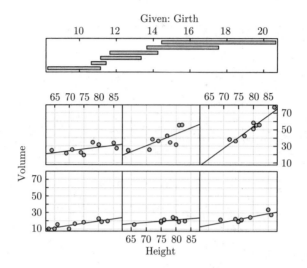

9.

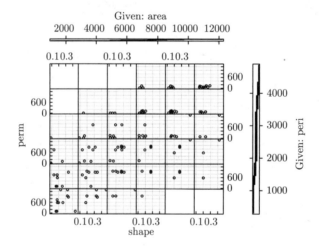

10.

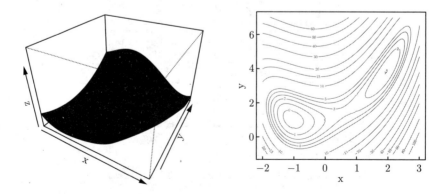

11.

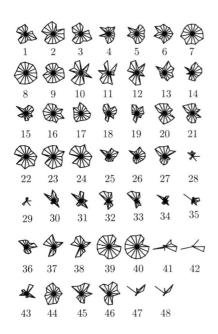
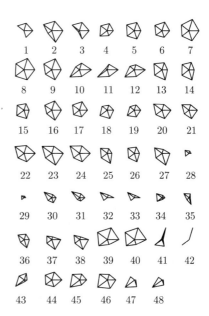

12.
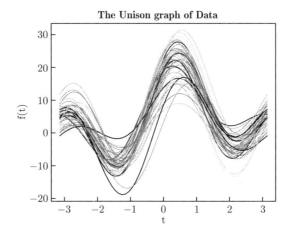

习题 4

1. $\hat{n} = 20.0284$,$\hat{p} = 0.713986$。

2. (1) $\hat{\alpha}_1 = \dfrac{2\overline{X} - 1}{1 - \overline{X}} = 0.2857143$,(2) $\hat{\alpha}_2 = -n\big/\sum\limits_{i=1}^{n}(\ln X_i) - 1 = 0.2991548$。

3. $\hat{\lambda} = 1/\overline{X} = 0.05$。

4. $\hat{\lambda} = \overline{X} = 1$ (注:这里的平均值是加权平均值)。

5. 双侧置信区间 [37.311, 41.689]。

6. $\hat{\lambda} = 1.904762$,置信区间 [1.494041, 2.315483]。

7. 双侧置信区间 [63.1585, 71.6415],单侧置信区间 $[-\infty, 70.83705]$,其右端点均 < 72,说明 10 名患者的平均脉搏次数低于正常人的平均脉搏次数。

8. 单侧置信下限是 920.8443,即有 95% 的灯泡在 920h 以上。

9. 置信区间 [0.1116383, 0.180163]。

10. 属于大样本数据，使用 Z 统计量。置信区间 $[0.2803575, 8.719642]$。

11. $\hat{\mu}_1 - \hat{\mu}_2 = 13.8$，置信区间 $[7.536261, 20.06374]$。

12. $\hat{\mu}_1 - \hat{\mu}_2 = 0.00205$，置信区间 $[-0.001996351, 0.006096351]$。

13. 置信区间 $[-0.06023168, 0.2566603]$ 包含 0，说明受保护的蛙与不受保护的蛙没有显著差异，其结果说明，太平洋树蛙有保护它的卵免受紫外线伤害的能力。

14. 方差比的区间估计 $[0.05845276, 0.947439]$ 位于 1 的左侧，说明两总体方差不同，按方差不同计算，置信区间 $[7.359713, 20.24029]$。

习题 5

1. $H_0 : \mu \geqslant 400$，P 值 $(= 0.040) < 0.05$，拒绝 H_0，这批罐头达不到标称的重量。

2. $H_0 : \mu = 0$，P 值 $(= 0.96372) > 0.05$，接受原假设。

3. 大样本数据，使用 Z 检验，用样本方差近似总体方差。$H_0 : \mu_1 = \mu_2$，P 值 $(= 0.0157874) < 0.05$，拒绝原假设，顾客群在年龄上存在显著差异。

4. 大样本数据，使用 Z 检验，用样本方差近似总体方差。$H_0 : \mu_1 = \mu_2$，P 值 $(= 0.03660109) < 0.05$，拒绝原假设。均值差为 4.5，说明甲中心优于乙中心。单侧检验或结合习题 4 中 10 题的置信区间能说明这一点。

5. t 检验（`t.test()`）。无论是单侧检验还是双侧检验，结论是有差异，且血小板计数低于正常人。

6. 单侧 t 检验，概率为 0.473。

7. （1）t 检验。两模型均不拒绝原假设，无显著差异。（2）方差比检验，结论是方差相同，因此，用方差相同模型更好一些。

8. 配对数据 t 检验，P 值 $= 0.5357$，无显著差异。

9. （1）方差比检验，P 值 $= 0.32$，两总体方差相同。（2）用方差相同的模型作 t 检验，P 值 $=$ `2.524e-08`，有显著差异。

10. 总体比例检验。无论是近似计算，还是精确计算；无论是单侧检验，还是双侧检验。结论都一样，64% 结论对该公司的品牌不适用，均低于 64%。

11. 比例差的检验，与习题 4 中 13 题的结论相同，两种情况无显著差异，说明太平洋树蛙有保护它的卵免受紫外线伤害的能力。

12. 泊松分布参数的精确检验。（1）接受（合格）；（2）拒绝（不合格）。

13. 泊松分布参数比的精确检验。死亡率无显著差异。

14. 方差的检验，检验 $H_0 : \sigma^2 = 4$。P 值 $= 0.579335$，无法拒绝原假设。单侧检验得到同样的结果。

15. χ^2 检验。P 值 $= 0.9254$，符合自由组合规律。

16. 计算样本均值（$\hat{\lambda} = 0.805$），用 $\hat{\lambda}$ 作为泊松分布的参数计算，P 值 $= 0.8227$（注意，要合并后 3 项）。减去 1 个自由度，P 值 $= 0.6340292$。结论：服从泊松分布。

17. K-S 检验。先作 `diff()` 函数计算时间间隔，再作 K-S 检验，P 值 $= 0.5545$。服从指数分布。

18. K-S 检验。P 值 $= 0.6374$，两总体相同。

19. （1）P 值分别为 0.7527 和 0.7754；（2）P 值分别为 0.5706 和 0.7968；（3）P 值分别为 0.7989 和 0.637。有理由表明，数据来自于正态分布总体。

20. 列联表 χ^2 检验，拒绝原假设，有关。

21. 列联表 χ^2 检验，拒绝原假设，有影响。

22. 费希尔精确检验。接受原假设，工艺与质量无关。

23. 麦克尼马尔检验，P 值 $= 0.4144$，两种方法检测结果相同。

24. 二项检验。P 值 $= 0.3438$，一样喜欢。

25. （1）符号检验。P 值 $= 0.01074$；（2）威尔科克森符号秩检验。P 值 $= 0.01087$。均拒绝原假设，说明在中位数以下。

26. （1）符号检验。P 值 = 0.1153，无显著差异；（2）威尔科克森符号秩检验。P 值 = 0.005191，有显著差异；（3）威尔科克森秩和检验。P 值 = 0.04524，有显著差异；（4）正态性检验通过，方差齐性检验通过，可用 t 检验。t 检验 P 值 = 0.03082，有显著差异；（5）在正态分布假设下，应该是 t 检验。

27. 威尔科克森秩和检验，单侧，P 值 = 0.02754，新方法优于原方法。

28. 斯皮尔曼秩相关检验。P 值 = 0，高度相关。

29. 读取第 3 章中的数据文件 applicant.data，调用 corr.test() 函数计算，并用 print() 函数输出。

30. 游程检验。P 值 = 0.06608，有可能是学生自己写的。

习题 6

1. （1）（散点图略）有线性关系；（2）$\widehat{Y} = 140.95 + 364.18X$；（3）常数项没有通过检验；（4）预测值与预测区间

```
> predict(lm.sol, data.frame(X = 7), interval = "p")
       fit      lwr      upr
1 2690.227 2454.971 2925.484
```

预测值与置信区间

```
> predict(lm.sol, data.frame(X = 7), interval = "c")
       fit     lwr      upr
1 2690.227 2613.35 2767.105
```

2. （2）X_2, X_3 的系数没有通过检验；（3）AIC 准则，去掉变量 X_2，但 X_3 的系数没有通过检验。BIC 准则，去掉变量 X_2 和 X_3，余下的的系数通过检验。

3. （1）散点图，回归直线和改进后的二次曲线；

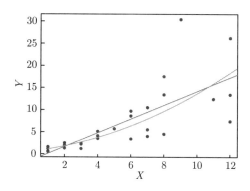

（2）常数项没有通过 t 检验，方程通过 F 检验；（3）残差图和修正模型后的残差图，不满足等方差，修正模型有一些改进。

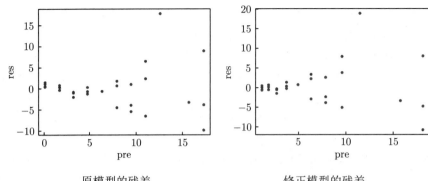

原模型的残差   修正模型的残差

4. 用 `influence.measures()` 函数作回归诊断，其中的 5，8，9，24，26 号样本可能有问题。进一步用 `plot()` 函数作回归诊断，发现 5 号和 8 号样本点可能是异常值点，在回归中去掉 5 号和 8 号样本点，重新作回归。

5. （1）条件数是 1376.881，所以存在多重共线性；（2）$\lambda_4 = 0.001623746$ 且对应的特征向量中的元素均不接近于零，说明 4 个变量呈现多重共线性；（3）4 个变量 VIF 值

```
       X1       X2       X3       X4
 38.49621 254.42317  46.86839 282.51286
```

X_4 的 VIF 值最大，去掉变量 X_4 是合理的。去掉该变量后，回归方程不再出现多重共线性。

6. 计算结果

```
Coefficients:
            Estimate Std. Error z value Pr(>|z|)
(Intercept)  -3.1945     0.1605 -19.899  < 2e-16 ***
X1           -0.1330     0.1333  -0.998    0.318
X2            1.4629     0.1610   9.086  < 2e-16 ***
X3           -1.0112     0.1454  -6.955 3.53e-12 ***
```

在计算结果中，X1 表示是否使用抗生素（0 是没有使用，1 是使用），X2 表示是否有危险因子（0 是没有，1 是有），X3 表示是否有计划（0 是无计划，1 是有计划）。

7. （1）变量 X_2，X_3 和 X_5 的系数无法通过检验；（2）逐步回归后，常数项，X_1 和 X_4 的系数通过检验；（3）病人生存时间大于等于 200 天的概率

```
> predict(glm.step, type = "response")
          1           2           3           4           5
0.393715647 0.196614943 0.393715647 0.033591278 0.033591278
          6           7           8           9          10
0.393715647 0.393715647 0.358680917 0.073588658 0.004233736
         11          12          13          14          15
0.358680917 0.011155980 0.073588658 0.011155980 0.000519806
         16          17          18          19          20
0.009622951 0.221281645 0.096731576 0.841494090 0.666749591
         21          22          23          24          25
0.196614943 0.820540443 0.084443171 0.393715647 0.004912470
         26          27          28          29          30
```

	0.632776490	0.196614943	0.084443171	0.174083201	0.011155980
	31	32	33	34	35
	0.004233736	0.004233736	0.003648437	0.025134259	0.153639757
	36	37	38	39	40
	0.666749591	0.038793125	0.429878623	0.841494090	0.666749591

8. （1）$\beta_0 = 523.800$，$\beta_1 = 54.893$；（2）$\beta_0 = 502.5560$，$\beta_1 = 80.3857$，$\beta_2 = -4.2488$，且只能做得到二次回归，再高次多项式时，系数无法通过检验；

（3）

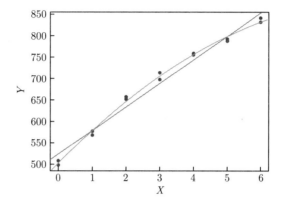

9. （1）$\theta_0 = 56.66512$，$\theta_1 = -0.03797418$，$\hat{\sigma} = 2.077035$；（2）$\theta_0 = 58.60656$，$\theta_1 = -0.03958645$，$\hat{\sigma} = 1.950529$；（3）$\theta_0 = 58.60657$，$\theta_1 = -0.03958645$，$\hat{\sigma} = 1.950529$。

10. 计算结果与广义线性模型（方法（2））相同，这是因为两种方法都保持了误差项仍服从正态分布。

11. （1）$\theta_1 = 195.8027$，$\theta_2 = 0.04840653$；

（2）$\theta_1 = 212.6836$，$\theta_2 = 0.06412111$；

（3）$\theta_1 = 212.6836$，$\theta_2 = 0.06412103$；

（4）方法（2）与方法（3）的效果基本相同，方法（1）的效果最差。

习题 7

1. （1）单因素方差分析，P 值 $= 0.0359 < 0.05$，认为三个工厂生产的零件强度有显著差异；（2）调用第 4 章中的 interval_t1() 函数作区间估计，

```
$'1'
  mean df        a        b
1  103  3 78.04264 127.9574
$'2'
  mean df        a        b
1  111  3 99.59932 122.4007
$'3'
  mean df        a        b
1   86  3 70.08777 101.9122
```

（3）多重 t 检验，工厂乙与工厂丙生产的零件强度存在显著差异。

2. （1）单因素方差分析，有显著差异；（2）A_1 与 A_2，A_1 与 A_3 有显著差异，A_2 与 A_4 有显著差异，A_3 与 A_4 有显著差异。

3. 沙皮罗–威尔克正态性检验，接受原假设。巴特利特方差齐性检验，拒绝原假设。因此，选择方差不同的分析方法（oneway.test），检验结果是，三组白鼠的氨氮排出量有显著差异。

4. 克鲁斯卡尔–沃利斯秩和检验，P 值 = 0.01895，拒绝原假设，有显著差异。

5. 弗里德曼秩和检验，P 值 = 0.09166，选择 $\alpha = 0.05$ 时，接受原假设。

6. （1）

```
            Df  Sum Sq  Mean Sq  F value    Pr(>F)
A            2   3.974    1.987    26.69  0.000164 ***
B            2   4.441    2.221    29.83  0.000107 ***
A:B          4  21.159    5.290    71.06  8.34e-07 ***
Residuals    9   0.670    0.074
```

因素 A，因素 B 和交互效应都有显著差异；

（2）

```
       A1        A2        A3
5.783333  4.666667  4.983333

       B1        B2        B3
5.150000  4.533333  5.750000

     B1   B2   B3
A1  4.45  6.5  4.50
A2  6.30  3.6  3.70
A3  6.60  3.9  6.75
```

（3）最优方案是 A_3B_3。

7. 按各因素的均值来看，最优方案 $A_1B_1C_3$。但方差分析的结果是，无显著差异项，从这个角度来说，选择任意方案都可以，因为最好的数值也是随机的。

8. 不考虑交互效应，所以 4 个因素分别放在 $L_8(2^7)$ 正交表的前 4 列。计算各因素的均值

```
     A    B   C    D
1  91.5  92  88  87.75
2  89.5  89  93  93.25
```

最优方案应为 $A_2B_2C_1D_1$。作方差分析，计算结果为

```
            Df  Sum Sq  Mean Sq  F value  Pr(>F)
A            1    8.0     8.00    2.526   0.2102
B            1   18.0    18.00    5.684   0.0973 .
C            1   50.0    50.00   15.789   0.0285 *
D            1   60.5    60.50   19.105   0.0222 *
Residuals    3    9.5     3.17
```

由于因素 A 不显著，所以 $A_2B_2C_1D_1$ 和 $A_1B_2C_1D_1$ 都可以。

9. 计算均值

```
        A        B        C        AB
1  1.83750  1.43750  1.85625  1.64375
2  1.80625  2.20625  1.78750  2.00000
```

再作方差分析

```
            Df Sum Sq Mean Sq F value   Pr(>F)
B            1  4.728   4.728  29.263 9.06e-06 ***
B:A          2  1.023   0.512   3.166   0.0576 .
Residuals   28  4.524   0.162
```

因素 B 非常显著，所以选 B_1，交互项 AB 显著，选 AB_1。也就是 A_1。因素 C 不显著，选哪一水平都行，最优方案是 $A_1B_1C_1$ 或 $A_1B_1C_2$。

习题 8

1. 三种判别方法（方差相同和方差不同），预测结果均是有雨。
2. 三种判别方法结果的比较。（1）距离判别（方差相同与方差不同）

```
           predict              predict
true_class I II III   true_class I II III
       I   9  1  1           I   9  2  0
       II  1  5  1           II  2  5  0
       III 1  0  4           III 0  1  4
```

（2）贝叶斯判别（方差相同与方差不同）

```
           predict              predict
true_class I II III   true_class I II III
       I   10 0  1           I   11 0  0
       II  1  5  1           II  2  5  0
       III 1  1  3           III 0  0  5
```

（3）费希尔判别

```
           predict
true_class I II III
       I   10 0  1
       II  1  4  2
       III 1  3  1
```

3. 预测结果均是有雨。
4. lda() 函数和 qda() 函数的判别结果

```
           predict              predict
true_class I II III   true_class I II III
       I   10 0  1           I   11 0  0
       II  1  5  1           II  2  5  0
       III 1  1  3           III 0  0  5
```

5. 预测结果均是有雨。
6.

```
           predict
true_class I II III
```

I	10	1	0
II	2	1	4
III	1	0	4

7.

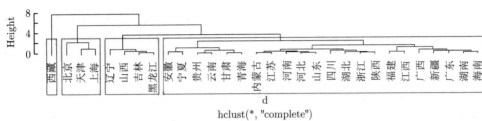
hclust(*, "complete")

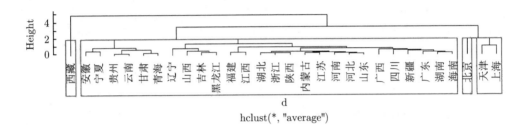
hclust(*, "average")

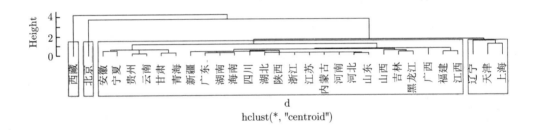
hclust(*, "centroid")

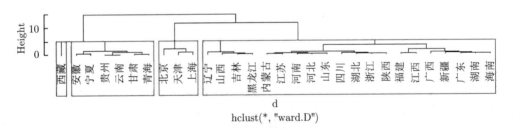
hclust(*, "ward.D")

北京	天津	山西	辽宁	吉林	黑龙江	上海	福建	江西	湖南
1	1	1	1	1	1	1	2	2	2
广东	广西	海南	新疆	安徽	贵州	云南	西藏	甘肃	青海
2	2	2	2	3	3	3	3	3	3
河北	内蒙古	江苏	浙江	山东	河南	湖北	四川	陕西	宁夏
4	4	4	4	4	4	4	4	4	4

8.

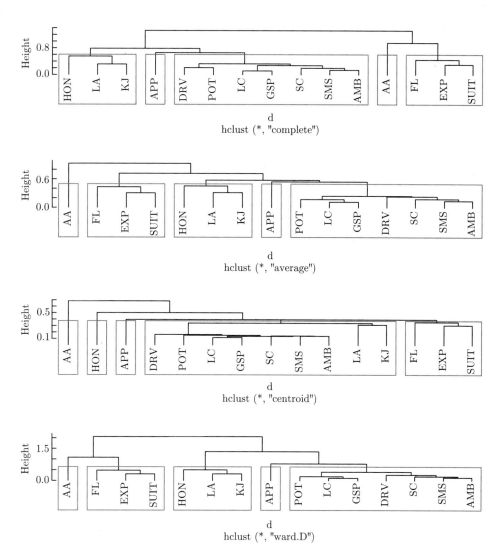

习题 9

1. 主成分分析的部分结果

```
Importance of components:
                         Comp.1    Comp.2    Comp.3
Standard deviation     1.7620762 1.7021873 0.9644768
Proportion of Variance 0.3881141 0.3621802 0.1162769
Cumulative Proportion  0.3881141 0.7502943 0.8665712

Loadings:
   Comp.1 Comp.2 Comp.3
X1  0.477  0.296  0.104
X2  0.473  0.278  0.163
```

```
X3   0.424   0.378   0.156
X4  -0.213   0.451
X5  -0.388   0.331   0.321
X6  -0.352   0.403   0.145
X7   0.215  -0.377   0.140
X8           0.273  -0.891
```

前 3 个主成分的累积贡献率为 86.7%，所以选择前 3 个主成分。

（1）第 1 主成分较大系数的是年末固定资产净值、职工人数和工业总产值，可以看成产值主成分；第 2 主成分较大系数是全员劳动生产率和资金利税率，而标准燃料消费量的系数是负值，可以看成效率主成分；第 3 主成分系数绝对值最大是能源利用效果，而其他的系数值较小，可以看成能源利用主成分。

（2）按第 1 主成分排序，得分最高的 3 个行业是机械、冶金和煤炭，说明它们产值大；按第 2 主成分排序，得分最高的 3 个行业是机械、食品和化学，说明它们效率高。

（3）画出行业关于第 1、第 2 主成分的散点图，按照图形可分为 3 类，机械（图中的右上角）为一类，建材、电力和煤炭（图中的正下方）是一类，其余行业（图中的左上角）为一类。

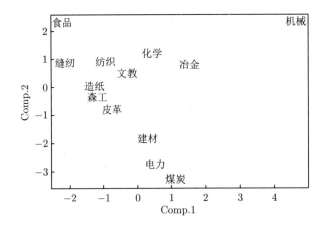

2. 只取一个主成分，贡献率为 98.60%。作主成分回归

```
Coefficients:
             Estimate Std. Error t value Pr(>|t|)
(Intercept) 14.03000    0.16615   84.44  4.32e-13 ***
z            2.06119    0.08367   24.64  7.87e-09 ***

Residual standard error: 0.5254 on 8 degrees of freedom
Multiple R-squared:  0.987,    Adjusted R-squared:  0.9854
F-statistic: 606.9 on 1 and 8 DF,  p-value: 7.873e-09
```

由主成分回归得到的系数为

```
  (Intercept)          X1          X2          X3          X4
-23.77771861  0.02992643  0.13365158  0.08361156  0.16965187
```

3. 两个主因子, 其载荷矩阵为

```
       Factor1  Factor2
身高    0.869    0.282
手臂长  0.929    0.164
上肢长  0.896    0.174
下肢长  0.862    0.247
体重    0.244    0.917
颈围    0.201    0.774
胸围    0.141    0.752
胸宽    0.222    0.643
```

第 1 主因子可以看成 "长" 类, 身高、手臂长、上肢长和下肢长的系数较大, 第 2 主因子可以看成 "围" 类, 体重、颈围、胸围和胸宽的系数较大。

4. (1) 两个主因子, 其载荷矩阵为

```
       Factor1  Factor2
政治    0.992    0.104
语文    0.854    0.360
外语    0.497    0.509
数学    0.284    0.956
物理    0.132    0.798
```

第 1 主因子以文科 (政治、语文) 为主, 第 2 主因子以理科 (数学、物理) 为主, 而外语的系数恰好在 0.5 左右。

(2)

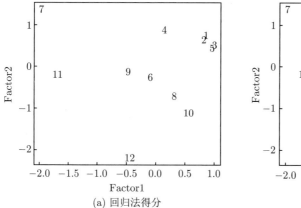
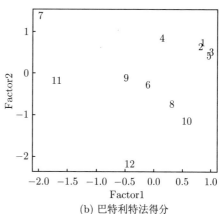

(a) 回归法得分　　　　　　(b) 巴特利特法得分

右上角 (1~5 号) 的学生文理均好, 而 7 号学生偏科 (文科差, 而理科好)。

5. 典型相关分析的结果

```
$'cor'
[1] 0.9423286 0.4754312 0.1041348

$xcoef
```

```
            [,1]         [,2]         [,3]
X1  -0.10502476   0.19267543   0.50511550
X2  -0.02138126  -0.27018470  -0.02572324
X3  -0.03890247   0.03919275  -0.49714264
$ycoef
            [,1]         [,2]         [,3]
Y1  -0.14989226  -0.07881515  -0.04993308
Y2  -0.03135175   0.16732902   0.05082013
Y3   0.02193016  -0.07578247   0.14887501
```

需要考虑前 2 个典型变量。

习题 10

1.

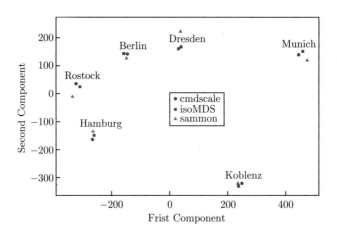

2.

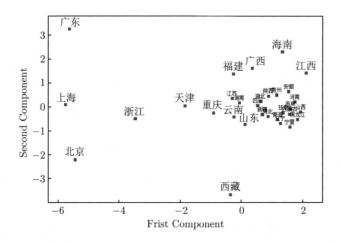

3.

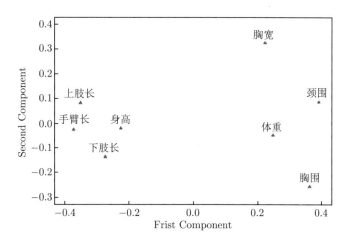

4.
$$P = \begin{bmatrix} 0.5660 & 0.3019 \\ 0.0283 & 0.1038 \end{bmatrix}, \quad r = \begin{bmatrix} 0.8679 \\ 0.1321 \end{bmatrix}, \quad c = \begin{bmatrix} 0.5943 \\ 0.4057 \end{bmatrix}。$$

$$P^* = \begin{bmatrix} 0.0699 & -0.0846 \\ -0.1791 & 0.2169 \end{bmatrix} = 0.3019 \begin{bmatrix} -0.3634 \\ 0.9316 \end{bmatrix} \begin{bmatrix} -0.6369 & 0.7709 \end{bmatrix}。$$

$$R = \begin{bmatrix} -0.3901 \\ 2.563 \end{bmatrix}, \quad C = \begin{bmatrix} -0.8262 \\ 1.2104 \end{bmatrix}, \quad Y = \begin{bmatrix} -0.1178 \\ 0.7740 \end{bmatrix}, \quad Z = \begin{bmatrix} -0.2494 \\ 0.3655 \end{bmatrix}。$$

5.

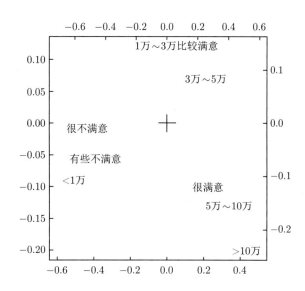

6.

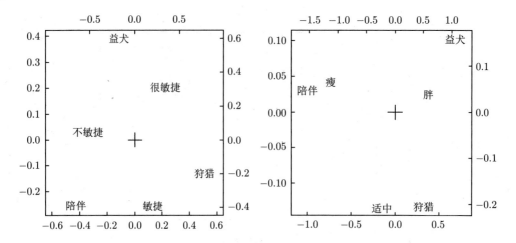

7.

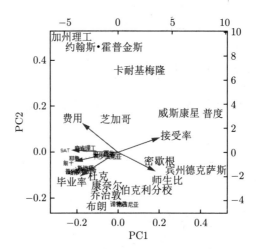

8.

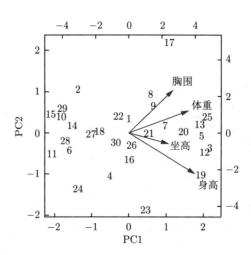

9.

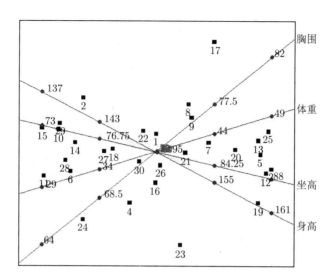

参 考 文 献

[1] 高惠璇. 应用多元统计分析 [M]. 北京：北京大学出版社, 2005.
[2] 王学民. 应用多元统计分析 [M]. 2 版. 上海：上海财经大学出版社, 2004.
[3] 范金城, 梅长林. 数据分析 [M]. 北京：科学出版社, 2002.
[4] 王松桂, 陈敏, 陈立萍. 线性统计模型 [M]. 北京：高等教育出版社, 1999.
[5] D. JOHNSON. Applied Multivariate Methods for Data Analysts[M]. 影印版. 北京：高等教育出版社, 2005.
[6] S. WEISBERG. 应用线性回归 [M]. 2 版. 王静龙, 梁小筠, 李宝慧, 译, 柴根象, 校. 北京：中国统计出版社, 1998.
[7] 王玲玲, 周纪芗. 常用统计方法 [M]. 上海：华东师范大学出版社, 1994.
[8] 吴国富, 安万福, 刘景海. 实用数据分析方法 [M]. 北京：中国统计出版社, 1992.
[9] 沈其君. SAS 统计分析 [M]. 北京：高等教育出版社, 2005.
[10] RICHARD A. JOHNSON, DEAN W. WICHERN. 实用多元统计分析 [M]. 6 版. 陆璇, 叶俊, 译. 北京：清华大学出版社, 2008.
[11] 薛毅, 陈立萍. R 语言实用教程 [M]. 北京：清华大学出版社, 2014.
[12] 薛毅, 陈立萍. R 语言在统计中的应用 [M]. 北京：人民邮电出版社, 2017.
[13] 薛毅. 数学建模基于 R [M]. 北京：机械工业出版社, 2017.
[14] http://www.r-project.org.
[15] http://cran.r-project.org/bin/windows/base/(下载 R 软件).